Internationale Politische Ökonomie | 8

Die Reihe
„Internationale Politische Ökonomie"
wird herausgegeben von

Andreas Busch (University of Oxford)
Stefan A. Schirm (Ruhr-Universität Bochum)
Hubert Zimmermann (Cornell University)

Reimut Zohlnhöfer

Globalisierung der Wirtschaft und finanzpolitische Anpassungsreaktionen in Westeuropa

Die Deutsche Bibliothek verzeichnet diese Publikation in
der Deutschen Nationalbibliografie; detaillierte bibliografische
Daten sind im Internet über http://dnb.ddb.de abrufbar.

ISBN 978-3-8329-4462-9

1. Auflage 2009
© Nomos Verlagsgesellschaft, Baden-Baden 2009. Printed in Germany. Alle Rechte, auch die des Nachdrucks von Auszügen, der fotomechanischen Wiedergabe und der Übersetzung, vorbehalten. Gedruckt auf alterungsbeständigem Papier.

Vorwort

Die Globalisierung der Wirtschaft hat die Rahmenbedingungen wirtschaftspolitischer Steuerung erheblich verändert, das wissen wir nicht erst seit der globalen Finanz- und Wirtschaftskrise, die sich seit dem Herbst 2008 Bahn gebrochen hat. Doch wie und unter welchen Bedingungen passen sich Staaten an diese Herausforderungen an? Wann ändert eine Regierung also in Reaktion auf Globalisierung ihre Politik? Diese Frage ist bisher sowohl theoretisch als auch empirisch noch nicht hinreichend geklärt worden. Dieses Buch will einen Beitrag dazu leisten, diese Forschungslücken zu verringern. Dazu wird einerseits ein theoretisches Modell politischer Willensbildung vorgestellt, das solche Anpassungsreaktionen erklären kann und andererseits werden vier ausführliche Länderstudien vorgelegt, in denen das Modell angewendet wird.

Dabei stehen vor allem die Herausforderungen des viel zitierten Standortwettbewerbs im Zentrum, die wenigstens bis zur Finanzkrise als besonders vordringlich galten und auf die die meisten Regierungen mit einer Senkung der Unternehmenssteuersätze, dem Versuch einer Haushaltskonsolidierung, Privatisierungen und einem Umbau des Wohlfahrtsstaates reagierten. Ob sich an diesem Anpassungsmuster bedingt durch die Finanz- und Wirtschaftskrise in Zukunft etwas ändern wird, kann derzeit noch nicht seriös beantwortet werden. Doch auch in diesem Fall sollte das in dieser Arbeit präsentierte Modell in der Lage sein, die wirtschaftspolitischen Veränderungen zu erklären.

Die vorliegende Arbeit wurde im Sommersemester 2008 von der Fakultät für Wirtschafts- und Sozialwissenschaften der Ruprecht-Karls-Universität Heidelberg als schriftliche Habilitationsleistung anerkannt. Beim Schreiben dieser Arbeit ist mir von vielen Seiten Unterstützung und Hilfe zuteil geworden. An erster Stelle ist hier Manfred G. Schmidt zu danken, der die Arbeit von Anfang an unterstützte und mit kritischen Bemerkungen und Ermutigungen begleitete, mir vor allem aber auch den intellektuellen und zeitlichen Freiraum gab, der die Schrift erst ermöglicht hat. Daneben ist einer Reihe von Kollegen für hilfreiche Bemerkungen und Diskussionen zu danken, insbesondere Erik Albæk, Lars Bille, Andreas Busch, Christoph Egle, Steffen Ganghof, Peter Hall, Anton Hemerijck, Kees van Kersbergen, Ralf Kleinfeld, Andrew Martin, Wolfgang Merkel, Herbert Obinger, Tobias Ostheim, Kees van Paridon, Vivien Schmidt, Eric Seils, Uwe Wagschal, Thierry Warin, Jaap Woldendorp und Frieder Wolf. Ebenso ist den verschiedenen Interviewpartnern in allen vier Ländern für ihre Zeit und die häufig überraschend große Auskunftsbereitschaft zu danken, ohne die diese Arbeit erheblich schwerer zu schreiben gewesen wäre. Weiterhin geht mein Dank an die Hilfskräfte, die in verschiedenen Stadien des Projektes, von der ersten Literaturrecherche bis zur Formatierung des fertigen Manuskriptes, eine unschätzbare Hilfe waren, insbesondere an Cordia Baumann, Kathrin Dümig, Melanie Hembera, Christina Jäger, Heike Lange, Hanneke Piters, Frithjof

Reimers und Henrik Schober. Schließlich schulde ich noch zwei Institutionen großen Dank, nämlich zum einen dem Minda de Gunzburg Center for European Studies der Harvard University, wo ich das akademische Jahr 2004/05 als John F. Kennedy Memorial Fellow verbringen durfte, und zum anderen der Deutschen Forschungsgemeinschaft, die dieses Projekt gefördert und auf diese Weise nicht zuletzt die Interviewreisen ermöglicht hat (Projekte ZO 126/2-1 und -2). Am wichtigsten von allen war aber beim Forschen, Schreiben und Durchhalten meine Familie, meine Eltern und Geschwister, vor allem aber meine Frau Martina und unsere Kinder Rebekka und – wenn auch noch im Entstehen – Benjamin. Ihnen ist dieses Buch gewidmet.

Bamberg, im April 2009

Inhalt

Vorwort		5
Abbildungsverzeichnis		12
Tabellenverzeichnis		14
Abkürzungsverzeichnis		15
1.	Einleitung	17
2.	Theoretischer Rahmen	23
2.1	Der Stand der Debatte – ein knapper Überblick	23
2.2	Ein Modell politischer Willensbildung	26
2.2.1	Vetospieler und Willensbildung	27
2.2.2	Präferenzen der Vetospieler I: Parteiendifferenzen	30
2.2.3	Präferenzen der Vetospieler II: Wettbewerb um Wählerstimmen	33
2.2.4	Zusammenfassung des Modells	39
2.3	Globalisierungsherausforderungen und Willensbildung	41
2.4	Schlussfolgerungen	48
3.	Methodisches Vorgehen	51
4.	Liberale Avantgarde. Finanzpolitische Anpassungsreaktionen in Großbritannien seit 1979	61
4.1	Politische Rahmenbedingungen in Großbritannien	61
4.1.1	Das politische System	61
4.1.2	Das Parteiensystem	63
4.2	„British decline": Grundprobleme der Wirtschaftspolitik Großbritanniens vor 1979	66
4.3	Die Finanzpolitik der konservativen Regierungen unter Margaret Thatcher, 1979-1990	69
4.3.1	Steuerpolitik	70
4.3.2	Haushaltspolitik	75
4.3.3	„Thatcherismus" und der politische Prozess	83
4.3.3.1	Die parteipolitische Zusammensetzung der Regierung	84
4.3.3.2	Vetospieler und innerparteiliche Gruppierungen	86
4.3.3.3	Der Wettbewerb um Wählerstimmen	93
4.4	Die Finanzpolitik der konservativen Regierungen unter John Major, 1990-1997	101

4.4.1	Steuerpolitik	102
4.4.2	Haushaltspolitik	104
4.4.3	Finanzpolitik unter John Major und der politische Prozess	107
4.4.3.1	Die parteipolitische Zusammensetzung der Regierung	108
4.4.3.2	Vetospieler und innerparteiliche Gruppierungen	108
4.4.3.3	Der Wettbewerb um Wählerstimmen	110
4.5	Die Finanzpolitik der Labour-Regierungen unter Tony Blair, 1997-2007	115
4.5.1	Steuerpolitik	116
4.5.2	Haushaltspolitik	119
4.5.3	Finanzpolitik und politischer Prozess unter New Labour	125
4.5.3.1	Die parteipolitische Zusammensetzung der Regierung	126
4.5.3.2	Vetospieler und innerparteiliche Gruppierungen	129
4.5.3.3	Der Wettbewerb um Wählerstimmen	131
4.6	Die britischen Finanzpolitik seit 1979 im Lichte des theoretischen Modells	138
5.	Eine finanzpolitische Therapie für die „holländische Krankheit"? Anpassungsreaktionen in den Niederlanden seit 1982	141
5.1	Politische Rahmenbedingungen in den Niederlanden	141
5.1.1	Das politische System	141
5.1.2	Das Parteiensystem	144
5.2	„Dutch disease": Grundprobleme der niederländischen Wirtschaftspolitik bis 1982	150
5.3	Die Finanzpolitik der christlich-liberalen Regierung Lubbers, 1982-1989	153
5.3.1	Steuerpolitik	154
5.3.2	Haushaltspolitik	157
5.3.3	„No Nonsense": Die christlich-liberale Koalition und der politische Prozes	163
5.3.3.1	Die parteipolitische Zusammensetzung der Regierung	163
5.3.3.2	Vetospieler und innerparteiliche Gruppierungen	165
5.3.3.3	Der Wettbewerb um Wählerstimmen	167
5.4	Die Finanzpolitik der christlich-sozialdemokratischen Regierung Lubbers, 1989-1994	172
5.4.1	Steuerpolitik	173
5.4.2	Haushaltspolitik	175
5.4.3	Die christlich-sozialdemokratische Koalition und der politische Prozess	179
5.4.3.1	Die parteipolitische Zusammensetzung der Regierung	179
5.4.3.2	Vetospieler und innerparteiliche Gruppierungen	180
5.4.3.3	Der Wettbewerb um Wählerstimmen	183
5.5	Die Finanzpolitik der violetten Koalition, 1994-2002	185

5.5.1	Steuerpolitik	187
5.5.2	Haushaltspolitik	191
5.5.3	Die Finanzpolitik der violetten Koalition und der politische Prozess	194
5.5.3.1	Die parteipolitische Zusammensetzung der Regierung	194
5.5.3.2	Vetospieler und innerparteiliche Gruppierungen	197
5.5.3.3	Der Wettbewerb um Wählerstimmen	198
5.6	Die Finanzpolitik der christlich-liberalen Koalitionen Balkenende, 2002-2007	200
5.6.1	Steuerpolitik	201
5.6.2	Haushaltspolitik	203
5.6.3	Die Finanzpolitik der Regierungen Balkenende und der politische Prozess	207
5.6.3.1	Die parteipolitische Zusammensetzung der Regierung	207
5.6.3.2	Vetospieler und innerparteiliche Gruppierungen	208
5.6.3.3	Der Wettbewerb um Wählerstimmen	209
5.7	Die niederländische Finanzpolitik seit 1982 im Lichte des theoretischen Modells	213
6.	Ein „dänisches Wunder" in der Finanzpolitik? Anpassungsreaktionen in Dänemark seit 1982	217
6.1	Politische Rahmenbedingungen in Dänemark	217
6.1.1	Das politische System	217
6.1.2	Das Parteiensystem	220
6.2	„Am Rande des Abgrunds": Grundprobleme der dänischen Wirtschaftspolitik vor 1982	227
6.3	Die Finanzpolitik der bürgerlichen Regierungen Schlüter, 1982-1993	230
6.3.1	Steuerpolitik	232
6.3.2	Haushaltspolitik	237
6.3.3	Die Finanzpolitik der bürgerlichen Koalitionen unter Schlüter und der politische Prozess	242
6.3.3.1	Die parteipolitische Zusammensetzung der Regierung	243
6.3.3.2	Vetospieler und innerparteiliche Gruppierungen	244
6.3.3.3	Der Wettbewerb um Wählerstimmen	249
6.4	Die Finanzpolitik der sozialdemokratisch geführten Koalitionen unter Poul Nyrup Rasmussen, 1993-2001	254
6.4.1	Steuerpolitik	255
6.4.2	Haushaltspolitik	259
6.4.3	Die Finanzpolitik der sozialdemokratisch geführten Regierung Nyrup Rasmussen und der politische Prozess	264
6.4.3.1	Die parteipolitische Zusammensetzung der Regierung	265
6.4.3.2	Vetospieler und innerparteiliche Gruppierungen	268
6.4.3.3	Der Wettbewerb um Wählerstimmen	272

6.5	Die Finanzpolitik der bürgerlichen Koalition unter Anders Fogh Rasmussen, 2001-2007	276
6.5.1	Steuerpolitik	277
6.5.2	Haushaltspolitik	280
6.5.3	Die Finanzpolitik der bürgerlichen Regierung unter Anders Fogh Rasmussen und der politische Prozess	283
6.5.3.1	Die parteipolitische Zusammensetzung der Regierung	284
6.5.3.2	Vetospieler und innerparteiliche Gruppierungen	285
6.5.3.3	Der Wettbewerb um Wählerstimmen	287
6.6	Die dänische Finanzpolitik seit 1982 im Lichte des theoretischen Modells	289
7.	„Kranker Mann Europas" wegen Reformstaus? Anpassungsreaktionen in der Bundesrepublik Deutschland seit 1982	295
7.1	Politische Rahmenbedingungen in der Bundesrepublik Deutschland	295
7.1.1	Das politische System	295
7.1.2	Das Parteiensystem	300
7.2	„Wirtschaftswunder" und „Modell Deutschland"? Grundprobleme der deutschen Wirtschaftspolitik bis 1982	305
7.3	Die Finanzpolitik der christlich-liberalen Koalition unter Helmut Kohl vor der Wiedervereinigung, 1982-1989/90	308
7.3.1	Steuerpolitik	310
7.3.2	Haushaltspolitik	313
7.3.3	Die Finanzpolitik der Regierung Kohl vor der Wiedervereinigung und der politische Prozess	316
7.3.3.1	Die parteipolitische Zusammensetzung der Regierung	317
7.3.3.2	Vetospieler und innerparteiliche Gruppierungen	318
7.3.3.3	Der Wettbewerb um Wählerstimmen	322
7.4	Die Finanzpolitik der christlich-liberalen Koalition nach der Wiedervereinigung, 1990-1998	326
7.4.1	Steuerpolitik	327
7.4.2	Haushaltspolitik	331
7.4.3	Die Finanzpolitik der christlich-liberalen Koalition nach der Wiedervereinigung und der politische Prozess	337
7.4.3.1	Die parteipolitische Zusammensetzung der Regierung	338
7.4.3.2	Vetospieler und innerparteiliche Gruppierungen	339
7.4.3.3	Der Wettbewerb um Wählerstimmen	344
7.5	Die Finanzpolitik der rot-grünen Regierung, 1998-2005	348
7.5.1	Steuerpolitik	349
7.5.2	Haushaltspolitik	353
7.5.3	Die rot- grüne Finanzpolitik und der politische Prozess	359
7.5.3.1	Die parteipolitische Zusammensetzung der Regierung	360

7.5.3.2	Vetospieler und innerparteiliche Gruppierungen	363
7.5.3.3	Der Wettbewerb um Wählerstimmen	371
7.6	Die deutsche Finanzpolitik seit 1982 im Lichte des theoretischen Modells	376
8	Globalisierung der Wirtschaft und politische Anpassungsprozesse in vier europäischen Ländern – eine vergleichende Interpretation	381
	Literatur	411

Abbildungsverzeichnis

Abbildung 4.1	Haushaltssalden des Gesamtstaates in % BIP und Steuerquote in Großbritannien, 1978-1990	78
Abbildung 4.2	Reale Veränderungen ausgewählter Haushaltsbereiche in Großbritannien, 1979/80-1989/90 (in Prozent)	82
Abbildung 4.3	Haushaltssalden des Gesamtstaates in % BIP und Steuerquote in Großbritannien, 1989-1997	103
Abbildung 4.4	Reale Veränderungen ausgewählter Haushaltsbereiche in Großbritannien, 1990/91-1996/97 (in Prozent)	106
Abbildung 4.5	Haushaltssalden des Gesamtstaates in % BIP und Steuerquote in Großbritannien, 1996-2006	121
Abbildung 4.6	Reale Veränderungen ausgewählter Haushaltsbereiche in Großbritannien, 1996/97-2005/06 (in Prozent)	125
Abbildung 5.1	Haushaltssalden des Gesamtstaates in % BIP und Steuerquote in den Niederlanden, 1980-1989	158
Abbildung 5.2	Reale Veränderungen ausgewählter Haushaltsbereiche in den Niederlanden, 1982-1989 (in Prozent)	162
Abbildung 5.3	Haushaltssalden des Gesamtstaates in % BIP und Steuerquote in den Niederlanden, 1988-1994	174
Abbildung 5.4	Reale Veränderungen ausgewählter Haushaltsbereiche in den Niederlanden, 1989-1994 (in Prozent)	178
Abbildung 5.5	Haushaltssalden des Gesamtstaates in % BIP und Steuerquote in den Niederlanden, 1993-2002	190
Abbildung 5.6	Reale Veränderungen ausgewählter Haushaltsbereiche in den Niederlanden, 1994-2002 (in Prozent)	193
Abbildung 5.7	Haushaltssalden des Gesamtstaates in % BIP und Steuerquote in den Niederlanden, 2000-2006	204
Abbildung 5.8	Reale Veränderungen ausgewählter Haushaltsbereiche in den Niederlanden, 2002-2006 (in Prozent)	206
Abbildung 6.1	Position dänischer Parteien zum Thema Marktwirtschaft, 1981-2001	226
Abbildung 6.2	Haushaltssalden des Gesamtstaates in % BIP und Steuerquote in Dänemark, 1981-1993	236
Abbildung 6.3	Reale Veränderungen ausgewählter Haushaltsbereiche in Dänemark, 1982-1992 (in Prozent)	240

Abbildung 6.4	Haushaltssalden des Gesamtstaates in % BIP und Steuerquote in Dänemark, 1992-2001	258
Abbildung 6.5	Reale Veränderungen ausgewählter Haushaltsbereiche in Dänemark, 1992-2001 (in Prozent)	264
Abbildung 6.6	Haushaltssalden des Gesamtstaates in % BIP und Steuerquote in Dänemark, 2001-2006	279
Abbildung 6.7	Reale Veränderungen ausgewählter Haushaltsbereiche in Dänemark, 2001-2006 (in Prozent)	282
Abbildung 7.1	Position der deutschen Parteien zum Thema Marktwirtschaft, 1980-2002	304
Abbildung 7.2	Haushaltssalden des Gesamtstaates in % BIP und Abgabenquote in der Bundesrepublik Deutschland, 1981-1990	312
Abbildung 7.3	Reale Veränderungen ausgewählter Haushaltsbereiche des Bundes, 1982-1989 (in Prozent)	315
Abbildung 7.4	Haushaltssalden des Gesamtstaates in % BIP und Abgabenquote in der Bundesrepublik Deutschland, 1990-1998	330
Abbildung 7.5	Reale Veränderungen ausgewählter Haushaltsbereiche des Bundes, 1991-1998 (in Prozent)	336
Abbildung 7.6	Haushaltssalden des Gesamtstaates in % BIP und Abgabenquote in der Bundesrepublik Deutschland, 1998-2005	352
Abbildung 7.7	Reale Veränderungen ausgewählter Haushaltsbereiche des Bundes, 1998-2005 (in Prozent)	358
Abbildung 7.8	Einkommensteuertarife im Vergleich	361

Tabellenverzeichnis

Tabelle 2.1	Konstellationen des Parteienwettbewerbs nach Parteiensystemcharakteristika	38
Tabelle 3.1	Mögliche Kombinationen der unabhängigen Variablen	57
Tabelle 4.1	Wahlergebnisse in Großbritannien 1974-2005 (in Prozent der Stimmen)	63
Tabelle 4.2	Elektorale Volatilität in Großbritannien 1974-2005	64
Tabelle 4.3	Die sozio-ökonomischen Positionen der britischen Parteien und das Gravitationszentrum	65
Tabelle 4.4	Einkommen- und Körperschaftsteuersätze in Großbritannien, 1979-2008	71
Tabelle 5.1	Wahlergebnisse in den Niederlanden 1977-2006 (in Prozent der Stimmen)	146
Tabelle 5.2	Elektorale Volatilität in den Niederlanden 1977-2006	147
Tabelle 5.3	Die sozio-ökonomischen Positionen der niederländischen Parteien und das Gravitationszentrum	149
Tabelle 6.1	Wahlergebnisse in Dänemark, 1977-2007 (in Prozent der Stimmen)	222
Tabelle 6.2	Elektorale Volatilität in Dänemark 1977-2007	223
Tabelle 6.3	Die sozio-ökonomischen Positionen der dänischen Parteien und das Gravitationszentrum	225
Tabelle 7.1	Ergebnisse der Bundestagswahlen in Deutschland, 1976-2005 (in Prozent der Stimmen)	301
Tabelle 7.2	Elektorale Volatilität in Deutschland 1976-2005	302
Tabelle 7.3	Die sozio-ökonomischen Positionen der deutschen Parteien und das Gravitationszentrum	303

Abkürzungsverzeichnis

BIP	Bruttoinlandsprodukt
BMAS	Bundesministerium für Arbeit und Sozialordnung (Deutschland)
BMF	Bundesministerium der Finanzen (Deutschland)
BT-Drs.	Bundestags-Drucksache
BVerfGE	Entscheidungen des Bundesverfassungsgerichts
CD	Centrum-Demokraterne (Zentrumsdemokraten, nicht-christliche Mittepartei Dänemark)
CDA	1. Christen Democratisch Appèl (christdemokratische Partei Niederlande), 2. Christlich-Demokratische Arbeitnehmerschaft (Sozialausschüsse der CDU)
CDU	Christlich Demokratische Union Deutschlands
CPB	Centraal Planbureau (Zentrales Planungsbüro Niederlande)
CSU	Christlich Soziale Union
D66	Democraten 66 (linksliberale Partei Niederlande)
DF	Dansk Folkeparti (Dänische Volkspartei, rechtspopulistische Partei)
Dkr	Dänische Krone
ECOFIN	Rat für Wirtschaft und Finanzen (EU)
EWU	Europäische Währungsunion
FDP	Freie Demokratische Partei Deutschlands
IFS	Institute for Fiscal Studies
IWF	Internationaler Währungsfonds
JWB	Jahreswirtschaftsbericht der Bundesregierung (Deutschland)
KF	Det Konservative Folkeparti (Konservative Partei Dänemark)
KrF	Kristeligt Folkeparti (christdemokratische Partei Dänemark)
KWh	Kilowattstunde
LPF	Lijst Pim Fortuyn (rechtspopulistische Partei Niederlande)
MinFin	Ministerie van Financiën (Finanzministerium Niederlande)
NHS	National Health Service (Nationaler Gesundheitsdienst, Großbritannien)
PDS	Partei des Demokratischen Sozialismus (Deutschland)
PFI	Private Finance Initiative (Großbritannien)
PlPr.	Plenarprotokolle des Deutschen Bundestages
PSBR	Public Sector Borrowing Requirement (Großbritannien)
PvdA	Partij van de Arbeid (sozialdemokratische Partei Niederlande)

RV	Det Radikale Venstre (linksliberale Partei Dänemark)
SD	Socialdemokraterne (Sozialdemokratische Partei Dänemark)
SER	Sociaal-Economische Raad (Wirtschafts- und Sozialrat Niederlande)
SF	Socialistisk Folkeparti (Sozialistische Volkspartei Dänemark)
SKWP	Spar-, Konsolidierungs- und Wachstumspaket (Deutschland 1993)
SPD	Sozialdemokratische Partei Deutschlands
SVR	Sachverständigenrat zur Begutachtung der gesamtwirtschaftlichen Entwicklung
VAT	Value Added Tax (Mehrwertsteuer Großbritannien)
VVD	Volkspartij voor Vrijheid en Democratie (liberale Partei Niederlande)
WAO	Wet op de arbeidsongeschiktheidsverzekering (Erwerbsunfähigkeitsrente Niederlande)
WASG	Arbeit & soziale Gerechtigkeit – Die Wahlalternative (WASG) (linkspopulistische Partei Deutschland)
WFTC	Working Family Tax Credit (Großbritannien)
WRR	Wetenschappelijke Raad voor het Regeringsbeleid (Wissenschaftlicher Beirat für Regierungspolitik Niederlande)

1 Einleitung

Globalisierung gilt als zentrale wirtschaftspolitische Herausforderung der etablierten Demokratien Westeuropas.[1] Für die vergangenen beiden Dekaden lässt sich tatsächlich eine je nach Bereich unterschiedlich starke, aber mitunter doch immense Ausweitung grenzüberschreitender Transaktionen feststellen (umfassend hierzu Beisheim et al. 1999: 264-320): Waren die Veränderungen in den letzten Dekaden beim internationalen Handel noch vergleichsweise gering, kommt ihnen in den Bereichen Produktion und ausländische Direktinvestitionen bereits größere Bedeutung zu, während der Wandel im Bereich der globalisierten Kapitalmärkte gegenüber dem Status quo etwa der 1970er Jahre als äußerst weitreichend betrachtet werden muss (Cohen 1996; Simmons 1999). Gerade die Veränderungen im Bereich der internationalen Finanzmärkte, das Volumen und die Geschwindigkeit der dort getätigten Transaktionen, aber auch die Internationalisierung der Produktion, die sich beispielsweise an der Tatsache veranschaulichen lässt, dass ein Drittel des Welthandels auf konzerninternen Handel entfällt, machen deutlich, dass die sich seit den 1980er Jahren entwickelnde Globalisierungsdynamik ohne historisches Vorbild ist und sich somit auch qualitativ von der weltwirtschaftlichen Verflechtung der Zeit zwischen 1870 und 1914 unterscheidet (vgl. etwa Garrett 2000: 954f.).

In einer Vielzahl von Publikationen[2] wurde aus diesen Internationalisierungstendenzen, insbesondere der sehr hohen Kapitalmobilität, gefolgert, dass die – ohnehin schon begrenzte – Fähigkeit von Regierungen, die Wirtschaft gezielt zu steuern, geschrumpft sei, da diese Veränderungen zu Handlungszwängen für nationalstaatliche Wirtschaftspolitik geführt hätten. So müssten Regierungen mit günstigen Standortbedingungen um Investitionen konkurrieren. Daher avancierten Deregulierung und eine Senkung der Steuer- und Abgabenbelastung zu Imperativen für die Wirtschaftspolitik – bei deren Missachtung die Abwanderung von Produktion und Arbeitsplätzen drohe. Insbesondere sei ein Steuersenkungswettbewerb zu erwarten, der zu einer Reduzierung der Steuern auf Kapitalerträge und Einkommen aus Unternehmertätigkeit führe (Plümper/Schulze 1999; Wilson 1999; Genschel 2000; Feld 2000: Kap. 2; Bretschger/Hettich 2002). Auch die sozialen Sicherungssysteme gerieten zunehmend unter Druck, da ihre Finanzierung, insbesondere wenn sie zumindest teilweise über Beiträge seitens der Unternehmen erfolgt, nicht mehr sichergestellt werden könne (Kaufmann 1997: 118-130; Rodrik 2000: 79-85; Sinn 2002:

---

1 Der Begriff Globalisierung wird im Folgenden im Sinne von Zürns (1998: 73) Denationalisierungsbegriff verstanden als „Verschiebung der Grenzen von verdichteten sozialen Handlungszusammenhängen über die Grenzen von nationalen Gesellschaften hinaus, ohne gleich global sein zu müssen". Dabei wird allerdings ausschließlich auf die Globalisierung im Bereich der Wirtschaft fokussiert.
2 Vgl. für viele Siebert (1998); Kirchgässner (1998); Simmons (1999); Schulze/Ursprung (1999); Scharpf (2000a) sowie Schirm (2004): 72-95.

399-401). Der Standortwettbewerb führe dazu, dass „der Verteilungsspielraum der Regierungen, die Möglichkeit zur Redistribution und zur Finanzierung der sozialen Sicherung eingeschränkt wird" (Siebert 1998: 59). Ebenso müssten nationale Regulierungen wie Kündigungsschutz, betriebliche Mitbestimmung etc. abgebaut werden, soweit sie bei Unternehmen Kosten verursachen, die in anderen Ländern nicht anfallen (Scharpf 1999: 91-95; Sinn 2002: 402).

Gleichzeitig verlieren dieser Argumentation zufolge klassische Instrumente der Wirtschaftspolitik zunehmend ihre Wirksamkeit. So komme es bei einer nationalen keynesianischen Nachfragestimulierung unter den Bedingungen offener Gütermärkte kaum zur angestrebten Ausweitung der heimischen Produktion und zur Schaffung von Arbeitsplätzen, weil die Kaufkraftzunahme in erheblichem Ausmaß zu einer Erhöhung der Importe führe, sie also ins Ausland abfließe (Hirst/Thompson 1996: 143). Die Entwicklung der Finanzmärkte habe zudem zum Verlust der nationalen Zinssouveränität geführt, da ein Land nicht mehr autonom ein niedrigeres Zinsniveau als das Weltzinsniveau festlegen kann. „Wer nun die Zinsen unter das internationale Niveau senkt, schafft nicht mehr Arbeitsplätze, sondern treibt nur das Kapital aus dem Land" (Scharpf 1995: 215; ebenso Simmons 1999: 63).

Ebenso gewinne wirtschaftspolitische Glaubwürdigkeit zunehmend an Bedeutung (vgl. dazu Freitag 2001). So würden alle Entwicklungen, in denen die Finanzmärkte ein Abwertungsrisiko sehen (z.B. Inflation, Außenhandelsdefizit, Budgetdefizit, kompetitive Abwertungen), mit einer Flucht aus der Landeswährung bestraft, da eine Abwertung dazu führt, dass auch das in dieser Währung angelegte Kapital an Wert verliert (Huber/Stephens 1998: 374f.; Iversen 2000: 221f.; siehe dazu auch die empirischen Ergebnisse von Mosley 2000). Daher führe bereits die Erwartung einer Abwertung zu Kapitalflucht oder Investoren legten ihr Geld erst gar nicht in Weichwährungsländern an bzw. verlangten Risikoaufschläge, sodass umgekehrt Regierungen ihr Augenmerk darauf lenken werden, solche Entwicklungen zu vermeiden. „Damit ist die nationale Stabilitätspolitik bei hoher Mobilität des Portfoliokapitals einer Kontrolle der Finanzmärkte unterworfen" (Siebert 1998: 44).

Diese Einschränkungen der wirtschaftspolitischen Handlungsfähigkeit fortgeschrittener OECD-Demokratien müssten in besonderem Maße für die Mitgliedstaaten der Europäischen Union gelten, die mit dem Binnenmarktprogramm nämlich geradezu ein „Laboratorium der Globalisierung" (Kreile 1999: 608) geschaffen haben (zum Folgenden etwa Merkel et al. 2006: 53-72). Durch die Gewährleistung der vier Freiheiten für Waren, Dienstleistungen, Arbeit und Kapital ist die Verflechtung der Märkte innerhalb Europas im Vergleich zur Integration der Weltmärkte wesentlich stärker ausgeprägt, sodass auch die Fähigkeit nationalstaatlicher Regierungen, eine eigenständige Wirtschaftspolitik zu betreiben, durch die europäische Einigung „viel stärker beschränkt [wird], als dies die Anpassungszwänge des globalen Wettbewerbs erfordern würden" (Scharpf 1999: 46).

Doch die europäische Integration verschärft nicht nur die ökonomischen Zwänge der Standortkonkurrenz, sondern sie schränkt die nationalstaatliche Handlungsfähigkeit auch rechtlich ein. In manchen Bereichen, am prominentesten natürlich der Geldpolitik, haben die Mitgliedstaaten (oder im Fall des Euro ein Teil der Mitgliedstaaten) vollständig auf ihre Kompetenzen verzichtet, in anderen haben sie sich verpflichtet, auf europäischer Ebene beschlossene Politiken nationalstaatlich umzusetzen. Die Finanz-, Sozial- und Steuerpolitik, die in dieser Arbeit im Zentrum stehen wird, ist von solchen sekundärrechtlichen Bestimmungen allerdings unterdurchschnittlich betroffen (vgl. etwa Schmidt 2005d, Börzel 2006), wenngleich es auch hier relevante Bestimmungen gibt.

Die wichtigste europäische Regel für die nationalstaatliche Finanzpolitik sind die Konvergenzkriterien des Maastrichter Vertrages, die von den potenziellen Teilnehmern an der gemeinsamen Währung im Referenzjahr 1997 u.a. forderten, das gesamtstaatliche Haushaltsdefizit auf unter drei Prozent und den Schuldenstand auf höchstens 60 Prozent am Bruttoinlandsprodukt zu beschränken. Diese Bestimmungen wurden im Stabilitäts- und Wachstumspakt auch über das Referenzjahr hinaus sanktionsbewehrt ausgedehnt. In der Steuerpolitik wurden vereinzelt ebenfalls Richtlinien beschlossen, die allerdings vornehmlich die indirekten Steuern betreffen und auch hier den Handlungsspielraum der Mitgliedstaaten nur sehr begrenzt einschränken. Die – vergleichsweise geringe – Harmonisierung bei der Unternehmens- und Zinsbesteuerung wurde dagegen insbesondere in den 1990er Jahren von einigen Mitgliedstaaten sogar angestrebt, um den Druck des Steuerwettbewerbs zu *verringern*, etwa durch die Zinsbesteuerungsrichtlinie und den Verhaltenskodex für die Unternehmensbesteuerung. Allerdings ist die auf diese Weise erreichte Begrenzung des internationalen Steuerwettbewerbs kaum wirksam (vgl. Ostheim 2006: 429-442).

Auch die „Quasi-Konstitutionalisierung des Vorrangs der Marktfreiheiten und des europäischen Wettbewerbsrechts" (Merkel et al. 2006: 54) kann Folgen für die Finanzpolitik haben. So dürfen bestimmte wirtschaftspolitische Instrumente von den Regierungen der Mitgliedstaaten nicht mehr eingesetzt werden, wenn sie von der Europäischen Kommission und dem Europäischen Gerichtshof als diskriminierend oder den Wettbewerb beschränkend betrachtet werden. Das gilt beispielsweise für bestimmte Subventionszahlungen, aber auch für einzelne Bestimmungen in nationalen Steuergesetzen. Dies kann dazu führen, dass die Mitgliedstaaten noch auf weitere wirtschaftspolitische Instrumente verzichten müssen. Allerdings sind auch in diesem Bereich die Wirkungen überraschend gering, ergeben Regressionsanalysen für das Niveau und die Veränderung der Subventionszahlungen der OECD-Länder doch beispielsweise keinen signifikant negativen Effekt einer EU-Mitgliedschaft (Obinger/Zohlnhöfer 2007: 210f.).

Auch aus anderen Gründen sind gegen die Argumentation, Globalisierung und Europäische Integration zwängen die Wirtschaftspolitik der Mitgliedstaaten zu einer neoliberalen Konvergenz, zu Recht empirische Einwände vorgebracht worden. Für die Europäische Integration ist hinsichtlich der Finanzpolitik bereits auf die begrenzte Regulierungstiefe hingewiesen worden ebenso wie auf die Möglichkeit, die EU als „Schutzschild" gegen Globalisierung zu nutzen, wenngleich eine solche positive Integration ungleich schwerer durchzusetzen ist als die Markt schaffende negative Integration (vgl. Scharpf 1999).

Noch skeptischer werden in Teilen der Literatur jedoch die Verweise auf die Beschränkung der wirtschaftspolitischen Handlungsmöglichkeiten des Nationalstaates durch die Globalisierung diskutiert (vgl. etwa Hirst/Thompson 1996; Straubhaar

1998): Ob man den Außenhandel, die Bedeutung ausländischer Direktinvestitionen oder die Integration in die internationalen Finanzmärkte betrachtet – in allen Bereichen gab es auch zwischen den entwickelten OECD-Demokratien noch in den 1990er Jahren erhebliche Unterschiede (Garrett/Mitchell 2001: 153-157). Hinzu kommt, dass die einzelnen Länder keineswegs gleich stark in allen Bereichen integriert sind: Die Korrelation zwischen dem Index der finanziellen Offenheit für die OECD-Länder und der Außenhandelsquote dieser Staaten beträgt den Daten von Garrett und Mitchell (2001: 156) zufolge -0,02 – es besteht in diesem Extremfall also überhaupt kein systematischer Zusammenhang zwischen Handels- und Finanzmarktintegration eines Landes.

Es ist auch keineswegs sicher, dass die Zusammenhänge zwischen Globalisierung und staatlicher Handlungsfähigkeit in der Realität wie postuliert bestehen. So hat beispielsweise Layna Mosley (2000) gezeigt, dass die Akteure auf den internationalen Finanzmärkten nur auf bestimmte Schlüsselindikatoren achten, während andere Bereiche von den Finanzmärkten weitgehend außer Acht gelassen werden, in denen Regierungen dann nach wie vor Handlungsspielräume besitzen. Zudem gibt es – zumindest nach dem Standardlehrbuchmodell der Makroökonomik offener Volkswirtschaften, dem Mundell-Fleming-Modell – auch bei vollkommener Kapitalmobilität noch wirksame makroökonomische Politikinstrumente, wobei es allerdings vom Wechselkursregime abhängt, welches Instrument angewendet werden kann: Bei flexiblen Wechselkursen ist die Geldpolitik sehr wirksam, nicht jedoch die Fiskalpolitik, während es bei festen Wechselkursen gerade umgekehrt ist, hier also nur Fiskalpolitik, jedoch keine Geldpolitik angewendet werden kann (Oatley 1999; Cohen 2002: 441). In den Bereichen, in denen die Instrumente besonders wirksam eingesetzt werden können, kann also auch unter den Bedingungen offener Kapitalmärkte mit weiter bestehender staatlicher Handlungsfähigkeit gerechnet werden.

Darüber hinaus ist zu beachten, dass die verschiedenen Länder aufgrund ihrer unterschiedlichen wirtschaftlichen und institutionellen Strukturen keineswegs in gleicher Weise verletzlich sind. Beispielsweise generieren verschiedene Wohlfahrtsstaatsregime (Esping-Andersen 1990) oder unterschiedliche Strukturen ihrer politischen Ökonomien (Hall/Soskice 2001) unter Globalisierungsbedingungen sehr unterschiedliche Problemlagen, die wiederum unterschiedliche Lösungen verlangen, sodass also auch ähnliche Herausforderungen zu divergierendem Anpassungsdruck und verschiedenen Anpassungsreaktionen führen müssten (Scharpf 2000a; Hemerijck/Schludi 2000; Genschel 2004). Entsprechend stellen auch die meisten empirischen Studien, die die Effekte der Globalisierung auf verschiedene Politikfelder untersuchen, weder ein „race to the bottom" noch eine eindeutige Konvergenz zwischen den reichen OECD-Ländern fest (vgl. für viele Schulze/Ursprung 1999; Bernauer 2000; Swank 2002; Busch 2003).

Diese Einwände sind zutreffend und sie sind wichtig, relativieren sie doch die These vom weit reichenden Macht- und Funktionsverlust des Staates. Gleichwohl wird ebenfalls kaum bestritten werden können, dass die zunehmende weltwirtschaftliche und europäische Integration die Rahmenbedingungen für wirtschafts- und sozialpolitisches Handeln von Regierungen erheblich verändert hat (Cohen 1996: 289). So wird im Folgenden davon ausgegangen, dass Globalisierung und Europäische

Integration wenigstens im Prinzip Anpassungen in der Wirtschafts- und Sozialpolitik der westlichen Demokratien erfordern.[3]

In der vorliegenden Schrift soll vor diesem Hintergrund theoretisch wie empirisch die Frage diskutiert werden, *wie* sich diese Anpassungsprozesse in den OECD-Demokratien vollziehen. Dabei wird der häufig in der Debatte implizierte Automatismus in Frage gestellt, mit dem der Globalisierungsdruck[4] angeblich in Policies übersetzt wird. An dieser Stelle besteht bei den meisten einschlägigen Beiträgen insofern ein theoretisches Defizit, als selten klar wird, über welchen kausalen Mechanismus die vermeintlichen Globalisierungszwänge in nationalstaatliche Politik umgesetzt werden (vgl. Theurl 1999; Schwartz 2001b: 20f.). In der Regel wird nämlich nicht nur von der unterschiedlichen Adaptionsnotwendigkeit verschiedener Länder, sondern auch vom nationalen politisch-institutionellen Handlungskontext abstrahiert. Es bleibt somit weitgehend ungeklärt, ob und in welcher Weise der nationalstaatliche Handlungskorridor die Wahrnehmung von Handlungszwängen und die daraus folgende Politik und ihre Durchsetzbarkeit beeinflusst, obwohl das Ausbleiben der erwarteten Globalisierungseffekte wie auch einige wenige theoretische Modelle (etwa Basinger/Hallerberg 2004) doch gerade nahe legen, dass der nationalstaatliche Handlungsspielraum auf Anpassungsreaktionen einwirkt. Dies ist politikwissenschaftlich jedoch höchst unbefriedigend, denn „die ‚Politik der Globalisierung' wird nicht durch die Globalisierung selbst determiniert, sondern durch die Reaktionen politischer Akteure und deren strategische Wahlentscheidungen" (Grande/Risse 2000: 258; ähnlich Zürn 2002: 242f.).

Diese Erkenntnis soll im Folgenden ernst genommen werden. Dazu wird im nächsten Kapitel die theoretische Debatte über nationalstaatliche Anpassungsprozesse an wirtschaftliche Globalisierung aufgenommen und kritisiert, bevor ein eigenes Modell politischer Willensbildung unter Internationalisierungsbedingungen vorgestellt wird, das im empirischen Teil der Arbeit getestet werden soll. Kapitel 3 legt die methodologischen Grundlagen für die empirische Untersuchung, indem es die Auswahl des untersuchten Politikfeldes, der Untersuchungsländer und des Untersuchungszeitraums sowie die Wahl einer qualitativen Herangehensweise begründet. In

---

3 Für die weitere Argumentation ist es nicht notwendig anzunehmen, dass Globalisierung und Europäische Integration in allen Ländern die gleichen Anpassungsreaktionen nahe legen; es genügt vielmehr, davon auszugehen, dass solche Reformen überhaupt notwendig werden und sie i.d.R. die Gewichte zwischen Staat und Markt eher in Richtung des letzteren verschieben. Die fraglichen Reformen dürften vor allem durch folgende Merkmale gekennzeichnet sein (Hall 2002: 32-34): Verbesserung der Angebotsseite der Ökonomie; Umbau des Wohlfahrtsstaates mit begrenzten Kürzungen der Leistungsniveaus; verstärkter Rückgriff auf das Steuerungsinstrument „Markt", Fiskaldisziplin; Verzicht auf keynesianische Nachfragesteuerung in einem Land.

4 Im Folgenden soll der Begriff „Globalisierung" die wichtigsten Einflüsse der europäischen Integration einschließen, bestehen diese Effekte für die Finanzpolitik doch wie gesehen häufig vor allem in einer Intensivierung der Marktintegration, die die Effekte der Globalisierung noch verstärkt, sowie im Stabilitätspakt, der die Mitgliedstaaten aber lediglich auf bestimmte Ziele verpflichtet, ihnen die Umsetzung aber weitgehend selbst überlässt. Auch hier gilt daher, dass die Maßnahmen, die zur Erreichung des vorgegebenen Ziels dienen sollen, auf nationalstaatlicher Ebene beschlossen werden müssen.

den daran anschließenden Kapiteln 4 bis 7 werden dann die finanzpolitischen Willensbildungsprozesse in vier westeuropäischen Ländern (Großbritannien, Niederlande, Dänemark und Deutschland) seit Beginn der 1980er Jahre rekonstruiert und mithilfe des in Kapitel 2 vorgestellten Modells erklärt. Um die Vergleichbarkeit der Länderstudien zu gewährleisten, sind die empirischen Kapitel identisch aufgebaut. So werden zunächst die relevanten Vetospieler in dem entsprechenden Land eingeführt, indem das politischen System und das Parteiensystem vorgestellt werden, ehe ein kurzer Überblick über die wirtschaftspolitische Entwicklung bis zum Beginn des Untersuchungszeitraumes gegeben wird. Anschließend wird, unterteilt nach den jeweiligen Regierungsperioden, die durchgesetzte Politik beschrieben und unter Verwendung der in Kapitel 2 herausgearbeiteten unabhängigen Variablen systematisch erklärt. Kapitel 8 führt die empirischen Ergebnisse der einzelnen Länderstudien schließlich zusammen und prüft die theoretisch gewonnenen Hypothesen vergleichend.

2 Theoretischer Rahmen

In diesem Kapitel soll der theoretische Rahmen für die Analyse der finanzpolitischen Willensbildungsprozesse in vier westeuropäischen Ländern seit Beginn der 1980er Jahre gelegt werden. Dazu wird zunächst (Abschnitt 2.1) knapp die theoretische Debatte zu Anpassungsreaktionen auf externe Herausforderungen skizziert und auf deren Defizite hingewiesen. Anschließend wird in Abschnitt 2.2 ein Modell politischer Willensbildung in „geschlossenen Volkswirtschaften" vorgestellt, das auf Theorieelementen verschiedener Schulen der Staatstätigkeitsforschung aufbaut. Diese werden aber systematisch miteinander verknüpft und dynamisiert, indem in einem zweiten Schritt (Abschnitt 2.3) diskutiert wird, unter welchen Bedingungen die Herausforderungen der Globalisierung in diesem Modell zu Anpassungsreaktionen führen und wie die entsprechenden politischen Prozesse aussehen werden. Auf diese Weise werden Hypothesen über Verlauf und Ergebnis der Anpassungsprozesse an externe Herausforderungen abgeleitet.

2.1 Der Stand der Debatte – ein knapper Überblick

Als Ausgangspunkt der Debatte um die „international sources of domestic politics" diente ein Beitrag von Peter Gourevitch (1978), in dem er unter Rückgriff auf die bestehende Literatur mindestens zweierlei zeigte: Erstens sei das internationale System „not only a consequence of domestic politics and structures but a cause of them. Economic relations and military pressures constrain an entire range of domestic behaviors, from policy decisions to political forms" (Gourevitch 1978: 911). Zweitens gelte aber, dass „however compelling external pressures may be, they are unlikely to be fully determining, save for the case of outright occupation. Some leeway of response to pressure is always possible, at least conceptually. The choice of response therefore requires explanation." Das heißt: Das internationale System und die internationale Ökonomie beeinflussen die nationalstaatliche Politik, aber sie determinieren sie nicht – Institutionen, Interessen und interne Machtverhältnisse müssen also weiter berücksichtigt werden. Allerdings konzentriert sich Gourevitch in seinem Beitrag auf die Betrachtung internationaler Einflüsse auf bestimmte Aspekte politischer Systeme, während die Beeinflussung spezifischer Entscheidungen oder Policies kaum analysiert wird (Gourevitch 1978: 883f., 896).

Pioniere bei der Untersuchung der Wirkungen wirtschaftlicher Offenheit auf nationale Ökonomien und die jeweiligen Wirtschafts- und Sozialpolitiken waren David Cameron und Peter Katzenstein. Cameron (1978) etwa stellte fest, dass wirtschaftlich offene Volkswirtschaften einen größeren öffentlichen Sektor besitzen als geschlossenere Ökonomien. Zu ähnlichen Ergebnissen gelangte Peter Katzenstein (1985) in seiner Untersuchung der kleinen offenen Volkswirtschaften Europas. Diese Länder sahen sich nach Katzenstein vor das Problem gestellt, außenwirtschaftlichen Entwicklungen ausgeliefert zu sein, die sie nicht beeinflussen und von denen sie sich nur mit hohen Kosten abschotten konnten. Um aber die wegen dieser außenwirtschaftlichen Verletzlichkeit notwendige Flexibilität erreichen zu können, ohne die politische Stabilität zu gefährden, hätten sich in diesen Ländern institutionelle Mechanismen, namentlich verschiedene Modelle eines demokratischen Korporatismus, gebildet, die den Konsens erzeugten, der für die Akzeptanz ständigen ökonomischen Wandels unabdingbar sei (Katzenstein 1985: 200). Dabei spielten Kompensationen für die Zumutungen stetiger wirtschaftlicher Veränderungen, etwa in Form von Sozialleistungen, eine erhebliche Rolle.

Katzenstein zeigt gleichfalls, dass die korporatistischen Arrangements, die die Koexistenz von wirtschaftlicher Flexibilität und politischer Stabilität ermöglichen, Ausdruck spezifischer historischer Entwicklungen sind und sie daher auf andere Länder nicht umstandslos übertragen werden können: „We cannot apply the ‚lessons' of the small European states for the simple reason that we cannot remake our history" (Katzenstein 1985: 207). Damit erlaubt es Katzensteins Studie aber nicht, Aussagen über Anpassungsprozesse in großen Ländern zu treffen. Auch wenn sich die Verletzlichkeit großer Länder derjenigen kleiner Länder inzwischen angenähert hat – „large states are growing smaller" (Katzenstein 2003: 27) –, sind doch die historischen und institutionellen Voraussetzung in den großen (und einer Reihe von kleinen) Ländern so verschieden, dass eine nachholende Anpassung an die von Katzenstein untersuchten Länder nicht erwartet werden kann; ja, mehr noch, auch in den kleinen Ländern haben sich die Rahmenbedingungen so weit verändert, „dass die Möglichkeit zur korporatistischen Reaktion abnimmt, während der Bedarf daran wächst" (Armingeon 2007: 314).

Ein gewichtiger Unterschied der Epoche seit den 1980er Jahren betrifft dabei die relevante Dimension außenwirtschaftlicher Offenheit: Bei Katzenstein und Cameron war sie als Handelsoffenheit verstanden worden; dagegen dreht sich die Debatte um die wirtschaftspolitischen Folgen ökonomischer Globalisierung in den letzten 15 Jahren zunehmend um integrierte Finanzmärkte, die ganz andere Herausforderungen für die nationalstaatliche Wirtschafts- und Sozialpolitik mit sich bringen, sodass sich auch die Ergebnisse der genannten Studien nicht umstandslos auf die Wirtschaftspolitik des beginnenden 21. Jahrhunderts übertragen lassen (Milner/Keohane 1996: 23).

In vielen neueren Beiträgen, die die Wirkungen der internationalisierten Ökonomie auf nationalstaatliche Wirtschafts- und Sozialpolitiken auch theoretisch zu erfassen suchen, werden – häufig mit Hilfe von Standardmodellen der Außenhandelstheorie – Gewinner und Verlierer einer außenwirtschaftlichen Öffnung identifiziert, deren Interessen und Stärkeverhältnisse letztlich über die Form der Anpassung an Globalisierung entscheiden.[5] Dabei wird beispielsweise unterstellt, dass insbeson-

---

5   Vgl. z.B. Frieden (1991); Frieden/Rogowski (1996); Garrett/Lange (1996); Burgoon (2001); als Überblick über solche Theorien: Gourevitch (2002: 310-313); Martin (2003); Zohlnhöfer (2006c: 56-59).

re die Liberalisierung der Finanzmärkte der Kapitalseite eine Exit-Option eröffnet hat. Schon diese Option führe zu einer höheren Fähigkeit der Kapitalbesitzer, ihre Interessen durchzusetzen, da deren „voice" nun von der Regierung ernst genommen werden müsse, die Regierung also eine mögliche Kapitalflucht antizipiert und darauf reagiert. Entsprechend schlügen sich in der Regierungspolitik verstärkt die Interessen der Kapitalbesitzer nieder, was zu einer Konvergenz zwischen den von Globalisierung betroffenen Ländern führen müsste (ausführlich Swank 2002: 20-27). Dass im Fall eines Konflikts zwischen den Wünschen der Kapitalseite, die diese gegebenenfalls auch mit der Drohung der Abwanderung untermauern wird, und den Vorstellungen der Wähler, die in ihrer Mehrheit häufig nicht bereit sind, Sozialkürzungen, Deregulierung des Arbeitsmarktes oder Senkungen der Unternehmenssteuern hinzunehmen, Regierungen als „Schiedsrichter" agieren müssen, bleibt in diesen Beiträgen allerdings unberücksichtigt. Diese Blindstelle ist vor allem deshalb folgenschwer, weil die Regierungen ja gerade vom Wählerwillen, und eben nicht – zumindest nicht unmittelbar – vom Wohlwollen multinationaler Unternehmen abhängig sind.[6] Solche Zusammenhänge bleiben in diesen Modellen aber ebenso unterbelichtet wie die Bedeutung von politischen Institutionen (so auch Milner 1997: 17). Kurz gesagt: Das Politikmodell solcher Ansätze ist unterkomplex.[7]

In anderen Beiträgen (etwa Scharpf 2000a; Hemerijck/Schludi 2000) spielen dagegen auch Institutionen und Regierungen eine Rolle, wenngleich letztere vornehmlich als der Problemlösung verpflichtete Akteure modelliert werden, die nicht in erster Linie an der Durchsetzung einer bestimmten Programmatik oder dem Machterhalt interessiert sind, und in verschiedenen Beiträgen wird zusätzlich weiteren Größen wie dem Politikerbe, politischen Präferenzen, „Normen"[8] oder Diskursen ein Einfluss auf die Anpassungsreaktionen zugesprochen.[9] Allerdings werden die Zu-

---

6 In Weiterführung von Katzensteins Kompensationsthese wird in diesem Zusammenhang zuweilen sogar argumentiert, dass die Wähler in den meisten Fällen nicht nur die postulierten Anpassungsreaktionen ablehnen, sondern sogar einen Ausbau des sozialpolitischen Schutzes als Entschädigung für die Risiken der außenwirtschaftlichen Öffnung verlangen werden, sodass ein Mehr an Globalisierung nicht zu einem Rück-, sondern einem Ausbau des Wohlfahrtsstaates führen könnte (vgl. aus der neueren Literatur Rieger/Leibfried 1997; Garrett 1998; Rodrik 2000). Allerdings ist die empirische Haltbarkeit dieser These umstritten (vgl. Manow 1999).
7 Zusätzlich sind auch die Außenhandelsmodelle, die diesen Beiträgen zugrunde liegen (meist das Faktorproportionen-Theorem nach Heckscher und Ohlin oder das Ricardo-Viner-Modell), nicht über jeden Zweifel erhaben, erklären sie doch in der Regel nur intersektoralen Handel. Dagegen lassen sich bei Modellen, die intrasektoralen Handel zum Gegenstand haben, beispielsweise beim Modell monopolistischer Konkurrenz, keineswegs immer eindeutig ex ante Gewinner und Verlierer identifizieren (Feuerstein 1993: 289), sodass sich dann auch nicht umstandslos Befürworter und Gegner einer Anpassungsreaktion bestimmen lassen.
8 Unter Normen versteht Stefan Schirm (2004: 142) „diejenigen Ideen über die Zielsetzungen und die Verfasstheit einer Gesellschaft, die sowohl Kommonalität (werden sie von den Bürgern geteilt?) wie auch Spezifizität (ist ihre Bedeutung für alle präzis?) erreichen und daher handlungsleitende Bedeutung für die Politik erlangen".
9 Vgl. bspw. Scharpf 2000a; Swank 2002; V. Schmidt 2002b; Weiss 2003 sowie Schirm 2004: 121-157, aber auch Garrett/Lange 1996 und Frieden/Rogowski 1996: 42-44. Als Überblick Zohlnhöfer 2006c: 59-62.

sammenhänge zwischen den genannten Einflussfaktoren auf der einen und den erwarteten Anpassungsreaktionen auf der anderen Seite häufig kaum spezifiziert (so auch Cohen 2002: 433) und es wird zuweilen auch nicht hinreichend klar, warum gerade diese und keine anderen Erklärungsvariablen herangezogen werden.

Darüber hinaus konzentrieren sich viele Studien auf das *Ergebnis* der Anpassungsprozesse, also auf die Frage, ob es beispielsweise zu wirtschaftlicher Konvergenz, zu Unternehmenssteuersenkungen oder zum Rückbau des Wohlfahrtsstaates kommt. Dagegen ist bislang der politische *Prozess*, der zu solchen Anpassungsreaktionen führt, weitgehend vernachlässigt worden (Zürn 2002: 243; als Ausnahme vgl. Basinger/Hallerberg 2004). Das ist vor allem deshalb bedauerlich, weil es gerade eine Analyse solcher Prozesse erlaubt, die Bedeutung politischer Variablen für die Anpassungsreaktionen besser zu verstehen. Ein konsistentes politikwissenschaftliches Modell, das systematische Aussagen darüber zu treffen erlaubt, wann und wie nationalstaatliche Anpassungsreaktionen an Globalisierung zustande kommen, fehlt bislang.[10]

Im Folgenden soll versucht werden, einen ersten Schritt in diese Richtung zu leisten. Ausgangspunkt ist dabei die Überlegung, dass die Herausforderungen der Globalisierung theoretisch keineswegs automatisch zu wirtschafts- und sozialpolitischen Kurskorrekturen führen; dazwischen steht vielmehr die Vermittlung durch den politischen Prozess, der auch unter Globalisierungsbedingungen zunächst keinen anderen Regeln unterworfen sein dürfte als in den „goldenen Jahren" des Wohlfahrtsstaates. Dabei wird auf die Willensbildungsprozesse in Politikfeldern abgestellt, die in den OECD-Demokratien dem normalen Gesetzgebungsprozess unterworfen sind, wie beispielsweise in der Finanz-, Sozial- oder Arbeitsmarktpolitik.

2.2 Ein Modell politischer Willensbildung

Wenn es zu nationalstaatlichen Anpassungsreaktionen an die Herausforderungen von Globalisierung kommen soll, müssen solche Reformen – so die Ausgangsüberlegung des Modells – auch im nationalstaatlichen Willensbildungsprozess verabschiedet werden. Daher erscheint es sinnvoll, zunächst zu betrachten, welche Akteure einer Änderung des Status quo formal zustimmen müssen. Daran anschließend sind die Motivationen dieser Akteure zu untersuchen, um Aussagen darüber treffen

---

10 Helen Milner (1997) hat ein interessantes Modell vorgelegt, mit dem sie allerdings nicht Anpassungsreaktionen an Globalisierung, sondern die Bereitschaft zu zwischenstaatlicher Kooperation aus innenpolitischen Determinanten erklären will. Sie geht von drei Akteuren, nämlich Regierung, Parlament und Interessengruppen, aus, deren Präferenzen sie entsprechend den üblichen Annahmen der Rational-Choice-Literatur modelliert, um abzuleiten, ob Staaten kooperieren oder nicht. Insofern bestehen hinsichtlich der Herangehensweise große Übereinstimmungen zwischen Milners Modell und den im Folgenden vorzustellenden Überlegungen. Der Hauptunterschied zwischen beiden Modellen liegt allerdings neben der unterschiedlichen zu erklärenden Variable darin, dass das hier vorzustellende, nicht aber Milners Modell die Präferenzen der Akteure dynamisch modelliert.

zu können, unter welchen Bedingungen sie Anpassungsreaktionen zustimmen werden.[11]

2.2.1 Vetospieler und Willensbildung

Aufgrund dieser Überlegungen geht das Modell politischer Willensbildung, das im Folgenden dargestellt wird, von George Tsebelis' (1995, 2002) Vetospieler-Theorem aus, ist doch ein Vetospieler bei Tsebelis gerade definiert als ein individueller oder kollektiver Akteur, dessen Zustimmung für eine Abweichung vom Status quo notwendig ist. Wenn also eine Anpassung der Policies an die Herausforderungen der Globalisierung im oben beschriebenen Sinn erfolgen soll, müssen alle Vetospieler im jeweiligen politischen System zustimmen. Dabei können Vetospieler unterschieden werden in institutionelle und parteiliche Vetospieler. Institutionelle Vetospieler sind Institutionen, deren Vetorechte in der Verfassung festgeschrieben sind, beispielsweise Parlamentskammern, deren Zustimmung für ein Gesetz notwendig ist. Zweite Kammern können also nur dann als Vetospieler gewertet werden, wenn sie tatsächlich ein Vetorecht besitzen, was etwa für Australien, Belgien, die Bundesrepublik Deutschland (allerdings nur bei Zustimmungsgesetzen), Italien, Japan, die Niederlande, die Schweiz und die USA gilt. Weitere institutionelle Vetospieler können Präsidenten sein, wenn sie – wie etwa im Fall der USA – Vetorechte in der Gesetzgebung besitzen. Auch das Volk kann zum Vetospieler werden, wenn es – wie vor allem in der Schweiz, aber bei bestimmten Fragen beispielsweise auch in Australien oder Italien – die Möglichkeit hat, Gesetze per Referendum zu verwerfen.[12]

Innerhalb der Verfassungsorgane oder institutionellen Vetospieler kommen die parteilichen Vetospieler zum Zuge. Falls beispielsweise keine Partei allein über die Mehrheit im Parlament verfügt und es zu Koalitionen kommt, ist jede Koalitionspartei als einzelner – parteilicher – Vetospieler zu werten, da jede einzelne Koalitionspartei einer Veränderung des Status quo zustimmen muss.[13]

---

11 Die folgende Darstellung basiert auf Zohlnhöfer 2005.
12 Prinzipiell können auch Gerichte, insbesondere Verfassungsgerichte, zu Vetospielern werden. Da sie aber nicht von sich aus tätig werden können und nur aus ganz bestimmten, üblicherweise verfassungsrechtlichen Gründen ihre Zustimmung verweigern dürfen, und da ihre Policy-Position kaum abstrakt fassbar ist, werden sie in den weiteren Ausführungen nicht berücksichtigt. Dies ist mit Tsebelis (2002: 227) damit zu rechtfertigen, dass aufgrund des Modus der Richterwahl in den meisten Fällen die Position der Richter zwischen der der übrigen Vetospieler liegt, die Position der Gerichte also „absorbiert" ist (s. Fn. 13).
13 Andererseits gilt die Absorptionsregel: Wenn zwei institutionelle Vetospieler die gleiche Position vertreten, weil in ihnen die gleichen parteipolitischen Mehrheiten herrschen, werden sie nur als einer gewertet (Tsebelis 1995: 313). Das bedeutet beispielsweise, dass eine zweite Kammer nicht als zusätzlicher Vetospieler gezählt wird, wenn ihre Mehrheit mit der in der ersten übereinstimmt, wie beispielsweise üblicherweise in den Niederlanden, weil dann keine abweichenden inhaltlichen Positionen zu erwarten sind. Die Absorptionsregel ist allerdings dann nicht anwendbar, wenn die beiden Vetospieler in mindestens einer Dimension nicht die

Welche Beziehungen bestehen nun zwischen Vetospielern und Staatstätigkeit? Nach Tsebelis hängt die Möglichkeit einer Änderung des Status quo von drei Eigenschaften der jeweiligen Vetospielerkonstellation ab: erstens der Zahl der Vetospieler, zweitens ihrer Kongruenz und drittens ihrer Kohäsion. Die Zahl der Vetospieler kann je nach Zeitpunkt und Politikfeld variieren. Sie hängt beispielsweise ab von der Zahl der Parteien in einer Koalition oder von jeweils unterschiedlichen Zustimmungserfordernissen für bestimmte Reformen. Nach Tsebelis gilt, dass mit zunehmender Zahl von Vetospielern eine Veränderung des Status quo schwieriger wird. Das Kriterium der Kohäsion bezieht sich auf die Homogenität der Positionen innerhalb der Vetospieler, sofern sie kollektive Akteure sind. Hier unterstellt Tsebelis, dass es mit zunehmender Kohäsion schwieriger wird, sich vom Status quo zu entfernen.[14] Die Kohäsion eines Vetospielers ist beispielsweise bei der Modellierung von innerparteilichen Flügeln oder Faktionen von Bedeutung.

Unter Kongruenz ist die Nähe bzw. Distanz der Policy-Positionen der einzelnen Vetospieler zu verstehen: Je weiter also z.B. zwei Koalitionspartner in einer Frage – oder allgemeiner: auf der Rechts-Links-Skala – voneinander entfernt sind, desto schwieriger wird es für sie sein, sich auf eine gemeinsame Position jenseits des Status quo zu einigen. Allgemeiner formuliert gilt demnach: Je geringer die Kongruenz zwischen den Vetospielern, desto unwahrscheinlicher wird eine Veränderung des Status quo. In diesem Zusammenhang ist kritisiert worden (Scharpf 2000b: 781; Zohlnhöfer 2003a: 67f.; Ganghof 2003: 15), dass Tsebelis bei der Modellierung der Interaktion von Vetospielern ausschließlich von policy-orientiertem Verhalten ausgeht. Tatsächlich können Vetospieler jedoch auch strategische Interessen verfolgen, die sie dazu verleiten, eine Einigung zu verhindern, die aufgrund der Policy-Positionen eigentlich möglich wäre.

Für diese Konstellation soll die Unterscheidung zwischen kompetitiven und kooperativen Vetospielern eingeführt werden. Kooperative Vetospieler, etwa Koalitionspartner, sind prinzipiell an einer Einigung interessiert, sie verhalten sich policy-orientiert, wie es Tsebelis' Dimension der Kongruenz modelliert. Dagegen hängt bei kompetitiven Vetospielern, also etwa einer oppositionellen Mehrheit in einer zwei-

---

gleiche Position vertreten. So dürfte der deutsche Bundesrat auch bei gleichgerichteten Mehrheitsverhältnissen als Vetospieler wirksam bleiben, weil seine Position zumindest in Fragen der Finanzen und des institutionellen Selbstinteresses der Bundesländer oder der Landesregierungen keineswegs durch die parteipolitischen Positionen hinreichend beschrieben ist. Die Absorptionsregel kommt nach Tsebelis jedoch auch dann zur Anwendung, wenn die Position eines parteilichen Vetospielers in einer Dimension zwischen den Positionen zweier anderer Vetospieler liegt: Auch dann muss der in der Mitte positionierte und damit absorbierte Vetospieler nicht beachtet werden.

14 Zu dieser Einschätzung kommt er unter der Annahme, dass Entscheidungen innerhalb des Vetospielers mit Mehrheit getroffen werden (Tsebelis 1995: 299). Sollten Entscheidungen der kollektiven Akteure dagegen einstimmig fallen müssen, dürfte im Gegenteil mit abnehmender Kohäsion eine Entfernung vom Status quo schwieriger werden, weil dann auch die Zustimmung des individuellen Akteurs notwendig ist, der am meisten zu verlieren bzw. am wenigsten zu gewinnen hat (Zohlnhöfer 2003a: 67; vgl. dazu auch die Überlegungen zu qualifizierten Mehrheiten bei Tsebelis 2002: 149-153).

ten Kammer oder bei abweichenden Mehrheiten zwischen Parlament und Präsident in präsidentiellen Systemen, eine Zustimmung zu einer Änderung des Status quo zwar auch von inhaltlichen Erwägungen ab. Hinzu kommt für diese Akteure aber eine strategische, vom Parteienwettbewerb dominierte Orientierung, die auf die (wahlpolitischen) Konsequenzen einer Einigung bzw. Nicht-Einigung für die beiden Seiten abhebt. Insofern sollte eine Einigung zwischen kompetitiven Vetospielern ceteris paribus schwerer fallen als ein Kompromiss zwischen kooperativen Vetospielern.[15]

Für das Resultat des Willensbildungsprozesses kann zudem der Agenda-Setter eine bedeutende Rolle spielen, da dieser seine Position nutzen kann, um eine Veränderung des Status quo durchzusetzen, die den eigenen Präferenzen am nächsten kommt und von den übrigen Vetospielern gerade noch dem Status quo vorgezogen wird. In parlamentarischen Systemen übernimmt die Regierung die Rolle des Agenda-Setters, während in präsidentiellen Systemen das Parlament die Agenda bestimmt. Allerdings nimmt die Bedeutung des Agenda-Setters mit zunehmender Zahl an Vetospielern und abnehmender Kongruenz zwischen ihnen ab.

Anhand des Vetospieler-Theorems ist es demnach möglich, diejenigen Akteure zu identifizieren, die einer Veränderung des Status quo zustimmen müssen, und Bedingungen anzugeben, unter denen eine Zustimmung zu erwarten ist. Diese hängt wesentlich davon ab, ob sich die Vetospieler auf einen Zustand jenseits des Status quo einigen können, welche Präferenzen die Vetospieler also haben. Tsebelis betrachtet die Präferenzen der Vetospieler allerdings als exogen gegeben. Um Aussagen über Anpassungsreaktionen von Nationalstaaten auf die Globalisierung treffen zu können, müssen die Präferenzen der Vetospieler in unserem Modell jedoch endogenisiert werden, was Tsebelis versäumt. Da die weit überwiegende Mehrzahl der Vetospieler in den OECD-Demokratien von politischen Parteien gestellt wird, werden im Folgenden die Präferenzen von Vetospielern durch die Ergebnisse der Parteienforschung modelliert.

---

15 Diese Überlegungen lehnen sich an Wagschals (1999) Unterscheidung von kompetitiven und konsensualen Vetospielern an. Eine ähnliche Unterscheidung, nämlich zwischen kompetitiven und kollektiven Vetopunkten, treffen Birchfield und Crepaz (1998: 181f.). Während bei ihnen kompetitive Vetopunkte dadurch gekennzeichnet sind, dass hier verschiedene Akteure mit Vetomacht durch unterschiedliche Institutionen miteinander interagieren (in Tsebelis' Terminologie wäre von institutionellen Vetospielern zu sprechen), interagieren bei kollektiven Vetopunkten verschiedene politische Akteure innerhalb derselben Institution. Birchfield und Crepaz erwarten, dass nur von kompetitiven Vetopunkten Verhinderungspotenzial ausgeht – ein Ergebnis, das den hier präsentierten Überlegungen entspricht. Insbesondere die Operationalisierung kollektiver Vetopunkte über die effektive Zahl der Parteien sowie die Beziehungen zwischen Exekutive und Legislative und kompetitiver Vetopunkte über die Symmetrie zwischen den Parlamentskammern sowie den Föderalismusgrad (Birchfield/Crepaz 1998: 183) überzeugt jedoch nicht. Ganghof (2003: 16) hat für den Umgang mit diesen unterschiedlichen Interaktionsorientierungen von Vetospielern den Begriff der „sacrifice ratio" vorgeschlagen, die angeben soll, welche Entfernung vom eigenen Idealpunkt ein Akteur gerade noch akzeptiert. Wie eine solche Variable empirisch zu bestimmen sein sollte, bleibt bei ihm m.E. jedoch ungeklärt.

2.2.2 Präferenzen der Vetospieler I: Parteiendifferenzen

Die Literatur zum Einfluss von Parteien auf die Staatstätigkeit ist umfangreich. Dabei steht in der Mehrzahl der Fälle die Frage im Mittelpunkt, ob Unterschiede in der parteipolitischen Zusammensetzung von Regierungen zu feststellbaren Unterschieden in der Staatstätigkeit führen (als Überblick M. Schmidt 1996, 2002a; Zohlnhöfer 2003a). Eine weit verbreitete theoretische Argumentation, die vor allem auf die Arbeiten von Douglas Hibbs (1977, 1992) zurückgeht, lautet folgendermaßen: Innerhalb eines Elektorates gibt es verschiedene soziale Gruppen mit klar voneinander unterscheidbaren wirtschaftspolitischen Interessen. Diese Interessen werden durch politische Parteien vertreten. Kommt eine Partei an die Regierung, so wird sie eine Politik durchsetzen, die den Interessen ihrer Klientel entspricht, wobei die Steuerungskapazität von Regierungen als verhältnismäßig groß eingeschätzt wird. Entsprechend lassen sich unterschiedliche (wirtschaftspolitische) Outputs und Outcomes zu einem erheblichen Teil auf unterschiedliche parteipolitische Zusammensetzungen der Regierungen zurückführen. Erwartet wird dabei konkret, dass linke Parteien eher und in höherem Ausmaß gewillt sind, in die Volkswirtschaft einzugreifen, während rechten Parteien eher eine Politik zur Stärkung der Marktkräfte unterstellt wird.

Allerdings sind eine Reihe von Annahmen dieses Modells kritisiert worden. Die Annahme etwa, bestimmte Schichten oder Klassen hätten objektiv wie subjektiv klar voneinander abgrenzbare wirtschaftspolitische Interessen, die dazu führten, dass sie mehr oder minder geschlossen „ihre" Klassenpartei wählten, lässt sich so nicht halten. Dahinter steckt noch die Vorstellung von der Massenpartei auf Klassenbasis, die – fest eingebunden in bestimmte soziale Milieus – Interessenvertreterin dieser, und eben nur dieser gesellschaftlichen Klassen war. Mit der Erosion der sozialen Milieus nach dem Zweiten Weltkrieg und der Ausdehnung des cross-class-voting (Falter et al. 1994) kam es jedoch zu einer Öffnung der Parteien, die sich angesichts ihrer schrumpfenden Klientel bemühten, auch Wähler aus anderen Bevölkerungsgruppen anzusprechen. Dennoch verschwanden die Unterschiede in den Wählerschaften der konkurrierenden Parteien keineswegs vollständig; vielmehr blieben bestimmte Wählerprofile der Parteien erhalten.

Diese Tatsache kann leicht in die Parteiendifferenzlehre integriert werden, indem man die heterogene Zusammensetzung der Wählerschaft explizit in die Analyse einschließt, also unterstellt, dass Parteien bemüht sein müssen, die wirtschaftspolitischen Interessen aller ihrer Wählergruppen mehr oder weniger gleichmäßig zu berücksichtigen. Dies müsste dann allerdings dazu geführt haben, dass die Unterschiede in Programmatik und Output zwischen zwei Parteien umso geringer ausfallen, je ähnlicher sich ihre Wählerschaften und je heterogener die wirtschaftspolitischen Interessen ihrer Klientel sind. Der Wandel von der Massen- zur Volkspartei müsste daher zu einer programmatischen Annäherung der Parteien geführt haben, ohne dass allerdings programmatische Unterschiede gänzlich verschwunden wären.

Dennoch wurden – insbesondere von Otto Kirchheimer (1965) – aus dem Aufkommen der Volksparteien und deren Versuchen, die gesamte Wählerschaft anzusprechen, weit reichende Folgerungen für die Möglichkeiten unterschiedlicher Programmatik gezogen: Die Parteiprogramme würden immer vager, die Parteien konzentrierten sich auf eher unkontroverse Fragen, und wirkliche politische Alternativen würden nicht angeboten – mit der Folge, dass systematische Parteiunterschiede nicht zu erwarten seien. 30 Jahre später hieben Richard Katz und Peter Mair (1995) mit ihrer These von der Entstehung der Kartellparteien in die gleiche Kerbe: Die Unterschiede zwischen den Parteien beschränkten sich ihnen zufolge im Wesentlichen auf „competing claims to efficient and effective management" (Katz/Mair 1995: 19), „the real substance of competition is evaporating" (Katz/Mair 1996: 530). Als empirisch bewährt dürfen die Thesen von Kirchheimer und Katz/Mair freilich (noch) nicht gelten. Vielmehr zeigt die Forschung, dass wenigstens bis in die 1990er Jahre hinein tatsächlich deutliche Unterschiede in den Wahlaussagen konkurrierender Parteien bestanden (Budge et al. 2001; Hofferbert 2002) – und diese Unterschiede auch in Policies umgesetzt wurden (Klingemann et al. 1994). Solche inhaltlichen Unterschiede sind nach dem Hibbs'schen Ansatz auch theoretisch noch so lange und soweit zu erwarten, wie sich die Elektorate der Parteien voneinander unterscheiden.

Allerdings ist Hibbs' Ansatz nicht die einzige Möglichkeit, systematische Parteienunterschiede in der Staatstätigkeit theoretisch herzuleiten. Eine alternative Begründung der Existenz von Parteiendifferenzen in der Ära der Volks- und Kartellparteien besteht darin, eine Partei als „eine Gruppe gleichgesinnter Personen" zu betrachten,

> „die sich in unterschiedlicher organisatorischer Form an der politischen Willensbildung beteiligt und danach strebt, politische Positionen zu besetzen und ihre Ziele in einem Gemeinwesen durchzusetzen. Die Ziele der Mitglieder dieser Gruppe sind häufig durch ein gemeinsames Überzeugungssystem festgelegt und auf die Durchsetzung bestimmter Sachfragen gerichtet" (Winkler 2002: 214f.; vgl. z.B. auch Schultze 2001: 350).

Während die bisher vorgestellten Überlegungen, der Hibbs'sche Ansatz also, Parteiendifferenzen über die Interessen der Wähler begründeten, wird hier davon ausgegangen, dass die Mitglieder oder Führer einer Partei bestimmte grundlegende Wertvorstellungen und Kausalannahmen darüber, wie sich diese Werte politisch verwirklichen lassen, teilen, die sich von den Wertvorstellungen und/oder Kausalannahmen anderer Parteien unterscheiden – eine Vorstellung, die sich in Anlehnung an die frühe Parteidefinition Edmund Burkes als „Burke'scher Ansatz" bezeichnen ließe.[16] Insofern würden unterschiedliche Parteiprogramme dadurch zustande kommen, dass Parteien unterschiedliche Wertvorstellungen vertreten oder unterschiedliche Vorstellungen darüber haben, mit welchen Mitteln bestimmte Ziele zu erreichen sind, etwa weil sie unterschiedliche „Theorien" darüber haben, wie die Ökonomie „funktioniert".[17] Insofern würden nicht in erster Linie unterschiedliche Interessen ihrer Wähler, sondern unterschiedliche Ideen die Parteienunterschiede hervorbringen.

---

16 Edmund Burke (1803: 335) definierte eine Partei bekanntlich als „a body of men united, for promoting by their joint endeavours the national interest, upon some particular principle in which they all are agreed".

17 Eine ausführliche theoretische Herleitung von Parteiendifferenzen auf der Grundlage unterschiedlicher Ideen existiert m.W. bislang nicht. Sie wird allerdings in der einschlägigen Lit-

Gegen die Auffassung, Parteien vereinigten Bürger mit gleichen Vorstellungen und Werten, lässt sich einwenden, dass die programmatischen Vorstellungen von Parteimitgliedern gerade bei größeren (Volks-)Parteien doch erheblich divergieren (Ware 1996: 5). Diesem Einwand kann mit dem Hinweis begegnet werden, dass bei Volksparteien die programmatischen Unterschiede innerhalb der Parteien doch immerhin geringer sind als zwischen ihnen. Zudem sind, eben weil Parteien das ganze Spektrum politischer Themen abdecken müssen, nicht alle Mitglieder (und nicht die gesamte Parteiführung) am gleichen Politikfeld interessiert. Es lässt sich vielmehr annehmen, dass sich Bürger und spätere Entscheidungsträger für den Eintritt in die Partei entscheiden, die ihnen in dem Politikfeld programmatisch am nächsten steht, das für sie die größte Bedeutung hat, während sie in anderen – für sie persönlich aber eben weniger wichtigen – Bereichen vielleicht anderen Parteien den Vorzug geben würden. Aufgrund einer solchen innerparteilichen Domänenbildung sind also divergierende programmatische Vorstellungen innerhalb der Parteien mit Differenzen zwischen Parteien durchaus vereinbar. Allerdings muss eingeschränkt werden, dass derzeit noch zu wenig über innerparteiliche Willensbildungsprozesse und die Motive des Parteibeitritts bekannt ist, um diese Annahmen systematisch empirisch überprüfen zu können.[18]

Insgesamt kann jedoch festgehalten werden, dass es durchaus Grund zu der Vermutung gibt, dass Parteien unterschiedlicher Couleur auch unterschiedliche Präferenzen hinsichtlich der Ziele oder Instrumente ihrer Wirtschafts- und Sozialpolitik haben, was sich in den Anpassungsreaktionen auf die Herausforderung der Globalisierung niederschlagen könnte. Allerdings sollte nicht übersehen werden, dass in der Politikwissenschaft zwei oder sogar drei mögliche Annahmen über die Ziele von Parteien gemacht werden (v. Beyme 2000: 25f.).[19] Obwohl Parteien in der Do-

---

eratur, die meist auf eine explizite theoretische Fundierung der Parteiendifferenzhypothese verzichtet, offenbar wenigstens teilweise impliziert; und zwar vor allem dann, wenn Parteien unterstellt wird, sie verhielten sich nicht (nur) als Stimmenmaximierer, sondern versuchten (auch), bestimmte Policies durchzusetzen. Als Beispiel ließe sich die Mandatstheorie (Klingemann u.a. 1994) anführen, die unterstellt, Parteien böten bestimmte (Regierungs-)Programme an, für oder gegen die sich Wähler entscheiden können, wobei offen bleibt, nach welchen Kriterien die Wähler entscheiden; wichtiger ist für diesen Ansatz vielmehr, dass die Wähler überhaupt eine Wahl haben, sich die Programme der Parteien also unterscheiden.

18 Das – allerdings nicht gerade üppige – Datenmaterial über die Motive zum Parteibeitritt in Deutschland bestätigt die hier vorgestellte These durchaus (vgl. Niedermayer 2001).
19 In der Regel werden drei unterschiedliche Ziele von Parteien genannt, nämlich Stimmenmaximierung, Ämtermaximierung und Policymaximierung (vgl. z.B. Müller/Strøm 1999; von Beyme 2000: 25f.). Im Folgenden soll aber vereinfachend nur von zwei unterschiedlichen Orientierungen ausgegangen werden, indem von einer Betrachtung der Orientierung an Ämtermaximierung abgesehen wird. Dies erscheint gerechtfertigt, denn die „Wählermaximierungs- und die Ämtermaximierungsparteien lassen sich kaum noch sinnvoll unterscheiden" (von Beyme 2000: 25), und beide hängen im Fall größerer (Volks-)Parteien eng miteinander zusammen. Dagegen können kleine Parteien durchaus eine Ämtermaximierung ohne Stimmenmaximierung anstreben, beispielsweise indem sie kleine Klientelgruppen vertreten, als deren Anwalt sie dann in der Regierung auftreten. Für diese Parteien würde die Logik der Stimmenmaximierung in der Tat nicht gelten. Da solche Parteien aber in der Regel in einer Koalition mit einer großen Partei, für die Stimmen- und Ämtermaximierung sehr

Parties-Matter-Forschung – meist implizit – als policy-orientiert konzeptualisiert werden und sie sich üblicherweise durchaus auch so verhalten (Budge/Keman 1990), gilt dies doch nicht ausschließlich. Vielmehr sind Parteien auch bestrebt, Wahlen zu gewinnen und an die Regierung zu gelangen. Gerade wenn sie ihre Programmatik politisch umsetzen wollen, müssen sie in Demokratien bekanntlich Wahlen gewinnen, sodass zu erwarten ist, dass sie auch darauf achten werden, wie bestimmte politische Entscheidungen ihre Wahlchancen verändern (Downs 1968; W. Zohlnhöfer 1999), sodass auch die Wahlorientierung der Parteien für die Modellierung der Präferenzen von Vetospielern von Bedeutung ist.

2.2.3 Präferenzen der Vetospieler II: Wettbewerb um Wählerstimmen

Die Auswirkungen des Parteienwettbewerbs hängen zunächst davon ab, inwieweit mit einem Thema Wähler mobilisierbar sind. Je größer die Bedeutung eines Issues für die Wähler ist, desto stärker wirkt der Wettbewerb um Wählerstimmen auf die Entscheidungsfindung der (Regierungs-)Parteien. Für die Anpassungsreaktionen an die Globalisierungsherausforderungen in der Wirtschafts- und Sozialpolitik, insbesondere für den Umbau des Wohlfahrtsstaates oder die Steuerpolitik, deren Auswirkungen für einen großen Teil der Wähler relevant und unmittelbar erfahrbar sind (oder jedenfalls sein können), muss von einer hohen Bedeutung für die Wähler ausgegangen werden, sodass solche Reformen in erheblichem Maße von den Effekten des Wettbewerbs um Wählerstimmen geprägt werden könnten. Allerdings dürften die Länder bezüglich der Bedeutung, die der Parteienwettbewerb in unterschiedlichen Politikfeldern hat, in Abhängigkeit von den Parteiensystemen und anderen Kontextvariablen variieren (Kitschelt 2001: 278). So sollten insbesondere die Einstellungen der Bevölkerung zu bestimmten Maßnahmen – in Schirms (2004: 142) Terminologie die Normen – die Effekte der Parteienkonkurrenz erheblich beeinflussen. Beispielsweise kann in einem Land eine Reform gänzlich unkontrovers sein, weil sie mit den dominanten Werten der Gesellschaft übereinstimmt, während dieselbe Reform vor dem Hintergrund anderer Wertvorstellungen heiß umkämpft ist. Schließlich dürfte die Bedeutung des Parteienwettbewerbs auch von der Anzahl und Häufigkeit der Wahlen in einem Land abhängen. So sollten die Auswirkungen der Parteienkonkurrenz in Großbritannien geringer sein als in der Bundesrepublik, wo in einer Legislaturperiode der Bundesebene bis zu 16 Landtagswahlen stattfinden, die jeweils über die Zusammensetzung des Bundesrates mitbestimmen und gleichzeitig häufig als Stimmungstests für die Bundespolitik gewertet werden.

Welche Auswirkungen auf wirtschafts- und sozialpolitische Reformen sind vom Parteienwettbewerb ganz allgemein zu erwarten? Wenn Parteien sich nicht (mehr)

---

wohl zusammenfallen, regieren und der Seniorpartner der Koalition daher sehr genau auf die wahlpolitischen Folgen bestimmter Regierungsentscheidungen achten wird, gilt für die Reformen der Koalition als ganzer, auf die es hier allein ankommt, tatsächlich die unterstellte Orientierung an der Stimmenmaximierung.

auf die quasi-automatische Unterstützung bestimmter Bevölkerungsgruppen verlassen können oder diese Gruppen zu klein sind, um den Wahlsieg der Regierungspartei(en) sicherzustellen, werden diese versuchen, den Wahlerfolg mittels ihrer Politiken zu gewährleisten. Daher werden sie bei Politiken, mit denen ein Großteil der Wähler mobilisierbar ist, bestrebt sein, Vorhaben durchzusetzen, die ihnen in dieser Hinsicht nützen, d.h., die sich mehrheitlicher Zustimmung unter den Wählern erfreuen (*politics of credit-claiming*). Dies gilt allerdings nur insoweit, wie diese Reformen auch mit der Programmatik der Regierungsparteien kompatibel sind.[20]

Doch wird sich die Politik einer Regierung nicht auf derartige Reformen beschränken (können). Dies zunächst vor allem deshalb, weil sich Parteien üblicherweise eben durchaus policy-orientiert verhalten (Budge/Keman 1990). Entsprechend werden sie auch Reformen durchzusetzen versuchen, die sie für politisch richtig halten, und zwar gegebenenfalls auch dann, wenn die Wählerschaft solchen Maßnahmen mehrheitlich kritisch gegenübersteht. Auch in solchen Fällen werden die Regierungsparteien jedoch darauf achten, durch das Vorhaben ihre Wiederwahl nicht zu gefährden. Dabei werden sie in Rechnung stellen, dass Reformen fast immer Kosten der Umstellung auf die neue Regelung verursachen. Diese Kosten dürften mit der Reichweite der Reform ansteigen (Scharpf 2000b: 769). Da diese Umstellungskosten meist unmittelbar sichtbar sind, während die Gewinne aus der neuen Regelung zunächst nicht konkret erfahrbar sind und Unsicherheit darüber besteht, ob und inwieweit die Reform ihre angestrebten Ziele überhaupt erreicht, dürfte eine weit reichende Reform stets mit elektoralen Risiken für eine Regierung verbunden sein.[21]

Zusätzlich muss von einer systematischen Verzerrung der Wahrnehmung der Wähler dahingehend ausgegangen werden, dass sie die Fehlleistungen einer Regierung stärker gewichten als ihre Erfolge (vgl. Weaver 1986). Daher werden (auch) an ihrer Wiederwahl interessierte Regierungsparteien in der Regel versuchen, zunächst nur mäßige Veränderungen durchzusetzen, da solche inkrementellen Reformen für die Wahlentscheidung der Bürger nicht bestimmend sein dürften und von ihnen insofern wenigstens keine negativen Wirkungen im Wettbewerb um Wählerstimmen befürchtet werden müssen. Insofern ist zu erwarten, dass der Parteienwettbewerb auch in den Bereichen, in denen die Parteien ihre inhaltlichen Prioritäten verfolgen, tief greifenden Strukturreformen und einer kohärenten „Politik aus einem Guss" eher entgegenwirkt.

Gleichzeitig resultiert aus dem Parteienwettbewerb aber ein erheblicher Erfolgsdruck auf die jeweiligen Regierungsparteien, zumal dann, wenn die Opposition glaubhaft machen kann, bestimmte Probleme besser als die Regierung lösen zu kön-

---

20　Im hier dargestellten Modell wird also davon ausgegangen, dass das Hauptziel der Parteien nicht der Machterwerb bzw. -erhalt, sondern die Durchsetzung bestimmter Politiken ist. Diese erfolgt jedoch unter der Nebenbedingung, dass auch die nächste Wahl gewonnen werden soll (ähnlich Scharpf 1988: 24).

21　Gerade wenn eine bestehende Regelung zu Lock-in-Effekten geführt hat, also in größerem Maße Ressourcen im Vertrauen auf das Weiterbestehen der Regelung investiert worden sind, dürfte es kaum mehr möglich sein, grundlegende Reformen durchzuführen. Vielmehr dürfte in solchen Fälle Pfadabhängigkeit dominieren (allgemein hierzu Pierson 2000).

nen. Daher wird eine Regierung den gerade erörterten Überlegungen zum Trotz doch beginnen, weiterreichende Veränderungen zu erwägen und gegebenenfalls durchzusetzen, wenn sie mit einer Herausforderung konfrontiert ist, die sich mit vorsichtigen Reformen nicht bewältigen lässt, deren Fortbestehen aber ihre Wiederwahl gefährdet (W. Zohlnhöfer 1999).[22] Dabei ist zu erwarten, dass die Richtung, in die diese Veränderungen zielen, von der programmatischen Ausrichtung der Regierungsparteien abhängt. Demnach hinge es in erheblichem Umfang vom Problemdruck ab, ob unter den Bedingungen des Wettbewerbs um Wählerstimmen weit reichende Politikinnovationen – und in deren Folge größere Parteiendifferenzen – zustande kommen. Andererseits könnte gerade eine solche Krisensituation, wenn sie als Scheitern der bisher verfolgten Politik wahrgenommen wird, auch die Lernwilligkeit der Akteure erhöhen (Hemerijck/Schludi 2000: 130f.), was eine Revision der bisherigen Politik und damit möglicherweise Konvergenz zwischen den Parteien bedeuten kann. Parteien werden jedoch, wenn sie solche weiterreichenden und womöglich unpopulären Maßnahmen, wie sie gerade auch als Anpassungsreaktionen auf die Globalisierungsherausforderungen diskutiert werden, in Angriff nehmen (müssen), versuchen, ihre Verantwortung für diese Entscheidungen zu verschleiern (*politics of blame avoidance*; Weaver 1986; vgl. auch Hood 2002; Zohlnhöfer 2007b).

Vor diesem Hintergrund ist dann allerdings die Wirkung von Vetospielern noch einmal zu diskutieren: Tsebelis geht – wie gesehen – von policy-orientierten Vetospielern aus, die einer Reform zustimmen, wenn es eine inhaltliche Position gibt, die alle Seiten dem Status quo vorziehen; und er kommt deshalb zu dem Schluss, dass eine Veränderung des Status quo umso leichter ist, je weniger Vetospieler zu berücksichtigen sind. Daher ist zu erwarten, dass die regierende Partei in einem Westminstersystem aufgrund der dort gegebenen hohen Machtkonzentration Reformen ohne größere Konzessionen durchsetzen kann.[23] Berücksichtigt man nun jedoch die Effekte des Parteiwettbewerbs, wird deutlich, dass diese Partei die unpopulären Reformen dann auch allein vor der Wählerschaft verantworten muss. Bei Politiken, die in der Wählerschaft nicht beliebt sind, könnte dies die Bereitschaft der Regierungspartei erheblich schmälern, solche Reformen in Angriff zu nehmen (Pierson 1994). Ein System mit vielen Vetospielern bietet demgegenüber die Möglichkeit, die Verantwortung für unpopuläre Reformen zwischen diesen Vetospielern zu verteilen und so möglicherweise auch ihre Akzeptanz zu erhöhen.

Insofern ist für diese Policies kein linearer Effekt von Vetospielern zu erwarten: In Systemen mit vielen Vetospielern dürften Reformen weniger elektorale Gefahren für die Regierungsparteien mit sich bringen, allerdings zum Preis, dass kaum sehr

---

22 Wann eine Herausforderung besteht, die die Wiederwahl einer Regierung gefährdet, ist abstrakt natürlich nicht anzugeben. Es ist davon auszugehen, dass Problemdruck schockartig entstehen oder bestimmte symbolische Grenzen über- oder unterschreiten muss, damit er in dieser Weise wahrgenommen wird. Diese symbolischen Grenzen variieren allerdings im Zeitverlauf wegen eines Gewöhnungseffektes.
23 Das Wort „kann" ist zu betonen: Eine geringe Vetospielerdichte ermöglicht Reformen, ist aber keine hinreichende Bedingung für sie.

weit reichende oder einseitige Maßnahmen verabschiedet werden können; dagegen können solche Reformen in Systemen mit wenigen Vetospielern zwar leichter und in größerem Umfang durchgesetzt werden, beinhalten für den Reformer aber ein höheres elektorales Risiko (Bonoli 2001; Zohlnhöfer 2007b). Die Durchsetzbarkeit unpopulärer Reformen hängt in solchen Regimen daher ganz entscheidend davon ab, ob es der Regierung gelingt, die Wähler von einer elektoralen Bestrafung für die Reformen abzuhalten.[24]

In der Literatur, insbesondere der zu wohlfahrtsstaatlichen Kürzungspolitiken, wurde eine Vielzahl von „Techniken" der Schuldvermeidung diskutiert. So werden wahlpolitisch riskante Reformen am ehesten mit großer Entfernung zum nächsten Wahltermin vorgenommen. Weiterhin hängt die Durchsetzbarkeit solcher Reformen beispielsweise von den Eigenschaften der betroffenen Programme ab (Pierson 1994; Swank 2002: 51-56). Andere Arbeiten verweisen zusätzlich darauf, dass (über)große Koalitionen oder linke Parteien größere Chancen hätten, erfolgreiche Kürzungspolitik durchzusetzen (Ross 1997; 2000). Im ersten Fall wird auf diese Weise die unpopuläre Kürzungspolitik praktisch aus dem Parteienwettbewerb herausgenommen, weil sich tendenziell alle Parteien an ihr beteiligen – hier wirkt sich erneut der positive Effekt einer großen Zahl von Vetospielern aus. Im zweiten Fall dagegen müssen linke Parteien dieser Logik zufolge geringere Sanktionen der Wähler fürchten als ihre bürgerlichen Wettbewerber, weil sie glaubwürdig als Verteidiger des Wohlfahrtsstaates auftreten können und den Wählern so signalisieren, dass es keine Alternative zu den Kürzungen gibt, zumal den Wählern kaum elektorale Alternativen bleiben, die gegen Kürzungen des Sozialstaates eintreten. Derselben Logik entsprechend könnte es umgekehrt für bürgerliche Parteien wahlpolitisch unproblematischer sein, auf Steuererhöhungen zurückzugreifen (Zohlnhöfer 2007b: 1122). Auch der Versuch, durch gezielte Informationspolitik oder Inszenierung das Meinungsklima für eine Reform positiv zu beeinflussen (Meyer 2001), lässt sich in diesem Zusammenhang nennen. Gelingt es einer Regierung, die Bevölkerung einerseits von der Notwendigkeit einer Reform zu überzeugen, andererseits aber auch deutlich zu

---

24 Zu ganz ähnlichen Ergebnissen kommt Vivien Schmidt (2002b: 230-239) in ihren diskurstheoretischen Überlegungen: Sie unterscheidet zwischen zwei Teildiskursen, einem „coordinative discourse" zwischen den zentralen politischen Akteuren, die ein politisches Programm ausarbeiten, also in der hier verwendeten Terminologie den Vetospielern, und dem folgenden „communicative discourse", bei dem die politischen Schlüsselakteure die Wähler über das Programm informieren und dafür um Unterstützung werben. Weiterhin unterscheidet sie in Abhängigkeit vom jeweiligen institutionellen Handlungskorridor zwei Konstellationen (V. Schmidt 2002b: 239-246): In politischen Systemen mit nur einem Akteur, sprich: Vetospieler, wird der „koordinative Diskurs" von geringer Bedeutung sein, da es Abstimmungsbedarf zwischen den politischen Akteuren nur in geringem Maße gibt; dagegen wird dem „kommunikativen Diskurs" eine große Bedeutung zukommen, um den Wählern die Notwendigkeit und Angemessenheit der Entscheidung zu vermitteln. In politischen Systemen mit mehreren Vetospielern, bei Schmidt (2002b: 243) „Multi-Actor Systems", ist dagegen der „koordinative Diskurs" von größerer Bedeutung, weil zwischen den verschiedenen Vetospielern eine Einigung gefunden werden muss; dies entlastet allerdings den „kommunikativen Diskurs", weil ja bereits vorher eine breite Übereinstimmung zwischen verschiedenen Gruppen gefunden worden ist.

machen, dass die entsprechende Reform normativ angemessen ist, also zu den sozialen Werten der Wählermehrheit passt, so kann sie hoffen, auch für unpopuläre Reformen nicht elektoral abgestraft zu werden (V. Schmidt 2000: 231; 2002b; Cox 2001).

In jüngster Zeit wird zudem darauf hingewiesen, dass die Politik der Schuldvermeidung keineswegs von allen Parteien in allen Ländern in gleicher Weise verwendet werden kann, sondern dass unterschiedliche Konstellationen in den jeweiligen Parteiensystemen unterschiedliche Schuldvermeidungsstrategien möglich machen (Green-Pedersen 2001; Kitschelt 2001). Vor allem Kitschelts (2001) Beitrag verdient in diesem Zusammenhang Erwähnung, der vier Konfigurationen herausarbeitet, bei denen der Parteienwettbewerb in Abhängigkeit von der Stärke einer liberal-marktwirtschaftlichen Partei, der Stärke einer Sozialstaatspartei der Mitte neben der Sozialdemokratie, der Existenz einer links-libertären Konkurrenz der Sozialdemokratie, der wichtigsten Dimension des Parteienwettbewerbs und innerparteilichen Variablen zu national ganz unterschiedlichen Opportunitätsstrukturen für Kürzungspolitik führt (vgl. Tab. 2.1).[25] Besonders schwer sind unpopuläre Politiken Kitschelt (2001: 285) zufolge in Ländern durchzusetzen, in denen zwei große Wohlfahrtsstaatsparteien (üblicherweise Sozialdemokraten und Christdemokraten) einer schwachen liberalen Partei gegenüberstehen, und in denen die Sozialdemokratie zusätzlich noch Konkurrenz von den Rändern her fürchten muss. Kitschelts Ansatz ist u.a. deshalb besonders hilfreich, weil er erklären kann, warum Parteien der gleichen programmatischen Orientierung in Abhängigkeit von diesen Konfigurationen unterschiedliche Politiken betreiben.

---

25 Kitschelt betrachtet zusätzlich noch innerparteiliche Variablen für die Konstruktion seiner Parteienwettbewerbskonstellationen. Da sie die Zuordnung der Länder zu den Konstellationen aber nicht beeinflussen und innerparteiliche Konstellationen im hier vorgestellten Modell über die Vetospielerdimension der Kohäsion abgebildet werden, werden diese Variablen hier nicht einbezogen.

Tabelle 2.1: Konfigurationen des Parteienwettbewerbs nach Parteiensystemcharakteristika

	Konfiguration 1	Konfiguration 2	Konfiguration 3	Konfiguration 4
zentrale Konfliktlinie	Arbeit vs. Kapital	Arbeit vs. Kapital (libertär vs. autoritär existiert)	libertär vs. autoritär (Arbeit vs. Kapital immer noch von Bedeutung)	libertär vs. autoritär
Hauptopponent der Sozialdemokratie	marktliberale/konservative Partei	marktliberale/konservative Partei	Christdemokraten und Liberale	Christdemokraten/paternalistische Konservative
liberale Partei	sehr stark	stark	mäßig stark	schwach
links-libertäre Konkurrenz	nicht existent	stark	schwach	stark
Beispielländer	Großbritannien (Spanien, Griechenland)	Dänemark, Schweden (Finnland, Italien seit 1992)	Niederlande, Belgien	Deutschland, Frankreich, Österreich, Italien bis 1992 (Portugal)

Quelle: Kitschelt 2001 mit eigenen Ergänzungen bezüglich der Einordnung von Spanien, Portugal, Griechenland und Finnland. Irland lässt sich keinem der Typen zuordnen (so auch Kitschelt in einer E-Mail an den Verfasser vom 7.10.2003), auf die Betrachtung Luxemburgs wurde aus Größenerwägungen verzichtet.

2.2.4. Zusammenfassung des Modells

Damit sind die zentralen Merkmale eines Modells politischer Willensbildung in westlichen Demokratien dargestellt. Dabei wurde von Vetospielern ausgegangen, also den Akteuren, deren Zustimmung für eine Veränderung des Status quo notwendig ist. Eine solche Veränderung des Status quo wird umso wahrscheinlicher, je weniger Vetospieler beteiligt sind, je näher deren Positionen beieinander liegen und je weniger kohäsiv die Vetospieler intern sind (wenn sie intern mit Mehrheit entscheiden). Die Positionen der Vetospieler, jedenfalls soweit es sich dabei um Parteien handelt, wurden endogenisiert, indem ihnen unterstellt wurde, dass sie – je nach Parteienfamilie – unterschiedliche Policies befürworten, die sie aber nur insoweit umsetzen werden, wie sie dadurch ihre Wiederwahlchancen nicht gefährden. Dabei bieten unterschiedliche Parteiensystemkonstellationen unterschiedliche Opportunitätsstrukturen für die Durchsetzbarkeit weit reichender Veränderungen des Status quo.

Bevor ich mich nun der Analyse der Wirkungen zuwende, die die Globalisierungsherausforderungen dem vorgestellten Modell zufolge auf die nationalstaatliche Politik haben müssten, soll an dieser Stelle noch knapp darauf eingegangen werden, welche Rolle der Einfluss von Interessengruppen in dem Modell spielt. Wie bereits gesehen sind Interessengruppen bei Ansätzen, die auf Standardmodellen der Außenhandelstheorie beruhen, aber auch bei Katzensteins Ansatz, der auf korporatistische Arrangements fokussiert, die entscheidenden Motoren für Anpassungsreaktionen oder deren Ausbleiben. Im hier vorgestellten Modell sind Verbände in normalen Willensbildungsprozessen dagegen keine Vetospieler. Im Gegenteil brächte der Versuch, auch Verbände als Vetospieler zu fassen, sogar eine erhebliche begriffliche Unschärfe mit sich (so auch Czada 2003: 184), da Verbände eben gerade nicht über institutionell gesicherte Vetokompetenzen verfügen. Selbst in Ländern mit ausgeprägter korporatistischer Tradition kommt den Sozialpartnern kein verfassungsmäßig verbrieftes Vetorecht über Entscheidungen in den hier interessierenden Bereichen zu:

> „Korporatistische Bündnisse stehen [...] im Schatten der Hierarchie des Staates, der – wenn eine nationale Mehrheitsregierung über die entsprechende Handlungsfähigkeit in der Form von Stimmen und administrativen Ressourcen verfügt – auch gegen die Interessen der organisierten Gruppen handeln könnte" (Czada 2003: 183f.).

Insofern ist für Verbände gerade zu untersuchen, wie es ihnen gegebenenfalls gelingt, ihre Positionen durchzusetzen, obwohl sie eben kein formales Vetorecht besitzen. Das kann offensichtlich in den allermeisten Fällen nur über eine Beeinflussung der Position der Vetospieler, sprich: der Parteien erfolgen (so auch Milner 1997: 60, 247). Hierfür gibt es verschiedene Wege. So können Verbände etwa durch die Drohung einer mehr oder weniger direkten Beeinflussung des Wahlverhaltens der Verbandsmitglieder oder medienwirksame Protestaktionen auf Reformen oder deren Ausbleiben reagieren. Letztere können von den Wählern als Signal aufgefasst werden, nicht für die amtierenden Regierungsparteien zu stimmen. In diesen Fällen bedrohen die Interessengruppen also die elektoralen Ziele der Vetospieler, was deren Aufgeschlossenheit gegenüber den Forderungen der Verbände in der Regel erhöhen dürfte. Zudem können Gewerkschaften und Unternehmen willentlich oder unwillentlich zu einer Verschlechterung der wirtschaftlichen Performanz beitragen. Mit ihren Entscheidungen über Löhne und Investitionen können sie beispielsweise die Wirtschaftspolitik der Regierung konterkarieren, etwa durch die Verlagerung von Investitionen und Arbeitsplätzen ins Ausland seitens der Kapitalanleger, aber auch durch überhöhte Lohnforderungen seitens der Gewerkschaften. Auf diese Weise bedrohen die Interessengruppen die inhaltlichen, und in der Folge auch die elektoralen Ziele der Regierungsparteien. Zudem können Wirtschaftsverbände beispielsweise mit der öffentlichkeitswirksamen Drohung, ihre Exit-Option verstärkt zu nutzen, versuchen, im politischen Diskurs einen Zusammenhang zwischen einer verschlechterten wirtschaftlichen Lage und dem Mangel an Anpassungsreformen zu etablieren. Ob solche Ankündigungen allerdings tatsächlich die Regierungspolitik beeinflussen, hängt von einer Reihe von Randbedingungen ab, so beispielsweise davon, ob die Regierungsparteien diese Drohungen für glaubwürdig halten und ob sie der Auffassung sind, dass entsprechendes Verhalten der Verbände tatsächlich die wirtschaftspolitische Performanz soweit verschlechtert, dass ihre zentralen programmatischen oder elektoralen Ziele gefährdet werden.

Regierungen könnten vor diesem Hintergrund versuchen, Verbände in korporatistische Arrangements einzubinden, die für beide Seiten vorteilhaft sind. Die Regierungsparteien können auf diese Weise zusätzliche Informationen gewinnen, die für das Reformprojekt von Bedeutung sein können, oder sie können versuchen, das wirtschaftliche Verhalten einzelner Interessengruppen durch Verhandlungen zu beeinflussen. Zusätzlich lässt sich die eigene Politik durch einen Konsens mit Arbeitgeber- und Arbeitnehmervertretern gegenüber der Opposition absichern. Im Austausch für das Entgegenkommen der Verbände müssen die Regierungsparteien dann jedoch bereit sein, auf bestimmte Forderungen der Interessengruppen einzugehen. Allerdings wurde bereits im Zusammenhang mit der Diskussion von Katzensteins (1985) Überlegungen deutlich, dass korporatistische Arrangements nicht auf alle Länder in gleicher Weise übertragbar sind. Zudem ist die korporatistische Einbindung von Interessengruppen wie gesehen für Regierungen in aller Regel nicht zwingend, sondern eine mögliche Strategie der Durchsetzung von Anpassungsreformen neben anderen. Eine Fokussierung auf korporatistische Anpassungsprozesse würde daher ungerechtfertigter Weise alternative Strategien von Regierungen, die nicht auf diese Form der Einbindung von Interessengruppen zurückgreifen (können), außer Betracht lassen.

Insgesamt sollte deutlich geworden sein, dass Verbandseinflüsse auch im hier vorgestellten Modell eine Rolle spielen. Der zentrale Unterschied zu den oben angeführten Ansätzen ist jedoch, dass diese Einflüsse vermittelt über das Verhalten von Vetospielern und nicht unmittelbar wirksam werden.

2.3 Globalisierungsherausforderungen und Willensbildung

Was passiert, wenn der oben skizzierte Willensbildungsprozess dem Anpassungsdruck der Globalisierung ausgesetzt wird? Wie genau wirkt Globalisierung also auf den politischen Prozess? Deutlich wird zunächst, dass es wenig sinnvoll ist, in diesem Zusammenhang von Globalisierungs*zwängen* zu sprechen, denn Globalisierung zwingt niemanden oder verbietet niemandem, irgendetwas zu tun. Globalisierung verändert lediglich die Kosten-Nutzen-Relationen bestimmter Politikinstrumente (vgl. Cohen 1996: 283). Es besteht etwa kein Zweifel daran, dass eine Regierung auch heute noch prinzipiell in der Lage ist, Unternehmenssteuern massiv zu erhöhen. Nur die Kosten dieser Politik, beispielsweise in Form ausbleibender Investitionen, wachsen im Vergleich zu den 1960er Jahren infolge der Globalisierung erheblich. Demnach können die ökonomischen Kosten zur Erreichung bestimmter Ziele unter Globalisierungsbedingungen deutlich ansteigen, wenn Instrumente verwendet werden, die der Logik globalisierter Märkte widersprechen, oder diese Ziele lassen sich mit solchen Instrumenten gar nicht mehr erreichen. Auf der anderen Seite schließt Globalisierung die Erreichung bestimmter Ziele aber nicht generell aus; es ist also beispielsweise keineswegs Globalisierung, die per se zu Arbeitslosigkeit führt, sondern einzelne Ziele lassen sich eben mit den hergebrachten Instrumenten nicht mehr erreichen oder bestimmte Ziel*bündel* können nicht gleichzeitig realisiert werden.

Das bedeutet, dass Globalisierung zu einer Verschlechterung der wirtschaftspolitischen Performanz führen müsste, wenn an wirtschaftspolitischen Instrumenten festgehalten wird, die der Logik internationalisierter Märkte widersprechen, wenn also Anpassungsreaktionen ausbleiben. Allerdings müssen die Regierungsparteien erst einen Kausalzusammenhang zwischen Globalisierung, ausbleibenden Anpassungsreaktionen und Verschlechterung der ökonomischen Performanz herstellen, wenn sie auf Globalisierung reagieren sollen. Es kann also nur dann zu solchen Anpassungsreaktionen kommen, wenn die Akteure die bestehenden wirtschafts- und beschäftigungspolitischen Probleme als Folgen ausgebliebener Anpassungsreaktionen wahrnehmen. Bleiben die Wahrnehmungen der Akteure dagegen von solchen „Zwängen" unbeeinflusst, ist auch nicht mit einer politischen Reaktion auf Globalisierung zu rechnen. Diese Einsicht kann dann erhebliche Folgen für die politikwissenschaftliche Forschung haben, wenn aus dem Ausbleiben von Anpassungsreaktionen auf die Nichtexistenz des globalisierungsinduzierten Handlungsdrucks geschlossen wird. Dabei wird nämlich implizit angenommen, dass für die Regierung kein Problem der Zuschreibung von Ursache (mangelnde Anpassung an Globalisierung) und Wirkung (Verschlechterung der wirtschaftspolitischen Performanz) besteht, was offensichtlich unrealistisch ist. So führt beispielsweise der Befund einer massiv verschlechterten beschäftigungspolitischen Performanz dann nicht zu einer Anpassung an die Logik globalisierter Märkte, wenn die Regierung andere Faktoren, beispielsweise eine beschäftigungsschädliche Geldpolitik einer unabhängigen Zentralbank, für die schlechte Performanz verantwortlich macht. Auf der anderen Seite kann die Globalisierung aber auch für eine schwache wirtschaftspolitische Performanz verantwortlich gemacht werden, ohne dass materiell ein Zusammenhang zwischen beiden besteht (ausführlicher hierzu Hay/Rosamond 2002; vgl. auch Seeleib-Kaiser 2001).

Wie werden Regierungsparteien im hier vorgestellten Modell auf die Herausforderungen der Globalisierung (und der Europäischen Integration) reagieren? Auf der Policy-Ebene sind Reformen, wie sie als Antworten auf Globalisierung erwartet werden, etwa Senkungen der Steuern auf Unternehmertätigkeit und Kapitaleinkommen, eine Reduzierung der Sozialabgaben oder der Verzicht auf nachfrageorientierte Beschäftigungspolitik in einem Land, in der Regel eher mit der Programmatik bürgerlicher Parteien als der sozialdemokratischer Parteien vereinbar (Moses 1994; Huber/Stephens 1998; Iversen 2000; Hall 2002). Deregulierungsfreudige konservative Regierungen könnten den Globalisierungsdiskurs im Sinne einer Strategie der *blame avoidance* sogar dafür nutzen, Reformen zu verabschieden, die sie schon vorher für wünschenswert, aber gegen den Wählerwiderstand für nicht durchsetzbar hielten. Für christdemokratische Parteien, die zwar ebenfalls eine stärker angebotsorientierte Wirtschaftspolitik, aber gleichzeitig auch eine ambitionierte Sozialpolitik verfolgten (van Kersbergen 1995), dürfte dies schon deutlich weniger gelten: Sie sollten sich insbesondere in der Frage einer Reform des Sozialstaates schwerer tun als liberale oder konservative Parteien.

Noch problematischer sind solche Anpassungsreaktionen jedoch ceteris paribus für Sozialdemokraten, weil diese Reformen, soweit sie etwa eine steuerliche Entlastung von Unternehmen und hohen Einkommen, einen Um- oder gar Abbau des Wohlfahrtsstaates, eine Deregulierung (auch des Arbeitsmarktes) oder eine Verkleinerung des öffentlichen Sektors implizieren, schlechter zu ihren inhaltlichen Vorstellungen passen dürften.[26] Daher müssen diese Parteien auf die Herausforderungssituation mit stärkeren programmatischen Veränderungen zumindest auf der Ebene der wirtschaftspolitischen Instrumente reagieren als ihre bürgerliche Konkurrenz. Zu solchen Veränderungen in der Programmatik sozialdemokratischer Parteien kommt es aber überhaupt nur, wenn diese zu der Einschätzung gelangen, dass sich durch das Ausbleiben von Anpassungsreaktionen an Globalisierung die wirtschaftspolitische Performanz verschlechtert hat, und damit unmittelbar die Verletzung zentraler programmatischer Ziele verbunden ist, etwa in Form einer massiven Erhöhung der Arbeitslosigkeit. Soweit also programmatische Ziele nicht mehr mit den hergebrachten Instrumenten zu erreichen sind, ist zu erwarten, dass eine Modifikation der zur Erreichung der Ziele vorgesehenen Instrumente stattfindet – vorausgesetzt, die Partei sieht einen Zusammenhang zwischen den veränderten Rahmenbedingungen und der Verschlechterung der wirtschaftspolitischen Performanz.

Allerdings können durch die von den meisten Globalisierungstheoretikern prognostizierten Anpassungsmaßnahmen andere sozialdemokratische Ziele, etwa der Umverteilung oder der maximalen arbeitsrechtlichen Absicherung der Arbeitnehmer, verletzt werden. Welches Ziel einzelne sozialdemokratische Parteien in einer

---

26   Auf eine eigenständige Betrachtung grüner Parteien wird hier verzichtet, weil sie sich bisher weder programmatisch noch in der praktischen Regierungspolitik in der Wirtschafts- und Sozialpolitik profiliert haben (vgl. Müller-Rommel/Poguntke 2002).

solche Dilemmakonstellation „opfern", ob es also zur Akzeptanz von Anpassungsreaktionen kommt oder eine Verletzung der nicht unmittelbar negativ von mangelnder Anpassung betroffenen Ziele abgelehnt wird, ist schwerlich ex ante zu prognostizieren und dürfte u.a. vom programmatischen Erbe der Partei und den innerparteilichen Kräftekonstellationen, in der Terminologie des Vetospiertheorems also der Kohäsion, aber auch von den Präferenzen der Wähler sowie der Wettbewerbsposition der Partei im Parteiensystem abhängen. Zu erwarten ist allerdings, dass die Verschlechterung der wirtschafts- oder beschäftigungspolitischen Performanz ganz erheblich sein muss, um solche innerparteilichen Adaptionsprozesse in Gang zu setzen. Und auch wenn die Existenz bestimmter Zielkonflikte anerkannt wird, ist nur mit sehr moderaten Anpassungsschritten zu rechnen, da auf diese Weise die geringste Abweichung bei den nicht unmittelbar betroffenen Zielen zu erwarten ist.

Angesichts solcher potenzieller Zielkonflikte dürften sich sozialdemokratische Parteien allerdings auch stärker als ihre Konkurrenten um alternative Anpassungskonzepte an Globalisierung bemühen, die es ihnen erlauben, sich an die neue Herausforderungssituation anzupassen, ohne andere zentrale Ziele wie Verringerung der Einkommensungleichheit oder ausgebaute Wohlfahrtsstaatlichkeit aufgeben zu müssen. So hat Carles Boix (1998) argumentiert, Sozialdemokraten versuchten unter Globalisierungsbedingungen, erfolgreiche Wachstumspolitik zu betreiben, ohne eine Erhöhung sozialer Ungleichheit hinnehmen zu müssen, indem sie nicht mehr auf keynesianische Nachfragesteuerung setzten, sondern durch Investitionen in Bildung und Infrastruktur die Produktivität der Arbeitnehmer erhöhten. Auch die Erweiterung des wirtschaftspolitischen Handlungskorridors durch eine gezielte Nutzung der Europäischen Union durch sozialdemokratische Parteien ist in diesem Zusammenhang vorgeschlagen worden (vgl. hierzu Ostheim 2006). Die – auch außerhalb der Wissenschaft geführte – Diskussion um die Dritten Wege der Sozialdemokratie gegen Ende der 1990er Jahre kann in jedem Fall als Beleg für die sozialdemokratische Debatte um eine Neuausrichtung der Wirtschafts- und Sozialpolitik gelten (vgl. als Überblick Giddens 1999, 2000; Merkel 2000; Merkel et al. 2006; Cuperus/Kandel 1998; Cuperus et al. 2001).

Aus den vorstehenden theoretischen Überlegungen lassen sich drei parteipolitische Hypothesen über nationalstaatliche Anpassungsreaktionen an Globalisierung ableiten:

1. Anpassungsreaktionen sozialdemokratischer Parteien werden unter sonst gleichen Bedingungen später erfolgen und moderater ausfallen als die bürgerlicher, insbesondere liberaler und konservativer Parteien.
2. Sozialdemokratische Parteien werden ceteris paribus Anpassungsreaktionen erst durchsetzen, wenn die Erreichung zentraler programmatischer Ziele erheblich gefährdet ist oder diese bereits verletzt werden.
3. Sozialdemokratische Parteien werden versuchen, andere Anpassungspfade zu beschreiten als bürgerliche Parteien, d.h. gewisse, allerdings kleinere Parteiendifferenzen bleiben erhalten.

Insbesondere bei der ersten Hypothese ist die Ceteris-paribus-Klausel allerdings zu unterstreichen. Für die meisten der diskutierten Anpassungsreaktionen gilt nämlich, dass sie in Besitzstände eingreifen und bei den Wählern daher nicht sehr populär sind, sodass sie also für die Parteien, die sie durchsetzen wollen oder sollen, ein erhebliches elektorales Risiko bergen – und zwar auch für bürgerliche Parteien, deren Mehrheitsfähigkeit in fast allen Ländern auch von Wählern abhängt, die ein Interesse am Erhalt bestimmter Besitzstände, etwa im Bereich Transferzahlungen, Subventionen, Regulierung etc., haben. Auch im Zeitalter der Globalisierung wirkt also die Logik des Wettbewerbs um Wählerstimmen, dem sich die Parteien nur schwerlich entziehen können. Insofern legt also die ökonomische Logik Reformen nahe, die aus der Perspektive des Parteienwettbewerbs meist nur als ultima ratio in Frage kommen. Unter welchen Bedingungen werden Parteien dann aber überhaupt Anpassungen an die Herausforderungen der Globalisierung vornehmen?

Wie gesehen gehen vom Wettbewerb um Wählerstimmen Anreize aus, nur solche Reformen durchzusetzen, die die Regierungspartei(en) an der Wahlurne nicht belasten. Insofern werden sich Parteien, so lässt sich aus dem vorgestellten Modell ableiten, hier zunächst bedeckt halten, um ihre Wahlchancen nicht zu verschlechtern. Es sind also auch für die Adaption an Globalisierung zunächst nur moderate Reformen zu erwarten. Solche moderaten Reformen dürften ceteris paribus eher von bürgerlichen als von sozialdemokratischen Parteien durchgesetzt werden, weil erstere auch programmatisch tendenziell einem Rückzug des Staates aus der Wirtschaft das Wort reden, während letztere erst einen gewissen Lernprozess durchmachen müssen, ehe sie die fraglichen Politiken als geeignete wirtschaftspolitische Mittel akzeptieren. Auf der anderen Seite ist eine solche Politik, zumindest im Bereich eines sozialpolitischen Umbaus, für bürgerliche Parteien erheblich riskanter als für Sozialstaatsparteien, da erstere anders als sozialdemokratische, und in vielen Ländern auch christdemokratische Parteien nicht als Architekten und natürliche Verteidiger des Wohlfahrtsstaates gelten, die glaubwürdig die Unabwendbarkeit der Reformen behaupten könnten (Kitschelt 2001). Daher werden sich auch bürgerliche Parteien insbesondere im Wohlfahrtsstaatsbereich zunächst auf moderate Reformen beschränken.

Größere, insbesondere größere unpopuläre Reformen kommen unter den Bedingungen des Wettbewerbs um Wählerstimmen wie gesehen nur dann vor, wenn die Regierung sich mit wirtschafts- und beschäftigungspolitischen Problemen konfrontiert sieht, die mit moderaten Reformen nicht mehr bewältigt werden können, die jedoch die Wiederwahl der Regierung in erheblichem Maße in Frage stellen können. Da die Logik des Parteienwettbewerbs auch unter Globalisierungsbedingungen noch intakt ist, gilt diese Erwartung auch für die Anpassungsreaktionen an Globalisierung. Insofern ist aus der Perspektive des Wettbewerbs um Wählerstimmen dann mit Anpassungsreaktionen zu rechnen, wenn sich die Regierungsparteien mit einer sich erheblich verschlechternden ökonomischen Performanz konfrontiert sehen, diese von den Regierungsparteien mit den bisher ausgebliebenen Anpassungsreaktionen an wirtschaftliche Globalisierung in Zusammenhang gebracht wird und sie deren elektoralen und/oder programmatischen Erfolg bedroht.[27]

Bei den meisten der fraglichen Reformen handelt es sich jedoch um eher unpopuläre Vorhaben. Dabei ist allerdings nochmals darauf zu verweisen, dass die elektoralen Risiken, die bestimmte Anpassungsreformen für Regierungsparteien mit sich bringen, in Abhängigkeit von den in der Wählerschaft dominierenden Wertvorstellungen variieren können. Je stärker eine Reform in den Augen der Wähler von diesen Wertvorstellungen wegführt, desto stärker sollten die Effekte der Parteienkonkurrenz wirken, während bei Übereinstimmung von wahrgenommenem Reforminhalt und den dominanten Einstellungen innerhalb der Wählerschaft die bremsenden Effekte des Parteienwettbewerbs gering sein werden. Im Fall von unpopulären Reformen werden die Regierungen, wenn sie sich an entsprechende Maßnahmen wagen, jedoch versuchen, eine Schuldzuweisung und elektorale Bestrafung für die Anpassungsreaktionen zu vermeiden. Wie gesehen bieten unterschiedliche Parteiensysteme in Abhängigkeit von der Zahl der Sozialstaatsparteien, der Stärke liberaler Parteien und der dominierenden Konfliktlinie diesbezüglich ganz verschiedene Opportunitätsstrukturen, die solche Reformen erschweren oder erleichtern können (vgl. Kitschelt 2001). Doch die Regierungsparteien werden, ebenso wie unter den Bedingungen stärker geschlossener Volkswirtschaften, auch selbst aktiv versuchen, die Wähler von einer Bestrafung an der Wahlurne abzuhalten. Allgemein scheint der politische Diskurs, also die Darstellung der Notwendigkeit einer Reform und ihre Einbindung in die zentralen politischen Werte der Bevölkerung, signifikant über den Erfolg potenziell unpopulärer Reformen mitzuentscheiden (V. Schmidt 2000, 2002a). Hier besteht für Regierungen durchaus die Möglichkeit der Einflussnahme: Ob eine Reform nämlich zu den unter den Wählern dominierenden Werten passt oder nicht, ist keine objektive Tatsache. Vielmehr können Parteien und Regierungen politische Diskurse dahingehend beeinflussen, dass Reformen doch als mit den dominierenden Wertvorstellungen vereinbar betrachtet werden (z.B. Cox 2001).

Auch die bemerkenswerte Zahl europäischer Länder, in denen es zur Etablierung von sozialen Pakten kam, ist in diesem Zusammenhang zu sehen. Im Rahmen solcher Konzertierungsversuche wurden in der Regel zwar keine unpopulären, aber als notwendig erachteten Politiken zwischen Regierung und Sozialpartnern vereinbart (Siegel/Jochem 2003: 339), doch die Bündnisse sollten der jeweiligen Regierung zumindest helfen, die prinzipiell unpopulären Reformen aus dem Parteienwettbewerb herauszunehmen, indem sie von den Vertretern von Gewerkschaften (und Ar-

---

27 Aus Studien zur Steuerpolitik lässt sich ableiten, dass Reformen vornehmlich dann vorgenommen werden, wenn die wirtschaftspolitische Performanz schlecht ist. So zeigt Wagschal (2005), dass die Zahl der Steuerreformen zwar nicht mit Globalisierungsindikatoren, dagegen aber positiv und signifikant mit dem Misery-Index korreliert. Angesichts der Tatsache, dass sich jenseits solcher statistischen Modelle durchaus ein Globalisierungseffekt auf die Steuerpolitik feststellen lässt (Genschel 2000; Ganghof 2005), kann dieses Ergebnis dahingehend interpretiert werden, dass die Globalisierung vornehmlich über die Verschlechterung der wirtschaftspolitischen, insbesondere der Beschäftigungsperformanz wirkt. Ähnliche Resultate ergeben sich auch bei der Analyse der Privatisierungspolitik der EU- sowie der OECD-Staaten in den 1990er Jahren (vgl. Zohlnhöfer et al. 2008).

beitgeberverbänden) mitgetragen werden.[28] Erfolgreiche Konzertierung dürfte es der Opposition jedenfalls erschweren, wahlpolitisches Kapital aus unpopulären Reformen zu ziehen, weil die prinzipielle Übereinstimmung von Arbeitnehmern und Arbeitgebern den Wählern die Vorstellung eines angemessenen Kompromisses vermittelt. „In sozialen Pakten wird die gesellschaftliche Akzeptanz für Reformen in der Sozial- und Tarifpolitik durch die Einbindung der Tarifparteien ermöglicht" (Hassel 2000: 502; vgl. auch Siegel/Jochem 2003: 335f., 339). In gleicher Weise kann eine formelle oder informelle Einbindung der Opposition einer elektoralen Bestrafung für Anpassungsreformen entgegenwirken.

Wenn es der Regierung dauerhaft gelingt, die Mehrheit der Wähler von der Notwendigkeit von Anpassungsreformen zu überzeugen und diese durchzusetzen, ohne ihre Wiederwahl zu gefährden, übt der Parteienwettbewerb sogar Druck auf die Opposition aus, ihre programmatischen Positionen in der Wirtschafts- und Sozialpolitik zu überdenken. Insbesondere Parteien, die wiederholt Wahlniederlagen hinnehmen mussten, die auf die eigenen programmatischen Vorstellungen zurückgeführt werden, werden bereit sein, sich der wirtschaftspolitischen Linie der Regierung zu nähern – insbesondere wenn diese nicht nur Wahlsiege, sondern auch wirtschaftspolitische Erfolge vorzuweisen hat. In ähnlicher Weise kann Misserfolg an der Wahlurne aber auch wirken, wenn eine Partei wegen ihrer wirtschaftspolitischen Misserfolge abgewählt wird und sie in der Opposition zu der Auffassung gelangt, dass die während der eigenen Regierungszeit eingesetzten wirtschaftspolitischen Instrumente unter den geänderten weltwirtschaftlichen Bedingungen ungeeignet waren und die wirtschaftspolitische Entwicklung bei einer Durchsetzung von Anpassungsreaktionen erfolgreicher verlaufen wäre.

Aus den Überlegungen zum Parteienwettbewerb lassen sich weitere Hypothesen über nationalstaatliche Anpassungsreaktionen an Globalisierung ableiten:

4. Weit reichende Reformen werden unter sonst gleichen Bedingungen wahrscheinlicher, wenn sich die ökonomische Performanz so weit verschlechtert, dass sie die Wiederwahl der Regierungsparteien gefährdet, und diese die Reformen als sinnvolle Reaktion auf die ökonomischen Probleme ansehen, sie also die Verschlechterung der wirtschaftspolitischen Performanz darauf zurückführen, dass Anpassungsreaktionen bisher ausgeblieben sind.

5. Die jeweiligen Konfigurationen des Parteienwettbewerbs beeinflussen die Bereitschaft von Regierungsparteien, weit reichende Anpassungsreformen durchzusetzen. Besonders unwahrscheinlich sind solche Anpassungsreformen ceteris paribus in Ländern mit zwei oder mehr großen Wohlfahrtsstaatsparteien und nur schwachen liberalen oder konservativen Parteien. Dagegen werden unpopuläre Reformen in Konstellationen mit einer starken marktliberalen Partei und einer sozialdemokratischen Partei, der es an

---

28 Natürlich haben diese Pakte auch noch andere, häufig sogar wichtigere Funktionen, beispielsweise die Beeinflussung des wirtschaftlichen Verhaltens der Verbände, soweit es Auswirkungen auf die wirtschaftliche Performanz und damit auf die programmatischen und elektoralen Ziele der Regierungsparteien hat. Zu denken ist hier etwa an die Lohnpolitik, ggf. aber auch an Investitions- und Beschäftigungsentscheidungen.

Glaubwürdigkeit als Verteidiger des Wohlfahrtsstaates fehlt, unter sonst gleichen Bedingungen einfacher zu verabschieden sein (Kitschelt 2001).
6. Parteien werden bei unpopulären Entscheidungen versuchen, die elektorale Bestrafung durch die Wähler zu vermeiden. Hierzu werden sie beispielsweise, soweit das Verbände- oder das politische System die entsprechende Möglichkeit bietet, auf soziale Pakte oder die Einbindung der Opposition zurückzugreifen versuchen. Insbesondere werden Regierungen versuchen, die Unausweichlichkeit der Reformen sowie deren Eingebundenheit in die dominierenden Wertvorstellungen der Wähler zu kommunizieren.

Bis jetzt ist gezeigt worden, unter welchen Bedingungen einzelne parteipolitische Vetospieler Reformen zur Anpassung an die Herausforderungen der wirtschaftlichen Globalisierung vorschlagen würden. Die Bereitschaft einer einzelnen (Regierungs-) Partei, solche Reformen zu wagen, reicht allerdings in den wenigsten Ländern aus, um sie auch tatsächlich durchzusetzen. Wenn man nun aber die Interaktion mehrerer Vetospieler betrachtet, gelten im Wesentlichen die Überlegungen, die am Modell politischer Willensbildung in geschlossenen Volkswirtschaften für Situationen unpopulärer Entscheidungen hergeleitet wurden: Einerseits wird die Durchsetzbarkeit von Anpassungsreaktionen an Globalisierung erleichtert, wenn die Zahl der Vetospieler gering und ihre Kongruenz hoch ist. Im Idealfall einer Einparteienregierung ohne weitere institutionelle Gegenspieler kann dieser einzelne Vetospieler eine weit reichende Veränderung ohne Konzessionen durchsetzen, während es mit steigender Zahl von Vetospielern und abnehmender Kongruenz immer unwahrscheinlicher wird, dass eine weit reichende Veränderung des Status quo erreicht wird. Andererseits ist aber für den Zusammenhang zwischen der Zahl der Vetospieler und Anpassungsreaktionen nochmals darauf hinzuweisen, dass sich die Regierungspartei in einem Westminster-System auch allein vor den Wählern verantworten muss, während Systeme mit vielen Vetospielern die Gelegenheit zur Verantwortungsdiffusion eröffnen. So hängt es letztlich von der Parteienwettbewerbskonstellation sowie der Anwendbarkeit alternativer Wege der Schuldvermeidung für eine Einparteienregierung ab, ob der Reformoutput in Systemen mit wenigen Vetospielern tatsächlich größer ist. Allerdings ist zu beachten, dass sich die Kongruenz zwischen Vetospielern verändern kann. Insbesondere für sozialdemokratische Parteien ist, wie gezeigt, unter bestimmten Bedingungen eine programmatische Anpassung an die neuen weltwirtschaftlichen Gegebenheiten zu erwarten, sodass die Kongruenz zwischen sozialdemokratischen und bürgerlichen Parteien im Zeitverlauf zunehmen könnte.

Diese Überlegungen beziehen sich zunächst aber nur auf den Fall kooperativer Vetospieler. Ein besonderes Problem entsteht, wenn wir mit kompetitiven Vetospielern konfrontiert sind. Wenn eine Regierung eine unpopuläre Reform nämlich erst durchzusetzen bereit ist, wenn ohne diese Maßnahme ihre Wiederwahl bedroht ist, sie für die Durchsetzung dieser Reform aber die Zustimmung eines kompetitiven Vetospielers, sprich: einer parteipolitisch der Opposition nahe stehenden Institution, benötigt, liegt es für diesen Spieler wahlstrategisch nahe, die Reform zu blockieren, gerade weil ihr Ausbleiben die Wahlchancen der amtierenden Regierung verschlechtert. In einem solchen Fall reicht aus Gründen des Parteienwettbewerbs nicht einmal die gemeinsame Einsicht aller Vetospieler in die Notwendigkeit, um die Reform durchzusetzen. Nur wenn alle beteiligten kompetitiven Vetospieler einerseits die gleiche Problemwahrnehmung teilen, dass nämlich eine Verschlechterung der ökonomischen Performanz auf das Fehlen von Anpassungsreaktionen an Globalisierung zurückzuführen ist, und sie andererseits alle fürchten müssen, dass die verschlechterte ökonomische Performanz ihnen elektoral schadet bzw. nicht klar ist, wem sie schadet, ist in solchen Konstellationen mit einer Veränderung des Status quo zu rechnen.

Insofern ergeben sich aus der Betrachtung der institutionellen Strukturen verschiedener politischer Systeme folgende Vetospielerhypothesen:

7. Mit zunehmender Zahl, vor allem aber mit abnehmender Kongruenz der Vetospieler nimmt ceteris paribus die Reichweite der Anpassungsreformen ab.
8. Wenn kompetitive Vetospieler existieren, kommen Anpassungsreaktionen nur zustande, wenn diese inhaltlich von beiden Seiten tragbar sind und keine Seite sich elektorale Vorteile aus einer Blockade versprechen kann.

2.4 Schlussfolgerungen

Wann kommt es in den fortgeschrittenen Demokratien Westeuropas zu Anpassungen an die Herausforderungen der Globalisierung? Dies war die Leitfrage, die das vorliegende Kapitel theoretisch zu beantworten versucht hat. Dabei wurde davon ausgegangen, dass auch diese Anpassungsreformen den politischen Prozess durchlaufen müssen. Deshalb wurde zunächst ein allgemeines Modell politischer Willensbildung vorgestellt, das die Akteure mit formeller Vetomacht zum Ausgangspunkt machte, also solche Akteure, die einer Änderung des Status quo zur wirtschafts- oder sozialpolitischen Adaption an Globalisierung zustimmen müssen. In einem nächsten Schritt wurden die Präferenzen dieser Vetospieler, die in den OECD-Demokratien üblicherweise politische Parteien sind, modelliert, indem Parteien unterstellt wurde, sie versuchten in erster Linie, bestimmte Policies durchzusetzen, die in systematischem Zusammenhang mit ihrer programmatisch-ideologischen Orientierung stehen, allerdings unter der Nebenbedingungen, dass die Durchsetzung dieser Policies den Erfolg bei den nächsten Wahlen nicht gefährden darf. Daher sind weit reichende Reformen nur unter hohem Problemdruck, der seinerseits ebenfalls die Wiederwahlchancen der Regierungsparteien gefährdet, zu erwarten.

An dieser Logik ändert sich auch unter Globalisierungsbedingungen nichts Grundlegendes. Allerdings weisen die Maßnahmen, die üblicherweise als wirksame Anpassungen an wirtschaftliche Globalisierung diskutiert werden, zwei Besonderheiten auf, die für den Adaptionsprozess von Bedeutung sind: Erstens sind sie in ihrer Mehrzahl bei den Wählern unbeliebt, zweitens sind sie eher mit der Programmatik bürgerlicher Parteien als mit der sozialdemokratischer Parteien kompatibel. Daher werden letztere nur dann solche Anpassungsmaßnahmen vornehmen, wenn zentrale programmatische Ziele verletzt werden. Bürgerliche Parteien werden dagegen tendenziell eher bereit sein, die Anpassungsmaßnahmen aufzugreifen, doch hindert sie möglicherweise der Wettbewerb um Wählerstimmen stärker als sozialdemokratische Parteien an der Durchsetzung weit reichender Anpassungsmaßnahmen. Allgemein lässt sich sagen, dass es zu umfassenden Reformen im Sinne einer Anpassung an die weltwirtschaftlichen Herausforderungen unter den Bedingungen des Wettbewerbs um Wählerstimmen nur dann kommt, wenn erstens eine deutliche Verschlechterung der ökonomischen Performanz eintritt, diese zweitens von den Akteuren mit dem Fehlen von Anpassungsleistungen an Globalisierung in Verbindung gebracht wird[29] und sie drittens zentrale elektorale oder – insbesondere bei sozialdemokratischen Parteien – programmatische Ziele in Gefahr bringt oder bereits erheblich verletzt. Dabei wird eine Partei allerdings desto eher bereit sein, das Risiko von unpopulären Reformen einzugehen, je größer die Möglichkeiten der *blame avoidance* sind, die wiederum in Abhängigkeit von der Opportunitätsstruktur des Parteiensystems für unpopuläre Politiken ganz erheblich variieren.

Wenn die Zahl der Vetospieler größer als eins ist, kommen noch zusätzliche Effekte hinzu, die eine Anpassungsreaktion verlangsamen können. Soweit das Ausbleiben von Anpassungsreaktionen negative Auswirkungen auf die ökonomische Performanz hat und sich dies in programmatischen Änderungen bei stärker interventionistisch orientierten Parteien niederschlägt, ließe sich zumindest langfristig eine Erhöhung der Kongruenz zwischen den Vetospielern im Bereich der Wirtschafts- und Sozialpolitik erwarten. Doch sollte die Dilemmasituation, in der sich insbesondere Sozialdemokraten wiederfinden dürften, diese zu einer Suche nach Alternativen veranlassen, sodass eine vollständige programmatische Konvergenz selbst dann nicht zu erwarten ist, wenn sich eine solche programmatische Wende innerparteilich durchsetzen und den Wählern linker Parteien vermitteln ließe, was ebenfalls keineswegs vorausgesetzt werden kann. Aber selbst wenn die Globalisierung zu einer Annäherung der Policy-Positionen der Vetospieler führen sollte, die Kongruenz also steigen würde, können Reformen noch an Vetospielern scheitern, wenn diese sich kompetitiv verhalten. Gerade wenn das Ausbleiben von Anpassungsreaktionen zu einer Verschlechterung der wirtschaftspolitischen Performanz zu führen scheint und diese die elektoralen Aussichten der Regierungsparteien verschlechtert, besteht für kompetitive Vetospieler ein Anreiz zur Blockade.

Abschließend ist zu diskutieren, was das hier vorgestellte Modell über das Ergebnis von Anpassungsprozessen an wirtschaftliche Globalisierung sagt. Erzwingt die Globalisierung wirtschafts- und sozialpolitische Konvergenz? Dies ist auf der Grundlage des hier vorgestellten Modells nicht sehr wahrscheinlich. Zunächst dürfte sich die Anpassungsgeschwindigkeit in Abhängigkeit vom Parteienwettbewerb und der Vetospielerkonstellation unterscheiden. Auf der Zielebene ist dagegen zwar mit einer Annäherung der Positionen im Zeitverlauf zu rechnen, wenn die Globalisierungsbedingungen tatsächlich wie unterstellt wirken, doch ist dabei keineswegs das Verschwinden sämtlicher Unterschiede zu erwarten. Wie gesehen werden sich mit

---

29 Es kommt also, um es noch einmal zu betonen, letztlich nicht darauf an, dass materiell ein Zusammenhang zwischen schlechter ökonomischer Performanz und Globalisierung besteht, sondern dass er von den Akteuren perzipiert wird.

hoher Wahrscheinlichkeit Parteien unterschiedlicher Couleur auch weiterhin um unterschiedliche Anpassungspfade an die Globalisierungsherausforderungen bemühen, und sie werden unterschiedliche inhaltliche Schwerpunkte zu setzen versuchen. Darüber hinaus sind einheitliche Anpassungsreaktionen aber auch in Ländern, die von Parteien der gleichen Couleur regiert werden, nicht zu erwarten, weil sich die Opportunitätsstrukturen mitunter erheblich unterscheiden. Das gilt zum einen hinsichtlich der Situation der Parteien im Wettbewerb um Wählerstimmen, zum anderen hinsichtlich der jeweiligen Vetospielerkonstellation, zum dritten jedoch auch hinsichtlich des je nach Wohlfahrtsstaatsregime und Politischer Ökonomie unterschiedlichen Anpassungsbedarfs (dazu Scharpf 2000a; Hemerijck/Schludi 2000; Hall 2002; Genschel 2004). Dies könnte im Ergebnis dazu führen, dass in quantitativen Designs die Parteienunterschiede verloren gehen (z.B. Garrett/Mitchell 2001; Huber/Stephens 2001; Kittel/Obinger 2003) – und zwar auch dann, wenn es durchaus parteipolitische Unterschiede in den regimespezifischen Anpassungspfaden gibt, worauf qualitative Studien hinweisen (etwa Levy 1999; Merkel 2000a; Driver/Martell 2002; Merkel et al. 2006).

Nicht zuletzt aus diesem Grund werden in jüngerer Zeit verstärkt qualitativ-vergleichende empirische Studien angemahnt (Hall 2003; Kittel 2003), die helfen sollen zu verstehen, wie Globalisierung auf nationalstaatliche politische Prozesse wirkt. Genau dies ist auch das Ziel der folgenden empirischen Analyse, die sich auf die finanzpolitischen Willensbildungsprozesse in vier europäischen Ländern seit dem Beginn der 1980er Jahre konzentriert. Bevor jedoch die empirischen Ergebnisse vorgestellt werden können, müssen einige methodologische Grundfragen geklärt werden, was im folgenden Kapitel geschieht.

3 Methodisches Vorgehen

Um das dargestellte theoretische Modell empirisch überprüfen zu können, müssen einige Weichen gestellt werden. Es ist Aufgabe dieses Kapitels, die entsprechenden Weichenstellungen zu erläutern.

Zunächst stellt sich die Frage nach dem zu untersuchenden Politikfeld. Dafür sollte ein für das theoretische Modell „harter" Fall untersucht werden, denn die Überzeugungskraft des Modells wächst, wenn seine Prognosen in einem Feld Bestand haben, wo dies nicht von vornherein zu erwarten war. Daher wird im Folgenden die Finanzpolitik untersucht, wobei sowohl die Einnahmen- wie die Ausgabenseite des Staatshaushalts betrachtet wird. Insbesondere die Steuerpolitik gilt als stark durch die Globalisierung beeinflusst, sodass es sich hierbei in der Tat um einen schweren Fall für ein Modell handeln dürfte, das prinzipiell von der Wirksamkeit politischer Bestimmungsfaktoren von Staatstätigkeit ausgeht. Eine Betrachtung der Steuerpolitik allein greift allerdings zu kurz, da „auch die Präferenzen für öffentliche Ausgaben (z.B. für Umverteilung und Infrastruktur), die gegen eine Senkung der Abgabenlast wirken, zu berücksichtigen sind" (Wagschal 2006a: 146; so auch Feld 2000: 159).

Die abhängigen Variablen sind finanzpolitische Anpassungsprozesse an externe Herausforderungen. Allerdings differiert die Ausgangslage der OECD-Staaten sowohl im Hinblick auf die Steuersysteme als auch hinsichtlich des Niveaus und der Struktur der Staatsausgaben ganz massiv. Zudem dürfte der Problemdruck, der durch die zunehmende ökonomische Integration in den einzelnen Ländern entsteht, in Abhängigkeit von den jeweiligen Wohlfahrtsstaatsregimen und der Struktur ihrer jeweiligen Politischen Ökonomien in Form und Ausmaß mitunter erheblich variieren (Scharpf 2000a; Hall 2002). Obwohl also davon ausgegangen werden kann, dass aufgrund der externen Herausforderungen in allen Ländern Reformen notwendig werden, die auch in eine ähnliche Richtung gehen werden (Hall 2002: 32-34), ist keineswegs überall mit den gleichen Anpassungsreaktionen zu rechnen. So könnte beispielsweise in einem Land eine Senkung des Körperschaftsteuersatzes als zentrale Antwort auf Globalisierung gelten, während in einem anderen ebenfalls als Reaktion auf die wirtschaftliche Internationalisierung das Hauptaugenmerk auf eine steuerpolitische Absicherung einer moderaten Lohnpolitik oder die Senkung der Lohnnebenkosten durch eine Reduzierung der Sozialversicherungsbeiträge gerichtet wird. Mit anderen Worten: Die gleichen weltwirtschaftlichen Trends können zu unterschiedlichen Anpassungsreaktionen führen. Wie kann mit diesem Problem methodisch umgegangen werden?

Hier liegt sicherlich einer der zentralen Vorzüge der vergleichenden qualitativen Forschung (vgl. auch Munck 1998: 32, 36). Eine genaue Kenntnis der jeweiligen Fälle ermöglicht nämlich, was Richard Locke und Kathleen Thelen (1995) einen „kontextualisierten Vergleich" (*contextualized comparison*) genannt haben. Locke und Thelen argumentieren am Beispiel der Arbeitspolitik, dass die weltwirtschaftliche Integration zwar überall zu einem Flexibilisierungsdruck geführt habe, dieser sich in verschiedenen Ländern aber aufgrund unterschiedlicher Ausgangsbedingungen, konkret: unterschiedlicher Rigiditäten der jeweiligen Arbeitsmärkte, ganz unterschiedlich niedergeschlagen habe. So habe sich die Flexibilisierung in Schweden im Zusammenbruch des zentralisierten Lohnverhandlungssystems niedergeschlagen, während in Deutschland – aus denselben Gründen – eher eine Flexibilisierung der Arbeitszeiten, in Italien die Abschaffung der automatischen Lohnanpassung (*scala mobile*) und in den USA eine Flexibilisierung der Arbeitsorganisation durchgesetzt wurden. Allgemeiner argumentieren die Autoren: „These apparently different struggles in fact capture the particular way that common challenges have been translated into specific conflicts in the various national settings" (Locke/Thelen 1995: 344). In ähnlicher Weise wird man also auch unterschiedliche finanzpolitische Reformen als nationalstaatliche Anpassungsreaktionen an Globalisierung verstehen können, die deshalb auch sinnvoll miteinander verglichen werden können.

Die vorliegende Studie wird sich jedoch – im Gegensatz zur Mehrzahl der existierenden Arbeiten (Zürn 2002: 243) – nicht auf das Ergebnis der Anpassungsprozesse, also auf die Frage, ob es beispielsweise zu wirtschaftlicher Konvergenz, zu Unternehmenssteuersenkungen oder zum Rückbau des Wohlfahrtsstaates kommt, beschränken. Vielmehr wird auch der politische Prozess selbst, der zu solchen Anpassungsreformen führt, untersucht. Gerade die Analyse solcher Prozesse erlaubt es nämlich, die Bedeutung politischer Variablen für die Anpassung an externe Herausforderungen besser zu verstehen. So hat Peter Hall (2003: 393) argumentiert: „Observations bearing on a theory's predictions about the process whereby an outcome is caused provide as relevant a test of that theory as predictions about the correspondence between a small number of causal variables and the outcomes they are said to produce… The explanatory power of a theory rests, in large measure, on the specification of such a process." Diese Logik gilt in besonderem Maße für das dieser Arbeit zugrunde liegende theoretische Modell, das ja ganz explizit auf den Prozess der Anpassung abstellt.

Eine solche „systematische Prozessanalyse", wie sie Hall (2003) vorschlägt, besitzt darüber hinaus aber auch einen methodologischen Vorteil: Die Zahl der Fälle steigt. Spätestens seit Arend Lijpharts (1971) einflussreichem Aufsatz wird die vergleichende (im Gegensatz zur statistischen) Methode dadurch gekennzeichnet, dass man mit einer geringen Zahl an Fällen und einer hohen Zahl an unabhängigen Variablen konfrontiert ist, was die Möglichkeit kausaler Inferenzen massiv einschränkt. Die Zahl der Fälle ist bei Lijphart gleich der Zahl der untersuchten Länder. Das ist aber keineswegs zwangsläufig zutreffend. Im vorliegenden Forschungsvorhaben kann zumindest jede untersuchte Reform als einzelner Fall gelten, in dem sich das Modell bewähren muss (vgl. hierzu auch die Überlegungen bei King et al. 1994: 47-49). Hall (2003: 397) macht darüber hinaus geltend, dass die Untersuchung jedes einzelnen dieser Prozesse vielfältige Beobachtungen ermöglicht, anhand derer Theorien getestet werden können. So lassen sich beispielsweise aus dem vorgestellten Modell jeweils Hypothesen für das Verhalten der verschiedenen an einem Reformprojekt beteiligten Vetospieler ableiten, die empirisch zutreffen können oder nicht.

Insofern folgt Hall (2003: 397) nicht zu Unrecht, dass die so verstandene vergleichende Methode „can be substantially more useful than many acknowledge".

Ein Vorgehen, das dem von Hall vorgeschlagenen in gewisser Weise ähnelt, hat eine Forschergruppe um Robert Bates unter dem Titel „Analytic Narratives" vorgeschlagen. Ihren Ansatz charakterisieren die fünf Autoren so: „Our approach is narrative; it pays close attention to stories, accounts, and context. It is analytic in that it extracts explicit and formal lines of reasoning, which facilitate both exposition and explanation" (Bates et al. 1998: 10). Ebenso wie Hall stellen sie darauf ab, durch die Untersuchung von politischen Prozessen Theorien zu testen oder doch wenigstens anzuwenden: „We seek to highlight and focus upon the logic of the processes that generate the phenomena we study" (Bates et al. 1998: 14). Charakteristisch für den „Analytic Narratives"-Ansatz ist der Versuch, detaillierte Fallstudien, in denen die Präferenzen und Einschätzungen der relevanten Akteure möglichst präzise erfasst und beschrieben werden sollen, mit Hilfe expliziter, häufig formalisierter Theorien oder Modelle zu erklären.[30] Es ist bezweifelt worden, dass dieses Unterfangen – wie von den Autoren angestrebt – auf der Grundlage von Theorien der rationalen Wahl gelingen kann (Elster 2000). Doch der Versuch, detaillierte Fallstudien auf der Basis eines expliziten theoretischen Modells anzugehen – und damit ließe sich vermutlich das Programm der *Analytic Narratives* auf einer allgemeineren Ebene umreißen –, sollte damit sicher nicht fallengelassen werden. Vielmehr soll im Folgenden gerade der Versuch gemacht werden, vergleichende Fallstudien auf der Basis eines explizierten theoretischen Modells durchzuführen.

Zusammenfassend scheint also ein qualitatives Forschungsdesign aus mindestens vier Gründen sachlich gut begründbar:
1. Erklärt werden sollen nicht nur die Resultate, sondern auch die Prozesse der Anpassungsreaktionen. Die Rekonstruktion und Erklärung letzterer dürften einer qualitativen Herangehensweise erheblich leichter fallen als statistischen Methoden.
2. Eine qualitative Vorgehensweise ermöglicht einen „kontextualisierten Vergleich" im Sinne von Locke und Thelen (1995). Damit können unterschiedliche Ausgangspositionen ebenso erfasst werden wie Reformen in verschiedenen Bereichen, die jedoch als Anpassungen an die gleichen Herausforderungen verstanden werden müssen.
3. Die postulierten kausalen Zusammenhänge zwischen den unabhängigen und der abhängigen Variablen sind vergleichsweise komplex und unter-

---

30 So führen die Autoren aus: „By reading documents, laboring through archives, interviewing, and surveying the secondary literature, we seek to understand the actors' preferences, their perceptions, their evaluation of alternatives, the information they possess, the expectations they form, the strategies they adopt, and the constraints that limit their actions. We then seek to piece together the story that accounts for the outcome of interest [...]. We thus do not provide explanations by subsuming cases under 'covering laws' [...]. Rather we seek to account for outcomes by identifying and exploring the mechanisms that generate them" (Bates et al. 1998: 11-12).

schiedliche Anpassungsgeschwindigkeiten und Variationen in den Anpassungspfaden lassen sich vermutlich nur schwer quantifizieren.
4. Schließlich reduziert die Analyse einer relativ großen Zahl von Reformen sowie die detaillierte Untersuchung der verschiedenen Stadien der einzelnen Willensbildungsprozesse das Problem kleiner Fallzahlen.

Für die angestrebte „systematische Prozessanalyse" bzw. die vergleichenden „Analytic Narratives" kommt es besonders auf die möglichst zuverlässige Rekonstruktion und vor allem Analyse der Willensbildungsprozesse an. Dazu wurden neben der Auswertung von Quellen, statistischem Material sowie der Sekundärliteratur auch rund 40 Expertengespräche geführt, überwiegend mit an den jeweiligen Willensbildungsprozessen beteiligten Akteuren. Neben 19 unmittelbar für die Finanzpolitik zuständigen vormaligen Ministern standen mir noch eine Reihe weiterer Kabinettsmitglieder, Parlamentarier, Mitarbeiter in Finanzministerien und Fraktionen, Mitglieder von Beratungsinstitutionen sowie zwei Journalisten als Gesprächspartner zur Verfügung. Dabei wurde ein Gesprächsleitfaden vorbereitet, der teilstandardisiert war und für jeden Gesprächspartner individuell modifiziert wurde. Die Interviews dienten vornehmlich dazu, die Perzeptionen der handelnden Akteure abzufragen, die ja aus der Perspektive des zugrunde liegenden theoretischen Modells von zentraler Bedeutung sind. Soweit Interviews nicht zustande kamen oder auch in Ergänzung zu den Interviews, wurde – soweit verfügbar – auf ausführliche schriftliche Äußerungen der Akteure zurückgegriffen (vgl. etwa Howe 1994; Lafontaine 1999; Lamont 1999; Lawson 1992).

Von überragender Bedeutung für ein solches qualitatives Forschungsdesign ist die Auswahl der Fälle, insbesondere wenn zumindest eine begrenzte Verallgemeinerbarkeit der Resultate angestrebt wird. Dabei sollte die Fallauswahl möglichst über die unabhängigen Variablen erfolgen, denn:

> „Selecting observations for inclusion in a study according to the categories of the key causal explanatory variable causes no inference problems. The reason is that our selection procedure does not predetermine the outcome of our study, since we have not restricted the degree of possible variation in the dependent variable" (King et al. 1994: 137; vgl. dazu auch Collier/Mahoney 1996: 60-65).

Das bedeutet für die vorliegende Analyse, dass die Fallauswahl aufgrund der drei genannten Schlüsselvariablen parteipolitische Zusammensetzung der Regierung, Parteienwettbewerbskonstellation und Vetospielerkonstellation getroffen werden sollte. Daher muss, bevor die Auswahl der zu untersuchenden Länder begründet wird, kurz auf die Operationalisierung der unabhängigen Variablen eingegangen werden.

Bezüglich der *parteipolitischen Zusammensetzung der Regierung* wurde für die Länderauswahl stark vereinfachend zwischen linken, sprich sozialdemokratisch, linkssozialistisch oder kommunistisch/post-kommunistisch geführten Regierungen und Regierungen, in denen rechte, also liberale, konservative oder christdemokratische Parteien dominieren, unterschieden. Für die eigentliche Prozessanalyse wird dann allerdings differenzierter argumentiert. So werden sowohl bei der Analyse innerkoalitionärer Verhandlungen als auch bei der Untersuchung der Positionen von Regierungs- und Oppositionsparteien innerhalb eines Landes wie im internationalen

Vergleich unterschiedliche Positionen innerhalb des linken oder rechten Lagers berücksichtigt, so beispielsweise die Unterschiede zwischen sozialdemokratischen und links-sozialistischen oder grünen Parteien bzw. die Differenzen zwischen christdemokratischen und liberalen oder konservativen Parteien.

Die *Vetospielerkongruenz*, also die programmatisch-inhaltliche Nähe der Vetospieler und damit die zentrale Kategorie des Vetospielerkonzepts, wurde für alle Regierungen der Grundgesamtheit berechnet, indem die inhaltliche Entfernung der beiden auf dieser Dimension am weitesten voneinander entfernten Vetospieler auf der Basis einer einschlägigen Expertenbefragung (Laver/Hunt 1992)[31] berechnet wurde. Für die Auswahl der Untersuchungsländer wurde die Unterscheidung zwischen hoher Kongruenz, die weit reichende Reformen zulassen sollte, und niedriger Kongruenz, bei der weit reichende Reformen weniger wahrscheinlich sind, eingeführt. Diese wurde auf der Basis des Medians der Grundgesamtheit getroffen. Erneut kann jedoch bei den eigentlichen systematischen Prozessanalysen differenzierter argumentiert werden und es kann insbesondere die Unterscheidung zwischen kooperativen und kompetitiven Vetospielern aufgenommen werden.

Schwieriger ist die Operationalisierung der *Parteienwettbewerbskonstellation*. Für die Auswahl der zu untersuchenden Länder wurden im Anschluss an Kitschelt (2001) in Abhängigkeit von der Stärke einer liberal-marktwirtschaftlichen Partei, der Stärke einer Sozialstaatspartei der Mitte neben der Sozialdemokratie, der Existenz einer links-libertären Konkurrenz der Sozialdemokratie sowie der wichtigsten Dimension des Parteienwettbewerbs vier Konstellationen unterschieden (vgl. Tab. 2.1).

Während diese Operationalisierung für die Länderauswahl hilfreich ist, ist sie für die detailliertere Prozessanalyse zu wenig differenziert. Ein allseits akzeptierter Indikator zur Messung des Parteienwettbewerbs ist noch nicht gefunden, ja: erstaunlicher Weise scheint er kaum mehr ernsthaft gesucht zu werden. Das mag damit zusammenhängen, dass die Effekte des Wettbewerbs um Wählerstimmen je nach Politikmaterie, Themenkonjunktur, Nähe des nächsten Wahltermins und Parteiensystemkonstellation variieren. Dabei erscheint es sinnvoll, die Intensität des Parteienwettbewerbs zunächst über den Grad der Ungewissheit über den Ausgang von Wahlen zu operationalisieren (vgl. Elkins 1974, Grande 2002: 186; Zohlnhöfer 2007a). Wenn eine Regierung nämlich sicher ist, die nächste Wahl zu gewinnen, weil beispielsweise die Opposition keine glaubwürdigen Alternativen bietet oder die Parteibindung der Wähler sehr hoch und stabil ist, wird sich die Regierung auch weniger an den Imperativen des Wettbewerbs um Wählerstimmen orientieren müssen als Regierungen, deren Wiederwahl sehr ungewiss ist.

Allerdings ist auch der Grad der Ungewissheit über den Ausgang der nächsten Wahl nicht ohne weiteres beobachtbar, vielmehr muss man sich diesem Konzept über mehrere Indikatoren nähern. Da Parteien nur ihre Abwahl fürchten müssen, wenn ein hinreichend großer Teil der Wählerschaft bereit ist, von einer Regierungspartei zur Opposition zu wechseln, ist zunächst das Augenmerk auf die Volatilität (Peder-

---

31 Als relevante Policy-Dimension wurde die Einordnung auf der Dimension „Increase services vs. cut taxes" zugrunde gelegt.

sen 1980) zu richten. Dabei ist davon auszugehen, dass die Effekte des Parteienwettbewerbs ceteris paribus mit steigender Volatilität zunehmen werden.

Daneben dürfte es eine Rolle spielen, ob die Position der Regierung das „Gravitationszentrum" („*center of gravity*") eines Parteiensystems abdeckt oder davon abweicht. Die Überlegung ist, dass Parteien, die von dieser Mitteposition abweichen, größere Schwierigkeiten bei der Durchsetzung unpopulärer Reformen haben dürften. Nach Gross und Sigelman (1984) berechnet sich das „*center of gravity*" als Durchschnitt der Positionen der relevanten Parteien auf der Links-Rechts-Achse, gewichtet mit ihrem Stimmenanteil.

Mit der Volatilität, dem „*center of gravity*" und der Parteiensystemkonstellation nach Kitschelt sind bestimmte Strukturen des Parteienwettbewerbs für eine spezifische Regierungspartei zu einem spezifischen Zeitpunkt gegeben. Wenn aber die Auswirkungen des Parteienwettbewerbs auf einzelne Reformen untersucht werden sollen, müssen auch die unmittelbaren Kontextbedingungen berücksichtigt werden: Insofern wurde hier – soweit verfügbar – auf Umfragedaten zurückgegriffen, die einerseits die Popularität der jeweiligen Regierungs- und gegebenenfalls Oppositionsparteien kurz vor und während des Reformprozesses messen sowie andererseits die Beurteilung der zu untersuchenden Reform durch die Bevölkerung erfassen.

Welche Länder sollen aber in die Untersuchung einbezogen werden? Dabei ist zunächst zu entscheiden, aus welcher Grundgesamtheit die Untersuchungsländer ausgewählt werden sollen (dazu auch Munck 1998: 28ff.). Um die Variation weiterer Variablen, die potenziell Anpassungsreaktionen hervorrufen können, möglichst gering zu halten, erscheint es ratsam, „*comparable cases*" (Lijphart 1971: 687-690) auszuwählen, also den Vergleich auf „*most similar systems*" (Przeworski/Teune 1970: 32-34) zu konzentrieren, die möglichst homogene Kontextbedingungen bieten (Collier/Mahoney 1996: 68f.). Mindestens zwei Gründe sprechen vor diesem Hintergrund dafür, die Mitgliedsländer der Europäischen Union vor der Osterweiterung als Grundgesamtheit zu definieren, aus der die Fälle auszuwählen sind (so auch Hays 2003: 102). Erstens wurde wie gesehen durch den Europäischen Binnenmarkt die Integration der Märkte, nicht zuletzt der Finanzmärkte, besonders stark vorangetrieben, sodass ein Vergleich von EU-Mitgliedsländern mit Nicht-Mitgliedern die hierdurch entstehenden Unterschiede kontrollieren müsste. Zweitens erscheint die Endogenisierung der Vetospielerpräferenzen über Parteiziele angesichts der relativ kohäsiven europäischen Parteien wesentlich plausibler als beispielsweise im Fall der wesentlich weniger kohäsiven Parteien im präsidentiellen System der USA.

Zusätzlich ist zu bedenken, dass alle Kombinationen der drei zentralen unabhängigen Variablen mit mindestens einem Fall abgedeckt sein sollten, wenn verallgemeinerbare Aussagen getroffen werden sollen (Lauth/Winkler 2002: 63). Da sich die Zuordnung der EU-Länder zu den Parteiensystemkonstellationen – anders als die jeweilige parteipolitische Zusammensetzung der Regierung und die Vetospielerkonstellation – während des Untersuchungszeitraumes mit der Ausnahme Italiens[32]

---

32 Italien ist dank der fundamentalen Transformation seines Parteiensystems zu Beginn der 1990er Jahre das einzige Land, das während des Untersuchungszeitraums von einer Parteien-

nicht geändert hat, muss die Zahl der zu untersuchenden Länder mindestens vier betragen.

Tabelle 3.1: Mögliche Kombinationen der unabhängigen Variablen

		Parteiensystemkonstellation nach Kitschelt 2001			
		Typ I	Typ II	Typ III	Typ IV
Kongruenz hoch	Linke Regierung	UK 97-07	DK 94-01	-	BRD 98-99
	Rechte Regierung	UK 79-97	DK 90-93, 01-07	NL 82-89, 02-07	BRD 82-90
Kongruenz gering	Linke Regierung	-	DK 93-94	NL, 94-02*	BRD 99-05
	Rechte Regierung	-	DK 82-90	NL, 89-94	BRD 90-98

Anm.: * Zwischen 1994 und 2002 kontrollierten die Sozialdemokraten zwar unter 50% der Kabinettssitze, stellten aber den Ministerpräsidenten, sodass die „violette Koalition" hier als linke Regierung gewertet wird.

Dennoch ergibt sich ein Problem, das sich auch mit einer größeren Zahl einzubeziehender Länder nicht lösen lässt: Bestimmte Parteiensystemkonstellationen schließen nämlich bestimmte Kombinationen der anderen Variablen aus. Kitschelts Konfiguration 1 etwa existiert nur in Zweiparteiensystemen, sodass praktisch ausschließlich Einparteienregierungen vorkommen. Soweit in diesen Ländern keine anderen institutionellen Vetospieler mit abweichenden parteipolitischen Mehrheiten existieren, ist hier daher eine Konstellation mit niedriger Kongruenz zwischen Vetospielern ausgeschlossen.[33] Ebenso ist Kitschelts Konfiguration 3 faktisch durch übergroße

wettbewerbskonstellation in eine andere wechselte. Das würde eine Einbeziehung Italiens prinzipiell als äußerst wünschenswert erscheinen lassen. Drei Gründe sprechen jedoch gegen die Inkludierung Italiens: Erstens dominierten während der Transformationsperiode, die im Wesentlichen zwischen 1991 und 1996 anzusetzen ist und während derer wichtige finanzpolitische Reformen vorgenommen wurden, Regierungen parteiloser so genannter „Techniker" (insbesondere die Regierungen Ciampi und Dini), sodass parteipolitische (sowie wohl auch Vetospieler-)Effekte hier kaum festgemacht werden könnten. Zweitens ist auch nach 1996 noch keineswegs eine Konsolidierung des Parteiensystems eingetreten. Drittens ist es immer noch ausgesprochen schwierig, insbesondere die seit Beginn der 1990er Jahre neu gegründeten Parteien wie Forza Italia, Lega Nord oder Margherita wirtschaftspolitisch zu verorten, was die Überprüfung der aus dem theoretischen Modell abgeleiteten parteipolitischen Hypothesen immens erschweren würde (vgl. zur Entwicklung des italienischen Parteiensystems, seiner Transformation, seinen Parteien sowie seiner jüngeren Entwicklung Zohlnhöfer 1998, 2006a).

33 Eine Parteiensystemkonstellation vom Typ 1 mit zusätzlichen institutionellen Vetospielern ist in den USA gegeben, die aber nicht zur Grundgesamtheit gehören. Die europäischen Länder dieser Parteienwettbewerbskonstellation (Großbritannien, Spanien, Griechenland) weisen dagegen allesamt keine starke zweite Kammer auf.

zentristische Koalitionen gekennzeichnet, die sich nur schwer als Links- oder Rechtsregierungen einordnen lassen und deren Kongruenz nur selten als hoch klassifiziert werden kann. Um dieses Problem so weit wie möglich zu neutralisieren, ist bei der Länderauswahl darauf geachtet worden, die Variation in der Regierungszusammensetzung und der Vetospielerkonstellation in dem Untersuchungsland, das der Parteienwettbewerbskonfiguration 3 zuzuordnen ist, so groß wie möglich zu halten, was mit der Auswahl der Niederlande erreicht wird.[34] Die weiteren in die Untersuchung einzubeziehenden Länder sind Dänemark, Deutschland und Großbritannien. Jedes dieser Länder lässt sich einer anderen Parteienwettbewerbskonstellation zuordnen. In allen Ländern sorgten zudem – meist mehrere – Regierungswechsel dafür, dass die Effekte der parteipolitischen Zusammensetzung der Regierung sowohl im Längs- als auch im Querschnitt getestet werden können. Außerdem finden sich in allen Ländern mit Ausnahme Großbritanniens ganz erhebliche Variationen in der Vetospielerkongruenz über die Zeit, die es ebenfalls erlauben, sowohl im Längs- als auch im Querschnitt Aussagen über den Einfluss der Vetospielerkonstellation auf die finanzpolitischen Anpassungsreaktionen zu treffen (s. Tab. 3.1).

Abschließend bleibt noch der Beobachtungszeitraum zu bestimmen. Er soll etwa um das Jahr 1980 beginnen und zu Anfang des 21. Jahrhunderts enden. Während der Endzeitpunkt möglichst gegenwartsnah gewählt ist, soll mit dem Anfangszeitpunkt sichergestellt werden, dass die Studie die Zeitspanne umfasst, in der sich der durch integrierte Märkte hervorgerufene Handlungsdruck voll entfaltet hat. Insbesondere ausländische Direktinvestitionen und die – für die Finanzpolitik besonders wichtige – Integration der Finanzmärkte gewannen erst in den 1980er Jahren eine Bedeutung, die ein Handeln von Regierungen in Reaktion auf diese Veränderungen nahe legte. So schreiben Beisheim et al. (1999: 264f.; Hervorhebungen weggelassen) in ihrer umfassenden Bestandsaufnahme:

> „Bezüglich der Indikatorengruppe Kapitalmärkte ergibt sich ein Bedeutungszuwachs des internationalen Kapitalverkehrs überwiegend für die achtziger Jahre. Insbesondere gilt dies für die internationalen Finanzmärkte, deren Zuwächse als exponentiell zu bezeichnen sind. Auch die Entkoppelung der Finanzmärkte von realen wirtschaftlichen Transaktionen ist erst seit den achtziger Jahren zu beobachten. Für die Indikatorengruppe Multinationale Konzerne läßt sich feststellen, daß sowohl die Direktinvestitionen als auch die Entwicklung strategischer Allianzen einen deutlichen Wachstumsschub ab der zweiten Hälfte der achtziger Jahre aufweist."

Nicht zuletzt der Abschluss der Einheitlichen Europäischen Akte sowie die große Steuerreform in den USA unter Präsident Reagan im Jahr 1986 dürften zudem insbesondere zu einer Intensivierung des Steuerwettbewerbs geführt haben (vgl. etwa Hallerberg/Basinger 1998: 321f.). Indem der Untersuchungszeitraum zu Anfang der achtziger Jahre beginnt, lassen sich also die durch die Internationalisierung hervor-

---

34 In den Niederlanden gab es zwar während des Untersuchungszeitraums keine Regierung, in der die sozialdemokratische PvdA die Hälfte der Kabinettssitze kontrolliert hätte, doch stellte sie von 1994 bis 2002 den Ministerpräsidenten. Das Zustandekommen der so genannten violetten Koalition ist insbesondere deshalb als wichtiger Machtwechsel in der niederländischen Nachkriegsgeschichte zu werten, weil ihr zum ersten Mal keine christdemokratische Partei angehörte.

gerufenen Veränderungen besonders gut analysieren. Der präzise Beginn des Untersuchungszeitraums variiert allerdings zwischen den Untersuchungsländern ebenso wie sein Ende etwas, um den jeweiligen politischen Entwicklungen der Länder besser gerecht werden zu können. In allen Ländern endet der Untersuchungszeitraum allerdings vor dem Ausbruch der Finanzkrise 2008.[35] Zudem wird jedem Länderkapitel ein knapper historischer Abriss über das finanzpolitische Erbe zu Beginn des Untersuchungszeitraums vorangestellt, um die unterschiedlichen Ausgangspunkte und wahrscheinlichen Anpassungsnotwendigkeiten zu verdeutlichen.

---

35 Konkret beginnt der Untersuchungszeitraum mit dem Amtsantritt der Regierungen Thatcher (1979), Lubbers (1982), Schlüter (1982) und Kohl (1982) und endet mit dem Ende der Amtszeit von Tony Blair (2007), dem Ende des dritten Kabinetts Balkenende (2007), den Wahlen zum Folketing 2007 sowie dem Ende der rot-grünen Bundesregierung (2005).

4 Liberale Avantgarde. Finanzpolitische Anpassungsreaktionen in Großbritannien seit 1979

4.1 Politische Rahmenbedingungen in Großbritannien

4.1.1 Das politische System

Großbritannien ist ein Musterbeispiel für eine „Westminster-Demokratie" (Lijphart 1999), in der die Regierung faktisch keine Rücksicht auf andere Vetospieler nehmen muss. Die zweite Kammer, das Oberhaus, hat kein wirkliches Vetorecht, sein Einspruch hat allenfalls aufschiebende Wirkung. In vielen Fällen dürfte die Regierung zwar bereit sein, Konzessionen an die Lords zu machen, um eine einjährige Verzögerung des Entwurfs zu vermeiden, sodass die Stellung des Oberhauses gegenüber der Regierung stärker ist als die des Unterhauses (James 1997: 195), doch eine ernsthafte Beschränkung der Macht der Mehrheitspartei ist hierin dennoch nicht zu sehen.

Dies umso weniger, als das System im Bereich der Finanzpolitik sogar noch stärker zentralisiert ist (vgl. Pliatzky 1989: 74-77). Das Oberhaus hat praktisch kein Mitspracherecht (Saalfeld 2008: 180), während hinsichtlich des Einflusses von Unterhaus und Kabinett zwischen Steuern und Ausgaben zu unterscheiden ist. Das Unterhaus muss zwar Steuergesetzen zustimmen, aber es kann beispielsweise keine Veränderungen am Haushaltsgesetz vornehmen, das es lediglich ablehnen oder annehmen kann (Hallerberg 2004: 67; Saalfeld 2008: 186ff.). Entsprechend hat es auch nur sehr begrenzte Kontrolle über die Staatsausgaben. Dagegen besitzt das Kabinett im Bereich der Steuerpolitik praktisch keinen Einfluss, ja es wird über die steuerpolitischen Veränderungen überhaupt erst am „budget day" selbst unterrichtet, während es bei der Festlegung der Staatsausgaben eine gewisse Rolle spielt. Wichtiger sind bei der Ausarbeitung des Haushaltes allerdings die bilateralen Verhandlungen zwischen dem jeweiligen Fachminister und dem Chief Secretary to the Treasury, einem Staatssekretär im Treasury mit Ministerrang, der für die Ausgabenseite des Haushaltes verantwortlich ist (Hallerberg 2004: 67). Kommt es bei diesen bilateralen Verhandlungen zu keiner Einigung, wurden jeweils zwischen den Regierungen unterschiedliche Kabinettsausschüsse gebildet, die eine Einigung erreichen sollten. Blieben diese aus, musste das Kabinett als Ganzes einen Beschluss fassen. Auch wenn auf diese Weise die Fachminister gelegentlich einen gewissen sektoralen Einfluss gewinnen können (insbesondere, wenn der Premierminister sie unterstützt), ist insgesamt sicherlich Margaret Thatchers zweitem Finanzminister Nigel Lawson

(1992: 96) zuzustimmen, der von der „sovereignty of the Chancellor of the day over the Budget, subject only to the need to carry the Prime Minister with him", spricht.[36]

Zudem war das politische System Großbritanniens über den weitaus größeren Teil des Beobachtungszeitraums stark zentralisiert. Daran änderte auch die Ende der 1990er Jahre durchgesetzte Devolution wenig. Das schottische, aber nicht das walisische oder nordirische, Parlament kann den Standardsatz der Einkommensteuer um drei Prozentpunkte variieren (Münter 2006) und alle drei regionalen Volksvertretungen verfügen über einen eigenen Haushalt, dessen Volumen zwischen etwas unter fünf (Schottland) und etwas über zwei Prozent (Wales) des Haushaltsvolumens Westminsters liegt (OECD 2000a: 58). Gesamtwirtschaftlich spielen diese Kompetenzen daher (noch) keine nennenswerte Rolle (so auch Hallerberg 2004: 65).

Eine gewisse Einschränkung der zentralstaatlichen Verfügungsgewalt ist durch die Kommunen gegeben, die rund 25% der Staatsausgaben, etwa im Bereich Erziehung, tätigen (Kavanagh 1997: 125). Obwohl Westminster in erheblichem Ausmaß sowohl über ihre Einnahmen als auch die Leistungen, die sie zu finanzieren haben, entscheidet (Smith 1993: 214ff.; Bach et al. 2001: 76; OECD 2002a: 124f.), haben die Kommunen durchaus die Möglichkeit, die Höhe der Ausgaben zu variieren. Entsprechend bemühte sich insbesondere die Regierung Thatcher, das Ausgabeverhalten der Kommunen, das sich auch im (seinerzeit) relevanten Defizitkriterium Großbritanniens, dem Public Sector Borrowing Requirement (PSBR), niederschlug, zu beeinflussen (Kavanagh 1997: 124ff.). In diesem Zusammenhang ist sowohl die Auflösung des Greater London Council als auch die Einführung der Poll Tax zu sehen. Beide Maßnahmen erwiesen sich allerdings nicht als wirksam, im Gegenteil führte die Poll Tax sogar zu einer erheblichen Ausweitung der kommunalen Ausgaben (Boix 1998: 196f.).

Schließlich ist die Gestaltungsmacht der britischen Regierung auch nicht durch korporatistische Arrangements eingeschränkt, gilt das britische Verbändesystem vergleichenden Studien zufolge doch als eher pluralistisch (vgl. insbesondere die Einschätzung bei Siaroff 1999: Tab. 4a-4d). Das bedeutet, dass es praktisch keine institutionell verankerten verbandlichen Einflusskanäle gab, sodass die Erwartung des in Kapitel 2 dargestellten Modells, dass nämlich Verbände im Wesentlichen über die Beeinflussung parteilicher Vetospieler wirken können, für Großbritannien als gerechtfertigt gelten kann (so auch Saalfeld 2008: 191f.).

Die finanzpolitische Bedeutung der Europäischen Gemeinschaft bzw. Europäischen Union, deren Mitglied Großbritannien seit 1973 ist, ist allenfalls begrenzt, nicht zuletzt, weil das Land im Maastrichter Vertrag eine „opt-out-Klausel" für die Wirtschafts- und Währungsunion erhielt, und sich insofern auch weniger um die Maastrichter Verschuldungskriterien kümmern musste – und weniger darum kümmerte (Interviews Chief Secretary 3, Chancellor 2 und 3).

---

36 Ähnlich Rose und Karran (1987: 151), die schreiben: „Once the two [Premierminister und Schatzkanzler] have agreed, it is virtually impossible for any other member of the Cabinet to change the policy to which they are together committed."

4.1.2 Das Parteiensystem

Im Untersuchungszeitraum gab es drei Regierungschefs und einen Regierungswechsel. Im Mai 1979 übernahm die konservative Partei unter Premierministerin Margaret Thatcher die Regierung von der Labour-Regierung unter James Callaghan. Thatcher gewann auch die Wahlen 1983 und 1987, wurde 1990 aber während der Legislaturperiode in der Auseinandersetzung um die überaus unpopuläre lokale Kopfsteuer („Poll Tax" oder „community charge"; vgl. James 1997: 152ff.) und die Position zur Europäischen Gemeinschaft von der eigenen Partei abgelöst und von ihrem letzten Schatzkanzler, John Major, ersetzt, dem es seinerseits 1992 noch einmal gelang, eine konservative Unterhausmehrheit zu gewinnen. Nach 18 Regierungsjahren wurden die Konservativen schließlich im Mai 1997 von der – erheblich reformierten – Labour Party unter Premierminister Tony Blair abgelöst, die ihrerseits auch die Parlamentswahlen 2001 und 2005 gewann. Tabelle 4.1 gibt einen Überblick über die Ergebnisse der Unterhauswahlen seit 1974.

Tabelle 4.1: Wahlergebnisse in Großbritannien 1974-2005 (in Prozent der Stimmen)

	1974/1	1974/2	1979	1983	1987	1992	1997	2001	2005
Conservatives	37,8	35,7	43,9	42,4	42,2	41,9	30,7	31,7	32,4
Liberal Dem.	19,3	18,3	13,8	25,4	22,6	17,8	16,8	18,3	22,0
Labour	37,2	39,3	36,9	27,6	30,8	34,4	43,2	40,7	35,3
Sonstige	5,7	6,7	5,4	4,6	4,4	5,8	9,3	9,4	10,3

Quelle: House of Commons <http://www.parliament.uk/commons/lib/research/rp2003/rp03-059.pdf> (Zugriff 22.7.2005); eigene Ergänzungen

Bei der Betrachtung der Wahlergebnisse sind allerdings die besonders stark konzentrierenden Effekte der britischen relativen Mehrheitswahl in Einerwahlkreisen zu beachten. Dieses Wahlsystem führt in Großbritannien in der Regel dazu, dass die Partei, die eine relative Stimmenmehrheit erzielt, eine absolute Mehrheit der Mandate im Unterhaus besitzt und somit ohne Koalitionspartner auskommt (Nohlen 2000: 278f.).[37] Die einzige Ausnahme hiervon im Untersuchungszeitraum ist die letzte Phase der Regierung Major ab Januar 1997, als die Konservativen in Folge einiger Fraktionsübertritte sowie Niederlagen bei Nachwahlen ihre Mehrheit im Unterhaus verloren. Um Mehrheiten zu gewinnen, stützten sie sich in dieser Phase zumeist auf

---

37   Bei der ersten Wahl des Jahres 1974 hatten die Konservativen die relative Mehrheit der Stimmen gewonnen, doch Labour verfügte über die (relative) Mehrheit der Sitze im Unterhaus und konnte für sieben Monate eine Minderheitsregierung bilden. Umgekehrt war es den Parteien 1951 gegangen, als Labour zwar bei den Stimmen vor den Konservativen lag, diese aber die absolute Mehrheit der Mandate errangen.

Abgeordnete der Ulster Unionist Party, ohne jedoch eine Koalition oder nur feste Absprachen einzugehen (Helms 2006: 223).

Das Parteiensystem Großbritanniens wird noch immer häufig als Zweiparteiensystem eingestuft (vgl. zum Folgenden auch Helms 2006; Kaiser 2006). Aus funktionaler Sicht spricht auch einiges für diese Charakterisierung, da stets eine der beiden großen Parteien allein regiert, während die andere stets prinzipiell das Ziel und die Chance hat, bei der nächsten Wahl an die Regierung zu kommen. Allerdings ist darauf hinzuweisen, dass die „Mechanik" des britischen Parteienwettbewerbs durchaus auch von den kleineren Parteien beeinflusst werden kann, wenngleich dabei eher an regionale Parteien und die Liberaldemokraten zu denken ist, während christdemokratische Mitteparteien ebenso wie postmaterialistische oder rechts-autoritäre Parteien keine nennenswerte Rolle gespielt haben. Vor allem die Liberaldemokraten und ihre Vorgängerorganisationen können mit einem Stimmenanteil von durchschnittlich über 19 Prozent zwischen 1974 und 2005 das Zünglein an der Waage sein. Das wurde besonders Anfang der 1980er Jahre deutlich, als sich der rechte Flügel der Labour Party zur Social Democratic Party (SDP) zusammenschloss, die 1982 mit der liberalen Partei gemeinsam die „Alliance" bildete. Diese neue Gruppierung war zunächst in Umfragen (vgl. Webb/Wybrow 1982: 40f.) und bei Zwischenwahlen sehr erfolgreich. Bei den Wahlen 1983 erreichte sie immerhin rund ein Viertel der Stimmen und lag nur um gut zwei Prozentpunkte hinter der Labour Party, von der sie die meisten Stimmen gewonnen hatte.

Die Volatilität der britischen Wählerschaft ist prinzipiell gemäßigt (vgl. Tab. 4.2). Zwar lagen die Werte für die Wahlen von 1987 oder 2001 sehr niedrig; wichtiger ist jedoch, dass es immer wieder zu vergleichsweise starken Veränderungen gekommen ist, so etwa 1979, als die Konservativen rund acht Prozentpunkte gewannen, 1983, als Labour gut neun Punkte verlor, oder schließlich 1997, als die Konservativen elf Prozentpunkte verloren und New Labour neun gewann. Entsprechend hohe Volatilitätswerte ergaben sich für diese Wahlen, die das Potenzial an Wählerwanderung in Großbritannien verdeutlichen (vgl. auch Denver 1998). Insofern musste und muss jede Regierung prinzipiell damit rechnen, von den Wählern für unpopuläre Politiken bestraft zu werden.

Tabelle 4.2: Elektorale Volatilität in Großbritannien 1974-2005

1974/1	1974/2	1979	1983	1987	1992	1997	2001	2005
14,65	3,1	8,5	11,6	3,4	5,15	12,25	2,55	5,35

Quelle: eigene Berechnung, Datenbasis vgl. Tabelle 4.1, zur Berechnung siehe Pedersen 1980.

Dies dürfte insbesondere gelten, wenn die (wirtschafts-)politische Position der jeweiligen Regierungspartei vergleichsweise weit vom Gravitationszentrum des Parteiensystems entfernt ist, wie es insbesondere während der Regierungsperiode der Konservativen in den 1980er Jahren der Fall war (vgl. Tab. 4.3). Dagegen zeigt sich für die Zeit nach 1997, also die Phase der Labour-Regierungen unter Tony Blair, dass New Labour ausgesprochen nah am Gravitationszentrum des Parteiensystems positioniert war. Tatsächlich war die Polarisierung zwischen den großen Parteien insbesondere in der Wirtschaftspolitik seit Mitte der 1970er Jahre stark gestiegen, zunächst vor allem, weil sich die Konservativen unter Thatcher vom Nachkriegskonsens lossagten. Dass sie mit dieser Programmatik gewinnen konnten, hatte viel mit dem offensichtlichen Scheitern der keynesianischen Nachfragepolitik und dem Desaster der Einkommenspolitik im „winter of discontent" 1978/79 zu tun,[38] das unter den Wählern die Bereitschaft erhöhten, eine neue Wirtschaftspolitik auszuprobieren (Hall 1986: 99). In der Folge der Wahlniederlage 1979 schob sich die Labour Party weit nach links, was zur Abspaltung der SDP von der Labour Party führte. Dies ermöglichte den Konservativen gemeinsam mit dem Sieg im Falkland-Krieg den Erhalt der Regierungsmacht. 1987 und 1992 schließlich waren es vor allem die als erfolgreich wahrgenommene Wirtschaftspolitik sowie die Darstellung der Labour Party als Partei des „tax and spend", die weitere Wahlsiege ermöglichten und schließlich eine erhebliche Umorientierung der Labour Party zur Mitte hin erzwangen (vgl. Kap. 4.5).

Tabelle 4.3: Die sozio-ökonomischen Positionen[39] der britischen Parteien und das Gravitationszentrum

	1989	1997	2003
Labour	5,35	10,3	8,1
Lib. Dem.	8,21	5,77	5,8
Conservatives	17,21	15,05	15,3
Gravitationszentrum	10,77	10,04	9,21

Quelle: Laver 1998: 343; Benoit/Laver 2006; eigene Berechnung.

Nach Labours Wahlsieg 1997 gelang es den Konservativen vorläufig nicht, sich neu zu orientieren: Vielmehr überließen sie gerade in wirtschaftspolitischen Fragen Labour die Mitte und hielten an stark marktorientierten Positionen fest, die von den Wählern nicht goutiert wurden (Norris/Lovenduski 2004). Dies ermöglichte Tony Blair nun seinerseits weitere ungefährdete Wahlsiege 2001 und 2005. Während al-

---

38   Im Winter 1978/79 brachte ein monatelanger Streik erhebliche Einschränkungen im öffentlichen Leben. Die Streiks führten unter anderem in verschiedenen Regionen zu Schulschließungen, Einschränkungen in Krankenhäusern und bei der Versorgung mit Lebensmitteln und Treibstoff. Außerdem wurde der Müll in einigen Teilen des Landes nicht abgeholt und sogar Bestattungen konnten nicht stattfinden (King 1981: 82; Scharpf 1987: 116f.).
39   Die Parteien wurden von Experten auf einem Kontinuum von 1 bis 20 bewertet, die Dimension wurde beschrieben mit der Alternative: „Increase level of public services even if this means increasing taxes (low) *versus* Cut taxes even if this means cutting level of public services " (Laver 1998: 342).

lerdings die Konservativen auch zwischen 1979 und 1997 in den Umfragen zwischen den Wahlen regelmäßig und zum Teil erheblich hinter Labour zurückfielen, blieb der Regierung Blair dies bis Ende 2007 fast vollständig erspart.[40] Dies lässt sich plausibel damit in Zusammenhang bringen, dass die konservative Regierung eben sehr weit vom Gravitationszentrum des Parteiensystems entfernt war und insofern ihr Wahlerfolg stets prekär war, während die finanzpolitische Position von Labour seit 1997 tatsächlich sehr nahe am Gravitationszentrum liegt. Diese Beobachtung ist durchaus relevant, weil vor diesem Hintergrund die Effekte des Wettbewerbs um Wählerstimmen größere Bedeutung für die konservativen Regierungen als für die Blair-Administration gehabt haben sollten.[41]

4.2 „British decline": Grundprobleme der Wirtschaftspolitik Großbritanniens vor 1979

> „It would be generally agreed that the United Kingdom's economic performance in the postwar period can only be described as poor, at least by comparison with that of other industrialized economies. Thus, Britain's growth rate was the slowest in Western (and Eastern) Europe over the three decades, its inflation rate among the highest, and its balance of payments difficulties almost endemic" (Surrey 1982: 528).

Dieses Urteil ist typisch für die Einschätzung der Erfolge und vor allem Misserfolge der britischen Wirtschaftspolitik bis zum Ende der 1970er Jahre.

Allerdings hatten sich die genannten wirtschaftspolitischen Probleme Großbritanniens über einen längeren Zeitraum kumuliert. Ja, das Problem des „British decline", also des (relativen) wirtschaftlichen Niedergangs Großbritanniens, kann mindestens bis zum Ende des 19. Jahrhunderts zurückverfolgt werden (Hall 1986: 25ff.). Insbesondere in der Nachkriegszeit blieben die Wachstumsraten der britischen Ökonomie signifikant hinter denen der anderen westeuropäischen Demokratien zurück, während der britische Anteil am Welthandel immer weiter sank. Dies lag zwar teilweise an der frühen Industrialisierung und dem entsprechend hohen wirtschaftlichen Startniveau, sodass catch-up-Effekte beim Wirtschafswachstum durchaus erwartet werden können (vgl. dazu Obinger 2004). Doch auch, wenn man diese Faktoren berücksichtigt, lässt sich zeigen, dass die britische Wirtschaft in den ersten drei Nachkriegsdekaden langsamer wuchs als die der anderen europäischen Länder: So wies Großbritannien 1950 noch das höchste BIP pro Kopf in Europa auf, während es sich Ende der 1970er Jahre mit Platz sechs begnügen musste (Busch 1989: 31). Drei Faktoren wurden für diese Entwicklung verantwortlich gemacht, die ihrerseits wiederum auf die Organisation der britischen politischen Ökonomie zurückgeführt werden

---

40 Vgl. die Daten von MORI unter <http://www.mori.com/polls/trends/voting-all-trends.shtml#1986> (27.11.2007).
41 Allerdings musste auch die Regierung Blair die Stimmung der Wähler stets einkalkulieren, wie sich im September 2000 zeigte, als im Zusammenhang mit Protesten gegen die hohen Benzinpreise Labour in den Umfragen das einzige Mal in der ersten Regierungsperiode (und nur für einen Monat) hinter die Konservativen fiel (Butler/Kavanagh 2002: 34).

konnten: geringe Investitionen, die zu langsame Anpassung der britischen Industrie an gewandelte Rahmenbedingungen sowie eine ineffiziente Arbeitsorganisation (Hall 1986: 28).

Die britische Wirtschafts- und Finanzpolitik der Nachkriegszeit, insbesondere bis in die Mitte der 1960er Jahre, war durch hohe Übereinstimmung zwischen Konservativen und Labour gekennzeichnet, die als „Butskellismus" bezeichnet wurde – ein Kunstwort aus den Namen des konservativen Finanzministers Richard Butler (1951-1955) und seines Vorgängers von der Labour Party Hugh Gaitskell. Beide Parteien strebten nämlich die Herstellung und Aufrechterhaltung von Vollbeschäftigung durch keynesianische Nachfragepolitik an (Surrey 1982: 531). Diese Politik bot sich für beide Parteien nicht zuletzt auch als elektorale Strategie an, da man so einerseits die Arbeiterklasse ansprechen konnte, deren Interesse an Vollbeschäftigung berücksichtigt wurde, während andererseits die Kontrolle der Unternehmer über ihre Firmen nicht angetastet wurde (Hall 1986: 72).

Allerdings war die britische Finanz- und damit Nachfragepolitik schon seit den 1950er Jahren durch die internationale Ökonomie erheblich eingeschränkt (zum Folgenden vgl. etwa Hall 1986: 77f.; Rhodes 2000: 24f.). Dies lag an zweierlei, nämlich einerseits an den chronischen Defiziten in der britischen Leistungsbilanz, die vor allem einem niedrig produktiven und daher kaum wettbewerbsfähigen Industriesektor geschuldet waren und die einen permanenten Abwertungsdruck auf das Pfund ausübten; andererseits sollte aus Rücksicht auf die Londoner „City" (also die britische Finanzindustrie), vor allem aber auf die Interessen der Entwicklungsländer im Commonwealth, die erhebliche Sterlingreserven hielten, ein vergleichsweise hoher Wechselkurs stabil gehalten werden, sodass die Regierung sich gegen eine Abwertung im Rahmen des Bretton-Woods-Systems fester Wechselkurs sträubte: „the exchange rate was taken as a datum" (Surrey 1982: 535).

Wenn die Regierung nun die gesamtwirtschaftliche Nachfrage stimulierte, führte dies aufgrund der geringen Wettbewerbsfähigkeit der britischen Industrie vor allem zu einer Ausweitung der Importnachfrage, was eine Verschlechterung der Leistungsbilanz und Abwertungsdruck auf das britische Pfund zur Folge hatte. Um eine unerwünschte Abwertung zu verhindern, war dann aber wiederum eine restriktive Politik notwendig, die die zunächst verfolgte Nachfragestimulierung wieder zurücknahm. Daher resultierte aus der besonderen Stellung Großbritanniens in der internationalen Ökonomie schon früh das notorische Muster der „Stop-and-go-Zyklen" (vgl. Surrey 1982: 531ff.; Busch 2006: 415f.).

Ab Beginn der 1960er Jahre geriet die Verschlechterung der wirtschaftlichen Situation Großbritanniens relativ zu den anderen europäischen Ländern und nicht zuletzt der Verlust der Wettbewerbsfähigkeit der britischen Wirtschaft ebenso zunehmend ins öffentliche Bewusstsein wie die Tatsache, dass die antizyklische Fiskalpolitik weder die langfristigen Wachstums- noch die kurzfristigen Stabilisierungsprobleme zufriedenstellend gelöst hatte (vgl. zum Folgenden Surrey 1982: 539ff.). Entsprechend versuchten verschiedene Regierungen, das wirtschaftspolitische Instrumentarium zu erweitern. So wurde beispielsweise 1967 das Pfund abgewertet, darüber hinaus kamen verschiedene Wachstumspolitiken zum Einsatz und verschiedentlich wurde sowohl von Labour- als auch von konservativen Regierungen auch auf Einkommenspolitiken zurückgegriffen (dazu ausführlich Hall 1986: 80ff.), die aber bereits in den 1960er Jahren nur dann Effekte lieferten, wenn sie Gesetzesform erhielten. Am Vorabend der ersten Ölkrise war der Zustand der britischen Ökonomie daher nicht besser als zu Beginn der 1960er Jahre: „it seems that few if any of the policy instruments – whether old or new – had had much effect on the development of the economy" (Surrey 1982: 546).

Obwohl Großbritannien dank der Bedeutung Londons als Finanzplatz auf den Rückfluss eines Teils der Petrodollars ins Land hoffen durfte und die britischen Ölreserven in der Nordsee wenigstens mittelfristig Linderung für die Zahlungsbilanzprobleme des Landes versprachen, wurde es doch schwerer vom ersten Ölpreisschock getroffen als die meisten anderen Länder (Surrey 1982: 548f.). Eine kohärente wirtschaftspolitische Antwort seitens der seit 1974 amtierenden Labour-Regierung unter Harold Wilson blieb weitgehend aus, der es trotz steigender Arbeitslosigkeit nicht gelang, die Inflation in den Griff zu bekommen (Hall 1986: 94): Die hohen Inflationsraten führten 1976 gemeinsam mit der Befürchtung der Finanzmärkte, die Regierung könne eine Abwertung als Weg zur Ankurbelung der Wirtschaft in Betracht ziehen, zu einer Flucht aus dem Pfund, die sich auch durch Devisenmarktinterventionen der Zentralbank nicht eindämmen ließ. Da diese Interventionen schließlich die britischen Devisenreserven erschöpften, musste die Regierung Zuflucht zu einem Sonderkredit des Internationalen Währungsfonds nehmen, der allerdings nur unter den Auflagen einer reduzierten Kreditaufnahme und der Einführung von Geldmengenzielen erhältlich war (vgl. dazu Surrey 1982: 550; Scharpf 1987: 109-111; Hallerberg 2004: 69f.). Damit war eine weitere Nachfrageausweitung nicht mehr möglich, vielmehr musste eine orthodoxe Geld- und Fiskalpolitik verfolgt werden. Im selben Jahr verkündete Premierminister James Callaghan seiner Partei das Ende des Keynesianismus in Großbritannien:

> „We used to think that you could spend your way out of a recession and increase employment by cutting taxes and boosting government spending. I tell you in all candour that that option no longer exists. ... The cosy world we were told would go on forever, where full employment would be guaranteed by a stroke of the Chancellor's pen, cutting taxes, deficit spending, that cosy world is gone" (zitiert nach Hall 1986: 95).

Doch nicht nur die keynesianische Nachfragepolitik war Mitte der 1970er Jahre gescheitert, auch die Politik der lohnpolitischen Eingriffe erzielte kaum mehr die gewünschten Ergebnisse. Die Versuche, lohnpolitische Mäßigung zu erreichen, die im Wesentlichen über Verhandlungen mit den Gewerkschaften unternommen wurden, hatten aufgrund der Struktur der britischen industriellen Beziehungen und der britischen Gewerkschaften von jeher nur begrenzte Erfolge gezeitigt (vgl. ausführlicher Scharpf 1987). Am Ende der 1970er Jahre war aus der Kooperation dann aber zunehmend Antagonismus geworden und die Auseinandersetzungen zwischen Regierung und Gewerkschaften waren sogar entscheidend mitverantwortlich für die Wahlniederlagen der konservativen Regierung unter Edward Heath 1974 und der Labour-Regierung unter James Callaghan 1979 in der Folge des „winter of discontent" 1978/79. Die Regierung Callaghan wurde abgelöst von einer konservativen Regierung unter Margaret Thatcher, die der Periode des „Butskellismus" endgültig und mit voller Überzeugung ein Ende setzte, die Wirtschafts- und Finanzpolitik

Großbritanniens in gänzlich neue Bahnen lenkte und einen Wandel dritter Ordnung in der britischen Wirtschaftspolitik durchsetzte (Hall 1993). Mit der Regierung Thatcher setzt auch meine Analyse der britischen Finanzpolitik ein.

4.3 Die Finanzpolitik der konservativen Regierungen unter Margaret Thatcher, 1979-1990

Die Regierung Thatcher setzte nach den unbefriedigenden Erfahrungen mit der keynesianischen Nachfrage- sowie der Einkommenspolitik in den 1970er Jahren auf eine grundlegend andere wirtschaftspolitische Strategie. Die konservative Partei hatte im Wahlkampf 1979 einerseits das Ausmaß der staatlichen Intervention in die Wirtschaft heftig angegriffen, andererseits den Keynesianismus auf der Basis monetaristischen Gedankenguts attackiert (vgl. zum Folgenden Hall 1986: 100f.): So habe sich der britische Staat zu stark in der Ökonomie engagiert, wobei er häufig weniger effizient agiere als der Privatsektor. Zudem habe ein zu stark ausgebauter Wohlfahrtsstaat Steuererhöhungen erzwungen, die wiederum die Anreize zu arbeiten erheblich eingeschränkt hätten. Daher sei ein Rückzug des Staates aus der Wirtschaft und insbesondere eine Rückführung der Staatsquote geboten, die im Gegenzug Raum für Steuersenkungen schaffen würde. Das drängende Problem der Inflation, die zwischen 1974 und 1978 fast immer erheblich über zehn Prozent gelegen hatte und von den Wählern phasenweise als das wichtigste ökonomische Problem betrachtet wurde, sollte nicht mehr mit korporatistischer Einkommenspolitik angegangen werden; vielmehr setzte Thatcher darauf, die Teuerung durch eine strikte Begrenzung des Geldmengenwachstums und eine Rückführung der Verschuldung in den Griff zu bekommen (vgl. ausführlicher Shaw 1983: 315).

Die finanzpolitische Agenda in Form des Wahlprogramms 1979 sah daher neben dem Abschied von der keynesianischen Konjunktursteuerung eine Rückführung der Staatsquote, die 1978/79 bei etwa 45% gelegen hatte, und eine Reduzierung des Haushaltsdefizits (1978/79: 5,4% am BIP) vor, die durch Ausgabenkürzungen in fast allen Bereichen außer Gesundheit, Renten, Verteidigung und Innere Sicherheit erreicht werden sollten. Daneben sollten die Steuern gesenkt werden (Steuerquote 1978: 33%; OECD 2006: 70), indem der Einkommensteuerspitzensatz von 83% auf 60% und der Standardsatz von 33% auf mittelfristig 25% gesenkt werden sollten. Zudem war eine Umschichtung der Steuerlast von direkten auf indirekte Steuern vorgesehen (vgl. im Einzelnen Butler/Kavanagh 1980: 156).

4.3.1 Steuerpolitik[42]

Die Regierung Thatcher sah eine Reihe von Problemen bei der Einkommensbesteuerung (vgl. dazu auch Leape 1993: 276f.). So hatten direkte Steuern in Großbritannien ein überdurchschnittlich hohes Gewicht, ihr Anteil am Gesamtsteueraufkommen lag beispielsweise im Jahr 1975 bei 40 Prozent (OECD 2006: 75). Zudem zeichnete sich die britische Einkommensteuer durch ausgesprochen hohe Grenzsteuersätze aus, der Einkommensteuerspitzensatz betrug 83 Prozent, der durch einen 15prozentigen Aufschlag für Einkünfte aus Kapitalvermögen sogar noch auf 98 Prozent steigen konnte, wenngleich nur ein winziger Teil der Steuerpflichtigen den Spitzensteuersatz zu zahlen hatte (Leape 1993: 282). Aus der Beobachtung hoher Grenzsteuersätze wurde dennoch gefolgert, die Einkommensteuer sei leistungsfeindlich, da sie negative Anreize für zusätzliche wirtschaftliche Betätigung setzte (vgl. etwa Howe 1979: col. 249 und 259-262). Dies spielte nicht zuletzt im Zusammenhang mit der Bekämpfung sog. „Armuts-" oder „Arbeitslosenfallen" eine Rolle, da bei der Aufnahme von niedrig entlohnter Arbeit durch einen Arbeitslosen aufgrund der Besteuerung und des Wegfalls von Sozialleistungen ein impliziter Grenzsteuersatz von über 100 Prozent möglich war.

Die Regierung Thatcher machte sich sehr schnell an die Reform der Einkommensteuer. Bereits im ersten Budget nach der Regierungsübernahme aus dem Juni 1979 kam es zu einer nennenswerten Senkung der Steuersätze. Der Basissteuersatz wurde von 33 auf 30 Prozent gesenkt und die Zahl der Steuerklassen von elf auf sieben reduziert, wodurch der Spitzensatz der Einkommensteuer von 83 auf 60 Prozent sank (vgl. auch Tab. 4.4). Gleichzeitig wurden die Steuerklassen erheblich verbreitert, sodass die Steuerzahler erst mit höherem zu versteuernden Einkommen in die nächsthöhere Steuerklasse gerieten (vgl. die grafische Darstellung bei Leape 1993: 280). Zudem wurde der persönliche Freibetrag um 18 Prozent erhöht, was dem doppelten der Inflationsrate des Vorjahres entsprach (OECD 1980a: 36).[43] Zur Finanzie-

---

42 Die folgenden Ausführungen konzentrieren sich auf die wirtschaftspolitisch besonders wichtigen Änderungen der verschiedenen Steuern. Bemerkenswerte Veränderungen fanden auch in anderen Bereichen des Steuersystems statt, etwa bei der Ehegattenbesteuerung oder der Erbschaft- und Schenkungssteuer, die aber für die hier interessierende Thematik nur von begrenzter Bedeutung sind (vgl. zu diesen Veränderungen den Überblick bei Dilnot/Kay 1990 und Leape 1993).

43 Ohne die Anpassung der Freibeträge und Steuerklassen an die Inflation kommt es zu „schleichender Progression", d.h. das gleiche reale Einkommen wird höher besteuert. In Großbritannien war eine Indexierung der Freibeträge an die erwartete Inflationsrate seit 1977 vorgesehen („Rooker-Wise-Amendment"; vgl. Rose/Karran 1987: 117). Soweit es allerdings zu Reallohnsteigerungen kommt, geraten auch bei einer Inflationsindexierung des Steuersystems im Zeitverlauf immer mehr Steuerzahler in höhere Progressionszonen, sodass oft auch bei einer Nichtanpassung des Einkommensteuersystems an Reallohnerhöhungen von schleichender Progression gesprochen wird. Ein vergleichbares Problem – mit umgekehrter Wirkung – tritt bei indirekten Steuern wie Mineralöl- oder Tabaksteuer (nicht jedoch der Mehrwertsteuer!) auf, die in der Regel als bestimmter Betrag pro Einheit festgelegt sind. Somit müssen diese Steuern jeweils in Höhe der Inflationsrate angehoben werden, um nicht real an Wert zu verlieren.

rung wurde die Mehrwertsteuer von 8 bzw. 12,5 Prozent auf einheitlich 15 Prozent erhöht, wobei allerdings die Freistellung zahlreicher Waren des täglichen Bedarfs wie beispielsweise Nahrung oder Kinderkleidung unberührt blieb (Fröhlich/Schnabel 1990: 124). Ebenso stieg die Mineralölsteuer. Insgesamt überkompensierten die Verbrauchsteuererhöhungen damit die Senkungen der Einkommensteuer (OECD 1980a: 38).

Tabelle 4.4: Einkommen- und Körperschaftsteuersätze in Großbritannien, 1979-2008

	Einkommensteuersätze			Körperschaftsteuersätze	
	Eingangssatz	Regelsatz	Spitzensatz	Regelsatz	Satz für niedrige Gewinne
Vor April 1979*	25	33	83 (98)**	52	42
Ab April 1979	25	30	60 (75)**	52	40
Ab April 1980	30	30	60 (75)**	52	38
Ab April 1983	30	30	60 (75)**	50⁺	30⁺
Ab April 1984	30	30	60	45	30
Ab April 1985	30	30	60	40	30
Ab April 1986	29	29	60	35	29
Ab April 1987	27	27	60	35	27
Ab April 1988	25	25	40	35	25
Ab April 1990	25	25	40	34	25
Ab April 1991	25	25	40	33	25
Ab April 1992	20	25	40	33	25
Ab April 1996	20	24	40	33	24
Ab April 1997 I***	20	23	40	33	23
Ab April 1997 II***	20	23	40	31	21
Ab April 1999	10	23	40	30	20
Ab April 2000	10	22	40	30	10/20
Ab April 2002	10	22	40	30	0/19
Ab April 2008	20	20	40	28	22

* Die Steuersenkung 1979 wurde rückwirkend zum Beginn des Haushaltsjahres eingeführt.
** Kapitalerträge wurden bis 1984 mit einem Zuschlag von 15 v.H. besteuert (investment income surcharge)
*** Einige Änderungen, die zum April 1997 in Kraft traten, gingen noch auf das letzte Budget der konservativen Regierung zurück (I), andere wurden von der neuen Labour-Regierung rückwirkend zum Beginn des Haushaltsjahres eingeführt (II).
⁺ Rückwirkend mit dem Budget 1984/85 eingeführt
Quelle: Boss 1989: 77; Shaw 1994: 85, Bach et al. 2001; eigene Ergänzungen

In den Folgejahren kam es allenfalls zu kleineren Änderungen bei den Steuersätzen, so etwa dem Wegfall des 25%-Eingangssteuersatzes für Einkommen bis £750 oder

der Reduzierung des Körperschaftsteuersatzes für kleine Unternehmen um zwei Prozentpunkte. Dagegen stiegen die persönlichen Freibeträge und die Grenzen der Steuerklassen außer im Budget 1981 jeweils mindestens um die Inflationsrate. Insbesondere im Wahljahr 1983 wurde beides sogar fast um das Dreifache der notwendigen Anpassung an die Inflationsrate erhöht (Shaw 1983: 337). Zudem wurde der Zuschlag auf die Sozialversicherungsbeiträge der Arbeitgeber (National Insurance Surcharge), den die letzte Labour-Regierung 1977 eingeführt und 1978 auf 3,5 Prozent erhöht hatte, schrittweise auf ein Prozent zurückgeführt. Auf der anderen Seite stiegen die Sozialversicherungsbeträge für Arbeitnehmer zwischen 1980 und 1983 kontinuierlich von 6,5 auf 9 Prozent, die der Arbeitgeber nur leicht von 10 auf 10,2 Prozent (IFS 2005: 181). Auch die Erhöhungen der Verbrauchssteuern waren häufig etwas höher als zum Inflationsausgleich notwendig.

Die nächste größere Steuerreform – diesmal vor allem in Bezug auf die Körperschaftsteuer – erfolgte mit dem Budget 1984 (vgl. hierzu ausführlich Lawson 1992: 332-360): Dabei kam es zu einer schrittweisen Absenkung des Körperschaftsteuerregelsatzes von 52 auf 35 Prozent über mehrere Jahre bzw. des Satzes für kleine Unternehmen auf die Höhe des Regelsatzes der Einkommensteuer in Höhe von 30 Prozent (vgl. Tab. 4.4). Hinzu kam die Abschaffung des Zuschlages für Kapitaleinkünfte bei der Einkommensteuer und des Arbeitgeberzuschlags auf die Sozialversicherungsbeiträge. Gleichzeitig wurde die Steuerbasis verbreitert, indem eine Reihe von Steuervergünstigungen eingeschränkt oder abgeschafft wurden, die die Investitionsentscheidungen nach Ansicht der politischen Entscheidungsträger verzerrten. So wurden die Vollabschreibung für Ausrüstungsinvestitionen und die 75prozentige Abschreibung für gewerbliche Gebäude im Anschaffungsjahr ersetzt durch eine degressive Abschreibung von 25 Prozent für Ausrüstungsinvestitionen und eine lineare Abschreibung von vier Prozent für Industriegebäude (vgl. OECD 1985a: 60; Leape 1993: 295). Trotz der beachtlichen Senkung des Steuersatzes führte diese Verbreiterung der Bemessungsgrundlage zu einer deutlichen Erhöhung der effektiven Grenzsteuersätze (vgl. detailliert Leape 1993: 295f.).

Auch bei den Sozialversicherungsabgaben kam es zu verschiedenen Veränderungen. So wurde die Beitragsobergrenze für die Arbeitgeberbeiträge aufgehoben und die Beiträge wurden zusätzlich dadurch progressiver gestaltet, dass für niedrige Einkommen reduzierte Beitragssätze sowohl für Arbeitnehmer als auch für Arbeitgeber eingeführt wurden (vgl. ausführlicher OECD 1986a: 16f.; Leape 1993: 281f.). Erwartet wurde, dass dies bei einer Zunahme gering entlohnter Beschäftigung um etwa 250.000 und einer Abnahme höher entlohnter Beschäftigung um 100.000 zu einem Nettobeschäftigungszuwachs um 150.000 führen würde (Shaw 1987: 116f.). Zusätzlich sorgte die Sozialreform von 1988 („Fowler reform") durch verschiedene Veränderungen auf der Leistungsseite dafür, dass zumindest Grenzsteuersätze von über 100 Prozent bei der Aufnahme von Arbeit durch Arbeitslose beseitigt wurden (Leape 1993: 279). 1989 erfolgte schließlich eine weitere Reform bei den Sozialversicherungsbeiträgen der Arbeitnehmer, die ebenfalls die progressive Wirkung sehr moderat weiter ausbaute, die aber vor allem darauf abzielte, die Grenzsteuersätze niedrig entlohnter Arbeitnehmer zu reduzieren, um die Arbeitslosigkeitsfalle zu überwinden (Shaw 1994: 80f.).

Aber auch die Einkommensteuer wurde weiter umgebaut. In den Jahren zwischen 1984 und 1987 kam es jeweils zu Ausweitungen der persönlichen Freibeträge, die zum Teil, insbesondere 1984 und 1985, sehr weit über den Inflationsausgleich hinausgingen, während 1986 und 1987 auch der Regelsatz um insgesamt drei Prozentpunkte gesenkt wurde. Die gleichen Senkungen wurden auch beim Körperschaftsteuersatz für kleine Unternehmen vorgenommen. 1988 erfolgt schließlich nicht nur eine neuerliche erhebliche Ausweitung des Freibetrages und die Senkung des Regelsatz um weitere zwei Prozentpunkte auf das Niveau von 25%; vielmehr wurden auch die oberen vier Einkommensteuerstufen abgeschafft, sodass das Einkommensteuersystem ab 1988 nur noch aus zwei Steuerstufen bestand, dem Regelsatz von 25% und dem neuen Spitzensteuersatz von 40%. Hinzu kam eine weitere Verbreiterung der Steuerbasis, beispielsweise indem die Dienstwagenbesteuerung weiter angehoben wurde (OECD 1988a: 36).

Zu weiteren Maßnahmen der Verbreiterung der Bemessungsgrundlage kam es bei der Kapitalbesteuerung (zum Folgenden Leape 1993: 287f.). So wurde die Absetzbarkeit von Hypothekenzinsen wenigstens leicht begrenzt, indem der absetzbare Höchstbetrag nominal unverändert blieb, also real sank. Zu stärkeren diesbezüglichen Einsparungen kam es allerdings erst nach Margaret Thatchers Ablösung. Dagegen wurden bestimmte Privilegien bei der Besteuerung von Betriebsrenten ebenso abgeschafft wie bei der Besteuerung von Lebensversicherungen. Die Wertzuwachsbesteuerung wurde dagegen indexiert, sodass ab 1982 nur noch reale Wertzuwächse besteuert wurden.

In den letzten Jahren der Thatcher-Ära blieb die Einkommensteuer dann weitgehend unverändert, nur die Anpassung der Freibeträge und Grenzen der Steuerstufen an die Inflation wurden mit Ausnahme des Budgets von 1990 vorgenommen, als die Grenze der 40%-Steuerstufe nicht angepasst wurde. Auch die Verbrauchssteuern wurden zwischen 1984 und 1990 grosso modo jährlich um die Inflationsrate angehoben; lediglich im Wahljahr 1987 und im Jahr 1989, als befürchtet wurde, die – fiskalisch nicht zwingend erforderliche – Erhöhung indirekter Steuern würde die ohnehin sehr hohe Inflationsrate noch zusätzlich in die Höhe treiben, fielen die Anpassungen aus (Shaw 1987: 123; 1994: 80-82), während 1990 Erhöhungen um mehr als die Inflationsrate vorgenommen wurden (OECD 1991a: 110). Der Mehrwertsteuersatz blieb in den 1980er Jahren unverändert, allerdings wurde 1984, 1985 und 1989 die Steuerbasis erweitert, indem einige Produkte, die vorher von der Steuerpflicht ausgenommen waren, nun versteuert werden mussten (z.B. Fast Food, Werbung in Zeitungen, Umbauten).

Eine der letzten steuerpolitischen Entscheidungen der Regierung Thatcher betraf schließlich die lokalen Steuern (vgl. dazu u.a. Leape 1993: 297ff.). Die vorher existierende Grundsteuer wurde 1989 in Schottland und 1990 im Rest des Landes ersetzt durch eine national einheitlich hohe lokale Unternehmensteuer sowie eine lokale Kopfsteuer („Poll tax" oder „Community Charge"), die im Prinzip von jedem Erwachsenen unabhängig von seinem Einkommen in gleicher Höhe zu zahlen war und deren Höhe von der jeweiligen Gemeinde selbst festgelegt werden sollte. Da alle Gemeindeeinnahmen mit Ausnahme der Kopfsteuer (also die Einnahmen aus der lokalen Unternehmensteuer und die Zuweisungen der Regierung in London) fix waren, konnten die Gemeinden ein höheres Ausgabenniveau nur durch eine Erhöhung der Kopfsteuer finanzieren. Die dahinter stehende Idee seitens der Regierung bestand darin, auf diese Weise lokale Ausgabensteigerungen direkter an den Wählerwillen zu binden, da sich diese Ausgabenerhöhungen direkt in Steuererhöhungen niederschlagen würden. Aufgrund der geringen relativen Bedeutung der Kopfsteuer bei den Einnahmen der Kommunen wären dabei bedeutende Steuererhöhungen nötig gewesen, um nennenswerte zusätzliche Ausgaben finanzieren zu können; eine Erhöhung der Ausgaben um ein Prozent etwa hätte eine sechs- bis siebenprozentige Erhöhung der Poll Tax erfordert (Leape 1993: 299). Entsprechend unpopulär war die Steuer, die interessanter Weise nicht vom Finanz-, sondern vom für die Gemeinden zuständigen Umweltministerium gegen den Widerstand von Finanzminister Lawson ausgearbeitet wurde, und sie überlebte die Regierungszeit Margaret Thatchers nicht.

Insgesamt waren die Steuerreformen der Regierungen unter Margaret Thatcher weitreichend und sie wurden sogar als wegweisend verstanden (vgl. z.B. Fröhlich/ Schnabel 1990: 97). Die Senkung des Spitzensteuersatzes der Einkommensteuer von 83 bzw. 98% auf 40% sowie des Regelsatzes von 33 auf 25% sind ebenso bemerkenswert wie die Erhöhung des persönlichen Freibetrages um real 25% (Fröhlich/ Schnabel 1990: 120), wenngleich darauf hinzuweisen ist, dass diese Ausweitung der Freibeträge hinter der Entwicklung der Löhne zurückblieb (Leape 1993: 279). Auch die Reduzierung des Körperschaftsteuersatzes von 52 auf 35% bei gleichzeitig erheblichen Einschnitten bei den Abschreibungsmöglichkeiten war im internationalen Vergleich überaus bemerkenswert. Doch die Regierung ging über den „tax-cut-cum-base-broadening"-Ansatz hinaus und setzte eine erhebliche Verschiebung der Steuerbelastung von den direkten zu den indirekten Steuern durch, insbesondere mit der massiven Erhöhung der Mehrwertsteuer bereits im ersten Budget, aber auch mit Erhöhungen der spezifischen Verbrauchsteuern, die über den Inflationsausgleich hinausgingen. Tatsächlich stieg der Anteil der indirekten Steuern (VAT und andere) am Gesamtsteueraufkommen von 26,6% 1978 auf 39,3% 1990, während der der Einkommensteuer von 33,0% 1978 auf 26,6% 1990 zurückging (Zahlen hier und im Folgenden nach Johnson 1993: 296; Boix 1998: 171). Der Anteil der Sozialversicherungsbeiträge blieb im Wesentlichen konstant bei rund 17,5%. Allerdings wurde der Aufschlag auf die Sozialversicherungsbeiträge für Arbeitgeber abgeschafft, der 1978 noch 2,9% der Steuereinnahmen beigetragen hatte, während vor allem die Arbeitnehmerbeiträge deutlich zunahmen (vgl. Leape 1993: 308f.). Der Anteil der Körperschaftsteuer stieg von 7,5% 1978 auf 12,3%. Insgesamt nahm die Steuerbelastung, ermittelt als Anteil der Steuereinnahmen am BIP, nach 1979 nicht ab, sondern sie erhöhte sich signifikant (vgl. Abb. 4.1). Zudem lassen sich erhebliche verteilungspolitische Wirkungen feststellen, da das Steuersystem durch die zunehmende Bedeutung indirekter Steuern sowie die Abschaffung der höheren Grenzsteuersätze erheblich regressiver geworden ist (vgl. Shaw 1983: 340; Brittan 1989: 34f.; Hills 1988: 241f.) – und noch regressiver geworden wäre, wenn die lokale Kopfsteuer nicht kurz nach ihrer Einführung abgeschafft worden wäre.

4.3.2 Haushaltspolitik

Zentraler Fokus der makroökonomischen Politik der ersten Regierung Thatcher war die Medium Term Financial Strategy (MTFS). Sie sollte dazu dienen, die längerfristigen Ziele der Regierung bezüglich des Wachstums der Geldmenge und der Entwicklung des Public Sector Borrowing Requirement (PSBR)[44] festzulegen; auf letzteres richtete sich der zentrale Fokus der Konsolidierungsbemühungen der konservativen Regierung (Matthews/Minford 1987: 64). Die dahinter stehende Idee bestand darin, Glaubwürdigkeit und Erwartungssicherheit dadurch zu gewinnen, dass für die wichtigsten finanzwirtschaftlichen Kennzahlen mehrjährige (i.d.R. auf vier Jahre angelegte) Zielprojektionen vorgelegt wurden (Fröhlich/Schnabel 1990: 100). Gleichzeitig wollte sich die Regierung auf diese Weise aber auch selbst disziplinieren: „We were deliberately limiting our room for maneuver as a discipline on ourselves" (Interview Chancellor 1).

Weil die Rückführung des Defizits als Voraussetzung für eine erfolgreiche Bekämpfung der Inflation betrachtet wurde (Shaw 1983; Matthews/Minford 1987), konzentrierte sich die Regierung in der Finanzpolitik in ihren ersten Budgets vor allem auf die Haushaltskonsolidierung, der – anders als etwa im Fall der Regierung Reagan in den USA (Interview Chief Secretary 1) – auch Vorrang vor Steuerentlastungen eingeräumt wurde: „Once reduction of the public sector borrowing requirement to a reasonable level had been (rightly) given priority, tax cuts had to take a back seat" (Howe 1994: 161; vgl. auch Hall 1986: 102). Diese Prioritätensetzung schlug sich auch in den ersten Budgets nieder, die massiv kontraktive Wirkungen zeigten, wie sich aus Schätzungen der OECD, des IWF und der EG ergibt (dokumentiert bei Fröhlich/Schnabel 1990: 115).

Die Konsolidierungsbemühungen setzten sowohl auf der Ausgaben- als auch auf der Einnahmenseite an. So wurden bereits im Budget vom Sommer 1979 die indirekten Steuern massiv erhöht. Die Mehrwertsteuer stieg von acht (bzw. dem erhöhten Satz von 12,5%) auf einheitlich 15%, sodass die entsprechenden Senkungen der Einkommensteuer überkompensiert wurden (OECD 1980a: 38). Im darauf folgenden – etwas weniger restriktiven – Budget wurde die Einkommensteuer faktisch erhöht, indem die 25%-Steuerstufe, die auf Einkommen bis zu £750 erhoben worden war, abgeschafft wurde. Shaw (1983: 327) errechnet, dass – trotz der formalen Anhebung des Grundfreibetrages in Höhe der Inflationsrate – durch die Abschaffung des alten Eingangssteuersatzes die Freibeträge rechnerisch nicht um 18, sondern nur

---

44 Das PSBR umfasst die Summe der Kreditaufnahme der Zentralregierung, der Kommunen und der öffentlichen Unternehmen (Browning 1986: 251). Während in der Darstellung im Text hier wie in den anderen Länderstudien die jeweiligen Zielvariablen der Regierung bei der Defizitbekämpfung betrachtet werden, wird in den Abbildungen auf standardisierte Werte der OECD zurückgegriffen, um die Vergleichbarkeit zwischen den Ländern und über die Regierungsperioden hinweg zu gewährleisten. Das bedeutet für Großbritannien nicht zuletzt, dass sich die Angaben in den Abbildungen auf Kalenderjahre beziehen, während sich die Angaben im Text in der Regel auf Haushaltsjahre beziehen, die von April eines Jahres bis zum März des darauf folgenden Jahres gehen.

noch um 11 Prozent angestiegen seien und damit unter der Inflationsrate geblieben seien. Auch die Sozialversicherungsbeiträge wurden erhöht. Um zusätzliche Einnahmen zu generieren, wurde zudem bereits im ersten Budget auf den Verkauf von Beteiligungen an staatlichen Unternehmen gesetzt, der eine weitere Milliarde Pfund einbringen sollte.

Auf der Ausgabenseite beschloss die Regierung Kürzungen vor allem bei Subventionen und beim Wohnungsbau, es kam aber auch zu gewissen Einschnitten im Sozialbereich. So wurde die Formel zur Anpassung von Sozialleistungen an die Inflation geändert: Statt einer Anpassung entweder an die Erhöhung der Löhne oder der Preise, je nachdem, welche die höhere war, wurden die Sozialleistungen einheitlich an die Preisentwicklung angepasst (Robinson 1986: 18) – eine Veränderung, die mittelfristig zu erheblichen Einsparungen führte (Rowthorne 1992: 277ff.; Pierson 1994: 59). Außerdem wurden Arbeitslosen- und Krankengeld steuerpflichtig, Rezeptgebühren wurden erhöht und die lohnbezogene Komponente des Arbeitslosengeldes wurde abgeschafft (OECD 1981a: 53; Howe 1994: 172f.). Durch den Einsatz so genannter „cash limits"[45] sollten die Ministerien zudem zu sparsamer Haushaltsführung gezwungen werden. Auf der anderen Seite wurden einige kleinere Maßnahmen, die der Wirtschaft helfen sollten, verabschiedet (Lawson 1992: 52) und es kam zu einer deutlichen Ausweitung der Verteidigungsausgaben sowie – konjunkturbedingt – der Sozialausgaben. Während somit der Staatskonsum real im Wesentlichen konstant blieb, nahmen die Investitionsausgaben sowie die Ausgaben der öffentlichen Unternehmen für Investitionen real erheblich ab (OECD 1980a: 38).

Gleichwohl erreichte die Regierung ihr Ziel, das PSBR zu beschränken, nicht – im Gegenteil lag es im Haushaltsjahr 1979/80 bei £9,9 Mrd. statt der geplanten £8,3 Mrd. Da das PSBR für das Haushaltsjahr 1980/81 bereits im November 1980 auf £11,5 Mrd. (= 5% BIP) geschätzt wurde, während es laut Haushalt lediglich £8,5 Mrd. (= 3,75% BIP) betragen sollte (Browning 1986: 151), kündigte der Finanzminister im November 1980 die Erhöhung des Sozialversicherungsbeitrages für Arbeitnehmer um einen Prozentpunkt sowie eine Erhöhung der Besteuerung auf Nordseeöl an. Trotz dieser Einnahmeverbesserungen und einer Reduktion der Beitragszahlungen zur EG um £650 Mio. erreichte das PSBR für das Haushaltsjahr 1980/81 schließlich £12,7 Mrd. oder 5,6% des BIP (OECD 1981a: 34). Gründe für die schlechte Verschuldungsperformanz waren laut OECD (1981a: 34), dass die Rezession stärker als erwartet ausfiel, dass die Staatsausgaben ohne Investitionen sowohl bei den Kommunen als auch bei der Zentralregierung um real zwei Prozent stiegen

---

45 Bis Anfang der 1980er Jahre wurden die Ausgaben im britischen Budget in konstanten Preisen angegeben. Das hatte zur Folge, dass der nominale Betrag der Staatsausgaben von der Inflationsrate abhing. Der Labour Finanzminister Denis Healey führte 1976 so genannte „cash limits" ein, die einen maximalen Nominalbetrag für bestimmte Ausgaben unabhängig von der Höhe der Inflationsrate festlegten (Pliatzky 1989: 52f.; Hallerberg 2004: 69). Wurden cash limits unter der Labour-Regierung lediglich selektiv eingesetzt, dehnte sie die konservative Regierung auf weite Teile der Staatsausgaben (etwa 40% im Haushaltsjahr 1981/82; OECD 1983a: 25) aus, um auf diese Weise Einsparungen zu erreichen. Ab dem Haushaltsjahr 1982/83 erfolgte die Budgetierung auf nominaler Basis.

statt zurückzugehen, dass die Lohnerhöhungen im öffentlichen Dienst höher als erhofft ausgefallen waren,[46] dass höhere Zinszahlungen geleistet werden mussten (v.a. wegen eines höheren Zinsniveaus und eines größeren Defizits), dass die Gewinne der öffentlichen Unternehmen geringer als erhofft ausgefallen waren und dass es zu Verzögerungen bei der Steuererhebung wegen eines Streiks im öffentlichen Dienst gekommen war. Insofern hatte die Medium-Term Financial Strategy einen schlechten Start, wie ein Offizieller des Treasury rückblickend deutlich macht:

> „It had been a dreadful year. The economy had moved much more deeply into recession than expected, industry had suffered badly and even the CBI [Confederation of British Industry; RZ] had been moved to protest at Government policies and plead for relief. Unemployment went above 2 million. The Chancellor's November statement, offering little help, had been badly received. The Treasury had lost control of public borrowing" (Browning 1986: 152; ähnlich Shaw 1983: 329f.).

Wer angesichts dieser Bilanz erwartete, dass Finanzminister Howe ein expansiveres Budget für 1981/82 vorlegen würde – und das erwarteten erhebliche Teile der Presse, der Industrie, der Gewerkschaften, ja der eigenen Partei, zumal angesichts einer positiven Leistungsbilanz und eines hohen Pfundkurses die traditionellen außenwirtschaftlichen Schranken für eine Expansion zum damaligen Zeitpunkt einer solchen Politik nicht im Wege gestanden hätten (Browning 1986: 153) –, der sah sich schnell getäuscht. Vielmehr brachte der Finanzminister sogar ein ausgesprochen restriktives Budget ein, das folgende Maßnahmen umfasste, die vor allem auf der Einnahmeseite ansetzten und Zusatzeinnahmen in Höhe von £5 Mrd. einbringen sollten (vgl. OECD 1981a: 34f., 55): So wurden die Verbrauchssteuern auf Getränke, Tabak, Benzin, Diesel, Streichhölzer und Feuerzeuge um das Doppelte der Preissteigerung erhöht. Zudem mussten Banken eine einmalige Steuer auf unverzinsliche Bankeinlagen in Höhe von 2,5 Prozent zahlen. Doch auch die Einkommensteuer blieb nicht verschont: Vielmehr wurde die jährliche Anpassung der persönlichen Freibeträge und der Steuerstufen an die Inflation ausgesetzt. Dies war im Finanzministerium der Alternative, nämlich einer Anhebung des Standardsteuersatzes, vorgezogen worden, die die eigene Politik zurückgenommen hätte (Lawson 1992: 95; Howe 1994: 203). Auch nicht-finanzielle Gehaltsbestandteile wie Firmenwagen wurden stärker besteuert. Zudem wurden die Sozialversicherungsbeiträge für Arbeitnehmer erheblich erhöht. Auf der Ausgabenseite wirkten die automatischen Stabilisatoren Ausgaben erhöhend, während der Staatskonsum konstant blieb und die Investitionen weiter zurückgingen (OECD 1981a: 38). Die Regierung versuchte zudem erstmals, die Löhne im öffentlichen Dienst unter Kontrolle zu bringen (Shaw 1983: 331).

Es lässt sich vor diesem Hintergrund in der Tat argumentieren, dass die Tiefe der Rezession durch die Fiskalpolitik mit verschuldet gewesen sei (OECD 1984a: 14, Rowthorne 1992: 264; anders dagegen Matthews/Minford 1987: 81f.). In der Rück-

---

46 Die Regierung hatte im Wahlkampf 1979 versprochen, sich an die Empfehlungen der noch von der Labour-Regierung eingesetzten Clegg-Kommission zu den Löhnen im öffentlichen Sektor zu halten. Dies hatte massive Lohnerhöhungen von bis zu 20% 1980 zur Folge (Brittan 1989: 20).

schau allerdings stellt das Budget 1981/82 einen Wendepunkt der Regierung Thatcher dar, dem ab 1982 ein lang anhaltender Aufschwung folgte.

Abbildung 4.1: Haushaltssalden des Gesamtstaates in % BIP (linke Achse) und Steuerquote (rechte Achse) in Großbritannien, 1978-1990

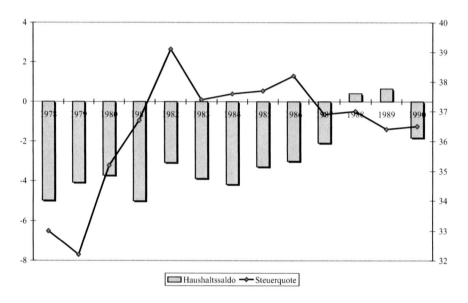

Quelle: OECD 2006, 2007.

Am 2. Dezember 1981 gab Geoffrey Howe neuerliche Sparmaßnahmen bekannt: So wurden beispielsweise Rezeptgebühren erhöht, während die Ausbildungsförderung und die meisten Sozialleistungen weniger erhöht werden sollten als die Inflationsrate und der Sozialversicherungsbeitrag für Arbeitnehmer ein weiteres Mal um einen Prozentpunkt angehoben wurde (Howe 1994: 232). Mit der Auflösung des Ministeriums für den öffentlichen Dienst und der Übertragung seiner Aufgaben ans Finanzministerium, die die Premierministerin im November 1981 bekanntgab, sollten zudem die Personalausgaben effektiver begrenzt werden (Hallerberg 2004: 72). Dagegen begann mit dem Budget 1982/83 eine neue Phase der konservativen Finanzpolitik, die deutlich expansiver war (Busch 1989: 76): Während bei den direkten Steuern die Freibeträge und Grenzen der Steuerklassen um mehr als die Inflationsrate erhöht wurden, sodass es sich real um eine Steuersenkung handelte, und auch die Sozialversicherungsbeiträge für Arbeitgeber gesenkt wurden, wurden die Verbrauchsteuern um etwas weniger als die Inflationsrate angehoben (OECD 1983a: 60f.). Die Renten und andere Sozialleistungen wurden ebenfalls um mehr als die Inflationsrate erhöht, während einige Maßnahmen insbesondere der Bauindustrie helfen sollten. Als Ausgleich wurden die Besteuerung des Nordseeöls und die Sozialversicherungsbeiträge für Arbeitnehmer weiter erhöht.

Diese Veränderung der Ausrichtung des Haushaltes ist vor dem Hintergrund zu sehen, dass sich das PSBR für 1981/82 letztlich nur auf £8,8 Mrd. belief, also erstmals in der Amtszeit der Regierung das geplante Niveau nicht überschritten hatte. Dies wurde von der OECD (1983a: 25) auf die größere Ausgabendisziplin der Ministerien und der Kommunen zurückgeführt, wobei insbesondere die Rolle der cash limits hervorgehoben wurde. Diese hatten allerdings einen problematischen Nebeneffekt: „It seems that whenever overruns occurred on certain items there were more than compensating cuts on other items. These reductions were mainly concentrated on investment, illustrated by the substantial shortfall in government and public corporation's investment" (OECD 1983a: 25). In der Tat nahmen die Investitionsausgaben in diesem Haushaltsjahr wesentlich stärker ab als budgetiert. Dennoch gab es dem Finanzminister größeren Handlungsspielraum in der Finanzpolitik.

Der Haushalt 1983/84 sah keine nennenswerten Ausgabenkürzungen vor: Im Gegenteil setzte er den expansiven Kurs des Vorjahres fort, allerdings erneut vor allem auf der Einnahmenseite: So wurden die Freibeträge und Steuerklassengrenzen grob um das doppelte der Inflationsrate erhöht, während die indirekten Steuern lediglich in Höhe der Inflationsrate stiegen. Zudem sank der Zuschlag auf den Sozialversicherungsbeitrag für Arbeitgeber um weitere 0,5%, während die Sozialversicherungsbeiträge der Arbeitnehmer einmal mehr erhöht wurden (IFS 2005: 181). Die Staatsausgaben sollten dagegen real konstant gehalten werden.

Nach der Parlamentswahl 1983 ersetzte Nigel Lawson, der Architekt der Medium Term Financial Strategy und ein Vertrauter Thatchers, Geoffrey Howe als Chancellor of the Exchequer. Bereits kurz nach seinem Amtsantritt, nämlich am 7. Juli 1983, kündigte der neue Finanzminister ein Sparpaket im Volumen von £1 Mrd. an, um dem neuerlich aus dem Ruder laufenden PSBR entgegenzuwirken, das nach neuen Schätzungen um £3 Mrd. über dem veranschlagten Defizit gelegen hätte (Lawson 1992: 283). Vorgesehen waren Einsparungen im Gesamtwert von £500 Mio., von denen der Hauptanteil (£240 Mio.) im Verteidigungshaushalt erbracht werden sollte. Weitere £500 Mio. sollten durch den Verkauf von Beteiligungen an BP eingenommen werden (Browning 1986: 175). Neben dem unmittelbaren fiskalischen Effekt erhoffte sich Lawson allerdings auch, dass seinen Ministerkollegen mit diesem Sparpaket deutlich werden würde, dass er einen strikten haushaltspolitischen Kurs auch angesichts sinkender Inflation und weiterhin steigender Arbeitslosigkeit weiterführen würde (Lawson 1992: 284). Ein Überschießen des PSBR um £2 Mrd. (= 0,5% BIP) musste allerdings hingenommen werden (OECD 1985a: 13).

Dies waren aber die letzten dramatischen Einschnitte bei den Staatsausgaben für einige Jahre, da sich das PSBR in den folgenden Jahren entsprechend den Zielen der Regierung entwickelte – mit Ausnahme des Haushaltsjahres 1984/85, in dem das ursprüngliche Defizitziel wegen eines lange andauernden Bergarbeiterstreiks um rund £3 Mrd. überschritten wurde (OECD 1986a: 15). Da die Regierung damit aber eine besonders wichtige Auseinandersetzung mit den Gewerkschaften gewann, war der Finanzminister bereit, diese Erhöhung der Verschuldung hinzunehmen (Pliatzky 1989: 30). In den Folgejahren nahm das PSBR als Anteil am BIP stetig ab, ehe schließlich 1987/88 erstmals ein Budgetüberschuss erwirtschaftet werden konnte (vgl. auch Abb. 4.1). In der zweiten Hälfte der 1980er Jahre wuchs die Wirtschaft ausgesprochen kräftig, mit der Folge, dass einerseits die Steuereinnahmen (mit der nennenswerten Ausnahme der Steuern auf Nordseeöl) stark anstiegen, während gleichzeitig die Ausgaben, insbesondere im Sozialbereich, wegen der abnehmenden Arbeitslosigkeit zurückgingen. Angesichts dieser günstigen Entwicklung war der Finanzminister nun weniger bestrebt, explizit Haushaltskürzungen vorzunehmen, als vielmehr die Ausgaben real konstant zu halten oder wenigstens weniger stark ansteigen zu lassen als das Sozialprodukt, um auf diese Weise die Staatsquote und das PSBR zu senken (Lawson 1992: 305f.; Browning 1986: 178; OECD 1985a: 13). Dies war eine erhebliche Modifizierung des ursprünglichen Zieles von Geoffrey Howe, der in einem Weißbuch vom März 1980 noch eine reale Senkung der Staatsausgaben angekündigt hatte (Pliatzky 1989: 29; Riddell 1991: 32). Allerdings gab es nach wie vor in einzelnen, häufig sozialpolitischen, Feldern Versuche, Ausgaben zu kürzen oder Einnahmen zu erhöhen. So wurde 1984 die Ausbildungsförderung für wohlhabende Eltern abgeschafft und das Kindergeld zwischen 1988 und 1991 nicht mehr an die Inflation angepasst.[47] Auch die Ausweitung der Bemessungsgrundlage der Mehrwertsteuer auf einzelne Bereiche (Werbung in Zeitungen, Fast Food etc.) ist durchaus als Konsolidierungsmaßnahme zu verstehen.

Die insgesamt positive Entwicklung des Haushaltes ermöglichte es der konservativen Regierung auch, selektiv zusätzliche Ausgaben vorzunehmen, vor allem im Bereich der Beschäftigungspolitik, wo einige Beschäftigungsprogramme (*Community Programme* und *Youth Training Scheme*) ausgebaut wurden (vgl. hierzu Hall 1986: 113). Allerdings blieb die Tory-Regierung weitgehend ihrer Angebotsorientierung treu. Während nämlich die Staatsausgaben real nicht stiegen, wurden wie beschrieben erhebliche Steuerreformen durchgeführt.

Wie ist die Haushaltspolitik der Regierung Thatcher zusammenfassend zu bewerten? Das wichtigste finanzpolitische Ziel der Regierung kann anhand der Zahlen als erreicht angesehen werden, in der Tat gelang nämlich (nach anfänglichen Schwierigkeiten) eine Rückführung des Haushaltsdefizits und in einigen Jahren während des Booms der späten 1980er Jahre konnten sogar Haushaltsüberschüsse erwirtschaftet werden (vgl. auch Abb. 4.1). Dieser Erfolg bei der Haushaltskonsolidierung kann auf verschiedene Faktoren zurückgeführt werden: Erstens führten die erhöhten Steuereinnahmen zu einer Verbesserung auf der Einnahmeseite. So stieg die Steuerquote Anfang der 1980er Jahre sprunghaft an und lag auch 1990 noch um mehr als drei Prozentpunkte über dem 1979 vorgefundenen Niveau (vgl. Abb. 4.1). Dabei spielte bis Mitte der 1980er Jahre das Nordseeöl eine wichtige Rolle, aber auch die Umschichtung zu indirekten Steuern machte diese Entwicklung möglich.

Hinzu kamen zweitens verschiedene einmalige Einnahmen. Während dabei allerdings die Gewinne, die die Bank of England zwischen 1979 und 1990 an den Staat überwies, mit insgesamt nicht einmal 400 Mio. £ (berechnet nach Bank of England,

---

47 Allerdings war das Kindergeld in den Jahren zuvor stärker erhöht worden als es der Inflationsausgleich notwendig gemacht hätte, sodass der reale Wert der Leistungen über die Thatcher-Dekade hinweg ungefähr konstant blieb (Rowthorne 1992: 277). Pierson (1994: 109) spricht dagegen davon, dass der Wert des Kindergeldes zwischen 1979 und 1989 um 14% gefallen sei.

diverse Jahrgänge) gerade im Vergleich mit der Bundesrepublik und den Niederlanden gering blieben, waren es vor allem die schon angesprochenen Einnahmen aus der Öl- und Gasförderung sowie die Privatisierungserlöse, die die Defizitaufnahme erheblich zu begrenzen halfen. Die Einnahmen aus dem Nordseeöl und -gas beliefen sich für die Haushaltsjahre zwischen 1979/80 und 1990/91 auf knapp 75 Mrd. £, wobei diese Einnahmen einen Höhepunkt Mitte der 1980er Jahre erfuhren, während ihre Bedeutung anschließend wieder stark sank (HM Revenue and Customs 2007). Die Privatisierungseinnahmen stiegen dagegen im Laufe der Regierungszeit immer stärker an. Hatten sie in der ersten Amtszeit, in der sie durchaus auch schon als ein Mittel eingesetzt wurden, um kurzfristig eine Reduzierung des PSBR zu erreichen (Howe 1994: 254), noch bei bescheidenen 1,5 Mrd. £ gelegen, beliefen sie sich in den vier Haushaltsjahren zwischen 1983/84 und 1986/87 auf deutlich über 10 Mrd. £ und in den drei Haushaltsjahren zwischen 1987/88 und 1989/90 gar auf rund 16 Mrd. £, sodass sich insgesamt Einnahmen von gut 28 Mrd. £ aus der Veräußerung des „Tafelsilbers" ergaben (berechnet nach Richardson 1994: 72f.).[48] Die Privatisierungseinnahmen führten aber nicht nur zu einer Zurückführung des PSBR; vielmehr senkten sie gleichzeitig die Staatsquote, da sie als negative Ausgaben gebucht wurden und insofern das Volumen der Staatsausgaben optisch senkten (ausführlich hierzu OECD 1985a: 15).

Aber auch auf der Ausgabenseite versuchte die Regierung Thatcher mit einigem Erfolg, den Staat zurückzuführen, sank die Staatsquote doch tatsächlich – sogar bei Nichtberücksichtigung der Privatisierungswirkungen – auf unter 40% im Haushaltsjahr 1988/89 (Boix 1998: 165, 167). Hierbei setzte die Regierung häufig auf wenig sichtbare Kürzungen, wie etwa die Senkung der Zahl der im öffentlichen Dienst Beschäftigten, die um 20% zurückging (Riddell 1991: 33; Kavanagh 1997: 123),[49] sowie ab 1981 – nachdem die Empfehlungen der Clegg-Kommission umgesetzt waren – die Begrenzung der Lohnerhöhungen im öffentlichen Dienst (Rowthorne 1992: 272).[50] Auch die Ausgaben der Gemeinden sollten durch eine Vielzahl von Regelungen, nicht zuletzt die Poll Tax, eingeschränkt werden (Abromeit 1991: 303f.). Daneben waren es vor allem zwei Bereiche, die zu einer Reduzierung der Staatsausgaben beitrugen (Boix 1998: 165f.): Erstens die sinkenden Ausgaben für den Schuldendienst, die eine direkte Folge des Schuldenabbaus sowie des sinkenden Zinsniveaus in der zweiten Hälfte der 1980er Jahre waren, und zweitens die Rückführung der Ausgaben für Wirtschaftsförderung. Letzteres betraf einerseits die Investitionsausgaben, insbesondere in den Bereichen Industrie und Wohnungsbau (vgl. Abb. 4.2), deren Anteil am BIP 1978/79 noch bei 2,2% gelegen hatte, bis 1988/89 auf

---

48   Ein zusätzlicher positiver Effekt von Privatisierungen auf den Haushaltssaldo resultierte daraus, dass die Regierung nicht mehr für die Defizite der öffentlichen Unternehmen aufkommen musste, was im britischen Fall durchaus relevant war (Interview Chief Secretary 1).
49   Die Beschäftigung bei den staatlichen Unternehmen ging aufgrund der Privatisierungen natürlich noch erheblich stärker zurück, von 1,85 Mio. oder 7,3% der Beschäftigten 1979 auf 516.000 oder 2% der Beschäftigten 1991 (Boix 1998: 174).
50   Diese Begrenzung war aber zunächst mit erheblichen Konflikten verbunden, insbesondere bei den Bergarbeitern (vgl. Hall 1986: 108f.).

0,4% gefallen war, um sich allerdings bis 1990/91 wieder auf 1,4% zu erholen (HM Treasury 2004: 38). Andererseits wurden die Subventionen drastisch reduziert, vor allem im Zuge des Privatisierungsprogramms sowie des Verkaufs der Sozialwohnungen. Insgesamt sanken die Ausgaben für die Bereiche Handel, Industrie und Energie, in denen die meisten Subventionszahlungen anfielen, während der Thatcher-Jahre real um 40% (Thompson 1996: 171). Wie die Rezession am Anfang der 1990er Jahre zeigen sollte, war die ausgabenseitige Konsolidierung aber nicht nachhaltig, sondern beruhte zu erheblichen Teilen auf konjunkturellen Effekten. In den größten Ausgabenposten, Gesundheit und Soziales, wurde nämlich nur begrenzt gekürzt (Boix 1998: 191). Das zeigt auch ein Blick auf die Verschiebungen der Ausgabenprioritäten. Abbildung 4.2 gibt die realen Veränderungen an.

Abbildung 4.2: Reale Veränderungen ausgewählter Haushaltsbereiche in Großbritannien, 1979/80-1989/90 (in Prozent)

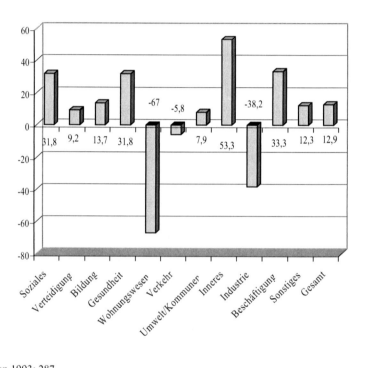

Quelle: Johnson 1993: 287.

Es zeigt sich, dass die Ausgaben für Bildung, Inneres, Soziales sowie Beschäftigung überproportional gestiegen sind, während die Ausgaben für Wohnungswesen, Verkehr und Industrie real gefallen sind.[51] Dies entsprach – mit der Ausnahme der Entwicklung der Sozialausgaben, die als unvermeidlich hingenommen wurde – durchaus den Zielen der konservativen Partei (so etwa Lawson 1992: 301; ähnlich Interview Chief Secretary 1).

Allerdings ist der Aussagewert dieser Zahlen in der Literatur kritisiert worden, was zu einer zumindest teilweise anderen Interpretation führen könnte (vgl. nur Robinson 1986; Rowthorne 1992: 267ff.; Johnson 1993: 90ff.). So wurde die enorme Abnahme der Ausgaben für das Wohnungswesen durch zweierlei erleichtert (vgl. Robinson 1986: 5f.): Erstens wurde der – massiv vorangetriebene – Verkauf der Sozialwohnungen als negative Ausgaben verbucht, sodass auf diese Weise die Ausgaben in diesem Umfang nur rechnerisch sanken. Zweitens führte die Rückführung der Subventionen für den Bau von Sozialwohnungen, die sich in niedrigeren Wohnungsbauausgaben niederschlug, gleichzeitig zu einer Zunahme der Anspruchsberechtigten beim Wohngeld, das allerdings unter den Ausgabenposten Soziales fiel. Entsprechend verdoppelten sich die realen Ausgaben für Wohngeld zwischen 1978/79 und 1988/89 (Pierson 1994: 82). Beim Anstieg der Ausgaben in den Bereichen Bildung und Gesundheit ist zudem darauf hingewiesen worden, dass diese überschätzt werden, weil in den Daten die hohe Arbeitsintensität dieser Dienstleistungen und deren geringe Produktivitätssteigerungen sowie der veränderte Bedarf, bspw. durch die demografische Entwicklung, nicht berücksichtigt werde. Die reale Ausgabenerhöhung für den Bereich Bildung beispielsweise genügte lediglich, um die real ebenfalls gestiegenen Lehrergehälter zu decken, sodass also ceteris paribus keine Leistungsverbesserung erreicht werden konnte (Rowthorne 1992: 268f.). Ähnliches gilt auch für den Gesundheitsbereich (Robinson 1986: 14), der allerdings insgesamt günstiger abschnitt. Das Wachstum der Sozialausgaben schließlich ist natürlich keineswegs gleichzusetzen mit einer Verbesserung der Sozialleistungen – eher im Gegenteil. Rowthorne (1992: 279) berechnete beispielsweise, dass „most benefits fell by around 20% in relation to average earnings", während in der Prä-Thatcher-Ära die meisten Sozialleistungen im Gleichschritt mit den Reallöhnen erhöht worden waren.

4.3.3 „Thatcherismus" und der politische Prozess

Die elfeinhalb Jahre, die Margaret Thatcher als Premierministerin amtierte, waren keineswegs nur von wirtschaftspolitischen Erfolgen gekennzeichnet. Die Inflation, der ja ursprünglich die Hauptaufmerksamkeit der Regierung gegolten hatte, war bei Margaret Thatchers Abwahl kaum niedriger als bei ihrem Amtsantritt. Die Arbeits-

---

51 Eine besondere Rolle nimmt die Entwicklung der Verteidigungsausgaben ein: Diese stiegen zwischen 1979/80 und 1984/85 infolge der bereits unter Labour eingegangenen Verpflichtung gegenüber der NATO, die Verteidigungsausgaben jährlich um real drei Prozent zu erhöhen, um 21,3% (Johnson 1993: 287). Ab dem Haushaltsjahr 1986/87 entfiel diese Verpflichtung (Lawson 1992: 312), was eine reale Kürzung der entsprechenden Ausgaben in der zweiten Hälfte der Thatcher-Dekade zur Folge hatte.

losenquote dagegen war stark gestiegen und die starken konjunkturellen Schwankungen nicht geringer geworden. Dennoch haben die Thatcher-Jahre Großbritannien, insbesondere aber die politische Ökonomie des Vereinigten Königreichs, nachhaltig verändert, daran wird in der Literatur selten gezweifelt (vgl. nur Rhodes 2000). Zwar ist zuzugestehen, dass der „Thatcherismus" keine fertige Ideologie war (Riddell 1991), sondern viele Reformen zustande kamen, die nicht von Beginn an geplant waren, wie etwa die Privatisierungspolitik (vgl. dazu Abromeit 1988; Richardson 1994), während sich in anderen Bereichen die eigenen Vorstellungen in keiner Weise durchsetzen ließen und die Regierung schließlich darauf verzichten musste, wie vor allem in Bezug auf die Geldmengensteuerung. Dennoch hat die konservative Regierung in diesem langen Jahrzehnt in den Bereichen Arbeitsbeziehungen, Privatisierung, aber, wie gesehen, nicht zuletzt auch im Bereich der Haushalts- und Steuerpolitik nachhaltige Veränderungen durchgesetzt, die in ihrer Reichweite wenige Parallelen haben. Vom politikwissenschaftlichen Standpunkt ist daher zu fragen, wie sich diese massiven Veränderungen durchsetzen ließen, inwieweit sich diese Veränderungen mit dem eingangs vorgestellten Modell politischer Willensbildung erklären lassen.

4.3.3.1 Die parteipolitische Zusammensetzung der Regierung

Ganz offensichtlich lässt sich für die Finanzpolitik der Regierung Thatcher ein Parteieneffekt beobachten. Das von der konservativen Regierung durchgesetzte finanzpolitische Programm eines in seiner Wirkung regressiven Umbaus des Steuersystems von den direkten zu den indirekten Steuern, einer Senkung des Spitzensteuersatzes der Einkommensteuer und des Körperschaftsteuersatzes, einer Rückführung der Staatsquote sowie insgesamt des staatlichen Engagements in der Ökonomie durch die Senkung der Staatsausgaben (auch im Sozialbereich) und großflächige Privatisierungen staatlicher Unternehmen ist geradezu als Paradebeispiel des wirtschaftspolitischen Programms von liberalen und konservativen Parteien zu betrachten. Nur ein Indikator widerspricht der Parteiendifferenzhypothese etwas, nämlich die Steuerquote. Hier wäre eine Senkung statt einer Erhöhung zu erwarten gewesen. Eine solche Senkung wäre jedoch mit der Haushaltskonsolidierung nicht vereinbar gewesen, die von der Regierung wegen des Ziels der Preisniveaustabilität als vorrangig angesehen wurde. Auch das Abstimmungsverhalten der Labour Party im Unterhaus sowie die Wahlprogramme der Opposition lassen erkennen, dass die Finanzpolitik einer Labour-Regierung in den 1980er Jahren signifikant von der unter den Tories durchgesetzten abgewichen hätte. Die von der Verkündung der Senkung des Spitzensteuersatzes auf 40 Prozent in der Budgetrede 1988 ausgelösten Unmutsausbrüche bei der Opposition erzwangen beispielsweise sogar eine 10minütige Unterbrechung der Rede von Finanzminister Lawson (vgl. Parliamentary Debates, House of Commons, 6th Series – Volume 129, col. 1012).

Zwar ließe sich einwenden, dass auch die Labour-Regierung unter James Callaghan das Haushaltsdefizit reduziert habe, doch erfolgte dies aufgrund der entsprechenden Verpflichtungen gegenüber dem IWF und gegen erhebliche Vorbehalte in der eigenen Partei. Zudem hatte sich die außenwirtschaftliche Position des Vereinigten Königreichs durch das Nordseeöl fundamental geändert. Aufgrund der hohen Erlöse, die aus der Ölförderung resultierten, hätte eine expansive Fiskalpolitik nicht zwangsläufig zu Zahlungsbilanzproblemen geführt, sodass eine solche Politik gerade zu dem Zeitpunkt möglich geworden war, als die Regierung das Interesse daran verloren hatte (Hall 1986: 133). Vielmehr war diese Politik durch den Misserfolg der Labour-Regierungen diskreditiert, sodass die traditionellen britischen Leistungsbilanzprobleme zumindest die Voraussetzung für die Abwendung vom Keynesianismus geschaffen hatten. Zusätzlich zeigen beispielsweise die Budgetreden der Schatzkanzler Howe und Lawson immer wieder, dass die britische Position in der internationalen Ökonomie von größter Bedeutung für die finanzpolitische Ausrichtung war. Insbesondere im Bereich der Steuerpolitik wurde immer wieder Bezug auf die Position von konkurrierenden Industrieländern genommen. So rechtfertigte beispielsweise Geoffrey Howe (1979: col. 259) die Senkung des Einkommensteuerspitzensatzes von 83 auf 60 Prozent in seinem ersten Budget wie folgt:

> „While the reductions I propose are substantial, they are no more than the circumstances require. They will still in general leave people in the top income groups more highly taxed than people in corresponding positions in other industrialised countries. We have to compete with such countries, not only in the sale of goods and services but in attracting and retaining the talent required to run our industry efficiently and profitably and thereby provide the employment opportunities that our people so desperately need."

Auch die 1988 durchgesetzte weitere Senkung des Spitzensatzes der Einkommensteuer auf 40 Prozent wurde mit dem Steuerwettbewerb begründet. Während der auf 60 Prozent gesenkte Spitzensteuersatz 1979 im europäischen Durchschnitt gelegen habe,

> „it is now one of the highest. And not only do the majority of European countries now have a top rate of below 60 per cent but in the English-speaking countries outside Europe – not only the United States and Canada, but in Labour Australia and New Zealand, too – the top rate is now below 50 per cent, sometimes well below" (Lawson 1988: col. 1012).

Schließlich rechtfertigte Nigel Lawson (1984: col. 297) bereits 1984 – also vor der großen amerikanischen Steuerreform von 1986 – die Senkung der Körperschaftsteuersätze bei gleichzeitigem Abbau von Abschreibungsmöglichkeiten mit Blick auf den internationalen Wettbewerb:

> „When these changes are complete our rates of capital allowances in this country for the generality of plant and machinery will be comparable with those in most other countries, while the rate of tax on profits will be significantly lower."

Allerdings belegen die Zitate auch, dass es den Konservativen in zunehmendem Maße darum ging, die Wettbewerbsposition des Vereinigten Königreichs durch angebotsseitige Maßnahmen zu verbessern, während die außenwirtschaftlichen Beschränkungen für eine makroökonomisch orientierte Finanzpolitik, die die britische Ökonomie bis in die 1970er Jahre hinein geplagt hatten, kaum mehr diskutiert wurden. Zudem macht gerade Lawsons Bemerkung über das Niveau der britischen Körperschaftsteuersätze deutlich, dass es der Regierung Thatcher keineswegs nur darum ging, sich an die „Zwänge" des internationalen Wettbewerbs anzupassen. Vielmehr bestimmte hier eine Partei die Wirtschaftspolitik, die aktiv nach Vorteilen für Großbritannien in der sich globalisierenden internationalen Ökonomie suchte und diese im Standortwettbewerb offensiv zu sichern suchte. Das wurde auch in den Interviews bestätigt: „We needed to have, make American companies in particular, American multinationals, feel that, that it makes sense for them to have their European headquarter in London, or in Britain. This was, you know, good for the economy" (Interview Chancellor 1).

4.3.3.2 Vetospieler und innerparteiliche Gruppierungen

Dass es der Tory-Regierung gelang, die ihnen vorschwebenden Politiken auch durchzusetzen, dürfte Politikwissenschaftler, die sich für die Wirkungen von Verfassungsinstitutionen auf die Finanzpolitik interessieren, kaum überraschen. Das Westminster-System konzentriert die Macht stark bei der Regierung, während andere Vetospieler in Form von zweiten Kammern, Verfassungsgerichten und dergleichen fehlen oder machtlos sind. Insbesondere in der Finanzpolitik ist die Macht stark auf den Finanzminister und die Premierministerin konzentriert. Entsprechend fanden auch Untersuchungen beispielsweise zur Bedeutung des Oberhauses für die Reformpolitik der Thatcher-Regierungen nur sehr begrenzte Einflüsse (z.B. Abromeit 1991: 306ff.). Allerdings reicht die Betrachtung der Verfassungsinstitutionen noch nicht aus; gerade der deutsche Fall zeigt sowohl für die 1980er Jahre als auch für die rot-grüne Koalition, wie groß die Bedeutung der innerparteilichen Kohäsion bzw. ihres Fehlens sein kann. Auch im Fall der Regierung Thatcher ist daher die Kohäsion der Regierungspartei zu betrachten, zumal die britischen Konservativen keineswegs alle Thatcherites waren.

Daher steht der Befund einer weitreichenden (neo-)liberalen Wirtschaftspolitik der Regierung Thatcher zwar durchaus in Einklang mit der Parteiendifferenzhypothese; in historischer Perspektive ist er jedoch überraschend, hatten doch die britischen Konservativen den keynesianischen Konsens des Butskellismus bis in die 1970er Jahre mitgetragen; ja Margaret Thatcher (1993: 7) schreibt über die Wirtschaftspolitik der letzten konservativen Regierung vor ihrer Amtszeit (der sie als Bildungsministerin selbst angehört hatte): „After a reforming start, Ted Heath's Government […] proposed and almost implemented the most radical form of socialism ever contemplated by an elected British Government." Wie ließ sich die oben beschriebene Wirtschaftspolitik in einer Partei durchsetzen, die bis 1974 noch eine derart interventionistische Politik verfolgt hatte? Zur Beantwortung dieser Frage muss zunächst Margaret Thatchers Weg an die Spitze der konservativen Partei betrachtet werden, ehe analysiert wird, wie sie ihre Regierungspolitik innerparteilich durchsetzen konnte.

Die Chance des rechten Parteiflügels, bestimmenden Einfluss auf die konservative Partei zu nehmen, hat entscheidend mit dem wirtschaftspolitischen Scheitern der Regierung unter Edward Heath zwischen 1970 und 1974 zu tun (vgl. hierzu Evans 1999: Kapitel 1). Das wirtschaftspolitische Programm, das Heath sich vorgenommen hatte, „erinnerte in vielem an das der späteren Regierung Thatcher" (Busch 1989: 38; vgl. auch King 1981: 70). Das gilt insbesondere für das Vorhaben, die staatliche

Intervention in die Wirtschaft zurückzunehmen, die Steuern zu senken, die Selektivität der Sozialprogramme zu erhöhen, aber auch die Gewerkschaftsgesetzgebung (vgl. Kavanagh 1997: 74). Doch angesichts steigender Arbeitslosigkeit nahm die Regierung Heath 1971/72 eine Kehrtwende („U-Turn") vor und initiierte neuerlich eine expansive Politik. Die Staatsausgaben schnellten ebenso wie das Defizit nach oben und die staatliche Intervention nahm auf Kosten des Marktes noch größeren Raum ein: „When the government fell in 1974, it was presiding over record post-war levels of public ownership, government intervention in the economy, public spending as a share of GDP, inflation and the most far-reaching peacetime statutory controls on prices and incomes" (Kavanagh 1997: 75). Zudem gelang es der Regierung nicht, die Konflikte mit den Gewerkschaften in den Griff zu bekommen, die vielmehr in der lohnpolitischen Konfrontation mit der Bergarbeitergewerkschaft im Jahr 1973 kulminierten. Damit brach die Regierung nicht nur zentrale Wahlversprechen, sondern sie verlor auch ihre Reputation als kompetente Regierungspartei (Gamble 1988: 76; Kavanagh 1997: 74).

Die Wahlen vom Februar 1974, die die Tories angesichts der Auseinandersetzungen mit den Gewerkschaften über die Frage „Who governs Britain" führten, verloren sie knapp. Da auch die Labour Party nur eine relative Mandatsmehrheit erreicht hatte, musste im Oktober 1974 neuerlich gewählt werden und erneut scheiterten die Konservativen unter Heath – diesmal allerdings deutlich. Diese Niederlagen wurden als demütigend empfunden – die konservative Partei hatte so schlecht abgeschnitten wie in der gesamten Nachkriegszeit noch nicht, hatte vier der letzten fünf Parlamentswahlen verloren und war nur noch schwerlich als natürliche Regierungspartei zu empfinden. Kurz: „When Mrs Thatcher challenged Ted Heath for the leadership in February 1975, the party was in a state of trauma" (Kavanagh 1997: 68), King (1981: 58) spricht von einem „state of shock", Gamble (1988: 79) von „despair and demoralisation". Ganz offensichtlich war also in der Wahrnehmung der konservativen Abgeordneten, die für die Bestimmung des Parteivorsitzenden zuständig waren, eine massive elektorale Krise gegeben, die sich vor allem im Wunsch nach einem Führungswechsel Bahn brach. Da der Vordenker der Parteirechten, Sir Keith Joseph, weithin als zu wenig diplomatisch und damit nicht geeignet für die Parteiführung galt und er Heath daher nicht herausforderte, stellte sich Margaret Thatcher zur Wahl – und gewann (vgl. ausführlich zu den Kandidaten und Hintergründen King 1981: 60-69). Dabei dürfte allerdings weniger ihr Programm eine entscheidende Rolle gespielt haben als vielmehr die Tatsache, dass sie eben nicht Ted Heath war. Eine Mehrheit für ihre politischen Vorstellungen besaß Margaret Thatcher in der konservativen Fraktion nämlich bei Weitem nicht (Crewe/Searing 1988). Darüber waren sich auch ihre Anhänger im Klaren: „When Margaret Thatcher defeated Ted to become leader in February 1975 it was more a rejection of Ted – on personal and political grounds alike – than a positive endorsement of her, at least so far as the majority of her parliamentary colleagues were concerned" (Lawson 1992: 13). Insofern hatte der Wechsel an der Spitze der Konservativen Partei seinen Hauptgrund in den Wahlniederlagen von 1974, er war im Wesentlichen dem Wettbewerb um Wählerstimmen geschuldet.

Doch mit der Entscheidung über die Parteiführung kann – ob von den Abgeordneten gewollt oder nicht – wegen der hoch zentralisierten Willensbildung in der Konservativen Partei auch schon die weitere inhaltliche Politik vorgeprägt sein. Die Parteiführerin besitzt nämlich ein hohes Maß an Autonomie gegenüber Partei und Fraktion: „In the end, policy is what the leader says it is" (Butler/Kavanagh 1980: 76). Die Mehrheit der Fraktion ist ideologisch nicht gebunden und folgt der Politik des/der Vorsitzenden loyal, solange das Reformprogramm Erfolge an den Wahlurnen nachweisen und für die Zukunft glaubwürdig versprechen kann, die Partei geeint bleibt und wirtschaftlicher Erfolg in Aussicht steht (vgl. z.B. Schmid 1991a; Kavanagh 1997: 117). Die Mehrheit der konservativen Fraktion unter Thatcher bestand aus diesen „Loyalen", während weniger als 20% wirklich Thatcherites gewesen sein dürften (Norton 1993: 35).

Dieser Parteiflügel um seinen Vordenker Keith Joseph hatte allerdings radikale Vorstellungen (vgl. ausführlich Keegan 1985: 33ff.): Aus dem Scheitern der Heath-Regierung wurde der Schluss gezogen, dass die Wirtschaftspolitik des „Butskellismus", und damit die Politik aller britischen Nachkriegsregierungen, unabhängig von deren politischer Couleur, in erheblichem Maße verantwortlich war für die wirtschaftlichen Schwierigkeiten des Vereinigten Königreichs – eine Vorstellung, die Thatcher voll übernahm. Entsprechend forderte der rechte Parteiflügel, die wirtschaftspolitischen Prioritäten neu festzulegen, nicht mehr der Bekämpfung der Arbeitslosigkeit, sondern der Bekämpfung der Inflation Vorrang einzuräumen. Finanzpolitisch bedeutete dies die Fokussierung auf eine Rückführung des PSBR, der Staatsausgaben sowie der Steuerquote, aber auch die Verschiebung der Steuerlast von direkten auf indirekte Steuern.

Margaret Thatcher nutzte ihre mächtige Position als Parteiführerin während der Oppositionsjahre allerdings noch nicht voll aus, um ihre wirtschaftspolitische Strategie in der Partei durchzusetzen. Das zentrale Ergebnis der innerparteilichen Bemühungen um ein wirtschaftspolitisches Programm, der Text „The Right Approach to the Economy" aus dem Oktober 1977, stellte zwar einen wirtschaftspolitischen Kurswechsel in Aussicht (vgl. zum Inhalt bspw. Keegan 1985: 99ff.). Gleichwohl liest sich das Dokument in vielen Bereichen keineswegs revolutionär – so wird beispielsweise nicht einmal quasi-korporatistischen Verhandlungen explizit eine Absage erteilt. Dies ist nicht zuletzt der Tatsache geschuldet, dass Thatchers Position noch nicht stark genug war, um den innerparteilichen Mainstream zu marginalisieren (vgl. auch Butler/Kavanagh 1980: 67ff., 79). Entsprechend konnte Schattenarbeitsminister James Prior, der später zu den „Wets" des Kabinetts gehören sollte, als einer der vier Autoren neben den Monetaristen Keith Joseph, Geoffrey Howe und David Howell einige Teile des Dokuments beeinflussen.

Auch bei der Betrachtung des ersten Kabinetts Thatcher fällt auf, dass es die verschiedenen Strömungen der konservativen Partei angemessen repräsentierte, eine große Zahl der Minister nicht im engeren Sinne Anhänger Thatchers waren. Dennis Kavanagh (1997: 116) meint sogar: „It was a cabinet of Heath-men and proved to be particularly divisive, notably over economic policy." Dass diese Kabinettszusammensetzung nicht stärker beschränkende Effekte auf die durchgesetzte Politik hatte, lag vor allem an der starken Zentralisierung des Willensbildungsprozesses in der britischen Westminster-Demokratie. Hinzu kam, dass die später von Thatcher so genannten „Wets" zwar relativ stark im Kabinett vertreten waren, sie aber mit einer Ausnahme (James Prior, Beschäftigung) Ministerien übertragen bekommen hatten, die relativ weit von der Wirtschaftspolitik entfernt waren.[52]

Zudem gelang es Thatcher, den Willensbildungsprozess in der Wirtschafts- und Finanzpolitik noch zusätzlich zu zentralisieren, indem sie wirtschaftspolitische Diskussionen aus dem Kabinett heraushielt und in Kabinettsausschüsse verlagerte, deren Zusammensetzung sie besser kontrollieren konnte (Keegan 1985: 136; Kavanagh 1997: 115). Besonders wichtig für die Haushaltspolitik war dabei das so genannte Star-Chamber Committee, das Konflikte zwischen einem Fachminister und dem Chief Secretary über die Ausgabenhöhe eines Ministeriums lösen sollte. Diesem Kabinettsausschuss gehörten zwar weder die Premierministerin noch der Schatzkanzler an, dafür aber einige besonders wichtige Minister, deren Ressorts aber vergleichsweise kleine Budgets hatten oder über deren Budgets bereits Einigkeit herrschte. Obwohl sich bei diesen Vermittlungsversuchen in Einzelfällen durchaus auch die Position des Fachministers gegen das Finanzministerium durchsetze (s.u.), sorgten die Entscheidungen in der Regel wohl eher für eine Begrenzung der Ausgabenwünsche (Interviews Chancellor 1, Chief Secretary 1 und 2; vgl. auch Hallerberg 2004: 74f.), was nicht zuletzt daran gelegen hat, dass die Premierministerin in aller Regel die Position des Finanzministeriums nach Ausgabenzurückhaltung unterstützte (Interview Chief Secretary 2). Hinzu kamen stärker informelle Zirkel. So traf sich die Premierministerin in den ersten Jahren vor jeder Kabinettssitzung mit einigen ihr nahe stehenden Ministern wie Finanzminister Geoffrey Howe und Industrieminister Keith Joseph zum Frühstück, um die anstehenden Kabinettssitzungen vorzubereiten und gegebenenfalls gemeinsame Strategien zu besprechen (Howe 1994: 147; vgl. auch Abromeit 1991: 300ff.).

Insbesondere bei den Verhandlungen um die Ausgaben der einzelnen Ministerien kam es allerdings trotzdem regelmäßig zu Auseinandersetzungen zwischen den „Wets" und dem Finanzministerium. Bereits im Sommer 1979 waren die meisten Minister kaum zu Kürzungen in ihren Ressorts bereit, und auch in den Folgejahren kam es immer wieder zu heftigen Auseinandersetzungen über die Höhe der Staatsausgaben im Kabinett (Thatcher 1993: 50ff.; 123ff.). Insbesondere im Vorlauf zum restriktiven Budget 1981/82 konnten die „Wets" auch Erfolge erzielen, als der Finanzminister nämlich mit weiter gehenden Ausgabenkürzungen, die auf die Hauptbereiche Verteidigung und Soziales fokussierten, im Kabinett scheiterte (vgl.

---

52 Als wichtigste „Wets" wurden i.d.R. gewertet James Prior (Beschäftigung), Peter Walker (Landwirtschaft), Sir Ian Gilmour (Vize-Außenminister und Lordsiegelbewahrer), Norman St John-Stevas (Kunstminister sowie Chancellor of the Duchy of Lancaster) sowie gelegentlich Michael Heseltine (zunächst Umwelt). Aber auch Lord Carrington (Außenminister), Francis Pym (Verteidigung, später Außenminister), Mark Carlisle (Erziehung) und Lord Soames (Leader of the Lords, später öffentlicher Dienst) galten als „Wets" (vgl. Keegan 1985: 188f.). Als Thatcherites in der ersten Regierung Thatcher wurden dagegen angesehen Sir Keith Joseph (Industrie, später Erziehung), Sir Geoffrey Howe (Schatzkanzler, später Außenminister), John Nott (Handel, später Verteidigung), Nigel Lawson (zunächst Juniorminister im Treasury, später Energieminister und Schatzkanzler) und John Biffen (Chief Secretary to the Treasury).

Gamble 1988: 109; Howe 1994: 189f.). Verteidigungsminister Francis Pym drohte für den Fall von Kürzungen in seinem Etat mit Rücktritt und wurde von Premierministerin Thatcher unterstützt. Sozialminister Patrick Jenkin sah zur Erfüllung der Sparvorgaben nur die Möglichkeit, die Sozialleistungen um weniger als die Inflationsrate anzuheben, was immerhin zu Einsparungen von £600 Mio. geführt hätte. Im Kabinett wurde dieser Vorschlag aber für politisch nicht durchsetzbar gehalten.

Dennoch waren gerade mit diesem Budget weite Teile der Konservativen ausgesprochen unzufrieden: So gab es bereits bei der Vorstellung des Haushaltes im Kabinett am 10. März 1981 erhebliche Kritik durch einige der moderaten Minister (Prior, Walker und Gilmour). Diese „Wets" sollen sogar darüber nachgedacht haben, aus Protest gegen den Haushalt das Kabinett zu verlassen (Lawson 1992: 96; Howe 1994: 208), sie entschieden sich aber letztlich dagegen. Vielmehr scheint allgemein akzeptiert worden zu sein, dass „if the Chancellor thought we needed tough measures to stick to our policy, then so be it" (Howe 1994: 207). Auch in der konservativen Fraktion gab es vernehmlichen Widerstand, der aber letztlich nur zu einer relativ unbedeutenden Änderung bei der Erhöhung der Mineralölbesteuerung führte. Während diese Erhöhung nämlich halbiert wurde, wurden die Tabak- sowie die Wett- und Spielsteuer stärker erhöht (Howe 1994: 208).[53] Auch beim Parteitag der Konservativen im Oktober 1981 wurde die Gespaltenheit der Partei deutlich – nicht zuletzt auch angesichts immer schlechterer Umfrageergebnisse und dem stetigen Erstarken der neu gegründeten SDP (Webb/Wyrow 1982: 40f.; Lawson 1992: 137; Thatcher 1993: 153ff.).

Bei der ersten Aussprache über die Ausgabenpolitik im Haushaltsjahr 1982/83 im Juli 1981 kam es vor dem Hintergrund hoher und steigender Arbeitslosigkeit und Unruhen in einigen Städten mit hoher Arbeitslosigkeit neuerlich zu erheblicher Kritik an der Finanzpolitik, die wiederum von einer großen Anzahl von „Wets" im Kabinett (Prior, Pym, Carrington, Walker, Gilmour, Soames, Hailsham, Heseltine) vorgebracht wurde (Lawson 1992: 108f.; Howe 1994: 222). Vor dem Hintergrund dieser massiven Kritik beendete die Premierministerin die Sitzung mit dem Verweis auf eine weitere Behandlung dieser Fragen nach der parlamentarischen Sommerpause. Als sich das Kabinett wieder traf, war die Kritik an der Wirtschaftspolitik jedoch erheblich geringer geworden, da die Premierministerin das Kabinett umgebildet hatte und die „Wets" im Wesentlichen entmachtet waren: Prior wurde vom Beschäftigungsressort ins Nordirlandministerium versetzt, während Gilmour und Soames sowie Mark Carlisle ganz aus der Regierung ausscheiden mussten. Dafür wurde die Position der Thatcher-Anhänger durch die Berufung von Norman Tebbit, Cecil Parkinson und Nigel Lawson erheblich gestärkt (Riddell 1989: 103). Diese Kabinettsumbildung dürfte unmittelbar mit den Auseinandersetzungen um die Finanzpolitik in Zusammenhang gestanden haben (Thatcher 1993: 149; vgl. auch Keegan 1985: 172), sodass es vor diesem Hintergrund nicht überrascht, dass der Finanzminister es in der Zeit danach leichter fand, seine Politik intern durchzusetzen (Howe 1994:

---

53 Sechs Abgeordnete stimmten dennoch gegen die Erhöhung der Mineralölsteuer (Hallerberg 2004: 72).

231, 239f.), wenngleich Kabinettskonflikte über die Haushaltspolitik auch danach noch vorkamen (Interview Chief Secretary 2).

Die neuerlichen Kürzungen, die im Dezember 1981 angekündigt wurden, lösten allerdings vermutlich nicht zufällig eher Konflikte in der Fraktion aus, kam es doch aus diesem Anlass zur bis dahin größte Rebellion von Hinterbänklern seit der Regierungsübernahme, als nämlich 14 Abgeordnete, unter ihnen der vormalige Minister Gilmour, den Regierungskurs nicht mittragen mochten (Saalfeld 1991: 23; Howe 1994: 232). Folgen hatte dies allerdings nur begrenzt. Zwar könnte die Lockerung des finanzpolitischen Kurses ab 1982 eine Konzession an die innerparteilichen Gegner gewesen sein (Shaw 1983: 333), wahrscheinlicher sind hier jedoch Effekte des Wettbewerbs um Wählerstimmen zu erkennen (s.u.), die auf die Fraktion zurückwirkten. Entsprechend äußerte sich die Premierministerin:

> „I would like to be tougher on public spending. But I have to do what I think we can get through Parliament. I would like to go faster, but I cannot go faster than Parliament and people will go" (The Times, 11.1.1982, zit. Saalfeld 1991: 48).

Allerdings fügten die verbliebenen „Wets" dem Finanzminister und der Premierministerin im September 1982 doch noch eine nennenswerte Niederlage zu: Howe lag auch weiterhin daran, die Staatsausgaben zu begrenzen, zumal die bisherige Konsolidierung praktisch ausschließlich über die Einnahmeseite zustande gekommen war. Daher schlug er der Premierministerin vor, den Central Policy Review Staff (CPRS), einen think tank der Regierung, zu beauftragen, über mögliche Maßnahmen gegen die stetig wachsenden Staatsausgaben zu referieren. Der Bericht sollte Anfang September 1982 im Kabinett diskutiert werde (Howe 1994: 257-259; James 1997: 125-129). Tatsächlich wurden massive Kürzungen zur mittelfristigen Senkung der Staatsausgaben vorgeschlagen: So sollten beispielsweise Studiengebühren eingeführt werden und es wurde der Rückzug des Staates aus dem Schulsystem, zumindest aber eine Erhöhung der Klassenstärken diskutiert. Sozialleistungen sollten nicht länger vollständig an die Inflation angepasst werden und anstelle des staatlichen Gesundheitsdienstes (NHS) sollte eine private Absicherung treten. Schließlich sollten auch bestimmte Verteidigungsausgaben zurückgeführt werden (abgedruckt in „The Economist", 18.9.1982, dokumentiert bei James 1997: 126f.).

Dieses Papier wurden von der weit überwiegenden Mehrzahl der Minister als viel zu radikal betrachtet und sie weigerten sich am 9. September 1982, es im Kabinett auch nur inhaltlich zu behandeln – ein Widerstand, dem sich die Premierministerin schließlich beugen musste. Nach Nigel Lawson (1992: 303) war dies „the nearest thing to a Cabinet riot in the history of the Thatcher administration." Doch das Papier wurde nicht nur blockiert, es wurde auch an die Presse weitergegeben, möglicherweise von „Wets", die fürchteten, die Vorschläge könnten in anderer Form erneut auftauchen. Da die fraglichen Maßnahmen nicht nur bei Labour-Wähler, sondern auch bei erheblichen Teilen des konservativen Elektorats unpopulär gewesen sein dürften und die Konservativen angesichts guter Umfrageergebnisse infolge des gewonnenen Falkland-Krieges über die Ausschreibung der nächsten Parlamentswahl für die erste Hälfte des kommenden Jahres nachdachten, erfolgte auf dem folgenden Parteitag der Tories im Oktober 1982 eine Distanzierung Thatchers von den Vorschlägen. Diese hatte möglicherweise weiterreichende Folgen für die Wahlplattform

1983, in der nämlich die Vorschläge in den Bereichen Sozialpolitik und Erziehung vor dem Hintergrund der Distanzierung der Partei von dem CPRS-Papier wenig weitreichend ausfielen (Interview Chief Secretary 1; vgl. auch Howe 1994: 288).

Auch in den Jahren hohen Wirtschaftswachstums scheiterten die Thatcherites gelegentlich am Widerstand innerhalb der Partei. Die Vorschläge von Erziehungsminister Keith Joseph zur weiterreichenden Belastung wohlhabender Studenten und deren Eltern etwa ließen sich in der konservativen Unterhausfraktion nicht durchsetzen (Lawson 1992: 308f.). Zudem scheiterte Lawson (1992: 365ff.) mit einer ganzen Reihe von geplanten Einnahmeerhöhungen: Gegen eine Besteuerung von pauschal ausgezahlten (lump sum) Leistungen von betrieblichen Altersversorgungen war die Ablehnung so verbreitet, dass sie nach Lawsons (1992: 367ff.) Erinnerung die Gefahr einer Hinterbänklerrevolte mit sich gebracht hätte, wenn er daran festgehalten hätte. Auch eine Erweiterung der Mehrwertsteuerpflicht auf Kinderkleidung scheiterte am Widerstand der konservativen Fraktion.

Doch diesen gelegentlichen punktuellen Erfolge zum Trotz gelang es Frau Thatchers Gegnern in der eigenen Partei zu keinem Zeitpunkt, die Politik der Regierung signifikant zu beeinflussen. Dies hatte zu einem gewissen Teil damit zu tun, dass sie es versäumten, sich stärker zu koordinieren – offensichtlich aus Sorge, sich mit konzertiertem Widerstand dem Verdacht einer Verschwörung gegen die Premierministerin auszusetzen, wohl aber auch, weil alle ihre eigenen Ambitionen verfolgten (Keegan 1985: 191). Hinzu kam, dass ab Sommer 1982 die Umfragen für die Regierung positiv erschienen, womit die „Wets" ihr zentrales Argument, nämlich dass die unpopuläre Kürzungspolitik zum Verlust der Regierungsmacht führen würde, verloren hatten (Keegan 1985: 190). Am wichtigsten war jedoch, dass die „Wets" von den meisten Entscheidungsprozessen schlicht ausgeschlossen waren, weil sie kaum wirtschaftspolitische Ressorts hielten. Dies galt natürlich nach der Kabinettsumbildung 1981 noch in verstärktem Maße (Interview Chief Secretary 1). Es waren in der Tat der Finanzminister und die Premierministerin, die die Finanzpolitik dominierten.

Allerdings waren auch diese beiden Protagonisten nicht immer derselben Auffassung. Dies galt bereits für das erste Budget 1979: Finanzminister Geoffrey Howe hatte noch erheblich weiterreichende Erhöhungen der indirekten Steuern, nämlich eine zehnprozentige Erhöhung aller Verbrauchsteuern, vorgeschlagen. Diese scheiterten allerdings an der Premierministerin, die einen zu starken Anstieg der Verbraucherpreise durch die Steuererhöhungen fürchtete, nämlich um geschätzte zusätzliche 4,5%, während die Regierung ja vor allem angetreten war, um die Inflation zu bekämpfen. Thatcher wollte auch die Mehrwertsteuer nur auf 12,5% steigen lassen. Der Finanzminister argumentierte jedoch, dass nur das erste Budget die Möglichkeit bot, eine größere Verschiebung von den direkten zu indirekten Steuern durchzusetzen (Howe 1994: 130). Entsprechend kamen beide zu dem Kompromiss, von einer Erhöhung der Verbrauchssteuern auf Tabak und Alkohol abzusehen, aber die Erhöhung der VAT auf 15% durchzusetzen, was die Erhöhung des Verbraucherpreisindex auf 3,6% beschränkte (Howe 1994: 130f.). Auch einige Konsolidierungsvorschläge Lawsons scheiterten am Veto der Premierministerin, so etwa eine höhere Besteuerung von Konsumentenkrediten, weil Thatcher Hypotheken ausgenommen haben wollte, was die Steuer aus Lawsons (1992: 367) Sicht pervertiert hätte. Ebenso scheiterte eine stärkere Reduzierung der Steuervorteile für Hypothekenzinsen und die Erweiterung der Mehrwertsteuerpflicht auf Zeitungen an Thatcher. Die ultimative Einschränkung des Handlungsspielraums der Premierministerin zeigte sich schließlich jedoch im Zusammenhang mit der extrem unpopulären Poll Tax. Die schlechten Umfragewerte für die Konservativen in Folge der Steuer und die Weigerung der Premierministerin, sie zurückzunehmen, führten letztlich nämlich zu ihrer Ablösung durch die konservative Unterhausfraktion.

4.3.3.3 Der Wettbewerb um Wählerstimmen

Wenn die im theoretischen Teil dieser Arbeit angestellten Überlegungen zum Verhältnis zwischen Vetospielerkonstellation und dem Verhinderungspotenzial des Parteienwettbewerbs richtig sind, wäre für den Fall Großbritannien zu erwarten, dass tatsächlich nicht das institutionelle Gefüge, sondern der Blick auf die Vorstellungen der Wähler die mächtigste Barriere gegen unpopuläre Reformen darstellt. Diese Erwartung bestätigt sich empirisch vollauf. In der Tat war der Wettbewerb um Wählerstimmen das stärkste Hemmnis beim Versuch der Regierung, ihre präferierte Wirtschaftspolitik durchzusetzen (vgl. auch Boix 1998: 181). Dies zeigt sich beispielsweise daran, dass die Regierungen Thatcher im Laufe der jeweiligen Wahlperioden in den Umfragen stets weit hinter Labour zurück fielen. Wie gingen die Thatcher-Administrationen mit diesem Problem um? Es lassen sich bei der Formulierung der konservativen Konsolidierungspolitik in den 1980er Jahren durchgängig Versuche feststellen, eine Schuldzuweisung und elektorale Bestrafung für unpopuläre Maßnahmen durch die Wähler zu vermeiden, solche Maßnahmen also politisch so unschädlich wie möglich zu gestalten. Drei Ansätze lassen sich in diesem Zusammenhang nennen: die Präsentation, die spezifische Ausgestaltung der Maßnahmen sowie das Timing (vgl. hierzu auch Zohlnhöfer 2007b: 1123f.).

Die konservative Regierung achtete darauf, unpopuläre Maßnahmen möglichst früh in der Legislaturperiode durchzusetzen, um gegen Ende der Legislaturperiode Spielraum für Steuersenkungen zu haben. Dies zeigte sich bereits beim Budget 1979, als wahltaktische Überlegungen zunächst nur eine indirekte Rolle spielten. Insbesondere die massive Erhöhung der Mehrwertsteuer war extrem unpopulär, das Budget wurde von 49 Prozent der Befragten als nicht fair eingestuft (Webb/Wybrow 1981: 54). Nach der Ankündigung der Maßnahmen im Juni 1979 fielen die Konservativen in den Umfragen hinter Labour zurück, wo sie für die nächsten fast drei Jahre verblieben – „the Conservative Government had passed through the shortest honeymoon period in history" (Webb/Wybrow 1981: 13). Dies wurde von der Regierung zu diesem frühen Zeitpunkt offenbar in Kauf genommen, Chief Secretary John Biffen brachte es gegenüber Thatcher auf den Punkt: „If you don't do it now you will never be able to do it again" (zit. Keegan 1985: 120). Geoffrey Howe (1994: 130) argumentierte zudem, dass die mit der Steuererhöhung verbundene Erhöhung der Inflationsrate nach einem Jahr aus der Statistik verschwinde, sodass der Schaden begrenzt sei.

Aber auch im weiteren Verlauf der Legislaturperiode setzte der Finanzminister hochgradig unpopuläre Konsolidierungsmaßnahmen durch, ja der Haushalt 1981 ist von Demoskopen als „the most unpopular Budget, proposed by the most unpopular Chancellor, in more than thirty years" bezeichnet worden (Webb/Wybrow 1982: 73f.). 73 Prozent der Befragten meinten, das Budget sei „unfair" und Geoffrey Howe wurde der erste Schatzkanzler, dem von der Mehrheit der Befragten attestiert wurde, seine Aufgabe schlecht zu erfüllen. So lehnten 61 Prozent der Befragten die Nichtanpassung der persönlichen Freibeträge und gar 87 Prozent die Erhöhung der Mineralölsteuer ab (Zustimmung bei 29 bzw. 10 Prozent der Befragten; Webb/Wybrow 1982: 74). Auch außerhalb von Partei und Regierung kam es zu massiver Kritik an Howes Budget. 364 Ökonomen publizieren in „The Times" sogar ein gemeinsames Manifest gegen den Haushalt, in dem sie argumentierten, dass keine ernst zu nehmende Wirtschaftstheorie einen derart restriktiven Haushalt in einer solchen Konjunkturphase empfehle (vgl. den Text bei Lawson 1992: 97).

Doch auch bei Steuerreformen wurde darauf gesetzt, die umstrittenen Maßnahmen möglichst früh in der Wahlperiode durchzusetzen. Nigel Lawson beispielsweise formulierte ganz offen: „Controversial changes to the tax system are best implemented in the first Budget of a new Parliament, to allow time for the inevitable opposition to die down and for the benefits to become apparent" (Lawson 1992: 814). Entsprechend brachte er seine beiden Steuerreformen von 1984 und 1988 tatsächlich im ersten Budget der jeweils neuen Wahlperiode ein. Dies erschien angesichts der in ihrem Ausmaß durchaus umstrittenen Senkungen des Körperschaftsteuersatzes 1984 und des Spitzensatzes der Einkommensteuer 1988 als eine durchaus plausible Strategie.

Doch die Strategie eines politischen Konjunkturzyklus legt nicht nur nahe, unpopuläre Maßnahmen am Anfang einer Regierungsperiode durchzusetzen; ebenso wichtig ist die Ankündigung oder Durchsetzung populärer Veränderungen im Vorlauf zu Parlamentswahlen. Dies beherzigte die konservative Partei bereits in der Opposition in erheblichem Umfang, auch wenn einige der Wahlversprechen von 1979 ihren finanzpolitischen Spielraum nach der Wahl erheblich einschränkten. Während die Selbstverpflichtung auf höhere Ausgaben in den Bereichen Verteidigung und innere Sicherheit und in gewisser Hinsicht auch die Ablehnung von Rentenkürzungen wenigstens teilweise von programmatischen Überlegungen beeinflusst gewesen sein dürften, gilt dies wohl kaum für das Versprechen, sich an die Empfehlungen der von der Labour-Regierung eingesetzten Clegg-Kommission zu den Löhnen im öffentlichen Sektor zu halten. Es war vorauszusehen, dass diese Empfehlungen eine massive Lohnerhöhung im öffentlichen Dienst zur Folge haben würden, was einerseits zu erheblichen zusätzlichen Haushaltsproblemen, andererseits aber zu einer Verschärfung der Inflation führen würde. Der Grund, warum sich Thatcher dennoch auf dieses Versprechen festlegte, hatte ausschließlich mit den anstehenden Wahlen zu tun. Keegan (1985: 110) zitiert einen Kabinettskollegen Thatchers mit den Worten, die Spitzenkandidatin „wanted to win that election as if there was no tomorrow" (so auch Interview Chancellor 1). Aber auch die relative wirtschaftspolitische Zurückhaltung in der Opposition und in der Wahlplattform 1979 ist plausibel auf die

Zwänge des Wettbewerbs um Wählerstimmen zurückzuführen (Interview Chancellor 1; vgl. auch Evans 1999: 42).

Die Lockerung des finanzpolitischen Kurses ab 1982 lässt sich in ähnlicher Weise sehr plausibel mit der Tatsache in Zusammenhang bringen, dass die Konservativen – angesichts der tiefen Rezession, der immens steigenden Arbeitslosenzahlen, der zunächst kaum zurückgehenden Inflation und der offenbaren Unfähigkeit der Regierung, ihre Ziele in Bezug auf das Geldmengenwachstum und das Defizit einzuhalten, kaum überraschend – in den Umfragen tief gefallen waren. Ausweislich der Umfragen von Gallup lagen die Tories im November 1981 17 Prozentpunkte hinter der Alliance zurück (25,5 zu 43; Webb/Wyrow 1982: 41). Diese Daten dürften die Entscheidung, den restriktiven Kurs zu verlassen, jedenfalls erheblich erleichtert haben, wollte man in absehbarer Zeit eine Wahl gewinnen (so auch Interview Chief Secretary 2). Noch deutlicher werden diese Effekte jedoch beim Haushalt 1983/84, der ganz deutlich im Zeichen der bevorstehenden Parlamentswahlen stand, wie sich im Verzicht auf nennenswerte Ausgabenkürzungen oder in der erheblichen realen Erhöhung der steuerlichen Freibeträge zeigte. Besonders deutlich wird das, offenbar wahltaktisch bedingte, Bemühen, einerseits Wohltaten zu verteilen, während andererseits das PSBR möglichst niedrig gehalten werden sollte, daran, dass die Sicherheitsreserve des Haushaltes halbiert und nicht spezifizierte Minderausgaben in Höhe von £1,6 Mrd. eingeplant wurde, sodass die Verschuldung real zumindest auf dem Papier konstant gehalten werden konnte (Shaw 1983: 338) – wenngleich bereits wenige Wochen nach der Wahl ein neuer Finanzminister ein Paket zur Bekämpfung der aus dem Ruder laufenden Staatsausgaben vorstellen musste.

Auch das Budget 1987 wartete mit einigen Wahlgeschenken auf. Einerseits kann hierzu der Verzicht auf die Anpassung der Verbrauchsteuern an die Inflationsrate gezählt werden (Shaw 1987: 123); wichtiger erscheinen allerdings die Änderungen beim Standardsatz der Einkommensteuer (zum Folgenden Lawson 1992: 374ff.): Dieser war 1986 um einen Prozentpunkt auf 29 Prozent gesenkt worden, was als Omen für weitere Senkungen verstanden werden sollte – wozu der Finanzminister mit der allgemein gehaltenen Ankündigung einer zukünftigen Senkung auf 25 Prozent in der Budgetrede erheblich beizutragen versuchte, die schließlich auch im Programm für die Unterhauswahl 1987 auftauchte. Diese Ankündigung hatte erhebliche politische Vorteile für die Regierung, weil sie populär war, aber von der Opposition, die sie für nicht finanzierbar hielt, abgelehnt wurde. Weil jedoch im Jahr darauf eine weitere Senkung um zwei Prozentpunkte erfolgte (gegen die sowohl Liberale als auch Labour stimmten), erschien das Ziel von 25 Prozent erreichbar, während sich die Opposition als Gegner von Steuersenkungen darstellen ließ. Dies dürfte einen nicht unerheblichen Teil zum konservativen Wahlsieg 1987 beigetragen haben.

Ein zweiter Weg, Verantwortung für unpopuläre Maßnahmen zu vermeiden, ist in der spezifischen Ausgestaltung der Reformen zu sehen. Typisch für die Regierung Thatcher war in vielen wirtschaftspolitischen Feldern – beispielsweise bei der Gewerkschaftsgesetzgebung, der Privatisierung oder der Sozialpolitik (vgl. dazu im Einzelnen Dorey 1993; Abromeit 1988, Pierson 1994) – ein schrittweiser Ansatz, „under which success claimed for an initially modest reform consolidates public support for future incremental reforms" (Matthews/Minford 1987: 65). Dabei darf allerdings in vielen Fällen bezweifelt werden, dass dieser schrittweise Ansatz von vornherein geplant war (vgl. nur den Fall der Privatisierungspolitik: Abromeit 1988; Richardson 1994). Auch in der Steuerpolitik ist dieses Muster erkennbar, die fundamentale Senkung der Steuersätze dauerte bis 1988. Dagegen ist die Haushaltspolitik in dieser Hinsicht untypisch. Das hat mit der besonderen Bedeutung zu tun, die der Defizitbekämpfung als Teil des Kampfes gegen die Inflation zukam, die die oberste Priorität für die Regierung einnahm. Die verfügbaren politischen Ressourcen wurden in den ersten Jahren bewusst auf dieses Feld konzentriert (Matthews/Minford 1987: 60).

Doch auch die haushaltspolitischen Maßnahmen und Ansätze wurden häufig so gestaltet, dass die politischen Kosten minimiert wurden. So wurde das ursprüngliche Ziel einer realen Rückführung der Staatsausgaben aufgegeben, weil dies Einsparungen in einem Umfang erfordert hätte, der politisch kaum zu verkraften gewesen wäre. Das gilt insbesondere für die größten Ausgabenblöcke des Staatshaushaltes, die Sozialausgaben und vor allem den NHS, der sich besonderer Wertschätzung unter den Wählern erfreute (Rowthorne 1992: 276; Boix 1998: 192ff.).[54] Stattdessen begnügte man sich damit, den realen Anstieg der Staatsausgaben unter dem realen Wirtschaftswachstum zu halten, um die Staatsquote zurückzuführen – ein wesentlich weniger riskanter Weg, da dabei weniger in bereits existierende Programme, die eine potenziell wählerwirksame Klientel besitzen, eingegriffen werden muss. Ein Weg hierzu war der Personalabbau im öffentlichen Dienst, der ohne Kündigungen und somit weitgehend auch ohne Konflikte erfolgte (Thatcher 1993: 46). Die Senkung der Investitionsausgaben rief ebenfalls kein nennenswertes Wählersegment auf den Plan, während die Regierung für die Kürzung der Verteidigungsausgaben in der zweiten Hälfte der 1980er Jahre, in denen sie real um fast zehn Prozent sanken (Johnson 1993: 287), sogar Beifall von den Wählern erwarten durfte.[55]

Schließlich half das Privatisierungsprogramm, den prinzipiell unpopulären Prozess der Haushaltskonsolidierung und Rückführung der Staatsquote politisch zu entschärfen (Interview Chief Secretary 2), indem es erstens Einnahmen generierte, ohne größere Belastungen auf Seiten der Wähler auszulösen, und es die Regierung zweitens von der Verpflichtung zur Zahlung von Subventionen oder der Deckung von Unternehmensdefiziten entband (vgl. dazu ausführlich Zohlnhöfer et al. 2008). Das Privatisierungsprogramm ersparte der Regierung aber nicht nur unpopuläre Kür-

---

54 Die verschiedenen sozialpolitischen Programme erfreuten sich unterschiedlicher Beliebtheit. Insbesondere gab es signifikante Unterschiede in der Unterstützung verschiedener Programme zwischen verschiedenen Einkommensgruppen: 1985 unterstützten 90% der Befragten aus dem untersten Viertel der Einkommensverteilung höhere Gesundheitsausgaben, bei 84% Unterstützern aus dem obersten Viertel. Bei den Ausgaben für Arbeitslosigkeit dagegen lag die Unterstützung höherer Ausgaben bei 59 respektive 25% (Pierson 1994: 198). Das dürfte erklären, weshalb die Regierung gewisse Kürzungen beim Arbeitslosengeld durchsetzte, kaum jedoch im Gesundheitssystem.

55 In Umfragen gab regelmäßig die Mehrheit der Befragten an, die Verteidigungsausgaben seien zu hoch. Im Mai 1988 beispielsweise waren 50% der Meinung, die Regierung gebe zu viel für Verteidigung aus, 7% meinten, die entsprechenden Ausgaben seien zu gering, 30% hielt sie für gerade richtig, während 12% keine Meinung hatten (vgl. Gallup Political Index 334).

zungsmaßnahmen, es war selbst einer der großen politischen Erfolge der Regierung Thatcher (Riddell 1991: 87ff.). Das gilt insbesondere wahlpolitisch, weil die neuen Aktienbesitzer ebenso wie diejenigen Wähler, die vom Recht, ihre Sozialwohnungen zu kaufen, Gebrauch machten, anschließend zu einem deutlich höheren Anteil konservativ wählten (Boix 1998: 185ff.).

Schließlich ersparte sich die Regierung in erheblichem Umfang Kürzungsmaßnahmen, indem sie auf weitreichende Steuersenkungen verzichtete und die Steuern, insbesondere die indirekten Steuern, sogar erhöhte. Die Tatsache, dass die Konservativen – entgegen den Erwartungen der Parteiendifferenzhypothese – in größerem Maße auf Steuererhöhungen zurückgriffen, ist bemerkenswert und dürfte durch die Logik der Parteienkonkurrenz zu erklären sein. Die Konservativen konnten – einer „Nixon-goes-to-China"-Logik entsprechend – davon ausgehen, dass sie hier weniger verletzlich sein würden (vgl. hierzu Zohlnhöfer 2007b: 1122, 1134). Labour konnte aus der Perspektive der Wähler zwar durchaus glaubhaft Ausgabenkürzungen, aber kaum Steuererhöhungen kritisieren. Solange die Wähler also annahmen, Labour würde die Steuern noch stärker als die Konservativen erhöhen, war diese Strategie für die Tories weit weniger riskant als auf Ausgabenkürzungen zu setzen, denen sich Labour wesentlich glaubhafter widersetzen konnte. Zudem hatten die vornehmlich erhöhten indirekten Steuern den Vorteil, wesentlich weniger „sichtbar" zu sein als direkte Steuern, sodass ihr politischer Effekt weniger negativ gewesen sein dürfte als derjenige direkter Steuern. Das galt sowohl für die – allerdings nur moderate – Ausdehnung der Bemessungsgrundlage der VAT Mitte der 1980er Jahre als auch insbesondere für die Erhöhung der „sin taxes" auf Alkohol oder Tabak, die von einer – je nach Befragung unterschiedlich großen, aber immer signifikanten – Mehrheit der Befragten sogar gutgeheißen wurde. Wenig problematisch waren schließlich auch die erhöhte Besteuerung des Nordseeöls sowie die besondere Besteuerung der Banken im Budget 1981, die breite Zustimmung fand (Webb/Wybrow 1981: 55; 1982: 74).

Bei anderen Maßnahmen zur Erhöhung der Einnahmen oder der Ausgabenkürzung versuchte die Regierung, den eigentlichen Charakter der Maßnahmen zu verschleiern.[56] Die Abschaffung des 25%-Eingangssteuersatzes beispielsweise wurde als Steuervereinfachung angepriesen (Howe 1994: 173). Besonders geeignet zu diesem Zweck dürften auch die verschiedenen Regelungen zur Indexierung von Steuern und Sozialleistungen an die Inflation gewesen sein. So wurde 1981 und 1989 beispielsweise auf die Anpassung der Steuerfreibeträge oder der Grenzen der Steuerstufen an die Inflationsrate verzichtet. Zwar gaben 1981 61 Prozent der Befragten einer Gallup-Umfrage an, das Ausbleiben der Anpassung des Freibetrages abzulehnen, wenn sie direkt danach gefragt wurden (29 Prozent akzeptierten die Maßnahme; vgl. Webb/Wybrow 1982: 74); doch einer von Keegans (1985: 169) Gesprächspartnern aus der konservativen Regierung zeigte sich dennoch „amazed how many people

---

56 Das galt sogar für die Poll Tax, die nämlich nach der Vorstellung der Regierung den Gemeinden den „schwarzen Peter" zuspielen sollte, sie vor die Alternativen einer restriktiven Ausgabenpolitik oder einer Erhöhung der Kopfsteuer stellte. In diesem Fall allerdings verfing die Strategie nicht, sondern verkehrte sich in ihr Gegenteil.

were fooled into thinking this was not a tax increase" – ein Effekt, auf den die Regierung gehofft hatte (Thatcher 1993: 136). Auch die Tatsache, dass die Anpassung der Steuerstufen sich an der Inflationsrate und nicht an der Entwicklung der Löhne orientierte, erleichterte das Konsolidierungsgeschäft. In ähnlicher Weise dürfte die Bedeutung der Veränderung bei der Anpassungsformel der meisten Sozialleistungen, die 1980 durchgesetzt wurde und die statt einer Anpassung entweder an die Erhöhung der Löhne oder der Preise, welche immer die höhere war, die Sozialleistungen einheitlich an die Preisentwicklung anpasste, den meisten Wählern nicht vollständig bewusst geworden sein, da die Regierung zutreffender Weise argumentieren konnte, dass die Leistungen real stabil blieben und keine offensichtlichen Kürzungen stattfanden – das entsprechende Gesetz rief entsprechend nur sehr begrenzte Konflikte hervor (Pierson 1994: 59). In gleicher Weise wurde Ende der 1980er Jahre auch die Anpassung des Kindergeldes an die Inflationsrate ausgesetzt, was wesentlich weniger Widerstand ausgelöst haben dürfte als eine Kürzung von Leistungen. Auf eine Senkung der Leistungshöhe bei Sozialleistungen verzichtete die Regierung Thatcher – im Gegensatz beispielsweise zu den Regierungen Kohl und Lubbers – dagegen aus Rücksicht auf die Wähler praktisch vollständig (Interview Chief Secretary 2).

Doch nicht nur in der Konsolidierungspolitik, sondern auch in der Steuerpolitik, wurden unpopuläre Entscheidungen so gestaltet, dass eine (zu) negative elektorale Wirkung vermieden wurde. So war beispielsweise die Senkung des Standardsatzes der Einkommensteuer um drei Prozentpunkte im Jahr 1979 nicht ausschließlich programmatisch begründet; für sie sprach trotz erheblicher Kosten (rd. £1,5 Mrd.) vielmehr Folgendes:

> „Yet the level of income tax payable by the average taxpayer had to be reduced substantially. Not just because his or her income was more highly taxed than that of most of our overseas competitors. Not just because he or she felt demotivated. But, most important of all, because it would be politically impossible to make the large cuts in top rates that were necessary without achieving some comparable reduction in the direct tax burden of the average citizen" (Howe 1994: 129).

Ähnliche Überlegungen zur „sozialen Balance" veranlassten auch Nigel Lawson (1992: 815), in seine Steuerreform 1988, die eine weitere massive Senkung des Einkommensteuerspitzensatzes vorsah, die Erhöhung des persönlichen Freibetrages um das Doppelte der Inflationsrate aufzunehmen.

Schließlich ist noch die Präsentation bzw. allgemeiner formuliert, der politische Diskurs zu diskutieren. Wie stellte die Regierung Thatcher ihre Reformen dar, wie versuchte sie, die Wähler von der Richtigkeit ihrer Politik zu überzeugen?

Gerade in den Anfangsjahren der Regierung wurde häufig auf die Alternativlosigkeit der eigenen Politik hingewiesen, ja das Kürzel TINA, das für den Satz „There Is No Alternative" steht, wurde geradezu zum Spitznamen für die Premierministerin (Lawson 1992: 100). Dieses Argument wurde nicht zuletzt dadurch aufgewertet, dass die Problematik des „British decline" seit den 1960er Jahren in der öffentlichen Debatte allgemein anerkannt wurde (Gamble 1988: 67; V. Schmidt 2002b: 261), dass die Erfahrungen der 1960er und 1970er Jahre jedoch gezeigt hatten, dass praktisch alle Politikinstrumente, die im Verlauf der 35 Jahre seit dem Ende des 2. Weltkrieges eingesetzt worden waren, um die Probleme des langsamen Wirtschaftswachstums und der hohen Inflationsraten in den Griff zu bekommen, gescheitert waren (Surrey 1982: 552), darunter nicht zuletzt die klassische keynesianische Fiskalpolitik und die Einbindung der Gewerkschaften in eine freiwillige Lohnpolitik. Ja, selbst James Callaghan, und damit der Premierminister aus den Reihen des politischen Gegners, hatte in seiner oben bereits angesprochenen Rede auf dem Labour-Parteitag 1976 das Ende des keynesianischen Zeitalters eingeräumt.[57] Wie schmerzhaft die Einschnitte der konservativen Regierung demnach auch sein mochten, fiel es doch schwer, eine glaubwürdige Alternative zur Politik der Regierung aufzubauen (dies natürlich umso mehr, als ab Mitte der 1980er Jahre das Wirtschaftswachstum erheblich zulegte, die Inflation vergleichsweise niedrig war und der Staat sogar damit begann, seine Schulden zurückzuzahlen). So führte einer der interviewten Schatzkanzler aus:

> „The British people realized that the country was in a bad way economically, they realized. And although they didn't like the steps we were taking, they did realize that something had to be done. And so we all said: 'Look, we are doing this only, these very unpopular things, because they have to be done, you know, because they are the right things to do. and you had plenty of politicians who just say whatever is popular – we are telling you what are the right things to do'. And so we made a virtue of that – and also explained precisely why it was the right thing to do" (Interview Chancellor 1).

Doch blieb die Regierung nicht beim TINA-Argument stehen: Viele Beobachter sehen die größten Erfolge der Thatcher-Regierung vielmehr darin, dass es ihr gelang, einen konsistenten und letztlich überzeugenden Diskurs in Gang zu setzen, der die einzelnen Reformen als notwendig, aber auch als den Wertvorstellungen der Briten (oder doch zumindest der Engländer) adäquat darstellte (Boix 1998: 181; V. Schmidt 2002a: 174ff.). Die Werte des Marktes und der persönlichen Verantwortung, der Freiheit, des Unternehmertums und des Eigentums wurden als britische Tradition verstanden und gepriesen. Gleichzeitig spielte der Hinweis auf die Konkurrenz der anderen Industrieländer und der Schwellenländer eine wichtige Rolle. Dieses Argumentationsmuster wurde nicht zuletzt dadurch erleichtert, dass der „british decline" ja gerade als relative Verschlechterung der Position Großbritanniens im Vergleich zu den anderen (europäischen) Industrieländern wahrgenommen wurde, eine solche komparative Betrachtungsweise also gängig war. Schließlich wurde unter Berufung auf den „gesunden Menschenverstand" eine Analogie zwischen dem Staatshaushalt und dem Ausgabenverhalten einzelner Haushalte gezogen.

> „Zentraler Bestandteil dieser Strategie ist die Reklamation politisch relevanter Gewissheiten, existentieller Befindlichkeiten und Selbstverständlichkeiten nationaler, moralischer oder ökonomischer Art, von denen unterstellt wird, daß sie im unvermittelten Alltagsbewußtsein der

---

57 Callaghans Rede wurde gern von den Konservativen zur Verteidigung ihrer Finanzpolitik angeführt. So beispielsweise gleich mehrfach von Geoffrey Howe (1979: col. 239 und 244) bei seiner ersten Budgetrede am 12. Juni 1979.

Masse der Bevölkerung bereits unverfälscht zutage liegen und deshalb der öffentlichen Erörterung und Begründung nicht bedürfen" (Offe 1996: 322).[58]

Entsprechend argumentierte Geoffrey Howe (1994: 131 und öfter), dass „finance must determine expenditure, not expenditure finance". Sätze wie „We cannot just print money", „Public sector spending will crowd out private sector spending" (zit. nach Keegan 1985: 187) oder „Pay as you spend makes far more sense than pay as you earn" (Howe 1994: 129 und öfter) wurden mit solcher Häufigkeit und Überzeugung zur Rechtfertigung der eigenen Politik vorgetragen und mit solcher Konsequenz umgesetzt, dass die Wähler beeindruckt, wenn nicht sogar überzeugt wurden.

Margaret Thatcher (1993: 122) hatte schon auf dem Parteitag 1980 ihre Entschlossenheit demonstriert, auch angesichts der explodierenden Arbeitslosigkeit keine Kehrtwende vorzunehmen: „To those waiting with bated breath for that favourite media catchphrase, the 'U-turn', I have only one thing to say. 'You turn if you want to. The lady's not for turning.'" Der Haushalt 1981, der im folgenden Frühjahr im Angesicht einer schweren Rezession massive Steuererhöhungen vorsah, setzte diese Worte in die Tat um. Das hatte damit zu tun, dass sich die Regierung vor ein erhebliches Glaubwürdigkeitsproblem gestellt sah (so auch Thatcher 1993: 129), da die Steuerung der Geldmenge £M3, auf der ihre Politik der Inflationsbekämpfung im Wesentlichen basieren sollte, auf ganzer Linie gescheitert war (Hall 1986: 117f.; Busch 1989; Boix 1998: 160). Hinzu kam, dass auch das PSBR, das ebenfalls eine zentrale Rolle in der Politik der Inflationsbekämpfung spielte, für das Haushaltsjahr 1980/81 aus dem Ruder gelaufen war, es statt geplanter £8,5 Mrd. £12,7 Mrd. betrug. Für das folgende Haushalsjahr wäre ohne steuerliche Änderungen ein Defizit von £14 aufgelaufen (Browning 1986: 153), während die Medium Term Financial Strategy nur ein PSBR von £7,5 Mrd. eingeplant hatte. Die Schwere der Rezession würde aufgrund der Wirkungen der automatischen Stabilisatoren zu einer Erhöhung des Defizits um £3 Mrd. beitragen, sodass das akzeptable PSBR bei rund £10,5 Mrd. lag. Um die eigene Glaubwürdigkeit zu bewahren, musste im Haushalt 1981/82 also auch während der Rezession so stark konsolidiert werden, dass die Zahlen der MTFS – korrigiert um die unmittelbaren Effekte der Rezession – eingehalten werden konnten (Fröhlich/Schneider 1990: 113f.). Dieses Festhalten an den eigenen Politiken und die standhafte Weigerung, eine Kehrtwende in der Finanz- und Geldpolitik zu vollziehen, dürften das Ansehen der Premierministerin und damit die Wahlchancen ihrer Partei eher erhöht haben (vgl. Webb/Wybrow 1981: 38; Riddell 1991: 214) – nicht zuletzt vermutlich, weil es dem politischen Diskurs Glaubwürdigkeit verlieh.

Allerdings darf zumindest bis zum Ende der Thatcher-Ära bezweifelt werden, dass es der Regierung gelang, die Briten zu ihren Werten zu bekehren: So existierten Gallup-Umfragen zufolge in den meisten Bereichen zwar zu Beginn der konservativen Regierungszeit Mehrheiten für die Agenda der Tories; doch im Laufe der Zeit kehrten sich die Mehrheitsverhältnisse häufig um. Eine gewisse Ausnahme – aller-

---

58 Dieses Element des politischen Diskurses veranlasste Claus Offe (1996) in Bezug auf die Thatchersche Innenpolitik von Populismus zu sprechen.

dings zu Lasten der „Thatcher-Revolution" – ist in dieser Hinsicht die Finanzpolitik, weil sich schon kurz nach der Wahl 1979 die relative Mehrheit der Befragten für höhere Staatsausgaben statt niedrigerer Steuern aussprach und sich diese Mehrheit kontinuierlich bis zu einer Zweidrittelmehrheit im Herbst 1987 vergrößerte (Crewe 1989: 246; ebenso Kavanagh 1997: 131ff. und Pattie/Johnston 1996). Auch im Bereich des Wohlfahrtsstaates, insbesondere der Programme, die mittleren Einkommen zu Gute kommen, wie der NHS oder die Rente, kam es zu keiner Veränderung der Wählerpräferenzen (vgl. auch Boix 1998: 190). Gleichwohl dürfte der politische Diskurs neben dem Timing von Steuererhöhungen, Kürzungen und Steuersenkungen sowie neben der spezifischen Ausgestaltung der Maßnahmen dazu beigetragen haben, den Unmut über die prinzipiell häufig unpopulären finanzpolitischen Maßnahmen soweit zu dämpfen, dass sie Margaret Thatchers zweimalige Wiederwahl zumindest nicht verhinderten. Allerdings dürfte der Diskurs weniger die Werte der Briten prinzipiell verändert haben; vielmehr trug er dazu bei, den Ruf der Tories als verlässlichem Manager der Wirtschaft zu untermauern.

4.4 Die Finanzpolitik der konservativen Regierungen unter John Major, 1990-1997

Der Übergang von Margaret Thatcher zu John Major wurde gelegentlich als Regierungswechsel ohne Wahl empfunden (Butler/Kavanagh 1992: 18). Dies ist angesichts der ungewöhnlichen Umstände der Abwahl Thatchers – sie war die erste Premierministerin, die von ihren Fraktionskollegen abgewählt wurde – nicht erstaunlich. Gleichwohl verweisen die meisten Studien eher auf eine hohe Kontinuität der konservativen Politiken über den Wechsel an der Spitze der Regierung hinweg (Ludlam/Smith 1996: 279; Kavanagh 1997: 194ff.; Dorey 1999). In diesem Kapitel gilt es zu klären, ob diese Sichtweise auch für die Finanzpolitik gilt.

Margaret Thatcher hinterließ ihrem Nachfolger zwei Probleme, die erhebliche Rückwirkungen auf die Finanzpolitik haben würden. Einerseits hatte die Regierung in den späten 1980er Jahren die Gefahr einer Überhitzung der Ökonomie nicht rechtzeitig wahrgenommen, sodass sie sich ab 1989 mit massiven Leistungsbilanzdefiziten und Inflationsraten von teilweise über zehn Prozent konfrontiert sah (dazu auch Jay 1994: 173-177). Als Reaktion auf die hohe Inflation, deren Bekämpfung ja das zentrale makroökonomische Ziel der konservativen Regierung war, wurden die Zinsen phasenweise auf bis zu 15 Prozent erhöht. Dies wiederum führte zu einem massiven Rückgang des privaten Verbrauchs sowie der Investitionen und zum Einbruch des überhitzten Immobilienmarktes (vgl. Shaw 1994: 88). Damit wurde John Major am Vorabend einer – wie sich herausstellen sollte: tiefen – Rezession zum Premierminister gewählt.

Andererseits musste sich der neue Premier mit der höchst unpopulären lokalen Kopfsteuer auseinandersetzen. Diese wurde nicht nur von der Bevölkerung abgelehnt und von Wissenschaftlern als „one of the most bizarre proposals in the history of public finance" (Dilnot/Kay 1990: 175) eingestuft, sie verfehlte auch ihren Zweck vollkommen, die lokalen Behörden zu Ausgabendisziplin zu zwingen. Im Gegenteil gelang es den Gemeinden sogar, ihre Ausgaben vor der Festsetzung der Steuer massiv zu erhöhen, sodass die zu zahlende Steuerschuld der Bürger explodierte – und der Regierung in London zur Last gelegt wurde. Die weit verbreitete Ablehnung der Kopfsteuer – 72 Prozent der Befragten lehnten sie ab, rund 10 Prozent der Bürger verweigerten sogar die Zahlung (Boix 1998: 196; OECD 1991a: 48) – war neben der Europapolitik der Hauptgrund für die Abwahl Margaret Thatchers.

4.4.1 Steuerpolitik

Die Regierung Major betätigte sich nicht in gleicher Weise wie ihre Vorgängerin als Steuerreformer. Das war allerdings auch nicht zu erwarten, da die Breite der Steuerreformen in den 1980er Jahren wenig Spielraum und Notwendigkeit für weitere Reformen gelassen hatte. Bei der Körperschaftsteuer kam es 1991 zu einer Senkung des regulären Satzes um zwei Prozentpunkte auf 33 Prozent. Der Satz für niedrige Gewinne wurde mit den Budgets für die Haushaltsjahre 1996/97 und 1997/98 jeweils um einen Prozentpunkt auf schließlich 23 Prozent gesenkt.

Bei der Einkommensbesteuerung kam es einerseits zu faktischen Steuererhöhungen, indem die Freibeträge über mehrere Jahre eingefroren und die Steuerstufen nicht an die Inflation angepasst wurden (vgl. etwa Shaw 1994: 90). Andererseits wurde 1992 ein neuer Eingangssteuersatz von 20 Prozent für die ersten £2.000 eingeführt und die entsprechende Einkommensgrenze wurde in den Folgejahren auch real ausgedehnt. Dies wurde als alternativer Weg zum Ziel eines Standardsatzes von 20% erachtet. Doch auch der „klassische" Weg zu diesem Ziel, nämlich über die Senkung des Standardsatzes selbst, wurde in den letzten beiden Budgets der Regierung wieder begangen, als er nämlich jeweils um einen Prozentpunkt auf 23 Prozent gesenkt wurde (vgl. Tab. 4.4). Bei den Sozialversicherungsbeiträgen kam es zu einer gewissen Umschichtung von den Arbeitgebern, deren Beiträge leicht gesenkt wurden, zu den Arbeitnehmern, deren Beiträge mit dem Budget 1993/94 erhöht wurden (OECD 1994a: 36; 1996a: 30).

Die Verbrauchssteuern dagegen stiegen weiter. Die Mehrwertsteuer wurde 1991 um 2,5 Prozentpunkte erhöht, um die Poll Tax um £140 pro Kopf absenken zu können. Insofern handelte es sich hier also nicht um eine Steuererhöhung, sondern um eine Umfinanzierung, die allerdings eine Zentralisierung des Steueraufkommens mit sich brachte. Zudem wurde die VAT ab Mitte der 1990er Jahre auf Strom und Heizgas ausgedehnt. Zur vom Schatzkanzler vorgesehenen Einführung des vollen Mehrwertsteuersatzes kam es allerdings nicht, weil das Unterhaus dieser Bestimmung im Dezember 1994 nicht zustimmte (Cowley 1999: 13f.). Stattdessen wurden die Steuern auf Alkohol, Tabak und Benzin, die im Laufe der Haushaltskonsolidierung auch vorher schon real erheblich erhöht worden waren, weiter heraufgesetzt (OECD 1995a: 32). Bemerkenswert ist zudem, dass sich die Regierung ab 1993 verpflichtete, die Verbrauchssteuern auf Tabak und Mineralöl jährlich real um drei bzw. fünf Prozent steigen zu lassen. Daneben wurde eine Reihe neuer Steuern eingeführt (Interview Chancellor 3).

Abbildung 4.3: Haushaltssalden des Gesamtstaates in % BIP (linke Achse) und Steuerquote (rechte Achse) in Großbritannien, 1989-1997

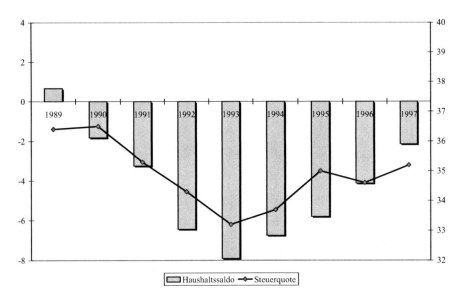

Quelle: OECD 2006, 2007.

In Bezug auf die lokalen Steuern hatte John Major schon in der Kampagne um die Führung der konservativen Partei (ebenso wie seine Mitbewerber) versprochen, die Poll Tax schnellstmöglich abschaffen zu wollen. Entsprechend wurde 1991 beschlossen, die Kopfsteuer kurzfristig durch Regierungszuschüsse um etwa ein Drittel zu senken und sie zum 1.4.1993 durch eine neue Gemeindesteuer zu ersetzen, die im Wesentlichen wiederum eine Grundsteuer wurde (vgl. Leape 1993: 299). Viele der übrigen Regelungen der Reform der Gemeindefinanzen blieben dagegen erhalten. Wichtig erscheint jedoch wie schon betont, dass die Zentralisierung der lokalen Finanzen durch den 1991 eingeführten Zuschuss, der über die Erhöhung der Mehrwertsteuer finanziert wurde, bestehen blieb.

Betrachtet man die Steuerquote (Abb. 4.3), lässt sich trotzdem ein substanzieller Rückgang der Steuerbelastung unter der Regierung John Majors attestieren: Betrug der Anteil der Steuern und Sozialversicherungsbeiträge am BIP 1990 noch 36,5 Prozent, lag er 1996 nur noch bei 34,6 Prozent (OECD 2006: 71). Allerdings lag damit die Steuerquote auch nach 18 Jahren konservativer Regierung noch um mehr als anderthalb Prozentpunkte über dem Wert von 1978.

4.4.2 Haushaltspolitik

Das Budget aus dem Frühjahr 1991, das erste des neuen Schatzkanzlers Norman Lamont, schien durch einige Maßnahmen einen Bruch mit dem Thatcherismus zu signalisieren (Butler/Kavanagh 1992: 19 und 39): Besonders augenscheinlich wurde dies in dem Bereich, der das Budget dominierte (OECD 1991a: 47), nämlich dem Versuch, die Höhe der lokalen Kopfsteuer durch Zuweisung aus Mitteln der Zentralregierung auf ein politisch weniger gefährliches Niveau zu drücken. Doch auch die Erhöhung des Kindergeldes, das seit 1987 eingefroren war, und die Begrenzung der Absetzbarkeit von Hypothekenzinsen, die Nigel Lawson in den 1980er Jahren gegen die Premierministerin nicht hatte durchsetzen können, wurde nun erreicht. Finanzpolitisch bedeutsamer als diese Abweichungen war allerdings ein anderer Unterschied: Anders als die Thatcher-Regierung, die auch angesichts einer schweren Rezession am Anfang der 1980er Jahre versucht hatte, den Haushalt zu konsolidieren, betrieb die Regierung Major angesichts negativen Wirtschaftswachstums ab der zweiten Hälfte des Jahres 1990 eine „activist fiscal policy" (Interview Chancellor 2), indem sie die automatischen Stabilisatoren wirken ließ (Lamont 1993: col. 174; OECD 1993a: 43; Jay 1994: 177f.; Shaw 1994: 88). Statt einer Rückzahlung der Staatsschulden, wie in den Jahren 1988-90, schnellte das PSBR für das Haushaltsjahr 1991/92 auf £14 Mrd. (Shaw 1994: 89). In die gleiche Richtung wies auch die Senkung des Körperschaftsteuersatzes um zwei Punkte sowie einige weitere Maßnahmen zugunsten kleinerer Unternehmen, die allerdings durch die Erhöhung der Verbrauchssteuern auf Tabak und Mineralöl um deutlich mehr als die Inflationsrate sowie die weitere Verschärfung der Besteuerung von Firmenwagen (durch die Belastung mit Sozialbeiträgen) fiskalisch aufgefangen wurden.

Mit dem Budget des folgenden Jahres – und angesichts bevorstehender Unterhauswahlen – ging die Regierung sogar noch einen Schritt weiter und ließ nicht nur die fiskalischen Stabilisatoren wirken, sondern betrieb eine antizyklische Politik (Shaw 1994: 90; Bach et al. 2001: 75), indem sie die Steuern durch den neuen 20%-Einkommensteuersatz im Volumen von £2 Mrd. senkte und Ausgaben im Volumen von £6,4 Mrd. erhöhte, vor allem in den Bereichen Soziales und Gesundheit (OECD 1993a: 44f.). Allerdings versuchte die Regierung auch zu diesem Zeitpunkt, die Ausgaben nicht aus dem Ruder laufen zu lassen, indem beispielsweise bestimmte steuerpolitische Konsolidierungsmaßnahmen vorgenommen wurden. So blieb die Einkommensgrenze, ab der die 40%-Steuerstufe begann, unverändert und die Verbrauchssteuern auf Tabak und verbleites Benzin wurden um mehr als die Inflationsrate angehoben (Shaw 1994: 90). Im Herbst 1992 wurden noch weitere Maßnahmen verabschiedet, die der wirtschaftlichen Erholung dienen sollten. So kam es zu zeitlich begrenzten Erleichterungen für Unternehmen im Volumen von £4 Mrd. (z.B. Verbesserung der Abschreibungsbedingungen für Ausrüstungsinvestitionen, Abschaffung der Steuer auf Autoverkäufe) und Zusatzausgaben für Verkehr, Bildung, Gesundheit und Soziales, während insbesondere die Verteidigungsausgaben gekürzt wurden (OECD 1993a: 48, 102f.; Thompson 1996: 179; Lamont 1999: 307). Entsprechend stieg das PSBR für das Haushaltsjahr 1992/93 mit £36,6 Mrd. auf rund sechs Prozent am BIP.

Bei der Aufstellung des Budgets vom März 1993 war der Schatzkanzler angesichts einer weiterhin stagnierenden Wirtschaft vor das Problem gestellt, einerseits eine mögliche wirtschaftliche Erholung nicht durch kontraktive Fiskalpolitik zu strangulieren, andererseits aber auch das PSBR, das sich entsprechend der Projektion der Regierung für das anstehende Haushaltsjahr 1993/94 auf £50 Mrd. oder acht Prozent am BIP belaufen sollte, unter Kontrolle zu behalten (Lamont 1993: col. 174). Der Versuch, die konjunkturelle Entwicklung jedenfalls nicht zu unterbinden, führte zu haushaltsneutralen Veränderungen für das kommende Haushaltsjahr. So wurde beispielsweise der Bereich, auf den der neue Eingangssteuersatz angewendet wurde, real ausgeweitet, während gleichzeitig die Indexierung der persönlichen Freibeträge ausgesetzt wurde. Um die Haushaltskonsolidierung jedoch nicht aus den Augen zu verlieren, wurden bereits in diesem Budget für die Folgejahre, in denen sich – so die Hoffnung – die konjunkturelle Entwicklung stabilisiert haben würde, massive Steuererhöhungen in Höhe von £6,7 Mrd. (1994/95) bzw. £10,3 Mrd. (1995/96) angekündigt (OECD 1994a: 36). Im Einzelnen sollten der Sozialversicherungsbeitrag für Arbeitnehmer und Selbständige um einen Prozentpunkt erhöht, die Absetzbarkeit von Hypothekenzinsen weiter eingeschränkt, die Verbrauchssteuern auf Alkohol um das Doppelte, die auf Mineralöl um das Vierfache der Inflationsrate erhöht werden, die Kfz-Steuer steigen und die Mehrwertsteuer schrittweise auf Strom und Heizgas ausgeweitet werden (1994: 8%, 1995: 17,5%). Zudem wurden der Ehegatten- und der persönliche Freibetrag eingefroren.

Im Mai 1993 kam es zum Austausch des Schatzkanzlers, auf Norman Lamont folgte Kenneth Clarke. Dieser setzte auf einen strikten Sparkurs, was an seinem ersten Haushalt für das Haushaltsjahr 1994/95 deutlich wurde. Dieser sah signifikante Ausgabenkürzungen sowie weitere massive Steuererhöhungen vor (vgl. die Übersicht bei OECD 1994a: 37). So wurden die persönlichen Freibeträge und die Grenze der 25%-Steuerstufe neuerlich eingefroren, die Absetzbarkeit von Hypothekenzinsen weiter abgesenkt und neue Steuern auf Versicherungsprämien und Flüge eingeführt. Zudem verpflichtete sich die Regierung, die Mineralölsteuer in zukünftigen Budgets real um fünf Prozent, die Tabaksteuer real um drei Prozent zu erhöhen (sog. „escalator"; OECD 1994a: 37-39; Clark et al. 2002: 191). Die Steuererhöhungen, die mit den beiden Budgets für 1993/94 und 1994/95 erzielt wurden, beliefen sich auf rund drei Prozent des BIP und waren damit die größten seit dem 2. Weltkrieg (Thompson 1996: 180).

Doch unter Kenneth Clarke kam es auch zu erheblichen Ausgabenkürzungen oder doch wenigstens einer strikten Ausgabendisziplin. So wurden Einschnitte vor allem in den Ressorts Verteidigung und Verkehr vorgenommen und die laufenden Ausgaben der Ministerien eingefroren. Insbesondere die Lohnerhöhungen im öffentlichen Dienst wurden strikt begrenzt und die Zahl der Staatsdiener zwischen 1990 und 1997 um weitere 13% reduziert (berechnet nach Theakston 1999: 38; vgl. OECD 2004a: 78). Bemerkenswert waren auch die Einschnitte im Sozialbereich (vgl. dazu auch Hill 1999). Arbeitslose sollten nur noch sechs statt bisher zwölf Monate ohne Bedürftigkeitsprüfung Arbeitslosengeld erhalten. Ebenso wurden ab 1995 die Kriterien für die Erwerbsunfähigkeitsrente verschärft. Auch die Ausbildungsförderung wurde um zehn Prozent gesenkt. Außerdem führte die Neufestlegung der Bemessungsgrundlage für das Wohngeld (von tatsächlich gezahlten zu offiziell festgelegten Durchschnittsmieten) zu Kürzungen. Schließlich sollten mit der Schaffung der Child Support Agency 1993 die Sozialausgaben reduziert werden, indem der Einzug fälliger Unterhaltszahlungen von abwesenden vormaligen Partnern von Alleinerziehenden verbessert werden sollte – wenngleich mit wenig Erfolg und viel negativer Presse.

Abbildung 4.4: Reale Veränderungen ausgewählter Haushaltsbereiche in Großbritannien, 1990/91-1996/97 (in Prozent)

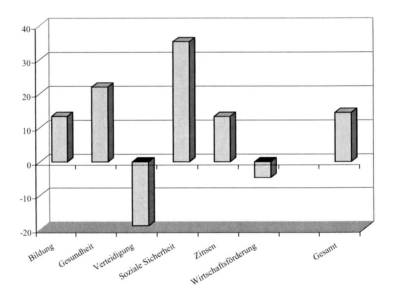

Quelle: eigene Berechnung nach HM Treasury 2000: 39.

Wie ist die Haushaltspolitik der Regierung Major zusammenfassend zu beurteilen? Betrachtet man die entsprechende Politik im Zeitverlauf, fallen die enormen Ausschläge der Staatsquote und des Defizits auf. Die Staatsquote sprang von unter 40% im Haushaltsjahr 1989/90 auf fast 45% 1993/94 (Jay 1994: 178). Ebenso erging es dem Defizit. War der Haushalt 1990/91 noch ausgeglichen, lag das PSBR 1993/94 bei über sieben Prozent. Andererseits gelang der Regierung Major nach dem Ende der Rezession jedoch auch die Rückführung beider Quoten, wenngleich die Staatsquote bis 1997 nicht mehr ganz das Niveau von 1989/90 erreichte und auch die öffentlichen Haushalte noch nicht wieder ausgeglichen waren (vgl. Abb. 4.3). Auffallend ist zudem, dass der Haushaltsausgleich wie schon unter Thatcher vorwiegend über Steuererhöhungen erreicht wurde und dass neuerlich Privatisierungseinnahmen eine wichtige Rolle für die Verbesserung der Haushaltsposition spielten. Zwischen 1990/91 und 1996/97 wurden allein über Privatisierungen fast 38 Mrd. £ erlöst! Hinzu kamen Einnahmen aus der Öl- und Gasproduktion in Höhe von gut zwölf

Mrd. £ (berechnet nach HM Revenue and Customs 2007). Dagegen spielten die Gewinne der Bank of England neuerlich fast keine Rolle, beliefen sich diese doch insgesamt auf unter eine halbe Mrd. £ (berechnet nach Bank of England verschiedene Jahrgänge).

Was die qualitative Konsolidierung betrifft, waren die Erfolge begrenzt. Zwei Ausgabenposten wurden fast kontinuierlich gekürzt, nämlich einerseits die Verteidigungsausgaben und andererseits die Investitionsausgaben (vgl. Abb. 4.4). Letztere sollten zwar jedenfalls teilweise „privatisiert" werden, nämlich durch so genannte „Private Finance Initiative", mit der Infrastruktur privat finanziert werden sollte, doch blieb das so finanzierte Investitionsvolumen bis zum Regierungswechsel bescheiden und wurde erst von der Blair-Regierung ausgeweitet (vgl. ausführlicher OECD 2002a: 116ff.). Auf der anderen Seite nahmen die Ausgaben für Soziales und Gesundheit real weiter zu – wenngleich wie schon für die Regierungen unter Thatcher die Einschränkung gilt, dass auch reale Zunahmen hinter dem Bedarf zurückbleiben können. Insbesondere der NHS wurde in den ersten Jahren nach Majors Regierungsantritt finanziell ausgebaut; diese Zusatzmittel wurden in den letzten Jahren der Regierung dann allerdings wieder zurückgenommen, sodass gerade im Bereich des Gesundheitswesens am Ende der Regierung Major ein massiver Nachholbedarf gesehen wurde – nicht zuletzt von den Wählern.

4.4.3 Finanzpolitik unter John Major und der politische Prozess

Wie gesehen verlief die wirtschaftliche Entwicklung während der Regierungszeit John Majors sehr turbulent. Auf die tiefgreifende Rezession zu Anfang der 1990er Jahre folgte ein Aufschwung, der bis ins 21. Jahrhundert und die Zeit der nachfolgenden Labour-Regierung unter Tony Blair anhielt. Entsprechend fiel auch die Arbeitslosigkeit seit 1993 wieder, nachdem sie vorher stark zugenommen hatte. Vergleichbares lässt sich über die Inflation sagen: Nachdem die Strategie einer Inflationsbekämpfung durch die Mitgliedschaft im Europäischen Währungssystem 1992 gescheitert war, als Währungsspekulationen gegen das Pfund das Ende der britischen Mitgliedschaft im Wechselkursmechanismus erzwangen, wurde eine pragmatische Geldpolitik verfolgt, die vergleichsweise niedrige Inflationsraten ermöglichte (Thomas 2001: 58f.). Die starken konjunkturellen Ausschläge hatten natürlich Rückwirkungen auf die Finanzpolitik. Dennoch zeigten sich gerade beim finanzpolitischen Umgang mit der Rezession deutliche Unterschiede zwischen den Regierungen Thatcher und Major. Daher stellt sich die Frage, ob und wie sich die Finanzpolitik der Regierung unter John Major mit Hilfe des vorgestellten Modells politischer Willensbildung erklären lässt. Welche Rolle spielten externe Herausforderungen, die parteipolitische Zusammensetzung der Regierung, Vetospieler und der Parteienwettbewerb?

4.4.3.1 Die parteipolitische Zusammensetzung der Regierung

Das vorstehende Kapitel hat deutlich gemacht, dass die Regierung Major zwar in einzelnen Bereichen neue Schwerpunkte gesetzt und andere Wege als Thatchers Administrationen beschritten hat, dass jedoch die Grundausrichtung der konservativen Regierung über den Wechsel an der Spitze hinweg die gleiche geblieben ist. Nach wie vor stand die Bekämpfung der Inflation an oberster Stelle der wirtschaftspolitischen Prioritätenliste, nach wie vor wurde das Budgetdefizit u.a. durch selektive Einschnitte bei den Staatsausgaben und Privatisierungen bekämpft und nach wie vor zielte die Steuerpolitik auf eine Senkung der Sätze bei den direkten Steuern, wie sich sowohl bei den Einkommensteuersätzen (wenn auch nicht beim Spitzensteuersatz) als auch beim Körperschaftsteuersatz zeigte. Dies stimmt mit den Erwartungen der Parteiendifferenzhypothese überein.

Dagegen ist die tendenziell antizyklische Finanzpolitik, wie sie die Major-Regierung Anfang der 1990er Jahre betrieb, zumindest kein besonderes Markenzeichen bürgerlicher Parteien. Andererseits ging die Regierung auch in den Rezessionsjahren kaum über die Bereitschaft, die automatischen Stabilisatoren wirken zu lassen, hinaus, sodass die Finanzpolitik der frühen 1990er Jahre jedenfalls der Parteiendifferenzhypothese nicht widerspricht. Die Bereitschaft, die automatischen Stabilisatoren wirken zu lassen, dürfte allerdings durch die Nähe der nächsten Unterhauswahl erhöht worden sein. Interessant ist zudem, dass die konservative Regierung – wie schon unter Thatcher – zur Haushaltskonsolidierung in erheblichem Umfang auf Steuererhöhungen zurückgegriffen hat. Das widerspricht zunächst den Erwartungen der Parteiendifferenzhypothese, wenngleich die Tatsache, dass diese Steuererhöhungen vor allem indirekte Steuern betraf und weniger die direkten Steuern, die ja der Tendenz nach gesenkt wurden, wiederum eher den Erwartungen der Parteiendifferenzhypothese entspricht.

4.4.3.2 Vetospieler und innerparteiliche Gruppierungen

Das politische System Großbritanniens bot auch der Regierung Major dank seiner enormen Zentralisierung die Möglichkeit, weitgehend ungehindert die eigenen Vorstellungen durchzusetzen. Allerdings ist neuerlich die Vetospieler-Dimension der Kohäsion zu berücksichtigen, ja, die konservative Partei und vor allem die Unterhaus-Fraktion waren in den Major-Jahren, insbesondere ab 1992, ausgesprochen zerstritten. Während der Auseinandersetzungen um den Maastrichter Vertrag und die Europäische Union 1992-1994 wurden zwischenzeitlich acht Abgeordnete aus der konservativen Fraktion ausgeschlossen, ein unerhörter Vorgang in der modernen britischen Politik (Cowley 1999: 15f.). Später wurden die Rebellen allerdings ohne Bedingungen wieder aufgenommen. Problematischer für die Regierung Major war, dass sich zwischen Oktober 1995 und Oktober 1996 drei Abgeordnete des linken Parteiflügels den Liberaldemokraten bzw. Labour anschlossen und ein weiterer Abgeordneter des rechten Flügels zur Referendumspartei wechselte (Cowley 1999:

14ff.; Dorey 1999b: 220f.). Diese Fraktionsübertritte waren neben einer langen Serie von Nachwahlniederlagen dafür verantwortlich, dass die Konservativen in den letzten Monaten vor der Parlamentswahl 1997 keine eigene Unterhausmehrheit mehr besaßen und auf die Unterstützung der Ulster Unionists angewiesen waren.

Welche Folgen hatten diese internen Auseinandersetzungen für die Finanzpolitik? Eine genauere Durchsicht der empirischen Evidenz zeigt, dass die Folgen begrenzt waren. Die Finanzpolitik wurde auch in den Major-Jahren vom Schatzkanzler in Zusammenarbeit mit dem Premierminister bestimmt (Seldon 1994: 194). Zwar gab es – wie schon in der Thatcher-Ära – bei einzelnen Fragen Konzessionen, um politisch schädliche Rebellionen der Hinterbänkler zu verhindern, die angesichts der knappen Mehrheitsverhältnisse nach 1992 sehr schnell zu Abstimmungsniederlagen führen konnten, doch blieben die daraus resultierenden Effekte überschaubar. Ein Beispiel ist die Kompensation für die Einführung der Mehrwertsteuer auf Strom und Heizgas. Diese war im Budget für 1993/94 zwar prinzipiell zugesagt worden, es war aber offen geblieben, wie sie ausgestaltet sein sollte. Nicht zuletzt bedingt durch erhebliche Unruhe in der konservativen Partei wegen schwerer Nachwahlniederlagen verhandelten Schatzkanzler Clarke und Sozialminister Peter Lilley mit den Hinterbänklern, wie die entsprechende Entschädigung, insbesondere für die Älteren, aussehen sollte. Das Ergebnis war eine weitreichende Kompensation (vgl. Clarke 1993: col. 924ff.), die die Einnahmen aus der Steuererhöhung in nennenswertem Umfang reduzierte (Riddell 1994: 54). Zudem musste die Regierung bei der Unterhausabstimmung vom 6. Dezember 1994 über die Anhebung der Mehrwertsteuer auf Strom und Heizgas eine parlamentarische Niederlage hinnehmen. Fünf konservative Abgeordnete stimmten gegen diese – sehr unpopuläre – Steuererhöhung, acht weitere enthielten sich, sodass das Gesetz mit 311:319 Stimmen scheiterte (vgl. Parliamentary Debates, House of Commons, 6th Series – Volume 251, col. 242-247; Cowley 1999: 13f.). Während die fiskalischen Folgen durch die Erhöhung anderer Verbrauchssteuern aufgefangen wurden, waren die politischen Nachwehen für die Tories schwerwiegend, belegte dieser Vorfall für weite Teile der Medien und der Wähler doch, dass die Partei ihre Regierungsfähigkeit verloren hatte (vgl. nur das Economist-Zitat wiedergegeben bei Major 1999: 686).

Was die Durchsetzbarkeit der Finanzpolitik der konservativen Regierung in der Unterhausfraktion und damit im Parlament insgesamt betrifft, waren diese Episoden aber untypisch und auf die hochgradig unpopuläre Erweiterung der Mehrwertsteuerbasis auf Strom und Heizgas sowie wenige weitere Reformen, etwa die Bahnprivatisierung (Interview Chief Secretary 2), begrenzt. Dagegen scheiterten bezeichnenderweise etwa die Versuche der „one-nation-Konservativen" des linken Parteiflügels, einzelne Maßnahmen zu torpedieren oder sich zusammenzuschließen, weitgehend (Dorey 1999b: 223); die Dominanz des rechten Flügels der konservativen Partei blieb bestehen.

Diese Dominanz dürfte auch erklären, warum die finanzpolitischen Konflikte im Kabinett begrenzt blieben, wenngleich es hier wenigstens bis zur Wahl 1992 insofern einen wichtigen Unterschied zu den Thatcher-Jahren gab, als sich John Major bei Auseinandersetzungen um die Ausgabenhöhe der einzelnen Ressorts in den ersten Jahren in erkennbar stärkerem Ausmaß auf die Seite der Fachminister stellte (Interview Chancellor 2). Auf diese Weise wurde die Ausgaben begrenzende Rolle des Treasury in nennenswertem Umfang eingeschränkt, was sich im immensen Wachstum des Haushaltsdefizits am Anfang der 1990er Jahre niederschlug. Nach dem Wahlsieg 1992 wurde die Ausgabenkontrolle dann aber wiederum verschärft, wobei eine institutionelle Änderung von Bedeutung war, wurde doch das Star-Chamber Committee abgelöst vom EDX Committee (zum Folgenden Interview Chancellor 2; Hallerberg 2004: 78). EDX gehörte eine etwas größere Anzahl wichtiger Minister (sieben statt drei bis vier) an, darunter nun neben dem Chief Secretary auch der Schatzkanzler selbst. Der wichtigste Unterschied zum Star-Chamber Committee war jedoch, dass im EDX Committee nicht mehr nur einzelne Konflikte zwischen Fachministern und Finanzministerium gelöst werden sollten, sondern eine Abstimmung der Ausgabenprioritäten der Regierung insgesamt stattfand. Auf diese Weise gelang es offenbar in der großen Mehrzahl der Fälle, das Ausgabenwachstum stark zu begrenzen, wenngleich sich in einzelnen Fällen Fachminister erfolgreich gegen das Votum des EDX Committee an das Kabinett wendeten, wie etwa Verteidigungsminister Rifkind im Budget 1994/95 (Hallerberg 2004: 78). Allerdings ist auch in diesem Zusammenhang zu vermuten, dass die innerparteilichen Konflikte aufgrund der Bedeutung des rechten Parteiflügels von vornherein begrenzt waren, und die Fachminister die Ausgabenbegrenzung insgesamt akzeptierten. Insofern ermöglichte also die vergleichsweise hohe innerparteiliche Kohäsion der Konservativen Partei in der Finanzpolitik auch in der Major-Ära ein weitgehend reibungsloses Funktionieren des finanzpolitischen Willensbildungsprozesses.

4.4.3.3 Der Wettbewerb um Wählerstimmen

Auch für die Regierung Major spielte der Parteienwettbewerb eine wichtige Rolle und eine große Zahl finanzpolitischer Maßnahmen wurde vom Wettbewerb um Wählerstimmen beeinflusst. Dies ist erneut vor dem Hintergrund der Entwicklung des Meinungsklimas zu sehen. Die Regierung Major startete 1990 mit deutlichem Rückstand in den Umfragen gegenüber der Labour Partei, der allerdings bis zur Wahl 1992 aufgeholt werden konnte. Ab September 1992 fielen die Tories erneut (und für weit mehr als den Rest der Legislaturperiode) hinter Labour zurück.

Das Timing bestimmter Maßnahmen spielte auch für die Regierung John Majors eine wichtige Rolle, insbesondere in den ersten Jahren. Ein Mitglied der konservativen Regierung meinte rückblickend im Interview:

> „In the run-up to the 1992 election, which we expected to lose, John Major and Chris Patten [Chairman of the Conservative Party; d.Verf.] and Norman Lamont abandoned all fiscal common sense. Between them they were convinced that somehow you could win votes by giving in to every public sector lobby and promising huge increases in public expenditure while at the same time we gave an election promise that we would reduce taxes."

Auf der Ausgabenseite wurden insbesondere die Gesundheitsausgaben erhöht, und zwar noch stärker als es der Schatzkanzler gewollt hatte (Interview), und das Steuersenkungsversprechen wurde im Budget 1992 mit der Einführung der 20%-Steuerstufe untermauert, die gleich zwei wahlpolitische Vorteile hatte: Erstens konnten sich die Tories damit als Steuersenkungspartei profilieren. Dabei hatte die Steuersatzsenkung gegenüber einer stärkeren Ausweitung der Freibeträge den Vorteil der größeren Sichtbarkeit, ohne mehr Mittel zu beanspruchen. Zweitens konnte man mit der Maßnahme, die nicht zuletzt den Geringverdienenden zu Gute kommen sollte, die Labour Party vor die gleichmäßig unattraktiven Optionen stellen, entweder die Steuersenkung abzulehnen – was es den Konservativen erlaubte, Labour als Partei des „tax and spend" darzustellen – oder die Steuersenkung mitzutragen und damit die Finanzierung der eigenen Ausgabenpläne in Frage zu stellen (Lamont 1999: 171). Diese Strategie ging auf, 70 Prozent der Befragten befürworteten die neue Steuerstufe (Newton 1993: 143), gegen die sich Labour dennoch aussprach, und die Konservativen gewannen die Unterhauswahl 1992.[59]

Ebenfalls entsprechend den Erwartungen eines politischen Konjunkturzyklus' kam es in den beiden Budgets nach den Unterhauswahlen zu massiven Steuererhöhungen und Ausgabenkürzungen. Das Budget vom Frühjahr 1993 war sogar noch unpopulärer als das von 1981: Nur 19 Prozent der Befragten fanden das Budget fair, 75% hielten es für unfair (Wickham-Jones 1997: 105). Dagegen sahen die letzten beiden Budgets vor der Wahl 1997 wieder Steuersenkungen vor. Insofern lässt sich hier auf den ersten Blick neuerlich das bereits aus der Thatcher-Ära bekannte Muster von Steuersenkungen vor und Konsolidierungsmaßnahmen nach den Wahlen erkennen. Nach 1992 allerdings wurde das entsprechende Muster schwächer. So ist darauf hinzuweisen, dass die Steuererhöhungen, die im Frühjahr 1993 beschlossen wurden, aus konjunkturpolitischen Gründen erst über die folgenden zwei Jahre eingeführt wurden, was dazu führte, dass das Thema Steuererhöhungen fast die gesamte Legislaturperiode auf der Agenda blieb. Diese Form der Konsolidierung „may have made economic sense: in political terms it was a disaster" (Wickham-Jones 1997: 117). Labour konnte im Wahlkampf darauf verweisen, dass die Konservativen seit 1992 22 Mal die Steuern erhöht hatten, sodass auch die Steuersenkungen am Ende der Legislaturperiode nicht mehr glaubwürdig waren, weil eine große Mehrheit der Wähler im Falle eines konservativen Wahlsieges 1997 neuerliche Steuererhöhungen erwartete (vgl. Wickham-Jones 1997: 111; Dorey 1999b: 244). Hinzu kam, dass Schatzkanzler Kenneth Clarke im Vorlauf zur Wahl 1997 nicht bereit war, Ausgabenerhöhungen für Wahlgeschenke hinzunehmen (Butler/Kavanagh 1997: 41) – wohl nicht zuletzt auch, weil diese erstens unglaubwürdig im Hinblick auf die eigene Konsolidierungspolitik gewesen wären und zweitens keinen Vorteil im Parteienwettbewerb gebracht hätten, weil Labour versprochen hatte, die Ausgabenpläne der Konservativen in den kommenden Jahren einzuhalten.

---

59 In seiner Rücktrittsrede machte der damalige Schatzkanzler, Norman Lamont (1999: 520; meine Hervorhebung), sehr deutlich, dass das Budget 1992 in der Tat ganz auf die Ermöglichung eines Wahlsieges hin ausgerichtet war: „I have been privileged to present three budgets. All three achieved the objectives that I set for them. The first drew the sting of the Poll Tax; *the second, by introducing the 20p income tax band, helped us to win the election*; the third, unpopular though it undoubtedly was, made a significant step towards reducing our budget deficit."

Wie schon die Thatcher-Administrationen versuchte auch die Regierung unter John Major ihre Maßnahmen so zu gestalten, dass der elektorale Schaden für die Konservativen begrenzt blieb bzw. der wahlpolitische Nutzen möglichst vergrößert wurde. In erster Linie ist hier sicherlich an die Abschaffung der Poll Tax zu denken, hätte eine Beibehaltung dieser extrem unpopulären Steuer doch mit an Sicherheit grenzender Wahrscheinlichkeit zur Niederlage bei den Wahlen 1992 geführt. Doch auch bei der Ausgestaltung späterer Reformen spielte der Wettbewerb um Wählerstimmen eine wichtige Rolle. Bei den wahlpolitisch wenig problematischen Einnahmeerhöhungen sind in erster Linie die – erneut substanziellen – Einnahmen aus Privatisierungen zu nennen, die zudem auch mit der generellen wirtschaftspolitischen Ausrichtung der konservativen Regierung konform gingen. Zudem griff die Regierung erneut auf Steuererhöhungen zur Konsolidierung zurück, weil sie (zumindest bis 1997) davon ausgehen konnte, dass sie hier im Vergleich zu Ausgabenkürzungen weniger verletzlich sein würde. Allerdings versuchte die Regierung trotzdem, die Steuererhöhungen zu kaschieren. So wurden Einkommensteuererhöhungen stets durch Einfrieren der Freibeträge und der Grenzen der Steuerstufen implementiert, die vergleichsweise wenig sichtbar waren. So schreibt etwa Jay (1994: 190): „The fact that the increases in the income tax burden in the March 1993 budget took the form of lower allowances rather than higher rates further deceived the tabloid press into missing the true impact on typical families." Auf der anderen Seite kam es der Regierung bei Steuersenkungen sehr stark darauf an, diese über Steuersatzsenkungen umzusetzen. So argumentierte Norman Lamont (1999: 171) ganz explizit, dass eine Ausweitung der persönlichen Freibeträge „had little visibility compared with a reduction in the basic rate of income tax," weshalb er sich in seinem Budget für 1992 für letztere Option entschied.

Auch der Rückgriff auf indirekte Steuern, insbesondere Verbrauchssteuern auf Alkohol und Tabak, die sich als „sin taxes" sogar einer gewissen Beliebtheit erfreuten, dürfte nicht zuletzt von wahltaktischen Überlegungen angeleitet worden sein. Dies galt freilich nicht für die Mehrwertsteuer auf Strom und Heizgas. Diese Steuererhöhung dürfte sich vor allem mit der Wahrnehmung der beteiligten Politiker, mit einer akuten finanzpolitischen Krise konfrontiert zu sein, erklären lassen (Interviews Chancellor 2 und 3; vgl. zum Folgenden auch Lamont 1999: 334ff.; Major 1999: 675ff.). Das Defizit steuerte für das Haushaltsjahr 1993/94 auf £50 Mrd. zu, ein Niveau, das der Finanzminister „catastrophically high" nannte und das reduziert werden musste: „Only one thing was clear – to do nothing would run great risks" (Lamont 1999: 334). Da Ausgabensenkungen im notwendigen Umfang nicht durchsetzbar gewesen wären, fiel der Blick bald auf die Ausweitung der Mehrwertsteuerbasis, zumal der durchschnittliche Mehrwertsteuersatz in Großbritannien wegen der vielen Ausnahmetatbestände deutlich unter dem europäischen Durchschnitt lag. Hinzu kam, dass keine plausiblen Alternativen zur Hand waren. Eine Ausweitung der Mehrwertsteuer auf Nahrungsmittel, Kinderkleidung, Arzneimittel, Bücher und anderes galt als in der konservativen Fraktion nicht durchsetzbar. Daher wurde die Mehrwertbesteuerung auf Strom und Heizgas eingeführt, die außer mit den fiskalischen Zwängen auch als Schritt zur Umsetzung der Klimaschutzverpflichtungen aus dem Erdgipfel von 1992 in Rio dargestellt werden konnte (Lamont 1993: col. 182f.) – wenngleich mit geringem Erfolg.

Auf der Ausgabenseite sind vor allem die strikte Haushaltsdisziplin sowie die Einsparungen im öffentlichen Dienst zu nennen, die häufig ohne große Konflikte eine Begrenzung des Ausgabenwachstums ermöglichten. In gleicher Weise gestatteten auch die Kürzungen bei den Verteidigungsausgaben Einsparungen, die von den Wählern gebilligt wurden. Doch auch die Sozialkürzungen waren durchaus so angelegt, dass die Einsparungseffekte nur schwer zu erkennen waren. Hill (1999: 175) führt beispielsweise für das Wohngeld aus, dass „a sequence of complicated and obscure adjustments to housing benefit radically changed the situation for private tenants." Auch die Veränderungen bei den Regeln zur Bedürftigkeitsprüfung bei Arbeitslosen und Erwerbsunfähigen waren nicht unmittelbar als Kürzungen zu erkennen und deshalb weniger kontrovers als Einschnitte bei der Höhe der Leistungen. Die Gründung der Child Support Agency schließlich ließ sich zunächst sogar als Gebot der Fairness darstellen, schien es doch nur gerecht, zahlungsunwillige abwesende Eltern (üblicherweise Väter) zur Zahlung von Alimenten zu zwingen. Hier ergaben sich dann allerdings in der Implementationsphase massive Schwierigkeiten, die das Programm in Misskredit brachten und die nicht zuletzt dem Fokus der Regierung geschuldet waren, die den Haushalt entlastenden Effekte zu maximieren.

Der Diskurs, mit dem die Major-Regierung ihre Politik verteidigte, unterschied sich nur in Nuancen vom Diskurs der Thatcher-Zeit. Kenneth Clarke kennzeichnete den Standpunkt der Regierung als „Thatcherismus mit menschlichem Gesicht" (zitiert bei Butler/Kavanagh 1992: 30). Gerade am Anfang seiner Regierungszeit erklärte John Major, er strebe eine „klassenlose Gesellschaft" an und „ein Land, das mit sich selbst im Reinen ist" (zitiert bei Evans 1999: 143). Was die Wirtschaftspolitik angeht, änderte sich die Argumentation im Vergleich zur Vorgängerregierung allerdings nicht substanziell. Schon als Schatzkanzler hatte Major (1999: 137) im Kampf gegen die Inflation den Slogan verwendet, dass Maßnahmen, die nicht schmerzten, auch nicht hälfen: „If it isn't hurting, it isn't working." Entsprechend wurde auch die harsche Finanzpolitik ab 1993 mit der krisenhaften Entwicklung der öffentlichen Haushalte begründet: „the British at least will take tough measures if they're persuaded they're in danger and we succeeded in creating that climate" (Interview Chancellor 3).

Zur umfassenderen Begründung der Politik erklärte der Premier zudem, eine „radikale Tory Agenda" durchsetzen zu wollen, die auf vier zentralen Prinzipien beruhe, nämlich Wahlfreiheit, Eigentum, Selbstverantwortung und Chancengleichheit (zitiert bei Dorey 1999b: 227) – womit er sich nicht sehr weit von Thatcher absetzte. Das Argument des internationalen Steuerwettbewerbs wurde von den Schatzkanzlern unter Major sogar noch stärker akzentuiert als von ihren Vorgängern in den 1980er Jahren. So führte beispielsweise Norman Lamont (1993: col. 185) aus:

„The Government are determined to keep our policies under continuous review to ensure that British business has the backing it needs to compete in world markets. This is particularly true of our tax policies. Britain already has the lowest rate of tax on business profits in the industrialised world, and we have a personal tax system which makes it attractive for entrepreneurs and managers to live and work in Britain. We intend to see that continue."[60]

Wie Umfragen zeigen, konnte Majors Regierung die Wähler allerdings auch mit solchen Argumenten nicht von den Vorzügen der Thatcherschen Werte überzeugen (Pattie/Johnston 1996; Dorey 1999b: 247). Die Wahlen der 1980er Jahre und auch noch die von 1992 hatten jedoch gezeigt, dass die Konservativen durch ihren konsistenten Diskurs zumindest ihre wirtschaftspolitische Kompetenz und ihre Glaubwürdigkeit unterstreichen konnten. Dies blieb der zweiten Regierung Major versagt. Zwei Gründe waren hierfür neben dem allgemeinen Gefühl, dass es Zeit für einen Wechsel sei, von zentraler Bedeutung: erstens die Vielzahl der Steuererhöhungen, die das Image der Konservativen als Steuersenkungspartei maßgeblich beschädigten, und zweitens der erzwungene Rückzug Großbritanniens aus dem Europäischen Wechselkursmechanismus im September 1992. Der so genannte „schwarze Mittwoch" war vor allem deshalb so verheerend für die Konservativen, weil sie ihre gesamte makroökonomische Strategie an der Teilnahme am Wechselkursmechanismus ausgerichtet hatten, die eine nachhaltige Politik der Inflationsbekämpfung mit sich bringen sollte. Diese Strategie war im September 1992 gescheitert und gleichzeitig war der Glaube der Wähler an die wirtschaftspolitische Kompetenz der Tories nachhaltig beschädigt: Hatten sie vor dem „schwarzen Mittwoch" stets als beste Partei zur Steuerung der Wirtschaft gegolten, lag nach diesem Ereignis bis zur Wahl stets Labour weit vorn – und das, obwohl die Labour Party die EWS-Mitgliedschaft durchaus unterstützt hatte. Auch bei der Kompetenz für die einzelnen wirtschaftspolitischen Bereiche wie Inflation, Arbeitslosigkeit, Steuern und Renten lag Labour fast immer sehr deutlich in Führung (Broughton 1999: 209ff.).

Weder der kohärente neo-liberale Diskurs noch die Steuersenkungen der letzten beiden Budgets noch der kräftige Wirtschaftsaufschwung ab Mitte der 1990er Jahre konnten die empfindliche Wahlniederlage der Tories 1997 verhindern. Insbesondere der Aufschwung blieb nicht nur inflationsfrei, sondern auch „vote-free", wie John Major (1999: 684) beklagte. Das hatte einerseits damit zu tun, dass die Reallöhne und damit der „feel-good-Faktor" anders als im Lawson-Boom der 1980er Jahre nicht signifikant anstiegen (Wickham-Jones 1997: 114). Andererseits hatte die Regierung im Wahlkampf 1992 erfolgreich argumentiert, dass die Rezession im Wesentlichen durch die Weltkonjunktur bedingt sei; möglicherweise waren die Wähler

---

60 Dagegen spielte das Argument, dass Ausgabenkürzungen und Steuererhöhungen notwendig seien, um die Maastrichter Konvergenzkriterien zu erreichen, im Gegensatz zu einer Reihe anderer Länder in Großbritannien unter Major keine Rolle (Interviews Chancellor 2 und 3; vgl. auch Hallerberg 2004: 83f.). Dies wäre angesichts der wachsenden Europaskepsis in der Konservativen Partei sowie bei den britischen Wählern wohl auch kontraproduktiv gewesen. Doch dürfte auch materiell kaum ein Zusammenhang zwischen der Verabschiedung des Maastrichter Vertrages und den 1993 einsetzenden Konsolidierungsbemühungen bestanden haben, da die britische Regierung erstens selbst wenig Interesse an einem baldigen Beitritt zur Währungsunion zeigte, und sie zweitens hinreichende innenpolitische Motive hatte, das Haushaltsdefizit in den Griff zu bekommen. Wollte sie nämlich die nächste Wahl gewinnen, musste sie vor allem ihre wirtschaftspolitische Kompetenz unter Beweis stellen und das hieß in der Situation nach 1992 vor allem, das Haushaltsdefizit abzubauen.

dann 1997 auch weniger bereit, die wirtschaftliche Erholung der Regierung gutzuschreiben (Dorey 1999b: 243; Evans 1999: 151) – zumal dieser eben seit dem „Black Wednesday" von 1992 wirtschaftspolitisch von den meisten Wählern ohnehin nicht mehr viel zugetraut wurde.

4.5 Die Finanzpolitik der Labour-Regierungen unter Tony Blair, 1997-2007

Die Regierung unter Tony Blair kam 1997 unter ausgesprochen günstigen wirtschaftlichen Rahmenbedingungen an die Macht (Glyn/Wood 2001: 51; Thomas 2001: 51): Die Arbeitslosigkeit fiel seit vier Jahren, die Inflationsrate lag bei rund zwei Prozent und sogar die Staatsverschuldung war seit ihrem Höchststand von 1993/94 stark gefallen. Was wollte New Labour von dieser Ausgangsposition aus in der Wirtschafts- und Finanzpolitik erreichen?

Finanzminister Gordon Brown verfolgte zwei zentrale wirtschaftspolitische Ziele: einerseits makroökonomische Stabilität und andererseits Beschäftigung und wirtschaftliche Möglichkeiten für alle Bürger (vgl. zum Folgenden ausführlicher Zohlnhöfer 2006b). Allerdings war unzweifelhaft, dass der Verfolgung makroökonomischer Stabilität Vorrang vor dem Beschäftigungsziel eingeräumt wurde (Interview Chief Secretary 3), ja, sie wurde gerade als Grundvoraussetzung zur Erreichung aller anderen wirtschaftspolitischen Ziele betrachtet (Wickham-Jones 2002: 108; Annesley/Gamble 2004: 144), insbesondere aber als Voraussetzung für dauerhaftes Wirtschaftswachstum und die Verbesserung der Basisstruktur der Ökonomie (Investitionen, Produktivität), die wiederum eine zukünftige selektive Ausweitung der Staatsausgaben ermöglichen sollten. Die Ziele der Bekämpfung der Arbeitslosigkeit, der Umverteilung und der Verbesserung der öffentlichen Daseinsvorsorge sollten entsprechend innerhalb dieses Rahmens oder mit mikroökonomischen Mitteln erreicht werden. Die Bedeutung makroökonomischer Stabilität wurde besonders im Hinblick auf die Finanzmärkte als vorrangig erachtet, denen gegenüber die Regierung Glaubwürdigkeit gewinnen wollte (Annesley/Gamble 2004: 147). Zu diesem Zweck sollte die makroökonomische Politik mittelfristig angelegt sein und Stabilität und Transparenz vermitteln. Neben der Gewährung operativer Unabhängigkeit für die Bank von England spielten dabei langfristige finanzpolitische Regeln und eine mittelfristige Ausgabenplanung die wichtigste Rolle.

Die Regelbindung der Finanzpolitik wurde 1998 im „Code for Fiscal Stability" verankert: So sollte die Finanzpolitik folgende beiden Regeln über den Konjunkturzyklus einhalten (vgl. z.B. OECD 2002a: 101): 1. die so genannte „Goldene Regel", nach der über den Konjunkturzyklus hinweg Defizite nur zur Finanzierung von Nettoinvestitionen zulässig sind, also über den Konjunkturzyklus hinweg die Investitionsausgaben mindestens so hoch wie die Neuverschuldung sein müssen; 2. die öffentliche Verschuldung (als Anteil am BIP) soll – erneut über den Konjunkturzyklus betrachtet – auf einem stabilen und klugen („prudent") Niveau gehalten werden. Der Schatzkanzler operationalisierte dieses Niveau mit unter 40 Prozent am BIP.

Die mittelfristige Ausgabenplanung stellte ebenfalls darauf ab, die Finanzpolitik längerfristig und damit berechenbar auszurichten. So wurden große Teile der Ausgaben der einzelnen Ministerien – wichtigste Ausnahme sind die Sozialausgaben – für jeweils drei Jahre definitiv festgelegt. Während der Implementation überwachte das Finanzministerium die Ausgaben der einzelnen Ministerien, wobei es vor allem um die Erreichung von bestimmten Programmzielen ging, auf die sich die Ministerien in so genannten „Public Service Agreements" verpflichten mussten (Thain 2000: 229f.; OECD 2002a: 108ff.).

Wie sah jedoch die tatsächliche Finanzpolitik New Labours aus, welche Schwerpunkte wurden gesetzt, wurden die finanzpolitischen Regeln eingehalten und welche Rolle spielte die Steuerpolitik? Diesen Fragen wird im Folgenden nachgegangen.

4.5.1 Steuerpolitik

Die ersten steuerpolitischen Maßnahmen der neuen Regierung wurden im Bereich der Körperschaftsteuer vorgenommen, wo der Satz für große Unternehmen mit dem ersten Budget aus dem Juli 1997 von 33 auf 31 und für kleine Unternehmen von 23 auf 21 Prozent reduziert wurde (Pym/Kochan 1998: 231). Im Jahr darauf kam es jeweils zur Senkung beider Sätze um einen weiteren Prozentpunkt. 1999 wurde zudem ein Steuersatz von 10 Prozent für Kleinstfirmen eingeführt, der 2001 in Kraft trat. Der Körperschaftsteuersatz für kleine Firmen wurde in späteren Budgets noch weiter gesenkt (vgl. Tab. 4.4), im Fall kleinster Firmen (Gewinn kleiner als £10.000) ab 2002 phasenweise sogar auf 0 Prozent. Dieser Steuersatz wurde aber 2005 wieder abgeschafft, weil massive Steuerausfälle drohten, da Selbständige sich aus steuerlichen Gründen als Kapitalgesellschaften registrieren ließen (OECD 2007a: 141). 2007 kündigte Gordon Brown schließlich die Senkung des regulären Körperschaftsteuersatzes von 30 auf 28 Prozent für das Jahr 2008 an, während gleichzeitig der Steuersatz für kleine Firmen auf 22 Prozent angehoben wurde (OECD 2007a: 142).[61] Zusätzlich wurden in den ersten Budgets vor allem für kleine und mittlere Unternehmen Erleichterungen durchgesetzt, etwa indem Abschreibungsbedingungen verbessert und Forschung und Entwicklung gefördert wurden.

Auf der anderen Seite erreichte die Regierung im Unternehmensbereich erhebliche zusätzliche Steuereinnahmen: So wurde etwa gleich zu Beginn der Regierungszeit eine einmalige Sondersteuer auf solche privatisierten Versorgungsunternehmen erhoben, die „übermäßige" Gewinne erwirtschaftet hatten. Auch die Abschaffung der Steuergutschriften für Dividenden an von der Steuer befreite Pensionsfonds sowie die Veränderungen bei der Dividendenbesteuerung (Abschaffung der Advance Corporation Tax) und die Einführung vierteljährlicher Körperschaftsteuerzahlungen führten zu erheblichen Zusatzeinnahmen (OECD 1998a: 48; Stephens 2001:

---

61 Die Angaben zu den Haushaltsjahren in Tabelle 4.4 beziehen sich jeweils auf das Inkrafttreten der betreffenden Änderung, während im Text üblicherweise das Jahr der Verabschiedung genannt wird. Im Fall der Labour-Regierung fallen beide Angaben häufig auseinander, da sie verschiedene Maßnahmen schon vor dem Jahr ihres Inkrafttretens verabschiedete.

192f.).[62] Ab der zweiten Regierungsperiode kam es zusätzlich wiederholt zur Erhöhung der Steuern auf Nordseeöl sowie zu Maßnahmen zur Bekämpfung von Steuervermeidung.[63] Schließlich musste auch die Senkung des Körperschaftsteuersatzes 2008 mit Einschränkungen bei anderen Vergünstigungen für Unternehmen erkauft werden (Financial Times, 22.3.2007).

In Bezug auf die Einkommensteuer hatte Labour sich im Wahlprogramm für die Unterhauswahl 1997 darauf verpflichtet, die Steuersätze nicht zu erhöhen. Dieses Versprechen wurde nicht nur eingehalten, die beiden unteren Sätze der Einkommensteuer wurden sogar gesenkt, wenngleich nur in der ersten Amtszeit der Regierung sowie im Budget 2007 und nur sehr moderat. So wurde mit dem Budget 1999 der Standardsteuersatz um einen Prozentpunkt auf 22 Prozent gesenkt (in Kraft ab Haushaltsjahr 2000), der Eingangssteuersatz wurde gar auf 10 Prozent reduziert. Allerdings wurde die Einkommensgrenze, bis zu der der Eingangssatz gezahlt wurde, erheblich reduziert (vgl. Petring 2006a: 128). Auch die deutliche Ausweitung der 10%-Steuerstufe in den folgenden Jahren änderte daran nichts Wesentliches, zumal sie in der zweiten Amtszeit der Regierung Blair lediglich in Höhe der Inflationsrate angepasst wurde (Emmerson et al. 2005: 10). Die Grenzen der anderen Steuerstufen wurden ebenfalls allenfalls in Höhe der Inflationsrate, häufig sogar um weniger erhöht, sodass es dank steigender Einkommen zu zusätzlichen Steuereinnahmen über die „kalte Progression" kam (Driver/Martell 2006: 74; OECD 2007a: 29). Dafür wurde der Basissteuersatz der Einkommensteuer mit dem Budget 2007 auf 20 Prozent reduziert (in Kraft seit 2008), wofür allerdings im Gegenzug der besonders niedrige Eingangssteuersatz wieder abgeschafft wurde, sodass der Eingangssteuersatz ab diesem Zeitpunkt wieder 20 Prozent betrug. Außerdem kam es insbesondere am Anfang der Regierungszeit zu einer Erweiterung der Bemessungsgrundlage, indem die steuerliche Absetzbarkeit von Hypothekenzinsen 1998 weiter eingeschränkt und 2000 schließlich abgeschafft, und auch die Besteuerung von Firmenwagen weiter vorangetrieben wurde.

Wirtschafts- und sozialpolitisch mindestens ebenso bedeutend wie diese Veränderungen war allerdings die Einführung des Working Family Tax Credit (WFTC) im Jahr 1999, der den Family Credit ablöste (vgl. hierzu weiterführend HM Treasury 2005a). Beim WFTC handelte es sich im Wesentlichen um eine negative Einkommensteuer. Das Programm in seiner ursprünglichen Fassung erhöhte den Nettolohn von gering verdienenden Arbeitnehmern mit Kindern wöchentlich um bis zu £52,30 plus einen Zuschlag für jedes Kind, der mit dem Alter des Kindes variierte. Zudem konnten bis zu 70 Prozent der Kinderbetreuungskosten erstattet werden. Ausgezahlt

---

62 Die Veränderungen bei der Dividendenbesteuerung wurden zusätzlich damit begründet, dass auf diese Weise die Anreize für Unternehmen von der Ausschüttung von Gewinnen zu deren Re-Investition verändert werden sollten (Pym/Kochan 1998: 48f.; 103).

63 Allerdings wird in der Literatur darauf hingewiesen, dass trotz dieser Maßnahmen gerade unter der Labour-Regierung die Steuervermeidung massiv zugenommen und Gordon Brown nur wenig dagegen unternommen habe. Wenn das Ausmaß der Steuervermeidung, das zwischen 97 und 150 Mrd. £ gelegen haben soll (Shaw 2007: 56), zutrifft, ist dieser Punkt durchaus zutreffend.

wurde der Betrag mit dem Lohn. Ab einem Nettolohn von £90 pro Woche wurde der Auszahlungsbetrag reduziert, wobei lediglich 55 Prozent des Einkommens oberhalb der Grenze angerechnet wurden. In den Folgejahren wurde das Programm noch ausgebaut. Im Vergleich zum Vorgängerprogramm war WFTC erstens großzügiger und zweitens wurde ein geringerer Teil des Einkommens angerechnet, sodass die faktische Progression verringert und die Armuts- und Arbeitslosigkeitsfallen abgeschwächt wurden.

2003 wurde das Programm in Working Tax Credit (WTC) umbenannt und kam ab dann auch Geringverdienern ohne Kinder zu Gute. Gleichzeitig wurde mit dem Child Tax Credit eine weitere steuerliche Förderung von Kindern eingeführt, die – anders als der klassische Kinderfreibetrag (Children's Tax Credit) – stärker auf Familien mit niedrigem Einkommen fokussiert werden konnte. Ziel aller dieser Reformen war es, Anreize zur Aufnahme auch niedrig entlohnter Arbeit zu schaffen, indem die faktischen marginalen Steuersätze (unter Einbeziehung des Verlusts von Sozialleistungen) verringert wurden. Das gilt auch für die Reform der Sozialversicherungsbeiträge, die in den Budgets 1998 und 1999 angegangen wurde. Mit diesen Reformen wurden die Sozialversicherungsbeiträge für Arbeitnehmer etwas progressiver gestaltet, indem im unteren Bereich die marginalen Steuersätze massiv abgesenkt und die Verdienstobergrenze erhöht wurden. Nach Angaben der Regierung wurde die Zahl derjenigen, die von faktischen marginalen Steuersätzen von über 70 Prozent betroffen waren, durch die Reformen bei Sozialversicherungen und Steuergutschriften um über 60 Prozent gesenkt (berechnet nach HM Treasury 2005a: 30).

Die Sozialversicherungsreformen betrafen aber auch die Arbeitgeberbeiträge. Hier wurden einerseits alle nicht-monetären Gehaltsbestandteile in die Bemessungsgrundlage aufgenommen, andererseits die Beiträge – wie auch die der Arbeitnehmer und Selbständigen – mit dem Budget 2002 und wiederum 2007 erhöht, wobei die Erhöhung von 2002 auch auf Einkommen über der Verdienstobergrenze erhoben wurde. Dagegen sollte die Einführung einer Klimaabgabe, die – versehen mit großzügigen Sonderregelungen für die energieintensiven Industrien – auf Energieverbrauch von Unternehmen erhoben wurde, die Besteuerung von Arbeit reduzieren, da die Einnahmen zu einer Senkung des Sozialversicherungsbeitragssatzes der Arbeitgeber genutzt wurden.

Bei den Verbrauchssteuern schließlich ergibt sich ein gemischtes Bild: Die Mehrwertsteuer auf Strom und Heizgas, die die Tories 1993 eingeführt hatten, wurde im ersten Labour-Budget von acht auf fünf Prozent gesenkt; ansonsten kam es bei der VAT zu keinen weiteren Veränderungen. Die automatische Erhöhung der Verbrauchssteuern, die die Konservativen 1993 eingeführt hatten, wurde zunächst nicht nur beibehalten, sondern sogar noch ausgebaut: Statt um real drei und fünf Prozent sollten diese Steuern zukünftig jährlich real um fünf und sechs Prozent steigen. Ab 2000 wurden diese Steuern allerdings kaum mehr erhöht. Auch verschiedene Verkehrssteuern (insbesondere Grunderwerbsteuer) und die Versicherungssteuer wurden am Beginn der Regierungszeit erhöht.

Die Steuerpolitik der ersten beiden Labour-Administrationen ist insgesamt nicht durch massive Umbrüche gekennzeichnet. Die weitreichenden Steuerreformen der konservativen Regierungen wurden akzeptiert, bezüglich des Eingangs- und Standardsteuersatzes wurden Änderungen durchgesetzt, die in der Kontinuität der Vorgängerregierung zu sehen sind. Auch die Politik der Verbrauchsteuererhöhungen wurde zunächst fortgesetzt und dann eher als Reaktion auf deren nicht antizipierte negative Nebeneffekte ausgesetzt. Der einzige Bereich, in dem explizit eine Maßnahme der Regierung Major zurückgenommen wurde, ist die Mehrwertsteuer auf Strom und Heizgas; aber auch hier handelt es sich nicht um eine vollständige Wiederherstellung des Status quo ante. Eigene Schwerpunkte setzte die Regierung gleichwohl mit der Ökosteuer, vor allem aber im Bereich der Steuergutschriften und der Reform der Sozialversicherungsbeiträge, die einerseits Anreize zur Aufnahme auch niedrig entlohnter Arbeit setzen sollten, die andererseits aber durchaus gezielt finanzielle Mittel für weniger wohlhabende Bevölkerungsteile und Familien mit Kindern zur Verfügung stellten. Auch die Besteuerung des Unternehmenssektors wurde – insbesondere in der ersten Legislaturperiode – entgegen den Erwartungen der Globalisierungstheoretiker erhöht. Dies allerdings fast unsichtbar, etwa durch die Veränderung der Dividendenbesteuerung (Toynbee/Walker 2001: 92), während der – mit höherer Symbolik verbundene – Körperschaftsteuersatz wiederholt gesenkt wurde. Die britische Steuerquote ist unter der Regierung Blair erkennbar gestiegen (vgl. Abb. 4.5): Sie nahm insbesondere in den ersten Jahren ganz erheblich zu, sank dann zwischen 2000 und 2003 wieder leicht, was zu einem erheblichen Teil den massiven Kursverlusten an den Börsen in diesen Jahren geschuldet war, die zu Einnahmeverlusten von rund einem Prozent des BIP führten (OECD 2004a: 66), um dann wieder etwas zu steigen. Insgesamt dürfte die Steuerquote bis 2005 um rund 1,5 Prozentpunkte und in der dritten Amtszeit der Labour Party noch deutlich stärker gestiegen sein (Emmerson et al. 2005: 2).

4.5.2 Haushaltspolitik

Die Regierung Blair hatte sich im Wahlkampf 1997 darauf festgelegt, die Ausgabenpläne der Vorgängerregierung für die nächsten beiden Haushaltsjahre mit einer Ausnahme – der Einführung des so genannten „New Deals" – einzuhalten. Entsprechend waren die ersten Budgets des neuen Schatzkanzlers Gordon Brown ausgesprochen restriktiv: In den Haushaltsjahren 1997/98 und 1998/99 sanken die Ausgaben relativ zum BIP um drei Prozentpunkte, während die Einnahmen um 1,6 Prozentpunkte am BIP stiegen (OECD 2000a: 63). In den folgenden Jahren blieben zusätzlich die tatsächlichen zunächst unter den geplanten Ausgaben (OECD 2000a; Emmerson/Frayne 2001: 10), nicht zuletzt, weil die administrativen Kapazitäten für ein größeres Investitionsvolumen fehlten (Grant 2003: 274). Die ersten Budgets wurden sogar vom vormaligen Schatzkanzler Kenneth Clarke als „eye-watering tight" beschrieben, während John Major zugab, dass die Konservativen im Falle eines Wahlsiegs höhere Ausgaben als zunächst geplant vorgenommen hätten (Rawnsley 2001: 38; Grant 2003: 273).

Welche Maßnahmen wurden im Einzelnen getroffen? Auf der Ausgabenseite wurde vor allem die Politik der strikten Ausgabenkontrolle beibehalten. Dabei wurden auch von den Konservativen in Aussicht gestellte oder erwogene Kürzungen im

Sozialbereich umgesetzt (vgl. Toynbee/Walker 2001: 18-24), etwa bei der Unterstützung allein erziehender Mütter oder der Arbeitsunfähigkeitsunterstützung, für die eine Bedürftigkeitsprüfung eingeführt wurde. Auch die Rentenerhöhung im Jahr 2000 um lediglich 75 Pence in der Woche ist in diesem Zusammenhang zu nennen, beruhte sie doch darauf, dass die Regierung an der Indexierung der Renten an die Preise (und nicht die Löhne) festhielt. Diese Maßnahmen brachten zwar fiskalisch wenig ein und wurden kurz darauf in der einen oder anderen Weise kompensiert (Cowley/Stuart 2008: 106, 118), symbolisch jedoch waren sie von großer Bedeutung (Rawnsley 2001: 111ff.).

Hinzu kam in den ersten Jahren der Regierung Blair, dass aufgrund der günstigen wirtschaftlichen Entwicklung und der sinkenden Arbeitslosigkeit die Ausgaben für Sozialleistungen um etwa £4 Mrd. zurückgingen, während aufgrund niedriger Zinsen und der abnehmenden öffentlichen Verschuldung die zu leistenden Zinszahlungen um rund £3 Mrd. sanken (Mullard 2001: 311). Die Regierung versuchte gleichzeitig, eine gewisse Erhöhung der Ausgaben in ihren prioritären Feldern Gesundheit, Bildung und Verkehr durchzusetzen, doch die realen Ausgabenzuwächse lagen zunächst nicht über den Werten der konservativen Vorgängerregierung (Mullard 2001: 318f.). Besonders erwähnenswert ist allerdings die Einführung der „New Deals" im Budget vom Juli 1997, die in den Folgejahren ausgeweitet wurden. Diese Programme zielten vor allem darauf, Problemgruppen des Arbeitsmarktes, etwa Langzeitarbeitslose, Jugendliche, Ältere, Behinderte und Alleinerziehende durch Beratung und Maßnahmen der aktiven Arbeitsmarktpolitik beschäftigungsfähig zu machen, während eine Nicht-Teilnahme zumindest für Jugendliche und Langzeitarbeitslose mit finanziellen Sanktionen verbunden war (vgl. hierzu ausführlicher Petring 2006a: 132ff.; Shaw 2007: 46-48). Finanziert wurden sie durch die Sondersteuer auf solche privatisierten Versorgungsunternehmen, die „übermäßige" Gewinne erwirtschaftet hatten.

Die sehr zurückhaltende Ausgabenpolitik wurde begleitet von zunehmenden Steuereinnahmen: Bedingt sowohl durch die schon diskutierten Steuererhöhungen als auch durch das kräftige Wirtschaftswachstum nahm die Steuerquote zwischen 1996 und 1999 um zwei Prozentpunkte zu, sodass die Regierung bereits das Haushaltsjahr 1998/99 mit einem Überschuss abschließen konnte – ein Zustand, der auch in den folgenden Haushaltsjahren Bestand hatte. Mit dem Budget 1999/2000 begann die Regierung daher mit einem signifikanten Kurswechsel, was sich zunächst in der Steuerpolitik mit der Senkung des Eingangs- und Standardsatzes der Einkommensteuer widerspiegelte. Ab dem darauf folgenden Jahr wurden dann auch erheblich höhere Ausgaben angekündigt, vor allem in den prioritären Bereichen Gesundheit, Bildung und Verkehr (Stephens 2001: 186). So wurden im Haushaltsjahr 2000/2001 £4 Mrd., im folgenden Haushaltsjahr sogar £9 Mrd. (1% BIP) über das zunächst vorgesehene Ausgabenniveau hinaus zur Verfügung gestellt (OECD 2000a: 76). Die zweite Wahlperiode der Labour-Regierung erlebte dann eine noch weitergehende Erhöhung der Ausgaben, insbesondere für den NHS, dem in den folgenden fünf Haushaltsjahren um real 43 Prozent höhere Mittel zur Verfügung stehen sollten (Grant 2003: 275). Doch auch die Ausgaben in den übrigen Kernbereichen Bildung und Verkehr wurden erheblich ausgeweitet.

Finanziert wurden diese zusätzlichen Ausgaben sowie die Ausweitung der Steuererleichterungen für Familien mit Kindern und für Geringverdienende und einige Wahlgeschenke an Rentner und Familien mit Kindern vor der Wahl 2005 beispielsweise durch höhere Sozialversicherungsbeiträge für Arbeitgeber, Selbständige und Arbeitnehmer, durch das Einfrieren der Steuerfreibeträge für unter 65-Jährige ab dem Haushaltsjahr 2003/04, die mehrfache Erhöhung der Besteuerung des Nordseeöls sowie durch Maßnahmen zur Bekämpfung von Steuervermeidung (vgl. z.B. OECD 2004a: 68). Da trotz dieser Maßnahmen die Steuereinnahmen ab dem Jahr 2000 stagnierten, wurde ab der zweiten Legislaturperiode New Labours aber auch eine deutliche Erhöhung der Staatsverschuldung zur Finanzierung der zusätzlichen Staatsausgaben hingenommen (vgl. Abb. 4.5).

Abbildung 4.5: Haushaltssalden des Gesamtstaates in % BIP (linke Achse) und Steuerquote (rechte Achse) in Großbritannien, 1996-2006

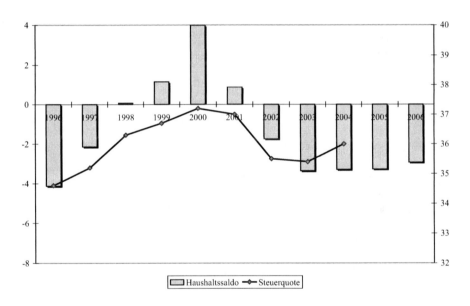

Quelle: OECD 2006, 2007

Allerdings erschien Gordon Brown gegen Ende der zweiten Amtszeit die Erhöhung der Staatsausgaben um durchschnittlich über 4 Prozent jährlich, wie sie für die Zeit zwischen 1999 und 2006 vorgesehen war, nicht dauerhaft durchsetzbar, da sie ihn vor die gleichmäßig unattraktiven Optionen stellte, entweder die Steuern zu erhöhen oder seine finanzpolitischen Regeln zu verletzen. Stattdessen setzte er mit dem Budget 2004 und dem Spending Review aus dem gleichen Jahr vor allem darauf, die Effizienz im öffentlichen Dienst zu erhöhen, womit bis 2007/8 £21 Mrd. eingespart werden sollten (vgl. auch M. Smith 2005: 232). Ob diese Einsparungen dauerhaft erreicht werden können, erscheint fraglich oder doch zumindest stark von der Art der Messung abhängig (Interview IFS; vgl. auch IFS 2007: 154). Jedenfalls reichten die entsprechenden Einsparungen offensichtlich auch nach Ansicht der Regierung nicht aus, um die eigenen finanzpolitischen Ziele erreichen zu können. Um kurzfristig auf größere Einsparungen und deutlichere Steuererhöhungen verzichten zu können, und trotzdem die goldene Regel einhalten zu können, nach der über den Konjunkturzyklus die Neuverschuldung nicht über den Investitionsausgaben liegen darf, datierte Gordon Brown den laufenden Konjunkturzyklus im Juli 2005 um, sodass unter anderem auch die finanzpolitisch günstigen Hauhaltsjahre 1997/98 und 1998/99 mit hinein zählten (OECD 2005a: 30; vgl. ausführlicher IFS 2007: 39-45; 53f.).[64] Diese Neufestlegung erleichterte zwar das Erreichen der goldenen Regel, ohne dass die Regierung kurzfristig schmerzhafte Einschnitte vornehmen musste, aber sie dürfte auch die Glaubwürdigkeit des finanzpolitischen Regelwerks deutlich beeinträchtigt haben, zumal es im Dezember 2005 und 2006 nochmals zu Umdatierungen kam, die es dem Schatzkanzler neuerlich leichter machen, seine „goldene Regel" einzuhalten (vgl. Lee 2008: 26f.).

Aber Gordon Brown beließ es nicht bei der Umdatierung des Konjunkturzyklus, sondern er erhöhte auch kurz nach der Wahl 2005 und in den folgenden anderthalb Jahren einmal mehr einige Steuern, insbesondere auf Nordseeöl, und er legte ein erheblich niedrigeres Ausgabenwachstum ab dem Comprehensive Spending Review 2007 fest, dass es seinem Nachfolger als Schatzkanzler, Alistair Darling, schwer machen dürfte, die Ziele der Regierung bei der Verbesserung der sozialen Dienstleistungen (insbesondere NHS und Bildungssystem) und bei der Bekämpfung der Kinderarmut zu erreichen (IFS 2007: 4). In die Richtung einer erheblich weniger ausgabefreudigen Finanzpolitik wiesen auch einige Entscheidungen der letzten Monate der Blair-Regierung: So wurden beispielsweise die Lohnerhöhungen im öffentlichen Dienst für 2007/08 auf 1,9% begrenzt, womit sie so niedrig ausfielen wie in den zehn Jahren zuvor nicht (OECD 2007a: 20). Das hatte nicht zuletzt auch entlastende Wirkungen auf den Haushalt. Zusätzlich können mittelfristig einige Strukturreformen, etwa die Neuregelung der Berufsunfähigkeit von 2007, zu Budgetentlastungen beitragen.

Dagegen wird die Rentenreform, die im Juli 2007 in Kraft getreten ist, vermutlich zu höheren Ausgaben beitragen, da sie u.a. vorsieht, dass die Renten zukünftig (allerdings frühestens ab 2012) wieder ebenso steigen wie die Löhne, und nicht lediglich wie die Preise; außerdem wurde die Zahl der Mindestbeitragsjahre gesenkt. Die Erhöhung des Renteneintrittsalters von 60 (Frauen) bzw. 65 Jahren (Männer) auf einheitlich 68 Jahre dürfte zwar Kosten dämpfend wirken, doch wird diese Neuerung erst zwischen 2024 und 2046 eingeführt.

---

64 HM Treasury argumentierte, dass die Haushaltsjahr 1997/98 und 1998/99 nach neueren Berechnungen zum laufenden Konjunkturzyklus gehörten, während man bis 2005 davon ausgegangen war, dass es sich bei diesen beiden Jahren um einen eigenständigen „Minizyklus" gehandelt habe. Von der Mehrzahl der Beobachter wurde in der Umdatierung allerdings eine Politik des „moving the goalposts" gesehen und eine Reform der goldenen Regel gefordert (vgl. IFS 2007: 53-56; Lee 2008: 27).

Wie ist die Finanzpolitik der Regierung Blair bzw. seines Schatzkanzlers Gordon Brown zwischen 1997 und 2007 zu bewerten? Die Regierung selbst würde vermutlich mit dem Verweis auf das Einhalten ihrer finanzpolitischen Regeln einen erheblichen Erfolg reklamieren, wenngleich dieser zu einem gewissen Teil durch die Neudatierung des Konjunkturzyklus bedingt war. Doch auch unabhängige Beobachter konstatieren, dass sich die öffentlichen Finanzen unter dem Schatzkanzler Gordon Brown verbessert haben, wenngleich die Verbesserung hinsichtlich des Defizits und des Schuldenstandes weniger groß ausfiel als in den meisten anderen OECD-Ländern (vgl. IFS 2007: 7-31). Insbesondere in den ersten Regierungsjahren machte die Konsolidierung erhebliche Fortschritte, ja in den Haushaltsjahren zwischen 1998/99 und 2000/01 konnten sogar noch Schulden zurückgezahlt werden und auch der Haushalt im Fiskaljahr 2001/2 war praktisch noch ausgeglichen (vgl. auch Abb. 4.5). Dagegen stieg die Nettoneuverschuldung als Anteil am BIP in den Haushaltsjahren seit 2003/04 auf über 3 Prozent. Das lag vor allem an der massiven Erhöhung der Staatsausgaben, die zwischen 1996/97 – dem letzten Haushaltsjahr, für das die Konservativen gänzlich Verantwortung trugen – und 2004/05 real um knapp 27 Prozent, also im Durchschnitt um rund drei Prozent pro Jahr (Emmerson/Frayne 2005: 4), stiegen. Entsprechend stieg auch die Staatsquote, die in den ersten Jahren der Regierung von 40,6% (1996/97) auf 37,4% (1999/2000) – und damit auf das niedrigste Niveau seit 1960/61 – gefallen war, bis 2004/05 wieder auf 41,2%; und sie wird nach den Prognosen der OECD 2008 sogar die Staatsquote Deutschlands übertroffen haben (OECD 2007a: 28).

Dass diese Ausgabensteigerung sich überhaupt, wenn auch um den Preis eines wachsenden Defizits, finanzieren ließ, lag nicht zuletzt an der durchgängig wachsenden Wirtschaft Großbritanniens in der Blair-Dekade. Die Haushaltspolitik von New Labour profitierte aber auch zu einem gewissen Grad von bestimmten Einmaleinnahmen. Das gilt insbesondere für die neuerlich erheblichen Einnahmen aus der Öl- und Gasförderung, die sich auf 60 Mrd. £ zwischen den Haushaltsjahren 1997/98 und 2007/08 summierten (berechnet nach HM Revenue and Customs 2007). Dagegen spielten die Privatisierungseinnahmen (ähnlich wie die Gewinne der Bank of England in Höhe von gut 0,6 Mrd. £) zunächst eine – insbesondere im Vergleich zu den konservativen Vorgängerregierungen – vernachlässigbare Rolle, was einerseits mit der Kapitalmarktsituation nach dem Platzen der Börsenblase ab dem Jahr 2000 zu tun hatte, andererseits aber vor allem damit, dass nur noch wenig vom „Tafelsilber" übrig geblieben war und diese Überbleibsel technisch, politisch und kommerziell schwer zu privatisieren waren (Mayer 2006: 98). Im Bereich der Eisenbahn nahm die Regierung Teile der Privatisierung sogar wieder zurück (OECD 2004a: 175ff.; Mayer 2006: 100). Allerdings flossen allein durch den Verkauf der UMTS-Lizenzen im April 2000 immerhin 22,5 Mrd. £ in die Staatskassen (OECD 2002a: 169).

Zugleich kamen alternative Formen der Privatisierung von Staatstätigkeit in verstärktem Ausmaß zum Einsatz. Ein besonders kontroverses Beispiel war die Einführung von Studiengebühren und vor allem die 2004 erfolgte Durchsetzung so genannter ‚Top-Up Fees', die es Universitäten unter bestimmten Bedingungen erlauben, Gebühren in Höhe von £ 3000 pro Jahr zu erheben,[65] um den wachsenden Geldbedarf der Hochschulen zu decken (vgl. Driver/Martell 2006: 131f.). Darüber hinaus weitete die Regierung die „Private Finance Initiative" (PFI), also die private Finanzierung von Infrastrukturinvestitionen, die die Konservativen Anfang der 1990er Jahre eingeführt hatten, nennenswert aus (hierzu ausführlich Shaw 2007: 80-94; Sinclair 2007: 205-208). Hatten die Investitionen, die bis 1996 über PFI finanziert worden waren, lediglich ein Volumen von 0,1% am BIP jährlich gehabt, stieg dieser Wert für die zehn Jahre ab 1997 auf 0,5% (IFS 2007: 50, Fn. 21). Damit machten die PFI-Investitionen phasenweise etwa ein Drittel der staatlich veranlassten Nettoinvestitionen (= Nettoinvestitionen + PFI) aus (OECD 2002a: 119). Besonders stark wurden PFI im Bereich des Krankenhausbaus eingesetzt, da fast alle neuen Krankhäuser auf diese Weise finanziert wurden (Toynbee/Walker 2005: 34; Driver/Martell 2006: 126). Diese Finanzierungsweise kann allerdings als Verschiebung der Staatsausgaben in die Zukunft verstanden werden – nach dem Motto: „Today's private sector investment is tomorrow's public spending" (Driver/Martell 2006: 126) –, weil die Regierung die privat finanzierten Objekte anschließend vom privaten Sektor zurückmietet. Insofern ist dieses Instrument klassischen Privatisierungen nicht unähnlich, da es zwar durchaus eine kurzfristige Erhöhung des finanziellen Handlungsspielraums erlaubt, allerdings mit mittelfristigen Kosten verbunden ist. Dies lässt sich vor allem daran erkennen, dass sich die zukünftigen Zahlungen an die privaten Infrastrukturfinanzierer aus den bis Ende 2006 abgeschlossenen PFIs auf 100 Mrd. £ oder rund acht Prozent des BIP belaufen werden (IFS 2007: 50; OECD 2007a: 25).

Abschließend ist noch ein Blick auf die Verteilung der Ausgaben auf die einzelnen Bereiche zu werfen. Abbildung 4.6 gibt einen Überblick über die wichtigsten Veränderungen. Deutlich wird dabei, dass es erhebliche Umschichtungen im Haushalt gegeben hat. Die günstige wirtschaftliche Entwicklung führte einerseits zu einem geringeren Bedarf an Sozialausgaben, die entsprechend unterdurchschnittlich wuchsen; andererseits führte die zunehmende Verbesserung der Haushaltslage in den ersten Regierungsjahren zu abnehmender Staatsverschuldung, die wiederum stark abnehmende Zinszahlungen mit sich brachte. Dagegen stiegen die Ausgaben vor allem in den Bereichen mit besonders hoher Priorität, allen voran die Gesundheitsausgaben, die zwischen 1996/97 und 2005/06 real um gut 60% stiegen, gefolgt von Ausgaben für das Verkehrswesen, die im gleichen Zeitraum real um knapp 50% zunahmen, sowie den Bereichen Inneres und Bildung, die um jeweils rund 45% zulegten. Am Ende der Blair-Dekade lagen auch die Nettoinvestitionsausgaben mit über zwei Prozent des BIP wieder deutlich über dem Niveau von 0,7%, das die Konservativen hinterlassen hatten (IFS 2007: 17). Allerdings waren die Investitionsausgaben in Labours erster Amtszeit zunächst weiter gefallen und erholten sich erst ab Mitte der zweiten Amtszeit wieder (vgl. HM Treasury 2004: 38; Emmerson/Frayne

---

65 In Schottland gilt eine abweichende Regelung, da die Devolutionsgesetzgebung die Regelung dieses Politikbereiches dem schottischen Parlament übertragen hat (vgl. Münter 2006: 76f., 84).

2005: 2). Die Prioritätensetzung, wie sie in diesen Zahlen deutlich geworden ist, insbesondere die überdurchschnittliche finanzielle Ausstattung der Bereiche Gesundheit, Bildung und Infrastruktur, soll auch unter der weniger expansiven Ausgabenpolitik ab 2007 beibehalten werden.

Abbildung 4.6: Reale Veränderungen ausgewählter Haushaltsbereiche in Großbritannien, 1996/97-2005/06 (in Prozent)

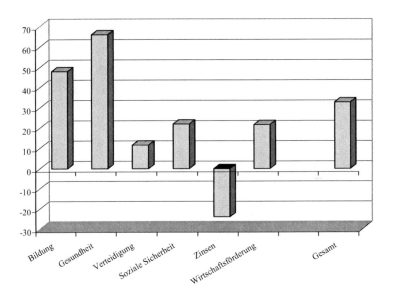

Quelle: eigene Berechnung nach HM Treasury 2007: 51.

4.5.3 Finanzpolitik und politischer Prozess unter New Labour

Die wirtschaftliche Entwicklung im Großbritannien der Blair-Jahre war in den meisten Bereichen ausgesprochen positiv (vgl. z.B. Sinclair 2007: 186ff.). Zwar geriet die Leistungsbilanz dauerhaft in ein erhebliches Defizit, doch die Regierung nahm dies offenbar nicht als nennenswerte Einschränkung der eigenen Politikoptionen wahr. Das Wirtschaftswachstum dagegen entwickelte sich sehr günstig und blieb auch in der Abschwungphase nach dem Platzen der Börsenblase im Jahr 2000 positiv – nicht zuletzt aufgrund der fiskalischen Expansion, die in diesem Jahr einsetzte (OECD 2005a: 24). Entsprechend fiel die Arbeitslosigkeit bis 2004 fast kontinuierlich auf unter 5% und sie blieb trotz eines gewissen Anstiegs in den Jahren nach 2004 mit etwa 5,5% auch 2006 noch niedrig (OECD 2007a: 19). Die Inflation blieb ebenfalls gering, sodass nur im Jahr 2007 das Inflationsziel (Abweichung von +/- ein Prozent um eine Preissteigerung von zwei Prozent) leicht verfehlt wurde (OECD 2007a: 20; Sinclair 2007: 197). Diese positive Entwicklung, die nicht zuletzt durch abnehmende Sozial- und Zinsausgaben auch die Haushaltsdefizite reduzieren half, bot wenigstens ab dem Jahr 2000 ganz offensichtlich einen gewissen Handlungsspielraum für die staatliche Finanzpolitik, den die Labour-Regierung auch zu nutzen versuchte. Wie lässt sich vor diesem Hintergrund aber die Finanzpolitik der Labour-Regierung unter Tony Blair erklären? Können die im zugrunde liegenden Modell des politischen Prozesses herausgearbeiteten unabhängigen Variablen die beobachtbaren Politikmuster erklären?

4.5.3.1 Die parteipolitische Zusammensetzung der Regierung

Die Frage, ob die Wirtschafts- und Finanzpolitik der Regierung Blair von der Politik der konservativen Vorgängerregierung abweiche oder nicht, ist, insbesondere hinsichtlich der ersten Wahlperiode, sehr unterschiedlich beantwortet worden. Mullard (2001: 311) etwa konnte keinen Wandel feststellen, wenn er schreibt: „During its first term the Blair government did not make a break with the past, choosing rather to live with the public sector landscape it had inherited than set out to change it." Colin Hay (1999: 127) konstatiert auf Basis programmatischer Aussagen ebenfalls, dass 1997 „the Keynesian consensus of the post-war period would appear to have been replaced by the neo-liberal consensus of the post-Thatcher period" (ähnlich Hay/Watson 1999: 157). Dagegen gibt Gavin Kelly (1997: 281) zu bedenken, dass zwar die Parteiendifferenzen über die großen makroökonomischen Fragen, die in den 1970er und 1980er Jahren dominierten, praktisch verschwunden seien, die Bekämpfung von Inflation und die Förderung des Wirtschaftswachstums über angebotsseitige, also mikroökonomische Maßnahmen zum neuen Konsens der britischen Wirtschaftspolitik gehörten. Gleichwohl bedeute das aber nicht das Ende aller Parteiendifferenzen in der Wirtschaftspolitik. „Both parties are now thoroughly committed to capitalism; it is the *type* of capitalism that is in dispute" (Hervorhebung im Original; ähnlich Thomas 2001; Driver/Martell 2002).

Mit dem Vorteil eines längeren Beobachtungszeitraums wird man der zweiten Interpretation zustimmen müssen. Die zentralen makroökonomischen Ziele waren kaum mehr kontrovers zwischen den großen britischen Parteien und auch die Verfolgung des Ziels der Preisniveaustabilität durch die Entlassung der Bank of England in die Unabhängigkeit war bereits von den konservativen Schatzkanzlern Nigel Lawson, Norman Lamont und Kenneth Clarke favorisiert worden (Lawson 1992: 867f.; Major 1999: 682). Diese Maßnahme diente ebenso wie das Versprechen, sich an die Ausgabenpläne der Konservativen zu halten, die frühe Senkung der Unternehmenssteuersätze und die mittelfristigen fiskalpolitischen Regeln der Gewinnung von Glaubwürdigkeit bei den Wählern und – wichtiger noch: – den Finanzmärkten. Blair und Brown sahen eine erfolgreiche – und das heißt nicht zuletzt: von den Finanzmärkten akzeptierte – Stabilitätspolitik schlicht als notwendige Voraussetzung einer langfristig erfolgreichen sozialdemokratischen Wirtschaftspolitik, die ihre Ziele mit mikroökonomischen Mitteln zu erreichen hatte (Moran/Alexander 2000: 118). Den zentralen Fehler vorangegangener Labour-Regierungen sahen Blair und Brown eben darin, diesen Zusammenhang übersehen zu haben. Dies machte Brown beispielsweise in seiner Rede auf dem Labour-Parteitag 2001 sehr deutlich:

> „Our spending plans are affordable precisely because we have not made the mistakes of the last two Labour governments who, by refusing to take early action to maintain stability ended up cutting, not increasing public spending – and were denied the capacity to fulfil their social goals" (zitiert nach Wickham-Jones 2002: 104).

Aus Sicht der Labour-Führung war es sogar notwendig, die makroökonomischen Parteiendifferenzen in den ersten Jahren der Regierung gering zu halten. Dies hatte entscheidend mit ihrer Wahrnehmung wirtschaftlicher Globalisierung zu tun (vgl. dazu z.B. Hay 1999; Hay/Watson 1999; Schmidt 2002b: 268; Driver/Martell 2006: 47ff.; Grant 2003: 265). Für New Labour war Globalisierung die zentrale Rahmenbedingung, an der sich nationale und internationale Wirtschaftspolitik zu orientieren hatte (z.B. Interview Chief Secretary 4), und die Wirkungen und Folgen internationalisierter Märkte wurden im Wesentlichen entsprechend der traditionellen, sprich (neo-)liberalen Sicht der internationalen Ökonomie wahrgenommen (vgl. Wilkinson 2000: 136ff.; Hay 2006; Shaw 2007: 160ff.): Die Liberalisierung der internationalen Güter- und Kapitalmärkte wurde nicht nur als unabänderlich und irreversibel hingenommen, sondern geradezu als Naturereignis verstanden. Auch die Sicht, dass aus der Internationalisierung der Märkte eine erhebliche Beschränkung des Handlungsspielraums nationaler Wirtschaftspolitik folgt, wurde vollständig akzeptiert mit der Folge, dass die makroökonomische Politik vor allem die Finanzmärkte zu befriedigen hatte. Schon deshalb konnten Parteienunterschiede hier nicht angestrebt werden. Trotz dieser Einschränkungen wurde Globalisierung sogar als Chance für zukünftiges Wachstum betrachtet, soweit es der Regierung gelang, Strategien zu entwickeln, mit Hilfe derer die Wettbewerbsfähigkeit Großbritanniens und seiner Einwohner garantiert werden könne (vgl. hierzu etwa HM Treasury 2005b). Ein wesentliches Element einer solchen Strategie wurde in Investitionen, nicht zuletzt Investitionen in Humankapital gesehen. Gordon Brown (1997: col. 303) stellte genau diese Zusammenhänge bereits in den ersten Sätzen seiner ersten Budgetrede am 2. Juli 1997 dar:

> „The central purpose of the Budget is to ensure that Britain is equipped to rise to the challenge of the new and fast-changing global economy – not just a few of us, but every one of us. The impact of the global market in goods and services, and of rapidly advancing technology, is now being felt in every home and community in our country. New products, services and opportunities challenge us to change; old skills, jobs and industries have gone and will never return. Yet for our country, the first industrial nation, this new global economy, driven by skills, creativity and adaptability, offers an historic opportunity. The dynamic economies of the future will be those that unlock talent of all their people, and our nation's creativity, adaptability and belief in hard work and self-improvement – the very qualities that made Britain lead the world in the 18th and 19th centuries – are precisely the qualities that we need to make Britain a strong economic power in the 21st century."

Nennenswerte Unterschiede zwischen beiden Regierungen wurden daher vor allem bei den Ausgabenprioritäten deutlich – und erst, nachdem die Finanzpolitik durch die restriktive Haushaltspolitik der ersten Jahre Glaubwürdigkeit bei den Finanzmärkten gewonnen hatte. Die Labour-Regierung sah – im Gegensatz zu den Konservativen – Senkungen der Steuersätze als nicht vorrangig und nahm zwischen 1999 und 2008 eine Verschlechterung der relativen Position im Steuerwettbewerb hin

(IFS 2007: 186; OECD 2007a: 143). Statt für Steuersenkungen setzte New Labour die zunächst akkumulierten Haushaltsüberschüsse überwiegend für höhere Ausgaben, insbesondere für die universalen Wohlfahrtsstaatsbereiche Gesundheit und Bildung, aber auch für das Verkehrswesen, ein. Diese Politik wurde in der zweiten Legislaturperiode verstärkt fortgesetzt, nun – angesichts vorhandenen Vertrauens der Finanzmärkte in die finanzpolitischen Fähigkeiten der Regierung – auch um den Preis erhöhter Abgaben und wachsender Defizite – eine Politik, die in den 20 Jahren vorher undenkbar schien (Interview IFS) und insofern ein deutliches Zeichen eines Politikwechsels ist. In den Bereichen Bildung, Gesundheit und Soziales wuchsen die Ausgaben unter der Regierung Blair insgesamt sogar stärker als unter irgendeiner anderen britischen Nachkriegsregierung (Mullard/Swaray 2008: 45ff.). Dieses Muster entspricht recht genau den Erwartungen von Carles Boix (1998), wonach sozialdemokratische Parteien unter Globalisierungsbedingungen eine Strategie der Investitionen in Humankapital bevorzugen, um Wirtschaftswachstum und geringere Einkommensungleichheit gemeinsam verfolgen zu können.

Doch die Labour-Regierung versuchte auch – und dies stellt einen zweiten Unterschied zur konservativen Vorgängerregierung dar, der zu den Erwartungen der Parteiendifferenzlehre passt –, auf direkterem Weg eine gewisse Abschwächung der immensen Einkommensungleichheit zu erreichen (Shaw 2007: 48ff.). Bereits für die Steuer- und Sozialreformen der ersten Wahlperiode ist festgestellt worden, dass sie stark progressiv waren und insbesondere den am schlechtesten gestellten Menschen zugute kamen (Clarke et al. 2002: 193ff.). In der zweiten Legislaturperiode trat dieser Effekt noch deutlicher hervor (Adam et al. 2005). Dabei wurden die Leistungen in erster Linie auf solche Bezieher fokussiert, die nicht arbeiten können, nämlich Rentner und Kinder (Annesley/Gamble 2004: 145), während für die übrigen die Beschäftigungsfähigkeit und damit die Fähigkeit, sich ein eigenes Auskommen zu verdienen, erhöht werden sollte. Trotz des Umverteilungscharakters vieler Reformen, der häufig – auch mit Blick auf die Finanzmärkte – in Steuergutschriften versteckt wurde, blieb die Einkommensungleichheit in Großbritannien allerdings sehr hoch, wenngleich eine weitere Verschärfung verhindert wurde (Keegan 2003: 257; Toynbee/Walker 2005: 48ff.; Shaw 2007: 58; Driver 2008: 56f.).

Insgesamt sind somit einerseits deutliche Parteiendifferenzen zwischen den Regierungen Major und Blair erkennbar, auf der anderen Seite jedoch ist auch die Kontinuität der Finanzpolitik über den Regierungswechsel hinweg bemerkenswert. In vielen Bereichen setzte die Regierung Blair Maßnahmen durch, die die Labour-Partei in den 1980er und frühen 1990er Jahren noch bekämpft hätte. Beispiele sind die Unabhängigkeit der Zentralbank, die mittelfristige Regelbindung der Finanzpolitik, aber auch die prinzipielle Bereitschaft, auf Privatisierungen zurückzugreifen, nicht zuletzt bei der Finanzierung der Infrastruktur. Viele Versprechen aus dem Wahlkampf 1992, etwa den Spitzensteuersatz auf 50 Prozent zu erhöhen, die Rentenerhöhung wieder an die Entwicklung der Durchschnittslöhne anzupassen und erhebliche zusätzliche Sozialausgaben vorzunehmen, wollte die Partei 1997 nicht mehr geben (Glyn/Wood 2001: 50), und sie setzte viele von ihnen auch in der Regierungsverantwortung nicht, oder erst nach zehnjähriger Regierungszeit, wie im Falle der Rentenanpassung, um. Wie gesehen wurde dies mit der Notwendigkeit begründet, Glaubwürdigkeit gegenüber den Finanzmärkten zu erwerben. Wie aber ließ sich dieser programmatische Wandel in der Labour Partei durchsetzen?

4.5.3.2 Vetospieler und innerparteiliche Gruppierungen

Wie bereits mehrfach angesprochen, gibt es im britischen politischen System keine institutionellen Gegengewichte gegen die Macht der Parlamentsmehrheit und das blieb auch unter der Regierung Blair der Fall – trotz der Verfassungsreformen in Bezug auf die Devolution und das House of Lords. Der einzige faktische Vetospieler war die regierende Labour Party selbst, die jedoch in ihren früheren Regierungsperioden ebenso wie in der Opposition keineswegs immer übermäßig kohäsiv agierte. Wie gelang es dann jedoch den Modernisierern der Labour Party, ihre Reformen innerparteilich durchzusetzen?

Innerparteiliche Konflikte hatten nur sehr begrenzte Bedeutung für die Formulierung der Finanzpolitik New Labours. Das lag einerseits an der starken Zentralisierung der finanzpolitischen Willensbildung, die durch die extrem starke Position Gordon Browns noch verstärkt wurde (Hallerberg 2004: 79), andererseits an den überwältigenden Mehrheiten, über die New Labour im Unterhaus verfügte, und die es der Parteiführung erlaubten, Maßnahmen auch gegen nennenswerte Hinterbänklerrevolten durchzusetzen. Schon am Anfang seiner Amtszeit hatte der Premierminister die Labour-Abgeordneten darauf hingewiesen, welche Aufgabe er ihnen zudachte: „It's not your job to tell us what to do" (zitiert nach Rawnsley 2001: 30; vgl. ein ähnliches Zitat bei Cowley/Stuart 2008: 104). Viele Parlamentarier mochten sich mit dieser Rolle allerdings nicht begnügen. So stimmen beispielsweise 47 Abgeordnete Ende 1997 gegen die Kürzung der Unterstützung für Alleinerziehende, mindestens 20 weitere enthielten sich, im Mai 1999 gab es sogar 67 Neinstimmen von Labour-Abgeordneten gegen die Einführung von Bedürftigkeitstests bei der Unterstützung bei Arbeitsunfähigkeit, weitere 14 Abgeordnete blieben der Abstimmung fern (Pym/Kochan 1998: 199; Toynbee/Walker 2001: 19; Cowley/Stuart 2008: 106). Beide Änderungen brachten finanziell keine substanziellen Entlastungen des Haushalts und waren programmatisch schwer zu erklären. Dennoch wurden sie durchgesetzt, offenbar wenigstens teilweise, um den Premierminister und seinen Schatzkanzler nicht als durchsetzungsschwach gegenüber der Fraktion dastehen zu lassen (vgl. Rawnsley 2001: 113f.). Allerdings erzwang der Widerstand aus der Labour-Fraktion auch einige Korrekturen: So wurde beispielsweise als Reaktion auf die Kürzung der Unterstützung für Alleinerziehende das Kindergeld deutlich erhöht (Cowley/Stuart 2008: 106).

Die Wahlperiode 2001-2005 erlebte sogar Hinterbänklerrebellionen in einer Größe und Häufigkeit, wie sie in der Nachkriegszeit nicht bekannt waren, doch blieben sie weitgehend folgenlos, die Regierung musste aufgrund ihrer enormen Mehrheit im Unterhaus keine Abstimmungsniederlagen hinnehmen (vgl. Cowley/Stuart 2008: 108-112 sowie die detaillierte Übersicht bei Cowley/Stuart 2005). Bei der Durchsetzung der Erhöhung der Studiengebühren durch Top-Up Fees im Jahr 2004 musste die Regierung allerdings deutliche Konzessionen machen, um die eigene Mehrheit zu sichern. Beispiele sind etwa, dass die Gebühren erst nach Abschluss des Studiums gezahlt werden müssen und dass besondere finanzielle Fördermaßnahmen für Studierende aus ärmeren Elternhäusern geschaffen wurden (Driver/Martell 2006: 132; Cowley/Stuart 2008: 111). Auch in der Privatisierungspolitik führte der Widerstand aus der Labour Partei zu einer deutlichen Verzögerung und Verringerung der Reformreichweite (vgl. Mayer 2006: 98ff.). In der dritten Regierungsperiode der Labour Party ab 2005 kam es dann sogar zu vier Abstimmungsniederlagen der Regierung allein in der Sitzungsperiode 2005/06, die allerdings keine finanzpolitisch relevanten Abstimmungen betrafen (Cowley/Stuart 2008: 113).

Dagegen nahm das Oberhaus, das Labour insgesamt etwas mehr Schwierigkeiten bereitete, auf finanzpolitische Schlüsselentscheidungen keinen nennenswerten Einfluss. Ebenso erging es schließlich dem Kabinett (vgl. etwa Riddell 2001), das beispielsweise über die Entscheidung, die Zentralbank in die operative Unabhängigkeit zu entlassen – sicherlich eine der zentralen wirtschaftspolitischen Entscheidungen der Regierung –, nicht einmal im Vorhinein informiert wurde (Rawnsley 2001: 33f.). Auch sonst scheinen finanzpolitische Konflikte nicht im Kabinett, sondern spätestens in Beratungen zwischen dem Premierminister und dem Schatzkanzler gelöst worden zu sein (Interview Chief Secretary 3).

Dagegen musste die Regierung auf Parteitagen der Labour Party gelegentlich Niederlagen hinnehmen, wie etwa 2002, als ein sofortiges Moratorium bezüglich der Private Finance Initiative gefordert wurde, oder 2005 und 2006, als jeweils die Reorganisation im Bereich des NHS scharf kritisiert wurde – doch auch hier zeigten sich kaum Auswirkungen auf die durchgesetzte Wirtschaftspolitik (Heffernan 2007: 155f.; Shaw 2007: 81, 96, 111).

Relevante innerparteiliche Auseinandersetzungen gab es vor allem zwischen dem Premierminister und seinem Schatzkanzler. Neben machtpolitischen Fragen ging es dabei auch um inhaltliche Weichenstellungen. Schon vor der Wahl 1997 musste Gordon Brown auf die Option, den Spitzensteuersatz auf 50% zu erhöhen, verzichten, da Blair dies als elektoral zu riskant einschätzte (Keegan 2003: 148). Auch in den ersten Regierungsjahren scheiterte Brown mit Vorschlägen gelegentlich an Blair, so etwa mit dem Wunsch, den Ehegattenfreibetrag und die steuerliche Absetzbarkeit von Hypothekenzinsen sofort abzuschaffen. Blair hatte hier jeweils Sorge um die Popularität der Regierung (Pym/Kochan 1998: 56; Rawnsley 2001: 48). In den folgenden Budgets gelang es dem Finanzminister dann aber dennoch, diese Kürzungen durchzusetzen. Auf der anderen Seite opponierte Brown gegen eine Reihe von Maßnahmen, mit denen der Premierminister Marktelemente in den Gesundheits- und Bildungsbereich einbauen wollte, was zu einer Reduzierung der Reformreichweite führte (Kavanagh 2007: 8); zudem hätte Blair gerne bereits in der zweiten Amtszeit Steuersenkungen gesehen, wovon Brown aber offenbar nichts wissen wollte (D. Smith 2005: 174). Doch allzu große Auswirkungen auf die Finanzpolitik hatten diese Konflikte nicht. Im Gegenteil gestand Blair Brown sogar eine beispiellose Machtfülle bei der Gestaltung der Wirtschafts- und Finanzpolitik zu, wie sich etwa an den „Public Service Agreements" zeigt, die die einzelnen Ministerien mit dem Finanzministerium abschließen mussten und die letzterem eine unerhörte Einflussnahme auf die einzelnen Ressorts bescherte (vgl. z.B. Thain 2000: 231f.; Lee 2008:

19). Zudem erklärte der Premierminister bereits in der ersten Kabinettssitzung, dass er Brown in der Haushaltspolitik gegen die übrigen Minister voll unterstützen werde (Rawnsley 2001: 39). Damit war – ähnlich wie unter den konservativen Administrationen – eine starke Zentralisierung des Willensbildungsprozesses erreicht, die die Bedeutung innerparteilicher Auseinandersetzungen für die Finanzpolitik der Regierung Blair minimierte.

4.5.3.3 Der Wettbewerb um Wählerstimmen

Dass der Schatzkanzler, wenn er vom Premierminister unterstützt wird, in Großbritannien sehr große Chancen hat, die von ihm präferierte Politik durchzusetzen, ist wenig überraschend. Ein größeres Puzzle ist vielmehr, wie es Blair und Brown gelang, ihre Partei, die noch Mitte der 1980er Jahre für ein ausgesprochen linkes Wahlprogramm eingetreten war, auf einen tendenziell wirtschaftsliberalen Kurs zu bringen, bei dem die sozialdemokratischen Elemente eher durch die Hintertür eingeführt wurden. Wie kam es also zu dieser programmatischen Wandlung, wie wurde aus der Labour Party New Labour?

Nach der Wahlniederlage 1979 orientierte sich die Labour Party zunächst weiter nach links (vgl. zum Folgenden Kavanagh 1997: Kap. 8 sowie Driver/Martell 2006: Kap. 1 und 2). Die Wirtschaftspolitik der Regierungen Wilson und Callaghan wurde als verfehlt kritisiert, Versuche einer Steuerung der kapitalistischen Ökonomie seien von vornherein zum Scheitern verurteilt. Entsprechend forderte die Partei in ihrem Wahlprogramm 1983 den Austritt aus der EG, die Rücknahme der konservativen Gewerkschaftsgesetzgebung, die Re-Nationalisierung der privatisierten Unternehmen und ein Ende des Verkaufs der Sozialwohnungen (Kavanagh 1989: 92; Driver/Martell 2006: 34). Auch auf der Ebene der Parteiorganisation gewann der linke Flügel an Macht, indem die institutionelle Stellung der Partei gegenüber der Fraktion Anfang der 1980er Jahre gestärkt wurde.

Diese neue Ausrichtung führte nicht nur zur Abspaltung des rechten Parteiflügels 1981, sondern auch zu einer verheerenden Wahlniederlage 1983 – in den Augen der Mehrheit der Beobachter war die Labour Party faktisch „unwählbar" geworden (Helms 2006: 220). Um dies zu ändern und die Partei wieder mehrheitsfähig zu machen, versuchte der neue Parteiführer Neil Kinnock (1983-1992), die Partei in drei Bereichen zu modernisieren: So sollte die Parteiorganisation gestrafft, die programmatischen Aussagen überprüft und das Image verbessert werden (vgl. Kavanagh 1997: 186). In der Tat kam es unter Kinnock zu nennenswerten Veränderungen in der Parteiorganisation (vgl. den Überblick über einzelne Maßnahmen bei Seyd 1993: 85ff.; Kavanagh 1997: 192), die unter seinen Nachfolgern John Smith (1992-1994) und vor allem Tony Blair (1994-2007) weitergeführt wurden (dazu Petring 2006a: 119f.). Als Labour 1997 wieder an die Macht gelangte, war in Folge dieser Reformen die Macht der Parteiführung erheblich gestärkt, während Gewerkschaften und Aktivisten, die von der Parteiführung als wesentlich weiter links als potentielle Labour-Wähler eingeschätzt wurden, an Einfluss eingebüßt hatten. Zudem wurden die Anstrengungen verstärkt, den Mitgliederbestand zu vergrößern, und es wurde größeres Gewicht auf die unmittelbare Beteiligung der Basis gelegt – mit der Folge einer weiteren Stärkung der Parteiführung (vgl. Jun 1996: 231).

Programmatisch wandelte sich die Partei zunächst nur langsam (vgl. hierzu die hervorragende Synopse der Parteiprogramme bei Coates/Lawler 2000: Appendix 1). Erst die neuerliche herbe Wahlniederlage 1987 brachte sie zu der Überzeugung, dass es einer systematischen Überprüfung der Programmatik bedurfte. Die zentralen Ergebnisse dieses Prozesses, der stark von der Parteiführung kontrolliert wurde, wurden 1989 veröffentlicht (vgl. hierzu ausführlich Seyd 1993; Driver/Martell 2006: 35ff.). Mit diesem „Policy Review" akzeptierte die Partei in erheblichem Umfang die Ergebnisse des Thatcherismus, so etwa in der Steuer- und Privatisierungspolitik und bei den industriellen Beziehungen, während sie von konkreten Zielen beim Abbau der Arbeitslosigkeit Abschied nahm. Stattdessen wurde die Bedeutung angebotsorientierter Wirtschaftspolitik und des Marktes betont. Doch dieser programmatische Wandel reichte noch nicht, um die Wähler zu überzeugen. Die überraschende Wahlniederlage 1992 wurde in entscheidenden Teilen der Labour Party darauf zurückgeführt, dass der Partei nach wie vor ein „tax-and-spend"-Image anhaftete (Interviews Chief Secretary 3, IFS; vgl. auch Heath et al. 1994: 294; Shaw 2007: 153ff.), dass also die Wähler der Warnung der Konservativen – „you can't trust Labour" – glaubten. Insbesondere die schon angesprochenen wirtschaftspolitischen Wahlversprechen eines höheren Spitzensteuersatzes, der Anpassung der Rentenerhöhungen an die Entwicklung der Durchschnittslöhne und einer Erhöhung von Sozialausgaben wurden für dieses Image verantwortlich gemacht.

Tony Blair, der seit 1994 Parteichef war, und Gordon Brown, der 1992 Schattenschatzkanzler geworden war, versuchten daher mit zunehmendem Erfolg, Labours Erscheinungsbild zu verändern. „The key challenge was for Labour to be trusted on the economy. And therefore, there was almost a virtue of being tough on any spending commitment that we made" (Interview Chief Secretary 3). Diese restriktive Position im Hinblick auf die Staatsausgaben wurde vor allem an der Übernahme der Ausgabenpläne der konservativen Vorgängerregierung für die folgenden zwei Jahre deutlich. Dieses Wahlversprechen bezog sich nämlich nicht nur auf die Gesamthöhe der Ausgaben, sondern auch auf die Verteilung der Ausgaben auf die einzelnen Ministerien. Entsprechend konnte sich kein Schattenminister durch die Ankündigung zusätzlicher Ausgaben profilieren, weil von vornherein klar war, dass hierfür keine Mittel zur Verfügung stehen würden (Interview IFS). Entsprechend gelang es Gordon Brown mit Ausnahme des New Deal praktisch alle Wahlversprechen für die Wahl 1997 zu verhindern, die mit nennenswert höheren Ausgaben verbunden waren (Stephens 2001: 194). Aber die Wandlung sollte nicht nur bei den Staatsausgaben deutlich werden, sondern auch bei den Einnahmen, weshalb im Wahlkampf versprochen wurde, die Sätze der Einkommensteuer nicht zu erhöhen.

Die größte symbolische Bedeutung hinsichtlich der weiteren programmatischen Wandlung der Labour Partei hatte aber sicherlich die von Blair durchgesetzte Streichung des Verstaatlichungsgebots, das die alte „Clause 4" des Parteiprogramms vorsah. Der neue Text beschwor dagegen eine dynamische Wirtschaft, den Marktmechanismus, die Vorteile des Wettbewerbs und eine gerechte Gesellschaft (dokumentiert bei Coates 2000: 4f.). Damit hatte die Labour Party auch symbolisch ihre programmatische Wandlung abgeschlossen – eine Wandlung, die die Partei dazu veranlasste, sich als „neue" Labour Partei darzustellen. Aus theoretischer Perspektive ist dabei von besonderem Interesse, dass diese programmatische Wandlung vor allem durch die wiederholte Ablehnung des (wirtschaftspolitischen) Programms der Labour Party durch die Wähler ausgelöst worden war.

Doch der Parteienwettbewerb erklärt nicht nur den Wandel von Labour zu New Labour: Auch nachdem die Partei 1997 an die Macht gekommen war, sah die Parteiführung im Wettbewerb um Wählerstimmen eine zentrale Nebenbedingung des Regierens, ja sie scheint Politik im Wesentlichen als permanenten Wahlkampf gesehen zu haben (z.B. Riddell 2001: 26). Entsprechend war die Finanzpolitik insbesondere der ersten Regierungsjahre massiv vom Parteienwettbewerb dominiert, vor allem vom Versuch der neuen Regierung, ihren vermeintlichen elektoralen Schwachpunkt zu bekämpfen: das Image inkompetenter Finanzpolitik. So wurden große Teil der ersten Legislaturperiode darauf verwendet, Wähler und Finanzmärkte zu beschwichtigen, wie der Premierminister selbst einräumte (Rawnsley 2001: 463). Dies war nicht zuletzt der Grund, warum die für die Partei schmerzhaften und weithin unpopulären Einschnitte bei einzelnen Sozialleistungen (Alleinerziehende, Invalide) durchgesetzt wurden – Brown und Blair wollten beweisen, dass sie ihre orthodoxe Finanzpolitik auch gegen Widerstände durchsetzen würden. Das Versprechen bezüglich der Staatsausgaben hatte daneben zur Folge, dass die Verbesserung der öffentlichen Dienstleistungen in den Bereichen Bildung und Gesundheit nicht direkt angegangen werden konnte. Hier hatte die Regierung jedoch einen Spagat zu bewältigen, da die Wähler zwar einerseits eine solide Finanzpolitik wünschten, andererseits aber eine erhebliche Verbesserung der Gesundheitsversorgung und des Erziehungssystems erwarteten. Dieses Problem trieb im Sommer 1998 eine höchst merkwürdige Blüte, als Gordon Brown – während er die Staatsausgaben noch strikt kontrollierte – eine Erhöhung der Ausgaben für Bildung und Gesundheit um £40 Mrd. ankündigte. Dabei hatte er allerdings die zusätzlichen – moderaten – Ausgabenerhöhungen der kommenden drei Jahre aufsummiert und teilweise dreifach gezählt (Rawnsley 2001: 161; Toynbee/Walker 2001: 2). Auch der Rückgriff auf die Private Finance Initiative, mit der Investitionen außerhalb des Budgets finanziert werden konnten, ist in dieser Weise erklärt worden (Shaw 2007: 90ff.).

Im Laufe der ersten Wahlperiode wurde jedoch zunehmend deutlicher, dass die Einschränkungen, die der Parteienwettbewerb Labours Finanzpolitik auferlegte, begrenzt waren. Während nämlich die Konservativen während ihrer 18jährigen Regierungszeit in den Umfragen zwischen den Parlamentswahlen regelmäßig und zum Teil erheblich hinter Labour zurückfielen, blieb der Regierung Blair ein solcher „mid-term blues" fast vollständig erspart – ja sie verlor in ihrer ersten Wahlperiode als erste Regierung seit Beginn des 20. Jahrhunderts keinen einzigen Sitz bei Nachwahlen (Butler/Kavanagh 2002: 21). Dies lag zum einen an der Orientierungslosigkeit der Konservativen, die wenigstens bis 2005 nicht in der Lage waren, Labours Wirtschaftspolitik glaubwürdig in Frage zu stellen. Pippa Norris und Joni Lovenduski (2004: 96) konnten mit Hilfe einer Befragung der Abgeordneten und Unterhauskandidaten vor der Wahl 2001 zeigen, dass konservative Politiker beim Zielkonflikt zwischen Steuersenkungen und Ausgabenerhöhungen weiter von ihren eigenen Wählern, den Wählern der Liberaldemokraten, die sie hätten gewinnen wollen, oder dem britischen Medianwähler entfernt waren als die Politiker aller anderen britischen Parteien. Nicht zu Unrecht warf der „Economist" vom 25.3.2000 der Opposition daher vor, sie habe sich als unfähig erwiesen, eine glaubwürdige Alternative zu bieten (zit. bei Wickham-Jones 2002: 119). Diese Auffassung war auch unter den Wählern offenkundig weit verbreitet, da 68 Prozent der Befragten einer Umfrage aus dem Mai 2001 an der Kohärenz der konservativen Pläne in der Finanzpolitik zweifelten – offenkundig, weil sie das Versprechen, die Steuern zu senken, ohne Kürzungen bei den öffentlichen Dienstleistungen vorzunehmen, für nicht realisierbar hielten (Wickham-Jones 2002: 120). Zudem galten die Konservativen in den Medien und der Öffentlichkeit schlicht als verbraucht und ihre Kritik als nicht ernst zu nehmend. So führte ein führender konservativer Politiker im Interview aus:

> „We were laughed at. We were such a discredited government that any attempt to oppose Blairism, New Labour, the Third Way, Brown as the prudent Chancellor, was treated with derision by the press. And it was very, very difficult to make any impact at all."

Und weiter:

> „With hindsight it's easy to see that nobody could have won in 2001. The archangel Gabriel leading the Conservative party would have been thought to be inadequate compared with Blair and Brown and New Labour."

Auf der anderen Seite zeigte sich allerdings auch ein deutlicher Umschwung im Meinungsklima. Der Zielkonflikt zwischen Steuersenkungen und Ausgabensteigerungen wurde von den Wählern zunehmend zugunsten der letzteren beantwortet. So sorgten häufige Medienberichte über Missstände im Gesundheitswesen (vgl. Toynbee/Walker 2001: 72f.), die jeweils Höhepunkte erreichten, als es in Folge von Grippewellen regelmäßig zu Bettenknappheiten in Krankenhäusern kam (vgl. z.B. OECD 2000a: 178, 179; Mullard 2001: 310), dafür, dass die Zufriedenheit der Wähler mit der Gesundheitspolitik immer weiter sank (Rawnsley 2001: 336). Dies wirkte katalysierend für die massive Ausweitung der Gesundheitsausgaben im Comprehensive Spending Review 2000 (Rawnsley 2001: 336-340), die sich wiederum massiver Beliebtheit erfreute, unterstützten doch 87 Prozent der Befragten im Jahr 2000 diese Ausgabenerhöhungen (Wickham-Jones 2002: 114). Entsprechend änderte sich auch die wirtschaftspolitische Auseinandersetzung: Konnten die Konservativen bis 1992 Wahlkampfversprechen der Labour Party, die mit höheren Ausgaben verbunden waren, kontern, indem sie fragten, welche Steuern zur Finanzierung erhöht werden würden, kehrte sich das Bild gegen Ende der 1990er Jahre um: Nun sahen sich die Konservativen bei der Vorstellung ihrer Steuersenkungspläne mit der Frage konfrontiert, welche Einschnitte bei den öffentlichen Diensten diese zur Folge haben würden. Die Konservativen sahen sich daher bereits 2001 gezwungen zu versprechen, dass sie im Falle eines Wahlsieges die gleichen Ausgabenerhöhungen wie die Labour Party in den Bereichen Gesundheit und Erziehung vornehmen würden (Stephens 2001: 195; Butler/Kavanagh 2002: 26). Ganz ähnlich war die Lage 2005 (Richards 2005: 241f.; M. Smith 2005: 233). Nach der neuerlichen Wahlniederlage 2005 übernahmen die Konservativen unter ihrem neuen Parteichef David Cameron dann sogar ganz explizit erhebliche Teile des Programms der Labour-Regierung, insbesondere in Bezug auf die öffentlichen Dienstleistungen und die Bekämpfung der Armut (vgl. Beech 2008: 10-13).

Dennoch war auch die Regierung Blair vor den Stimmungen der Wähler nicht gefeit, wie sich bei den lokalen Wahlen, den Wahlen zu den neuen schottischen und walisischen Parlamenten und den Europawahlen zeigte, bei denen New Labour meist überraschend schwach abschnitt. Ivor Crewe (2001: 92) beispielsweise kommentierte für die erste Amtszeit: „The electoral conundrum of the first Blair government is that it has done remarkably well *in* the polls but, by-elections aside, remarkably badly *at* the polls" (Hervorhebung im Original). Noch deutlicher wurde die latente Relevanz der Parteienkonkurrenz im September 2000, als steigende Benzinpreise massive Proteste und die Blockade von Raffinerien hervorriefen, in deren Verlauf es sogar zu Versorgungsengpässen bei Lebensmitteln zu kommen drohte (vgl. Rawnsley 2001: 395-414). In der Folge rutschte Labour erstmals seit 1992 in den Umfragen wieder hinter die Tories, wenn auch nur für kurze Zeit (vgl. ausführlicher Crewe 2001: 77ff.), da die Regierung umgehend die Aussetzung der automatischen Erhöhung der Verbrauchsteuern beschloss. In der zweiten Amtszeit änderte sich das Bild nicht – im Gegenteil musste Labour bei lokalen und regionalen Wahlen sowie bei der Europawahl 2004, aber nun auch gelegentlich bei Nachwahlen empfindliche Niederlagen einstecken, wenngleich die Partei erst im April 2006 wieder in den Umfragen hinter die Konservativen zurück fiel (vgl. Norris 2005; Curtice 2007: 38f.).

Folgerichtig blieb die Labour-Regierung finanzpolitisch auch weiterhin sowohl auf der Einnahmen- wie der Ausgabenseite vorsichtig. Während die zusätzlichen Ausgaben für Gesundheit und Bildung anfangs teilweise sogar übertrieben wurden, wurden die Maßnahmen, die den ärmeren Bevölkerungsschichten zu Gute kamen, häufig wenig transparent in Steuergutschriften „versteckt". Dieses Vorgehen ist auf den ersten Blick überraschend, Annesley und Gamble (2004: 157) sprechen diesbezüglich von einer „peculiar strategy of ‚credit avoidance'". Verständlich wird diese Form der Sozialausgaben, die gar als „unsichtbare Ausgaben" („Stealth Spending"; Rhodes 2000: 60) bezeichnet worden sind, vor dem Hintergrund der schon dargestellten Sorge Blairs und Browns, ihre Regierung könnte mit dem „tax-and-spend"-Image der „alten" Labour Partei assoziiert werden. Daher erschien es notwendig, auf die klassische Umverteilungsrhetorik, die möglicherweise Mittelschichtwähler verschreckt hätte, ebenso zu verzichten wie auf sozial- und finanzpolitische Maßnahmen, die offen redistributiv waren (Hills 2002).[66] Die unsichtbaren Ausgaben in Form von Steuergutschriften hatten aber nicht nur den Vorteil, den Umverteilungscharakter der Finanz- und Sozialpolitik zu verschleiern, sondern sie wurden auch nicht als Staatsausgaben, sondern als negative Einnahmen erfasst und ließen somit

---

66   Bei einer Befragung im Jahr 2000 gaben über 80% der Befragten an, höhere Gesundheitsausgaben zu wünschen, zwei Drittel wollten eine Steigerung des Bildungsbudgets. Gleichzeitig stimmten gerade 39% der Aussage zu, dass die Regierung Einkommen zugunsten der weniger wohlhabenden Teile der Bevölkerung umverteilen sollte, während immerhin 36% dies ablehnten (Hills 2002: 543, 547).

die Staatsquote unberührt (vgl. Glyn/Wood 2001: 59) – was es der Regierung erleichterte, das Image finanzpolitischer Zuverlässigkeit aufrechtzuerhalten.

Doch die Regierung setzte nicht nur auf unsichtbare Ausgaben. Auch Steuererhöhungen sollten möglichst unsichtbar bleiben, sodass die Opposition von „stealth taxes" zu sprechen begann. Die Veränderungen bei der Dividendenbesteuerung und die neue Einmalsteuer für privatisierte Unternehmen der öffentlichen Daseinsvorsorge sind Beispiele für Steuern, die Stephens (2001: 196) zu Recht als „apparently arcane but lucrative" bezeichnet. Ähnlich wie die konservativen Vorgängerregierungen setzte auch New Labour zusätzlich darauf, dass die „schleichende Progression" und die Erhöhung von Sozialversicherungsbeiträgen und indirekten Steuern politisch weniger schädlich sein würde als die Erhöhung direkter Steuern, die entsprechend auch in den Wahlprogrammen für 1997 und 2001 ausgeschlossen wurde. Gerade die politische Verantwortung für die Mineralöl- und Tabaksteuererhöhungen ließ sich zudem wenigstens teilweise noch auf die konservative Vorgängerregierung abwälzen, die die automatische jährliche Erhöhung dieser Steuern eingeführt hatte – eine schier perfekte Art der Schuldvermeidung. Dennoch zeigten sich gerade hier die Grenzen der „unsichtbaren Steuern". Die Zigarettenpreise beispielsweise stiegen bedingt durch die Steuererhöhungen so stark, dass der Zigarettenschmuggel boomte und die Einnahmen aus der Steuer stagnierten (Clark et al. 2002: 191), während die hohen Benzinpreise sogar zu massiven Protesten führten. In beiden Fällen sah die Regierung sich gezwungen, auf weitere reale Erhöhungen der jeweiligen Steuern weitgehend zu verzichten.

Darüber hinaus war noch eine andere Schuldvermeidungsstrategie bei der Durchsetzung unpopulärer Maßnahmen zu beobachten, die ebenfalls bereits aus der Ära der konservativen Regierungen bekannt ist, nämlich die zeitliche Abfolge von unpopulären und populären Maßnahmen. Die wichtigsten Einnahmen erhöhenden Maßnahmen, die Labour durchsetzte, fanden sich in den Budgets 1997, 1998 und 2002 sowie im Pre-Budget Report vom Herbst 2005, die im jeweils ersten Jahr der Wahlperiode verabschiedet wurden (IFS 2005: 117, 2007: 13).[67] Dagegen beinhalteten die Budgets von 2001 und 2005 gewisse Wahlgeschenke. 2001 etwa kam es zu einer Erweiterung der 10%-Steuerstufe, der Bereitstellung zusätzlicher Mittel für Krankenhäuser und Schulen, der Ausweitung verschiedener Steuergutschriften und vor allem einer erheblichen Rentenerhöhung, die die magere 75-Pence-Erhöhung aus dem Vorjahr vergessen machen sollte. 2005 war der Finanzminister stärker eingeschränkt, da er Gefahr lief, gegen seine „goldene Regel" zu verstoßen (IFS 2005). Dennoch müssen beispielsweise die Einmalzahlung von £200 an Rentner, die Gemeindesteuer zahlen, oder die Verschiebung der Erhöhung der Mineralölsteuer um sechs Monate eindeutig als wahlpolitisch motiviert angesehen werden, hatten doch die meisten Beobachter schon vor der Wahl sogar eine Erhöhung der Steuern als erforderlich erachtet, um die goldene Regel einhalten zu können (vgl. z.B. IFS 2005).

---

67 Nennenswerte, wenn auch im Vergleich mit den genannten Gelegenheiten etwas geringere Steuererhöhungen brachte auch der Pre-Budget Report von 2006 (IFS 2007: 13), der knapp anderthalb Jahre nach der Wahl 2005 und somit immer noch in der ersten Hälfte der Wahlperiode bekannt wurde.

Die wahlpolitisch motivierte Verschiebung der notwendigen Konsolidierungsmaßnahmen führte dann aber nicht nur zu den beschriebenen Steuererhöhungen in den Jahren 2005 und 2006, sondern machte auch die „Umdatierung" des Konjunkturzyklus notwendig, da die sonst notwendigen Einsparungen und Steuererhöhungen vermutlich über das politisch Durchsetzbare hinausgegangen wären.

Aus der Wahrnehmung von Regieren als permanentem Wahlkampf folgte für Labour außerdem eine besondere Bedeutung von politischer Kommunikation und des politischen Diskurses. Die gezielte Beeinflussung des Meinungsklimas durch einen ganzen Stab professioneller Medienexperten („spin doctors") stand insbesondere am Anfang der Regierungszeit Blairs hoch auf der Agenda. Doch brachte diese Form der Hochglanzpräsentation erhebliche Abnutzungserscheinungen in Form von Glaubwürdigkeitsverlusten mit sich, die insbesondere durch einen sehr lockeren Umgang mit Fakten, wie etwa bei der Präsentation der Ausgabenzuwächse in den Bereichen NHS und Bildung im Sommer 1998, bedingt waren (vgl. Riddell 2001; Rawnsley 2001).

Neben diesen eher kurzfristigen Präsentationsstrategien versuchte New Labour jedoch auch, einen längerfristigen, stärker theoretisch orientierten politischen Diskurs zu etablieren. Hier spielte insbesondere der Soziologe Anthony Giddens (1999) und sein Buch vom „dritten Weg" eine wichtige Rolle (vgl. dazu auch Merkel 2000b). Der Diskurs über den „dritten Weg" sollte Blairs Labour Partei einerseits von „Old Labour" absetzen, der vorgeworfen wurde, die Schwächen des Marktes über-, seine Stärken unterschätzt zu haben, Umverteilung Vorrang vor der Schaffung von Wohlstand eingeräumt und Rechte gewährt ohne Pflichten definiert zu haben. Andererseits wollte man sich mit der Betonung von Chancengleichheit und sozialer Inklusion von den Konservativen absetzen. Der „dritte Weg" sollte dagegen Schaffung von Wohlstand mit sozialer Gerechtigkeit verbinden und Unternehmertum einbeziehen, ohne deshalb automatisch Marktlösungen für soziale Probleme anzustreben (Driver/Martell 2002: 75f.). Die Aufgabe des Staates wurde durchaus aktiv darin gesehen, Wachstum und Chancengleichheit zu ermöglichen („enabling state"; vgl. Kavanagh 1997: 221), jedoch nicht mehr Ergebnisgleichheit herzustellen.

Ähnliches spiegelte sich auch im finanzpolitischen Diskurs, der vor allem von Gordon Brown geprägt wurde, wider. Die zentralen Begriffe waren Stabilität, Regeln, Disziplin, Transparenz und Klugheit („prudence"), die immer wieder zur Rechtfertigung der eigenen Politik vorgebracht wurden (Stephens 2001: 186). Die haushaltspolitische Klugheit wurde dabei stets mit einem bestimmten Zweck gerechtfertigt, Brown (z.B. 1998: col. 1111, 1112) sprach in seinen Haushaltsreden von „prudence with a purpose". Soziale Verbesserungen seien nämlich nur auf der Basis einer gesunden Wirtschaft möglich (Stephens 2001: 188; D. Smith 2005: 169ff.). So rechtfertigte Gordon Brown bereits die sehr restriktive Haushaltspolitik der ersten Jahre mit diesem Argument: „Our toughness on the public finances is toughness for a purpose, so we can move resources to high-priority areas" (zitiert nach Pym/Kochan 1998: 109). In der zweiten Wahlperiode verlor sowohl der Diskurs über den „dritten Weg" als auch das finanzpolitische Mantra der „Klugheit" an Bedeutung, ohne gleichwertig ersetzt zu werden. Die Maßnahmen der zweiten Amtszeit wurden kaum mehr als zusammenhängend wahrgenommen. Insbesondere durch den Irakkrieg wuchs zudem das Misstrauen der Öffentlichkeit gegenüber Aussagen der Regierung, was sich auch auf die Innenpolitik übertrug. Das Fehlen eines überzeugenden Diskurses und der Vertrauensverlust trugen erheblich zur zunehmenden Skepsis der Wähler gegenüber den Leistungen Labours und letztlich vermutlich zum – aus Sicht der Partei enttäuschenden – Ausgang der Unterhauswahl 2005 bei (vgl. Toynbee/Walker 2005: 7f.; 318ff.). Die Umdatierung des Konjunkturzyklus mit dem Ergebnis, dass es der Regierung leichter fiel, ihre „goldene Regel" einzuhalten, erschütterten die Glaubwürdigkeit des Schatzkanzlers weiter, sodass auch in der dritten Wahlperiode der Labour-Regierung kein umfassender finanzpolitischer Diskurs mehr initiiert werden konnte.

4.6 Die britischen Finanzpolitik seit 1979 im Lichte des theoretischen Modells

Wie ist die Finanzpolitik im Vereinigten Königreich seit 1979 einzuschätzen? Und wie lässt sie sich erklären? Dass die tief greifende Transformation, die die britische politische Ökonomie seit dem Amtsantritt Margaret Thatchers mitgemacht hat, nicht zuletzt auch die Finanzpolitik betraf, steht außer Frage: Die Sätze der direkten Steuern wurden vor allem in den 1980er Jahren stark gesenkt und in der Folgezeit auf international niedrigem Niveau gehalten, während die massive Erhöhung indirekter Steuern, eine radikale Privatisierungspolitik und Einschnitte bei verschiedenen Ausgabenprogrammen zum Abbau von Defiziten und Staatsverschuldung beitragen sollten. Im Bereich der Haushaltspolitik dürften die Veränderungen allerdings weniger nachhaltig und stärker von der Konjunktur und parteipolitischen Couleur abhängig sein als in der Steuerpolitik.

Wie ließ sich dieses radikale Reformprogramm durchsetzen und stabilisieren? Bewähren sich die im theoretischen Teil vorgestellten Hypothesen für die Erklärung der britischen Reformtätigkeit? In der Tat lässt sich zeigen, dass die parteipolitische Couleur der Regierung für den Zeitpunkt und die Reichweite der Anpassungsreaktionen an die Herausforderungen der internationalen Ökonomie eine bedeutende Rolle spielte (Hypothese 1). Die Konservativen setzten ganz explizit auf den Standortwettbewerb, wie ein ehemaliger Schatzkanzler im Interview bestätigte: „I and Nigel Lawson always opposed tax harmonization because we always felt that tax harmonization was likely to be harmonization upwards whereas we felt tax competition was the better model which was likely to drive taxes down" – und dies schon Ende der 1970er Jahre, zu einem Zeitpunkt also, als die Labour Party die Notwendigkeit solcher Reformen noch längst nicht akzeptiert hatte. Labour reformierte sich programmatisch erst in den 1990er Jahren und erhielt sich in einzelnen Punkten – wie in Hypothese 3 postuliert – noch immer eine von den Konservativen abweichende wirtschaftspolitische Konzeption (vgl. ausführlicher Zohlnhöfer 2006b): Blairs und Browns Finanzpolitik fokussierte nämlich – anders als die Thatchers und Majors – darauf, die Position der schlechter gestellten Gesellschaftsmitglieder zu verbessern, wenn dies auch nun wegen der – auch von Labour angenommenen – wirtschaftspolitischen Imperative der Globalisierung über die Angebotsseite der Ökonomie erreicht werden musste. Dabei setzte die Blair-Regierung – ganz im Sinne von Boix' (1998)

Humankapitalinvestitionsstrategie – auf Investitionen in Bildung sowie auf die (Re-) Integration in den Arbeitsmarkt, die einerseits durch Anreize zur Aufnahme auch niedrig entlohnter Arbeit, andererseits aber durch eine Erhöhung der Beschäftigungsfähigkeit erreicht werden sollte. Zwar wurde durchaus auch Umverteilung angestrebt, diese musste aber in die wahrgenommenen ökonomischen Restriktionen der Globalisierung eingepasst werden.

Der Parteienwettbewerb spielte ebenfalls die erwartet wichtige Rolle. So ist bereits die programmatische Wende der Konservativen in den 1970er Jahren entsprechend Hypothese 4 als Reaktion auf das wirtschaftspolitische Scheitern der Regierung Heath und die – zumindest in der Wahrnehmung des rechten Parteiflügels daraus resultierenden – schmerzlichen Wahlniederlagen der Tories im Jahr 1974 zu verstehen. Diese durch das wirtschaftspolitische Scheitern hervorgerufene elektorale Krise ermöglichte erst den Aufstieg Margaret Thatchers zur Parteivorsitzenden, die wiederum in radikalen Reformen eine sinnvolle Reaktion auf die wirtschaftspolitischen Probleme sah. Das politische Scheitern der keynesianischen Koordination unter den Labour-Regierungen Wilson und Callaghan Ende der 1970er Jahre, symbolisiert durch den IWF-Sonderkredit und den „winter of discontent", ermöglichte Margaret Thatcher dann nicht nur den Wahlsieg; sie konnte danach sogar die Alternativlosigkeit ihres wirtschaftspolitischen Programms behaupten.

Umgekehrt lässt sich die programmatische Transformation der Labour Party auf den elektoralen, in gewisser Weise aber auch wirtschaftlichen Erfolg der konservativen Wirtschaftspolitik zurückführen. Nach 18 Jahren Opposition und angesichts einer kaum mehr rückgängig zu machenden Transformation der politischen Ökonomie sowie einer scheinbar hohen Akzeptanz der wirtschaftspolitischen Reformen der Konservativen durch die Wähler war der Druck auf Labour, sich zu einer programmatischen Revision durchzuringen, unwiderstehlich.

Die Durchsetzung auch vergleichsweise radikaler Reformen wurde – in Übereinstimmung mit Hypothese 7 – auch nicht durch Vetospieler behindert, die im britischen System kaum existieren. Auch innerparteilicher Widerstand, der sich in Kabinettsrevolten der „Wets" unter Thatcher oder Hinterbänklerrevolten des linken Parteiflügels unter Blair niederschlagen konnte, blieb aufgrund der starken Zentralisierung des finanzpolitischen Willensbildungsprozesses in Großbritannien praktisch folgenlos.

Vielmehr war der Wettbewerb um Wählerstimmen prinzipiell das stärkste Hemmnis beim Versuch der Regierungen, ihre präferierten Finanzpolitiken durchzusetzen. Dabei war die Parteienkonkurrenz in Großbritannien zwar im Vergleich zum deutschen und dänischen Fall weniger intensiv, da die Labour Party angesichts ihres wirtschaftspolitischen Scheiterns Ende der 1970er Jahre und ihres wirtschaftspolitischen Programms von 1983 von den Wählern lange als inkompetent und nicht glaubwürdig eingeschätzt wurde, während die Konservativen nach 1997 lange Zeit vergeblich versuchten, eine glaubwürdige finanzpolitische Position aufzubauen. Diese Konstellationen erleichterten es den Regierungsparteien – entsprechend den Erwartungen von Hypothese 5 –, kontroverse Reformen durchzusetzen. Gleichwohl versuchten beide Regierungen auch in dieser Situation noch auf verschiedene Weise, die elektorale Bestrafung für unpopuläre Maßnahmen zu vermeiden (Hypothese 6).

Da die Möglichkeit einer Einbindung von Opposition oder Sozialpartnern im britischen Kontext nicht existiert, kamen im Wesentlichen – und in großem Umfang – drei andere Strategien der Schuldvermeidung zum Zuge (vgl. ausführlicher Zohlnhöfer 2007b: 1123-1128). Im Einzelnen waren dies das Timing populärer und unpopulärer Maßnahmen im Sinne eines politischen Konjunkturzyklus, die Ausgestaltung der Reformen in einer Weise, dass die unpopulären Teile für die Wähler möglichst wenig erkennbar sein würden, etwa indem Sozialleistungen und Steuerfreibeträgen nicht oder nicht vollständig an die Inflation oder die Entwicklung der Löhne angepasst wurden, sowie ein politischer Diskurs, der die Angemessenheit und Unabweisbarkeit der entsprechenden Reformen in Zeiten globalisierter Märkte deutlich machen sollte.

5 Eine finanzpolitische Therapie für die „holländische Krankheit"? Anpassungsreaktionen in den Niederlanden seit 1982

5.1 Politische Rahmenbedingungen in den Niederlanden

5.1.1 Das politische System

Nach Lijphart (1999) sind die Niederlande als eine „föderale Konsensusdemokratie" zu klassifizieren. Diese Einstufung ist allerdings insofern etwas irreführend, als das Land hoch zentralisiert ist, was sich etwa daran zeigt, dass den zwölf niederländischen Provinzen mit gewissen Ausnahmen in der Verkehrs- und Umweltpolitik „wenig Spielraum für eigene, die besonderen Gegebenheiten der Provinz berücksichtigende Gestaltungsmöglichkeiten" bleibt (Lepszy 2003: 380), sie insbesondere keine Steuerkompetenzen besitzen und sie rund 95% ihrer Mittel, die wiederum lediglich drei Prozent der Staatsausgaben ausmachen, direkt vom Zentralstaat zugewiesen bekommen (Brandner 2003: 196). Ähnliches gilt insgesamt auch für die Gemeinden, wenngleich diese einen deutlich größeren Teil der Staatsausgaben bestreiten und bestimmte lokale Steuern, hauptsächlich Grundsteuern, erheben, deren Tarife sie selbst festlegen können und die knapp zehn Prozent ihrer Ausgaben decken (Bach et al. 2001: 111; Brandner 2003: 196f.; Abrate 2004: 258f.). Zudem hingen die Gemeinden seit den 1980er Jahren in abnehmendem Maße von Zuweisungen des Zentralstaates für bestimmte Aufgabengebiete ab (vgl. Andeweg/Irwin 2005: 178f.).

Auf der zentralstaatlichen Ebene ist als institutioneller Vetospieler vor allem das Parlament (Generalstaaten) zu nennen, während ein Verfassungsgericht nicht existiert. Das Parlament besteht aus zwei Kammern, wobei die Zustimmung beider Kammern für das Zustandekommen eines Gesetzes notwendig ist. Einen deutlichen Vorrang besitzt allerdings die so genannte *tweede kamer*, der 150 Abgeordnete angehören, die durch direkte Wahl nach reiner Verhältniswahl ohne Sperrklausel gewählt werden. Die zweite Kammer kann Gesetze einbringen und verändern. Die *eerste kamer* besteht dagegen aus 75 Mitgliedern, informell Senatoren genannt. Der Senat besitzt ein absolutes Vetorecht, kann also Gesetze verhindern, er kann allerdings weder Gesetzentwürfe einbringen noch sie verändern (vgl. Timmermans et al. 2008). Zur Wahl der Mitglieder des Senats bilden sämtliche Mitglieder der jeweils kurz zuvor neu gewählten Provinziallandtage ein Wahlgremium, das die Senatoren nach Verhältniswahl bestimmt. Da die Wahl der Provinziallandtage – und damit indirekt der ersten Kammer – und die Wahl der zweiten Kammer zeitlich auseinander fallen, sind abweichende Mehrheiten in beiden Kammern im Prinzip vorstellbar, zumal die Provinzialwahlen (wie auch die Gemeindewahlen) „jeweils als ein wichtiges politisches Stimmungsbarometer" gelten (Lepszy 2003: 381). Dennoch stimmten die Mehrheiten in beiden Kammern zuletzt zwischen 1901 und 1903 nicht überein (Andeweg/Irwin 2005: 132). Das bedeutet freilich nicht, dass die erste Kammer keinen Einfluss auf die Gesetzgebung hätte. Vielmehr kamen zwischen 1945 und 2003 84 Gesetze nicht zustande, weil ihnen der Senat die Zustimmung versagte oder sie von der Regierung in Erwartung eines Vetos zurückgezogen wurden. Darüber hinaus wurden für den Zeitraum zwischen 1967 und 2003 49 Fälle nachgewiesen, in denen die zweite Kammer Änderungen an einem Entwurf vornahm, um ein antizipiertes Veto der ersten Kammer zu verhindern (Zahlen nach Andeweg/Irwin 2005: 133). Gleichwohl ist der Einfluss des Senats deutlich geringer als der des deutschen Bundesrates (Timmermans et al. 2008: 276). Das gilt insbesondere für die Finanzpolitik.

Im Gegensatz zu vielen anderen Ländern, etwa auch Großbritannien oder Deutschland, gelten in der niederländischen Finanzpolitik auch keine wesentlich anderen Regeln als in anderen Politikbereichen (vgl. Timmermans et al. 2008: 296f.), ist also der finanzpolitische Willensbildungsprozess nicht stärker zentralisiert als in anderen Feldern. Das trifft auch auf die Haushaltspolitik zu. Eric Seils (2004: 64) kommt in seinem Vergleich der haushaltspolitischen und haushaltsrechtlichen Bestimmungen in 14 parlamentarischen Demokratien für die Niederlande zu dem Schluss, „dass die institutionell verbürgten Kompetenzen des Ministerpräsidenten und des Finanzministers gegenüber den Fachministern und die Position der Regierung gegenüber dem Parlament im Vergleich zu anderen parlamentarischen Demokratien eher schwach ist."

Eine Besonderheit in der niederländischen Finanzpolitik ist allerdings die besonders große Rolle, die Politikberatungsgremien, allen voran das *Centraal Planbureau* (CPB), aber auch die Studiengruppe Haushaltsspielraum (*Studiegroep Begrotingsruimte*) spielen, obwohl sie natürlich beide selbst keine Vetospieler sind. Bei der Studiengruppe Haushaltsspielraum handelt es sich um ein Expertengremium, dem Spitzenvertreter der wirtschaftspolitisch relevanten Ministerien (v.a. Finanzen, Wirtschaft, Soziales) sowie die Präsidenten der Zentralbank und des zentralen Planungsbüros angehören. Diese Gruppe legt seit 1971 am Beginn jeder Legislaturperiode Vorschläge für die zukünftige Haushaltspolitik vor. Allerdings besitzt die Studiengruppe aufgrund ihrer Zusammensetzung, vor allem der Teilnahme vieler Spitzenbeamter, nicht die gleiche Unabhängigkeit wie das Centraal Planbureau (Interview MinFin 2, SER).

Das Kapital des CPB liegt im großen Vertrauen, das es – gerade aufgrund seiner Unabhängigkeit – bei allen politischen Parteien und der Öffentlichkeit seit seiner Gründung 1945 erworben hat (vgl. hierzu IMF 2005: 50-53; Bos 2007: 21f., 33ff.). Zudem „verfügt [es] bei der Versorgung der Regierung mit ökonometrischen Schätzungen praktisch über ein Monopol" (Seils 2004: 76), berechnet es doch sämtliche Projektionen, auf denen die Finanzpolitik am Beginn einer Legislaturperiode bei der Koalitionsbildung wie auch bei der jährlichen Aufstellung des Haushaltes aufbaut. Zudem kalkuliert es die Effekte verschiedener politischer Maßnahmen, nicht zuletzt die Effekte der von den wichtigsten Parteien aufgestellten Wahlversprechen. Dabei handelt es sich sogar um einen iterativen Prozess, bei dem Parteien auf negative Bewertungen ihrer Programme durch das CPB gegebenenfalls noch mit Änderungen am Programm reagieren (Interview CPB).

Wendet man sich den parteilichen Vetospielern zu, ist die Rolle der Koalitionsregierungen zu diskutieren. In keiner Wahl seit Einführung des Verhältniswahlrechts 1917 kam eine Partei auch nur in die Nähe einer absoluten Sitz- geschweige denn Stimmenmehrheit in einer der beiden Kammern (vgl. Tab. 5.1). Koalitionen waren also notwendig. Anders als in Dänemark, wo es eine Tradition von Minderheitenregierungen gibt, besaßen fast alle niederländischen Koalitionen eine eigene parlamentarische Mehrheit (Keman 2002: 120). Anders als im deutschen Fall erfolgt die Koalitionsbildung allerdings im Regelfall nach den Wahlen, während Koalitionsaussagen vor dem Urnengang unüblich sind (Andeweg/Irwin 2005: 110) – mit Ausnahme der Parlamentswahlen 1986 und 1998, als die jeweiligen Koalitionen ankündigten, nach der Wahl ihre Zusammenarbeit fortsetzen zu wollen.

Schließlich ist im Falle der Niederlande noch auf die Rolle des Korporatismus einzugehen, dem in der Literatur häufig ein besonders starker Einfluss auf die niederländische Wirtschafts- und Sozialpolitik zugeschrieben wird (vgl. beispielhaft Visser/Hemerijck 1998; Visser 1998). Die verschiedenen Dachverbände von Gewerkschaften und Unternehmern (vgl. detailliert Visser/Hemerijck 1998: 114-126; Kleinfeld 2001: 293-301) sind auf verschiedene Arten in den wirtschafts- und sozialpolitischen Entscheidungsprozess integriert, wobei zwei Institutionen von zentraler Bedeutung sind: die *Stichting van de Arbeid* (SvdA) und der *Sociaal-Economische Raad* (SER). Die SvdA ist eine privatrechtliche Organisation, die paritätisch mit Arbeitgebern und Arbeitnehmern besetzt ist. Sie war „an den zentralen Verhandlungen zwischen Sozialpartnern und Regierung immer entscheidend beteiligt" (Kleinfeld 2001: 299) und nahm vor allem in der Lohnpolitik eine bedeutende Rolle ein.

Mit dem Sozial-Ökonomischen Rat verbindet sie eine Vielzahl von funktionalen, personellen und organisatorischen Verflechtungen (Kleinfeld 2001: 299). Im Unterschied zur SvdA ist der SER jedoch drittelparitätisch besetzt, wobei aber die Regierung nicht unmittelbar an den Verhandlungen beteiligt ist, da das verbleibende Drittel neben den Vertretern von Gewerkschaften und Arbeitgebern für so genannte Kronmitglieder reserviert ist. Bei letzteren handelt es sich neben dem Präsidenten der niederländischen Zentralbank und dem Direktor des Zentralen Planungsamtes, die beide ex officio Mitglieder des Rates sind, um unabhängige Sachverständige, häufig Professoren der Wirtschafts- und Rechtswissenschaften (Andeweg/Irwin 2005: 153).[68] Die wichtigste Funktion des SER ist die Beratung der Regierung, wobei die Regierung bis Mitte der 1990er Jahre verpflichtet war, im Rahmen wirtschafts- und sozialpolitischer Reformen Gutachten des SER einzuholen (Kleinfeld 2001: 300). Damit sollten die Standpunkte der Sozialpartner möglichst schon zu einem frühen Zeitpunkt der Beratungen dargelegt, und wenn möglich gebündelt werden. Insbesondere in der unmittelbaren Nachkriegszeit konnten die Sozialpartner auf diese Weise erheblichen Einfluss auf die staatliche Einkommens- und Sozialpolitik nehmen, wenn sie sich einigen konnten.

---

68 Auch für diese Mitglieder gilt offenbar ein Proporzsystem, sind doch die Fraktionsführungen der politischen Parteien an der Ernennung beteiligt (Kleinfeld 1993: 246).

Gleichwohl ist festzuhalten, dass „der niederländische Korporatismus im sozioökonomischen Bereich vorrangig auf die Regelung der Arbeitsbeziehungen sowie auf den Bereich allgemeiner wirtschaftspolitischer Konsultationen beschränkt" blieb (Kleinfeld 1998: 131). Das belegen auch die starken politikfeldspezifischen Unterschiede bei den SER-Gutachten. Während nämlich mehr als 60% dieser Papiere für das Arbeits- und Sozialministerium verfasst wurden, war das Wirtschaftsministerium nur noch Adressat von 15% der entsprechenden Expertisen, während das Finanzministerium bis Anfang der 1990er Jahre kein einziges Gutachten bestellt hatte (Kleinfeld 1993: 247). Zwar legt der Rat in regelmäßigen Abständen Empfehlungen zur mittelfristigen Wirtschafts- und Sozialpolitik vor, in denen auch die Finanzpolitik abgehandelt wird (vgl. etwa SER 2006: 97-118), doch haben diese Empfehlungen offenbar nicht annähernd das gleiche Gewicht wie einstimmige Empfehlungen in der Sozialpolitik (Interviews MinFin 2, CPB, NRC Handelsblad).

Diese Tatsache weist darauf hin, dass der Einfluss der Interessenverbände zumindest in der niederländischen Finanzpolitik keineswegs automatisch über ihre Beteiligung an den einschlägigen Institutionen gesichert ist, sondern sie – wie im theoretischen Modell unterstellt – meistens den „Umweg" über die parteipolitischen Vetospieler nehmen müssen. Daher überrascht es nicht, dass Braun und Keman (1986: 80) argumentieren, dass „typisch korporatistische Steuerungsmerkmale wie eine aktive Arbeitsmarktpolitik und eine koordinierte und konsensual implementierte Geld-, Steuer- und Einkommenspolitik in den Niederlanden nicht vorhanden zu sein" schienen.

Soweit schließlich die Europäische Integration den finanzpolitischen Handlungsspielraum der Mitgliedstaaten einschränkt, sind die Niederlande von diesen Einschränkungen betroffen, gehörte das Land doch zu den Gründungsmitgliedern der Europäischen Gemeinschaft und verfolgte bis ins 21. Jahrhundert hinein stets eine integrationsfreundliche Europapolitik. Daher war beispielsweise innenpolitisch auch der Beitritt zur Europäischen Währungsunion kaum umstritten, hatte das Land faktisch doch bereits seit 1983 die geldpolitische Autonomie abgegeben, als der Gulden an die D-Mark gekoppelt wurde (Andeweg/Irwin 2005: 180, 188). Entsprechend hohe Priorität wurde in den 1990er Jahren der Erreichung der Maastrichter Konvergenzkriterien eingeräumt, was wiederum insbesondere auf die Haushaltspolitik zurückwirkte.

5.1.2 Das Parteiensystem

Im Untersuchungszeitraum gab es vier Regierungswechsel und drei Regierungschefs. Im Jahr 1982 kam eine Mitte-Rechts-Regierung aus christdemokratischem CDA und liberaler VVD unter Ruud Lubbers an die Macht, die ihre Arbeit auch nach den Parlamentswahlen 1986 fortsetzte. Ab 1989 regierte der CDA gemeinsam mit der sozialdemokratischen PvdA, Lubbers blieb aber Regierungschef. Nach der Erdrutschwahl 1994 verloren die Christdemokraten erstmals seit 1917 die Regierungsbeteiligung. Stattdessen koalierten PvdA und VVD sowie die linksliberale D66 unter dem Sozialdemokraten Wim Kok. Nach zwei Wahlperioden wurde diese so genannte „violette" Koalition in einem neuerlichen Erdrutsch abgewählt und ersetzt durch eine Koalition aus Christdemokraten, VVD und der rechtspopulistischen Liste Pim Fortuyn (LPF), die bei diesen Wahlen erstmals angetreten war und aus dem Stand zur zweitstärksten Partei wurde. Ministerpräsident wurde der Christdemokrat Jan Peter Balkenende. Diese Regierung hielt allerdings nur 87 Tage und wurde nach der Neuwahl 2003 durch ein Bündnis aus CDA, VVD und D66 erneut unter Balkenende ersetzt, das allerdings nach der Wahl 2006 keine Mehrheit mehr im Parlament fand. Tabelle 5.1 gibt einen Überblick über die Ergebnisse der wichtigsten Parteien bei den Wahlen zur zweiten Kammer seit 1977. Dabei wurde versucht, die unübersichtliche Zahl der Parteien auf ein überschaubares Maß zu reduzieren. Entsprechend wurde die Vielzahl weiterer protestantischer und linker Parteien, die angesichts des reinen Verhältniswahlrechts auch im Parlament vertreten sind, nicht berücksichtigt, da sie bis 2006 weder für die Regierungsbildung gebraucht (oder genutzt) wurden noch in der finanzpolitischen Willensbildung eine nennenswerte Rolle spielten.

Ein erster Blick auf die Wahlergebnisse zeigt – und ein Blick auf die Volatilität (Tab. 5.2) bestätigt –, dass die Erfolge der Parteien bei Wahlen starken Schwankungen unterlagen. Das galt zunächst vor allem für D66, spätestens seit Mitte der 1980er Jahre aber auch für alle anderen Parteien. Dies mag auf den ersten Blick erstaunen, galten die Niederlande doch als ein Standardbeispiel einer „versäulten Gesellschaft" (vgl. grundlegend Lijphart 1975).[69] In der Wahlarena schlug sich die Versäulung vor allem darin nieder, dass das Wahlverhalten lange Zeit durch die Zugehörigkeit zu den verschiedenen Säulen bestimmt war. Entsprechend fokussierten Wahlkampagnen in jener Zeit auch kaum auf das Gewinnen von Wechselwählern, sondern auf eine möglichst große Ausschöpfung des Wählerreservoirs der eigenen Säule (Andeweg/Irwin 2005: 92).

---

69 Unter „Versäulung" lässt sich der Versuch verstehen, „Entwicklungsprozesse einer funktional-differenzierten Gesellschaft durch Organisationsbildung auf weltanschaulich-konfessioneller Grundlage zu kanalisieren, kontrollierbar zu halten und zugleich gruppenspezifische Machtpositionen zu erwerben und zu sichern" (Kleinfeld 1993: 226). Konkret bedeutet dies, dass verschiedene Minderheitengruppen in der niederländischen Gesellschaft seit der zweiten Hälfte des 19. Jahrhunderts begannen, sich mit einem Organisationsumfeld „von der Wiege bis zur Bahre" zu umgeben. Dies betraf insbesondere die Katholiken und die Calvinisten, die in bestimmten Bereichen, so insbesondere auch bei der parteipolitischen Organisation bis in die 1970er Jahre hinein, sogar noch in orthodoxe und liberale Calvinisten zerfielen; die Sozialisten bildeten dagegen eher unfreiwillig eine eigene Säule, während die Liberalen, die bis 1917 die niederländische Politik dominiert hatten, nicht eigentlich eine eigene Säule benötigten. Die meisten Interessengruppen und Parteien spiegelten die Säulenstruktur wider, es gab also jeweils katholische, calvinistische, sozialistische (und ggf. liberale) Gewerkschaften, Arbeitgeberverbände, Medien und Parteien. Auf diesen Säulen baute jedoch auf der Elitenebene eine weit reichende Kooperation auf.

Tabelle 5.1: Wahlergebnisse in den Niederlanden 1977-2006 (in Prozent der Stimmen)

	1977	1981	1982	1986	1989	1994	1998	2002	2003	2006
VVD	17,9	17,3	23,1	17,4	14,6	20,0	24,7	15,4	17,9	14,6
CDA	31,9	30,8	29,4	34,6	35,3	22,2	18,4	27,9	28,6	26,5
D66	5,4	11,1	4,3	6,1	7,9	15,5	9,0	5,1	4,1	2,0
PvdA	33,8	28,3	30,4	33,3	31,9	24,0	29,0	15,1	27,3	21,2
Grüne Linke[a]	4,3	6,7	6,5	3,3	4,1	3,5	7,3	7,0	5,1	4,6
Sonstige	6,7	5,8	6,3	5,3	6,2	14,8	11,6	29,4[b]	17,0[c]	31,1[d]

[a]: Vor 1989 Summe der Parteien, die sich zur Grünen Linken zusammengeschlossen haben.
[b]: Darunter 17,0 Prozent für die Liste Pim Fortuyn.
[c]: Darunter 5,7 Prozent für die Liste Pim Fortuyn.
[d]: Darunter 16,6 Prozent für die Sozialistische Partei.
Quelle: Andeweg/Irwin 2005: 96; eigene Ergänzungen.

Dieses Muster endete in der Mitte der 1960er Jahre, wobei häufig die Parlamentswahl von 1967 als entscheidender Einschnitt wahrgenommen wird (vgl. z.B. Lijphart 1989: 141). Konnte die Wahlentscheidung 1956 noch für 72% des Elektorates durch die Zugehörigkeit zu einer Säule erklärt werden, fiel dieser Wert bis 2003 auf 31%, lediglich der CDA wies bei der Wahl 1994 noch ein erkennbares demografisches Profil auf. Entsprechend sank der Anteil der Wähler, die angaben, immer für die gleiche Partei zu stimmen, von 50% 1981 auf unter ein Drittel 2003, während der programmatischen Position einer Partei und ihren Leistungen wachsende Bedeutung zukommt (Aarts et al. 1999: 86f.; Rochon 1999: 112-115; Koole/Daalder 2002; Andeweg/Irwin 2005: 100). Der Anteil des Elektorates, um den die Parteien konkurrieren konnten bzw. mussten, wuchs daher erheblich. Irwin und Holsteyn (1989: 115) errechneten für 1977 einen Anteil von gut 37% der Wähler, deren Stimme prinzipiell von verschiedenen Parteien gewonnen werden konnte. Nach Andeweg und Irwin (2005: 102) lag der entsprechende Wert bei der Wahl 1989 mit 40% noch kaum höher, stieg dann aber bis auf 57% bei den Wahlen 2003. Entsprechend ausgeprägt war die elektorale Volatilität seit den 1970er Jahren (Tab. 5.2), die sich aufgrund des lupenreinen Verhältniswahlsystems auch in Gewinnen und Verlusten von Parlamentsmandaten niederschlug.

Tabelle 5.2: Elektorale Volatilität in den Niederlanden 1977-2006

1977	1981	1982	1986	1989	1994	1998	2002	2003	2006
12,15	8,65	8,95	10,25	8,3	21,8	16,85	32,6	16,2	23,3

Quelle: eigene Berechnung; Daten nach Lepszy 2003: 366 mit eigenen Ergänzungen, zur Berechnung siehe Pedersen 1980.

Gleichwohl sollte man sich hüten, von einer „Revolution" der niederländischen Politik nach 1967 zu sprechen. Das gilt in erster Linie für das politische System als Ganzes (Lijphart 1989; Koole/Daalder 2002), war es doch im Wesentlichen lediglich das Muster das Parteienwettbewerbs, das sich verändert hatte. Und sogar in diesem Bereich waren die Veränderungen trotz erhöhter Volatilität begrenzt, was sich insbesondere daran zeigt, dass die „Säulenparteien" wenigstens bis 2006 und damit noch fast 40 Jahre nach der vermeintlichen Revolution die Koalitionsbildung und damit die Politikgestaltung weitgehend dominieren konnten.

Zudem kann im Falle der Niederlande auch nicht umstandslos von einer hohen elektoralen Volatilität auf eine hohe Prägekraft des Parteienwettbewerbs für die inhaltliche Politik geschlossen werden, wie sich bereits an der vergleichsweise geringen Responsivität der niederländischen Parteien in Bezug auf die Prioritäten der Wähler zeigt (Pennings 2005). Das liegt erstens daran, dass Wechselwahlverhalten lange Zeit auf Parteien eines „Blocks" beschränkt blieb, während nur ein geringer Teil der Wechselwähler von der Partei eines Blocks (etwa der Mitte) zu einer Partei eines anderen Blocks (bspw. der Linken) wechselte (vgl. Keman 2002: 111). Zweitens wird in der Literatur die starke Policy-Orientierung der niederländischen Parteien betont (Hillebrand/Irwin 1999: 134; Timmermans/Andeweg 2000: 386; Keman 2002: 134), die sie weniger empfänglich für Signale aus der Arena des Wettbewerbs um Wählerstimmen machen sollte.

Von besonders großer Bedeutung ist drittens schließlich, dass keineswegs das Wahlergebnis allein über eine mögliche Regierungsbeteiligung entscheidet. Die PvdA beispielsweise gewann 1977, 1982, 1986 und 2003 Stimmen hinzu, ohne bei der anschließenden Regierungsbeteiligung zum Zuge zu kommen, während sie umgekehrt nach Stimmverlusten 1981, 1989, 1994 und 2006 an der Koalition beteiligt wurde. Abgesehen von den Fällen 1998 (Stimmengewinne und anschließende Regierungsbeteiligung) sowie 2002 (Stimmverluste und Verlust der Regierungsbeteiligung) bestand also bei den niederländischen Sozialdemokraten sogar eine inverse Beziehung zwischen Stimmengewinnen und Regierungsbeteiligung. Es ist demnach für die Parteien häufig wichtiger, die Regierungsbildung zu gewinnen als die Wahlen.

Wie bereits angesprochen, findet die Suche nach möglichen Regierungskoalitionen in den Niederlanden in der Regel erst nach den Wahlen statt (vgl. ausführlicher zur Koalitionsbildung Timmermans/Andeweg 2000). Allerdings weigerten sich einige Parteien, miteinander Koalitionen einzugehen. So schlossen sich zwischen dem Ende der 1950er Jahre und 1994 die sozialdemokratische PvdA und die liberale VVD gegenseitig als potenzielle Koalitionspartner aus (Aarts et al. 1999: 72; Lucardie 2006: 337) und die links-liberalen Demokraten 66 wollten zwischen 1977 und 1994 nicht mit CDA und VVD gemeinsam koalieren (Hillebrand/Irwin 1999: 119, 125; Timmermans/Andeweg 2000: 368). Die kleinen Parteien schließlich wurden mit Ausnahme der D66 bis 2006 nicht am Koalitionsspiel beteiligt (Keman 2002: 125). Daher blieben die christdemokratischen Parteien, die 1977 erstmals gemeinsam antraten und sich 1980 zum CDA zusammenschlossen, bis 1994 permanente Regierungspartei(en) in wechselnden Koalitionen mit Sozialdemokraten oder Liberalen (vgl. den Überblick bei Andeweg/Irwin 2005: 119). Diese Regierungsbildungskonstellation hatte erhebliche Folgen für den Parteienwettbewerb: Wollte eine Partei an der Regierung beteiligt werden, musste sie von den übrigen Parteien, allen voran von den Christdemokraten, als koalitionsfähig betrachtet werden (Aarts et al. 1999: 64). Diese Notwendigkeit wiederum dürfte die Bereitschaft zu offener Konfrontation und intensivem Wettbewerb um Wählerstimmen massiv eingeschränkt haben.

Lediglich die Sozialdemokraten hofften nach größeren politischen Umbrüchen wie der Einführung des allgemeinen Wahlrechts 1917/19, der Befreiung von der deutschen Besatzung 1945 und der Entsäulung nach 1967 darauf, eigene progressive Mehrheiten gewinnen zu können (Hillebrand/Irwin 1999: 116). Insbesondere in den 1970er Jahren verfolgte die PvdA eine Polarisierungsstrategie (vgl. Wolinetz 1995a: 116-120; van Kersbergen 1999): Die deutliche inhaltliche Abgrenzung von den christlichen Parteien und der VVD, die explizite Koalitionsaussage zugunsten von D66 und Radikaler Partei (1971 und 1972) sowie die Absolutsetzung bestimmter Teile des eigenen Wahlprogramms, bei denen in den Koalitionsverhandlungen keine Konzessionen gemacht werden würden, brachten der PvdA zwar durchaus erhebliche Stimmengewinne, doch sie trugen auch unmittelbar zum Scheitern der Koalitionsverhandlungen 1977 und zum Scheitern der christlich-sozialdemokratischen Regierung van Agt II nach nur wenigen Monaten im Jahr 1982 bei (Hillebrand/Irwin 1999: 116). Insofern führte die Polarisierungsstrategie der PvdA in den 1970er und 1980er Jahren dazu, dass sie vom CDA als nicht koalitionsfähig angesehen und weitgehend aus der Regierung ferngehalten wurde (Timmermans/Andeweg 2000: 368; Pennings 2005: 39). Spätestens nach der Wahl 1986 erkannte die PvdA das Scheitern der Polarisierungsstrategie an, steuerte wieder einen moderateren Kurs (vgl. Wolinetz 1995a: 120) – und wurde prompt 1989 trotz Stimmverlusten erneut Koalitionspartner des CDA.

Betrachtet man die in Expertenbefragungen gemessenen Parteipositionen im hier interessierenden finanzpolitischen Bereich, zeigt sich deutlich die pivotale Position der Christdemokraten, die in dieser Beziehung genau zwischen Sozialdemokraten und Liberalen stehen (vgl. Tabelle 5.3).[70] Zusätzlich fällt auf, dass eine christlich-liberale Koalition in den 1980er Jahren einerseits eine höhere Kongruenz, sprich: einen größeren Vorrat an Gemeinsamkeiten gehabt haben dürfte als die CDA-PvdA-

---

70 Die Parteien wurden von Experten auf einem Kontinuum von 1 bis 20 bewertet. Die Dimension wurde beschrieben mit der Alternative: „Promote raising taxes to increase public services (low) versus Promote cutting public services to cut taxes" (vgl. Laver/Mair 1999).

Koalition ab 1989, zeigen die Daten doch, dass sich die Sozialdemokraten erst während ihrer Beteiligung am dritten Kabinett Lubbers stärker in die Mitte orientierten. Andererseits waren die ersten beiden Kabinette Lubbers (1982-1989) inhaltlich auch vergleichsweise weit vom Gravitationszentrum des Parteiensystems entfernt, was Reformpolitik elektoral riskanter machen sollte, während die Koalition aus CDA und PvdA sehr nah am Gravitationszentrum positioniert war.

Tabelle 5.3: Die sozio-ökonomischen Positionen der niederländischen Parteien und das Gravitationszentrum

	1989	1994	1998	2003
PvdA	5,79	8,53	8,44	8,1
D66	10,36	10,59	10,92	10,0
CDA	13,57	12,82	9,50	13,3
VVD	17,36	17,06	16,69	16,8
Gravitations-zentrum	9,99	9,95	9,3	9,4

Quelle: Laver/Mair 1999: 54; Benoit/Laver 2006; eigene Berechnung.

Besonders große inhaltliche Differenzen dürfte schließlich die violette Koalition aus PvdA, VVD und D66 in der Finanzpolitik zu überbrücken gehabt haben. Allerdings fällt bei einer Betrachtung der Parteipositionen im Zeitverlauf insgesamt auf, dass sich die wichtigsten niederländischen Parteien zunehmend zur politischen Mitte hin orientierten. Das gilt vor allem für die PvdA, aber in den 1990er Jahren auch für den CDA, insbesondere in Folge des Wahldesasters von 1994, das auf die Ankündigung massiver Sozialkürzungen zurückgeführt wurde. Dieser Trend lässt sich mit anderen Daten sogar schon seit Beginn der 1980er Jahre beobachten (vgl. Rochon 1999: 119; sowie zusammenfassend Pennings 2005: 38f.). Die Daten für 2003 zeigen den CDA dagegen wieder stärker rechts, während sich die Positionen der anderen Parteien unwesentlich verändert haben, sodass die ersten drei Balkenende-Kabinette wiederum deutlich rechts vom Gravitationszentrum positioniert waren, ihre Kongruenz jedoch wegen der Inkludierung von D66 nur wenig höher war als die der violetten Koalition.[71]

---

71 Gleichzeitig ist darauf hinzuweisen, dass die sozio-ökonomische Konfliktlinie keineswegs die einzig relevante ist. Lucardie (2006: 343f.) beispielsweise verweist auch auf die Bedeutung einer kirchlich-ethischen, einer materialistisch-postmaterialistischen und einer libertär-autoritären Konfliktlinie. Gleichwohl zeigen Expertenbefragungen für die 1990er Jahre, dass die sozio-ökonomische Dimension stets als die wichtigste Konfliktlinie wahrgenommen wurde (Laver/Mair 1999: 64).

5.2 „Dutch disease": Grundprobleme der niederländischen Wirtschaftspolitik bis 1982

Anders als in Großbritannien, wo die Debatte über den „british decline" Ende der 1970er Jahre bereits eine Jahrzehnte alte Tradition besaß, waren die Probleme, vor die sich die niederländische Wirtschaftspolitik zu Beginn der 1980er Jahre gestellt sah, erheblich jüngeren Ursprungs. Zwar wuchs die niederländische Wirtschaft in den ersten Nachkriegsjahrzehnten etwas weniger schnell als andere westeuropäische Volkswirtschaften, etwa die Bundesrepublik Deutschland (van Paridon 2004: 410), doch waren die Kernindikatoren wirtschaftlichen Erfolgs wie Wachstum, Arbeitslosigkeit, Inflation und außenwirtschaftliche Position bis weit in die 1960er Jahre hinein durchaus günstig. Das traditionell außenwirtschaftlich sehr offene Land versuchte in den 1950er Jahren sehr erfolgreich, durch eine von Regierung und Sozialpartnern gemeinsam organisierte Lohnzügelung seine internationale Wettbewerbsposition auszubauen (Visser/Hemerijck 1998: 127ff.).

Seit den 1960er Jahren entstanden jedoch wirtschaftspolitische Probleme, die sich aus drei Quellen speisten. Zunächst ist dabei auf ein Phänomen zu verweisen, dass inzwischen als „holländische Krankheit" oder „dutch disease" Eingang in die wirtschaftswissenschaftlichen Lehrbücher gefunden hat (zum Hintergrund vgl. Lubbers/ Lemckert 1980):[72] 1959 wurden in der Provinz Groningen größere Mengen Erdgas gefunden, das schnell zum wichtigsten Energieträger des Landes wurde (de Wolff/ Drieshuis 1980: 20f.). Dies führte nicht nur zu sprudelnden Staatseinnahmen, da der größte Teil der Einnahmen aus dem Erdgasverkauf an die Regierung floss (Lubbers/ Lemckert 1980), die sie überwiegend konsumtiv, nämlich zum Ausbau des Wohlfahrtsstaates verwendete; vielmehr hatten die Erdgasfunde auch erhebliche Folgen für die weitere wirtschaftliche Entwicklung des Landes: Die Gasexporte führten nämlich zu einer erheblichen Verbesserung der Leistungsbilanz und damit zu notorischem Aufwertungsdruck auf den Gulden. Letzteres wiederum führte zu einer Verschlechterung der Wettbewerbsposition der niederländischen Exportindustrie. So sank die Zahl der Arbeitsplätze im Industriesektor zwischen 1973 und 1983 um rund ein Viertel (van Paridon 2004: 394).

Zweitens „explodierten" die Löhne ab 1963 (Visser/Hemerijck 1998: 129; van Paridon 2004: 382), was zu einem massiven Anstieg der Arbeitskosten und einer (weiteren) Verschlechterung der Wettbewerbsposition der niederländischen Industrie führte. Hinzu kam drittens der Ausbau des niederländischen Wohlfahrtsstaates, der sich zwischen 1955 und dem Ende der 1960er Jahre „von einem Nachzügler in einen der großzügigsten und umfassendsten Wohlfahrtsstaaten der Welt" wandelte (Visser/Hemerijck 1998: 162). Durch die Reformen stieg nicht nur die Zahl der Leistungsempfänger sprunghaft an, sondern auch das Leistungsniveau wurde mitun-

---

72 Inzwischen hat es sich allerdings eingebürgert, nicht allein das im Folgenden zu erläuternde Phänomen, sondern die unbefriedigende wirtschaftliche Entwicklung der Niederlande in den 1970er und 1980er Jahren insgesamt unter dem Begriff der „holländischen Krankheit" zusammenzufassen.

ter deutlich erhöht. Beides schlug sich in stark steigenden Sozialversicherungsbeiträgen zwischen Mitte der 1950er und Mitte der 1970er Jahre nieder (vgl. ausführlicher de Wolff/Drieshuis 1980: 30-32), die wiederum die Arbeitskosten erhöhten.

Das gemeinsame Auftreten von starken Lohnerhöhungen im privaten Sektor und einem wachsenden Kreis von Anspruchsberechtigten auf Sozialleistungen hatte zusätzlich besonders gravierende Folgen für die Haushalte der Regierung und der Sozialversicherungen, weil die Löhne der öffentlich Beschäftigten und der Mindestlohn, der wiederum als Bezugsgröße für die Höhe vieler Sozialtransfers diente, an den Anstieg der Tariflöhne in der Privatwirtschaft gekoppelt waren (detaillierter Visser/Hemerijck 1998: 174-176). Während jedoch die Privatunternehmen auf die Erhöhung der Arbeitskosten mit einer Erhöhung der Arbeitsproduktivität reagieren konnten (und tatsächlich reagierten), war diese Antwort im öffentlichen Sektor kaum möglich, da sich die dortige Produktivität nur begrenzt steigern lässt und die Leistungen im Rahmen von Sozialprogrammen festgeschrieben sind. Durch die Koppelung der Löhne im öffentlichen Sektor und der Sozialleistungen an die Lohnentwicklung im Privatsektor waren also zukünftige Ausgabenerhöhungen der Regierung bereits determiniert, die durch höhere Steuern und Abgaben, durch Ausgabenkürzungen oder durch eine Ausweitung der staatlichen Verschuldung finanziert werden mussten. Doch nicht nur die Staats- und Sozialversicherungshaushalte wurden auf diese Weise belastet; auch die Arbeitskosten wurden durch die automatische Erhöhung der Transfers und die Erhöhung der Zahl der Anspruchsberechtigten, die sich aus den Rationalisierungen in der Privatwirtschaft ergab, weiter in die Höhe getrieben, weil sich die zusätzlichen Ausgaben wiederum nur durch eine Erhöhung der Beiträge (und wachsende Zahlungen des Staates an die Sozialversicherungen) finanzieren ließen (van Paridon 2004: 397f.). Entsprechend verschärfte sich auch durch die Kopplung der Sozialleistungen und der Löhne im öffentlichen Sektor an die Löhne im Privatsektor sowohl die Haushaltssituation als auch die Situation bei den Arbeitskosten.

Für das Ende der 1970er und den Beginn der 1980er Jahre konnte ein düsteres Bild der wirtschaftlichen Situation in den Niederlanden gezeichnet werden, fast alle wirtschaftspolitisch relevanten Indikatoren zeigten in eine ungünstige Richtung, sei es das Wirtschaftswachstum, die Arbeitslosigkeit, die Staatsquote oder die Verschuldung. Hinzu kam, dass bei einer Abgabenquote, die beispielsweise 1975 lediglich von Schweden überboten wurde (OECD 2006: 70), weiterer haushaltspolitischer Spielraum auf der Einnahmeseite kaum zu gewinnen war.

Die Reaktion der wirtschaftspolitischen Entscheidungsträger auf diese Situation war zunächst wenig kohärent. Die Sozialpartner blockierten sich weitgehend selbst (Visser/Hemerijck 1998: 134-136), während die Koalition aus Sozialdemokraten, Radikalen und einem Teil der christdemokratischen Parteien unter dem Sozialdemokraten Joop den Uyl zwischen 1973 und 1977 noch eine keynesianische Antwort auf die erste Ölkrise zu geben versuchte (Snels 1999: 109-111; Seils 2004: 70-75) – allerdings mit geringem Erfolg, zumal Finanzminister Duisenberg schon 1976 den vorher eingeschlagenen expansiven Kurs zurücknahm und das angestrebte Wachstum der gesamten öffentlichen Ausgaben von 2,4 bis 3% auf nicht mehr als ein Prozent des Volkseinkommens jährlich zu reduzieren versuchte (ausführlicher Toirkens

1988: 52). Damit wurde zwar einerseits rhetorisch mit dem Keynesianismus gebrochen – ein Bruch übrigens, der sich auch im wirtschaftswissenschaftlichen Diskurs bei den niederländischen Politikberatungsgremien, insbesondere dem Zentralen Planungsamt (CPB), nachweisen lässt;[73] doch Sozial- und Christdemokraten wagten andererseits aus programmatischen wie strategischen Gründen auch (noch) keine tatsächliche Sparpolitik (Braun 1989: 245-249).

Obwohl sie die Situationsanalyse teilte, dass die Abgabenbelastung und die Staatsausgaben zurückgeführt werden sollten, fand auch die folgende christlich-liberale Koalition unter Dries van Agt (1977-1981) kein Erfolg versprechendes wirtschaftspolitisches Rezept (vgl. etwa Knoester 1989). Im Gegenteil musste sie sogar eine Verdoppelung des Haushaltsdefizits sowie eine Verschlechterung weiterer wichtiger makroökonomischer Indikatoren, vor allem der Arbeitslosigkeit, hinnehmen (Snels 1999: 116) – nicht zuletzt wegen der zweiten Ölpreiskrise, aber auch, weil es ihr nicht gelang, eine moderate Lohnpolitik durchzusetzen oder die Kopplung zwischen Löhnen im Privatsektor und Löhnen im öffentlichen Sektor sowie Transferleistungen zu kappen (Visser/Hemerijck 1998: 181). Die Regierung besaß Braun (1989: 278) zufolge zwar ein „mittelfristiges Konzept des Krisenmanagements", war aber gleichzeitig auch immer wieder bereit, „Konzessionen zu machen, die die konsequente neoliberale Strategie unterliefen." Die Regierung war mithin zu schwach, um eine durchgreifende Sparpolitik durchzuhalten. Dies lag an ihrer ausgesprochen knappen parlamentarischen Mehrheit (zwei Sitze), einer starken sozialdemokratischen Opposition, Ressortegoismen und der inneren Zerstrittenheit des dominierenden Koalitionspartners CDA, in dem der gewerkschafts- und der wirtschaftsnahe Flügel unterschiedliche Konzepte zur wirtschaftlichen Wiederbelebung vertraten, wie sich insbesondere 1980 an der Auseinandersetzung zwischen Sozialminister Albeda und Finanzminister Andriessen zeigte, die mit dem Rücktritt des letzteren endete (Toirkens 1988: 53ff.; Braun 1989: 273f.; Snels 1999: 115; Seils 2004: 90f.).

Die christlich-sozialdemokratische Regierung unter van Agt schließlich, die nach den Parlamentswahlen 1981 gebildet wurde, brach schon wenige Monate nach ihrer Vereidigung im Streit um von den Christdemokraten verlangte und von der PvdA abgelehnte Budgetkürzungen im Mai 1982 wieder auseinander (ausführlicher Hillebrand/Irwin 1999: 117-123; Snels 1999: 119). Die folgende Parlamentswahl im Herbst 1982 führte dann zur neuerlichen Bildung einer christlich-liberalen Koalition aus CDA und VVD, nun unter dem Christdemokraten Ruud Lubbers. Damit war ein entscheidender Wendepunkt in der niederländischen Wirtschaftspolitik erreicht (vgl. nur OECD 1989b: 32ff.; Reininga 2002; Green-Pedersen 2002: 58; Seils 2004), mit

---

73 Im Jahr 1974 hatten zwei Mitarbeiter des Zentralen Planungsamtes ein viel beachtetes und politisch sehr einflussreiches Modell vorgestellt (Vintaf-Modell), das die seit den 1960er Jahren zunehmende Arbeitslosigkeit im Wesentlichen auf die Erhöhung der Arbeitskosten zurückführte (Seils 2004: 76). Entsprechend wurde neben Lohnzurückhaltung vor allem eine Verstetigung der staatlichen Ausgabenpolitik, eine Senkung der Abgabenbelastung und globale Investitionsförderung (anstelle von Beschäftigungsprogrammen) empfohlen (vgl. Braun 1989: 233ff.).

dem auch die detailliertere Analyse der niederländischen Finanzpolitik in dieser Studie einsetzt.

5.3 Die Finanzpolitik der christlich-liberalen Regierung Lubbers, 1982-1989

Wie oben bereits dargestellt, erschien die wirtschaftliche und vor allem die finanzpolitische Situation der Niederlande im Herbst 1982, als die Koalition aus CDA und VVD unter Ruud Lubbers die Regierung übernahm, wenig erfreulich. Die Arbeitslosenquote war mit rund elf Prozent so hoch wie in kaum einem anderen OECD-Land, während die Staatsausgaben als Anteil am Volkseinkommen bei knapp 70% und die Finanzierungslücke, die zentrale defizitpolitische Variable der Regierung, bei zehn Prozent am Volkseinkommen lagen (OECD 1983b: 35, 37; OECD 1985b: 37).[74] Der Schuldendienst war daher zum größten Haushaltsposten geworden (Visser/Hemerijck 1998: 138).

Auch die Abgabenquote lag mit rund 60% am Volkseinkommen hoch, wobei hier zu berücksichtigen ist, dass sie zu einem nennenswerten Teil von etwa zehn Prozent des Volkseinkommens auf die Beteiligung an den Erdgasgewinnen zurückzuführen war. Auch die nominalen Steuersätze waren allerdings vergleichsweise hoch; das gilt insbesondere für den Spitzensteuersatz der Einkommensteuer, der bei 72% lag, während der Körperschaftsteuersatz mit 48% noch unter den in Deutschland und Großbritannien zu jener Zeit geltenden Sätzen rangierte. Wichtig für die steuerpolitische Entwicklung der Niederlande ist jedoch, dass das Land seine Attraktivität für (ausländische) Investoren traditionell durch vielfältige steuerliche Sonderregime erhöhte (vgl. etwa Heimann 2001: 24-36; Sunderman 2005: 185). Besonders wichtig war beispielsweise das zuerst im 19. Jahrhundert eingeführte Schachtelprivileg, demzufolge Dividenden, die von Tochterunternehmen bezogen werden, sowie Veräußerungsgewinne von Anteilen nicht körperschaftsteuerpflichtig sind, wenn das Unternehmen mindestens fünf Prozent der Anteile an dem Tochterunternehmen hält. Auch der Abschluss einer Vielzahl internationaler Steuerabkommen (nicht zuletzt mit Steueroasen wie den Niederländischen Antillen, was eine Reduzierung der Dividendenbesteuerung auf rund zehn Prozent ermöglichte; Heimann 2001: 33), die Möglichkeit, definitive steuerliche Vorbescheide von den Steuerbehörden zu erhalten, um auf diese Weise frühzeitig die steuerlichen Konsequenzen wirtschaftlicher Transaktionen abschätzen zu können, oder das Fehlen einer Quellensteuer auf Zinsen und Lizenzeinnahmen dürfte Anreize gegeben haben, in den Niederlanden zu

---

74 Die Angaben zu den Defiziten und Abgabenquoten, die im Text verwendet werden, beziehen sich hier wie in den anderen Länderstudien auf die Abgrenzungen und Werte, auf die die politischen Entscheidungsträger zum jeweiligen Zeitpunkt fokussierten. Dagegen wird in den Abbildungen auf standardisierte Werte der OECD zurückgegriffen, um die Vergleichbarkeit zwischen den Ländern und über die Regierungsperioden hinweg zu gewährleisten. Daher stimmen die im Text genannten Werte nicht notwendigerweise mit den Werten in den Abbildungen überein.

investieren.[75] Diese Regelungen, die jeweils bereits vor 1982 eingeführt worden waren[76] und meist (Ausnahme: Steuerabkommen) auf Verordnungen beruhen, waren und sind sehr technischen Charakters und waren offenbar kaum umstritten (Interviews MinFin 2, MinFin 5).

Angesichts des Scheiterns der keynesianischen Strategie der den-Uyl-Regierung kam nicht erst die Regierung Lubbers zu der Auffassung, dass die wirtschaftspolitische Priorität auf der Erhöhung der Unternehmensgewinne liegen müsse, die außerhalb des Gassektors stark zurückgegangen waren. Eine erhöhte Profitabilität würde, so die Erwartung, zu einer Ausweitung der Investitionen führen, die schließlich ihrerseits eine Verbesserung sowohl der Beschäftigungs- als auch der Haushaltslage zur Folge haben würde. Zur Erreichung dieses Ziels wiederum wurde es als notwendig erachtet, den immens gewachsenen öffentlichen Sektor zurückzufahren (OECD 1983b: 63). Anders als die Vorgängerregierungen, die diese Analyse durchaus teilten, an ihrer Umsetzung aber scheiterten, gelang es den Parteien bei den Koalitionsverhandlungen 1982 (und wiederum 1986), auf der Basis von Empfehlungen der Studiengruppe Haushaltsspielraum entsprechende Zielvorgaben auch in die Koalitionsverträge aufzunehmen (Seils 2004: 109ff., 126ff.), die wiederum das zentrale Instrument für die Politiksteuerung niederländischer Koalitionsregierungen, insbesondere der ersten Lubbers-Regierung waren (Timmermans/Andeweg 2000: 382). Diese Vereinbarungen und ihre Umsetzung in praktische Politik sollen im Folgenden getrennt für die Steuer- und die Haushaltspolitik dargestellt und anschließend vor dem Hintergrund des theoretischen Modells erklärt werden.

5.3.1 Steuerpolitik[77]

Die Koalitionsverträge der christlich-liberalen Koalition von 1982 und 1986 sahen im Bereich der Steuer- und Abgabenbelastung vor, dass die Abgabenbelastung zumindest nicht über das für 1982 bzw. 1986 vorgesehene Maß (53,8% bzw. 52,1% des Volkseinkommens) hinaus steigen sollte (Seils 2004: 110; 126). Eine nennenswerte Entlastung war allerdings nicht vorgesehen – trotz der ausgesprochen hohen Abgabenbelastung, trotz hoher Steuersätze insbesondere bei der Einkommensteuer (der Spitzensatz lag bei 72%), trotz einer besonders hohen Steuer- und Abgabenbe-

---

75 Das bekanntest einschlägige Beispiel ist vielleicht die Rockgruppe Rolling Stones, die ihren Steuersitz bereits Anfang der 1970er Jahre nach Amsterdam verlegt hat.
76 Die in den 1990er Jahren teilweise stark kritisierte und daraufhin geänderte Anwendung der Kostenaufschlags- (cost-plus) bzw. der Wiederverkaufspreismethode (resale-minus) bei der Gewinnermittlung und Gewinnaufteilung bei verbundenen Unternehmen wurde zwar erst 1985 eingeführt, wurde aber – zumindest offiziell – als technisches Detail der schon seit Beginn der Nachkriegszeit angewendeten Praxis der Steuerbehörden, definitive steuerliche Vorbescheide zu erteilen, betrachtet (Interview MinFin 5).
77 Im Folgenden werden vor allem die finanz- und wirtschaftspolitisch wichtigen Veränderungen diskutiert. Die umweltpolitisch motivierten Änderungen im Steuersystem (vgl. OECD 1990b: 80-83) beispielsweise bleiben dagegen außer Betracht, solange sie nicht auch finanzpolitisch motiviert waren.

lastung des Faktors Arbeit und – damit zusammenhängend – trotz der Debatte um Armutsfallen, die durch eine immens hohe marginale Abgabenbelastung gerade der niedrigeren Einkommen entstanden (de Kam 1988: 58f.; Abrate 2004: 254, 256f.).[78] Wichtige steuerpolitische Entscheidungen gab es dennoch bereits unter der ersten Lubbers-Regierung, und zwar im Bereich der Unternehmenssteuern. Entsprechend dem Ziel, die Unternehmensgewinne zu erhöhen, um Anreize für Investitionen zu schaffen, kam es 1984 zu einer Senkung des Körperschaftsteuersatzes von 48% auf 43%, der 1985 die Reduzierung um einen weiteren Punkt folgte. Im Jahr 1989 schließlich wurde der entsprechende Satz nochmals um sieben Prozentpunkte auf dann 35% gesenkt.[79] Diese Senkung musste allerdings mit der fast vollständigen Abschaffung des wichtigsten Investitionsförderungsinstruments WIR sowie einigen weiteren kleineren einnahmeerhöhenden Maßnahmen erkauft werden (OECD 1989b: 52). Zusätzlich entlastet wurden die Arbeitgeber auch durch die mehrmalige Senkung ihrer Beiträge zur Sozialversicherung, die 1990 in der Integration der Beiträge zur Volksversicherung in die Einkommensteuer ihren Höhepunkt fanden (s.u.).

Zum Einstieg in eine Einkommensteuerreform kam es dagegen eher zufällig: 1984/85 wurden für verschiedene Personenkreise unterschiedliche Steuerfreibeträge eingeführt (vgl. zum Folgenden Koning/Witteveen 1988: 173f.). Obwohl diese Änderung technisch betrachtet durchaus ein Erfolg war, entzündete sich an der überaus komplizierten Regelung doch ein Sturm der Entrüstung, der das Parlament dazu veranlasste, eine Kommission zur Vereinfachung des Steuersystems zu fordern, die schließlich im September 1985 unter Vorsitz des Wirtschaftswissenschaftlers Conrad Oort eingesetzt wurde und im Mai 1986 ihren Bericht vorlegte.

Ziel der Kommission war es, eine aufkommensneutrale Einkommensteuerreform vorzulegen, die zu einer Vereinfachung des niederländischen Steuersystems beitragen sollte (zum Folgenden vgl. Commissie 1985). Dazu konzentrierte sich die Kommission auf vier zentrale Ziele, nämlich die Integration der persönlichen Einkommensteuer und der Beiträge zur allgemeinen Sozialversicherung („Volksversicherung"),[80] einen einheitlichen marginalen Steuersatz für einen möglichst großen Teil der Steuerzahler, eine Vereinfachung und Reduzierung bestimmter Ausnahmetatbestände sowie darauf, die Zahl der Steuerzahler, die eine Steuererklärung abgeben müssen, möglichst stark zu reduzieren (vgl. ausführlicher de Kam 1988: 190-196).

---

78 Allerdings sah der Koalitionsvertrag von 1986 vor, eine Steuerreform zu verabschieden, die sich an den Empfehlungen der Oort-Kommission zur Steuervereinfachung (s.u.) orientieren sollte (de Kam 1988: 208).

79 Um zu verhindern, dass Einkommensteuerpflichtige mit hohen Einkommen ihre Einkommen in körperschaftsteuerpflichtigen Gesellschaften anfallen lassen, wurde für die ersten 250.000 Gulden ein Steuersatz von 40% festgesetzt (de Kam 1988: 213).

80 Im niederländischen Sozialstaat ist grundsätzlich zwischen der allgemeinen Sozialversicherung für die gesamte Bevölkerung („Volksversicherung", verantwortlich für Grundrente, Hinterbliebenenversorgung, außergewöhnliche Krankheitskosten inkl. Mutterschaft sowie Kindergeld) und der Arbeitnehmerversicherung (Arbeitslosigkeit, Krankheit, Erwerbsunfähigkeit) zu unterscheiden.

Die im Mai 1986 vorgelegten Empfehlungen dienten dann in der Tat als Basis für die am 2. Februar 1989 verabschiedete und zum 1.1.1990 in Kraft getretene Steuerreform der CDA-VVD-Koalition. Allerdings ging die Regierung in einer Reihe von Punkten noch über die Vorschläge der Kommission hinaus – im Wesentlichen ermöglicht durch die Aufgabe des Ziels der Aufkommensneutralität. Stattdessen kam es zu einer Nettoentlastung von rund vier Mrd. Gulden (de Kam 1993: 367). Dieser Einnahmeverzicht ermöglichte insbesondere eine deutlichere Senkung der Sätze zur Einkommensteuer. Gleichzeitig wurde die Zahl der Steuerstufen von neun auf drei gesenkt und die Beiträge zur Volksversicherung wurden in die untere Stufe der Einkommensteuer integriert. Dies führte zu einer einheitlichen Steuerbasis für beide Abgabenarten und ermöglichte die Abschaffung der Abzugsfähigkeit der Sozialversicherungsbeiträge bei der Einkommensteuer – der bis dahin vom Volumen her bedeutendsten Einschränkung der Steuerbasis. Diese Veränderung war neben der Reduzierung der persönlichen Freibeträge der wichtigste Teil der Verbreiterung der Bemessungsgrundlage der Einkommensteuer um immerhin 60% (de Kam 1993: 367).

Die Integration von Einkommensteuer und Beiträgen zur Volksversicherung führte zwar nicht zur Integration der Volksversicherung in den Staatshaushalt und der zu zahlende Betrag wurde sogar explizit in seinen Steuer- und Sozialversicherungsanteil aufgeteilt; dennoch hatte die Neuregelung zur Folge, dass der Arbeitgeberanteil an den Sozialversicherungen massiv, nämlich von 40 auf 20%, zurückging (Bach et al. 2001: 112), während die Arbeitnehmer für die höheren Beiträge kompensiert wurden (de Kam 1993: 367) und das Kindergeld gänzlich aus der Sozialversicherung in den Reichshaushalt überführt wurde. Die neuen Steuerstufen lagen mit 35% (13% Einkommensteuer plus 22% Sozialversicherungsbeiträge), 50% sowie 60% erkennbar niedriger als der alte Eingangsteuersatz (ohne Sozialversicherungsbeiträge) von 16% und der vormalige Spitzensteuersatz von 72%. Zudem war die erste Steuerstufe so breit, dass das zu versteuernde Einkommen von 80% der Steuerzahler von ihr abgedeckt werden sollte (OECD 1989b: 52). Gleichwohl waren die Einkommensteuersatzsenkungen nicht übermäßig umfangreich, lag der marginale Steuersatz von allen Beschäftigten, die noch Beiträge zur Arbeitnehmerversicherung entrichten mussten, immer noch bei über 55% (OECD 1989b: 52).

Veränderungen bei den indirekten Steuern blieben gering. Einige Verbrauchsteuern wurden im Rahmen der Konsolidierung ebenso angehoben wie die Mehrwertsteuer, die zweimal jeweils um einen Prozentpunkt erhöht wurde (s.u.). Andererseits wurde die Mehrwertsteuer 1989 wieder um 1,5 Prozentpunkte gesenkt, was einerseits im Hinblick auf die Bemühungen einer Harmonisierung der Mehrwertbesteuerung im Rahmen der Europäischen Gemeinschaft erfolgte, andererseits aber auch die Lohnzurückhaltung der Sozialpartner unterstützen sollte.

Wie ist die Steuerpolitik der Jahre 1982 bis 1989 zusammenfassend zu bewerten? In Übereinstimmung mit den Vorgaben des Koalitionsvertrages lag die Abgabenbelastung 1989 nicht höher als 1982, sodass insgesamt von einer Stabilisierung gesprochen werden kann (vgl. Abb. 5.1). Dies ist eine bemerkenswerte Trendabweichung, war doch praktisch die gesamte Nachkriegszeit von einer steigenden Abgabenbelastung geprägt. Weiterhin sind die Bemühungen um eine Vereinfachung des

Steuersystems sowie um eine Senkung der Steuersätze nennenswert, die insbesondere im Bereich der Körperschaftsteuer einen erheblichen Umfang erreichten (Senkung von 48 auf 35%). Besonders bemerkenswert ist in diesem Zusammenhang, dass der erste Schritt der Körperschaftsteuersenkungen noch kurz vor der einschlägigen britischen Reform in Kraft gesetzt wurde, die Niederlande in diesem Bereich also sogar eine gewisse Vorreiterrolle einnahmen (Koning/Witteveen 1988: 177). Der Steuermix blieb dennoch insgesamt überraschend stabil, weit reichende Verschiebungen zu indirekten Steuern, wie sie sich beispielsweise in Großbritannien in den 1980er Jahren beobachten ließen, blieben in den Niederlanden weitgehend aus (de Kam 1996: 190).

5.3.2 Haushaltspolitik

Aus der Einschätzung, dass die Höhe sowohl der Arbeitslosigkeit als auch der staatlichen Kreditaufnahme untragbar geworden sei (Goudswaard 1990: 273), und dass beides miteinander zusammenhänge, weil die hohen Staatsausgaben und die hohe Verschuldung das Investitionsklima stark verschlechtert hätten, folgte für die christlich-liberale Koalition die Notwendigkeit, das Defizit durch eine Senkung der Staatsausgaben zu reduzieren (Seils 2004: 108). Dabei gingen die Entscheidungsträger schon während der Koalitionsverhandlungen aufgrund von Simulationen der Ökonomen des Zentralen Planungsamtes davon aus, dass die Sparpolitik erst in einem zeitlichen Rahmen von etwa sechs Jahren zu einer Verbesserung der Lage auf dem Arbeitsmarkt (im Vergleich mit unveränderten Politiken) führen würde (Seils 2004: 108). Gleichwohl war die Regierung überzeugt, dass nur durch eine Zurückführung der Staatsausgaben und der Abgabenbelastung mittelfristig eine Verbesserung der Beschäftigungssituation möglich werden würde.

Im Koalitionsvertrag von 1982 wurde daher beschlossen, dass die Finanzierungslücke von Regierung und Gemeinden (ohne Sozialversicherung) in jährlichen Schritten von jeweils 1,5% des Volkseinkommens bis auf 7,4% im Jahr 1986 zu senken sei (Goudswaard 1990: 273). Da die Abgabenbelastung nicht erhöht werden sollte, kam eine einnahmeseitige Konsolidierung des Haushalts kaum in Frage, sodass die Regierung tatsächlich auf die Kürzung von Ausgaben verwiesen war. Dabei wurden bereits die konkreten Beträge, die im Vergleich zur Finanzplanung einzusparen waren, im Koalitionsvertrag benannt, wobei ein Zusammenhang zwischen dem anzustrebenden Kürzungsvolumen und der Lohnpolitik der Sozialpartner hergestellt wurde: Sollten die Sozialpartner die Lohnerhöhungen auf höchstens 2,5% beschränken, sollten zwischen 1983 und 1984 34 Mrd. Gulden eingespart werden. Bei höheren Abschlüssen sollte das Einsparvolumen dagegen 43 Mrd. Gulden betragen (Timmermans 2003: 90). Auch die einzelnen Bereiche, in denen die Kürzungen erreicht werden sollten, waren bereits benannt: Jeweils 35% der Kürzungen sollten bei den Gehältern der Beschäftigten im öffentlichen Dienst und bei den Sozialleistungen erbracht werden, zehn Prozent sollten aus dem Gesundheitssektor kommen und die verbleibenden 20% sollten die übrigen Ministerien aufbringen (Timmermans 2003: 90).

Konnten diese Ziele in der Finanzpolitik der Jahre 1983 bis 1986 verwirklicht werden? Betrachtet man die Aggregatdaten, zeigt sich ein hohes Maß an Zielerreichung (OECD 1989b: 32ff.; Seils 2004: 123): Die Finanzierungslücke von Zentralstaat und Gemeinden (ohne Sozialversicherungen) entsprach 1986 fast exakt dem im Koalitionsvertrag für dieses Jahr vorgesehenen Wert, während die Abgabenbelastung sogar um zwei Prozentpunkte zurückgegangen war. Dieses insgesamt positive Ergebnis war jedoch zu einem Gutteil auf die geringere Verschuldung seitens der Gemeinden zurückzuführen. Daher – und weil ein erheblicher Rückgang der Erdgaseinnahmen bereits 1986 absehbar wurde (Seils 2004: 120ff.) – sah der Koalitionsvertrag der wiedergewählten christlich-liberalen Koalition 1986 eine Reduzierung der Neuverschuldung des zentralstaatlichen Haushaltes um jährlich einen Prozentpunkt am Volkseinkommen (mit Ausnahme des voraussichtlichen Wahljahres 1990, in dem die Finanzierungslücke lediglich um 0,75 Prozentpunkte fallen sollte) bei gleichzeitig stabiler Abgabenquote auf ihrem Niveau von 1986 vor (Seils 2004: 126f.). Dazu sollten Einsparungen im Volumen von 11,9 Mrd. Gulden gegenüber den Zahlen der Finanzplanung vorgenommen werden, zwei Mrd. sollten aus der Bekämpfung von Missbrauch beim Steuer- und Sozialsystem erbracht werden und weitere 4,6 Mrd. sollten durch Erhöhung der Abgaben in die Staatskassen fließen.

Abbildung 5.1: Haushaltssalden des Gesamtstaates in % BIP (linke Achse) und Steuerquote (rechte Achse) in den Niederlanden, 1980-1989

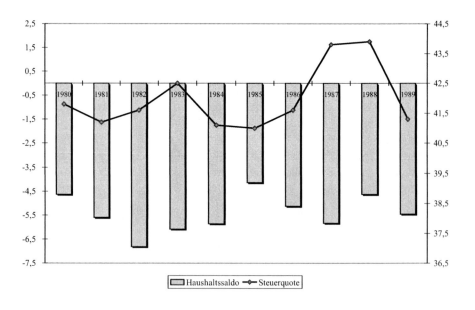

Quelle: OECD 2006; 2007.

Welche Einsparungen wurden zwischen 1982 und dem vorzeitigen Ende der Koalition im Jahr 1989 nun im Einzelnen umgesetzt? Dies soll im Folgenden entlang der oben genannten drei Ausgabenbereiche (Lohnentwicklung im öffentlichen Sektor, Sozial- und Gesundheitsausgaben, sonstige Ausgaben) sowie auf der Einnahmenseite untersucht werden.

Angesichts der engen Verknüpfung der Lohnentwicklung im öffentlichen Sektor und der Entwicklung der Sozialleistungen mit der Lohnentwicklung im privatwirtschaftlichen Sektor (sowie angesichts der wichtigen Bedeutung, die der Lohnpolitik allgemein für die Verbesserung der Unternehmensgewinne und damit der Investitionsentwicklung zugesprochen wurde), war die Regierung in hohem Maße daran interessiert, Lohnmäßigung im Privatsektor durchzusetzen. Hierzu stand der Regierung formal die Möglichkeit zur Verfügung, einen Lohnstopp anzuordnen – und Ministerpräsident Lubbers machte kurz nach dem Amtsantritt deutlich, dass er gewillt war, von dieser Möglichkeit Gebrauch zu machen, falls sich die Sozialpartner nicht auf eine angemessene Politik einigen sollten (zum Folgenden Visser/Hemerijck 1998: 139ff.). Dieses Signal, also die Drohung mit hierarchischem Eingreifen, hatte eine katalysierende Wirkung für die Lohnpolitik, einigten sich Gewerkschaften und Arbeitgeberverbände doch schon wenig später auf das berühmt gewordene Abkommen von Wassenaar, das den Grundstein legte für eine langfristig ausgerichtete und damit glaubwürdige Politik der Lohnzurückhaltung im privaten Sektor im Austausch für Arbeitszeitverkürzung.

Doch der Effekt, den die Lohnmäßigung gleichsam automatisch auf die Entwicklung der Löhne im öffentlichen Sektor und der Sozialleistungen haben würde, reichte angesichts des hohen Konsolidierungsbedarfs bei weitem nicht aus. Daher begann die Regierung bereits kurz nach dem Amtsantritt, Verhandlungen mit den Gewerkschaften des öffentlichen Dienstes mit dem Ziel zu führen, einen Anstieg der Löhne zu verhindern und möglichst sogar die Löhne zu senken (Seils 2004: 111f.). Zunächst wurden die Einkommen der öffentlich Beschäftigten eingefroren, zum Januar 1984 wurden sie trotz erheblicher gewerkschaftlicher Proteste sogar um drei Prozent gesenkt – bei einer später in Kraft tretenden Verkürzung der Arbeitszeit. Auch in den nachfolgenden Jahren blieben die Löhne im öffentlichen Dienst nominal eingefroren, zwischen 1982 und 1990 fielen sie entsprechend noch um zehn Prozent hinter die – ja ebenfalls kaum steigenden[81] – Löhne im Privatsektor zurück (Visser 1998: 281).

Auch bei den Sozialleistungen brachte die Lohnmäßigung im Privatsektor quasi automatische Effekte hervor, weil durch die Lohnmäßigung auch der Mindestlohn und die an ihn gekoppelten Sozialleistungen nur sehr wenig stiegen. Allerdings reichten auch hier die entsprechenden Effekte nicht aus, um den Konsolidierungsbedarf zu decken. Vielmehr kam es zu einer Vielzahl von Einschnitten, die vor allem auf die Leistungshöhe zielten und insgesamt ein bemerkenswertes Volumen hatten

---

81 Die moderate Entwicklung der Löhne im Privatsektor wird daran deutlich, dass die Lohnquote zwischen 1982 und 1986 um 9,1 Prozentpunkte und zwischen 1986 und 1989 nochmals um 4,8 Prozentpunkte sank (Snels 1999: 123, 126f.).

(vgl. hierzu Green-Pedersen 2002: 68-86 und 96-102; Visser/Hemerijck 1998: 182-186). Dies wurde zunächst über die Höhe des Mindestlohns erreicht, der ja Bezugsgröße für die meisten Sozialleistungen ist. So wurde der Mindestlohn, und damit gleichzeitig das Niveau der Sozialleistungen, 1983 nur um ein Prozent – und damit um deutlich weniger als die Inflationsrate – erhöht, und im Folgejahr kam es sogar – ebenso wie bei den Gehältern der öffentlich Bediensteten – zu einer Kürzung um drei Prozent (OECD 1985b: 59). Zwischen 1985 und 1989 blieb der Mindestlohn eingefroren, sodass er bis Ende der 1980er Jahre relativ zum Durchschnittslohn um 15% sank (OECD 1989b: 40). Entsprechendes galt aufgrund der Koppelung von Sozialleistungen mit dem Mindestlohn aber auch für die Sozialleistungen.[82]

Doch die Regierung kürzte einige Sozialleistungen, namentlich das Krankengeld, die Erwerbsunfähigkeitsrente und das Arbeitslosengeld, auch noch, indem diese von 80% (1984) auf 70% (1986) des letzten Lohnes gesenkt wurden. Schließlich wurde die Anspruchsberechtigung und Bezugsdauer von Arbeitslosengeld verändert; letzteres führte zu einer durchschnittlichen Verkürzung des Arbeitslosengeldbezugs. Auch die Kriterien für Erwerbsunfähigkeit wurden verschärft (ausführlich OECD 1991b: 108). Im Gesundheitsbereich schließlich wurde 1983 ein neues Budgetierungssystem für Krankenhäuser eingeführt, das Anreize zu sparsamerem Ressourceneinsatz bieten sollte, und 1989 wurden erste Schritte einer weiteren Gesundheitsreform in Kraft gesetzt, die verstärkt Marktelemente ins Gesundheitssystem einführen sollte (vgl. OECD 1989b: 43-47).

Da allerdings die Haushalte des Sozial- und des Gesundheitssystems nicht in das staatliche Finanzierungsdefizit, die finanzpolitische Zielvariable der Regierung, hinein gerechnet werden, hatten die sozial- und gesundheitspolitischen Kürzungen haushaltspolitisch zunächst nur begrenzten Wert. Immerhin kamen die durch Sozialkürzungen erreichten Einsparungen allerdings zumindest insoweit dem Haushalt zugute, wie die Zuschüsse aus dem Budget des Zentralstaates ans Sozialversicherungssystem fast vollständig eliminiert wurden (OECD 1986b: 36). Darüber hinaus wurden die Teile der Arbeitslosenversicherung, für die bisher die Regierung die finanzielle Verantwortung trug, im Rahmen einer Reform von 1987 auf die Sozialversicherungen übertragen. Zwar wurde gewissermaßen im Gegenzug das Kindergeld in die umgekehrte Richtung verschoben, doch letztlich wurde hierdurch ebenfalls eine Entlastung des Reichshaushaltes auf Kosten des Sozialversicherungshaushaltes erreicht (OECD 1986b: 33).

Auch im Reichshaushalt selbst kam es zu Einsparungen. Diese betrafen in erster Linie die Investitionsausgaben, die um fast ein Drittel zurückgeführt wurden (OECD 1989b: 35f.). Darüber hinaus wurde 1989 das wichtigste Programm zur Investitionsförderung WIR fast vollständig abgeschafft, nachdem es schon vorher Versuche gegeben hatte, sein Volumen zurückzuführen, bspw. 1987 durch die Beschränkung der

---

82 Allerdings ist darauf hinzuweisen, dass für die niedrigsten Einkommensstufen häufig kompensatorische Leistungen verabschiedet wurden (Visser/Hemerijck 1998: 183). Ebenso wurden unter den Bedingungen vergleichsweise hohen Wirtschaftswachstums gegen Ende der 1980er Jahre vereinzelt Sozialleistungen erhöht, so insbesondere das Kindergeld (Seils 2004: 133).

Förderung auf Unternehmen, die Gewinne erzielten (ausführlicher de Kam 1988: 86f.). Diese Kürzung war insofern folgerichtig, als es gerade bei diesem Programm stets starke Überschreitungen der Budgetvorgaben gegeben hatte (Seils 2004: 128ff.). Auf der anderen Seite wurde die mit der Streichung verbundene Schlechterstellung des Unternehmenssektors durch die Senkung der Unternehmenssteuern fast vollständig kompensiert (OECD 1989b: 53).

Schließlich war die Regierung in begrenztem Umfang auch bemüht, die Konsolidierung auf der Einnahmeseite voranzutreiben. Diese Steuererhöhungen hatten häufig damit zu tun, dass die haushaltspolitische Zielvariable der Regierung, die Finanzierungslücke der Regierung und Gemeinden, von den Sozialkürzungen unberührt blieb. Wollte man also die Finanzierungslücke reduzieren, mussten die Sozialversicherungsbeiträge gesenkt und gleichzeitig die Steuern erhöht werden (Seils 2004). Dies geschah wenigstens in begrenztem Umfang. So wurden beispielsweise 1983 die Steuerstufen der Einkommensteuer nur zu 80% an die Inflation angepasst und die Versicherungs- und die Mineralölsteuer wurden erhöht (OECD 1984b: 21). Zusätzlich wurden die höheren Sätze der Einkommensteuer zeitweise angehoben, während die niedrigeren Sätze sogar gesenkt wurden (OECD 1984b: 60). 1984 kam es zur Erhöhung der Verbrauchsteuern auf Alkohol und Tabakwaren sowie der Kraftfahrzeugsteuer. Auch die Mehrwertsteuer wurde 1984 und 1986 um jeweils einen Prozentpunkt erhöht, ehe sie 1989 wieder um 1,5 Prozentpunkte gesenkt wurde. Als Reaktion auf einbrechende Einnahmen aus dem Erdgasgeschäft wurden 1986 neben der Mehrwertsteuer auch die Verbrauchsteuern auf Energie erhöht (OECD 1987b: 24; 37) sowie die Steuerbasis durch die Abschaffung bzw. Einschränkung bestimmter Abschreibungsmöglichkeiten erweitert (vgl. de Kam 1988: 85).

Zusätzlich konnte die Regierung aus CDA und VVD auf einige einmalige Einnahmen zurückgreifen, die die Konsolidierung erleichterten. Dazu gehörten die Einnahmen aus der Erdgasproduktion, die bis 1986 jährlich in einer Größenordnung von 5,5 bis 6 Prozent am Volkseinkommen anfielen und somit rund zehn Prozent der öffentlichen Einnahmen ausmachten (Goudswaard 1990: 273). Allerdings brachen diese Einnahmen ab 1987 stark ein (Knoester 1989: 165), was zu einem deutlich höheren Defizit führte (Abb. 5.1). Darüber hinaus begann die Regierung mit der Privatisierung staatseigener Betriebe, etwa der Fluglinie KLM, dem Chemieunternehmen DSM und dem Stahlproduzenten Hoogovens. Gleichwohl blieben – nicht zuletzt aufgrund der geringen Größe des öffentlichen Unternehmenssektors in den Niederlanden – die Privatisierungseinnahmen gering, sie summierten sich zwischen 1982 und 1989 auf 3,4 Mrd. Gulden (berechnet nach van Damme 2006: 296), wobei der mit Abstand größte Erlös von rund 2,9 Mrd. Gulden erst im Jahr 1989 realisiert wurde.[83] Hinzu kommt, dass die meisten niederländischen Staatsunternehmen Gewinne erwirtschafteten, sodass ein Festhalten an ihrem Besitz durchaus haushaltspolitischen Sinn ergab (Andeweg 1994b: 207). Wesentlich höhere Einmaleinnahmen,

---

83 Andeweg (1994b: 201) berichtet sogar noch niedrigere Einnahmen: Ihm zufolge hätten sich die Privatisierungserlöse zwischen 1982 und 1992 (also über deutlich mehr als die sieben Jahre der ersten beiden Lubbers-Administrationen) gerade einmal auf 2,75 Mrd. Gulden belaufen.

nämlich in Höhe von insgesamt 13,9 Mrd. Gulden zwischen 1982 und 1989, konnte der Staat aus den Gewinnen der Zentralbank einstreichen (berechnet nach De Nederlandsche Bank, verschiedene Jahrgänge).

Abbildung 5.2: Reale Veränderungen ausgewählter Haushaltsbereiche in den Niederlanden, 1982-1989 (in Prozent)

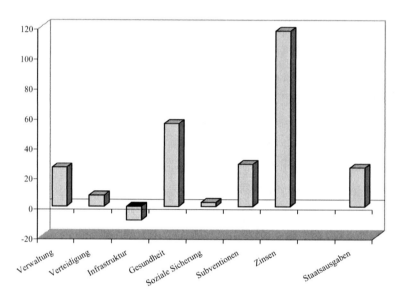

Quelle: eigene Berechnung nach CPB 2006: Bijlage A9

Wie ist die Konsolidierungspolitik der CDA-VVD-Koalition unter Ruud Lubbers zusammenfassend zu bewerten? Insgesamt erreichte die Koalition die in ihren Koalitionsverträgen angestrebten Ziele: Das Defizit ging bis zum vorzeitigen Ende der Koalition 1989 im gewünschten Umfang (oder sogar mehr) zurück (vgl. Seils 2004: 136), wenngleich sich dies in den international vergleichbaren Daten für den Gesamtstaat nur begrenzt zeigt (Abb. 5.1), und auch die Staatsquote nahm ab. Da die Abgabenbelastung über den Zeitraum nicht gestiegen, sondern sogar etwas gesunken ist, kann insgesamt von einer ausgabenseitigen Konsolidierungspolitik gesprochen werden, die sich auf die Höhe der Sozialleistungen (nicht die Zahl der Leistungsempfänger), die Gehälter im öffentlichen Dienst und die Investitionsausgaben konzentrierte. Entsprechend nahmen die Infrastrukturausgaben erkennbar ab (Abb. 5.2). Gleichwohl war der Durchbruch bei der Haushaltskonsolidierung noch nicht erreicht, lag doch das Defizit auch 1989 noch bei 5,8% am Volkseinkommen (OECD 1990b: 21), was einher ging mit einem steigenden Schuldenstand und zunehmenden Aufwendungen für den Schuldendienst (Abb. 5.2). Zudem war die planmäßige Reduzierung der Finanzierungslücke einer wirtschaftlichen Entwicklung geschuldet, die günstiger verlief als zunächst erwartet und so dazu beitrug, dass das regelmäßige und teilweise erhebliche Überschreiten der Haushaltsansätze (vor allem bei den Sozial- und Investitionsförderungsprogrammen) aufgefangen werden konnte (Goudswaard 1990: 274).

5.3.3 „No Nonsense": Die christlich-liberale Koalition und der politische Prozess

Der Regierungswechsel von 1982 war ein entscheidender Wendepunkt in der niederländischen Wirtschaftspolitik. Die Regierung selbst wies insbesondere die Sozialpartner darauf hin, dass sie zum Regieren da sei und eine ernsthafte Sparpolitik verfolge – eine „no nonsense"-Politik, wie es Ministerpräsident Lubbers nannte. Auf diese Weise versuchte der Regierungschef, sich klar von den wenig durchsetzungsfähigen und wenig erfolgreichen Vorgängerregierungen abzusetzen. Doch die Einschätzung des Wendejahres 1982 blieb nicht allein Selbsteinschätzung der Regierung, sondern auch die Literatur (vgl. nur OECD 1989b: 32ff.; Reininga 2002; Green-Pedersen 2002; Seils 2004) und die vorstehenden Abschnitte kommen zu diesem Ergebnis. Die Regierung Lubbers implementierte wenigstens in Teilen den Politikwechsel, den seit 1976 verschiedene niederländische Regierungen angestrebt hatten, indem sie das Defizit reduzierte, Sozialausgaben, die Arbeitskosten und die Unternehmenssteuern senkte, und Lohnzurückhaltung (mit) hervorbrachte, aber auch den Gulden an die D-Mark koppelte. Sie war insofern in der Tat die erste niederländische Regierung, die sich ganz explizit vom Keynesianismus ab- und Monetarismus und Angebotstheorie zuwandte (Knoester 1989: 159-162). Gleichzeitig verbesserte sich die wirtschaftliche Lage erkennbar: Die Wirtschaft wuchs nach 1983 um durchschnittlich drei Prozent pro Jahr, die Arbeitslosigkeit nahm kontinuierlich ab und die Inflation blieb gewohnt niedrig.

Doch die Politikwende – so einschneidend sie war – war keineswegs eine vollständige. Das belegt das nach wie vor hohe Defizit ebenso wie die auch 1990 noch hohen Grenzsteuersätze bei der Einkommensteuer, die hohe Staatsquote ebenso wie die vorsichtige Privatisierungstätigkeit und die immer noch deutlich überdurchschnittlichen Sozialausgaben, bei denen insbesondere die stetig zunehmende Zahl von Empfängern von Berufsunfähigkeitsrenten nicht erfolgreich bekämpft worden war (vgl. Kap. 5.4.2). Wie können also einerseits die Brüche mit den alten finanzpolitischen Politikroutinen und andererseits die Grenzen der Reformtätigkeit erklärt werden? Inwieweit kann das in Kapitel 2 vorgestellte Modell politischer Willensbildung diese Fragen beantworten? Das soll in den folgenden Abschnitten geklärt werden.

5.3.3.1 Die parteipolitische Zusammensetzung der Regierung

In Bezug auf die parteipolitische Couleur der Regierung ist das Profil der Regierungen Lubbers I und II erwartungstreu. Die Abwendung vom Keynesianismus mit der

Reduzierung des Defizits, der Senkung der Steuern, insbesondere für Unternehmen, der einsetzenden Privatisierung sowie nicht zuletzt den durchaus beherzten Einschnitten ins Netz der sozialen Sicherung insbesondere während der ersten Wahlperiode – dies alles sind insgesamt typische Kennzeichen der Finanzpolitik bürgerlicher Regierungsparteien. Zudem zeigt gerade der Vergleich mit der Vorgängerregierung aus CDA und PvdA unter Dries van Agt die Bedeutung der parteipolitischen Zusammensetzung der jeweiligen Koalition, gelang es doch zuletzt genannter Regierung gerade nicht, sich auf ein finanzpolitisches Programm zu einigen, weil die Christdemokraten in erster Linie auf die Haushaltskonsolidierung setzten, während die Sozialdemokraten, ebenfalls entsprechend den Erwartungen der Parteiendifferenzhypothese, vor allem ein umfangreiches Beschäftigungsprogramm forderten. Da beide Forderungen kaum miteinander kompatibel sind, war eine Politikblockade und der schnelle Zusammenbruch der Regierung die logische Folge (Toirkens 1988; Timmermans 2003: 88). Entsprechend bedurfte es in der Tat einer Koalition bürgerlicher Parteien, um die Konsolidierung des Haushaltes durchzusetzen.

Doch auch beim Blick auf die unterschiedlichen Positionen der einzelnen Koalitionspartner findet sich Unterstützung für die Vermutung, dass Parteien einen Unterschied machen. Während nämlich die VVD als marktliberale Partei in aller Regel für weiterreichende Kürzungen und stärkere Einschnitte ins soziale Netz sowie für größere Steuersenkungen eintrat, war der CDA – als christdemokratische Partei der bürgerlichen Parteienfamilie angehörend, die dem Markt am reserviertesten gegenüber steht – in diesen Fragen zurückhaltender: So wollten die Christdemokraten beispielsweise zunächst nicht auf die Koppelung zwischen Gehältern im Privatsektor und Sozialleistungen verzichten, was die VVD vorgeschlagen hatte (Timmermans 2003: 95f.; vgl. zu weiteren Beispielen Toirkens 1988: Kap. 6; Seils 2004: 112, 117). Umgekehrt wehrten sich die Liberalen im Jahr 1986 dagegen, zur Kompensation der rückläufigen Einnahmen aus dem Erdgasgeschäft die Steuern zu erhöhen (Seils 2004: 121). Im Haushalt 1988 schließlich verhinderte die CDA-Fraktion die vorgesehene Kürzung bei der Arbeitslosenversicherung und bei den Zuwendungen an die Krankenversicherung, die sie angesichts der gleichzeitig zu verabschiedenden Steuersenkungen bei der Körperschaftsteuer und dem Spitzensatz der Einkommensteuer für „sozial unausgewogen" hielt (Seils 2004: 132).

Auch die Haltung der sozialdemokratischen PvdA zur Finanzpolitik der Regierung Lubbers entspricht den Erwartungen der Parteiendifferenzhypothese. So stimmten die Sozialdemokraten den Senkungen des Körperschaftsteuersatzes ebenso wenig zu (Tweede Kamer, Handelingen 1983-1984, Nr. 34, 26.6.1984, 5424; Tweede Kamer, Handelingen 1988-1989, Nr. 3, 22.9.1988, 3-151) wie der Tarifreform der Einkommensteuer (Tweede Kamer, Handelingen 1988-1989, Nr. 47, 2.2.1989, 2826). Letztere Ablehnung dürfte vor allem mit der Senkung des Spitzensteuersatzes zusammenhängen, der die PvdA nicht zustimmen mochte (de Kam 1996: 202; Interview MinFin 4), denn den meisten anderen Aspekten der Einkommensteuerreform von 1990 stimmte sie wenigstens im Grundsatz zu (de Kam 1986: 219), ja, an den Vorarbeiten der Oort-Kommission war sie sogar indirekt beteiligt, da der politische Hintergrund der Kommissionsmitglieder sicherstellte, dass alle drei großen Parteien gleichberechtigt vertreten waren (Koning/Witeveen 1988: 175). Insgesamt ist jedoch für die Steuerpolitik zu konstatieren, dass sich die Sozialdemokraten stärker als die Regierungsparteien für eine Entlastung der unteren und mittleren Einkommen einsetzten (Thomson 1999: 192).

Insbesondere während der ersten Jahre der christlich-liberalen Koalition kritisierten die Sozialdemokraten auch die vorgeschlagenen Ausgabenkürzungen, vor allem im Sozialbereich, als ungerecht und stimmten im Parlament gegen fast alle einschlägigen Vorschläge (Green-Pedersen 2002: 99). Ihre konkreten alternativen Politikvorschläge im Sozialbereich allerdings enthielten durchaus ebenfalls Kürzungselemente. Hinzu kam, dass die PvdA in der Privatisierungspolitik grundsätzlich in die gleiche Richtung wie die Regierung gehen wollte (Andeweg 1994b: 203f.). Diese Abweichung von den möglichen Erwartungen der Parteiendifferenzhypothese ist allerdings in erster Linie auf den Positionswechsel der PvdA nach 1986 zurückzuführen und hatte für die tatsächlich durchgesetzte Politik der Regierungen Lubbers I und II nur begrenzte Folgen (vgl. hierzu aber Kapital 5.4.3).

Gleichwohl bleibt die Parteiendiffenerenzhypothese einige Antworten auf Fragen schuldig, die sich aus der Analyse der niederländischen Finanzpolitik der 1980er Jahre ergeben haben. Besonders erklärungsbedürftig ist, warum sich zwar die Regierungen Lubbers I und II zu einer angebotsorientierten Spar- und in geringerem Umfang auch Steuerpolitik bereit fanden, aber nicht die Regierung van Agt I, die von denselben Parteien gebildet worden war. Um diese Frage zu klären und um zu verstehen, warum nicht weiterreichende Reformen durchgesetzt wurden – immerhin war das Defizit auch 1989 noch substanziell und die Steuersätze lagen zumindest bei der Einkommensteuer nach wie vor sehr hoch –, soll im Folgenden ein Blick auf die Vetospielerkonstellation und den Wettbewerb um Wählerstimmen geworfen werden.

5.3.3.2 Vetospieler und innerparteiliche Gruppierungen

Wenn man die Unterschiede zwischen den beiden christlich-liberalen Koalitionen unter van Agt (1977-1981) und Lubbers (1982-1989) erklären will, liegt es nahe, zunächst einen Blick auf die Gründe für das Scheitern der Regierung van Agt im Bereich der Finanzpolitik zu werfen. Dabei fällt auf, dass insbesondere der gerade entstehende CDA in den späten 1970er Jahren eine mögliche Sparpolitik noch keineswegs einhellig unterstützt hatte. Diese innerparteilichen Differenzen hingen damit zusammen, dass die einzelnen Parteien, die sich hier zusammen schlossen, sehr unterschiedlich ausgerichtet waren: „the separate denominational parties did not have a great deal in common apart from their affirmation of the need for confessional parties and the fact that each was in precipitous decline" (Rochon 1999: 109). Zwischen 1973 und 1977 beispielsweise gehörten zwei der drei christlichen Parteien (KVP, ARP), die sich als eher sozialpolitisch-progressiv verstanden, der progressiven Koalition unter den Uyl an, während die dritte im Bunde, die wirtschafts- und sozialpolitisch eher konservative CHU, in der Opposition verblieb und die Regierungspolitik teilweise heftig kritisierte. Diese durchaus auch programmatischen Unterschiede blieben auch in der christlich-liberalen Koalition unter van Agt bestehen, ja, sieben CDA-Abgeordnete erklärten gar, sie könnten das Koalitionsabkommen zwischen

CDA und VVD nicht akzeptieren (Lepszy/Koecke 2000: 150). Auch wenn sie gleichzeitig versicherten, sie würden die Koalition in aller Regel loyal unterstützen, engte dieser Dissens den Handlungsspielraum der Regierung van Agt massiv ein, insbesondere angesichts des knappen Stimmenvorsprungs von nur zwei Mandaten. Entsprechend zeigen detaillierte Studien über diese Jahre (Toirkens 1988; Braun 1989) ebenso wie meine Interviews mit den Beteiligten, dass es nicht zuletzt Auseinandersetzungen innerhalb des CDA waren, besonders prominent zwischen Sozialminister Wim Albeda und Finanzminister Frans Andriessen, die die Durchsetzung einer konsequenten Sparpolitik in dieser Phase unmöglich machten. Folgerichtig trat Finanzminister Andriessen zurück, als das Kabinett und vor allem die CDA-Fraktion in der zweiten Kammer seine Sparpläne zum wiederholten Male nicht mittragen mochten (Interviews MinFin 1, CDA).

Der Misserfolg des zweiten Kabinetts van Agt war dann ein wichtiger Einschnitt, belegte er doch die Unmöglichkeit einer Zusammenarbeit von CDA und PvdA und damit der einzigen realistischen Koalitionsalternative für den CDA (vgl. auch Braun/Keman 1986: 91). Hinzu kam, dass nach der Parlamentswahl 1982 der linke Parteiflügel in der Fraktion geschwächt war, weil die einschlägigen Politiker nur auf hinteren Listenplätzen aufgestellt worden waren, und dass Lubbers bei diesem Flügel positiver wahrgenommen wurde als sein Vorgänger van Agt, der als eher konservativ galt (Lepszy/Koecke 2000: 192). Schließlich war auch der Stimmenvorsprung der ersten Kabinette Lubbers hinreichend groß, um das Ausscheiden von einzelnen dissentierenden Abgeordneten wegstecken zu können, wie es im Dezember 1983 vorkam, als zwei Abgeordnete wegen wirtschafts- und sozialpolitischer Konflikte, vor allem aber wegen verteidigungspolitischer Fragen die Fraktion verließen (Lepszy/Koecke 2000: 193).

Trotz dieser Schwächung des Arbeitnehmerflügels des CDA blieb die Partei wie oben gesehen natürlich christdemokratisch und das heißt prinzipiell auch weniger marktfreundlich und stärker sozialstaatlich orientiert als der liberale Koalitionspartner. Dies führte nicht selten zu Konflikten und gelegentlich zu einer Verringerung der Reformreichweite, so beispielsweise bei den angestrebten Sozialreformen in der zweiten Legislaturperiode, die aufgrund des Widerstandes des CDA weniger weit reichten, als es sich die VVD vorgestellt hatte (s.o.). Auch bei der Einkommensteuerreform begnügten sich der Finanzminister und der liberale Koalitionspartner beispielsweise mit einer geringeren Senkung des Spitzensteuersatzes, als sie eigentlich für richtig hielten, weil sie die innerparteiliche Opposition antizipierten (Interview MinFin 2).

Allerdings ging es bei den entsprechenden Konflikten keineswegs immer wie in diesem Fall um inhaltliche Auseinandersetzungen. Vielmehr intensivierte sich insbesondere ab 1986 auch die Konkurrenz zwischen den beiden Regierungsparteien. Diese zunehmende Rivalität, die angefacht wurde von ungünstigen Umfrageergebnissen und der Befürchtung insbesondere seitens der VVD, die Sparpolitik werde zu (weiteren) Stimmverlusten für die Regierungsparteien führen, machte sich in zunehmenden Entscheidungsblockaden in der Haushaltspolitik, insbesondere im Erlahmen des Sparwillens ab 1988 bemerkbar (Snels 1999: 126; Seils 2004: 133) und führte schließlich 1989 zum vorzeitigen Auseinanderbrechen der Koalition über die

Frage der Finanzierung des inhaltlich unstrittigen Nationalen Umweltplanes. Die Vereinbarung, wonach die Pendlerpauschale abgeschafft und die Mineralölsteuer erhöht werden sollte, mochte die VVD nicht mittragen, sodass Ministerpräsident Lubbers am 2. Mai 1989 zurücktrat (vgl. Wolinetz 1990: 280; Seils 2004: 134f.).

Häufig konnten die finanzpolitischen Streitigkeiten zwischen den Regierungsparteien allerdings durch einen Rückgriff auf die Koalitionsverträge gelöst werden, die wie gesehen teilweise sehr detaillierte finanzpolitische Regelungen sowie sogar prozedurale Absprachen über den Haushaltsprozess enthielten. Immer wieder wurde bei Konflikten zwischen den Koalitionspartnern auf die Bestimmungen des Koalitionsvertrages verwiesen,[84] was es gelegentlich auch der kürzungsfreudigeren VVD ermöglichte, Einsparungen durchzusetzen, die der CDA lieber vermieden hätte (vgl. die Darstellungen bei Timmermans 2003: 95-98 sowie Seils 2004: 106-137). In der Literatur wurde aus dieser Tatsache der Schluss gezogen, dass die Koalitionsabkommen der zentrale Schlüssel gewesen seien, um das notorische Problem der Haushaltssanierung unter Koalitionsregierungen zu lösen (Dur/Swank 1998; Hallerberg 2004; Seils 2004).

Gleichwohl sollte die Bedeutung der Koalitionsvereinbarungen für die Politik der Haushaltskonsolidierung nicht übertrieben werden. Die Koalitionsverträge trugen fraglos dazu bei, die Koalitionspartner, die sich prinzipiell auf das Ziel der Haushaltskonsolidierung und sogar auf konkrete jährliche Zielwerte verständigt hatten, auf dem vereinbarten Pfad zu halten. Doch dass sie diesen Pfad überhaupt einschlugen, kann nicht mit dem Hinweis auf die entsprechenden Regelungen des Koalitionsvertrages erklärt werden, da die Parteien sich ja überhaupt erst auf dieses Ziel verständigen mussten (so auch Reininga 2002). Dass sie dies in den Niederlanden nach 1982 getan haben, ist also ebenfalls erklärungsbedürftig, zumal eine Politik der Budgetkonsolidierung politisch schwierig ist, ist sie doch meist unpopulär bei den Wählern, besonders wenn sie Sozialkürzungen beinhaltet. Gerade eine solche Politik der Haushaltskonsolidierung und Sozialkürzungen verfolgten die Kabinette Lubbers I und II jedoch. Warum? Und wie versuchten die Parteien, sich gegen den Unmut der Wähler zu schützen? Diese Fragen sollen im Folgenden geklärt werden.

5.3.3.3 Der Wettbewerb um Wählerstimmen

Um zu verstehen, warum sich die Regierung Lubbers, anders als ihre Vorgängerinnen, an die Haushaltskonsolidierung herantraute, muss man die Wahrnehmung einer tiefen Krise seitens der Akteure, aber nicht zuletzt auch der Wähler in Rechnung stellen. „In 1982, the sense of urgency was extreme" (Interview WRR). Diese Wahrnehmung war durchaus durch die Wirtschaftsdaten gedeckt:

---

84 Die Bedeutung des Koalitionsabkommens für die erste Regierung Lubbers galt als extrem hoch. Dies wird am Text einer Karikatur deutlich, derzufolge die Kabinettssitzungen jener Tage mit den Worten eingeleitet wurden: „Wir öffnen das heilige Abkommen und lesen Kapitel III, Vers 1" (zitiert nach Timmermans/Andeweg 2000: 382).

„Das Wirtschaftswachstum stagnierte, die Arbeitslosigkeit nahm ebenso wie die Zahl der Unterstützungsberechtigten stark zu, die Staatsausgaben stiegen trotz aller Einsparungsversuche weiter, das Haushaltsdefizit war kaum mehr kontrollierbar, die Zahlungsbilanz kam in die roten Zahlen und auch die Inflation war besorgniserregend" (van Paridon 2004: 397).

Gerade das Haushaltsdefizit, das 1982 zwölf Prozent am Volkseinkommen zu überschreiten drohte, war höchst erschreckend und „bewirkte eine Art Schockeffekt" (Knoester 1989: 159; eigene Übersetzung). Gleichzeitig kam die keynesianische Option kaum mehr in Frage, da alle Regierungen seit 1975 davon ausgingen, dass die hohen Arbeitskosten, die einerseits durch ausbleibende Lohnzurückhaltung, andererseits durch hohe Steuern und Abgaben erzeugt worden waren, im Wesentlichen verantwortlich waren für die sprunghaft steigende Arbeitslosigkeit (Kap. 5.2). Zudem konnte nicht ignoriert werden, dass bei einer Fortsetzung der Verschuldungspolitik eine Explosion des Schuldenstandes und in deren Folge der Zinszahlungen drohte (Knoester 1989: 162; Reininga 2002: 568), was den zukünftigen haushaltspolitischen Handlungsspielraum auf ein Minimum beschränkt hätte. Wenn die neu gewählte Regierung also eine Chance haben wollte, mittelfristig weiterregieren zu können, dann musste sie frühzeitig Reformen angehen.

Wie ließen sich diese aber durchsetzen? Diese Frage ist insofern von besonderer Bedeutung, als egalitäre Wertvorstellungen in den Niederlanden in den 1980er Jahren ausgesprochen weit – und erheblich weiter als in anderen kontinentaleuropäischen Ländern – verbreitet waren. Die Auffassung, dass Einkommensunterschiede für eine positive Wirtschaftsentwicklung notwendig seien und Unternehmensgewinne zur Verbesserung des allgemeinen Lebensstandards beitrügen, wurde in den Niederlanden von einem signifikant kleineren Teil der Bevölkerung geteilt als in anderen europäischen Ländern (ausführlicher V. Schmidt 2000: 284f.).

Wie gelang es der Regierung dann aber trotz dieser Einstellungen der Wähler – die zudem vergleichsweise konstant blieben –, ihre Politik der Verbesserung der Angebotsbedingungen und der Sozialeinschnitte zu implementieren? Auch hier spielte die Wahrnehmung einer tiefen Krise eine gewaltige Rolle (dazu auch Green-Pedersen 2002: 97f.). So war eines der zentralen Argumente der Regierung in der Rechtfertigung ihrer Finanzpolitik, dass die wirtschaftliche Krise Einschnitte notwendig mache und man deshalb sozial- und verteilungspolitische Überlegungen zunächst zurückstellen müsse, um eine wirtschaftliche Erholung zu ermöglichen. Interessant für das Kerninteresse der vorliegenden Studie ist dabei allerdings, dass die Krise im Wesentlichen als „hausgemacht" (van Paridon 2004: 413) betrachtet wurde. Insbesondere die Politik der den Uyl-Regierung wurde von fast allen Interviewpartnern, die an den Entscheidungsprozessen beteiligt waren, für die wirtschaftlichen Schwierigkeiten der Niederlande seit dem Ende der 1970er Jahre verantwortlich gemacht.

Das heißt allerdings nicht, dass Globalisierung für die Regierung keine Rolle gespielt hätte. Vielmehr war ganz offensichtlich allen Entscheidungsträgern die (wahrgenommene) Verletzlichkeit einer extrem offenen Volkswirtschaft, die die Niederlande ja schon seit Jahrhunderten sind, bewusst. Diese Offenheit wurde offensichtlich aber nicht als das zentrale Problem, sondern vielmehr als Erzeuger von Wohlfahrt wahrgenommen und die Krise war daher insofern „hausgemacht", als dass die

Politik der 1970er Jahre die Notwendigkeit einer Anpassung an die Zwänge des internationalen Wettbewerbs vernachlässigt hatte (Interview MinFin 1; vgl. auch Lubbers 1982: 634f.). Eine Anpassung war aber im Falle der Niederlande nach dem Ölpreisschock 1973 nicht zuletzt durch die „niederländische Krankheit" notwendig geworden, also die starke Aufwertung des Gulden aufgrund der ständig steigenden Erdgaserlöse. Gemeinsam mit den in den 1970er Jahren ebenfalls deutlich steigenden Arbeitskosten führte diese Aufwertung zu einer Abnahme der Wettbewerbsfähigkeit der Exportindustrie außerhalb des Gassektors (vgl. auch Bos 2007: 23): „There was one factory closure after the other. [...] We were pricing ourselves out of the market" (Interview WRR; ähnlich Interview NRC Handelsblad). Ein weiterer außenwirtschaftlicher Faktor, der die Reformen der ersten beiden Lubbers-Regierungen forcierte, war das außerordentlich hohe internationale Zinsniveau, das auch den Schuldendienst in den Niederlanden stark verteuerte und insofern dazu beitrug, die Haushaltslage so weit zu verschärfen, dass die Konsolidierung als unausweichlich betrachtet wurde.

Die geradezu spektakuläre Senkung des Körperschaftsteuersatzes, die interessanterweise schon vor der amerikanischen Steuerreform von 1986 einsetzte, war schließlich ebenfalls dadurch motiviert, die Position der niederländischen Industrie im internationalen Wettbewerb wieder zu verbessern (Interview MinFin 2). Das gilt vor allem für die zweite Senkung des Satzes auf 35% im Jahr 1989, die explizit damit begründet wurde, dass in für die Niederlande wichtigen Ländern, nämlich den Vereinigten Staaten und Großbritannien, der Körperschaftsteuersatz auf 35 bzw. sogar 34% gesenkt worden sei und diese Entwicklungen „nicht unbeantwortet bleiben" könnten (Tweede Kamer, Kamerstuk 1987-1988, 20604, nr. 3, 1). Obwohl die Einkommensteuerreform hauptsächlich unter dem Aspekt der Steuervereinfachung diskutiert wurde (Interview MinFin 2, MinFin 4) und die vorbereitende Kommission entsprechend Kommission zur Steuervereinfachung („*Commissie tot vereenvoudiging van de loonbelasting en de inkomstenbelasting*") hieß, wurde auch diese Reform in einen Zusammenhang mit der wirtschaftlichen Internationalisierung gestellt. So wird in der offiziellen Gesetzesbegründung auf die große Bedeutung verwiesen, die Steuersätze für die Ansiedelung von Unternehmen und die Ansiedelung hochqualifizierter Arbeitnehmer hätten, und es wird explizit die „Signalwirkung" hervorgehoben, die in diesem Zusammenhang dem Einkommensteuerspitzensatz zukomme (Tweede Kamer, Kamerstuk 1988-1989, 20873, nr. 3, 4). Vor allem wurde aber die Lohnpolitik als zentrales Instrument zur wirtschaftspolitischen Anpassung an Internationalisierung gesehen (Interviews WRR, CPB, SER, NRC Handelblad). Die Regierung versuchte dabei, Lohnmäßigung einerseits durch steuerpolitische Instrumente zu unterstützen und diese andererseits durch Druck auf die Sozialpartner – eben „No-Nonsense-Politik" – herbeizuführen.

Der „No-Nonsense-Politik"-Slogan und der Hinweis auf ihren Regierungsauftrag diente der Regierung aber auch dazu, sich als tatkräftig darzustellen – im impliziten Kontrast zu den wenig durchsetzungsfähigen und wenig erfolgreichen Vorgängerregierungen. Ein weiteres Element des politischen Diskurses bestand schließlich darin, auf den christdemokratischen Charakter der Regierung zu verweisen. Diese Anknüpfung an das eigene sozialpolitische Erbe – denn letztlich waren es nicht zuletzt die christdemokratischen Parteien, die den niederländischen Wohlfahrtsstaat mit aufgebaut hatten (van Kersbergen 1995) – sollte belegen, dass die Kürzungspolitik kein ideologisch motivierter Angriff auf den Wohlfahrtsstaat als solchen darstellte, sondern dass es sich dabei lediglich um eine notwendige Rückführung einer wachstumsschädlichen Fehlentwicklung handelte.

Wichtig für die Plausibilisierung dieser Argumente war, dass sie sich empirisch stützen ließen. Die Existenz einer massiven Krisenlage wurde angesichts einer der höchsten Arbeitslosenquoten der OECD, der schwachen Wachstumsperformanz und des riesigen Haushaltsdefizits von keinem Akteur bestritten, auch nicht von den Gewerkschaften, die zudem noch unter massiven Mitgliederverlusten zu leiden hatten (Visser/Hemerijck 1998: 116), sodass sie in der Folge bereit waren, Konzessionen zu machen. Allerdings waren diese Konzessionen nicht allein durch die Wahrnehmung einer wirtschaftlichen und einer Organisationskrise bedingt, sondern sie waren auch Folge des Schattens der Hierarchie, den die Regierung im Bereich der Lohnpolitik aufgebaut hatte (Woldendorp 2005: 127; 310f.), indem sie das Kürzungsvolumen des Haushaltes von den Ergebnissen der Lohnverhandlungen abhängig gemacht hatte und vor allem indem sie angekündigt hatte, Lohnmäßigung äußerstenfalls auch unilateral durchzusetzen – hier fand also das Argument, die Regierung sei – ob mit oder ohne die Sozialpartner – zum Regieren da, sein empirisches Gegenstück. Das Abkommen von Wassenaar, das eben diese Lohnmäßigung ermöglichte, war für die Regierung daher ein wichtiger Erfolg, zum einen, weil es unmittelbar half, die Arbeitskosten in den Griff zu bekommen, zum anderen aber – und für diesen Zusammenhang wichtiger –, weil es den Lohnstopp bzw. sogar die Lohnsenkungen im öffentlichen Sektor erleichterte, ließ es diese Politik in der Öffentlichkeit doch als weniger „unfair" erscheinen (hierzu und zum Folgenden Visser/Hemerijck 1998: 141). Dies zahlte sich für die Regierung schon in der Auseinandersetzung um die Lohnkürzung im öffentlichen Dienst im Jahr 1983 aus, gegen die die Gewerkschaften des öffentlichen Dienstes den größten Streik der Nachkriegsgeschichte organisierten. Da jedoch der Protest in der öffentlichen Meinung nicht mitgetragen wurde, beendeten die Gewerkschaften den Streik schnell und nahmen die – allerdings etwas reduzierte – Kürzung der Gehälter (3 statt 3,5%) hin.

Auch die Rechtfertigung der Sparpolitik, dass es sich dabei um eine christdemokratische und das sollte eben heißen: sozial ausgewogene „Reparatur" des Wohlfahrtsstaates und nicht um seinen Abriss handele, ließ sich mit der tatsächlich durchgesetzten Politik belegen. So zog die Regierung einerseits höhere Einkommen durch eine Verschärfung der Steuerprogression im oberen Bereich des Einkommensteuertarifs stärker zur Konsolidierung heran, andererseits erhielten die Empfänger besonders geringer Einkommen Einmalzahlungen, um ihren Lebensstandard zu erhalten (Green-Pedersen 2002: 98; Lepszy/Koecke 2000: 192f.)

Trotz dieses vergleichsweise ausgefeilten politischen Diskurses zur Begründung der Kürzungspolitik war sich die Regierung offensichtlich bewusst, dass ihre Politik elektoral riskant war. Entsprechend setzte sie durchaus auch verschiedene Mittel ein, um die Sparanstrengungen möglichst wenig sichtbar werden zu lassen. Eine entsprechende Strategie bestand in der Durchsetzung vieler kleiner Einschnitte, „die nach dem Salami-Prinzip der kleinen Scheibchen unbarmherzig durchgesetzt wurden"

(Visser/Hemerijck 1998: 183). Auch die Technik, reale Kürzungen von Sozialleistungen durch das Aussetzen der Indexierungsregelung zu erreichen, dürfte die Sichtbarkeit von Einschnitten reduziert und damit dazu beigetragen haben, den Unmut der Wähler über die Sozialkürzungen in Grenzen zu halten.[85]

An einzelnen Stellen kam es aus Rücksicht auf den wahrgenommenen Wählerwillen auch zum Verzicht auf eigentlich geplante oder im Sinne der Erreichung der im Koalitionsvertrag vereinbarten finanzpolitischen Ziele notwendige Einsparungen oder die finanzpolitischen Prioritäten wurden sogar revidiert: So fürchtete Ministerpräsident Lubbers bereits 1984, dass die Unterstützung für die Kürzungspolitik zurückgehen würde, wenn das eingesparte Geld vollständig zur Rückführung der Neuverschuldung und nicht wenigstens teilweise zur Senkung der Abgabenbelastung genutzt werde, und schlug eine entsprechende Änderung der finanzpolitischen Prioritäten der Regierung vor (Timmermans 2003: 97). Im Wahljahr 1986 wollte man angesichts zu befürchtender Wählerreaktionen einerseits möglichst auf zusätzliche Kürzungen, die zur Erreichung des Defizitziels mutmaßlich notwendig gewesen wären, verzichten, andererseits sollte die Kreditaufnahme als zentraler Leistungsnachweis der Regierung möglichst deutlich sinken. Gelöst wurde dieses Problem, indem einige erst für 1986 geplante Ausgaben einfach um ein Jahr vorgezogen wurden, sodass der Rückgang des Defizits zwischen 1985 und 1986 größer wurde und das Defizitziel erreicht wurde (Toirkens 1988; Seils 2004: 118f.). Immer wieder verzichtete die Regierung außerdem auf Haushaltseinschnitte in dem Volumen, das insbesondere Finanzminister Ruding (CDA), teilweise unterstützt von Wirtschaftsminister De Korte (VVD), ursprünglich gefordert hatte, weil sich die Wahlaussichten der Regierung verschlechterten (Toirkens 1988: Kap. 6; Seils 2004: 132).

Im Vergleich zu den anderen hier untersuchten Ländern blieb der Einsatz solcher Schuldvermeidungsstrategien allerdings begrenzt. Dennoch gewann der CDA sowohl 1986 als auch 1989 Stimmen hinzu und die Koalition wurde 1986 wiedergewählt und hätte auch nach den Wahlen 1989 noch eine knappe Mehrheit im Parlament besessen, wenn die beiden Partner denn zu einer weiteren Zusammenarbeit bereit gewesen wären. Dies spricht einerseits dafür, dass die Rechtfertigung der Kürzungspolitik insbesondere solange erfolgreich war, wie die Wahrnehmung einer Krise sowie die Vermutung bei einem Großteil der Bevölkerung vorhanden war, dass die Politik der Regierung dazu geeignet sei, die wirtschaftliche Situation zu verbessern. Das war zumindest bis zur Wahl 1986 der Fall, als bei einer Umfrage über die Hälfte der Befragten die Auffassung vertraten, die Regierungspolitik habe positive Effekte auf die wirtschaftliche Entwicklung gehabt (van der Eijk et al. 1986: 294f.).

Andererseits fällt auf, dass der Parteienwettbewerb ausgesprochen gemäßigt war. Obwohl die PvdA die Sozialkürzungen der ersten Regierung Lubbers mitunter scharf abgelehnt hatte, was ihr Ende 1984 Rekordwerte von bis zu 40% in den Meinungsumfragen bescherte (van der Eijk et al. 1986: 289), vermied sie in den Wahl-

---

85 Interessanterweise wurde allerdings auf Manipulationen an der Indexierungsregelung bei der Einkommensteuer anders als in Großbritannien weitgehend verzichtet. Lediglich 1983 blieb die Indexierung der Steuerstufen an die Inflation unvollständig.

kämpfen von 1986 und erst recht von 1989 eine scharfe wirtschafts- und sozialpolitische Konfrontation mit den Regierungsparteien (vgl. van der Eijk et al. 1986; Gladdish 1987; Wolinetz 1990). Wieso profilierten sich die Sozialdemokraten aber nicht stärker als Verteidiger des Wohlfahrtsstaates? Ein Grund hierfür liegt sicherlich in der insgesamt glaubwürdigen Begründung der Politik der Regierung. Doch lassen die oben genannten Umfragedaten es zumindest plausibel erscheinen, dass die Sozialdemokraten von einer stärkeren Zuspitzung der finanz- und sozialpolitischen Debatte wahlpolitisch hätten profitieren können. Dass sie auf diese Option verzichteten, lag hauptsächlich daran, dass die PvdA die Effekte des Wahlkampfes auf mögliche spätere Koalitionsverhandlungen berücksichtigen musste. Wenn sie nämlich an die Regierung gelangen wollte, musste sie – da eine eigene progressive Mehrheit mit D66 und GrünLinks nicht realistisch war – auf eine Koalition mit den Christdemokraten hoffen. Diese wäre aber umso unwahrscheinlicher geworden, je schärfer die PvdA die Politik der Kabinette Lubbers kritisiert hätte. Daher ging also von der niederländischen Parteiensystemkonstellation, bei der in der Tendenz nicht unbedingt der Wahlsieger, sondern der Gewinner der Koalitionsbildung die Regierung stellt, ein ausgesprochen mäßigender Impuls auf den Wettbewerb um Wählerstimmen aus, der zu einem ganz erheblichen Teil dafür verantwortlich gemacht werden muss, dass sich die Sozialstaatskürzungen der 1980er Jahre durchsetzen ließen.

5.4 Die Finanzpolitik der christlich-sozialdemokratischen Regierung Lubbers, 1989-1994

Die Wahl von 1989 hätte rechnerisch die Neuauflage der christlich-liberalen Koalition ermöglicht, allerdings mit einer sehr knappen Parlamentsmehrheit von 76 zu 74 Stimmen in der zweiten Kammer. Nicht nur wegen dieser knappen Mehrheitsverhältnisse, sondern auch wegen des von der VVD zu verantwortenden Bruchs der vorangegangenen Koalition gab es im CDA Vorbehalte gegen ein neuerliches Zusammengehen mit der VVD. Da allerdings ein anderer Teil der CDA-Fraktion einem Bündnis mit der PvdA reserviert gegenüberstand, wurde ein zweistufiges Verfahren beschlossen. Als erste Präferenz sollte eine Koalition mit VVD und D66 angestrebt werden, die dem CDA die pivotale Position in der Koalition erhalten hätte. Diese Koalition kam allerdings nicht zustande, weil D66 sich nicht bereit fand, der bürgerlichen Koalition zu einer sicheren Mehrheit zu verhelfen. Daher kam die zweite Präferenz der CDA zum Zuge, nämlich eine Koalition mit der PvdA, allerdings ohne Beteiligung von D66, um eine Kabinettsmehrheit links von der eigenen Position zu verhindern (ausführlicher Hillebrand/Irwin 1999: 125f.). Ministerpräsident blieb der Christdemokrat Ruud Lubbers, das Finanzressort übernahm PvdA-Chef Wim Kok.

Der Koalitionsvertrag der dritten Regierung Lubbers glich in seinen finanzpolitischen Bestimmungen in vielerlei Hinsicht den Vereinbarungen der Vorgängerkoalitionen. Neuerlich einigte man sich darauf, das Finanzierungsdefizit in vorher bestimmten jährlichen Schritten (0,5 Prozentpunkte des Volkseinkommens) auf einen bestimmten Wert (3,25 Prozent des Volkseinkommens) zu reduzieren, wobei wiederum die Abgabenbelastung zumindest stabil bleiben, besser noch die Sozialversicherungsbeiträge gesenkt werden sollten, um eine moderate Lohnpolitik zu unterstützen (Seils 2004: 140f.). Allerdings konnte die dritte Regierung Lubbers nicht mehr unter den vergleichsweise günstigen konjunkturellen und außenwirtschaftlichen Bedingungen operieren, wie sie in der zweiten Hälfte der 1980er Jahre geherrscht hatten; vielmehr hatte sie sich mit einer zunehmend trüberen wirtschaftlichen Entwicklung auseinanderzusetzen, die die Erreichung der selbst gesteckten Ziele nicht unbedingt erleichterte. Wie sich die Regierung in dieser Situation verhielt, wird in den folgenden Abschnitten zunächst dargestellt und anschließend erklärt.

5.4.1 Steuerpolitik

Steuerpolitisch war die dritte Lubbers-Administration vergleichsweise wenig aktiv. Im Koalitionsvertrag wurde lediglich festgehalten, dass die Abgabenbelastung nicht über das für 1990 erwartete[86] Niveau steigen dürfe. Zwar wurde im April 1990 neuerlich eine Steuerreformkommission eingesetzt, diesmal unter dem Vorsitz von Willem Stevens, die am 3. Juli 1991 ihren Bericht vorlegte (vgl. de Kam 1993: 368-370). Darin schlug sie vor, die bestehenden drei Steuerstufen (35, 50 und 60 Prozent) durch zwei niedrigere (33,6 und 55 Prozent) zu ersetzen und die erste Steuerstufe zu verbreitern. Zur Gegenfinanzierung wurde u.a. vorgeschlagen, die Absetzbarkeit der Beiträge zur Arbeitnehmerversicherung und der Kosten für Fahrten von der Wohnung zum Arbeitsplatz abzuschaffen und bestimmte Freibeträge zu kürzen. Insgesamt sollte die Bemessungsgrundlage um 22 Mrd. Gulden verbreitert werden. Die Vorschläge waren nach Angabe der Kommission aufkommens- und verteilungsneutral (OECD 1991b: 105). Doch umgesetzt wurden diese Empfehlungen nicht.

Stattdessen diente die Steuerpolitik zwischen 1989 und 1994 vor allem zwei Zwecken: der Unterstützung der Haushaltskonsolidierung und der Unterstützung der Lohnmäßigung. Zur Haushaltskonsolidierung wurde u.a. die Mineralölsteuer erhöht und zwischen 1992 und 1994 auf die vollständige Anpassung der Steuerstufen an die Inflation verzichtet; zusätzlich wurden einzelne eigentlich geplante Steuersenkungen verschoben oder es musste ganz auf sie verzichtet werden (vgl. Kap. 5.4.2). So sollten beispielsweise verschiedene steuerliche Maßnahmen 1993 Entlastungen bringen, die zu einer Erhöhung des Nach-Steuer-Einkommens der Arbeitnehmer um ein Prozent geführt hätten, um die Lohnmoderierung zu unterstützen (OECD 1993b: 48), doch wegen der erheblichen Budgetprobleme konnten diese Steuersenkungen nicht umgesetzt werden (OECD 1994b: 39).

---

86   Tatsächlich lag die Abgabenbelastung 1990 mit 52,6% am Volkseinkommen um über einen Prozentpunkt unter dem zur Zeit der Abfassung des Koalitionsvertrages erwarteten Niveau von 53,7%. Planungsgrundlage blieb jedoch das ursprünglich erwartete Niveau (OECD 1994b: 108).

Um die Lohnmäßigung zu unterstützen, wurden, soweit möglich, vor allem Steuern gesenkt, die von großer Bedeutung für Arbeitnehmer sind. So wurde beispielsweise zum 1.10.1992 die Mehrwertsteuer um einen Prozentpunkt gesenkt. Auch die Ausweitung der Werbungskostenpauschale in mehreren Jahren diente nicht zuletzt dem Ziel der Beeinflussung der Lohnpolitik sowie der relativen Besserstellung von Arbeitnehmern im Vergleich zu Inaktiven, was Anreize erhöhen sollte, tatsächlich eine Arbeit aufzunehmen. Kurz vor der Wahl 1994 wurden dann noch Abgabensenkungen für 1994 und 1995 beschlossen, die unter anderem eine geringfügige Senkung der unteren Einkommensteuerstufe beinhalteten (OECD 1994b: 42).

Dieses 1994 verabschiedete Paket brachte schließlich auch die einzige – aber immer noch sehr bescheidene – Senkung der Abgabenbelastung für Unternehmen, die von einer Senkung der Sozialversicherungsbeiträge der Arbeitgeber und der Verkürzung der ersten (besonders hohen) Steuerstufe bei der Körperschaftsteuer profitierten (OECD 1994b: 38; 118).

Abbildung 5.3: Haushaltssalden des Gesamtstaates in % BIP (linke Achse) und Steuerquote (rechte Achse) in den Niederlanden, 1988-1994

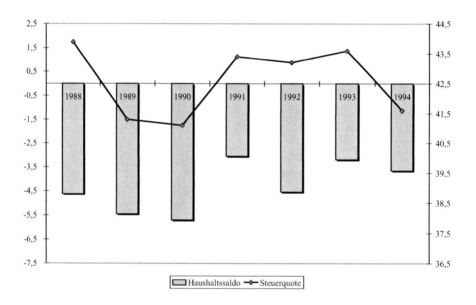

Quelle: OECD 2006, 2007.

Insgesamt blieb die Abgabenlast – angesichts der geringen Aktivitäten in diesem Bereich wenig überraschend – hoch, ja, die Steuerquote stieg mit Ausnahme des Jahres 1994 sogar leicht und lag auch in diesem Jahr noch knapp über dem Wert von 1989 (Abb. 5.3). Entsprechend sank lediglich im Jahr 1994 die Abgabenbelastung knapp unter den im Koalitionsabkommen vorgesehenen Wert, in allen anderen Jahren übertraf sie dagegen den vorgesehenen Wert (Seils 2004: 157).

5.4.2 Haushaltspolitik

Trotz des wirtschaftlichen Aufschwungs in der zweiten Hälfte der 1980er Jahre waren, wie oben gesehen, die haushaltspolitischen Probleme der Niederlande noch keineswegs gelöst, und von dieser Erkenntnis war auch der Koalitionsvertrag der neuen CDA-PvdA-Koalition geprägt, der eine weitere Rückführung des Defizits bei gleichzeitiger Stabilisierung der Abgabenbelastung vorsah.

Dennoch waren das erste Regierungsjahr und die Aufstellung des Haushaltes 1991 noch vergleichsweise unproblematisch. Zwar musste weiter gespart werden, wobei insbesondere der Verteidigungs- und der Bildungsetat, der durch notorische Ausgabenüberschreitungen für die Studienfinanzierung geprägt war, Einschnitte hinzunehmen hatten, während die übrigen Budgets nominal unverändert blieben (Seils 2004: 142f.). Doch immerhin kam es auch zu einer bemerkenswerten Abweichung von der Haushaltspolitik der Vorgängerregierung, die für zusätzliche Ausgaben sorgte: Entsprechend dem Koalitionsvertrag wurden nämlich die Sozialleistungen und die Gehälter im öffentlichen Dienst wieder an die Gehaltsentwicklung im Privatsektor angekoppelt.

Doch schon 1990 hatte die Koalition Schwierigkeiten, ihr haushaltspolitisches Ziel zu erreichen, weil einerseits die Steuereinnahmen hinter den Erwartungen zurückblieben und andererseits die Ausgaben insbesondere aufgrund höherer Lohnkosten und der Ausgabenüberschreitungen für die Kranken- und Erwerbsunfähigkeitsrente stärker als geplant anstiegen (OECD 1991b: 40). Bei der Verabschiedung des Haushaltes 1991 verwies die Regierung zudem auf finanzpolitische Unwägbarkeiten in Folge des Golfkrieges und am 19. Februar 1991 legten Finanzminister Kok und Ministerpräsident Lubbers eine finanzpolitische „Zwischenbilanz" (*Tussenbalans*) des Kabinetts vor, in der der Konsolidierungsbedarf bis zum Ende der Legislaturperiode auf 17 Mrd. Gulden beziffert wurde und in der auch schon – meist sehr detailliert – dargelegt wurde, wie die Konsolidierung geleistet werden sollte (vgl. zum Folgenden OECD 1991b: 42f.; Seils 2004: 144).

Neben einigen Einnahmeerhöhungen, etwa bei der Mineralölsteuer, sowie der Verschiebung einer geplanten Senkung der Mehrwertsteuer sollten alle Ausgabenbereiche außer den Löhnen der öffentlich Bediensteten, deren Erhöhung im Koalitionsvertrag festgelegt worden war, von Kürzungen betroffen sein. So sollten beispielsweise alle Subventionen um zehn Prozent gekürzt werden, was im Verkehrsbereich zu höheren Preisen und bei den Sozialwohnungen über mehrere Jahre zu stärkeren Mieterhöhungen führte. Um Mieter gegenüber Hausbesitzern nicht schlechter zu stellen, wurde auch die steuerliche Belastung von selbst genutztem Wohneigentum erhöht. Weitere Kürzungen gab es im Gesundheitssektor, bei der Entwicklungshilfe und den Verteidigungsausgaben. Um auch im Bereich der Personalkosten Geld einzusparen, war ein Abbau von 6.000 bis 7.000 Stellen im öffentlichen Dienst vorgesehen.

Weitere Einsparungen sollte es auch im Sozialbereich geben. Allerdings wurde schnell klar, dass die Strategie der ersten beiden Lubbers-Regierungen, die Ausgaben durch eine Reduzierung der Leistungshöhe zu begrenzen, nicht ausreichend sein würde. Entsprechend wurde die Zurückführung der Zahl der Erwerbsunfähigkeitsrentner auf das Niveau von 1989 angestrebt.

Die Konzentration auf die Erwerbsunfähigkeitsrente war der Tatsache geschuldet, dass die Kosten dieses Programms (WAO) wie die keines anderen Teils des Wohlfahrtsstaates explodiert waren, was vor allem an der rasch zunehmenden Zahl von Leistungsempfängern lag. Bei der Verabschiedung des Gesetzes 1967 hatte man mit rund 200.000 Leistungsberechtigten gerechnet, doch tatsächlich waren 1990 bereits fast 900.000 Leistungsempfänger registriert – 14 Prozent der Erwerbspersonen (OECD 1989b: 61)! Es war unzweifelhaft – und wurde schließlich von einem Gutachten des Rechnungshofes 1992 sowie den Ergebnissen eines parlamentarischen Untersuchungsausschusses 1993 bestätigt (Visser/Hemerijck 1998: 197f.) –, dass die im internationalen Vergleich ausgesprochen großzügig ausgestattete Erwerbsunfähigkeitsrente von Arbeitgebern wie Gewerkschaften angesichts überaus strikter Kündigungsschutzregelungen gerade für ältere Arbeitnehmer als sozial abgefederter Ausgang aus dem Arbeitsmarkt genutzt bzw. missbraucht wurde (van der Veen/ Trommel 1999: 306) – mit finanziellen Folgen für die öffentlichen Kassen in Höhe von 24 Mrd. Gulden oder fünf Prozent des Sozialprodukts jährlich (OECD 1991b: 64). Da die Verschärfung der Zugangskriterien, die 1987 durchgesetzt worden war, nicht gefruchtet hatte, im Gegenteil, die Zahl der Empfänger immer schneller zunahm, war der finanzpolitische Handlungsbedarf hier offensichtlich, ja Ministerpräsident Lubbers hatte sogar angekündigt, er wolle zurücktreten, falls die Zahl der Erwerbsunfähigkeitsrentner über eine Million steige.

Obwohl demnach die Begrenzung des Zugangs zur Erwerbsunfähigkeitsrente fiskalisch nahe lag, war den Koalitionspartnern durchaus bewusst, dass dieser Eingriff politisch höchst riskant war. Daher blieben die Ausführungen der „Zwischenbilanz" zur Reform der Erwerbsunfähigkeitsrente – im Gegensatz zu den meisten anderen Kürzungen – zunächst unkonkret. Im Verlauf der folgenden zwei Jahre, nach einer Vielzahl von Verhandlungsrunden und gegen den erbitterten Widerstand der Gewerkschaften wurde bis 1993 schließlich eine Reform erarbeitet, die u.a. Folgendes vorsah (vgl. ausführlicher Visser/Hemerijck 1998: 195f.): Erstens sollten zukünftig viele, insbesondere jüngere Anspruchsberechtigte nicht mehr die volle Rente, sondern Teilrenten bekommen, zweitens wurde der Zeitraum, in dem der Höchstsatz von 70% des letzten Gehalts gezahlt wird, für Neuzugänge in das System begrenzt (anschließend sollten sie auf 70% des Mindestlohns plus weitere altersabhängige Leistungen zurückfallen) und drittens mussten sich Empfänger der Erwerbsunfähigkeitsrente zukünftig medizinischen Überprüfungen unterziehen, die den Grad der Erwerbsunfähigkeit jeweils neu feststellen sollten, was faktisch in vielen Fällen zu einer Reduzierung oder gar zum Entfallen der Leistungen führte (vgl. van der Veen/Trommel 1999: 302). Darüber hinaus wurden finanzielle Anreize für Arbeitgeber eingeführt, möglichst wenige Arbeitnehmer in die Erwerbsunfähigkeit zu schicken oder teilerwerbsunfähige Arbeitnehmer einzustellen. Ebenso mussten nach der Krankenversicherungsreform von 1994 die Arbeitgeber das Krankengeld für die ersten zwei (kleine Unternehmen) bzw. sechs (Unternehmen mit mehr als 15 Arbeitnehmern) Wochen übernehmen, wofür im Gegenzug der Arbeitgeberbeitrag zur Sozialversicherung gesenkt wurde (Visser/Hemerijck 1998: 196).

Auch das System der Koppelung der Sozialleistungen und Gehälter im öffentlichen Dienst an die Lohnentwicklung im Privatsektor wurde, nachdem es 1990 und 1991 in Kraft blieb, wieder modifiziert, um die Kostenbelastung der öffentlichen Hand in Grenzen zu halten. So wurde die Kopplung davon abhängig gemacht, dass die Erhöhung der Löhne im Privatsektor nicht excessiv ist und die Zahl der Leistungsempfänger in Relation zur Zahl der Erwerbstätigen nicht über ein bestimmtes Niveau ansteigt (zu den Details Visser/Hemerijck 1998: 193). Wurde entweder die Lohnerhöhung als exzessiv betrachtet oder verschlechterte sich die Inaktiven-Aktiven-Relation, sollte die Kopplung suspendiert werden. Diese zweite Bestimmung führte zwischen 1992 und 1994 tatsächlich zu einer Aussetzung des Kopplungsmechanismus. Entsprechend wurden die Sozialleistungen und die Gehälter im öffentlichen Dienst in geringerem Umfang angehoben als die Löhne im Privatsektor, 1993 und 1994 bleiben die Sozialleistungen sogar nominal eingefroren. Da allerdings einerseits durch die Suspendierung des Kopplungsmechanismus die Kaufkraft besonders niedriger Einkommen nicht gesenkt werden sollte, andererseits aber Anreize zur Aufnahme einer Beschäftigung gegeben werden sollten, wurden bestimmte steuerliche Freibeträge[87] erhöht, was wiederum finanziert wurde, indem die Grenzen der Steuerstufen nicht oder nicht vollständig an die Inflation angepasst wurden (OECD 1993b: 43f.).

Gleichwohl reichten die Sparanstrengungen wegen der konjunkturellen Verschlechterung nicht aus, und die Regierung musste insgesamt drei weitere Kürzungspakete im Volumen von 4,7 Mrd. Gulden ankündigen, um ihr Defizitziel für 1993 erreichen zu können. Neben einer proportionalen Kürzung über alle Ministerien kamen dabei vor allem Ad-hoc-Maßnahmen wie etwa die Verschiebung bestimmter Beschaffungen des Verteidigungsministeriums zum Einsatz (vgl. OECD 1993b: 44, 88). Auch die eigentlich für 1993 geplanten Steuererleichterungen mussten zurückgezogen werden (Brandner 2003: 191).

Im Sommer 1993 – und damit weniger als ein Jahr vor der nächsten Parlamentswahl – wandte sich Finanzminister Kok schließlich dagegen, weiterhin eine im Wesentlichen prozyklische Sparpolitik zu betreiben, um die im Koalitionsvertrag festgelegten Ziele strikt einzuhalten. Stattdessen schlug er vor, im Haushalt 1994 weniger starke Einschnitte einzuplanen, als zur Erreichung des Defizitzielwertes erforderlich wäre, und sogar einige Steuererleichterungen vorzunehmen (Seils 2004: 153f.). Damit konnte er sich schließlich auch beim Koalitionspartner durchsetzen, sodass letztlich das Defizitziel im Jahr 1994 leicht verfehlt wurde (3,5% des Volkseinkommens statt der geplanten 3,25%).

---

87 Dies führt zur Entlastung auch von Empfängern von Sozialleistungen, weil diese in den Niederlanden steuerpflichtig sind.

Abbildung 5.4: Reale Veränderungen ausgewählter Haushaltsbereiche in den Niederlanden, 1989-1994 (in Prozent)

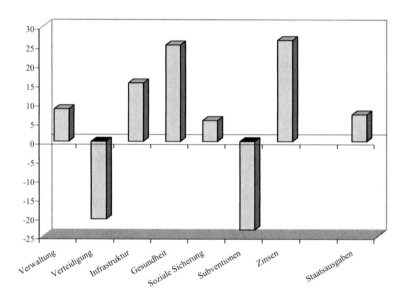

Quelle: eigene Berechnung nach CPB 2006: Bijlage A9.

Wie ist die Finanzpolitik der christlich-sozialdemokratischen Regierung abschließend zu bewerten? Angesichts der schwierigen konjunkturellen Bedingungen ist die fast gänzliche Einhaltung der Defizitziele (mit Ausnahme des letzten Jahres) durchaus bemerkenswert (vgl. auch Abb. 5.3). Dies gelang neuerlich in erheblichem Umfang durch Ausgabenkürzungen, wobei nach 1989 der Verteidigungshaushalt und die Subventionen die am weitesten reichenden Einschnitte hinnehmen mussten (vgl. Abb. 5.4). Doch in begrenztem Umfang fand die Konsolidierung auch einnahmeseitig statt, wurde das im Koalitionsvertrag vorgesehene Niveau der Abgabenbelastung doch in den meisten Jahren überschritten. Einmalige Einnahmen spielten vor allem im Rahmen der Erdgaseinnahmen eine gewisse Rolle, während die Privatisierungserlöse zunächst mit 2,7 Mrd. zwischen 1990 und 1993 eher gering blieben und erst im Haushalt 1994, in den immerhin 6,6 Mrd. Gulden aus dem Verkauf von Anteilen an der Post flossen, einen nennenswerten Beitrag leisteten (berechnet nach van Damme 2006: 296). Eine ähnliche Größenordnung, nämlich knapp zehn Mrd. Gulden zwischen 1990 und 1994, erreichten zudem die Gewinne der Nederlandsche Bank (De Nederlandsche Bank verschiedene Jahrgänge).

5.4.3 Die christlich-sozialdemokratische Koalition und der politische Prozess

Wie gesehen regierte die CDA-PvdA-Koalition in einer konjunkturell schwierigeren Zeit als die ersten beiden Kabinette Lubbers. Das Wachstum wurde von Jahr zu Jahr geringer und lag 1993 unter einem Prozent und auch die Arbeitslosigkeit nahm ab 1992 wieder erkennbar zu. Dies schlug natürlich auf den Haushalt durch und machte Konsolidierungspolitik schwieriger. Dennoch ist überraschend, dass es gerade eine Koalition aus Christdemokraten und Sozialdemokraten war, die vor diesem Hintergrund unter anderem eine weitreichende Sozialreform durchsetzte. Wie ist dies mit Hilfe des in Kapitel 2 vorgestellten Modells politischer Willensbildung zu erklären?

5.4.3.1 Die parteipolitische Zusammensetzung der Regierung

Die Finanzpolitik der dritten Regierung Lubbers ähnelt in vielerlei Hinsicht der Finanzpolitik der ersten beiden Lubbers-Kabinette (ähnlich auch Snels 1999: 130). Das gilt insbesondere für die Konsolidierungspolitik, die vor allem durch eine Konzentration auf die Ausgabenseite gekennzeichnet war. Zwar verschob sich ab 1989 der Fokus bei der Reform der Sozialsysteme von der Kürzung der Leistungshöhe hin zur Einschränkung des Kreises der Leistungsberechtigten, doch war dies nicht der anderen parteipolitischen Zusammensetzung der Regierung, sondern der Tatsache geschuldet, dass das mögliche Einsparvolumen bei der Leistungshöhe vielfach als erreicht angesehen wurde. Der Kontinuitätsbefund ist auch insofern keineswegs überraschend und spiegelt insoweit auch die Erwartungen der Parteiendifferenzhypothese wider, als der CDA nicht nur beiden Regierungen angehörte, sondern er sich 1989 auch in einer ausgesprochen günstigen Verhandlungsposition befand, konnte er doch sowohl mit Sozialdemokraten als auch mit Liberalen eine Koalition bilden, sodass er erhebliche Konzessionen von seinem Partner fordern konnte.

Innerhalb dieses generellen Kontinuitätsbefundes lassen sich aber auch gewisse Veränderungen der Politikrichtung feststellen, die sich auf die parteipolitische Zusammensetzung der Regierung zurückführen lassen. So kann man beispielsweise das Ausbleiben fast jeglicher Steuerreformaktivität zwischen 1989 und 1994, und insbesondere das Nicht-Aufgreifen der Vorschläge der Stevens-Kommission, durchaus mit dem Fehlen einer liberalen Partei in der Regierung in Verbindung bringen, war doch die VVD die einzige Partei gewesen, die im Wahlkampf 1989 eine Senkung der Steuerbelastung gefordert hatte (Thomson 1999: 192f.). Ähnliches gilt für die Privatisierungspolitik (van Damme 2006: 295). Auch bei einigen Detailregelungen lassen sich bestimmte Abweichungen vom Kurs der 1980er Jahre feststellen, die auf den Einfluss der sozialdemokratischen Regierungsbeteiligung zurückzuführen sind. Das prominenteste einschlägige Beispiel ist die Wiederherstellung der Koppelung der Sozialleistungen und Gehälter im öffentlichen Dienst an die Lohnentwicklung im Privatsektor in den Jahren 1990 und 1991, die für die PvdA Bedingung für den Eintritt in die Regierung war, während der CDA bereits 1991 den Koppelungsmechanismus wieder in Frage stellte (Seils 2004: 147). Die PvdA setzte auch durch, dass Personen, die bereits eine Erwerbsunfähigkeitsrente beziehen, Bestandsschutz zugesichert wurde (Green-Pedersen 2002: 104).

An anderen Stellen versuchte die PvdA, eine stärker sozialdemokratische Politik durchzusetzen, scheiterte dabei aber am Koalitionspartner. So schlug Finanzminister Kok 1993 beispielsweise vor, den allgemeinen Steuerfreibetrag durch eine Steuergutschrift zu ersetzen (Seils 2004: 154), was eine relative Besserstellung der Einkommensschwachen bedeutet hätte, weil diese bei einem progressiven Steuersystem absolut gesehen weniger vom Steuerfreibetrag profitieren als Bezieher hoher Einkommen.

Diese erkennbar unterschiedlichen Parteipräferenzen sind zwar bemerkenswert, doch der dominierende Befund für die niederländische Finanzpolitik der Jahre 1989 bis 1994 ist der der Kontinuität. Und dieser Befund lässt sich nicht allein mit der Position des CDA erklären, der die Durchsetzung der PvdA-Präferenzen durchgehend verhindert hätte. Denn umgekehrt hätten die Sozialdemokraten beispielsweise auch ihrerseits versuchen können, die Reform der Erwerbsunfähigkeitsrente zu verhindern. Insofern erscheint es bemerkenswert, dass es gerade eine Regierung unter Beteiligung der Sozialdemokraten war, die diese Reform durchsetzte – eine Reform, die als zentraler Einschnitt in den niederländischen Wohlfahrtsstaat betrachtet wurde und gegen die nicht nur fast die gesamte Opposition einschließlich der liberalen Parteien stimmte (Tweede Kamer, Handelingen 1992-1993, Nr. 43, 28.1.1993, 3259), sondern gegen die es die größten Streiks der niederländischen Nachkriegsgeschichte gab, eine Reform zudem, die gerade für die Sozialdemokraten mit einem Absturz in den Umfragen verbunden war und die auch von der sozialdemokratischen Basis als nicht kompatibel mit der eigenen Programmatik wahrgenommen wurde, wie der Verlust von einem Drittel der PvdA-Mitglieder in diesen Jahren zeigt (Visser/Hemerijck 1998: 193). Wieso trug die Partei die Reform dennoch mit und wie konnte sie sich über den Widerstand in den eigenen Reihen hinwegsetzen? Dies wird in den beiden folgenden Abschnitten geklärt.

5.4.3.2 Vetospieler und innerparteiliche Gruppierungen

Die Sozialdemokraten hatten seit Ende der 1960er Jahre eine so genannte „Polarisierungsstrategie" verfolgt, die angesichts der sich auflösenden gesellschaftlichen Säulen darauf abzielte, eine eigene Mehrheit links der bürgerlichen Parteien zu erreichen. Obwohl diese Strategie wahlpolitisch wenigstens insoweit aufging, als die PvdA mitunter deutliche Stimmengewinne einfahren konnte, scheiterte sie doch insgesamt, weil die Linke von einer eigenen Mehrheit weit entfernt blieb. Gleichzeitig verschlechterte die Polarisierungsstrategie jedoch die Chancen der PvdA, an einer Regierung beteiligt zu werden, weil die bürgerlichen Parteien, und insbesondere der CDA, sich nicht auf die Linie des PvdA festlegen lassen mochten, während die Sozialdemokraten in den Koalitionsverhandlungen auf die vollständige Implementierung ihrer wichtigsten Programmpunkte bestanden (Wolinetz 1995a: 119). Die Regierungen mit Beteiligung der PvdA (den Uyl und van Agt II) waren entsprechend wenig erfolgreich. Insbesondere die kurzlebige Koalition mit den Christdemokraten unter van Agt 1981/82 hatte für die folgenden Jahre prägenden Charakter. Bei vielen Wählern, aber nicht zuletzt auch bei den anderen Parteien war in dieser Phase das Image entstanden, die Sozialdemokraten seien nicht bereit oder in der Lage, harte, aber notwendige Entscheidungen zu treffen und seien insoweit nicht regierungsfähig (Green-Pedersen 2002: 95). Dieses Image wiederum stand einer sozialdemokratischen Regierungsbeteiligung auf Dauer im Wege.

Diese Einschätzung wurde durch das Ergebnis der Wahlen von 1986 besonders deutlich unterstrichen. Obwohl die PvdA das zweitbeste Ergebnis ihrer Geschichte einfuhr, blieb sie neuerlich von der Regierung ausgeschlossen. Seit 1977 hatte sie damit trotz nennenswerter Wahlerfolge gerade einmal neun Monate mitregiert. Dieser politische Misserfolg führte in Teilen der Parteiführung um den neuen Parteichef Wim Kok zu einem Umdenken in Bezug auf die Strategie und die finanzpolitischen Positionen der PvdA: „An influential elite faction started to accept the need for fiscal responsibility, particularly as a means towards regaining power" (Green-Pedersen/van Kersbergen 2002: 517; vgl. auch Wolinetz 1995a: 120). Obwohl die Polarisierungsstrategie schon 1982 aufgegeben worden war, kam es erst jetzt, nach einer neuerlichen politischen Niederlage, die die Chancen der PvdA auf zukünftige Politikgestaltung stark einschränkte, zu einem umfangreichen innerparteilichen Reformprozess, in dessen Verlauf drei Kommissionen zu den Bereichen Parteiorganisation, Strategie und Programm Bestandsaufnahmen und Empfehlungen vorlegten (vgl. ausführlicher Wolinetz 1995a: 121f.). Im Ergebnis fokussierte die Partei stärker darauf, ihre Regierungsfähigkeit unter Beweis zu stellen, und das implizierte eben auch, dass die Notwendigkeit gesehen wurde, eine Finanzpolitik zu verfolgen, die das Haushaltsdefizit weiter reduzieren sollte, um das Image einer ausgabenfreudigen Partei zu bekämpfen. Insofern war es durchaus folgerichtig, dass Parteichef Kok als neuer Finanzminister ins dritte Kabinett Lubbers einzog (vgl. auch Hillebrand/Irwin 1999: 127; Green-Pedersen/van Kersbergen 2002: 517).

Vor diesem Hintergrund ist die Reform der Erwerbsunfähigkeitsrente dann wiederum durchaus konsequent, denn wenn die Konsolidierung ohne eine Erhöhung der Abgabenbelastung erreicht werden sollte – und dies war die Geschäftsgrundlage der Regierung, von der sich insbesondere die PvdA nicht entfernen durfte, wollte sie als potenzieller Koalitionspartner akzeptiert bleiben –, konnte nicht das am schnellsten wachsende Sozialprogramm verschont bleiben, bei dem es zudem starke Hinweise auf systematischen Missbrauch gab. Die entsprechenden Pläne wurden daher am 15. Juli 1991 gemeinsam von Ministerpräsident Lubbers und seinem sozialdemokratischen Finanzminister Kok auf einer Pressekonferenz vorgestellt (zum Folgenden Hillebrand/Irwin 1999: 130-133). Während sich die PvdA-Fraktion zunächst auch hinter die Vorschläge stellte, übten nicht nur die Gewerkschaften, sondern auch große Teile der Parteibasis massive Kritik, was sich einerseits in der bereits angesprochenen Austrittswelle, andererseits in der Gründung einer innerparteilichen Gruppierung manifestierte, die die Partei auf eine sozialere Linie festlegen wollte. Gleichzeitig stürzten die Sozialdemokraten in den Umfragen ab: Ende Juli 1991 wurde den Sozialdemokraten der Verlust von 22 ihrer 49 Mandate vorausgesagt, Mitte August waren es sogar 28, die Partei drohte hinter CDA, VVD und D66 auf den vierten

Platz in der Wählergunst zurückzufallen (Hillebrand/Irwin 1999: 131). Daraufhin signalisierte auch die Fraktion, dass es nun doch keine Mehrheit für die entsprechenden Vorschläge geben werde (Seils 2004: 147).

Eine Entscheidung fiel schließlich auf einem Sonderparteitag der PvdA im September 1991. Weil Wim Kok seine eigene politische Zukunft an eine Zustimmung zur Reform der Erwerbsunfähigkeitsrente knüpfte (und weil auch praktisch alle anderen Parteiführer durch eine Ablehnung erheblich beschädigt worden wären), stimmten letztlich 80% der Delegierten für die Reform (Hillebrand/Irwin 1999: 133). Eine andere Entscheidung hätte nicht nur das Ende der christlich-sozialdemokratischen Koalition bedeutet, sondern hätte neuerlich die Frage nach der Regierungsfähigkeit der PvdA aufgeworfen, zumal deren gesamtes führendes Personal die entsprechende Politik mitgetragen hatte und insofern zukünftig nicht mehr glaubwürdig für eine andere Politik hätte eintreten können. Die führenden Politiker sahen ihrerseits aber keine Möglichkeit, glaubwürdig eine solide Finanzpolitik zu betreiben, ohne eine Reform der Erwerbsunfähigkeitsrente vorzunehmen. Für die gesamte Partei dürfte darüber hinaus angesichts der katastrophalen Umfragewerte die Aussicht auf die sichere Niederlage bei vorgezogenen Neuwahlen, die die Folge eines Scheiterns der WAO-Reform und der Koalition gewesen wären, die Zustimmung zum Verbleib in der Regierung auch zum Preis der Kürzungen bei der Erwerbsunfähigkeit erleichtert haben.

Doch nicht nur innerhalb der PvdA erzeugte die Regierungspolitik innerparteilich Spannungen, Gleiches gilt für den CDA. Innerhalb des CDA gab es nämlich durchaus Teile, die eine weitergehende Reformpolitik, insbesondere stärkere Kürzungen, favorisierten, als sie sich mit den Sozialdemokraten durchsetzen ließen (vgl. Duncan 2007: 75). Prominentester Vertreter dieses Flügels war der neue Fraktionsvorsitzende Elco Brinkman. Das beste Beispiel für den Versuch, weitergehende Reformen auch gegen die PvdA durchzusetzen, bildet eine spätere Phase der Willensbildung über die WAO-Reform, in der es um die konkrete Ausgestaltung der Reform ging. Nachdem verschiedene Kompromissvorschläge gescheitert waren, versuchte Brinkman, in dieser Frage eine Einigung mit der VVD herzustellen, was auch gelang. Dieser Versuch dürfte nicht allein taktischer Natur gewesen sein, auch wenn er letztlich die PvdA dazu bewegte, überhaupt einer Reform der WAO zuzustimmen (Lepszy/Koecke 2000: 210; vgl. auch Irwin 1995: 12). Auch in anderen Fragen plädierte Brinkman häufig für liberalere oder weiterreichende Maßnahmen, konnte sich damit aber häufig entweder in seiner eigenen Partei oder in der Koalition nicht durchsetzen (vgl. Seils 2004: 145, 147, 154).

Diese unterschiedlichen Positionen innerhalb beider Parteien führten wie gesehen nicht selten zu Konflikten zwischen den beiden Koalitionspartnern, was wiederum Auswirkungen auf die Regierungspolitik hatte. So konnten die Sozialdemokraten gegen den anfänglichen Widerstand des CDA einige Konzessionen bei der Reform der Erwerbsunfähigkeitsrenten durchsetzen und auch die Abschwächung der Sparpolitik im letzten Jahr der Regierung ging auf das Konto der PvdA, während der CDA zunächst opponierte. Umgekehrt konnte die PvdA einige Pläne nicht verwirklichen, etwa was die Ersetzung des Grundfreibetrages durch eine Steuergutschrift angeht. Dies zeigt, dass die durch den Regierungswechsel herbeigeführte Veränderung der Vetospieler-Konstellation sich durchaus in der verfolgten Politik niedergeschlagen hat.

5.4.3.3 Der Wettbewerb um Wählerstimmen

Welche Rolle spielte der Wettbewerb um Wählerstimmen für die Formulierung der Finanzpolitik der dritten Lubbers-Regierung? Warum beispielsweise hielten die Wiederwahlambitionen die Koalitionspartner nicht von ihrer Konsolidierungspolitik ab, obwohl beide Parteien, insbesondere die PvdA, in den Umfragen erheblich an Unterstützung verloren?

Zunächst dürfte es bei der Wahl des Koalitionspartners seitens des CDA 1989 durchaus die Überlegung gegeben haben, dass ein strategischer Vorteil einer Koalition mit der PvdA darin lag, eine breitere Unterstützung für Reformen des Wohlfahrtsstaates zu erhalten (Interview CDA). Wenn Christ- und Sozialdemokraten den Wohlfahrtsstaat gemeinsam reformierten, so die Erwartung, würde den Wählern die Notwendigkeit der entsprechenden Veränderungen deutlich werden. Auch weitere Möglichkeiten einer Entpolitisierung der Sparpolitik sollten genutzt werden. Die Neufassung der Koppelungsregelung zwischen der Lohnentwicklung im Privatsektor und den Sozialleistungen beispielsweise wurde vom Wissenschaftlichen Beirat für Regierungspolitik, einem als neutral angesehenen Beratergremium, vorgeschlagen und praktisch unverändert übernommen. Der Entpolitisierung hätte auch die breite Unterstützung der Sparpolitik seitens der Sozialpartner gedient. Allerdings kam es im Sozial-Ökonomischen Rat (SER) hinsichtlich der Erwerbsunfähigkeitsrente zu keiner Einigung zwischen den Sozialpartnern, die von der Regierung hätte übernommen werden können (Woldendorp 2005: 334). Daher war die Regierung gezwungen, selbst aktiv zu werden – und nachdem die Parteien den Kurs einmal eingeschlagen hatten, mussten sie ihn wie gesehen auch weiterverfolgen, sollte das Image der Regierungsunfähigkeit vermieden werden.

Interessanterweise spielte das Timing der Maßnahmen keine große Rolle. Eine Ausnahme ist lediglich der Haushalt von 1994, bei dem man angesichts der nahenden Wahlen auf die Einschnitte verzichtete, die nötig gewesen wären, um das anvisierte Defizitziel zu erreichen. Die Verabschiedung der WAO-Reform wurde dagegen sogar wiederholt verzögert, sodass die wichtigsten Teile erst ein Jahr vor den Wahlen verabschiedet werden konnten. Auch die diskursive Unterstützung der Reformen durch die Regierung war nicht prominent (vgl. V. Schmidt 2000: 287): Neuerlich wurde eine Krise zur Rechtfertigung einer unpopulären Reform heraufbeschworen – diesmal bei der Reform der Erwerbsunfähigkeitsversicherung (Hemerijck/van Kersbergen 1997: 274). So sprach Premierminister Lubbers mit Blick auf die extrem hohe Zahl von Empfängern dieser Rente davon, dass die Niederlande ein krankes Land seien, und er knüpfte sogar sein politische Schicksal an eine erfolgreiche Reform, kündigte er doch an, er werde zurücktreten, wenn die Zahl der Erwerbsunfähigkeitsrentner auf eine Million steige (Lepszy/Koecke 2000: 209; Green-Pedersen 2002: 103). Doch ein konsistenter Diskurs wurde daraus ebenso wenig aufgebaut wie aus dem so genannten Buurmeijer-Ausschuss, einem parlamentarischen Untersuchungsausschuss, der 1993 feststellte, dass „die Sozialpartner die Erwerbsunfähigkeitsversicherung ‚sehr freizügig' gebraucht, wenn nicht gar mißbraucht, hätten" (Visser/Hemerijck 1998: 197) – was doch als Rechtfertigung für die Einschnitte durchaus geeignet gewesen wäre.

Tatsächlich regierte die Koalition ohne einen permanenten Blick auf die Umfragewerte. Hemerijck und van Kersbergen (1997: 275) glauben, dass „the expectation that fundamental reform would in the long run restore political control over social expenditure explains why political intervention took place in spite of the considerable electoral risks in the short run." Dieses Argument ist allerdings zu allgemein, waren doch auch die Regierungen unter Thatcher in Großbritannien, Schlüter in Dänemark und Kohl in Deutschland der Auffassung, dass nur durch politische Eingriffe das Wachstum der Sozialausgaben begrenzt werden könnte – was diese Regierungen nicht davon abhielt, dennoch auf die elektoralen Wirkungen ihrer Politiken zu achten. Der Grund, warum die CDA-PvdA-Koalition in den Niederlanden entsprechend der langfristigen Überlegungen handelte, liegt vielmehr neuerlich in der Funktionsweise des Parteiensystems. Da zumindest die vier großen Parteien CDA, PvdA, VVD und D66 in der grundsätzlichen Ausrichtung der Wirtschafts- und Sozialpolitik übereinstimmten, mussten die Parteien davon ausgehen, dass es auch weiterhin vor allem wichtig war, eine günstige Position bei zukünftigen Koalitionsverhandlungen zu erreichen. Insbesondere für die PvdA war vor diesem Hintergrund nicht unbedingt ein exzellentes Wahlergebnis wichtig, sondern vor allem der Nachweis ihrer Regierungsfähigkeit. Um dies zu erreichen, war sie auch bereit, Stimmenverluste hinzunehmen. Entsprechend setzte sich die Partei auch im Wahlkampf nicht von der Regierungspolitik ab; vielmehr diente die Regierungspolitik als Beleg, dass sie harte Einschnitte durchzusetzen in der Lage sei, wenn sie nötig sind.

Ähnliches galt auch für den CDA, der in den Umfragen während der Wahlperiode zwar nachließ, aber lange Zeit nicht in gleichem Maße wie die PvdA mit einem katastrophalen Wahlergebnis rechnen musste.[88] Angesichts ihrer traditionell pivotalen Position bei der Regierungsbildung hatten die Christdemokraten noch weniger Grund als die Sozialdemokraten, wegen sich verschlechternder Umfragewerte die Politik der Haushaltskonsolidierung in Frage zu stellen – im Gegenteil, als „natürliche Regierungspartei" konnte der CDA ein Interesse an langfristiger Regierungspolitik entwickeln, da er davon ausgehen durfte, auch an zukünftigen Regierungen beteiligt zu sein, sodass sich Probleme, die in der laufenden Wahlperiode ungelöst blieben, zukünftigen Regierungen, denen er auch angehören würde, neuerlich stellen würden.

Dass bei der Parlamentswahl 1994 gerade der CDA 20 seiner 54 einbüßte und damit noch schlechter abschnitt als die PvdA, die zwölf ihrer 49 Mandate abgeben musste, hing schließlich nicht allein mit der Regierungspolitik zusammen, wenngleich sich auch die Bewertung der Wirtschaftspolitik gegenüber 1986 und 1989 massiv verschlechtert hatte (Irwin/van Holsteyn 1997). Hinzu kamen auch erhebli-

---

88 Die Entwicklung der Umfragewerte beider Parteien zwischen 1989 und 1994 findet sich bei Irwin (1995: 11 und 14).

che Probleme des Spitzenkandidaten sowie ein völlig missglückter Wahlkampf der Christdemokraten (zum Folgenden Irwin 1995: 12f.; Wolinetz 1995b: 190-192). Nachdem der überaus populäre Ministerpräsident Lubbers sich nicht mehr zur Wahl stellen mochte, gelang es seinem Nachfolger Elco Brinkman weder die Wähler noch seine Partei hinter sich zu bringen, ja nicht einmal Lubbers selbst unterstützte ihn vorbehaltlos. Zudem kündigte der CDA im Wahlkampf an, in der nachfolgenden Wahlperiode alle Sozialleistungen einschließlich der Altersrente einzufrieren. Dies löste einen Proteststurm unter älteren Wählern aus, der zu einer massiven Verschlechterung der Umfrageergebnisse und letztlich zur historischen Wahlniederlage des CDA führte, was sich nicht zuletzt darin äußerte, dass bei der Wahl 1994 zwei Seniorenparteien aus dem Stand heraus zusammen sieben Parlamentsmandate erringen konnten.

Doch selbst nach dieser Wahlniederlage war der CDA noch an den nachfolgenden Koalitionsgesprächen beteiligt (wenngleich in eher untergeordneter Rolle) und hätte nach Einschätzung eines damaligen Spitzenpolitikers durchaus eine Chance auf eine weitere Regierungsbeteiligung gehabt (Interview CDA), galt doch den meisten Wählern, Beobachtern und Akteuren eine Koalition zwischen PvdA und VVD nach wie vor als unmöglich – ja selbst PvdA und VVD zögerten zunächst, eine gemeinsame Koalition einzugehen, weil sie fürchteten, dass die notwendigen Kompromisse zu starken innerparteilichen Konflikten und Stimmenverlusten führen könnten (van der Brug 1999: 181). Insofern muss wohl argumentiert werden, dass erst das Ausmaß der Wahlniederlage sowie der folgende Ausschluss von der Regierung – der erste seit Einführung des allgemeinen Wahlrechts 1917 –, und nicht schon die Verschlechterung der Umfrageergebnisse einen massiven Schock für den CDA auslöste (vgl. Duncan 2007: 75). Dieser Schock allerdings übte eben keinen Einfluss mehr auf die durchzusetzende Politik aus, umso weniger, als der CDA die Wahlniederlage und erst recht den Sturz von den Regierungsbänken bis wenige Monate vor den Wahlen nicht antizipierte (Interviews CDA, NRC Handelblad).

5.5. Die Finanzpolitik der violetten Koalition, 1994-2002

Die Bildung der so genannten „violetten Koalition"[89] aus PvdA, VVD und D66 war eine kleine Sensation für die niederländische Nachkriegspolitik, hatten sich Sozialdemokraten und Liberale doch seit den späten 1950er Jahren als Koalitionspartner wechselseitig ausgeschlossen – und dies, so ist insbesondere mit Blick auf die Untersuchung der Finanzpolitik hinzuzufügen, nicht zuletzt, weil die Differenzen in wirtschaftspolitischen Fragen als zu groß betrachtet wurden. Auch die erste Runde der Koalitionsverhandlungen zwischen den Parteien scheiterte (vgl. zum Folgenden auch Andeweg 1994a). Da sich aber D66 nicht bereit fand, eine bürgerliche Koalition aus CDA und VVD, die diese beiden Parteien favorisierten, zu unterstützen, kam

---

89 Violett ergibt sich, wenn man die Parteifarben von PvdA (rot) und VVD (blau) mischt. Daher „violette Koalition".

die violette Koalition schließlich unter dem sozialdemokratischem Ministerpräsidenten Wim Kok und dem liberalen Finanzminister Gerrit Zalm im zweiten Anlauf doch zustande.

Das Koalitionsabkommen, das PvdA, VVD und D66 1994 vereinbarten, nahm einen Vorschlag der Studiengruppe Haushaltsspielraum auf, den diese in Reaktion auf eine Anfrage des damaligen Finanzministers Kok 1993 gemacht hatte (Seils 2004: 158f.). Danach hätte das alte System, bei dem lediglich jährliche Defizitziele vorgegeben waren, die unabhängig von der konjunkturellen Situation erreicht werden mussten, prozyklische Effekte gehabt und zu einem zu starken Rückgriff auf Steuererhöhungen und Kürzungen bei Ausgaben geführt, die die Regierung kurzfristig gut kontrollieren kann, insbesondere Investitionsausgaben. Um dies zukünftig zu verhindern, sollte laut den Empfehlungen das geplante reale Wachstum der öffentlichen Ausgaben für die Legislaturperiode im Koalitionsabkommen festgelegt werden, wobei das zu erwartende Wirtschaftswachstum sehr vorsichtig geschätzt werden sollte (vgl. zum Folgenden auch Bos 2007). Die festgelegten Ausgaben dürften nicht überschritten werden, etwaige Mehrausgaben waren im gleichen Bereich durch Einsparungen aufzufangen. Konjunkturbedingte Mindereinnahmen sollten solange hingenommen werden, wie das Defizit nicht um einen bestimmten Prozentsatz vom vorgesehenen Wert abwich. Auf diese Weise sollte der Haushaltsprozess beruhigt werden, indem nicht in jedem Jahr kurzfristig Veränderungen bei den Einnahmen und Ausgaben vorgenommen werden müssen, um ein bestimmtes Defizitziel zu erreichen.

Der Koalitionsvertrag nannte als zentrales haushaltspolitisches Ziel der Regierung, Spielraum zu schaffen, um einerseits das Haushaltsdefizit soweit zu reduzieren, dass 1997 das Maastrichter Konvergenzkriterium erreicht würde, und um andererseits die Steuern zu senken. Um diese Ziele zu erreichen, wurde stark auf die oben genannten Vorschläge Bezug genommen (OECD 1996b: 27). Nach dem neuen Finanzminister, der diese Regeln als Mitglied der Studiengruppe Haushaltsspielraum mit ausgearbeitet hatte (Hallerberg 2004: 125) und nun kompromisslos verfocht, wurden sie bald „Zalm-Norm" genannt. So ging der Koalitionsvertrag 1994 von einem realen Wirtschaftswachstum während der Legislaturperiode von durchschnittlich 2% aus, was sich in der Tat als sehr vorsichtig erwies, lag der tatsächliche Wert doch bei 3,35% (Seils 2004: 163). Vorgesehen war vor diesem Hintergrund eine Reduzierung der realen öffentlichen Ausgaben um durchschnittlich 0,4% pro Jahr, was zu einer Senkung des gesamtstaatlichen Defizits auf 2,0% am BIP und des Defizits des Reichshaushaltes auf 2,8% am BIP im Jahr 1998 führen sollte (OECD 1998b: 48).[90] Daneben waren für Steuererleichterungen neun Mrd. Gulden vorgesehen, die vor allem dem Niedriglohnsektor zugute kommen sollten, und es gab prozessbezogene Normen, die beispielsweise regelten, wie mit höheren als den erwarteten Einnahmen umzugehen sei, die nämlich lediglich zur Senkung des Defizits oder der

---

90 Ab 1995 wurde das Haushaltsdefizit bzw. der Haushaltsüberschuss nicht mehr in Relation zum Volkseinkommen, sondern in Relation zum Bruttoinlandsprodukt ausgewiesen (vgl. Berndsen 2002: 367).

Abgabenbelastung, nicht aber zur Finanzierung zusätzlicher Ausgaben verwendet werden sollten.

Der Koalitionsvertrag von 1998 ähnelte dem von 1994 stark (Seils 2004: 178-180). Angesichts der weitgehend erreichten Konsolidierung wurde allerdings nun auf ein konkretes Defizitziel verzichtet und es wurde ein moderates reales Ausgabenwachstum um 1,5% vereinbart (OECD 2000b: 37). Dabei sollten 9,25 Mrd. Gulden für die Bereiche Bildung, Gesundheit, Innere Sicherheit und Arbeitsmarktpolitik sowie 4,5 Mrd. Gulden für Steuersenkungen zur Verfügung stehen. Dabei stand insbesondere eine umfassende Einkommensteuerreform im Zentrum, die eine Bruttoentlastung von fünf Mrd. Gulden umfassen und teilweise durch eine Erhöhung der Mehrwert- und der Ökosteuer gegenfinanziert werden sollte.

5.5.1 Steuerpolitik

Die violette Koalition entwickelte wesentlich weiterreichende steuerpolitische Aktivitäten als ihre Vorgängerin. Dabei konzentrierte sich die Regierung stark auf die Einkommensteuer. So wurden beispielsweise zwischen 1997 und 2000 die erste Einkommensteuerstufe um insgesamt 1,6 Prozentpunkte gesenkt und die beiden ersten Steuerstufen verlängert (OECD 1998b: 52; Seils 2004: 169, 182). Während jedoch diese Maßnahmen prinzipiell allen Steuerzahlern zugute kamen, waren andere Abgabensenkungen in erster Linie darauf gerichtet, Entlastungen am unteren Ende der Lohnskala vorzunehmen, um entsprechende Arbeitsplätze attraktiver zu gestalten. So wurden die Lohnnebenkosten für Arbeitgeber reduziert, soweit sie Arbeitnehmer mit einem Lohn von höchstens 115% des Mindestlohns oder Langzeitarbeitslose (für bis zu vier Jahre bis max. 130% des Mindestlohns) einstellten (Kleinfeld 1998: 130). Später kamen Steuergutschriften für Unternehmen hinzu, die gering Qualifizierte einstellen, sowie Vergünstigungen für lebenslanges Lernen (OECD 1998b: 54). 2002 wurden schließlich die Sozialversicherungsbeiträge für solche Arbeitgeber gesenkt, die ältere Arbeitnehmer anstellen (OECD 2002b: 45).

Um die entsprechenden Stellen auch für Arbeitnehmer attraktiver zu machen (und angesichts eines knapper werdenden Arbeitsangebots auch, um Lohnzurückhaltung zu erleichtern), wurden 1998 die Sozialversicherungsbeiträge für Arbeitnehmer gesenkt, wofür im Gegenzug höhere Zahlungen der Regierung an bestimmte Sozialversicherungen notwendig wurden. Auch die erhebliche Ausweitung der Werbungskostenpauschale sollte vor allem Erwerbstätigen mit niedrigem Einkommen zugute kommen und niedrig entlohnte Arbeit gegenüber Lohnersatzleistungen attraktiver machen (OECD 1998b: 52; 2000b: 43; vgl. auch Seils 2004: 169).

Die zentrale steuerpolitische Reform der violetten Koalition, mit der aber im Wesentlichen die gleichen Ziele verfolgt wurden, war die Einkommensteuerreform von 2001, mit der die Niederlande teilweise, vor allem in der Kapitalbesteuerung, völlig neue Wege einschlugen (vgl. als Überblick OECD 2000b: 44-51; Cnossen/Bovenberg 2001 sowie Seils 2004: 185). Mit der Steuerreform sollten nicht zuletzt die Armuts- und Arbeitslosigkeitsfallen bekämpft werden, indem die sehr hohen marginalen Steuerbelastungen (Verlust von Sozialleistungen eingerechnet) gesenkt wurden, von denen vermutet wurde, dass sie Empfänger von Sozialleistungen von einer Arbeitsaufnahme abhielten (OECD 2002b: 78-80).

Kern der Reform war die Einführung verschiedener „Boxen" in der Einkommensteuer. Zu versteuerndes Einkommen wurde je nach Entstehung einer dieser Boxen zugeordnet. Die Steuertarife zwischen den Boxen unterscheiden sich ebenso wie die Abzugsmöglichkeiten. Zudem können negative Einkünfte aus einer Box nicht mit positiven aus einer anderen Box verrechnet werden. Einkommen aus abhängiger Beschäftigung, Einkommen aus Selbständigkeit, Renten und Sozialleistungen fielen ebenso in Box 1 wie die Vorteile aus selbstgenutztem Wohneigentum.[91] In dieser Box galt weiterhin ein progressiver Stufentarif, wobei die marginalen Steuersätze über Teile des Steuertarifs gesenkt wurden. Das galt insbesondere für den neuen Eingangssteuersatz von 32,35% und den Spitzensteuersatz, der von 60 auf 52% fiel, der jedoch auch schon bei einem erheblich niedrigeren Einkommen als beim alten Tarif begann (vgl. den Tarifvergleich in OECD 2002b: 46). Von erheblicher Bedeutung für diese erste Box war zudem, dass der Grundfreibetrag ersetzt wurde durch eine Steuergutschrift. Da sich der Wert einer Steuergutschrift nicht mehr in Abhängigkeit vom Einkommen ändert, während Bezieher höherer Einkommen von einem Freibetrag wegen der progressiven Ausgestaltung des Steuertarifs mehr profitieren als Bezieher niedriger Einkommen, kam diese Regelung den Beziehern niedriger Einkommen zugute. Hinzu kam, dass die Werbungskostenpauschale ebenfalls durch eine Steuergutschrift für alle Erwerbstätigen ersetzt wurde. Mit diesen Steuergutschriften erhoffte sich die Regierung, Armuts- und Arbeitslosigkeitsfallen zu verringern. Daher wurden sie im Jahr 2002 noch weiter erhöht (OECD 2002b: 45).

Das Einkommen, das in Box 2 besteuert wird, besteht aus Einkünften aus wesentlichen Beteiligungen. Bis 1997 wurde als wesentliche Beteiligung eine Unternehmensbeteiligung von mindestens 33,33% betrachtet, 1997 wurde dieser Wert auf fünf Prozent reduziert, wodurch die Bemessungsgrundlage dieser Box immens erweitert wurde (Hays 2003: 106). In dieser Box gilt ein proportionaler Steuersatz von 25%.[92] Die zentrale steuerpolitische Innovation der niederländischen Steuerreform von 2001 bestand allerdings in Box 3, in der ein proportionaler Steuersatz von 30% auf ein fiktives Einkommen aus Vermögen (Grundbesitz ohne selbst genutztes Wohneigentum, Wertpapiere, Ersparnisse etc.) erhoben wurde, das – unabhängig vom tatsächlichen Einkommen – mit jährlich vier Prozent des Vermögens angesetzt wurde. Eine gesonderte Besteuerung von Zinsen, Dividenden oder Mieteinnahmen entfiel dadurch, die vorher geltende Vermögensteuer wurde abgeschafft. Gleichzeitig wurde der Freibetrag in dieser Box auf 17.000 €[93] festgelegt, womit er erheblich unter dem alten Freibetrag der Vermögensteuer von über 90.000 € lag (Hays 2003:

---

91 Für selbstgenutztes Wohneigentum wurde ein fiktives Einkommen in Höhe von 0,8% des Wertes der Immobilie zugrunde gelegt, von dem die Hypothekenzinsen abgezogen werden konnten.

92 Aufgrund des klassischen Systems der Kapitalbesteuerung ist allerdings einzukalkulieren, dass auf die in Box 2 zu versteuernden ausgeschütteten Gewinne bereits Körperschaftsteuer in Höhe von 35% zu entrichten war (Cnossen/Bovenberg 2001: 472).

93 Der offizielle Umtauschkurs betrug 1 € = 2,20371 Gulden.

106). Diese Form der Steuer war zumindest zu diesem Zeitpunkt einzigartig in den Industrieländern (Cnossen/Bovenberg 2001: 471; dort auch eine ausführliche Diskussion dieser Steuer) und auch insofern eine Innovation für das niederländische Steuersystem, als es eine Steuer auf Vermögenszuwächse vorher nicht gegeben hatte, sondern lediglich ausgeschüttete Gewinne besteuert wurden. Die neue Sollertragssteuer sollte entsprechend zu Mehreinnahmen von rund 200 Mio. € führen (OECD 2000b: 45).

Das Volumen der Reform wurde auf rund 10,6 Mrd. € geschätzt: Zwei Drittel dieser Summe gingen in die Senkung der Steuersätze, ein weiteres Drittel in die Steuergutschriften. Die Finanzierung der Reform erfolgte abgesehen von der neuen Sollertragssteuer zum Teil durch die Erhöhung der Mehrwertsteuer sowie einiger Umweltsteuern und zum Teil durch die Einschränkung von steuerlichen Abschreibungsmöglichkeiten. Darüber hinaus sollte die Steuerbelastung um 2,3 Mrd. € gesenkt werden (OECD 2000b: 45).

Bei der Unternehmensbesteuerung waren die Veränderungen wesentlich kleiner. So wurde die Kapitalverkehrsteuer von 0,9 auf 0,55% gesenkt. Zwischen 1995 und 1998 wurde zudem die Körperschaftsteuerstufe für die ersten rund 45.000 Gulden schrittweise auf den Normalsatz von 35% gesenkt (OECD 1996b: 120f.), bevor sie in der zweiten Amtszeit sogar auf 30% fiel (Cnossen/Bovenberg 2001: 473). 2002 wurde zudem der normale Körperschaftsteuersatz von 35 auf 34,5% gesenkt (OECD 2002b: 45). Interessant sind jedoch auch die 1997 eingeführten Regelungen zu konzerninternen Finanzierungsaktivitäten (vgl. zu den Details Primarolo-Bericht 1999: B004). So sollten für die finanziellen Tätigkeiten eines internationalen Konzerns spezielle steuerabzugsfähige Rückstellungen gebildet werden können, eine so genannte „Risikoreserve". Die jederzeit mögliche freiwillige Auflösung der entsprechenden Rücklage unterlag dann jedoch nicht dem regulären Körperschaftsteuersatz, sondern einem Sondersteuersatz, sodass der effektive Steuersatz unter Umständen bis auf 6,3% fallen konnte (Sunderman 2005: 185). Mit dieser Regelung sollten Unternehmen einige Maßnahmen zur Missbrauchsbekämpfung versüßt werden, die der Bekämpfung der Erosion der niederländischen Körperschaftsteuerbasis durch Abfluss von Kapital in Steuerparadiese oder auch nach Belgien dienten, und es sollte auf diese Weise auch Kapital aus Belgien – und offensichtlich vielen anderen Ländern – (zurück) gewonnen werden (Interview MinFin 5).

Im Bereich der Verbrauchsteuern führte die violette Koalition 1996 eine Ökosteuer in Form einer Energiesteuer auf Elektrizität und Erdgasverbrauch ein, mit der im ersten Jahr 1,1 Mrd. Gulden eingenommen werden sollten; weitere jährliche Erhöhungen der Steuer vergrößerten das entsprechende Volumen allerdings sukzessive. Gleichwohl sollten die Privathaushalte durch die Steuer nicht zusätzlich belastet werden, weil die Mehreinnahmen durch die Senkung anderer Steuern wieder zurückgegeben wurden (OECD 1996b: 30). 1998 wurden darüber hinaus die Tabak- und die Mineralölsteuer erhöht (Seils 2004: 172) und zur Finanzierung der Einkommensteuerreform 2001 wurde die Mehrwertsteuer von 17,5 auf 19% heraufgesetzt (OECD 2002b: 47). Ein Jahr vorher wurde allerdings – in Übereinstimmung mit dem Ziel, gerade niedrig entlohnte, niedrig produktive Beschäftigung mit steuerpolitischen Mitteln zu fördern – die Mehrwertsteuer für arbeitsintensive Dienstleistungen von 17,5 auf 6% gesenkt (OECD 2000b: 43).

Abbildung 5.5: Haushaltssalden des Gesamtstaates in % BIP (linke Achse) und Steuerquote (rechte Achse) in den Niederlanden, 1993-2002

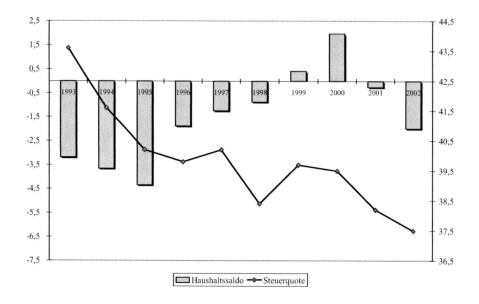

Quelle: OECD 2006, 2007.

Insgesamt führte die Steuerpolitik der violetten Koalition zu einer erheblichen Reduzierung der Steuerbelastung. Betrug die Steuerquote 1994 noch 41,6%, lag sie 2002 nurmehr bei 37,5% (Abb. 5.5). Damit einher ging eine deutliche Verschiebung weg von direkten, hin zu indirekten Steuern, die nun verstärkt als Ökosteuern erhoben wurden. Bei den direkten Steuern wiederum lag der Hauptteil der Entlastungen, insbesondere während der ersten Regierung Kok, bei Arbeitnehmern mit einem Einkommen nahe am Mindestlohn (Seils 2004: 174), denen Anreize geboten werden sollten, eine Beschäftigung aufzunehmen. Auf diese Weise sollten die Steuersenkungen das Arbeitsangebot erhöhen und so Lohnzurückhaltung der Gewerkschaften ermöglichen, da nach wie vor hier der Schlüssel für den Erfolg einer ausgesprochen offenen Volkswirtschaft wie der niederländischen gesehen wurde (Interview MinFin 3).

5.5.2 Haushaltspolitik

Die Haushaltspolitik der Jahre 1994-2002 orientierte sich stark an dem im Koalitionsvertrag festgehaltenen Haushaltsverfahren der Ausgabenobergrenzen – und dies über weite Strecken mit großem Erfolg (vgl. auch Wagschal/Wenzelburger 2008: 130-139): 1999 wurde erstmals seit den frühen 1970er Jahren wieder ein Haushaltsüberschuss erwirtschaftet, der auch im Folgejahr erhalten werden konnte und sich erst 2001 wieder in ein kleines, 2002 jedoch schon wieder in ein erhebliches Defizit verwandelte (Abb. 5.5). Doch mehr noch: Sogar konjunkturbereinigt gab es 2000 erstmals kein strukturelles Defizit mehr, der strukturelle Überschuss wuchs 2001 sogar noch (OECD 2002b: 37). Entsprechend fiel die Staatsverschuldung als Anteil am Sozialprodukt rapide, von 74 auf 52,7% zwischen 1994 und 2002 (Petring 2006b: 245).

Dieser haushaltspolitische Erfolg wurde allerdings auch in erheblichem Maße von der außerordentlich günstigen wirtschaftlichen Entwicklung jener Jahre unterstützt. Das jährliche Wirtschaftswachstum lag – nicht zuletzt ermöglicht durch einen Immobilienboom, der, durch die vollständige steuerliche Absetzbarkeit von Hypothekenzinsen befördert, zu zusätzlicher gesamtwirtschaftlicher Nachfrage führte (Becker 2005: 1089f.) – durchschnittlich bei fast drei Prozent, die Arbeitslosigkeit sank bis 2001 auf rund zwei Prozent, der niedrigste Wert aller OECD-Staaten (OECD 2002b: 24). Diese Entwicklung führte einerseits zu höheren Steuereinnahmen, insbesondere durch höhere direkte Steuern, aber beispielsweise auch durch höhere Einnahmen aus Verkehrssteuern, die einem boomenden Immobilienmarkt geschuldet waren, andererseits aber auch zu geringeren Ausgaben, vor allem im Sozialbereich, aufgrund der stark abnehmenden Verschuldung aber auch für den Schuldendienst (dazu auch OECD 2002b: 43). Als günstige Entwicklungen kamen teilweise geringere Zahlungen an die EU sowie in vielen Jahren höhere Erdgaseinnahmen als erwartet hinzu.[94] Insbesondere Mitte der 1990er Jahre spülten auch Veräußerungen von Anteilen an Staatsunternehmen erhebliche Mittel in die Staatskassen, etwa die Teilprivatisierungen des Post- und Telekommunikationsunternehmens KPN sowie des Chemiekonzerns DSM. Allein die KPN-Anteile erbrachten 1995 über sechs Mrd. Gulden, was einem Prozent des BIP entsprach (OECD 1996b: 29). Insgesamt beliefen sich die Privatisierungserlöse zwischen 1995 und dem Ende der violetten Koalition auf rund 15,4 Mrd. Gulden (berechnet nach van Damme 2006: 296). Hinzu kamen die einmaligen Erlöse aus der Versteigerung der UMTS-Lizenzen im Jahr 2000, die knapp sechs Mrd. Gulden erbrachte (Wagschal/Wenzelburger 2008: 138), sowie neuerlich Zentralbankgewinne im Volumen von etwa 18,8 Mrd. Gulden (berechnet nach De Nederlandsche Bank verschiedene Jahrgänge).

---

94 Rund 40% der Erdgaseinnahmen sowie die Zinsersparnis, die sich aus der Rückzahlung von Schulden mit Hilfe von Privatisierungserlösen ergab, fließen seit 1993 in einen „Fonds für Strukturverbesserung" und finanzieren somit öffentliche Investitionen und Bildungsprojekte statt Staatskonsum (Bos 2007: 30), was allerdings an ihrer Wirkung auf finanzpolitische Kennziffern nichts ändert.

Doch die Regierung trug auch ihren Teil zur erfolgreichen Haushaltskonsolidierung bei. Insbesondere in der ersten Regierungsperiode wurden nämlich durchaus noch nennenswerte Ausgabenkürzungen durchgesetzt. Das betraf zunächst etwa die Subventions- und die Verteidigungsausgaben (Abb. 5.6), aber auch neuerlich die Arbeitsbedingungen im öffentlichen Dienst, wo einerseits Stellen abgebaut wurden, andererseits die Gehaltsentwicklung hinter dem Privatsektor herhinkte (OECD 1998b: 50; 2000b: 38; vgl. auch Timmermans 2003: 115).

Aber auch der Wohlfahrtsstaat blieb nicht von Kürzungen verschont. 1995 beispielsweise wurde noch einmal die Indexierung der Sozialleistungen an die Lohnentwicklung im Privatsektor ausgesetzt. Zusätzlich wurde das Arbeitslosengeld stärker nach Beschäftigungsdauer gestaffelt (Hoogerwerf 1999: 163; Petring 2006b: 263), was zu einer Senkung der entsprechenden Ausgaben um über sechs Prozent führen sollte – wenngleich die tatsächlichen Einsparungen wohl niedriger lagen (Green-Pedersen 2002: 75). Ab März 1996 waren Arbeitgeber außerdem gesetzlich verpflichtet, im Krankheitsfall 70% des letzten Lohns für bis zu ein Jahr weiterzuzahlen bzw. sich entsprechend privat abzusichern. Die meisten Tarifverträge sahen allerdings sogar eine hundertprozentige Lohnfortzahlung im Krankheitsfall vor (Visser/Hemerijck 1998: 200). Leitidee dieser Reform war es, Anreize für die Arbeitgeber zu schaffen, den Krankenstand zu senken (was eine Verbesserung der Arbeitsbedingungen ebenso einschließen konnte wie eine schärfere Kontrolle krank gemeldeter Arbeitnehmer).

Auch die Erwerbsunfähigkeitsrente, die ja erst 1993 in großem Umfang reformiert worden war, stand schon bald wieder im Blickpunkt. Zwar hatte die Reform von 1993 zunächst durchaus Erfolge zu verzeichnen, doch schon nach kurzer Zeit stieg die Zahl der Anspruchsberechtigten wieder. Daher versuchte die violette Koalition in ihrer Reform von 1998, Anreize für Arbeitgeber zu schaffen, möglichst wenige Arbeitnehmer in die Erwerbsunfähigkeit zu entlassen, indem die Prämien, die Arbeitgeber an die Erwerbsunfähigkeitsversicherung zu zahlen haben, von der relativen Häufigkeit des Eintretens von Erwerbsunfähigkeit bei Arbeitnehmern dieses Unternehmens abhängig gemacht wurden. Zudem wurde es Arbeitgebern ermöglicht, aus der öffentlichen Erwerbsunfähigkeitsversicherung auszutreten und sich privat zu versichern, wobei bestimmte Ausnahmen für kleine Firmen mit bis zu 15 Angestellten erlaubt wurden (OECD 1998b: 88). Außerdem wurde die Möglichkeit von Unternehmen stark eingeschränkt, den Gesundheitszustand von möglichen neuen Mitarbeitern vor der Einstellung zu thematisieren, um Diskriminierung aufgrund des Gesundheitszustandes auszuschließen. Doch auch dieser Reform blieb der durchschlagende Erfolg versagt, angesichts der bevorstehenden Überschreitung der Eine-Mio.-Grenze bei den Erwerbsunfähigen wurde in der zweiten Amtszeit der violetten Koalition hier vielmehr erneut Handlungsbedarf gesehen. Daher wurde eine Expertenkommission, die so genannte Donner-Kommission, eingesetzt, die im Frühjahr 2001 ihren Bericht vorlegte (OECD 2002b: 86), der im Grundsatz auch vom Sozial-ökonomischen Rat (SER) angenommen, allerdings nur noch teilweise von der Regierung Kok umgesetzt wurde (vgl. zu den angenommenen Maßnahmen OECD 2004b: 85).

Abbildung 5.6: Reale Veränderungen ausgewählter Haushaltsbereiche in den Niederlanden, 1994-2002 (in Prozent)

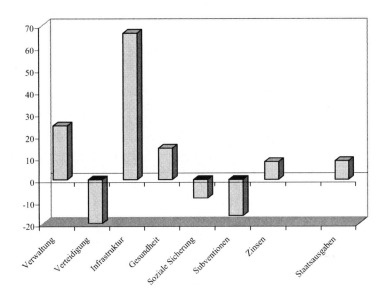

Quelle: CPB 2006: Bijlage A9.

Zu nennenswerten Kürzungen kam es auch im Bereich der Altersrenten, wo 1996 der Zuschlag für Rentner mit einem Partner unter 65 Jahren gestrichen wurde, beim Kindergeld, der Witwen- und Weisenrente und der Sozialhilfe (Kleinfeld 1998: 122; Hoogerwerf 1999: 163f., 167; Green-Pedersen 2002: 69, 106; Timmermans 2003: 114, 120). Mittelfristige Einsparungen sollten schließlich auch durch den Umbau der Verwaltungsstrukturen im Sozialversicherungssystem erreicht werden, der im Wesentlichen eine Entmachtung der Sozialpartner mit sich brachte (OECD 1998b: 79; ausführlich hierzu Visser/Hemerijck 1998: 203-205 sowie van der Veen/Trommel 1999: 305-307).

Auf der anderen Seite erlaubte es die günstige haushaltspolitische Lage der Regierung aber auch, für einzelne Bereiche zusätzliche Mittel bereitzustellen: Ein wichtiger Bereich war in diesem Zusammenhang die aktive Arbeitsmarktpolitik. Dabei wurden Programme für Problemgruppen des Arbeitsmarktes, insbesondere Langzeitarbeitslose, eingeführt oder ausgebaut (sog. Melkert-Jobs, vgl. ausführlicher Kleinfeld 1998: 129; Petring 2006b: 252f.). Andere Bereiche, die zusätzliche Ressourcen erhielten, waren die Bildungs- und Gesundheitsausgaben sowie die innere Sicherheit. Besondere Aufmerksamkeit wurde auch dem Ausbau der öffentlichen Infrastruktur gewidmet (vgl. Abb. 5.6), was sich etwa im Ausbau des Schienennetzes, aber auch in der Verstärkung der Deichanlagen niederschlug. Damit einher ging ein Ausbau des Anteils der öffentlichen Investitionsausgaben – dies ließe sich durchaus als Übereinstimmung mit einer angebotsorientierten Wachstumsstrategie interpretieren. Besonders starke Kürzungen gab es dagegen, wie schon angesprochen, bei den Verteidigungs- und den Subventionsausgaben.

5.5.3 Die Finanzpolitik der violetten Koalition und der politische Prozess

Die violette Koalition regierte über weite Strecken vor dem Hintergrund einer exzellenten wirtschaftlichen Entwicklung, mit Wachstumsraten von meistens über drei Prozent und einer Arbeitslosigkeit, die schließlich sogar unter die Drei-Prozent-Marke sank. Lediglich im letzten Regierungsjahr verschlechterte sich die Situation wieder etwas. Diese insgesamt gute Performanz dürfte der ungewohnten Koalition das Regieren leichter gemacht haben. Im Folgenden sollen die finanzpolitischen Willensbildungsprozesse neuerlich vor dem Hintergrund des in Kapitel 2 vorgestellten Modells erklärt werden.

5.5.3.1 Die parteipolitische Zusammensetzung der Regierung

Die parteipolitische Zusammensetzung der Regierung nach 1994 war für die niederländische Nachkriegsgeschichte aufgrund des Ausschlusses der Christdemokraten einmalig, sodass womöglich auch eine Neujustierung der Regierungspolitik hätte erwartet werden können. Die Grundausrichtung der Finanzpolitik allerdings änderte sich – ähnlich wie das Regierungshandeln in anderen Politikfeldern – nicht, auch ohne die Christdemokraten als Koalitionspartner wurde die Finanzpolitik der drei Kabinette unter Lubbers insgesamt fortgesetzt (vgl. auch Hoogerwerf 1999: 175). Insbesondere für die Regierung Kok I stand – nicht zuletzt verstärkt durch die Konvergenzkriterien des Maastrichter Vertrages, die unbedingt eingehalten werden sollten – die Reduzierung des Haushaltsdefizits im Zentrum der Finanzpolitik. Ähnlich argumentiert auch Green-Pedersen (2002: 106) für die Sozialpolitik: „In relation to welfare-state retrenchment, this government did not imply much change compared to the three Lubbers governments." Einzig der Umbau der Sozialversicherungsadministration dürfte ohne die Christdemokraten einfacher zu bewerkstelligen gewesen sein, „die die feurigsten Verfechter von Subsidiarität und bipartistischer Souveränität in der Sozialpolitik sind" (Visser/Hemerijck 1998: 203). Auch die Steuerpolitik kann nicht als grundlegende Abweichung interpretiert werden, wenngleich sich hier eine Zunahme der Steuerreformaktivität gegenüber der letzten Lubbers-Regierung zeigt.

Die hohe Kontinuität gegenüber den christdemokratisch geführten Regierungen zeigt sich auch an der Reaktion des erstmals in die Opposition verwiesenen CDA, der nämlich vielen haushaltspolitischen Entscheidungen der Regierung zumindest grundsätzlich zustimmte (zu den Haushalten 1995 und 1998 vgl. Seils 2004: 164, 172), wenngleich er insbesondere die Kürzungen bei den Renten und dem Kindergeld kritisierte (Green-Pedersen 2002: 106). Auch der Steuerreform 2001 stimmte der CDA zu (Tweede Kamer, Handelingen 1999-2000, Nr. 45, 3.2.2000, 3376).

Gleichwohl sollte aus der finanzpolitischen Kontinuität nicht voreilig auf das Fehlen von Parteiendifferenzen geschlossen werden. Zweifellos war bereits die Bildung der violetten Koalition ein deutliches Zeichen von Konvergenz, hatten sich doch VVD und PvdA jahrzehntelang wegen ihrer wirtschaftspolitischen Differenzen als Koalitionspartner ausgeschlossen. Doch resultierte diese Konvergenz zu einem erheblichen Teil aus strategischen Überlegungen, da die Struktur des Parteienwettbewerbs doch sowohl die VVD wie auch die PvdA zwang, sich zur Mitte hin zu orientieren, um Koalitionen mit dem CDA bilden zu können – mit der paradoxen Folge, dass genau dadurch schließlich Koalitionen ohne den CDA möglich wurden (Green-Pedersen 2002: 107). Außerdem wirkten die Maastricht-Kriterien auf eine Erhöhung der Konvergenz hin, da für alle an der Regierung beteiligten Parteien außer Frage stand, dass die Niederlande als Gründungsmitglied der EG auch von Beginn an der Währungsunion angehören sollten – und das erforderte eben die Einhaltung der Konvergenzkriterien.

Darüber hinaus zeigten sich bei der Politikformulierung immer wieder erhebliche inhaltlich motivierte Meinungsunterschiede zwischen den Koalitionspartnern. In der Finanzpolitik zeigte sich dies insbesondere am Konflikt zwischen VVD und PvdA (meist unterstützt von den Demokraten 66), was mit den unerwarteten Mehreinnahmen in Folge der hohen Raten des Wirtschaftswachstums geschehen sollte. Während die VVD eine weitere Defizitreduktion für richtig hielt, setzten sich PvdA und D66 für stärkere Ausgabenerhöhungen sowie gezielte Senkungen der Abgabenbelastung bei Geringverdienern ein (vgl. Seils 2004: 160ff.).

Dabei ging es im Kern um die Wirkungen der Zalm-Norm. Insbesondere nach 1998 kam es in dieser Frage fast jährlich zu heftigen Konflikten zwischen der VVD auf der einen und PvdA und D66 auf der anderen Seite, weil letztere die Zalm-Norm aufweichen wollten. Die beiden linken Parteien argumentierten, die Zalm-Norm wirke asymmetrisch zuungunsten der Ausgabenseite des Budgets, weil unerwartete Mehreinnahmen nicht für höhere Ausgaben, sondern lediglich für eine Senkung des Defizits oder Abgabenentlastungen verwendet werden durften. Die Ausgaben in Schwerpunktbereichen, wie etwa der Verbesserung der öffentlichen Dienstleistungen, könnten nach der Zalm-Norm nur in dem Maße über das im Koalitionsvertrag verabredete Volumen hinaus steigen, in dem es zu konjunkturbedingten Minderausgaben komme. Unter Vollbeschäftigungsbedingungen kämen solche Minderausgaben aber kaum mehr vor, da die Ausgaben für Arbeitslosigkeit nicht mehr nennenswert sänken. Aufgrund der geringen Arbeitslosigkeit müssten im Gegenteil nun aber die Löhne im öffentlichen Dienst stärker steigen, sodass lediglich die geringeren Zinszahlungen für andere Ausgaben umgewidmet werden könnten. Entsprechend führe die günstige wirtschaftliche Entwicklung lediglich zu einer Senkung der Staatsverschuldung und zur Senkung der Steuerbelastung, aber nicht zu zusätzlichen Mitteln für die Verbesserung öffentlicher Leistungen (Seils 2004: 175, 183f. und 186f.).

Durchsetzen konnten sich PvdA und D66 mit diesen Forderungen freilich nicht, weil die VVD die Beibehaltung der Zalm-Norm zur Koalitionsfrage erhob und auch von Ministerpräsident Kok unterstützt wurde. Angesichts der Tatsache, dass Ausgabenerhöhungen bei der Geltung der Zalm-Norm nur in begrenztem Umfang durchsetzbar waren, konzentrierte sich die PvdA daher darauf, die Steuersenkungen, die ja immerhin mit der Zalm-Norm kompatibel waren, entsprechend ihren Wünschen auszugestalten. Das gelang ihr dann auch in erheblichem Umfang, begünstigte die Mehrzahl der steuerpolitischen Veränderungen doch niedrige Einkommen. Insofern macht dieser Konflikt sehr deutlich, dass die Koalitionspartner tatsächlich unterschiedliche Politikpräferenzen entsprechend der Parteiendifferenzhypothese durchzusetzen versuchten – die Liberalen traten für eine am kurzen Zügel geführte Ausgabenpolitik und niedrigere Steuern ein, die Sozialdemokraten präferierten höhere Ausgaben und staatliches Engagement zugunsten niedriger Einkommen.

Auch in anderen Bereichen zeigen sich durchaus zu erwartende parteipolitische Positionen: So wollte die PvdA, die auch 1994 noch für eine progressivere Ausgestaltung des Steuersystems eintrat (Thomson 1999: 193), den Satz für Einkünfte aus substanziellen Unternehmensbeteiligungen auf 30% festlegen, scheitert aber an der VVD, die sich mit einem Satz von 25% durchsetzen konnte (Hays 2003: 109f.; Petring 2006b: 248). Gleichwohl ist eine erhebliche Erweiterung der Bemessungsgrundlage bei der Kapitalbesteuerung und entsprechend eine wachsende Bedeutung von Steuern auf Unternehmensgewinne und Dividenden am Gesamtsteueraufkommen festzustellen (Hays 2003: 107), die sich nur mit der sozialdemokratischen Regierungsbeteiligung erklären lässt. Möglich wurde diese stärkere Kapitalbesteuerung, weil sich die Niederlande in der zweiten Hälfte der 1990er Jahren in einer günstigen Position hinsichtlich ausländischer Direktinvestitionen befanden, die äußeren Rahmenbedingungen diese Politik also durchführbar und profitabel erscheinen ließen (Hays 2003: 108f.). Dies zeigt ebenso wie etwa die Regierungserklärung des Ministerpräsidenten zum Beginn der zweiten violetten Koalition, in der die Internationalisierung der Märke schlicht nicht (mehr) vorkommt (vgl. Kok 1998), dass die Globalisierung wenigstens in der zweiten Hälfte der Ära Kok nicht als übermäßig starke Handlungsbeschränkung wahrgenommen wurde – was angesichts der überaus positiv verlaufenden wirtschaftlichen Entwicklung auch nicht wirklich überrascht.

Parteieneffekte zeigten sich auch bei der Diskussion um die Ökosteuer, auf die die VVD lieber verzichtet hätte, um die Wettbewerbsfähigkeit niederländischer Unternehmen nicht zu gefährden. Die Liberalen mussten diese Steuer dann allerdings trotzdem hinnehmen – wenngleich sie Sonderregelungen durchsetzen konnten, die die Industrie weitgehend von der Steuer ausnahmen (Timmermans 2003: 116, 122).

Schließlich stellten die Koalitionspartner gelegentlich die jeweiligen Politikpräferenzen nebeneinander oder sie suchten Regelungen, die beiden (oder allen drei) Seiten inhaltlich entgegenkamen. Das beste Beispiel für den zuletzt genannten Mechanismus stellt die sozialpolitische Kürzungspolitik dar: Im Koalitionsabkommen von 1994 waren zwar einerseits Einsparungen in der Sozialpolitik festgelegt worden, andererseits hatte man sich geeinigt, dass das Niveau und die Länge der wichtigsten Sozialleistungen nicht angetastet werden sollten (Visser/Hemerijck 1998: 200; Snels 1999: 132). Während mit dieser Regelung also einerseits den liberalen Forderungen nach Ausgabenkürzungen insbesondere im Sozialbereich entgegengekommen wurde, trug der Verzicht auf explizite Leistungskürzungen andererseits der sozialdemokratischen Programmatik Rechnung (vgl. Snels 1999: 133). Mit den Reformen der Kranken- und der Erwerbsunfähigkeitsversicherung wurde dieser Regelung ebenso entsprochen wie mit der Verschärfung der Zugangsberechtigung zur Arbeitslosenversicherung oder zum Kindergeld. Der verstärkte Einbau von Marktelementen bei der Erwerbsunfähigkeits- und der Krankenversicherung war dabei vor allem dem Einfluss der VVD geschuldet, während sich die Sozialdemokraten bei der aktiven Arbeitsmarktpolitik durchsetzen konnten (Hemerijck/van Kersbergen 1997: 277). Zwar musste die PvdA den sozialdemokratischen Akzent, den die Melkert-Jobs in das Profil der violetten Koalition brachten, im Koalitionsabkommen 1994 mit der Zulassung von Löhnen unterhalb des Mindestlohns für Langzeitarbeitslose erkaufen. Gleichwohl scheiterte diese Regelung 1997 im Parlament, sie wurde aber angesichts der beschäftigungspolitischen Erfolge der zweiten Hälfte der 1990er Jahre schließlich auch von der VVD nicht mehr mit Vehemenz vertreten (Snels 1999: 131).

5.5.3.2. Vetospieler und innerparteiliche Gruppierungen

Die inhaltlichen Positionen der drei Regierungsparteien stimmten in der Finanzpolitik ganz offensichtlich nicht gänzlich überein, dies dürfte im vorangegangenen Abschnitt deutlich geworden sein. Vor diesem Hintergrund kommt der Betrachtung der Koalitionsparteien als Vetospieler eine große Bedeutung zu, da auf diese Weise zumindest PvdA und VVD – D66 setzte tatsächlich kaum eigene Akzente (van der Brug 1999: 183) – als Vetospieler keineswegs „absorbiert" waren. Die Ausführungen im letzten Abschnitt dürften auch bereits gezeigt haben, dass die Auseinandersetzungen zwischen den Koalitionspartnern keineswegs folgenlos für die durchgesetzte Finanzpolitik der Regierungen unter Wim Kok blieben. Insbesondere hätten PvdA und D66 ohne die VVD mit hoher Wahrscheinlichkeit höhere Staatsausgaben durchgesetzt und die PvdA hätte Einkommen aus einer maßgeblichen Beteiligung höher besteuert und auch auf Einkommensbestandteile, die in die zweite Einkommensteuerstufe fielen, Sozialabgaben erhoben (Thomson 1999: 193); umgekehrt hätte die VVD ohne ihre linken Koalitionspartner weitergehende Reformen der sozialen Sicherheitssysteme, vor allem der Erwerbsunfähigkeitsversicherungen durchgesetzt (Interviews SER, MinFin 3, NRC Handelsblad) sowie vermutlich die vollständige Indexierung der Sozialleistungen über 1995 hinaus ausgesetzt und sich weniger in der aktiven Arbeitsmarktpolitik engagiert.

Auf der anderen Seite ist jedoch gerade der durchaus nennenswerte Erfolg bei der Durchsetzung von Veränderungen und jedenfalls das weitgehende Ausbleiben einer Politikblockade bei einer Koalition bemerkenswert, die für Jahrzehnte gerade wegen ihrer finanzpolitischen Differenzen erst gar nicht gebildet werden konnte. Daher erscheint die Frage höchst bedeutsam, welche Rahmenbedingungen eine Blockierung des finanzpolitischen Willensbildungsprozesses verhinderten. Drei solcher Faktoren erscheinen besonders wichtig. Zunächst ist der bereits angesprochene inhaltliche Konvergenzprozess zwischen Liberalen und Sozialdemokraten zu nennen, der eine gemeinsame Finanzpolitik mit Fokus auf eine orthodoxe Haushaltspolitik ermöglichte. Dabei zeigt sich (in Übereinstimmung mit den Daten aus Tabelle 5.3 oben), dass es vor allem die PvdA war, die sich bereits seit der zweiten Hälfte der 1980er Jahre von ihrer linken Position aus der Polarisierungsphase löste und in die Mitte rückte, was sich in erster Linie in der Hinwendung zu einer Haushaltspolitik ausdrückte, die das Konsolidierungsziel hoch hielt. Dieser Konvergenzprozess wurde durch das Gutachten der Studiengruppe Haushaltsspielraum, auf dem die Zalm-Norm letztlich basierte, nochmals vorangebracht, da so das zentrale haushaltspolitische Instrument nicht parteipolitisch vorgeprägt war, sondern als Expertenwissen wahrgenommen wurde.

Hinzu kam ein zweites, nämlich die ausgesprochen günstige wirtschaftliche Entwicklung, die viele Auseinandersetzungen zwischen VVD und PvdA zu befrieden half, weil sie es ermöglichte, beide Koalitionspartner zufriedenzustellen (Timmermans 2003: 126). Das deutlichste Beispiel hierfür findet sich bei der Auseinandersetzung um die Verwendung der unerwarteten Mehreinnahmen, mit denen die VVD das Defizit weiter reduzieren, die PvdA Niedriglohnempfänger entlasten wollte. Die überaus günstige Entwicklung ermöglichte vor diesem Hintergrund nämlich, dass man sich auf beides einigte, eine über das geplante Ausmaß hinausgehende Defizitreduktion und weitere Abgabenentlastungen (Timmermans 2003: 121). In ähnlicher Weise ersparte das hohe Wirtschaftswachstum der Koalition auch die Durchsetzung einer für die PvdA besonders problematischen Kürzung. Nach dem Koalitionsabkommen sollten die Sozialleistungen nämlich auch nach 1995 nur zu 50% an die Lohnentwicklung im Privatsektor angepasst werden; angesichts der guten Wirtschaftslage wurde diese Regelung dann aber ausgesetzt (Timmermans 2003: 119f.), was der Koalition wiederum einen Konflikt ersparte.

Drittens schließlich dürfte es eine große Rolle gesielt haben, dass es sich bei den Koalitionspartnern um kooperative Vetospieler handelte, alle drei Parteien also auf den Erfolg der Koalition angewiesen waren. Dies wird an der Bemerkung von Finanzminister Zalm aus der Anfangszeit der Koalition deutlich, der in einem Interview prognostizierte, die violette Koalition werde eine der stabilsten Nachkriegsregierungen werden, weil es sich keine Partei leisten könne, die Koalition aufzukündigen, weil sie nicht wissen könne, ob sie dann der nächsten Regierung wieder angehören werde (nach Seils 2004: 162). Die vier für die Regierungsbildung zentralen Parteien PvdA, CDA, VVD und D66 waren in etwa gleich groß, sodass erwartet wurde, dass es für die Frage, ob eine Partei an der Regierung beteiligt würde oder nicht, stärker denn je davon abhing, wie die Regierungsbildung verlief. Entsprechend musste sich jede Partei an das Koalitionsabkommen halten, um nicht als unzuverlässig betrachtet und bei der nächsten Regierungsbildung übergangen zu werden (Seils 2004: 204). Da die so sanktionierte Zusammenarbeit gut funktionierte, plädierten alle drei Koalitionsparteien bei der Wahl 1998 für die Fortsetzung der Koalition (Irwin 1999: 271) und schlossen eine solche auch 2002 keineswegs aus (van Praag 2003: 12).

5.5.3.3. Der Wettbewerb um Wählerstimmen

Welche Auswirkungen hatte der Wettbewerb um Wählerstimmen auf die Finanzpolitik der ersten niederländischen Nachkriegskoalition, der die Christdemokraten nicht angehörten? Von der christdemokratischen Opposition ging zunächst keine elektorale Gefahr für die Koalitionspartner aus, der CDA hatte nämlich erhebliche Schwierigkeiten, sich in der ungewohnten Rolle zurechtzufinden (vgl. zum Folgenden Duncan 2007: 76ff.; van Kersbergen 2008). Nach der Wahlniederlage entspannen sich interne Konflikte, die zu häufigen Wechseln in der Parteiführung führten. Programmatisch orientierte sich die Partei auf der sozio-ökonomischen Konfliktlinie nach links, wurde die Wahlniederlage von 1994 doch in erster Linie auf die Ankündigung weiterer Sozialkürzungen zurückgeführt. Auf der libertär-autoritären Konfliktlinie fokussierte die Partei hingegen tendenziell rechte Programmpunkte, etwa bei der Verbrechensbekämpfung. Die Wähler überzeugen konnte der CDA mit diesem Programm lange Zeit allerdings nicht, wie sich bei der Parlamentswahl 1998, bei der der CDA nochmals Stimmen verlor, und in fast allen Umfragen zwischen 1994 und dem Ende des Jahres 2001 zeigte (vgl. z.B. Irwin/van Holsteyn 1999: 136; van Holsteyn/Irwin 2003: 44f.). Dies lag allerdings neben der mangelnden Erfahrung des CDA mit der Oppositionsrolle nicht zuletzt auch daran, dass es kaum Kritikpunkte an der violetten Koalition gab, die weitgehend eine zentristische Wirtschaftspolitik ohne den CDA betrieb (van der Brug 1999: 183).

Die Koalitionsparteien, insbesondere die PvdA, aber auch D66 gerieten allerdings von einer anderen Seite unter Druck, nämlich durch die linken Nicht-Regierungsparteien GrünLinks und die Sozialistische Partei (SP). Beide Parteien konnten sowohl in Umfragen als auch bei der Wahl 1998 erhebliche Stimmengewinne verbuchen, GrünLinks von 3,5 auf 7,3% (von fünf auf elf Sitze) und die SP, die 1994 zum ersten Mal überhaupt ins Parlament eingezogen war, von 1,3 auf 3,5% (von zwei auf fünf Sitze). Zwar führte diese Konkurrenz nur für D66 schon bei der Parlamentswahl von 1998 zu erheblichen Stimmenverlusten, während PvdA und VVD stark dazu gewannen und die D66-Verluste sogar überkompensierten, aber es machte auch die offene Flanke der PvdA deutlich (vgl. van der Brug 1999: 184; Irwin 1999: 274). Sowohl der CDA als auch GrünLinks versuchten diesen Sachverhalt auszunutzen, indem sie der PvdA-Fraktion im Jahr 2000 anboten, Gelegenheitskoalitionen zu bilden, um die Zalm-Norm auszuhebeln und höhere Ausgaben durchzusetzen. PvdA-Fraktionschef Melkert ließ sich darauf aber nicht ein (Seils 2004: 184).

Bis Ende des Jahres 2001 bestand für solche Rücksichten auch kein Anlass, da insbesondere die VVD, ab 1996 aber auch die PvdA in den Umfragen sehr gut abschnitten, lediglich D66 verlor schon früh an Zustimmung (Irwin/van Holsteyn 1999: 133). Das insgesamt gute Abschneiden der Regierung in den Umfragen hing mit einer ausgesprochen günstigen ökonomischen Performanz zusammen, die zu einer überwältigenden Zustimmung der Bevölkerung zur Wirtschaftspolitik der Regierung beitrug (Zahlen nach van Holsteyn/Irwin 2003: 54): So glaubten 2002 52% der Wähler, die Auswirkungen der Wirtschaftspolitik auf die Wirtschaftsentwicklung seien positiv gewesen, bei 11% mit gegenteiliger Auffassung (1998: 58:8); 66% der Wähler meinten, die Regierungspolitik habe einen positiven Effekt auf den Arbeitsmarkt gehabt, 10% widersprachen (1998: 62:12); und 35% der Wähler waren der Auffassung, dass sich die Regierungspolitik günstig auf ihre persönliche wirtschaftliche Situation ausgewirkt habe, 18% waren der entgegen gesetzten Meinung (1998: 26:23).

Angesichts der günstigen Umfragewerte und der anhaltenden Schwäche der größten Oppositionspartei kann es nicht erstaunen, dass der Parteienwettbewerb keine prägende Bedeutung für die Finanzpolitik der violetten Koalition besaß, wenngleich den Akteuren die prinzipiell hohe Volatilität des Wahlverhaltens durchaus bewusst gewesen sein dürfte. Dies könnte dazu geführt haben, dass sich die meisten sozialpolitischen Kürzungen in den ersten beiden Jahren des Kabinetts Kok I finden. Auch die Tatsache, dass viele Strukturreformen, etwa bei der Krankenversicherung und der Erwerbsunfähigkeitsrente, nicht unmittelbar zu Leistungskürzungen führten, dürfte im Hinblick auf den Parteienwettbewerb nicht ungelegen gekommen sein – aber von größerer Bedeutung war sicherlich, dass die PvdA Leistungskürzungen programmatisch nicht mittragen konnte oder wollte.

Eine weitere Strategie, die verfolgte Wirtschaftspolitik und insbesondere weitere Sozialreformen zu legitimieren, bestand in einem politischen Diskurs, der „Jobs, Jobs und noch mehr Jobs" versprach, und mit dem gefordert wurde, alles der Schaffung von Arbeitsplätzen unterzuordnen (Green-Pedersen 2002: 106; vgl. auch Cox 2001). Da die versprochenen Arbeitsplätze in der Tat in großer Zahl geschaffen wurden, verwundert die hohe Überzeugungskraft dieses Diskurses nicht, die sich nicht zuletzt in den oben angeführten Umfragedaten widerspiegelt. Gleichwohl konnte dieser beschäftigungspolitische Erfolg nicht verhindern, dass die violette Koalition im Mai 2002 ein Wahldebakel erlebte, dass selbst die Niederlage der CDA-PvdA-Koalition 1994 noch bei weitem übertraf. Gemeinsam verloren die drei Koalitionsparteien 43 ihrer vormals 97 Sitze in der Zweiten Kammer. Wichtig für die Frage nach dem Einfluss des Wettbewerbs um Wählerstimmen auf die niederländische Finanzpolitik zwischen 1994 und 2002 ist aber nicht zuletzt, dass diese Wahlniederlage bis wenige Monate vor der Wahl nicht absehbar gewesen war und insofern das Handeln der Akteure auch nicht beeinflusst haben kann. Hinzu kommt, dass das Wahldebakel nicht, oder jedenfalls nicht hauptsächlich der Wirtschafts- oder Sozialpolitik geschuldet war (van Holsteyn/Irwin 2003: 53-55). Zwar spielte auch die schlechte finanzielle Ausstattung des Gesundheitswesens eine gewisse Rolle für die Unzufriedenheit der Wähler mit der violetten Koalition, doch hauptsächlich dürften es die vom Rechtspopulisten Pim Fortuyn aufgeworfenen Fragen nach innerer Sicherheit, Integration und der Asylpolitik gewesen sein, die entscheidend zum überwältigenden Sieg der Partei Fortuyns, die aus dem Stand 17% der Stimmen gewinnen konnte, sowie zur Niederlage der violetten Koalition beitrugen (van Praag 2003: 13-16).

5.6 Die Finanzpolitik der christlich-liberalen Koalitionen Balkenende, 2002-2007

Die Parlamentswahlen von 2002 machten eine Fortsetzung der violetten Koalition schon rechnerisch unmöglich. Stattdessen taten sich die beiden Wahlsieger zur Regierungsbildung zusammen – neben der Liste des kurz vor der Wahl ermordeten Pim Fortuyn LPF waren dies die Christdemokraten, die in den letzten Monaten vor der Wahl unter ihrem neu gewählten jungen Spitzenkandidaten Jan Peter Balkenende erheblich an Unterstützung gewonnen hatten und schließlich stärkste Partei geworden waren. Da jedoch auch diese beiden Parteien gemeinsam keine Mehrheit in der zweiten Kammer besaßen, wurde zusätzlich noch die VVD in die Koalition aufgenommen. Aufgrund der inneren Zerstrittenheit der LPF, der es nach der Ermordung Fortuyns an Führung fehlte, hielt die Koalition allerdings kaum länger als ihre – mit 68 Tagen nach niederländischen Maßstäben – kurze Bildung gedauert hatte, nämlich nur 87 Tage (van Praag 2003: 17f.). Entsprechend kam es im Januar 2003 neuerlich zu Parlamentswahlen (zum Folgenden van Holsteyn/Irwin 2004). Der Wahlkampf 2003 wurde allerdings, nicht zuletzt in Folge sich verschlechternder wirtschaftlicher Rahmenbedingungen, wieder stärker von wirtschaftspolitischen Fragen geprägt als der Urnengang im Jahr zuvor. Dies nützte vor allem der PvdA, die nach starken Gewinnen fast wieder ihr Ergebnis von 1998 erreichte, und nur wenig hinter dem CDA zurückblieb, der seine Position konsolidieren konnte. Während die LPF stark verlor, reichte es für die VVD nur zu leichten Stimmengewinnen. Daher war eine von beiden Parteien favorisierte Koalition aus CDA und VVD nicht möglich. Der CDA sträubte sich jedoch gegen eine Zusammenarbeit mit der PvdA, die schließlich auch tatsächlich an haushaltspolitischen Fragen scheiterte. Im zweiten Anlauf kam es dann zur Koalition von CDA und VVD unter Einbeziehung der Demokraten 66.

Da die erste Regierung Balkenende nur sehr kurz dauerte, und sich ihre parteipolitische Zusammensetzung weitgehend mit der nach der Wahl 2003 gebildeten Koalition deckte – ja der Wahlkampf 2003 ähnelte Beobachtern zufolge stark einer „re-election campaign", da CDA und VVD dafür plädierten, das Koalitionsabkommen der ersten Balkenende-Regierung auch nach der Wahl 2003 umzusetzen (van Holsteyn/Irwin 2003: 158) –, und da schließlich der Einfluss von D66 und erst recht der LPF auf die Finanzpolitik begrenzt geblieben sind, werden die ersten drei Regierungen[95] unter Jan-Peter Balkenende gemeinsam behandelt.

Diese Regierungen hatten im Vergleich zur violetten Koalition unter vollständig veränderten wirtschaftlichen Rahmenbedingungen zu agieren, sahen sie sich doch gleich zu Beginn ihrer Amtszeit einer Rezession gegenüber, die weit tiefer und länger war als von den Experten erwartet, und die die Haushaltsprobleme, die in der zweiten Hälfte der 1990er Jahre schon fast als überwunden betrachtet worden waren, neuerlich auf die Tagesordnung brachte.

5.6.1 Steuerpolitik

Die Steuerpolitik der Regierungen Balkenende hatte zunächst vor allem die Aufgabe, die höheren Belastungen der Bürger durch erhöhte Sozialversicherungsbeiträge auszugleichen. Erhebliche Anhebungen der Beiträge waren vor allem beim kapitalgedeckten Teil der Rentenversicherung nötig geworden, weil der Einbruch der Akti-

---

95 Die Minderheitsregierung aus CDA und VVD nach dem Austritt von D66 aus der Regierung, die von Juli 2006 bis Februar 2007 amtierte, wird als dritte Regierung Balkenende gesondert gezählt. Sie wird aufgrund ihrer kurzen Dauer und der hohen Kontinuität ihrer parteipolitischen Zusammensetzung in diesem Kapitel ebenfalls mitbetrachtet.

enkurse am Beginn des 21. Jahrhunderts erhebliche Löcher in die Haushalte der privaten und öffentlichen Pensionskassen und -fonds gerissen hatte – im Umfang von rund 100 Mrd. € (Becker 2005: 1093). Entsprechend mussten die Beiträge massiv erhöht werden (von 10% 2001 auf 17% 2005), was sich bereits im Jahr 2003 zu einer durchschnittlichen zusätzlichen Belastung jedes Bürgers von 300 bis 500 € summierte (Die Welt, 27.5.2003). Auch zur Haushaltskonsolidierung wurden in begrenztem Umfang die Beiträge erhöht. Zu diesem Zweck wurden allerdings auch die Verbrauchsteuern angehoben. Das betraf die Tabak- und Alkoholsteuern, aber nicht zuletzt auch die Ökosteuer.

Um die negativen Effekte der Abgabenerhöhungen vor allem auf die niedrig entlohnte Beschäftigung in Grenzen zu halten, kam es 2004 und 2005 zu deutlichen Ausweitungen verschiedener Steuergutschriften, insbesondere der für Arbeitnehmer und für arbeitende Eltern (OECD 2004b: 93; 2006b: 74). 2007 wurden zudem die Sätze der ersten beiden Steuerstufen ebenso wie die Beiträge zur Arbeitslosenversicherung leicht gesenkt – wiederum ging es dabei darum, Lohnmäßigung zu ermöglichen (Interview MinFin 3). Ebenso wurde die lokale Wohnungssteuer abgeschafft. Der gleichen Kompensationslogik folgte 2006 ein Paket mit Steuer- und Abgabensenkungen im Volumen von zwei Mrd. €. Mit diesen Maßnahmen sollten im Wesentlichen die Folgen der Gesundheitsreform, mit der die privaten Aufwendungen der Bürger für die Krankenversorgung stiegen, und der Zuschlag auf die Energiepreise zur Finanzierung der Unterstützung erneuerbarer Energien ausgeglichen werden (OECD 2006b: 52).

Noch weiterreichende Aktivitäten entfaltete die Regierung allerdings bei der Besteuerung von Unternehmen, die unter dem Motto „Werken aan Winst" (Arbeiten am Gewinn) – so der Name eines der einschlägigen Gesetzentwürfe – standen. Zentral war sicherlich die Senkung des Hauptsatzes der Körperschaftsteuer in mehreren Schritten um neun Prozentpunkte, nämlich von 34,5 auf 25,5%. Die niedrigeren Eingangsstufen (vorher 30%) wurden ebenfalls schrittweise zurückgeführt auf 20% (Gewinne bis 25.000 €) bzw. 23,5% (Gewinne zwischen 25.000 und 60.000 €). Der Satz für die Quellensteuer auf Dividenden, die als eine Vorauszahlung auf die Sollertragsteuer einbehalten wird und für Ausländer eine Definitivsteuer darstellt, wurde zusätzlich von 25 auf 15% gesenkt. Unternehmen, die nicht der Körperschaft-, sondern der Einkommensteuer unterliegen, wurden entlastet, indem zehn Prozent ihrer Einkünfte aus Dividenden und Gewinnen unversteuert bleiben (Ministerie van Financiën 2006b). Hinzu kamen neue Boxen in der Körperschaftsteuer, die den Boxen nachgebildet waren, wie sie durch die Steuerreform 2001 für die Einkommensteuer eingeführt worden waren (Interview MinFin 4). Diese neuen Boxen bei der Körperschaftsteuer waren mit einem niedrigeren als dem regulären Körperschaftsteuersatz versehen. Eine Box wurde für Gewinne aus Innovationen eingeführt, für die ein Patent gehalten wird (Steuersatz 10%), und eine zweite – und wichtigere – Box wurde für Zinseinnahmen geschaffen, die aus Gesellschafterfremdfinanzierung entstehen, die also einem in den Niederlanden ansässigen Unternehmen für Kredite an Tochterunternehmen zufließen. Solche Einkünfte werden seit 2007 nur noch mit fünf Prozent besteuert! Damit sollte eine Alternative für die auf Druck der EU-Kommission abgeschaffte, erst 1997 in Kraft getretene Regelung für Konzernfinanzierungsaktivitäten geschaffen werden (Sunderman 2005: 186).[96] Schließlich wurde die Kapitalverkehrsteuer, die vorher auf die Aufnahme von Kapital erhoben wurde, abgeschafft. Die Gegenfinanzierung sollte – neben einer Nettoentlastung von rund 750 Mio. € – über die Verbreiterung der Bemessungsgrundlage erreicht werden. So waren etwa Verkürzungen des Verlustvor- und -rücktrages vorgesehen sowie als wichtigster Punkt Einschränkungen bei Abschreibungsmöglichkeiten für Grundbesitz (ausführlicher Sunderman 2005: 190f.).

Die Steuerpolitik der Regierung Balkenende ist demnach zumindest im Bereich der Unternehmensbesteuerung als sehr weitreichend zu bezeichnen, insbesondere das Ausmaß der Senkung der Körperschaftsteuersätze war bemerkenswert. Zumindest bis 2006 schlug sich diese Satzsenkung aber noch nicht in einer Senkung der Steuerquote nieder, die vielmehr zwischen 2003 und 2006 um gut zwei Prozentpunkte zulegte (OECD 2006b). Gerade für das Jahr 2006 ist allerdings zu bedenken, dass die Steuerquote (wie auch die Staatsquote) durch die Gesundheitsreform „künstlich" um 1,25 Prozentpunkte erhöht wurde. Rechnet man diesen Effekt heraus, zeigt sich in der Tat, dass die Steuerbelastung unter der Regierung Balkenende zwar bis 2005 gestiegen ist, seitdem aber rückläufig ist.

5.6.2 Haushaltspolitik

In der Haushaltspolitik beriefen sich die Balkenende-Regierungen wie die Vorgängerregierung auf die Zalm-Norm (Andeweg/Irwin 2005: 200). Diese Kontinuität wurde durch die Tatsache unterstrichen, dass Gerrit Zalm der zweiten und dritten Regierung Balkenende wiederum als Finanzminister angehörte. Allerdings zeigte die Rezession der Jahre nach 2001 auch einen Konstruktionsfehler der Norm auf, da in der Boomphase teilweise zyklisch bedingte Mehreinnahmen und Minderausgaben zur Finanzierung dauerhafter Steuersenkungen bzw. neuer Ausgabenprogramme genutzt worden waren, was in der Abschwungphase zu haushaltspolitischen Schwierigkeiten führte und eine – eigentlich über die Norm angestrebte – ungehinderte Wirkung der automatischen Stabilisatoren erschwerte, da das Haushaltsdefizit im Jahr 2003 schon drei Prozent am BIP erreichte und somit eine Verletzung des Europäischen Stabilitäts- und Wachstumspaktes drohte (OECD 2006b: 57).[97] Daher wurde festgelegt, dass zukünftig unerwartete Mehreinnahmen ausschließlich zur Reduzierung des Haushaltsdefizits genutzt werden dürfen. Auf der anderen Seite durften unerwartete Minderausgaben nur zur Finanzierung neuer Ausgaben verwendet wer-

---

96 Diese Regelung wurde allerdings, bevor sie in Kraft treten sollte, der EU-Kommission zur Überprüfung vorgelegt. Ein solches Verfahren ist zwar rechtlich nicht notwendig, doch wollte die Regierung verhindern, wiederum schon nach kurzer Zeit eine einschlägige steuerpolitische Maßnahme auf Druck aus Brüssel zurücknehmen zu müssen (Interview MinFin 5).
97 Tatsächlich leitete die Europäische Kommission im Juni 2004 ein Defizitverfahren gegen die Niederlande ein, das allerdings 2005 wieder eingestellt wurde (vgl. Wagschal/Wenzelburger 2008: 131).

den, wenn das Kabinett dies beschließt (OECD 2004b: 77f.). Die übrigen Regelungen der Zalm-Norm blieben in Kraft.

Angesichts der massiven Verschlechterung der Haushaltslage infolge der schweren Rezession – der Haushaltssaldo war von einem Überschuss von 1,5% (ohne Erlöse aus den UMTS-Lizenzen) im Jahr 2000 auf ein Defizit von 3,1% im Jahr 2003 gefallen (vgl. Abb. 5.7) – sahen allerdings bereits die Koalitionsverträge der ersten beiden Regierungen Balkenende erhebliche Sparanstrengungen vor, die in den ersten beiden Regierungsjahren nochmals ausgeweitet wurden. So sollten nach dem Koalitionsvertrag von 2003 elf Mrd. € eingespart werden, während drei Mrd. € für neue Ausgaben vorgesehen waren. Zusätzlich sollte die Steuerbelastung um etwas über drei Mrd. € steigen (OECD 2006b: 54f.). Ziel war es, bis zum regulären Ende der Wahlperiode im Jahr 2007 das Defizit wieder auf 0,5% des BIP zu reduzieren. Der kumulierte Effekt der insgesamt vier Sparpakete, die 2002 und 2003 verabschiedet wurden, wurde aber sogar mit 20 Mrd. € oder 3,8% des Bruttoinlandsproduktes angegeben (OECD 2004b: 72). Der größte Teil der Konsolidierung sollte dabei auf der Ausgabenseite geleistet werden, lediglich rund 20% des Konsolidierungsvolumens sollte die Einnahmeseite erbringen.

Abbildung 5.7: Haushaltssalden des Gesamtstaates in % BIP (linke Achse) und Steuerquote (rechte Achse) in den Niederlanden, 2000-2006

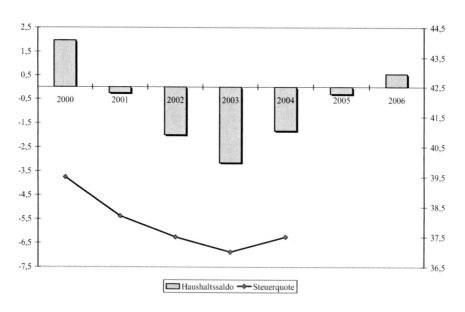

Quelle: OECD 2006, 2007.

Ein Teil der Einsparungen sollte wiederum auf die Löhne im öffentlichen Sektor und im Gesundheitswesen entfallen, die 2004 und 2005 eingefroren wurden (OECD 2004b: 72). Hinzu sollten eine Rückführung der öffentlichen Beschäftigung um

10.000 Stellen sowie Einsparungen durch eine Erhöhung der Effizienz der öffentlichen Verwaltung kommen. Weiterhin kam es zu einer Umschichtung bei den Subventionen, die mit erheblichen Kürzungen einherging, sowie zu einer Reduzierung der Zahlungen an die EU.

Doch auch der Sozialbereich und das Gesundheitswesen blieben nicht von weiteren Kürzungen verschont. So wurden die Sozialleistungen 2004 und 2005 eingefroren. Bei der Arbeitslosenversicherung wurden die Zugangskriterien verschärft (OECD 2004b: 92) und die Dauer des Arbeitslosengeldbezugs gekürzt. Auch der Zugang zur Erwerbsunfähigkeitsversicherung wurde nochmals eingeschränkt und die Arbeitgeber wurden verpflichtet, für zwei Jahre (statt bisher zwölf Monate) Krankengeld in Höhe von 70% des letzten Lohnes zu zahlen (zum Folgenden Andeweg/Irwin 2005: 195). In dieser Zeit muss versucht werden, die Betroffenen wieder in den Arbeitsmarkt einzugliedern. Diejenigen, die während der zwei Jahre keine neue Stelle finden, und bei denen eine mindestens 80-prozentige Erwerbsunfähigkeit festgestellt wird, sollten anschließend die volle Rente bekommen. Diejenigen, die zu weniger als 80% erwerbsunfähig sind oder bei denen eine wenigstens teilweise Wiederherstellung der Erwerbsfähigkeit zu erwarten ist, werden von einem neuen Versicherungsprogramm (WGA) erfasst, bei dem es erhebliche finanzielle Anreize zur Aufnahme einer Beschäftigung gibt (vgl. OECD 2004b: 89f.). Wie schon bei der traditionellen Erwerbsunfähigkeitsversicherung WAO wurde den Arbeitgebern auch beim WGA die Auswahlmöglichkeit zwischen privaten und einem öffentlichen Versicherungsanbieter gelassen, soweit sie das Risiko nicht selbst tragen wollten. Darüber hinaus wurde wie beim WAO eine Prämiendifferenzierung eingeführt. Schließlich war geplant, dass die Erwerbsunfähigkeitsrente von 70 auf 75% steigen sollte, wenn es mit diesen und weiteren Maßnahmen gelänge, die Zahl neuer Fällen auf 25.000 jährlich zu begrenzen.

Im Gesundheitswesen wurde u.a. eine Eigenbeteiligung der Krankenversicherten in Höhe von 175 € eingeführt und die Bürger wurden verpflichtet, sich privat für die Kosten für Behandlungspflege abzusichern. Darüber hinaus kam es 2006 zu einer weitreichenden Gesundheitsreform, die zwar kurzfristig zu höheren Ausgaben führte, mittelfristig aber nicht zuletzt aufgrund der Einführung von Marktelementen und somit einer Stärkung des Wettbewerbs zwischen den Krankenversicherungen zu einer Begrenzung der Gesundheitskosten beitragen sollte (zum Folgenden Terhorst 2006). Seit der Reform muss jeder volljährige Niederländer eine Basiskrankenversicherung bei einem Versicherungsunternehmen seiner Wahl abschließen, wobei die zu gewährleistenden Basisleistungen jährlich neu für alle Versicherungen festgelegt werden, Zusatzleistungen privat abgesichert werden können und Kontrahierungszwang besteht. Bei der Finanzierung der Krankenversicherung wurde die Bedeutung des einkommensunabhängigen Teils der Beiträge deutlich erhöht, wobei Niedrigverdiener staatliche Unterstützung erhalten und die Krankenversicherungen diese Kopfpauschale variieren können, um Kunden anzuziehen. Der einkommensabhängige Teil der Beiträge fließt in eine „allgemeine Kasse", die die Mittel „risikoadjustiert" an die einzelnen Versicherungen zuweist.

Auf der Einnahmeseite des Staatshaushaltes kam es vor allem zu einer weiteren Erhöhung der Ökosteuer sowie zu einer Verbreiterung der steuerlichen Bemessungsgrundlage, etwa durch die Begrenzung der Absetzbarkeit von Hypothekenzinsen und von Beiträgen zum Frühverrentungsplan. Auch die Sozialversicherungsbeiträge wurden 2005 leicht erhöht (OECD 2006b: 51). Wichtig war zudem, dass die Erdgaseinnahmen insbesondere in den Jahren 2004-2006 deutlich höher ausfielen als erwartet (OECD 2006b: 52f.), was die Finanzierung eines zusätzlichen Investitionsprogramms ermöglichte, den finanzpolitischen Handlungsspielraum des Kabinetts also erweiterte. Die Privatisierung von Staatsunternehmen erlebte zwischen 2003 und 2006 eine gewissen Boom und sorgte, etwa durch den Verkauf der Aktien an den Telekommunikations- bzw. Postunternehmen KPN und TNT für Erlöse von mehr als 8,5 Mrd. € (eigene Zusammenstellung nach Ministerie van Financiën 2004, 2005, 2006a). Hinzu kamen zwischen 2003 und 2006 Gewinne der Zentralbank in Höhe von rund vier Mrd. € (De Nederlandsche Bank verschiedene Jahrgänge).

Abbildung 5.8: Reale Veränderungen ausgewählter Haushaltsbereiche in den Niederlanden, 2002-2006 (in Prozent)

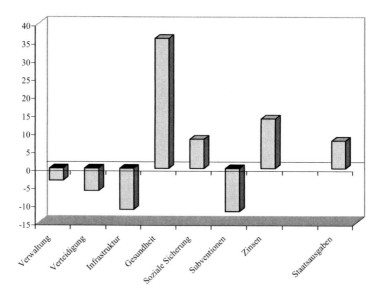

Quelle: CPB 2006: Bijlage A9.

Insgesamt lässt sich die Konsolidierungspolitik der Regierung Balkenende durchaus als erfolgreich einstufen (vgl. Abb. 5.7). Binnen weniger Jahre wurde das erhebliche Defizit stark reduziert und 2006 sogar in einen kleinen Überschuss verwandelt. Dabei wurden über fast alle Politikfelder hinweg Kürzungen vorgenommen. Die einzigen Bereiche, die nennenswerte Ausgabenerhöhungen zu verzeichnen hatten, sind das Sozialwesen und Zinsen (vgl. Abb. 5.8). Beides war ganz offenbar bedingt durch die Rezession und in beiden Fällen leitete die Regierung Maßnahmen ein, die diese Ausgabenerhöhungen bekämpfen sollten.

5.6.3 Die Finanzpolitik der Regierungen Balkenende und der politische Prozess

Die christlich-liberalen Koalitionsregierungen unter Jan-Peter Balkenende setzten in vergleichsweise kurzer Zeit und unter wenigstens anfangs ungünstigen wirtschaftlichen Rahmenbedingungen weitreichende Reformen durch. Das gilt für die Steuerpolitik, bei der es zu einer weitreichenden Unternehmenssteuerreform kam, ebenso wie für die Haushaltspolitik, die ein Defizit von rund drei Prozent am BIP binnen kurzem in einen Überschuss verwandelte und dabei noch weitreichende Reformen in den sozialen Sicherungssystemen, insbesondere bei der Kranken- und der Erwerbsunfähigkeitsversicherung, auf den Weg brachte. Wie sind diese Politikergebnisse zu erklären?

5.6.3.1 Die parteipolitische Zusammensetzung der Regierung

Das Reformprofil der Regierung Balkenende ist sehr deutlich wirtschaftsliberal und entspricht insofern den Erwartungen der Parteiendifferenzhypothese. Das gilt für die sehr weitreichenden Senkungen der Unternehmenssteuern ebenso wie für die beherzte Konsolidierungspolitik und die Einschnitte bei den Sozialleistungen, die zum Teil, etwa bei der Gesundheitsreform, auch mit der Einführung von Marktelementen einhergingen. Zwar ließe sich einwenden, dass beispielsweise die Gesundheitsreform, die zum 1.1.2006 in Kraft trat, in weiten Teilen auf einem Gutachten des Sozial-Ökonomischen Rates von 2000 basierte, sodass ein Einfluss der parteipolitischen Zusammensetzung der Regierung auf den ersten Blick unwahrscheinlich erscheint. Auffallend ist jedoch, dass die 2000 ja noch amtierende violette Koalition dieses Gutachten nicht aufgriff: „The health care reform was impossible while the Social Democrats were in government. It was too painful for them" (Interview SER). Dagegen machte sich der neue Gesundheitsminister der zweiten Balkenende-Regierung, Hans Hoogervorst von der VVD, schnell an die Durchsetzung der Reform (vgl. Terhorst 2006). Für die Parteiendifferenzhypothese spricht außerdem, dass die linken Oppositionsparteien SP und GrünLinks, aber auch die PvdA, vielen zentralen Reformprojekten der Regierung Balkenende nicht zustimmen mochten, so der Gesundheitsreform (Tweede Kamer, Handelingen 2004-2005, Nr. 37, 21.12.2004, 2505), der Reform der Erwerbsunfähigkeitsversicherung (Tweede Kamer, Handelingen 2004-2005, Nr. 98, 30.6.2005, 6060) sowie der Unternehmenssteuerreform (Tweede Kamer, Handelingen 2006-2007, Nr. 7, 3.10.2006, 399). Dies belegt, dass das Reformprogramm der Regierungen Balkenende im historischen Vergleich sicherlich zu den besonders kontroversen gehörte und es zeigt auch, dass die Balkenende-Regierung ganz bewusst auf einen anderen Politikstil als die violette Koalition setzte, der stärker konfrontativ war und von einem Gesprächspartner sogar als „Thatcherite" beschrieben wurde (Interviews WRR, NRC Handelsblad, MinFin 4). Doch wie ließ sich dieser Politikwandel durchsetzen und wieso konzentrierten sich die Koalitionspartner gerade zu diesem Zeitpunkt auf diese Reformen?

5.6.3.2 Vetospieler und innerparteiliche Gruppierungen

Die Daten zu den wirtschaftspolitischen Positionen der niederländischen Parteien in Tabelle 5.3 weiter oben zeigen zwischen 1998 und 2003 eine sehr deutliche Verschiebung des CDA in eine marktliberale Richtung. Dies schlug sich nach 2002 auch in der durchgesetzten Politik nieder. Dies ist insofern überraschend, als die Partei in der ersten Wahlperiode ihrer Oppositionszeit einen Linksrutsch durchgemacht hatte. Wieso erwiesen sich die Christdemokraten dann bei ihrer Rückkehr an die Macht als deutlich liberaler? Der wesentliche Grund hierfür dürfte darin zu sehen sein, dass es der Partei in der Opposition keineswegs gelang, eine programmatische Neuorientierung einzuleiten, die den CDA Erfolg versprechend in der elektoralen Arena aufgestellt hätte (vgl. ausführlich van Kersbergen 2008). Die Folge waren das schwache Wahlergebnis von 1998 und Umfragewerte, die bis Ende 2001 auf niedrigem Niveau stagnierten und eine Rückkehr an die Regierung unwahrscheinlich erscheinen ließen. Als es dann im September 2001 auch noch zu einem Führungsstreit kam, waren die Aussichten für die 2002 anstehende Parlamentswahl erst recht trübe (van Holsteyn/Irwin 2003: 44f.). In dieser Krisensituation – immerhin stand der CDA vor der dritten eklatanten Wahlniederlage in Folge, die, was noch wichtiger war, einen weiteren Ausschluss aus der Regierung mit sich bringen konnte – wählte die Partei ihren weitgehend unbekannten finanzpolitischen Sprecher in der zweiten Kammer, Jan Peter Balkenende, zum neuen Fraktionsvorsitzenden und Spitzenkandidaten für die anstehende Parlamentswahl, die gleichwohl noch mit einem vergleichsweise sozialstaatsfreundlichen Programm bestritten wurde. Dennoch dürfte die wahlpolitische Krise den Handlungsspielraum für den Spitzenkandidaten und neuen Ministerpräsidenten erheblich erweitert haben, und dieser nutzte ihn, um den von ihm für richtig gehaltenen Kurs durchzusetzen, der sich im wirtschaftspolitischen Bereich als liberal beschreiben lässt. Der Analyse von van Kersbergen und Krouwel (2006: 44) zufolge war dieser Kurs sogar so weitreichend, dass christdemokratische Kernbegriffe wie Solidarität zu hohlen Phrasen degradiert wurden, während ein weitgehend meritokratisches Menschenbild die Wirtschaftspolitik des Balkenende-CDA anzuleiten begann (vgl. auch ebenda: 51).

Insofern wenig überraschend gingen die Reformen Teilen des CDA zu weit, die nicht zuletzt eine Konfrontation mit den Gewerkschaften für gefährlich hielten. So wollte beispielsweise der Arbeitnehmerflügel des CDA trotz des drohenden Verstoßes gegen den Stabilitäts- und Wachstumspakt im Jahr 2004 weitere Einschnitte vermeiden und stattdessen die Steuern erhöhen (FAZ, 19.2.2004). Der prominente CDA-Politiker Bert de Vries (2005), langjähriger Fraktionsvorsitzender und Sozialminister im dritten Kabinett Lubbers, kritisierte die Regierung ebenfalls scharf und warf ihr vor, die Zukunft zu pessimistisch zu sehen und zu weitreichende Reformen durchzusetzen. Das hatte auch begrenzte Wirkung dahingehend, dass auf noch weiterreichende Sozialreformen, aber auch auf zusätzliche Steuersenkungen, wie sie die VVD gern gesehen hätte, verzichtet wurde (Interview MinFin 3).

Angesichts der knappen Mehrheit der Koalition von 78 der 150 Sitze in der zweiten Kammer und der daraus folgenden Notwendigkeit, eine hohe Kohäsion in den eigenen Reihen herzustellen, um die eigenen Vorstellungen durchsetzen zu können, ist die relativ weitreichende Reformpolitik der Regierung Balkenende bemerkenswert, zumal diese Politik ja auch innerhalb der Koalition teilweise umstritten war. Wie gesehen drängte die VVD häufig auf weitreichende Reformen, während insbesondere Teile des CDA zurückhaltend waren. Dass diese Reformen innerhalb des CDA durchsetzbar waren, dürfte einerseits einem innerhalb der Partei weit verbreiteten „anti-purple sentiment" (Interview WRR), also einer strikten Ablehnung des Politikstils der zweiten Regierung Kok, zu verdanken sein, das den CDA zusammenschweißte. Andererseits spielte ganz offensichtlich die Vorstellung eine Rolle, dass Balkenende den CDA aus den wahlpolitischen Niederungen geführt habe und daher wenigstens zunächst Unterstützung verdiene. So erklärte etwa ein vormaliger christdemokratischer Spitzenpolitiker im Interview: „... and there was still this very strong, I think, in CDA that feeling after the difficult years during purple: now we have to support our first man. ... There were hesitations in the party, but when it came to the decisions they supported him."

Dass die Koalition nicht das reguläre Ende der Wahlperiode erreichte, widerspricht dieser Beobachtung nicht, ging es doch bei der Koalitionskrise im Frühsommer 2006, die zum Austritt von D66 aus der Regierung führte, in keiner Weise um die hier interessierende Finanzpolitik.

5.6.3.3 Der Wettbewerb um Wählerstimmen

Die von der Regierung Balkenende durchgesetzte Sparpolitik und der Umbau des Sozialsystems waren bei den Wählern nicht beliebt. Die Umfragewerte für die Koalitionsparteien fielen aufgrund der Sparpläne schon 2003 deutlich. Bereits im September 2003 wurde dem CDA ein Verlust von zehn seiner 44 Sitze vorhergesagt, die VVD sollte vier ihrer 28 Mandate verlieren und bei D66 sollten es drei von sechs sein.[98] Die Baisse in den Umfragen hielt insbesondere für den CDA bis weit ins Jahr 2006 an, ehe es den Christdemokraten noch gelang, die lange Zeit in den Umfragen weit führende PvdA einzuholen und zu überrunden (van Holsteyn 2007: 1143).[99] Dennoch mussten alle Regierungsparteien bei den Wahlen im November 2006 Verluste hinnehmen, sodass eine Fortsetzung der Koalition unmöglich wurde. Der Unmut über die von der Regierung angestrebten Sozialkürzungen äußerte sich im Herbst 2003 und vor allem im Herbst 2004 aber nicht zuletzt auch in Protestaktionen der Gewerkschaften. So kamen beispielsweise Anfang Oktober 2004 rund 200.000 Menschen zu einer Protestkundgebung gegen die Reformpolitik der Regierung in Amsterdam zusammen (vgl. auch Seils 2005b: 213).

Warum wagte sich die Regierung Balkenende dann aber trotzdem an diese weitreichenden Reformen heran? Erneut scheint die Wahrnehmung einer Krise in Form

---

98 Zahlen von TNS NIPO: „Nederlanders rekenen regeringspartijen af op bezuinigingsplannen" (23.9.2003), abrufbar unter www.nipo.nl (Zugriff am 29.1.2007).
99 Vgl. auch die Umfragedaten für den Zeitraum zwischen 2004 und 2006 unter http://www.politiekebarometer.nl/ (Zugriff am 29.1.2007).

der Rezession zu Beginn des 21. Jahrhunderts, die die Niederlande schwerer traf als andere OECD-Länder (vgl. etwa OECD 2004b: 25), ein entscheidender Grund für die Durchsetzung vergleichsweise weitreichender Maßnahmen gewesen zu sein. So argumentierte Ministerpräsident Balkenende (2003: 4282; eigene Übersetzung) in seiner Regierungserklärung vom 11. Juni 2003:

> „Die Niederlande befinden sich nicht nur in einer Rezession, sondern es haben sich auch strukturelle Rückstande gegenüber anderen Ländern ergeben. Nichts zu tun und darauf zu warten, dass sich die Dinge verbessern, ist keine seriöse Option. Die Niederlande könnten dann nicht vom Anspringen der Weltkonjunktur profitieren; wir würden nur noch tiefer in das Tal geraten."

Wenig später führt er aus (S. 4283; eigene Übersetzung):

> „Die Niederlande schneiden bereits seit drei Jahren in Bezug auf Wirtschaftswachstum, Beschäftigung und Inflation schlechter ab als der europäische Durchschnitt. Die Schwäche der Weltwirtschaft ist sicherlich ein Grund für die Rezession, aber es handelt sich um mehr als ein konjunkturelles Problem. Die Stärke unserer Wirtschaft ist durch strukturelle Defizite bedroht."

Interessant ist dabei, dass von Balkenende (und beispielsweise auch von Finanzminister Gerrit Zalm von der VVD oder dem D66-Wirtschaftsminister Laurens Jan Brinkhorst)[100] stärker als von den Vorgängerregierungen der Standortwettbewerb als zentrales Problem dargestellt wird, in dem die Niederlande nicht zurückfallen dürften. Insofern lautete die Logik der führenden Wirtschaftspolitiker der Koalition, dass die ökonomischen Probleme Defizite der Niederlande bei der Anpassung an die internationale Ökonomie offengelegt hätten, auf die mit weitreichenden Reformen (im Sinne einer Anpassung) zu reagieren war. So wurde insbesondere auch die Reform der Körperschaftsteuer damit begründet, dass die Niederlande dem Trend zu niedrigeren Körperschaftsteuersätzen in anderen europäischen Ländern folgten und auf diese Weise ihre Attraktivität als Standort für ausländische Direktinvestitionen erhöhten. Ein Vertreter des Finanzministeriums äußerte beispielsweise: „There was a general feeling that the investment climate here in the Netherlands was lagging behind when you compared it with Belgium and the UK" (Interview MinFin 4). Aber auch eine solide Haushaltspolitik wurde als angemessene und notwendige Anpassung an die Erfordernisse der internationalen Ökonomie gesehen (Interview MinFin 3).

Gerade die Steuerpolitik der Regierung Balkenende ist dabei vor dem Hintergrund zu sehen, dass viele Aspekte der niederländischen Unternehmensbesteuerung, die das Land für ausländische Investoren attraktiv gemacht hatten, durch europäische Entwicklungen unter Druck geraten waren (vgl. zum Folgenden Sunderman 2005: 185). Dazu trugen einerseits die Steuerpolitik anderer Mitgliedstaaten sowie die EU-Osterweiterung bei, da auf diesem Wege Staaten mit überaus attraktiven Un-

---

100 In einem Interview mit der Tageszeitung „Die Welt" vom 7. Juli 2003 verwies Zalm darauf, die Niederlande seien „ins Hintertreffen geraten" und „die Konkurrenzfähigkeit habe sich in den zurückliegenden Jahren verschlechtert". Brinkhorst schlug 2004 u.a. vor, die Arbeitszeit zu verlängern, den Kündigungsschutz zu lockern und das Renteneintrittsalter zu erhöhen, um die Wettbewerbsposition der Niederlande zu stärken (FAZ, 1.7.2004).

ternehmenssteuerregimen der Gemeinschaft beigetreten waren (Interview MinFin 4). Andererseits kam der Druck aber auch in rechtlicher Form: So stellte der Europäische Gerichtshof in verschiedenen Urteilen eine Verletzung von EU-Recht durch Regelungen des niederländischen Steuerrechts (oder des Steuerrechts anderer Mitgliedstaaten, die jedoch in den Niederlanden in ähnlicher Form auch existierten) fest. Auch der Europäische Verhaltenskodex zur Unternehmensbesteuerung erzwang die Einschränkung bestimmter steuerlicher Sonderregelungen. Und schließlich eröffnete die Europäische Kommission ein Verfahren gegen die Niederlande wegen unerlaubter Beihilfen durch die Regelungen zu Konzernfinanzierungsaktivitäten, das zu deren Abschaffung führte. Vor diesem Hintergrund sah die Regierung die Attraktivität der Niederlande im Standortwettbewerb gefährdet und reagierte mit Regelungen, die den gleichen positiven Effekt auf das Investitionsverhalten haben, aber konform mit EU-Recht sein sollten. Beispielsweise ersetzte die neue Box der Körperschaftsteuer für Zinseinnahmen das auslaufende Regime zu Konzernfinanzierungsaktivitäten.

Die Opposition konnte die Regierung mit diesen Argumenten gleichwohl nicht überzeugen, warf die PvdA ihr doch vor, durch die Unternehmenssteuerreform den „race naar de bodem" in Europa erst anzuheizen (Abg. Crone, in: Tweede Kamer, Handelingen 2006-2007, Nr. 7, 3.10.2006, 399). Obwohl es der Regierung also nicht gelang, die Opposition zur Zustimmung zu ihren Plänen zu gewinnen, konnte sie immerhin bemerkenswerte Vereinbarungen mit Arbeitgebern und Gewerkschaften aushandeln. Im Herbst 2003 erreichte die Regierung in Verhandlungen mit den Sozialpartnern faktisch einen Lohnstopp für die Jahre 2004 und 2005 sowie die Zusicherung der Sozialpartner, das Krankengeld während des zweiten Jahres nicht über Vereinbarungen in Tarifverträgen auf 100% des letzten Gehaltes anzuheben; die Regierung befürchtete nämlich, dass auf diese Weise Arbeitsanreize verloren gingen. Im Gegenzug verzichtete die Regierung auf bestimmte Kürzungen beim Arbeitslosengeld und der Erwerbsunfähigkeitsrente (Definition von Arbeitsfähigkeit) und die geplante Selbstbeteiligung der Krankenversicherten sollte geringer als ursprünglich geplant ausfallen (OECD 2004b: 87f.; Andeweg/Irwin 2005: 202f.). Schon wenig später wurde die Vereinbarung allerdings brüchig und es kam zu den oben erwähnten Massendemonstrationen gegen die Reformpolitik der Regierung (Seils 2005b: 212f.). In der Folge wurden neue Verhandlungen aufgenommen, die dazu führten, dass die Regierung ihre Pläne bezüglich des Vorruhestands, der Erwerbsunfähigkeit und der Kürzung des Arbeitslosengeldes modifizieren musste: So wurden die geplanten Kürzungen beim Arbeitslosengeld zunächst auf Eis gelegt, die Bestandschutzregelungen bei der Erwerbsunfähigkeitsrente wurden allen Betroffenen, die älter als 50 Jahre waren, gewährt (vorher 55 Jahre) und unter bestimmten Umständen blieb eine Frühverrentung möglich. Im Gegenzug dafür erreichte die Regierung aber die Zustimmung oder wenigstens Tolerierung ihrer Reformpolitik durch die Gewerkschaften.

Das war sicherlich eine wichtige wahlpolitische Absicherung der Reformpolitik gerade für den CDA. Hinzu kamen einige Entscheidungen, die offensichtlich darauf abzielten, das elektorale Risiko der Reformpolitik zu reduzieren. Dazu gehört, dass die Sparpakete am Anfang der Wahlperiode verabschiedet wurden, sodass sie bis zum regulären Wahltermin, der 2007 gewesen wäre, in Vergessenheit geraten oder ihre positive Wirkung bereits entfalten konnten (Interview WRR). Entsprechend argumentierte die Regierung auch schon im Wahlkampf zu den vorgezogenen Neuwahlen 2006, dass das hohe Wirtschaftswachstum und der ausgeglichene Haushalt tatsächlich Ergebnisse der harten Einschnitte am Anfang der Legislaturperiode seien. Soweit Reformen erst nach der Mitte der Legislaturperiode in Kraft treten konnten, wie insbesondere die Gesundheitsreform, wurden sie mit Kompensationsmaßnahmen versehen, die die negativen Auswirkungen begrenzen sollten. Insbesondere der Ministerpräsident versuchte auch mit einem politischen Diskurs, der die Eigenverantwortung der einzelnen Gesellschaftsmitglieder ins Zentrum stellte, für Verständnis für die Reformen seiner Regierung zu werben (vgl. etwa Balkenende 2003 sowie van Kersbergen/Krouwel 2006: 51).[101]

Wichtiger dafür, dass der Wettbewerb um Wählerstimmen die weitreichenden Reformen der CDA-VVD-D66-Koalition nicht verhinderte, war aber sicherlich erneut die Parteiensystemkonstellation. Insbesondere der CDA war nach der Wahl 2002 wieder ins Zentrum des Parteiensystems gerückt, was bedeutete, dass er mit hoher Wahrscheinlichkeit auch einer zukünftigen Koalition angehören würde. Die violette Koalition wurde nämlich als Versinnbildlichung der weitgehenden Konvergenz der Lager und damit als wichtige Ursache für den überwältigenden Erfolg Fortuyns bei der Parlamentswahl 2002 wahrgenommen (vgl. Pennings/Keman 2003), sodass eine zukünftige Koalition aus PvdA und VVD sehr unwahrscheinlich wurde (van Praag 2003: 201). Vor diesem Hintergrund fiel es dem CDA dann jedoch leichter, die Regierungspolitik auch bei schlechten Umfragewerten mitzutragen, zumal die Opposition, insbesondere die größte Oppositionspartei PvdA, umgekehrt damit rechnen musste, in Zukunft wieder mit dem CDA kooperieren zu müssen, wenn sie zurück an die Regierung gelangen wollte. Entsprechend hielt sich der PvdA-Spitzenkandidat Wouter Bos im Wahlkampf 2006 lange mit scharfer Kritik an der Regierung zurück, obwohl die PvdA viele der besonders einschneidenden (und unpopulären) Maßnahmen abgelehnt hatte (vgl. z.B. NZZ, 17.11.2006; ebenso van Holsteyn 2007: 1142-1144). Bos selbst leistete im Wahlkampf 2006 den Christdemokraten schließlich sogar ungewollt Wahlkampfhilfe, indem er eine Beteiligung der Rentner an der Finanzierung der gesetzlichen Rentenversicherung (AOW) forderte, und auf diese Weise den Christdemokraten die Möglichkeit eröffnete, sich sogar als Bewahrer des Sozialstaates zu positionieren.

Auch die kleineren Koalitionspartner wurden durch den Parteienwettbewerb nicht von der wirtschaftspolitischen Reformtätigkeit abgehalten, da D66 seine programmatischen Schwerpunkte ohnehin auf andere als die sozio-ökonomischen Politikfelder legte und die VVD den Umfragen zufolge lange Zeit nur geringe Verluste zu befürchten hatte.

---

101 In Balkenendes (2003) vierseitiger Regierungserklärung tauchen nicht weniger als zwölf Mal Wörter mit dem Stamm „Verantwortlichkeit" auf.

5.7 Die niederländische Finanzpolitik seit 1982 im Lichte des theoretischen Modells

Abschließend soll versucht werden, die Entwicklung der niederländischen Finanzpolitik seit 1982 zusammenfassend anhand des in Kapitel 2 dargestellten theoretischen Modells zu erklären.

In den hier betrachteten 25 Jahren vollzog sich in den Niederlanden ein erheblicher wirtschaftspolitischer Wandel, der gar als „holländisches Wunder" (Visser/ Hemerijck 1998) beschrieben worden ist. In der Tat wurde die „holländische Krankheit" zwischen 1982 und 2000 vor allem hinsichtlich der Symptome Arbeitslosigkeit und Haushaltsdefizit erfolgreich kuriert und auch der Rückfall zu Beginn des 21. Jahrhunderts wurde entschlossen (und erfolgreich) bekämpft. Ein erheblicher Teil der politischen Bemühungen aller Regierungen um diese Heilung fokussierte auf eine Reduzierung des Haushaltsdefizits und einen überaus weitreichenden Umbau des Sozialstaates, die gemeinsam eine Senkung der Arbeitskosten und eine Unterstützung einer moderaten Lohnpolitik ermöglichen sollten. Insofern war diese Konsolidierungspolitik, auch wenn sie nicht wie etwa in Großbritannien und Dänemark unmittelbare Antwort auf Zahlungsbilanzprobleme war, durchaus im Hinblick auf die zunehmende Internationalisierung der Wirtschaft konzipiert, zumal die amerikanische Hochzinspolitik die Dringlichkeit der Haushaltskonsolidierung mittelbar, nämlich über die Verteuerung des Schuldendienstes, durchaus erhöhte. Hauptsächlich wurde allerdings in einer im Vergleich zu den Nachbarländern moderaten Entwicklung der Lohn- und Lohnnebenkosten das zentrale Instrument wirtschaftspolitischer Anpassung an Globalisierung der extrem offenen Volkswirtschaft der Niederlande gesehen, das wiederum haushalts- und steuerpolitisch unterstützt werden sollte.[102]

Auch im Bereich der Steuerpolitik, insbesondere bei der Körperschaftsteuer, erfolgten erhebliche Satzsenkungen, die die Niederlande als Investitionsstandort attraktiv machen bzw. erhalten sollten. Doch der ausgesprochen große Erfolg der Niederlande bei der Ansiedlung von Unternehmen (vgl. z.B. Heimann 2001: 24-31) hing auch mit der Vielzahl von steuerlichen Sonderregimen zusammen, die teilweise schon sehr lange bestanden und von einigen Regierungen sogar noch ausgebaut wurden, die allerdings gegen Ende der 1990er Jahre stark ins Visier solcher internationaler Organisationen gerieten, die sich der Bekämpfung des schädlichen Steuerwettbewerbs widmeten (vgl. dazu Rixen 2006).[103]

---

102 Dabei spielt für die Erklärung der durchgesetzten Politik auch Beckers (2005: 1085) Einwand, dass die Lohnzurückhaltung nicht für das Beschäftigungswachstum verantwortlich gemacht werden könne, keine Rolle, weil die Akteure ganz offensichtlich (und dies bestätigten auch die Interviews) der Meinung waren, dass ein solcher Zusammenhang bestünde, und sich entsprechend verhielten.

103 Der so genannte Primarolo-Bericht (1999) an den ECOFIN vom November 1999 über den Verhaltenskodex zur Unternehmensbesteuerung beispielsweise stufte EU-weit 40 steuerliche Maßnahmen in den Mitgliedstaaten (plus 26 in abhängigen oder assoziierten Gebieten) als schädlich ein, wobei die Niederlande mit zehn Nennungen unangefochten den Spitzenplatz einnahmen. Auch die OECD (2000) identifizierte eine weit überdurchschnittlich hohe Zahl

Wie ist der niederländische Reformpfad vor dem Hintergrund des theoretischen Modells zu erklären? Dass der Reformprozess in den 1980er Jahren von einer bürgerlichen Regierung in Gang gesetzt wurde, während sich die sozialdemokratische Partei nicht nur in der Opposition gegen die entsprechenden Reformen aussprach, sondern auch die CDA-PvdA-Koalition unter van Agt wegen dieser programmatischen Differenzen auseinandergebrochen war, entspricht den Erwartungen von Hypothese 1. In der Tat waren die bürgerlichen Parteien früher als ihre sozialdemokratische Konkurrenz bereit, liberale wirtschaftspolitische Reformen in die Wege zu leiten. Und es war wie erwartet (Hypothese 4) die massive Verschlechterung der wirtschaftlichen Performanz, die als Krise wahrgenommen und auf die fehlende Anpassung der niederländischen Wirtschaft an neue Gegebenheiten zurückgeführt wurde, die die Regierung Lubbers letztlich trotz gesellschaftlicher und innerparteilicher Widerstände zum Handeln veranlasste. Welche Bedeutung dabei die „Zwänge" der Internationalisierung hatten, wird nicht zuletzt an den wichtigsten Maßnahmen – einer erheblichen Senkung der Körperschaftsteuersätze bei gleichzeitiger Verbreiterung der Bemessungsgrundlage sowie Maßnahmen zur Senkung der Arbeitskosten und zur Unterstützung der Lohnzurückhaltung – deutlich.

Die PvdA revidierte ihre Position erst im Laufe der 1980er Jahre, und damit später als die bürgerlichen Parteien. Interessant ist zusätzlich der Grund, aus dem die PvdA ihre programmatische Wende vollzog und diese trotz erheblicher innerparteilicher Widerstände insbesondere am Anfang der 1990er Jahre auch in Regierungspolitik umsetzte: Die Sozialdemokraten mussten nämlich den dauerhaften Ausschluss aus der Regierung befürchten, solange sie als unfähig oder unwillig galten, unpopuläre, aber als notwendig betrachtete Reformen durchzusetzen. Dies widerspricht zwar Hypothese 2, es entspricht aber den in Kapitel 2 vorgestellten Überlegungen zum Einfluss des Parteienwettbewerbs auf die politischen Positionen von Oppositionsparteien, wie er sich auch bei der britischen Labour Party zeigte.

Allerdings lassen sich bei detaillierter Betrachtung – entsprechend Hypothese 3 – durchaus weiterhin Unterschiede zwischen den Parteien feststellen, wenngleich diese in Folge der Notwendigkeit zur Koalitionsbildung weniger deutlich hervortreten als etwa in Großbritannien. Dennoch zeigte die PvdA stets eine Präferenz für höhere Steuersätze beim Spitzensatz der Einkommensteuer und bei der Kapitalbesteuerung sowie für höhere Ausgaben in ausgewählten Bereichen, etwa der Arbeitsmarkt- und Teilen der Sozialpolitik (bspw. Indexierung des Mindestlohns), während u.a. die Senkungen des Körperschaftsteuersatzes fast ausschließlich von bürgerlichen Koalitionen durchgesetzt wurden (mit der Ausnahme der Senkung um einen halben Prozentpunkt unter der Regierung Kok).

Gerade die Reformen der ersten drei Balkenende-Regierungen, die in den meisten Fällen von der PvdA abgelehnt wurden, zeigen neuerlich die Bedeutung von (begrenzten) Parteiendifferenzen. Wiederum waren es die bürgerlichen Parteien, die früher einschneidendere Anpassungsreformen bei der Körperschaftsteuer, den Sozi-

von potenziell schädlichen Steuerregimen in den Niederlanden, nämlich neun der 61 überhaupt identifizierten.

alsystemen und der Haushaltskonsolidierung durchsetzen wollten als die PvdA (Hypothese 1), und wiederum war es eine Verschlechterung der wirtschaftlichen Performanz, die als Ausdruck einer mangelhaften Anpassung an den Standortwettbewerb interpretiert wurde, die als Auslöser für die Durchsetzung der entsprechenden Maßnahmen diente (Hypothese 4).

Die Fallstudie liefert auch empirische Unterstützung für die Hypothesen 7 und 8, dass nämlich Reformen zwar mit abnehmender Kongruenz schwerer werden, dass aber eine Politikblockade unter kooperativen Vetospielern unwahrscheinlich ist. In der Tat lassen sich die relativ größten Veränderungen (insbesondere relativ zur kurzen Amtszeit) für die Balkenende-Regierungen konstatieren, die ausweislich der Daten aus Tabelle 5.3 auch die höchste Kongruenz aufwiesen. Dagegen tat sich beispielsweise die dritte Regierung Lubbers aus Christ- und Sozialdemokraten mit Reformen häufig schwerer, wie insbesondere die WAO-Reform belegt, bei der Teile des CDA gar schon mit der Opposition zu verhandeln begonnen hatten. Auch die violette Koalition hatte mitunter heftige programmatische Auseinandersetzungen zu überstehen, beispielsweise um die Aufrechterhaltung der Zalm-Norm. Gerade die violette Koalition aus Parteien, die sich jahrzehntelang als Koalitionspartner ausgeschlossen hatten, zeigt aber auch, dass Vetospieler, die gemeinsam Erfolge benötigen, sich kooperativ verhalten und entsprechend Politikblockaden in der Regel vermeiden können.

Frappierend ist die Rolle, die der Parteienwettbewerb im niederländischen Fall spielte. Obwohl eine Vielzahl von einschneidenden Reformen am Sozialstaat vorgenommen wurde, blieben Techniken der Schuldvermeidung im Vergleich zu den anderen hier untersuchten Ländern ohne große Bedeutung. Auch der so häufig angeführte niederländische „cosy consensus" zwischen der Regierung und den Sozialpartnern ließ sich weit weniger beobachten als häufig unterstellt (so auch Seils 2005b). Nur in begrenztem Umfang, nämlich hauptsächlich bei der Lohnzurückhaltung, ließen sich die Sozialpartner für die Ziele der Regierung einsetzen, während die Einbindung der Sozialpartner in unpopuläre Reformprozesse im Sinne einer Schuldvermeidungsstrategie häufig scheiterte oder erst nach massiven Auseinandersetzungen gelang, wie im Fall der Regierung Balkenende. Dass die Regierungen sich auch ohne eine solche elektorale „Absicherung" an die durchaus weitgehenden Reformen gerade im Sozialbereich heranwagten, hatte schließlich auch nichts mit dem Wertehaushalt der niederländischen Bevölkerung zu tun, der solchen Reformen nicht weniger abhold ist als in anderen Ländern, wie nicht zuletzt die Wahlen von 1994 eindrucksvoll belegen.

Vielmehr war es entsprechend Hypothese 5 tatsächlich die Konfiguration des Parteienwettbewerbs, die die entscheidende Rolle spielte. Dabei kommt es allerdings offenbar, anders als Kitschelt (2001) impliziert, nicht hauptsächlich auf die relative Stärke der einzelnen Parteienfamilien in einem Parteiensystem an, sondern auf den Übersetzungsmechanismus von Wahlergebnissen in Regierungsbeteiligung. Im niederländischen Fall sind Stimmengewinne nämlich keineswegs Voraussetzung einer Regierungsbeteiligung, wie insbesondere der notorische Fall der PvdA belegt, für die seit 1977 eine fast perfekte inverse Beziehung zwischen Wahlergebnis und Regierungsbeteiligung existiert. Vielmehr kommt es vor allem darauf an, die „Regierungsbildung zu gewinnen". Dabei spielt der CDA, der sich lange Zeit in einer pivotalen Position befand (und seit 2002 wieder befindet), die entscheidende Rolle (vgl. auch Green-Pedersen 2001b, 2002). Da die Christdemokraten mehr oder weniger unabhängig von ihrem Wahlergebnis kaum um eine zukünftige Regierungsbeteiligung fürchten müssen, können sie davon ausgehen, dass ihnen das Verschieben von Problemen in die Zukunft schaden wird, da sie diese dann zu einem späteren Zeitpunkt (zu dem sie wahrscheinlich auch an der Regierung sind) lösen müssen, zu dem die Lösung möglicherweise aber noch schwieriger ist. Daher ist es für den CDA in gewissem Umfang auch elektoral rational, unpopuläre Politiken durchzusetzen. Die anderen Parteien wiederum mussten sich, um für den CDA als Koalitionspartner in Frage zu kommen, stark an dessen programmatische Position anpassen, was schließlich ironischer Weise sogar die violette Koalition möglich machte. Da diese Koalition aber als Zeichen einer zu weitreichenden parteipolitischen Konvergenz für den Aufschwung des Rechtspopulismus seit 2001 verantwortlich gemacht wurde, scheint sie vorläufig wieder unwahrscheinlicher geworden zu sein, was die Position des CDA wiederum gestärkt haben dürfte.

Einen wichtigen mäßigenden Einfluss auf den Wettbewerb um Wählerstimmen übt schließlich noch das CPB aus, das in der Öffentlichkeit und von allen relevanten politischen Parteien als unparteiische und glaubwürdige Instanz für ökonomische Projektionen und die Abschätzung der Effekte verschiedener Regierungsprogramme akzeptiert wird. Diese Akzeptanz verhindert politische Auseinandersetzungen zwischen den Parteien über makroökonomische Annahmen und die wahrscheinliche Wirkung verschiedener Maßnahmen. Gerade deshalb legen wenigstens die größeren Parteien dem CPB ihre Wahlprogramme zur Begutachtung vor: Ein günstiges Urteil erhöht die Glaubwürdigkeit eines Programms, während die Weigerung einer Partei, ihr Programm vom CPB abklopfen zu lassen, die Vermutung nahelegt, dass dieses Programm nicht solide ist. Dieser Mechanismus führt zu einer gewissen „Rationalisierung" des Parteienwettbewerbs, die ebenfalls dazu beitrug, unpopuläre Anpassungsreaktionen an integrierte Märkte durchsetzbar zu machen.

6 Ein „Dänisches Wunder" in der Finanzpolitik? Anpassungsreaktionen in Dänemark seit 1982

6.1 Politische Rahmenbedingungen in Dänemark

6.1.1 Das politische System

Dänemark ist als „einheitsstaatliche Konsensusdemokratie" im Sinne Lijpharts (1999) zu betrachten, handelt es sich doch um einen Einheitsstaat mit dezentralisierter Verwaltungsstruktur. Die Gemeinden und Kreise nehmen einen „bedeutenden Teil öffentlicher Aufgaben" wahr (Nannestad 2003: 87), etwa im Bereich des Gesundheits- und Schulwesens, der Sozialfürsorge und der Altenbetreuung (vgl. OECD 2002c: 156ff.).[104] Ihr Anteil an den Staatsausgaben beträgt rund 50%, beim Staatskonsum liegt der Anteil gar bei über 70% (OECD 2002c: 97f.). Sie finanzieren sich zu einem erheblichen Teil aus eigenem Steueraufkommen und können sogar die Steuersätze der ihnen zustehenden Steuern, im Wesentlichen die jeweilige Einkommen- und Grundsteuern, variieren, was durchaus vorkommt. So lagen beispielsweise die Extremwerte bei der kommunalen Einkommensteuer 1998 bei 15,5 und 22,8% (Mouritzen 2008: 220). Die Rolle des Zentralstaates ist dennoch recht stark, da er nicht nur die Tätigkeit der Gemeinden und Kreise durch Globalzuweisungen alimentiert und bestimmte finanzielle Verpflichtungen vollständig übernimmt, sondern auch die Aufgabenerfüllung der substaatlichen Einheiten beaufsichtigt. So verhandeln das Finanzministerium und Vertreter der subnationalen Einheiten jährlich die Ausgabenhöhe, wobei allerdings eine Nichteinhaltung der Vereinbarung durch die Gemeinden und Kreise lange nicht durch die Zentralregierung sanktioniert werden konnte. Zudem dürfen Gemeinden lediglich für solche Ausgaben Kredite aufnehmen, die vollständig durch Benutzergebühren refinanziert werden (OECD 1999c: 55).

Auf der zentralstaatlichen Ebene ist die Zahl der institutionellen Vetospieler gering. Die zweite Parlamentskammer, das Landsting, wurde 1953 abgeschafft (Nannestad 2003: 57), sodass Dänemark nur eine Parlamentskammer, das Folketing, aufweist. Auch ein eigenständiges Verfassungsgericht fehlt, wenngleich der Oberste Gerichtshof des Landes 1999 erstmals einen Paragrafen eines Gesetzes als mit der Verfassung unvereinbar einstufte (Nannestad 2003: 86) und somit so etwas wie eine rudimentäre Form richterlicher Überprüfung der Gesetzgebung ermöglichte, die von der Bedeutung aber vernachlässigbar bleibt. Auch das Volk kann zumindest in der Finanzpolitik trotz der Existenz verschiedener Referendumsformen nicht als Veto-

---

104 Eine grundlegende Verwaltungsreform übertrug 2007 die meisten Aufgaben der Kreise den Gemeinden oder der Zentralregierung (vgl. Bundgaard/Vrangbæk 2007; siehe auch Kap. 6.5.2).

spieler auftreten. Zu den Gegenständen, über die obligatorische Referenden abzuhalten sind, nämlich Verfassungsänderungen, Änderungen des Wahlalters und Souveränitätsübertragungen, gehören keine finanzpolitischen Fragen, während finanzwirksame Gesetze, also auch Haushalts- und Steuergesetze, vom fakultativen Referendum, das auf Verlangen eines Drittels der Folketingmitglieder über bereits verabschiedete Gesetze abgehalten werden kann, ausgenommen sind (Nannestad 2003: 72).

Darüber hinaus gelten im parlamentarischen Verfahren in der Finanzpolitik kaum andere Regeln als bei der normalen Gesetzgebung (Nannestad 2008: 153f.), insbesondere besteht für das Parlament die Möglichkeit, den Haushaltsentwurf ohne Beschränkungen zu verändern (Seils 2005a: 787). Eine Besonderheit gibt es allerdings bei der Verabschiedung des Haushaltsgesetzes. Traditionell stimmten diesem Gesetz nämlich alle „verantwortlichen Parteien", also vor allem Sozialdemokraten, Venstre, Konservative Volkspartei, Radikale Venstre sowie die kleinen Mitteparteien, auch in der Opposition aus staatspolitischer Verantwortung auch dann zu, wenn sie es inhaltlich ablehnen (vgl. Christiansen 1999: 35). Seit den 1980er Jahren gilt dies allerdings nur noch in Fällen, in denen schon vor der Abstimmung sicher ist, dass die Regierung auch ohne die Stimmen der Parteien, die den Haushalt inhaltlich ablehnen, eine Mehrheit erreichen wird. Die Position des dänischen Finanzministers ist zwar durchaus hervorgehoben (Hallerberg 2004: 176; vgl. auch Seils 2005a: 785), aber nicht annähernd so stark wie die des britischen Schatzkanzlers, sodass die Zentralisierung des finanzpolitischen Willensbildungsprozesses gering bleibt, zumal es wie gesehen kaum Restriktionen in Bezug auf mögliche Änderungswünsche des Parlaments gibt (vgl. als Überblick OECD 2002c: 150-153). Hinzu kommt, dass es neben dem Finanzministerium ein eigenes Ministerium für Steuerpolitik gibt (*Skatteministeriet*), sodass sogar die Einnahmen- von der Ausgabenseite des Budgets administrativ getrennt ist.

Die Betrachtung der institutionellen Vetospieler lässt das dänische politische System als Mehrheitsdemokratie par excellence erscheinen, gibt es doch praktisch keine Institution, die als Gegengewicht gegen die Mehrheitsherrschaft fungieren könnte. Wieso lässt sich trotzdem davon sprechen, dass „die Konsensorientierung der dänischen Politik traditionell besonders stark ausgeprägt" sei (Nannestad 2003: 55)? Der Hauptgrund hierfür wird bei einer Betrachtung der parteilichen Vetospieler deutlich und ist darin zu sehen, dass in Dänemark, insbesondere in der Zeit nach 1973, überhaupt keine Mehrheitsherrschaft existierte, da die meisten Regierungen Minderheitsregierungen waren. Im Beobachtungszeitraum dieser Studie, also zwischen 1982 und 2007, amtierte lediglich zwischen Januar 1993 und Februar 1994 eine Regierungskoalition, die über die Mehrheit der Mandate im Folketing verfügte, die erste Regierung des Sozialdemokraten Poul Nyrup Rasmussen. Alle anderen im Folgenden betrachteten Regierungen besaßen keine eigene parlamentarische Mehrheit. Diese Minderheitsregierungen verfügten zudem häufig über keine feste Unterstützung von Fraktionen außerhalb der Koalition – jedenfalls nicht in einem Ausmaß, das zu einer unproblematischen Verabschiedung von Gesetzen ausreichend gewesen wäre (Damgaard 1994: 183ff.; Nannestad 2003: 66f.).

Ein wichtiger Grund für das Fehlen von Mehrheitsregierungen liegt in einer erheblichen Polarisierung und der starken Fragmentierung des Parteiensystems (vgl. Tab. 6.1), die durch das Verhältniswahlsystem mit 2-Prozent-Sperrklausel auch weitgehend ungefiltert im Folketing abgebildet wird. Dass Minderheitsregierungen trotz dieser parlamentarischen Situation überleben können, hängt – wie in den anderen skandinavischen Ländern auch – mit einer institutionellen Rahmenbedingung zusammen, nämlich dem so genannten „Negativen Parlamentarismus", demzufolge „Regierungen solange im Amt bleiben können, wie es kein explizites parlamentarisches Mehrheitsvotum gegen sie gibt" (Jahn 2002: 243; vgl. auch Eysell 1996). Das bedeutet, dass eine dänische Regierung nicht, wie etwa in Deutschland, am Anfang oder gar vor Beginn ihrer Amtszeit positiv im Parlament gewählt werden muss. Vielmehr kann sie solange amtieren, bis sich im Parlament eine Mehrheit gegen sie findet.

Was bedeutet das Vorherrschen von Minderheitsregierungen für die Durchsetzbarkeit der von einer Regierung gewünschten Finanzpolitik? Ändert sich durch die Existenz von Minderheitsregierungen die Zahl der Vetospieler? Theoretisch argumentiert Tsebelis (2002: 97-99), dass im Falle von Minderheitsregierungen nur die an der Regierung beteiligten Parteien als Vetospieler zu betrachten seien, weil die Regierung den Vorteil eines Agenda-Setters besitze und daher ad-hoc-Kooperationen mit sehr unterschiedlichen parlamentarischen Unterstützern eingehen könne. Da aber die Zustimmung jeder einzelnen dieser Unterstützerparteien zu einer Veränderung des Status quo nicht zwingend erforderlich sei, müssten sie auch nicht betrachtet werden, ja, Tsebelis (2002: 98) argumentiert, eine Minderheitsregierung könne meistens „locate the final outcome on its own ideal point. Consequently, assuming that the government controls the agenda, it can change the status quo in the way it prefers."

In der Tat ist zuzugestehen, dass die Möglichkeit, ad hoc parlamentarische Unterstützung von verschiedenen Seiten zu suchen, der Regierung einen größeren Handlungsspielraum gibt, als wenn sie auf einen zusätzlichen Partner festgelegt wäre. Doch ist umgekehrt der Spielraum einer Minderheitsregierung wegen der notwendigen Suche nach zusätzlicher parlamentarischer Unterstützung doch begrenzter als der einer Koalitionsregierung aus den gleichen Parteien, die eine eigene parlamentarische Mehrheit besitzt. Dies umso mehr, als Parteien, die prinzipiell bereit sind, die Politiken der Regierung parlamentarisch zu unterstützen, ohne ihr jedoch anzugehören, nicht im gleichen Maße am gemeinsamen Erfolg einer Regierung interessiert sind, wie dies für Koalitionspartner gilt, sie also als kompetitive Vetospieler betrachten werden können. Andererseits existieren im dänischen Kontext aber Parteien, auf deren Unterstützung Regierungen insgesamt bauen können, weil sich ihr Einfluss bei einem Machtwechsel, der Folge ihrer ausbleibenden Unterstützung wäre, im Vergleich zur gegenwärtigen Konstellation verringern würde. Es erscheint sinnvoll, nur dann von kompetitiven Vetospielern auszugehen, wenn die Regierung gemeinsam mit ihren parlamentarischen Unterstützungsparteien keine Mehrheit besitzt, wenn die Regierung sich also nicht auf einen kohäsiven parteipolitischen Block stützen kann, der ihr eine parlamentarische Mehrheit verschafft (vgl. hierzu auch die Überlegungen bei Green-Pedersen/Thomsen 2005). Demnach hatte sich nur die Regierung Schlüter zwischen 1982 und 1984 und wieder zwischen 1987 und 1993 mit kompetitiven Vetospielern auseinanderzusetzen.

Schließlich gilt Dänemark, ebenso wie die Niederlande, als ein im internationalen Vergleich stark durch die Beteiligung von Interessengruppen am politischen Prozess geprägtes Land. „Der dänische administrative Korporatismus wird durch die allgemeine Regel charakterisiert, nach der Verbände in politische und administrative Entscheidungsprozesse einbezogen werden, sofern ihre besonderen Interessen berührt sind" (Christiansen et al. 2001: 61). Die Beteiligungsformen sind dabei vielfältig und variieren zwischen ad-hoc-Kontakten zwischen Verwaltung und Verbänden auf der einen und der Übertragung von rechtlichen Entscheidungskompetenzen auf Verbände auf der anderen Seite (ebenda). Dabei wurden die Gewerkschaften stark in die Willensbildungsprozesse zur Arbeitsmarkt- und Sozialpolitik einbezogen, während wirtschaftspolitische Maßnahmen bis in die 1980er Jahre hinein häufig aus Verhandlungen zwischen der Regierung und den Wirtschaftsverbänden hervorgingen (Christiansen et al. 2001: 65, 67; vgl. auch Nielsen/Pedersen 1989: 347ff.). Allerdings dürfte der Einfluss der Interessenverbände auch in Dänemark keineswegs automatisch über ihre Beteiligung am politischen Willensbildungsprozess gesichert sein; dies schon deshalb, weil es „situationsbedingte Ausnahmen vom Regelfall der verbandlichen Beteiligung" gibt, etwa in ökonomischen Krisensituationen, bei den abschließenden Verhandlungen über den Haushalt und bei solchen Maßnahmen, die Teil eines größeren Tauschgeschäfts zwischen den Parteien sind (so Christiansen et al. 2001: 62). Daher sind auch die dänischen Verbände – wie im theoretischen Modell unterstellt – darauf angewiesen, die parteipolitischen Vetospieler zu beeinflussen, wenn sie die Politik prägen wollen; dies sogar umso mehr, als sich die Bedingungen des administrativen Korporatismus nach 1980 aufzulösen begannen (Christiansen et al. 2001: 62f.; Nannestad 2008: 139f.; Nielsen/Pedersen 1989: 367).

Die finanzpolitische Bedeutung der Europäischen Gemeinschaft bzw. Europäischen Union, deren Mitglied Dänemark seit 1973 ist, ist für das Land, ebenso wie für Großbritannien, geringer als etwa für Deutschland und die Niederlande. Das liegt u.a. daran, dass Dänemark, nachdem die Bevölkerung dem Maastrichter Vertrag in einem Referendum im Juni 1992 die Zustimmung verweigerte, in Nachverhandlungen auf dem Gipfel in Edinburgh im Dezember 1992 eine „opt-out-Klausel" für die Wirtschafts- und Währungsunion erhielt, und sich insofern auch weniger um die Maastrichter Verschuldungskriterien kümmern musste. Die skeptische Haltung der dänischen Bevölkerung zur europäischen Integration, die allenfalls als Projekt der Vergrößerung des eigenen Binnenmarktes unterstützt wurde, zeigte sich auch bei einem im September 2000 abgehaltenen Referendum, bei dem die Einführung des Euro von den Wählern mehrheitlich abgelehnt wurde (Nannestad 2003: 88f.).

6.1.2 Das Parteiensystem

Im Untersuchungszeitraum gab es zwei Regierungswechsel und drei Regierungschefs. Im Jahr 1982 kam eine Koalitionsregierung aus vier bürgerlichen Parteien, nämlich der Konservativen Volkspartei (KF), der liberalen Venstre (V), den Zentrumsdemokraten (CD) und der Christlichen Volkspartei (KrF)[105] unter dem konservativen Ministerpräsidenten Poul Schlüter ins Amt. Diese bürgerliche Koalition unter Schlüter blieb bis 1993 an der Regierung, wenngleich sich die parteipolitische Zusammensetzung erstmals 1988 änderte, als die sozialliberale Radikale Venstre (RV) Zentrumsdemokraten und Christliche Volkspartei als Koalitionspartner der Konservativen und Liberalen ablöste, die schließlich ab 1990 ohne weitere Koalitionspartner weiterregierten. Diese verschiedenen Minderheitsregierungen werden hier jedoch – wie in der Literatur durchaus üblich (vgl. Green-Pedersen 2002) – gemeinsam betrachtet, weil alle fünf Parteien, die zumindest an einer dieser Regierungen beteiligt waren, den wirtschaftspolitischen Kurs der Schlüter-Regierungen parlamentarisch weitgehend mit trugen, unabhängig davon, ob sie formal an der Regierung beteiligt waren oder nicht (vgl. Damgaard 1994: 187; Elklit 1999: 79, 80). Gleichwohl wird darauf zu achten sein, ob sich die unterschiedlichen Regierungszusammensetzungen und entsprechend die unterschiedliche Konvergenz der Vetospieler in dieser Periode in der Regierungspolitik bemerkbar machten.

Von 1993 bis 2001 regierte dann der Sozialdemokrat Poul Nyrup Rasmussen. Neben den Sozialdemokraten (SD) gehörte diesen Regierungen stets auch die Radikale Venstre an. Zwischen Januar 1993 und September 1994 beteiligte sich auch die Christliche Volkspartei, zwischen Januar 1993 und Dezember 1996 auch die Zentrumsdemokraten an der Regierung. Obwohl sich demnach auch bei den sozialdemokratisch geführten Regierungen die parteipolitische Zusammensetzung zwischen 1993 und 2001 änderte, werden sie aus den gleichen Gründen, die für die Schlüter-Regierungen angeführt wurden, gemeinsam betrachtet. 2001 schließlich wurde der Sozialdemokrat Poul Nyrup Rasmussen von seinem Namensvetter Anders Fogh Rasmussen von Venstre abgelöst, der bis zum Ende des Beobachtungszeitraums einer Minderheitskoalition aus seiner Venstre und der Konservativen Volkspartei vorstand.

Tabelle 6.1 gibt einen Überblick über die Ergebnisse der wichtigsten dänischen Parteien bei den Parlamentswahlen seit 1977. Dabei zeigt sich, dass die dänischen Sozialdemokraten bis 2001 stets mit weitem Abstand stärkste Partei waren und häufig sogar mehr Stimmen gewinnen konnten als ihre bürgerlichen Hauptkonkurrenten Venstre und KF zusammen. Erst ab 2001 gelang es den Liberalen, die SD zu überflügeln. Nicht zuletzt aufgrund der Zersplitterung des bürgerlichen Lagers – die wichtigsten bürgerlichen Parteien, Venstre und Konservative, konkurrierten mindestens so sehr miteinander wie mit den Sozialdemokraten – waren die Sozialdemokraten zumindest bis Anfang der 1980er Jahre gleichsam die „natürliche Regierungspartei" des Landes (Steffen 2006: 91).

---

105 2003 benannte sich die Partei um in „Christdemokraten (KD)".

Tabelle 6.1: Wahlergebnisse in Dänemark, 1977-2007 (in Prozent der Stimmen)

	1977	1979	1981	1984	1987	1988	1990	1994	1998	2001	2005	2007
SF	3,9	5,9	11,3	11,5	14,6	13,0	8,3	7,3	7,5	6,4	6,0	13,0
SD	37,0	38,3	32,9	31,6	29,3	29,8	37,4	34,6	36,0	29,1	25,8	25,5
RV	3,6	5,4	5,1	5,5	6,2	5,6	3,5	4,8	3,9	5,2	9,2	5,1
KrF	3,4	2,6	2,3	2,7	2,4	2,0	2,3	1,9	2,5	2,4	1,7	0,9
CD	6,4	3,2	8,3	4,6	4,8	4,7	5,1	2,8	4,3	1,8	1,0	-
V	12,0	12,5	11,3	12,1	10,5	11,8	15,8	23,3	24,0	31,3	29,0	26,3
KF	8,5	12,5	14,5	23,4	20,8	19,3	16,0	15,0	8,9	9,1	10,3	10,4
DF	-	-	-	-	-	-	-	-	7,4	12,0	13,3	13,8
FrP	14,6	11,0	8,9	3,6	4,8	9,0	6,4	6,4	2,4	0,6	-	-
Sonstige	10,6	6,8	5,4	5,0	6,5	4,9	4,9	4,1	3,1	2,4	3,7	5,0

Quelle: Nannestad 2003: 76; eigene Ergänzungen

Allerdings erreichten die Sozialdemokraten zu keinem Zeitpunkt eine absolute Mandatsmehrheit, sodass sie stets zumindest auf parlamentarische Kooperation angewiesen war (vgl. zum Folgenden Esping-Andersen 1985). Dabei konnte die SD bereits seit Anfang des 20. Jahrhunderts meistens auf die Radikale Venstre zählen. Die regelmäßige Zusammenarbeit mit RV bedeutete allerdings auch, dass eine rein sozialdemokratische Politik zu keinem Zeitpunkt verfolgt werden konnte. Zwar erprobten die Sozialdemokraten die neuen Kooperationsmöglichkeiten, die sich 1960 mit dem Hinzukommen der Sozialistischen Volkspartei (SF) boten, zwischen 1966 und 1968 im so genannten „roten Kabinett" sowie fallweise nochmals zwischen 1971 und 1973 (Bille 1999a: 50f.). Dies führte dazu, dass die Radikale Venstre ihre Rolle als „natürlicher Koalitionspartner" der Sozialdemokraten aufgab und sich den übrigen bürgerlichen Parteien zuwendete (Fitzmaurice 2001: 152). Deswegen und wegen des geringen Erfolgs des „roten Kabinetts" und der fehlenden Übereinstimmung zwischen SD und SF in Grundfragen der Außenpolitik, vor allem hinsichtlich Dänemarks Rolle in der NATO und eines Beitritts zur Europäischen Gemeinschaft, konnte sich die SD jedoch nicht zu einem weitgehenden Bruch mit den bürgerlichen Parteien und einer dauerhaften Zusammenarbeit mit den Sozialisten entschließen.

Tabelle 6.2: Elektorale Volatilität in Dänemark 1977-2007

1977	1979	1981	1984	1987	1988	1990	1994	1998	2001	2005	2007
16,55	8,6	10,9	10,5	6,0	5,1	12,5	8,15	11,4	12,9	7,3	10,4

Quelle: eigene Berechnung; Daten nach Nannestad 2003: 76 mit eigenen Ergänzungen, zur Berechnung siehe Pedersen 1980.

Diese lange währende Asymmetrie zugunsten der Sozialdemokraten wurde seit den 1970er Jahren begleitet von einer hohen Volatilität (Tab. 6.2). Bille (1999b: 365) zufolge „kann man von einem Anteil von 40-50% der Wähler ausgehen, die während der Wahlkampfphase auf dem Wählermarkt zu gewinnen sind" (ähnlich auch Nielsen 1999: 77). Einschneidend für das dänische Parteiensystem war dabei die Wahl von 1973, bei der die bis dahin höchste Volatilität aller europäischen Nachkriegswahlen erreicht wurde (Pedersen 1988: 259). Alle etablierten Parteien hatten massiv an Stimmen verloren und statt fünf waren nach 1973 zehn Parteien im Folketing vertreten, von denen insbesondere die Fortschrittspartei (FrP) des Steueranwalts Mogens Glistrup, die aus dem Stand mit 15,9% der Stimmen zur zweitstärksten Partei des Landes geworden war, viel Beachtung erfuhr, ließ sie sich doch als Ausdruck eines zunehmenden Widerstandes eines nennenswerten Teils der Mittelschicht gegen den Steuer- und Wohlfahrtsstaat interpretieren.

Die Gründe für den Erdrutsch, den die Wahl 1973 hervorbrachte, sind vielfältig und müssen hier nicht ausführlich diskutiert werden (vgl. dazu Pedersen 1988). Einer der wichtigsten Faktoren, der dieses Wahlergebnis möglich gemacht hatte, war allerdings die deutliche Abschwächung der Parteiidentifikation und der sozialstrukturellen Determinanten des Wahlverhaltens (vgl. auch Steffen 2006: 83-88). Die Parteien konnten von nun an also nicht mehr umstandslos davon ausgehen, dass „ihre" Klientel bei Wahlen überwiegend für sie stimmen würde (vgl. Bille 1999b: 365, 367). Die vergleichsweise hohe elektorale Volatilität (vgl. Tab. 6.2), die sich aufgrund des Wahlsystems einer Verhältniswahl mit 2-Prozent-Sperrklausel auch weitgehend in Veränderungen bei der parteipolitischen Zusammensetzung des Parlamentes niederschlug, führte allerdings lange Zeit nicht zu größeren Verschiebungen zwischen den politischen Lagern insgesamt: „There is high fractionalization and high aggregate volatility, but there is also an astonishing equilibrium tendency, meaning that losses and gains for various competing and collaborating parties tend to cancel each other out" (Pedersen 1988: 274; so auch Eysell 1996: 377; Bille 1999b: 367 und Fitzmaurice 2001: 150). Gleichwohl zeigte die Wahl von 2001 aber, dass starke Wählerwanderungen auch über Blockgrenzen hinaus sogar bei günstiger Wirtschaftsentwicklung durchaus möglich sind (vgl. Goul Andersen 2003).

Neben der hohen Volatilität wird der Wettbewerb um Wählerstimmen auch dadurch angefeuert, dass der Premierminister jederzeit, spätestens jedoch vier Jahre nach der letzten Wahl, Neuwahlen ausrufen kann und die Periode zwischen Bekanntgabe des Wahltermins und der Wahl selbst selten länger als drei oder vier Wochen ist (Bille 1999b: 353). Da die Premierminister das Auflösungsrecht gerade in den 1970er und 1980er Jahren häufig in Anspruch genommen haben (zwischen 1971 und 1990 wurde zehn Mal gewählt!) – und dies nicht selten in dem Bestreben, ihre eigenen Wahlchancen zu verbessern –, betreiben dänische Parteien Politik unter großer Unsicherheit. Da jederzeit kurzfristig eine Neuwahl anstehen kann, sind auch wahlstrategische Überlegungen stets präsent!

Dennoch veränderte sich die Parteiensystemkonstellation als Folge der Wahl von 1973. Hatte es vor 1973 ein mehr oder weniger klares bipolares Blocksystem gegeben (vgl. etwa Pedersen 1987), war die Konstellation nach 1973 infolge gewachsener Fragmentierung und gewachsener Polarisierung viel unübersichtlicher geworden. Zwar kamen nach der Wahl 1973 auch Parteien hinzu, die in der Mitte des politischen Spektrum angesiedelt waren, und die daher ebenso wie die Radikale Venstre[106] als Koalitionspartner prinzipiell sowohl der Sozialdemokraten als auch der bürgerlichen Parteien in Frage kamen, nämlich die Christdemokraten und die Zentrumsdemokraten (Eysell 1996: 382f.; Jahn 2002: 239). Diese Parteien, die allerdings stets um ihre Existenz fürchten müssen, und wiederholt den Einzug ins Parlament verpassten, dürften daher tendenziell eine zentripetale Dynamik im Wettbewerb um Wählerstimmen bewirkt haben. Dagegen dürfte rechts der Mitte die Fortschrittspartei und ihre elektorale „Nachfolgerin", die Dänische Volkspartei (DF), sowie einige – sich stärker als Fundamentalopposition verstehende (Pedersen 1987: 16) – Linksparteien, vor allem (und schon vor 1973) die Sozialistische Volkspartei, eine Rechtsabspaltung von den Kommunisten, nach 1973 auch die Kommunisten und die Linkssozialisten, die sich 1989 zur Einheitsliste zusammenschlossen, eher eine zentrifugale Dynamik entfacht haben. Insbesondere die Fortschrittspartei wurde

---

106 Die Radikale Venstre stand den Sozialdemokraten traditionell näher als den bürgerlichen Parteien, war aber schon zwischen 1968 und 1971 auch eine Koalition mit Liberalen und Konservativen eingegangen.

von den übrigen Parteien lange als nicht koalitionsfähig eingeschätzt (Bille 1989: 49), war aber auch ihrerseits nicht bereit, eine bürgerliche Koalition – und diesem Lager wäre sie zuzuordnen – parlamentarisch zu unterstützen, was eine bürgerliche Regierung zwischen 1975 und 1982 unmöglich machte (vgl. etwa zur Regierungsbildung 1975 Elklit 1999: 75-77).

Tabelle 6.3: Die sozio-ökonomischen Positionen der dänischen Parteien und das Gravitationszentrum

	1989	2003
SF	6,7	4,8
SD	9,1	7,4
RV	12,5	10,4
KrF	12,7	9,5
CD	11,78	9,2
V	17,4	14,8
KF	16,0	15,3
DF	-	10,0
FrP	19,4	17,8
	11,83	10,81

Quelle: Laver/Hunt 1992; Benoit/Laver 2006; eigene Berechnung.

Von seiner Funktionsweise her blieb das dänische Parteiensystem dennoch weiterhin ein bipolares Zwei-Blöcke-System (Pedersen 1987; Fitzmaurice 2001: 152), bei dem die Sozialdemokraten auf der einen und Liberale und Konservative, die ab 1979 stärker zusammenarbeiteten, um gemeinsam die Regierungsmacht zu übernehmen (Bille 1999b: 361), auf der anderen Seite im Wettbewerb miteinander standen und abwechselnd die Regierung stellten, während die kleineren Parteien der Mitte (RV, KrF, CD) mit beiden „Blöcken" Koalitionen bildeten. Zum „historischen Experiment" (Damgaard 1989: 74) einer „blockübergreifenden" Koalition zwischen SD und Venstre kam es für etwas über ein Jahr zwischen 1978 und 1979; doch dieses Experiment scheiterte an wirtschaftspolitischen Konflikten (Jahn 2002: 234) und wurde im Beobachtungszeitraum nicht mehr wiederholt. Doch da für längere Zeit ein Teil der Parteien, nämlich die Fundamentalopposition, nicht ohne Weiteres für eine Kooperation zur Verfügung stand, wurde die Koalitions- oder auch nur die Mehrheitsbildung bei Sachfragen nach 1973 zunächst ausgesprochen prekär. Erst ab Anfang der 1990er Jahre kam es in größerem Umfang zur Kooperation auch mit den Extremparteien, was die Politikdurchsetzung wieder erleichtert haben dürfte (vgl. Green-Pedersen 2001a).

Abbildung 6.1: Position dänischer Parteien zum Thema Marktwirtschaft, 1981-2001

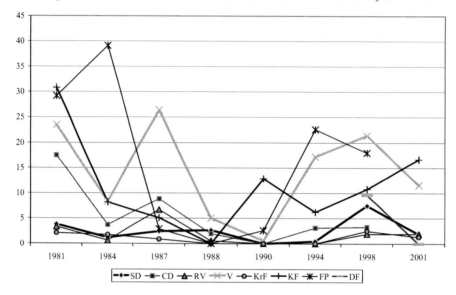

Quelle: Budge et al. 2001, Klingemann et al. 2006.

Betrachtet man die in Expertenbefragungen gemessenen Parteipositionen im Bereich der Finanzpolitik,[107] waren und sind die Policy-Distanzen zwischen Sozialdemokraten auf der einen und Venstre und Konservativen auf der anderen Seite sowohl Ende der 1980er Jahre als auch am Beginn des 21. Jahrhunderts erheblich (Tab. 6.3). Auffallend ist zudem, dass Venstre und KF in beiden Befragungen in finanzpolitischen Fragen auch weiter von den Mitteparteien entfernt gewesen zu sein scheinen als die Sozialdemokraten. Entsprechend waren die von ihnen dominierten Regierungen in der Finanzpolitik weiter vom Gravitationszentrum des dänischen Parteiensystems entfernt als die sozialdemokratisch geführten Regierungen, was es wiederum schwieriger gemacht haben könnte, die bürgerliche Reformagenda durchzusetzen.

Auch ein Blick auf die Dimension „Markeco"[108] der Party Manifesto Daten (Budge et al. 2001; Klingemann et al. 2006), der angesichts der Tatsache geraten scheint, dass für Dänemark – anders als für Großbritannien und die Niederlande – nur zwei Erhebungen zu den inhaltlichen Positionen der Parteien vorliegen, bestätigt

---

107 Die Parteien wurden von Experten auf einem Kontinuum von 1 bis 20 bewertet, die Dimension wurde beschrieben mit der Alternative: „Promote raising taxes to increase public services (low) versus Promote cutting public services to cut taxes" (vgl. Laver/Hunt 1992: 124).
108 Die Dimension „Markeco" gibt an, welcher Anteil eines Wahlprogramms den Themen freies Unternehmertum, Eigentum, Haushaltskonsolidierung, Bewahrung einer starken Währung etc. gewidmet ist.

dieses Bild im Wesentlichen (vgl. Abb. 6.1).[109] Es waren vor allem Venstre und Konservative sowie die Fortschrittspartei und mit Abstrichen die Zentrumsdemokraten, die immer wieder in nennenswertem Umfang die ökonomische Orthodoxie und damit u.a. die Notwendigkeit zur Haushaltskonsolidierung und zur Förderung des Unternehmertums in ihren Wahlmanifesten herausstrichen, während die anderen Parteien sich diesem Thema kaum zuwendeten.

6.2 „Am Rande des Abgrunds"[110]: Grundprobleme der dänischen Wirtschaftspolitik vor 1982

Dänemark wies ebenso wie alle anderen westeuropäischen Volkswirtschaften in den ersten Nachkriegsdekaden bis 1973 vergleichsweise hohe Wachstumsraten auf, die allerdings insbesondere in den 1950er Jahren deutlich hinter dem europäischen OECD-Durchschnitt herhinkten und erst ab 1958, nicht zuletzt in Folge des Beitritts zur EFTA, stark zunahmen (ausführlich zur dänischen Wirtschaftspolitik zwischen 1945 und 1980 vgl. Esping-Andersen 1985: 205-215). Doch auch während dieser Wachstumsphase blieb die dänische Außenhandelsposition ein Problem, ja, die Zahlungsbilanz wurde gar als „Dreh- und Angelpunkt der öffentlichen politischen Debatte" in Dänemark ausgemacht (Eysell/Henningsen 1992: 7f.). Anders als beispielsweise in den Niederlanden fehlten große multinationale Unternehmen und industrielle Ballungszentren in Dänemark weitgehend; kleine und mittelständische Unternehmen in Niedrigtechnologiesektoren, die sehr verletzlich gegenüber Nachfrageschwankungen waren, und lange Zeit auch der Agrarsektor dominierten (Esping-Andersen 1985: 206; Nielsen/Pedersen 1989: 345; Benner/Vad 2000: 408, 434; Schwartz 2001a: 136). Entsprechend war der Anteil von Agrarprodukten an den dänischen Exporten sehr hoch, während das Land auf der anderen Seite sämtliche Rohstoffe importieren musste (Mjøset 1987: 414f.; Andersson 1987: 169). Auch wenn durch eine aktive Politik der Industrialisierung ab 1957 die Bedeutung des Agrarsektors an den Exporten gesenkt wurde, blieb Dänemark anfällig für Leistungsbilanzprobleme. Noch in den 1980er Jahren konstatierte die OECD (1986c: 52), dass „the tradable goods sector is small and appears to suffer from a certain backwardness in technological adaptation and development" – ein deutlicher Gegensatz zu den drei anderen in dieser Studie untersuchten Ländern. Die regelmäßigen Leistungsbilanzdefizite, die zwischen 1963 und 1990 stets auftraten, führten zu einer hohen Auslandsverschuldung von fast lateinamerikanischen Ausmaßen (Nielsen/ Pedersen 1989: 346), und sie hatten, ähnlich wie in Großbritannien, Folgen für das Wirtschaftswachstum, erzwangen sie doch ausgesprochen hohe Zinssätze, die über

---

109 Allerdings sind gerade die dänischen Party-Manifesto-Daten mit Vorsicht zu genießen, da ein ungewöhnlich großer Teil der Texte nicht verkodet werden konnte und sogar Zweifel bestehen, ob die jeweils einschlägigen Texte ausgewertet wurden (vgl. Hansen 2008).
110 Mit diesen Worten charakterisierte der vormalige sozialdemokratische Finanzminister Knud Heinesen die wirtschaftliche Situation Dänemarks im Jahr 1979 (vgl. z.B. Nannestad/Green-Pedersen 2008: 35).

Kapitalimporte zum Ausgleich der Zahlungsbilanz beitrugen (Andersen/Åkerholm 1982: 615f.; Andersson 1987: 169). Zudem führte die prekäre außenwirtschaftliche Situation zu den auch für die Nachkriegszeit in Großbritannien typischen „Stop-and-Go"-Zyklen, da eine wirtschaftliche Expansion stets zu Leistungsbilanzproblemen führte, die wiederum eine restriktive Politik nötig machten (Andersen/Åkerholm 1982: 615, 629; Mjøset 1987: 428; Nannestad 1991: 136).

Das zentrale wirtschaftspolitische Ziel praktisch aller dänischer Nachkriegsregierungen bis 1982 bestand in der Aufrechterhaltung der Vollbeschäftigung, die allerdings nur in den 1960er Jahren, auch dann nur in geringerem Umfang als in den anderen skandinavischen Ländern und nicht zuletzt auf Kosten der bereits angesprochenen Leistungsbilanzprobleme erreicht wurde (vgl. Esping-Andersen 1985: 239f.; Damgaard 1989: 72). Damit einher ging ein dramatisches Wachstum des Sozialstaates und des öffentlichen Sektors allgemein verbunden mit einer exorbitant ansteigenden Abgabenbelastung (Andersson 1987: 169; Benner/Vad 2000: 409) – 1973 lag Dänemark bei einer Steuerquote von 40,4% am Bruttoinlandsprodukt an der Spitze der OECD-Länder, noch vor Schweden, Norwegen und den Niederlanden (OECD 2006: 70).[111]

Seit den 1960er Jahren wurden zusätzlich die weit überdurchschnittlichen Inflationsraten zu einem wachsenden Problem. Die steigende Inflation war nicht zuletzt dadurch bedingt, dass die Lohnführerschaft vor dem Hintergrund weitgehender Vollbeschäftigung bei den Gewerkschaften der Sektoren lag, die nicht dem internationalen Wettbewerb ausgesetzt waren. Dies führte zu immensen Lohnerhöhungen: So stiegen die Löhne zwischen 1960 und 1962 um nominal 23 Prozent (Esping-Andersen 1985: 209)! Diese Lohnsteigerungen setzten wiederum die exportorientierten Unternehmen, die wenig Spielraum für Preiserhöhungen hatten, unter zusätzlichen Druck – ihre Wettbewerbsfähigkeit und damit letztlich auch die Leistungsbilanz verschlechterten sich (Andersen/Åkerholm 1982: 641). Der Versuch, die durch die Lohnpolitik entstehenden Probleme bei Inflation, Leistungsbilanz und Wettbewerbsfähigkeit mit Hilfe staatlicher Einkommenspolitik zu lösen, scheiterte am Ende der 1960er Jahre (Andersson 1987: 169). Im Gegenteil verschärften sich diese Probleme mit der Ölpreiskrise nach 1973 noch und neue kamen hinzu. So kletterte die Arbeitslosigkeit von einem auf elf Prozent in der Dekade nach 1973. Auch die Staatsausgaben stiegen nochmals stark an und zwar so stark, dass trotz einer weiterhin zunehmenden Steuerquote das Budgetdefizit schier explodierte. Die wichtigsten „Wachstumsbranchen" des Budgets nach 1973 waren die Arbeitslosenunterstützung, auf die 1973 ein Prozent des Haushalts entfallen war und die 1983 8,5% der – im Zeitverlauf stark gewachsenen – Staatsausgaben ausmachte, und die Zinszahlungen, die von zwei auf 13% der Ausgaben sprangen (Damgaard 1989: 73).

Wie reagierten die verschiedenen, überwiegend sozialdemokratisch geführten (Minderheits)Regierungen auf die wirtschaftspolitische Krise (vgl. ausführlich zur

---

111 Dabei ist allerdings im Hinterkopf zu behalten, dass in Dänemark Sozialleistungen voll besteuert werden, was beispielsweise im Vergleich zu Deutschland, wo Sozialleistungen generell nicht besteuert werden, zu einer künstlichen Erhöhung sowohl der Staats- als auch der Steuerquote führt (vgl. z.B. Bach et al. 2001: 129).

dänischen Wirtschaftspolitik zwischen 1973 und 1979 Nannestad 1991: 141-184)? Nannestad und Green-Pedersen (2008: 38-41) unterscheiden zwischen der ersten Ölkrise und dem Jahr 1982, mit dem die detaillierte Analyse dieser Arbeit beginnt, drei Teilperioden. In der ersten Phase bis 1976 wurde demnach auf die alten Politikroutinen vertraut: Die liberale Minderheitsregierung, die zwischen Ende 1973 und Anfang 1975 amtierte, versuchte angesichts steigender Preise und einer zunächst weiterhin guten Konjunktur, mittels Ausgabenkürzungen, einer Verschiebung der Steuerbelastung von den direkten zu indirekten Steuern und einem Preisstopp die Inflation und das Leistungsbilanzdefizit zu bekämpfen. Vor dem Hintergrund des einsetzenden Wachstums der Arbeitslosigkeit griffen die Regierungen, insbesondere die sozialdemokratischen Minderheitsregierungen ab 1975 dann auf traditionell keynesianische Instrumente zurück, insbesondere auf antizyklische Fiskalpolitik und verschiedene Beschäftigungsprogramme (darunter Frühverrentungsprogramme und Maßnahmen zur Bekämpfung der Jugendarbeitslosigkeit). Dagegen blieb die Kostenseite der Unternehmen weitgehend ausgeblendet, Lohnerhöhungen um nominal 45% zwischen 1974 und 1976 wurden hingenommen.

Konfrontiert mit den unerwünschten (außen)wirtschaftlichen Folgen dieser Politik in Form von hoher Inflation, sich verschlechternder Wettbewerbsfähigkeit und wachsenden Zahlungsbilanzproblemen versuchte die Regierung umzusteuern. Bei weiterhin hohen Zinsen wurde durch gesetzliche Einkommenspolitik und kleinere Abwertungen versucht, die dänische Wettbewerbsposition zu verbessern, während die Nachfrage von privatem zu staatlichem Konsum umgelenkt wurde (etwa durch den Ausbau öffentlicher Beschäftigung und die weitere Erhöhung indirekter Steuern). Auf diese Weise sollten die Importnachfrage gedrosselt und die Zahlungsbilanzprobleme reduziert werden. Maßgebliche Effekte blieben jedoch trotz gewisser zwischenzeitlicher Erfolge bei der Inflationsbekämpfung – die Inflationsrate lag schließlich unter dem europäischen Durchschnitt – und einer Verbesserung der Wettbewerbsfähigkeit (Andersen/Åkerholm 1982: 638) aus, die Arbeitslosigkeit und das Leistungsbilanzdefizit blieben hoch (Mjøset 1987: 428) und die Haushaltssituation verschlechterte sich zusehends.

Vor diesem Hintergrund traf der zweite Ölpreisschock Dänemark, der die letzte Phase der dänischen Wirtschaftspolitik vor 1982 einleitete. Die sozialdemokratische Regierung setzte zunächst auf eine restriktive Politik mit wiederholten Abwertungen und kontraktiver Fiskalpolitik. Auch die Einkommenspolitik blieb restriktiv, sodass es zu einer massiven Senkung der Reallöhne kam (Nannestad/Green-Pedersen 2008: 40). Allerdings wendete sich die Regierung bereits 1981 zumindest teilweise wieder von ihrem Kurs ab, legte neue Beschäftigungsprogramme auf und ließ das Haushaltsdefizit von zwei (1979) auf neun Prozent am BSP (1982) anwachsen – ohne allerdings auf diese Weise wirtschaftspolitische Erfolge erzielen zu können.

Ein zentraler Grund für die wenig erfolgreiche Antwort Dänemarks auf die Ölkrise lag im geringen Erfolg der Lohnpolitik. Eine von den Tarifparteien autonom ausgehandelte Lohnmoderation gelang nicht, weil sich die von den Gewerkschaften als Gegenleistung für ihre Kooperation geforderte und von der SD eingebrachte Einführung „Wirtschaftlicher Demokratie", im Wesentlichen eine Teilsozialisierung der Investitionen durch Arbeitnehmerfonds, parlamentarisch nicht durchsetzen ließ; und die staatliche Einkommenspolitik, auf die regelmäßig zurückgegriffen wurde, war nicht hinreichend wirksam. Allerdings waren die politischen Bedingungen für die Bekämpfung der Wirtschaftskrise auch ausgesprochen ungünstig, musste doch die schwerste ökonomische Krise der Nachkriegszeit in politisch besonders instabilen Zeiten bearbeitet werden. Entsprechend gelang es den Sozialdemokraten in vielen Fällen nicht, ihre Vorstellungen durchzusetzen, so etwa in Bezug auf die Einführung von Arbeitnehmerfonds im Gegenzug für Lohnmoderierung, weil sie hierfür keine Mehrheiten im Parlament erreichten (Damgaard 1989: 75f.). Nachdem im Jahr 1982 die Arbeitslosenquote, die Inflationsrate und das Haushaltsdefizit jeweils um die zehn Prozent lagen, das Leistungsbilanzdefizit vier Prozent am BIP betrug (Andersson 1987: 176) und es der Regierung nicht gelang, für ihre finanzpolitischen Vorstellungen Mehrheiten im Parlament zu organisieren, trat die sozialdemokratische Minderheitsregierung unter Anker Jørgensen zurück und ermöglichte so – ohne Neuwahlen – das Zustandekommen einer Minderheitsregierung aus Konservativen, Liberalen sowie Christ- und Zentrumsdemokraten (Miller 1996: 179), mit der die detaillierte Analyse der dänischen Finanzpolitik im nächsten Kapitel beginnt.

6.3 Die Finanzpolitik der bürgerlichen Regierungen Schlüter, 1982-1993

Die wirtschaftliche Situation Dänemarks erschien im Herbst 1982, als die Vierparteienkoalition unter dem konservativen Premierminister Schlüter ihre Arbeit aufnahm, in der Tat Besorgnis erregend. Die durch die zweite Ölpreiskrise ausgelösten Stagflationstendenzen verstärkten sich zusehends, insbesondere die Arbeitslosigkeit stieg ungeachtet der Ausgabenprogramme der sozialdemokratischen Regierung weiter, während das Leistungsbilanzdefizit kontinuierlich anwuchs und sich die Haushaltsposition so stark verschlechterte wie in kaum einem anderen OECD-Land.
Das Defizit[112] des Gesamtstaates belief sich 1982 auf neun Prozent am BIP, das der Zentralregierung sogar auf zehn Prozent, während diese Werte 1978 noch bei praktisch Null sowie gerade einmal einem Prozent gelegen hatten (OECD 1983c: 14f.). Dabei spielten insbesondere die sprunghaft steigenden Ausgaben für den Schuldendienst – nicht zuletzt infolge des massiv gestiegenen internationalen Zinsniveaus – eine erhebliche Rolle, sie sollen für rund 30% der Verschlechterung der Haushaltsposition seit 1979 verantwortlich gewesen sein (OECD 1983c: 15f.). Die Staatsquote lag 1982 bei 53,6%, einem Spitzenwert in der OECD-Welt, während die Steuerquote 44,5% betrug (OECD 1984c: 9) und damit recht deutlich unter den Werten der anderen skandinavischen sowie der Benelux-Länder blieb. Bemerkenswert war allerdings, dass die Steuerbelastung in Dänemark auf die persönliche Einkommensteuer

---

112 Die Angaben zu den Defiziten, die im Text verwendet werden, beziehen sich hier wie in den anderen Länderstudien auf die Abgrenzungen und Werte, auf die sich die politischen Entscheidungsträger zum jeweiligen Zeitpunkt bezogen. Dagegen wird in den Abbildungen auf standardisierte Werte der OECD zurückgegriffen, um die Vergleichbarkeit zwischen den Ländern und über die Regierungsperioden hinweg zu gewährleisten. Daher stimmen die im Text genannten Werte nicht notwendigerweise mit den Werten in den Abbildungen überein.

konzentriert war, die beispielsweise 1980 allein 22,9% am BIP ausmachte (zum Folgenden Ganghof 2006: 79f.; 2007: 1067ff.). Entsprechend war das Einkommensteuersystem stark progressiv ausgestaltet, mit einem Spitzensatz, der bei rund 73% lag.[113] Allerdings waren die wichtigsten persönlichen Kapitaleinkünfte stark privilegiert, indem erstens die für selbstgenutztes Wohneigentum zu versteuernden errechneten Mieten weit unter marktüblichen Mieten lagen, während Zinsen unbegrenzt abgesetzt werden konnten; indem zweitens Beiträge zu und Erträge aus den verschiedenen Systemen der Altersvorsorge steuerlich begünstigt wurden; und indem drittens viele Vermögenszuwächse ganz steuerfrei gestellt wurden (vgl. auch Sørensen 1998: 16). Der Körperschaftsteuersatz schließlich lag am Beginn der Untersuchungsperiode mit 40% niedriger als in allen anderen Untersuchungsländern und wurde zudem auf eine vergleichsweise schmale Steuerbasis erhoben, da steuerliche Investitionsanreize in erheblichem Umfang existierten.

Die Regierung Schlüter versprach bei ihrem Amtsantritt, einen neuen mittelfristigen wirtschaftspolitischen Ansatz zu verfolgen, ohne allerdings ideologischen Eifer an den Tag zu legen oder gar einen weitreichenden Rückbau des Wohlfahrtsstaates zu predigen (Nannestad/Green-Pedersen 2008: 46). Obwohl die bürgerlichen Koalitionen weder bei ihrem Amtsantritt noch bei den jeweiligen Neubildungen Koalitionsabkommen schriftlich fixierten (Damgaard 2000: 245), lässt sich doch als zentrales Ziel die Verbesserung der dänischen Wettbewerbsfähigkeit festhalten, um dadurch die Zahlungsbilanzprobleme zu reduzieren und mittelfristig bessere Wachstums- und Beschäftigungsaussichten zu erreichen (zum Folgenden OECD 1983c: 24ff.; 1984c: 8-11; 1986c: 7-9). Dazu wurde eine Strategie verfolgt, die die folgenden Elemente beinhaltete: Durch verschiedene Maßnahmen, von Lohnstopps bis zu Anreizen, vor allem aber durch die Aussetzung und spätere Abschaffung der Inflationsindexierung der Löhne, sollte Lohnmäßigung erreicht werden, die einerseits die Inflation zurückdrängen und andererseits die Wettbewerbsfähigkeit des exponierten Sektors verbessern und damit das Zahlungsbilanzproblem reduzieren sollte. Der Abwertungspolitik der Vorgängerregierung wurde eine Absage erteilt. Stattdessen sollten stabile Wechselkurse, die durch die Koppelung der Krone an die D-Mark erreicht werden sollten, die Inflationserwartungen der Bürger wie der internationalen Finanzmärkte brechen; auch hiervon erhoffte sich die Regierung mittelfristig Zins- und in der Folge Investitionseffekte. Ähnliches galt für die Liberalisierung der Kapitalverkehrskontrollen. Die Finanzpolitik sollte im Rahmen dieser Strategie restriktiv

---

113 Dieser Satz bezieht sich auf die Summe aus kommunaler, auf Kreisebene erhobener und zentralstaatlicher Einkommensteuer. Die subnationalen Ebenen hatten und haben allerdings das Recht, die Steuersätze ihrer proportionalen Einkommensteuer zu variieren, wobei der kommunale Satz im Jahr 2004 zwischen 16,5% und 23,2% lag, bei einem Durchschnitt von 20,8%, der auf Ebene der Kreise erhobene Satz variierte zwischen 11,4 und 12,5%, bei einem Durchschnitt von 11,9% (Mouritzen 2008: 219), sodass sich insgesamt ein durchschnittlicher Satz von knapp 33% ergab. Mitte der 1980er Jahre lag der subnationale Einkommensteuersatz bei durchschnittlich 28,1% (Hauge Jensen 2001: 4). Gleichzeitig gab es einen Höchstsatz für die Gesamtsteuerbelastung, der 1982 bei 70% lag. Aufgrund der 2007 in Kraft getretenen Verwaltungsreform haben die Kreise bzw. nun Regionen ihr Recht, eine eigene Einkommensteuer zu erheben, allerdings verloren.

ausgerichtet werden, um einerseits das Haushaltsdefizit zu reduzieren und auf diese Weise Raum für Zinssenkungen zu schaffen sowie um andererseits Nachfrage (nach Importen) und damit auch das Leistungsbilanzdefizit zu verringern. Schließlich sollte die Steuerquote nicht weiter erhöht werden, einerseits, um private wirtschaftliche Aktivität zu steigern, andererseits um nicht zusätzliche Anreize für Lohnerhöhungen zu geben. Interessant an dieser Strategie ist, dass die Arbeitslosigkeit nicht mehr direkt angegangen wurde und auch eine beschäftigungsgefährdende Lohnpolitik nicht mehr aufgefangen werden sollte; vielmehr musste sich die Beschäftigungssituation nach Ansicht der Regierung in der Folge der Erholung des privaten Sektors verbessern (Nannestad/Green-Pedersen 2008).

6.3.1 Steuerpolitik[114]

In den ersten Jahren der bürgerlichen Regierung dominierte die Haushaltskonsolidierung die Steuerpolitik sehr stark. Dies schlug sich auch bei den direkten Steuern nieder. Bereits 1983 wurde beispielsweise bei der Einkommensteuer die automatische Indexierung von Steuerstufen und Freibeträgen an die Inflation ausgesetzt sowie die steuerliche Höchstgrenze[115] von 70 auf 73% erhöht (OECD 1983c: 47). Auch 1985 erfolgte nur eine Anpassung des Einkommensteuersystems um zwei Prozent und damit um weniger als Inflation und Reallohnerhöhungen, sodass die Steuereinnahmen durch die so genannte „kalte Progression" zunahmen. Neben dem fiskalischen Effekt diente diese Maßnahme aber auch der Dämpfung der Nachfrage im Falle von höheren Lohnabschlüssen (OECD 1984c: 11). In eine ähnliche Richtung wies das Angebot von Steuersenkungen für den Fall von Lohnmoderation, das 1983 vorgeschlagen, allerdings nicht umgesetzt wurde (Interview Finansministeriet 1; vgl. auch OECD 1984c: 11, Fn. 9).[116] Schließlich wurde durch die 1983 eingeführte Steuer auf die Erträge von Rentenfonds die Steuerbasis verbreitert (vgl. OECD 1983c: 25, 47). Diese Fonds waren vorher von der Steuer befreit gewesen; wegen

---

114 Im Folgenden werden vor allem die finanz- und wirtschaftspolitisch wichtigen Veränderungen diskutiert. In dieser Beziehung irrelevante, beispielsweise umweltpolitisch motivierte Änderungen im Steuersystem, etwa die steuerliche Begünstigung von Kraftfahrzeugen mit Katalysator (vgl. OECD 1990c: 115), bleiben dagegen außer Betracht, solange sie nicht auch finanzpolitisch motiviert waren.
115 Die steuerliche Höchstgrenze gibt den Grenzsteuersatz an, der bei einer Addition von zentralstaatlichem und kommunalem Einkommensteuersatz nicht überschritten werden darf. Wenn also beispielsweise der Spitzensteuersatz der zentralstaatlichen Einkommensteuer bei 45% und der kommunale Einkommensteuersatz bei 30% lag, betrug der Grenzsteuersatz eines Steuerpflichtigen, für den der Spitzensteuersatz der zentralstaatlichen Einkommensteuer galt, nicht 75% (45% + 30%), sondern wegen der steuerlichen Höchstgrenze 73% (vgl. Drejer 1988: 84f.).
116 Es ist etwas unklar, inwieweit dieses Angebot tatsächlich förmlich eingebracht wurde. Von den beteiligten Akteuren wurde bestritten, dass es eine entsprechende Vorlage gegeben haben, wenngleich die entsprechende Ausrichtung der Politik bestätigt wurde (Interviews Finansministeriet 1 und 2).

bestimmter Ausnahmeregelungen nahmen die Einnahmen aus dieser Steuer im Zeitverlauf deutlich zu.

Eine besonders wichtige Reform der Einkommensteuer wurde 1986 beschlossen und 1987 in Kraft gesetzt (vgl. ausführlich Drejer 1988; Lotz 1993). Das Hauptziel der Reform war die Bekämpfung einer Vielzahl von Ungereimtheiten, die Steuerplanung zu einem weitverbreiteten und lohnenden Geschäft machten. Kerninhalt der Steuerreform war die Einführung der dualen Einkommensteuer (zur Vorgeschichte vgl. Sørensen 1998: 4). Zentral hierbei ist die Unterscheidung zwischen Kapitaleinkünften und anderem Einkommen. Für Kapitaleinkommen galt ein Satz von 50%, unabhängig davon, ob es in Form von Dividenden, Zins- oder Mieteinkünften oder in Form bestimmter anderer Kapitaleinkünfte anfiel. Bei nicht-inkorporierten Unternehmen wurde der Gewinn aufgeteilt in den Teil, der als Kapitalrendite zu verstehen ist und der in Höhe der Marktverzinsung des Eigenkapitals angesetzt wurde, sowie den verbleibenden Gewinn, der als persönliches Arbeitseinkommen zu versteuern ist. Dabei wurden überaus komplizierte Regeln eingeführt, die verhindern sollten, dass Arbeitseinkommen als Kapitaleinkommen „umklassifiziert" werden kann (Ganghof 2006: 81). Um Neutralität der Kapitalbesteuerung herzustellen, wurde gleichzeitig auch der Körperschaftsteuersatz auf 50% festgesetzt, was eine *Erhöhung* dieses Satzes um zehn Prozentpunkte bedeutete.

Gleichwohl war mit der Reform nicht die vollständige Abschaffung einer progressiven Kapitalbesteuerung verbunden, da erstens der Grundfreibetrag gemeinsam auf Kapital- und Arbeitseinkommen angewendet wurde, und da zweitens ein sechsprozentiger Steuerzuschlag auf den Teil der Summe aus Arbeits- und Kapitaleinkünften erhoben wurde, der 130.000 Dkr. überstieg. Die dritte Abweichung stellte schließlich der Verzicht auf eine volle Besteuerung sensibler Kapitaleinkünfte, wie etwa selbstgenutztes Wohneigentum, private Altersvorsorge und bestimmte Wertzuwächsen, dar. Diese Einkünfte blieben entweder steuerfrei oder sie wurden unter dem eigentlichen Wert versteuert (vgl. Lotz 1993: 23; Ganghof 2006: 81). Eine weitere Ausnahme bestand in der Doppelbesteuerung von Dividenden, die erst 1991 abgeschafft wurde (vgl. zur Neuregelung Andersson et al. 1998: 94f.). Im Gegenzug blieben Kursgewinne bei Aktien unbesteuert, soweit die Aktien länger als drei Jahre gehalten wurden (OECD 1987c: 61).

Während demnach aber Kapitaleinkünfte wenigstens im Prinzip einem proportionalen Steuersatz unterlagen, wurde Arbeitseinkommen weiterhin progressiv besteuert. Für Einkommen unter 200.000 Dkr. galt ein Satz von 50%, für darüber liegendes Einkommen ein Satz von 62%. Da allerdings gleichzeitig, wie oben schon angesprochen, ein Steuerzuschlag von sechs Prozent auf das Einkommen solcher natürlicher Personen erhoben wurde, deren Gesamteinkommen über 130.000 Dkr. lag, existierten faktisch drei Steuersätze, nämlich 50% für Einkommen unter 130.000 Dkr., 56% für Einkommen zwischen 130.000 und 200.000 Dkr. und 68% für Einkommen von über 200.000 Dkr. Entsprechend wurde auch die steuerliche Höchstgrenze auf 68% gesenkt (Drejer 1988: 84). Damit lag der neue Spitzensteuersatz für Arbeitseinkommen aber immer noch um fünf Prozentpunkte unter dem alten Spitzensteuersatz.

Die Steuerreform und die zusätzliche, gleichzeitig beschlossene Verbesserung der finanziellen Ausstattung von Familien mit minderjährigen Kindern kamen insgesamt ohne größere Nettoentlastung aus (Drejer 1988: 88f.). Die Einnahmeausfälle aus der Senkung der persönlichen Einkommensteuer wurden kompensiert durch eine Verbreiterung der Steuerbasis (Drejer 1988: 82). Eine nennenswerte Rolle spielte in diesem Zusammenhang die Tatsache, dass der Wert der Absetzbarkeit von privaten Zinszahlungen, nicht zuletzt Hypothekenzinsen, mit der Reform auf 50% beschränkt wurde. Daneben wurde der Umfang, zu dem Werbungskosten geltend gemacht werden konnten, reduziert und Stiftungen und gemeinnützige Vereine wurden stärker in die Besteuerung einbezogen. Der größte Teil der Gegenfinanzierung entfiel allerdings auf die Erhöhung des Körperschaftsteuersatzes (Hauge Jensen 2001: 4).

Die Steuersätze blieben jedoch nicht lange unverändert. Schon im Mai 1989 legte die Regierung – nicht zuletzt im Hinblick auf die Vollendung des europäischen Binnenmarktes – neue Pläne vor, die auf eine deutliche Senkung des Körperschaftsteuersatzes sowie des Spitzensatzes der Einkommensteuer zielten. Die geplante Abschaffung des sechsprozentigen Steuerzuschlags bei der Einkommensteuer ließ sich allerdings im Parlament nicht durchsetzen, auch nicht, nachdem sie den Anlass für eine neuerliche Folketingwahl im Dezember 1990 gegeben hatte (vgl. Maor 1991: 210f.). Die Körperschaftsteuer wurde dagegen ab 1990 wieder von 50 auf 40% gesenkt, 1991 folgte eine weitere Senkung auf 38%, 1992 auf 34%. Interessanterweise blieb eine entsprechende Senkung des Steuersatzes auf andere Kapitaleinkünfte aus,[117] obwohl sich diese Satzsenkung angesichts der per saldo negativen Einnahmen aus diesen Formen von Kapitalbesitz fiskalisch sogar positiv bemerkbar gemacht hätte (OECD 1990c: 36). Der Grund hierfür lag wohl darin, dass bei einer weiteren Senkung dieses Steuersatzes der steuerliche Wert von Zinsausgaben weiter gesunken wäre. Angesichts der erheblichen Probleme, die die Einschränkung der steuerlichen Absetzbarkeit von Zinszahlungen im Rahmen der Steuerreform von 1987 auf dem dänischen Immobilienmarkt gebracht hatte (s.u.), erschien eine weitere Senkung nicht sinnvoll (vgl. Sørensen 1998: 23; Ganghof 2006: 83). Zur Finanzierung der Senkungen des Körperschaftsteuersatzes wurde die Steuerbasis verbreitert, vor allem durch die Verringerung von steuerlichen Investitionsanreizen (Andersson et al. 1998: 118). Außerdem wurde mit dem Haushalt 1989 die Vermögensteuer von 2,2% schrittweise bis 1991 auf 1% gesenkt (OECD 1990c: 114).

Problematisch, nicht zuletzt für das Arbeitsangebot, waren dagegen auch zu Beginn der 1990er Jahre noch die ausgesprochen hohen marginalen Steuersätze, nicht zuletzt auch für niedrige Einkommen. Zusätzlich begann der Spitzensteuersatz schon bei einem vergleichsweise niedrigen Einkommen, das etwa 15% über dem Einkommen eines durchschnittlichen Industriearbeiters lag (vgl. OECD 1990c: 46f.). Ein weiteres Problem blieb der hohe Grenzsteuersatz auf Einkünfte aus Ersparnissen, während umgekehrt Zinszahlungen im Prinzip steuerlich absetzbar geblieben waren. Beides gemeinsam führte zu einer Drosselung der Sparneigung (OECD 1990c: 49). Angesichts dieser Probleme berief die Regierung eine Kommission, die im Herbst

---

117 Eine Ausnahme bildeten thesaurierte Gewinne nicht-inkorporierter Unternehmen, die weiterhin mit einem Satz, der dem Körperschaftsteuersatz entsprach, besteuert wurden (Ganghof 2006: 82).

1992 eine weitreichende Reform der persönlichen Einkommensteuer vorschlug. Im Kern empfahl die Kommission eine Abkehr von der dualen Einkommensbesteuerung, indem für die meisten positiven Kapitaleinkünfte wieder eine progressive Besteuerung vorgeschlagen wurde. Gleichzeitig sollten die Steuersätze reduziert werden: So sollte der Spitzensteuersatz um zehn Prozentpunkte reduziert werden, der Basissteuersatz sollte auf 40% sinken. Zur Finanzierung dieser erheblichen Satzsenkungen sollten neben den höheren Einnahmen aus der Besteuerung von Kapitaleinkünften höhere Ökosteuern und eine verbreiterte Steuerbasis beitragen (OECD 1993c: 44). Die bürgerliche Koalitionsregierung musste jedoch wegen eines Skandals vor einer möglichen Verabschiedung der Reform zurücktreten, sodass es der nachfolgenden, sozialdemokratisch geführten Regierung vorbehalten blieb, diese Reformvorschläge umzusetzen.

Bei den Sozialversicherungen kam es gleich zu Beginn der Amtszeit im Zeichen der Haushaltskonsolidierung zu Beitragserhöhungen. So wurden mit dem Haushalt 1983 die Arbeitgeber- und Arbeitnehmerbeiträge zur Arbeitslosenversicherung erhöht, wobei die Arbeitgeberbeiträge als partielle Kompensation für die gestiegene Körperschaftsteuer 1985 wieder gesenkt wurden (OECD 1986c: 12). 1987 wurde darüber hinaus die Berechnungsgrundlage für die Arbeitgebersozialversicherungsbeiträge verändert, indem eine Abgabe in Höhe von 2,5% auf die Basis für die Berechnung der Mehrwertsteuer des entsprechenden Unternehmens eine Reduzierung der traditionellen Beiträge ermöglichte (OECD 1988c: 79; Green-Pedersen 1999: 257). Diese Veränderung hatte im Wesentlichen außenwirtschaftliche Gründe, da nun de facto Exportunternehmen von den Beiträgen freigestellt wurden, während Importe belastet wurden. Das sollte zu einer fünfprozentigen Verbesserung der dänischen Wettbewerbsfähigkeit führen (OECD 1988c: 19f.). Allerdings musste diese Maßnahme 1991 zurückgenommen werden, weil der Europäische Gerichtshof sie als nicht mit Europäischem Recht vereinbar einstufte (OECD 1993c: 35); stattdessen wurde der reguläre Mehrwertsteuersatz 1992 von 22 auf 25% angehoben (OECD 1993c: 44).

Bei den speziellen Verbrauchsteuern gab es zunächst eine Tendenz zur Erhöhung, so etwa bei der Tabak- und der Alkoholsteuer. Dies diente in erster Linie der Haushaltskonsolidierung. Ab 1986 wurde dann im Zusammenhang mit der so genannten „Kartoffelkur" (s.u.) auch die Verbesserung der Zahlungsbilanz mittels spezifischer Steuererhöhungen angestrebt. Ein Beispiel ist die Erhöhung bestimmter Verkehrssteuern, die die Aufnahme von Konsumentenkrediten unattraktiver machen sollte (OECD 1987c: 62). Auch Energiesteuern wurden erhöht mit dem Ziel, dass sich der Rückgang der Preise auf den internationalen Energiemärkten nicht im Inland niederschlug, um auf diese Weise die Zahlungsbilanz zu verbessern. 1992 wurden die Ökosteuern durch eine Kohlendioxid-Abgabe für Privathaushalte (Dkr. 100 pro Tonne) und eine Erhöhung der Dieselsteuer sowie eine – mit erheblichen Kompensationen versehene und im Vergleich zum Privatsektor niedrigere (Dkr. 50 pro Tonne) – CO_2-Steuer für Unternehmen erweitert (OECD 1993c: 35, 43f., 103).

Doch ab 1990 kam es dann, nicht zuletzt im Hinblick auf die Vorbereitung auf den EG-Binnenmarkt, auch zu teilweise nennenswerten Senkungen der Verbrauchsteuern, nicht zuletzt auf solche Güter, bei denen in größerem Umfang Steuerarbitrage, also eine Verschiebung des Kaufortes in Nachbarländer mit niedrigeren Verbrauchsteuersätzen erwartet wurde, etwa Unterhaltungselektronik, aber auch Parfum, Bier und Wein. Von besonderer fiskalischer Bedeutung war 1990 die Senkung der Mineralölsteuer, die zu Einnahmeausfällen von jährlich 1,9 Mrd. Dkr. führen sollte (OECD 1990c: 13). Im Gegenzug wurden allerdings die Steuern auf Kohle und Elektrizität sowie Tabak leicht erhöht (OECD 1990c: 115; 1991c: 30).

Abbildung 6.2: Haushaltssalden des Gesamtstaates in % BIP (linke Achse) und Steuerquote (rechte Achse) in Dänemark, 1981-1993

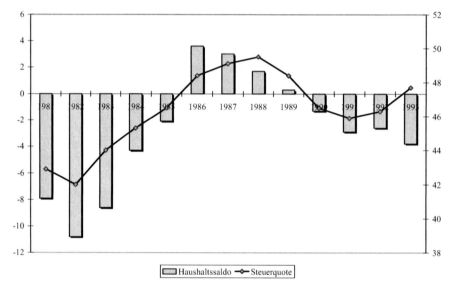

Quelle: OECD 2006, 2007.

Wie ist die dänische Steuerpolitik der bürgerlichen Regierungen unter Schlüter zusammenfassend einzuordnen? Die Einführung der dualen Einkommensteuer – wenngleich mit den genannten Abweichungen von der „reinen Lehre" – ist sicherlich eine bemerkenswerte Innovation. Interessanter Weise ging damit zunächst gerade keine Senkung der Unternehmensteuersätze einher, der Körperschaftsteuersatz wurde sogar angehoben! Auch die ja schon beim Regierungsantritt nicht geringe Gesamtsteuerlast stieg zunächst massiv an (vgl. Abb. 6.2). Gegen Ende der Regierungszeit kam es in Bezug sowohl auf den Körperschaftsteuersatz als auch hinsichtlich der Steuerquote jedoch zu einer Umkehr, der Körperschaftsteuersatz wurde massiv – und isoliert – gesenkt (womit gleichzeitig der Abschied von der dualen Einkommensteuer eingeläutet wurde) und die Steuerquote fiel, wenngleich sie auch am Ende der Regierungszeit noch deutlich über dem Wert von 1982 lag.

6.3.2 Haushaltspolitik

Zwischen 1983 und 1986 erlebte Dänemark die restriktivste Fiskalpolitik seit 1960 (Nannestad/Green-Pedersen 2008: 48). Dabei verfolgte die Regierung Schlüter das Ziel der Haushaltskonsolidierung, indem sie 1984 ein neues System der Überwachung der Ausgaben einführte (vgl. Christiansen 1999: 25-32; zum Budgetprozess vgl. Christiansen 1999: 32ff. sowie Hallerberg 2004: 176f.). Zentral dabei war die Dezentralisierung der Ausgabenentscheidungen (vgl. auch OECD 2002c: 153). So wurde zunächst ein Zielwert für die realen Ausgaben (ohne Ausgaben für Arbeitslosigkeit, Beiträge zur EU und Zinszahlungen) festgelegt und anschließend auf die einzelnen Ministerien verteilt. Die Einhaltung wurde vierteljährlich überwacht und bei überplanmäßigen Ausgaben mussten Gegenmaßnahmen im selben Bereich ergriffen werden (z.B. in Form von Ausgabenkürzungen oder der Erhöhung von Gebühren). Außerdem sollten die Ausgaben real auf dem Niveau von 1984 konstant gehalten werden, wobei allerdings Anpassungen an den Konjunkturverlauf erlaubt waren. Wichtig war zudem, dass die Einbeziehung von Oppositionsparteien schon im Finanzministerium erfolgte. Auch die kommunalen Ausgaben wurden einbezogen, indem die Budgetkoordinierung zwischen Regierung und den kommunalen Spitzenverbänden mit mehr oder weniger verbindlichen Vereinbarungen über die wichtigsten haushaltspolitischen Ziele abgeschlossen wurden (vgl. Nannestad/ Green-Pedersen 2008: 54). 1985 wurden sogar Sanktionen gegen Kommunen oder Kreise verhängt, die sich nicht an die strikte Ausgabenpolitik hielten (Christiansen 2008: 157).

Die Regierung Schlüter begann unmittelbar nach ihrem Amtsantritt mit ersten Maßnahmen zur Haushaltskonsolidierung. Schon im Oktober 1982 wurde ein Sparpaket vom Parlament angenommen, das Einnahmeverbesserungen durch die neue Steuer auf Pensionsfonds und die Erhöhung der Beiträge zur Arbeitslosenversicherung sowie Einsparungen vorsah, die zusammen ein Volumen von 21 Mrd. Dkr. erreichten (gut 5% am BIP). Bereits viele der einkommenspolitischen Maßnahmen, die Nannestad und Green-Pedersen (2008: 49) zufolge „the most far-reaching and austere incomes policy measures ever enacted in Denmark in peacetime" waren (vgl. auch Benner/Vad 2000: 439), brachten auch haushaltspolitische Entlastungen. Das gilt beispielsweise für die Aussetzung der Indexierung von Löhnen und Gehältern sowie Sozialleistungen (außer Rente und Arbeitsunfähigkeit) an die Inflation. Auch die Regelung, dass die Lohnerhöhungen im öffentlichen Dienst im Zweijahreszeitraum bis 1985 nicht über vier Prozent jährlich liegen sollten, reduzierte die Ausgabenbelastung. Hinzu kam, dass die Höchstsätze von Arbeitslosengeld und Sozialhilfe nominal eingefroren und ein Karenztag bei der Krankenversicherung eingeführt wurden (OECD 1983c: 24f.; Goul Andersen 2000: 74). Auch das Beschäftigungswachstum im öffentlichen Sektor wurde gestoppt (Benner/Vad 2000: 442). Ein wichtiger Bereich waren zudem die erheblichen Kürzungen der Pauschaltransfers an die Kommunen, die auf der subnationalen Ebene einerseits durch Kürzung der am leichtesten disponiblen Mittel, also vor allem der Investitionen, und andererseits durch die Erhöhung lokaler Steuern aufgefangen werden mussten (vgl. OECD 1984c: 8f.).

Das Budget für 1984 wurde zunächst vom Parlament nicht angenommen, sodass die Regierung Schlüter für den Januar 1984 Neuwahlen ausschrieb, die die Position der Regierungsparteien deutlich stärkte, da nun über die Zustimmung der Koalitionsparteien hinaus lediglich noch die Unterstützung der Radikalen Venstre nötig war, um eine parlamentarische Mehrheit zu erreichen (Miller 1996: 185f.). Die Ausrichtung der Finanzpolitik blieb restriktiv, wenngleich weniger stark als zunächst vorgesehen. Doch schon wenig später wurden weitere Sparmaßnahmen angekündigt, darunter weitere Steuererhöhungen sowie die Verlängerung der Aussetzung der Indexierung von Löhnen und Gehältern an die Inflation sowie des Einfrierens der Höchstsätze von Arbeitslosen- und Krankengeld (OECD 1984c: 51).

In den Folgejahren sollten die realen Staatsausgaben (ohne Zinszahlungen und konjunkturabhängige Ausgaben) konstant gehalten und alle Verbesserungen der Haushaltssituation, die der zunehmenden wirtschaftlichen Aktivität zu verdanken waren, ausschließlich zur Reduzierung des Haushaltsdefizits verwendet werden (OECD 1986c: 13). Nicht zuletzt die Zuweisungen an die Kommunen wurden weiter gesenkt, aber auch die Lohnentwicklung im öffentlichen Sektor wurde bis einschließlich 1986 moderat gestaltet (Interviews Finansministeriet 1 und 2).

Die Regierungspolitik zeitigte schnell deutliche Erfolge: Das Haushaltsdefizit ging zurück, die Zinsen sanken, in der Folge kam es zu einer starken Zunahme der Binnennachfrage, die wiederum das Wachstum und die Beschäftigung beflügelte, was dann seinerseits den Haushalt entlastete (zum Folgenden OECD 1988c: 10ff.). Diese ausgesprochen günstige Entwicklung wurde jedoch überschattet von einem Leistungsbilanzdefizit, das nicht, wie erhofft, sank, sondern im Gegenteil immer stärker wuchs und 1986 stolze 5,2% des BIP ausmachte. Der Grund hierfür dürfte sogar zu einem erheblichen Teil im Erfolg der Wirtschaftspolitik der Regierung Schlüter gelegen haben. Das sinkende Zinsniveau, die Erwartung stabiler Preise sowie das insgesamt positivere Wirtschaftsklima führten einerseits zu einer immensen Zunahme der Investitionstätigkeit, die in besonders hohem Maße auf Importgüter angewiesen war. Angesichts stark steigender Immobilienpreise, die nicht zuletzt bedingt waren durch die sinkenden Zinsen, und angesichts der vollständigen steuerlichen Absetzbarkeit von Zinszahlungen kam es aber andererseits trotz stagnierender realer Einkommen auch zu einem weitgehend kreditfinanzierten Boom der Konsumgüternachfrage.

Beides zusammen führte zu einer nochmaligen Verschlechterung der außenwirtschaftlichen Lage, auf die sich die Regierung ab Ende 1985 gezwungen sah zu reagieren, indem sie ihren restriktiven Kurs noch verschärfte – ein Kurs, der nach einem Paket von 1986 „Kartoffelkur" genannt wurde. So wurde Ende 1985 eine Reihe von Maßnahmen verabschiedet, von denen vor allem deutlich höhere Energiesteuern, die Verschiebung von Bauprojekten, um eine Überhitzung dieses Sektors zu vermeiden, sowie Einschränkungen bei der Vergabe von Hypotheken finanzpolitisch relevant waren (vgl. OECD 1986c: 13). Ein besonders wichtiges Instrument zur Eindämmung der Staatsausgaben blieben die lokalen Ausgaben. Hier gelang es der Regierung, die kommunalen Ausgaben teilweise durch Kürzungen der Zuweisungen, teilweise durch Vereinbarungen zu begrenzen, wenngleich die Ausgabenobergrenzen trotzdem teilweise überschritten wurden und die lokalen Steuern zunächst weiter erhöht wurden (OECD 1988c: 19f.; 1990c: 113).

Im Oktober 1986 verabschiedete das Parlament dann ein weiteres Programm, die „Kartoffelkur", das aus drei wesentlichen finanzpolitisch relevanten Maßnahmen bestand: Veränderungen bei der Regulierung von Hypothekenzinsen, nochmals höhere indirekte Steuern sowie eine neue Steuer auf Zinszahlungen für Konsumentenkredite (OECD 1987c: 61f.). Letztere Regelung wurde allerdings in den folgenden Jahren immer weiter abgeschwächt und 1990 schließlich aufgehoben (OECD 1988c: 80; OECD 1990c: 13). Hinzu kam, dass die zum 1.1.1987 in Kraft getretene Steuerreform durch die Reduzierung des steuerlichen Wertes negativer Kapitaleinkünfte ebenfalls massiv dämpfend auf die private Konsumnachfrage wirkte und dass durch die stärkere Förderung der betrieblichen Altersversorgung die Spareigung erhöht wurde (Interviews Finanzministeriet 2 und 3). Gleichzeitig nahm die Regierung allerdings Anfang 1987 massive Lohnerhöhungen um mehr als zehn Prozent hin, die kontraproduktiv für einen Leistungsbilanzausgleich waren (Nannestad/Green-Pedersen 2008: 50).

Dies blieb nicht die einzige Inkonsistenz in der Wirtschaftspolitik der zweiten Hälfte der bürgerlichen Koalitionen unter Schlüter. So wurde die Finanzpolitik ab 1987 wieder weniger restriktiv, was sich nicht zuletzt an der Erhöhung von Sozialleistungen, insbesondere der Altersrenten und des Arbeitslosengeldes mit dem Haushalt 1988, aber auch des Kindergeldes und der Ausbildungsförderung zeigte (Goul Andersen 2000: 74). Auch der Karenztag beim Krankengeld wurde wieder aufgehoben. Gemeinsam mit der wirtschaftlichen Stagnation, die durch die Politik der „Kartoffelkur" hervorgerufen worden war, führte diese finanzpolitische Lockerung zu einer deutlichen Verschlechterung des Haushaltssaldos (OECD 1990c: 11). Entsprechend stand 1990 wieder eine gewisse Haushaltskonsolidierung auf dem Programm, die neben verstärkten Privatisierungsbemühungen vor allem durch höhere Versicherungs- und Kfz-Steuern, die Einschränkung von Steuervergünstigungen für einbehaltene Unternehmensgewinne und Subventionskürzungen sowie durch Stelleneinsparungen im öffentlichen Dienst[118] erreicht werden sollte (OECD 1990c: 13). Auf der anderen Seite wurde aber auch die Koppelung der Sozialleistungen an die Entwicklung der Löhne, die 1982 aufgehoben worden war, wieder eingeführt (Green-Pedersen 2002), was für Rentner eine Verbesserung des Status quo ante darstellte, weil die Renten bis 1982 lediglich an die Preisentwicklung angepasst worden waren. Dagegen kam es 1991 und 1992 wieder zu vereinzelten Verschärfungen im Sozialbereich, etwa bei der Krankenversicherung oder den Zugangsvoraussetzungen zur Frühverrentung und zur Erwerbsunfähigkeitsrente, während gleichzeitig älteren Langzeitarbeitslosen der Ausstieg aus dem Erwerbsleben erleichtert wurde (vgl. Jensen 2008: 123). Hinzu kam wiederum ein Abbau von Subventionen sowie eine Verringerung der öffentlichen Beschäftigung. Gleichzeitig wurden aber beispielsweise die Förderung von Familien mit Kindern ausgebaut sowie mehr Geld für den Bil-

---

118 Genau genommen sollten trotz sinkender Wochenarbeitszeit keine neuen Stellen im öffentlichen Dienst geschaffen werden.

dungsbereich, aktive Arbeitsmarktpolitik oder die Unterstützung des privaten Wohnungsbaus bereitgestellt (OECD 1991c: 30; 1993c: 102).

Die der Tendenz nach restriktive Finanzpolitik hatte durchaus die gewünschte Wirkung, ergab sich doch 1990 erstmals seit 26 Jahren wieder ein Leistungsbilanzüberschuss. Gleichzeitig war die Inflation 1991 in Dänemark so niedrig wie sonst nirgends in der OECD (OECD 1993c: 11, 13). Auf der anderen Seite gab es aber auch massive, zum Teil unerwartete Probleme. So führte insbesondere die verringerte steuerliche Abzugsfähigkeit von Hypothekenzinsen, die 1987 u.a. mit dem Ziel eingeführt worden war, die Binnennachfrage zu dämpfen, zu einem Kollaps des Immobilienmarktes, weil in der Folge die Immobilienpreise einbrachen und viele Hausbesitzer im technischen Sinne bankrott waren, lagen ihre Schulden doch über dem Wert der Immobilien (Nannestad/Green-Pedersen 2008: 51). Entsprechend blieb das Wirtschaftswachstum niedrig und die Arbeitslosenquote stieg auf über 10%. Vor diesem Hintergrund sah der letzte von der Regierung Schlüter zu verantwortende Haushalt, der im November 1992 verabschiedet wurde, eine vorsichtige Umorientierung zu einer Politik der Nachfragestützung vor. Während zunächst geplant war, die Staatsausgaben (ohne Zinsausgaben) real konstant zu halten, sah das letztlich verabschiedete Budget eine Ausgabensteigerung um real zwei Prozent vor, die vor allem für höhere Investitionen sowie zusätzliche Ausgaben für Wohnungen, Bildung, aktive Arbeitsmarktpolitik und die Unterstützung kleiner und mittlerer Unternehmen sowie der Schiffbauindustrie genutzt werden sollten (OECD 1993c: 37).

Abbildung 6.3: Reale Veränderungen ausgewählter Haushaltsbereiche in Dänemark, 1982-1992 (in Prozent)

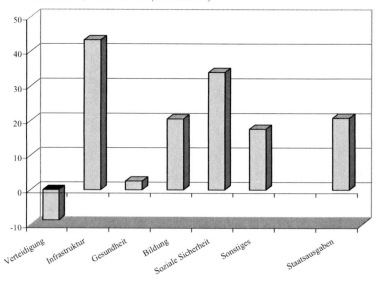

Quelle: Danmarks Statistik <http://www.statbank.dk/statbank5a/default.asp?w=1280> (12.9.2007)

Zusammenfassend lässt sich für die Haushaltspolitik der Regierung Schlüter demnach konstatieren, dass sie den seit den 1960er Jahren anhaltenden Trend einer starken Ausweitung der Staatsausgaben gebrochen hat, und ihn zumindest in den ersten Jahren sogar umkehren konnte. Auch wenn nach 1987 in Folge der lang anhaltenden Rezession die Staatsquote wieder zunahm, stieg sie doch nicht nennenswert über das Niveau von 1982 hinaus (Christiansen 2008: 152). Auch die Konsolidierung des Budgets gelang, wenngleich sich gegen Ende der Regierungszeit die Haushaltssituation wieder verschlechterte (vgl. Abb. 6.2). Gleichzeitig wurde die Haushaltskonsolidierung – entgegen den Ankündigungen zu Beginn der Regierungszeit – weitgehend über die Einnahmeseite erreicht, was sich in einer stark gestiegenen Steuerquote niederschlug (vgl. Abb. 6.2). Auch Einmaleinnahmen aus Erdgas und Erdöl, die sich auf zusammen 12,4 Mrd. Dkr. für die Jahre 1983-1992 beliefen (berechnet nach Energistyrelsen 2007: 102), spielten eine gewisse Rolle für die dänische Haushaltspolitik, blieben aber auch relativ betrachtet weit unter den Einnahmen, die Großbritannien und die Niederlande in den 1980er Jahren aus diesen Quellen schöpfen konnten. Ähnliches gilt für die Privatisierungserlöse, die bis Ende der 1980er Jahre bei unter 750 Mio. Dkr. verharrten und nur 1990 zu nennenswerten Einnahmen von rund fünf Mrd. Dkr. führten (vgl. die Zusammenstellung sämtlicher Privatisierungen bei Christoffersen/Paldam 2006: 136f.). Diese geringe Privatisierungsaktivität hatte ihren wesentlichen Grund in der ausgesprochen geringen Größe des dänischen Sektors staatlicher Unternehmen. Nennenswerte Einmaleffekte, die dem Haushalt zugute kamen, traten in der ersten Hälfte der 1980er Jahre sowie am Ende der 1980er und zu Beginn der 1990er Jahre in Form hoher Zentralbankgewinne auf, die beispielsweise mit 3,7 Mrd. Dkr. im Jahr 1984 einen frühen Spitzenwert erreichten (OECD 1984c: 10) und die sich für die Jahre 1989 bis 1992 gemeinsam sogar auf über zehn Mrd. Dkr. beliefen (Danmarks Nationalbank verschiedene Jahrgänge). Hinzu kam schließlich eine deutliche Erhöhung von Gebühren u.ä. sowohl auf der zentralstaatlichen Ebene als auch – und besonders ausgeprägt – auf kommunaler Ebene, z.B. für das Gesundheits- und Bildungswesen sowie das Abwasser (OECD 1988c: 43f.; 1990c: 37).

Auf der Ausgabenseite verschoben sich die Gewichte nur mäßig. Auffallend war vor allem, dass der Staatskonsum nach 1986 konstant gehalten wurde, während Sozialleistungen weiterhin anstiegen (vgl. Abb. 6.3) – und zwar über das Maß hinaus, das durch die Rezession erklärt werden könnte (Christiansen 2008: 155). Insofern kann kaum von einem Rückbau des Sozialstaates unter den bürgerlichen Regierungen gesprochen werden – eher im Gegenteil wurde der dänische Sozialstaat in den Schlüter-Jahren noch sozialdemokratischer (vgl. ausführlicher Green-Pedersen 1999; 2002 sowie Goul Andersen 2000: 75, 84). Auch die Zinsausgaben stiegen erheblich, während die Regierung in den letzten Regierungsjahren eine Friedensdividende in Form von real sinkenden Verteidigungsausgaben einstreichen konnte (vgl. Abb. 6.3). Hinter den stark zunehmenden Infrastrukturausgaben verbergen sich dagegen nicht allein Investitionen, die als Anteil am BIP sogar leicht zurückgingen, sondern zu einem nennenswerten Teil auch höhere Subventionszahlungen (OECD 2002c: 93). Allerdings wurden auch eine Reihe großer Infrastrukturprojekte angegangen, etwa die Öresundbrücke nach Schweden oder der Bau der Kopenhagener Metro (Interview Finansministeriet 3).

6.3.3 Die Finanzpolitik der bürgerlichen Koalitionen unter Schlüter und der politische Prozess

Es ist in der Literatur weitgehend unbestritten, dass der Regierungswechsel von 1982 einen einschneidenden Wendepunkt in der dänischen Finanzpolitik darstellt. Wie gesehen wurde der seit den frühen 1960er Jahren anhaltende Trend der Ausweitung der Staatstätigkeit zumindest zu einem Halt gebracht und ein innovatives Steuersystem eingeführt, das in der Folge gerade unter dem Gesichtspunkt der Steuerpolitik unter Globalisierungsbedingungen international viel Aufmerksamkeit erregte, wenngleich es nicht ursprünglich als Instrument zur Anpassung an internationale Märkte gedacht war (s.u.). Auch in der Wahrnehmung der Bürger scheint dem Regierungswechsel ein Politikwechsel hin zu einer glaubwürdigen Wirtschaftspolitik gefolgt zu sein, die als zielführend zur Überwindung der tiefen Krise, in der sich das Land in der Wahrnehmung des größten Teils der Bevölkerung befand, betrachtet wurde. Dies belegt nicht zuletzt der schnell einsetzende Optimismus der Bürger in der ersten Hälfte der 1980er Jahre. „The Social Democrats failed to inspire confidence or convince the public that they really had the stomach to implement the necessary tough measures" (Nannestad/Green-Pedersen 2008: 44); die Schlüter-Regierungen verloren dagegen keine Zeit, die von ihnen als notwendig erachteten Reformen, die im Wesentlichen auf eine Drosselung der Staatsnachfrage hinausliefen, durchzusetzen.

Auch bei einigen Outputindikatoren zeigte sich der Wandel, so schon kurzfristig beim Budgetdefizit, mit erheblicher Verzögerung und unter hohen Kosten bei Wirtschaftswachstum und Beschäftigung auch beim Leistungsbilanzsaldo. Schließlich veränderte sich der politische Stil, mit dem Politik betrieben wurde, was sich insbesondere an der schrumpfenden Bedeutung korporatistischer Interessenvermittlung ablesen lässt (Damgaard 1989: 77; Nannestad/Green-Pedersen 2008: 47f.). Aber auch der politische Diskurs veränderte sich: Statt den Gang an den Rand des Abgrunds zu beklagen, propagierte die neue Regierung ihr Reformprogramm, mit dem sie die dänische Ökonomie restaurieren und zu neuem Wachstum führen wollte. Entsprechend wollte sie Mut und Optimismus in der Wirtschaft anregen (Damgaard 1989: 83).

Im Folgenden soll nun untersucht werden, inwieweit das in Kapitel 2 vorgestellte theoretische Modell politischer Willensbildung diesen Politikwechsel und seine Ausgestaltung erklären kann.

6.3.3.1 Die parteipolitische Zusammensetzung der Regierung

Bei einer Gesamtschau der dänischen Wirtschaftspolitik zwischen 1982 und 1993 lässt sich durchaus der Einfluss des Regierungswechsels auf die Wirtschaftspolitik feststellen. Hatte die sozialdemokratische Vorgängerregierung noch auf eine verhandelte Einkommenspolitik, Abwertungen, eine aktive Beschäftigungspolitik, „wirtschaftliche Demokratie" und die Vermeidung von Sozialkürzungen gesetzt, um ihre Ziele der Vollbeschäftigung und Verteilungsgerechtigkeit durchzusetzen, änderten sich die Ziele und Instrumente der dänischen Wirtschaftspolitik unter den bürgerlichen Regierungen erkennbar (vgl. auch Damgaard 1989: 76ff.). Dies zeigt sich auf der Zielebene an der Konzentration auf die Reduzierung des Haushalts- und des Leistungsbilanzdefizits sowie der Inflation, während verteilungspolitische Fragen nicht mehr im Zentrum der Aufmerksamkeit standen und eine Verbesserung der Lage auf dem Arbeitsmarkt allenfalls als Folge stärkerer (durch niedrigere Zinsen infolge abnehmender Haushaltsdefizite hervorgerufener) privatwirtschaftlicher Aktivitäten, nicht jedoch mittels Beschäftigungsprogrammen oder dem Auffangen von zu hohen Lohnabschlüssen angestrebt wurde. Entsprechend verabschiedete sich die Regierung zumindest während der 1980er Jahre auch von einer Korrektur des Konjunkturzyklus und wendete sich einer mittelfristigen Verbesserung der Wettbewerbsfähigkeit der dänischen Wirtschaft zu (OECD 1986c: 9). Schon dies belegt, dass sich die bürgerliche Koalition auch als offener für Anpassungsreaktionen an Globalisierung erwies als die sozialdemokratische Vorgängerregierung.

In Folge der veränderten Zielprioritäten kam der Kontrolle der Staatsausgaben eine größere Bedeutung zu. Dabei wagte sich die Regierung Schlüter auch an einzelne Sozialkürzungen heran, die – wie auch die meisten anderen Reformen – von der sozialdemokratischen Opposition nicht mitgetragen, häufig sogar auf das schärfste abgelehnt wurden (Green-Pedersen 1999: 255; 2001a: 59). Dieser Politikwechsel stimmt mit den Erwartungen der Parteiendifferenzhypothese ebenso überein wie die Senkung der nominalen Steuersätze und die Tatsache, dass sich die bürgerliche Koalition explizit von der Politik der strategischen Abwertungen abwandte. Auch bei einzelnen Regelungen lassen sich die unterschiedlichen parteipolitischen Positionen mitunter sehr deutlich erkennen, so etwa beim mit der Steuerreform 1987 eingeführten Steuerzuschlag von sechs Prozent auf Einkommen über 130.000 Dkr., der ohne sozialdemokratischen Einfluss nicht ins Gesetz aufgenommen worden wäre und den die Regierungsparteien in den Folgejahren erfolglos wieder aus dem Gesetz zu streichen versuchten.

Auf der anderen Seite blieb die Kurskorrektur in einer Reihe von Bereichen hinter den Reformen in anderen Ländern zurück, so etwa bei den Kürzungen der Sozialausgaben, die in den Niederlanden und Deutschland in den 1980er Jahren weiter vorangetrieben worden waren als in Dänemark. Tatsächlich gab es – abgesehen von einigen sozialpolitischen Kürzungen, die die Regierungsparteien als haushaltspolitisch notwendig erachteten, während die SD sie ablehnte – keine radikale Wende (Green-Pedersen 1999: 255). Auch die zwischenzeitliche Erhöhung des Körperschaftsteuersatzes sowie der Steuerzuschlag (auch) auf hohe Kapitaleinkommen und die massiv gestiegene Steuerbelastung stimmen nicht mit den Vorhersagen der Parteiendifferenzhypothese überein. Insofern ist Nannestad und Green-Pedersen (2008: 46) zuzustimmen, dass die Regierung Schlüter nach 1982 „did not produce a radical shift in the economic regime and rhetorics".

Die Frage ist demnach, wieso die Koalition unter Schlüter nicht weiterreichende Reformen durchsetzen konnte oder wollte, warum also die Haushaltskonsolidierung kaum über die Ausgabenseite und schon gar nicht über die Sozialausgaben erreicht wurde und warum es nicht zu stärkeren Steuersatzsenkungen, insbesondere für Unternehmen und im oberen Einkommensbereich, kam. Diese Frage wird im Folgenden unter Rückgriff auf die Zwänge zur Rücksichtnahme auf verschiedene Vetospieler sowie den Wettbewerb um Wählerstimmen beantwortet.

6.3.3.2 Vetospieler und innerparteiliche Gruppierungen

Die interne Kohäsion der Koalition bzw. der einzelnen Regierungsparteien war insgesamt hoch (Damgaard/Svensson 1989: 734f.), wenn man von den innerparteilichen Auseinandersetzungen absieht, die die Koalition von Konservativen, Venstre und Radikaler Venstre in den drei Parteien auslösten (dazu Miller 1996: 196f.). Zu massiven innerparteilichen Auseinandersetzungen kam es entsprechend nur selten, wie etwa 1986, als der finanzpolitische Sprecher der Christlichen Volkspartei gegen die Regierungspolitik stimmte und daraufhin von seinem Sprecherposten entbunden wurde (Eysell 1994: 412; 1996: 392), oder 1987, als auf einem Parteitag der Konservativen Volkspartei massive Kritik am zu moderaten Reformkurs geübt wurde und die Parteiführung nur knapp einer Abstimmungsniederlage zur Frage einer weitreichenden Privatisierung öffentlicher Dienstleistungen entging (Eysell 1994: 407). In beiden Fällen blieb die faktische Regierungspolitik jedoch weitgehend unbeeinflusst. Dagegen kam es 1989 zu einer Auseinandersetzung um die Steuerpolitik zwischen Venstre und Konservativen, in der sich erstere mit der Betonung einer angebotsorientierten Ausrichtung der Steuerpolitik durchsetzen konnte (Nielsen/Pedersen 1989: 364), die sich dann allerdings nicht zur Gänze im Folketing durchsetzen ließ. Umgekehrt wehrten sich insbesondere die sozialstaatsfreundlichen kleinen Koalitionspartner CD und KrF stets gegen einschneidende wohlfahrtsstaatliche Kürzungen, die zentrumsdemokratische Sozialministerin Mimi Jacobsen etwa widersetzte sich den Forderungen nach niedrigeren Steuern und niedrigeren Sozialausgaben, indem sie argumentierte, die hohen Steuern seien angesichts der verschiedenen staatlichen Transferleistungen durchaus vertretbar (Eysell 1994: 463). Ein weitreichender Abbau des Wohlfahrtsstaates ließ sich vor diesem Hintergrund also bereits in der Koalition kaum durchsetzen.

Wie aber oben schon angesprochen, muss im Falle von Minderheitenregierungen, wie sie durchgängig während der Regierungszeit der bürgerlichen Koalitionen unter Schlüter existierten, neben den parteilichen Vetospielern in Form der Regierungsparteien auch solchen Parlamentsparteien Aufmerksamkeit gewidmet werden, die die jeweilige Regierungspolitik unterstützen. Die verschiedenen bürgerlichen Regierungen unter Schlüter konnten dabei in der Wirtschaftspolitik in der Regel neben den „eigenen" Stimmen auch auf die Unterstützung ihnen nahestehender Parlamentsparteien vertrauen, die nicht an der Regierung beteiligt waren. Das galt zwischen 1982 und 1988 sowie nach 1990 für die Radikale Venstre, mit der es zumindest in der Wirtschaftspolitik auch vor ihrer Regierungsbeteiligung zu einer „de facto alliance" (Miller 1996: 187) kam, zwischen 1988 und 1992 insgesamt auch für die 1988 ausgebooteten Koalitionspartner CD und KrF. Allerdings reichte diese Unterstützung (gemeinsam mit den Stimmen einiger nordatlantischer Abgeordneter) nur zwischen 1984 und 1987 für eine knappe Mehrheit im Folketing. Für etwas mehr als das erste Regierungsjahr und die Periode nach 1987 musste die Regierung sich noch nach weiterer parlamentarischer Unterstützung umsehen.

Dabei war die Vier-Parteien-Koalition unter Schlüter nicht immer erfolgreich, was angesichts der geringen Homogenität des Blocks bürgerlicher Parteien nicht verwundert. Tatsächlich verlor sie bereits bis 1988 108 (von 1356) Schlussabstimmungen, nahm aber nur zwei davon zum Anlass, Neuwahlen auszuschreiben, und eine weitere (die Einheitliche Europäische Akte), die Materie dem Volk in einem Referendum vorzulegen (Damgaard 1994: 187; Eysell 1996: 398). Allerdings zeigen sich politikfeldspezifisch sehr unterschiedliche Muster. Während die Regierung insbesondere in der Außen- und Sicherheitspolitik die meisten kontroversen Abstimmungen verlor und sich auch in vielen innenpolitischen Bereichen, etwa der Wohnungs-, Rechts- oder Umweltpolitik, gelegentlich in der Minderheit befand – und diese Abstimmungsniederlagen hinnahm –, erreichte sie in der Wirtschaftspolitik, der ihre Kernaufmerksamkeit galt und in der sie Abstimmungsniederlagen zum Anlass für Neuwahlen genommen hätte (Fitzmaurice 2001: 158), fast immer die parlamentarische Zustimmung (Damgaard/Svensson 1989: 740f.; Damgaard 1994: 187).

Einer der wichtigsten Ausnahmefälle, in dem also eine finanzpolitische Maßnahme der Regierung nicht die Mehrheit im Folketing fand, betrifft den Haushalt für das Jahr 1984, dessen Ablehnung das Wirken kompetitiver Vetospieler deutlich macht. Für eine Folketingmehrheit benötigte die Regierung neben den eigenen Stimmen sowie denen der Radikalen Venstre auch die Stimmen der Sozialdemokraten oder der Fortschrittspartei (vgl. zu den Details Thomas 1985: 114). Beide verweigerten dem Budget im Dezember 1983 jedoch die Zustimmung. Die Ablehnung der Fortschrittspartei stand, obwohl sie an der Ausarbeitung des Haushalts beteiligt gewesen war (Hallerberg 2004: 175) und sie andere finanzpolitische Maßnahmen des ersten Regierungsjahres parlamentarisch unterstützt hatte (Miller 1996: 180), in der Tradition dieser Partei, die auch alle anderen Haushalte seit ihrem Parlamentseinzug abgelehnt hatte.[119] Die Ablehnung der Sozialdemokraten war dagegen nicht zuletzt deshalb überraschend, weil sie dem Haushalt für 1983, dem sie ebenfalls soziale Unausgewogenheit vorgeworfen hatten, zugestimmt hatten (Miller 1996: 180); mehr noch, zum ersten Mal überhaupt seit 1929 hatten die Sozialdemokraten damit gegen den Haushalt gestimmt (Miller 1996: 216, Fn. 9) und erstmals gegen die Regel verstoßen, dass „verantwortliche" Parteien in jedem Fall für das Haushaltsgesetz stim-

---

119 Der einzige Parlamentarier der Fortschrittspartei, der für den Haushalt 1984 gestimmt hatte, wurde sogar aus der Partei ausgeschlossen (Miller 1996: 185).

men. Seitens eines erheblichen Teils der Wähler musste sich die SD daraufhin den Vorwurf gefallen lassen, unnötiger Weise eine weitere vorgezogene Neuwahl heraufbeschworen zu haben, während umgekehrt die Sozialdemokraten der Regierung vorwarfen, mit dem Budgetentwurf bewusst eine Konfrontation und letztlich Neuwahlen provoziert zu haben (Miller 1996: 185). Diese Argumente legen zumindest den Verdacht nahe, dass eine Einigung zwischen kooperativen Vetospielern, die ein gemeinsames Interesse am Erfolg der Regierung haben, leichter erreicht worden wäre, als bei der Konstellation einer Minderheitsregierung, die auf parlamentarische Unterstützung von Akteuren angewiesen ist, die von einem Erfolg der Regierung möglicherweise wahlpolitisch nicht profitieren.

Doch auch in anderen Fällen zeigte sich der die Reformreichweite häufig dämpfende Einfluss von Parteien, die die Wirtschaftspolitik der Regierung zwar unterstützten, der Koalition aber nicht angehörten. Bereits das Budget, das unmittelbar nach der Regierungsübernahme verabschiedet wurde, blieb nicht von Änderungen verschont: War nämlich ursprünglich vorgesehen gewesen, die Sozialleistungen bei Arbeitslosigkeit, Krankheit und Frühverrentung von 90 auf 80% des letzten Lohns zu reduzieren, musste dieser Plan aufgrund des Drucks der Radikalen Venstre aufgegeben und durch das Einfrieren der entsprechenden Leistungen ersetzt werden (Green-Pedersen 2002: 114). Ähnliches gilt für den Haushalt, der schließlich für das Haushaltsjahr 1984 verabschiedet wurde, der aufgrund solcher Kompromisse mit der Radikalen Venstre ebenfalls weniger restriktiv war als ursprünglich geplant, verschlechterte sich die Budgetposition doch insgesamt um zwei Mrd. Dkr. (OECD 1984c: 10, Fn. 6). Der Haushalt für 1988 ließ sich ebenfalls erst nach erheblichen Konzessionen an die Sozialdemokraten verabschieden, die sich im Wesentlichen in einer Erhöhung von Sozialleistungen und der Ausweitung von Arbeitsbeschaffungsmaßnahmen niederschlugen (Eysell 1994: 429; Bille 1998: 19; Green-Pedersen 2001a: 60).

Nach der Regierungsumbildung 1988, bei der die kleinen bürgerlichen Parteien durch die Radikale Venstre ersetzt worden waren, wurden die Schwierigkeiten nicht geringer, wie sich daran zeigt, dass einige Sozialkürzungen 1988 scheiterten, u.a. weil sie von Christ- und Zentrumsdemokraten nicht mitgetragen wurden (Nielsen/ Pedersen 1989: 363; Fitzmaurice 2001: 159). Im Dezember 1988 wurden einzelne Teile des Haushalts gar von unterschiedlichen Parteien unterstützt, mal von Sozialdemokraten, mal von der Sozialistischen Volkspartei, überwiegend jedoch von Fortschrittspartei, Zentrums- und Christdemokraten, während einzelne sozialpolitische Regelungen sogar von einer „alternative Mehrheit" gegen die Regierungsparteien angenommen wurden (Bille 1998: 46). Bei der Schlussabstimmung über das Haushaltsgesetz blieb der Regierung schließlich eine Niederlage trotz der Ablehnung durch die Fortschrittspartei erspart, weil die Sozialdemokraten sich enthielten – damit war der Haushalt angenommen, obwohl weniger als die Hälfte der Stimmen auf ihn entfielen (Nielsen/Pedersen 1989: 363, 366f.). Im Folgejahr gelang es der Regierung dann erstmals, die Unterstützung der Fortschrittspartei für einen Haushalt zu gewinnen (Damgaard 1994: 188; Miller 1996: 198; Bille 1998: 73). Doch schon bei den Haushaltsberatungen für 1991 konnte wiederum keine Einigung zwischen der Regierung und der Opposition erreicht werden (vgl. Bille 1998: 87ff.).

Vor allem steuerpolitische Fragen, insbesondere die Abschaffung des 6%-Steuerzuschlags, spielten dabei eine wichtige Rolle. Auf der anderen Seite erscheint es aber höchst wahrscheinlich, dass eine inhaltliche Einigung prinzipiell möglich gewesen wäre (so auch Interview Finansministeriet 2), weil die Übereinstimmung über den Haushalt zwischen Regierung und SD noch im November 1990 auf 98% beziffert worden war (vgl. zum Folgenden Borre 1991: 133). Daher dürften auch strategische Überlegungen, insbesondere auf Seiten der Sozialdemokraten und Venstre, große Bedeutung gehabt haben, da sich beide Parteien gute Chancen bei Neuwahlen ausrechneten, die wiederum die erwartbare Folge einer Nichteinigung waren. Allerdings scheiterten auch nach Neuwahlen und einer Neuauflage der konservativ-liberalen Koalition einige der Vorschläge im Parlament, so insbesondere die Abschaffung des 6%-Steuerzuschlags sowie einige Einnahmeerhöhungen (Bille 1998: 99).

Interessant ist auch ein Vergleich des Haushaltsentwurfs 1993, den die Regierung im August 1992 vorlegte, mit dem letztlich vom Parlament im November 1992 verabschiedeten Budget (vgl. OECD 1993c: 37). Der Regierungsentwurf sollte die Gesamtausgaben ohne Zinsausgaben real konstant halten, wozu Kürzungen im Volumen von 7,5 Mrd. Dkr. als notwendig erachtet wurden, etwa durch die Reduzierung der Zahl der Staatsdiener, Reformen im Sozialsystem und Subventionskürzungen. Vor dem Hintergrund des stabilen Leistungsbilanzüberschusses, der einen gewissen Handlungsspielraum zu bieten schien, sowie angesichts der hohen Arbeitslosigkeit konnten die Sozialdemokraten und Radikale Venstre in den anschließenden Verhandlungen dann allerdings einen moderat *expansiven* Haushalt durchsetzen. Dies ist ausschließlich auf den Einfluss dieser Parteien zurückzuführen, da die Regierung der Auffassung war, dass alle notwendigen Strukturreformen, für die Zustimmung zu bekommen war, verabschiedet waren, und ein binnenwirtschaftlicher Wachstumsimpuls nicht helfen würde; vielmehr musste Dänemark nach Auffassung der Regierung auf einen außenwirtschaftlichen Impuls warten, der auch das dänische Wachstum tragen sollte (Interviews Finansministeriet 3 und 4). Insgesamt zeigt sich also, dass für die bürgerlichen Minderheitsregierungen ein ums andere Mal galt: „The price for staying in power was to ease some of the budgetary restrictions" (Christiansen 2008: 154).

Auf diese Weise lässt sich auch erklären, warum die Privatisierungsaktivitäten 1989 und 1990 umfangreicher gerieten als zunächst von der Regierung geplant (OECD 1990c: 114). Da Privatisierungen im dänischen Kontext ohnehin parteipolitisch wie gesellschaftlich tendenziell unkontrovers waren (Christoffersen/Paldam 2006: 124ff.), stellten sie einen Konsolidierungspfad dar, auf den sich Regierung und Parlament verglichen mit Ausgabenkürzungen oder Steuererhöhungen leichter einigen konnten (vgl. zu diesem Argument ausführlicher Zohlnhöfer et al. 2008).

Andere Vorhaben der Regierung scheiterten wegen fehlender Zustimmung des Parlaments allerdings sogar ganz, etwa weitere Ausgabenkürzungen, gerade bei Sozialtransfers, ab dem Jahr 1984 (Interview Finansministeriet 1), oder die Regierung musste hinnehmen, dass bestimmte Maßnahmen, etwa die Einführung einer Kohlendioxidsteuer oder der finanzielle Ausbau der Ausbildungsförderung, sogar gegen ihren Willen vom Folketing durchgesetzt wurden (Folketingets Forhandlinger, Folketingsåret 1991-92, 20.12.1991, S. 4845ff.; vgl. auch Green-Pedersen 1999: 255; Fitzmaurice 2001: 159).

Interessant ist schließlich, dass die Regierung in bestimmten, als besonders wichtig betrachteten Fällen sogar von sich aus eine übergroße parlamentarische Mehrheit anstrebe, diese allerdings nur in wenigen steuerpolitischen Reformen auch tatsächlich erhielt (Green-Pedersen 2001a: 61). Der wichtigste diesbezügliche Fall war die Steuerreform von 1987, die von den vier Regierungsparteien gemeinsam mit der Radikalen Venstre und den Sozialdemokraten ausgearbeitet wurde, obwohl rechnerisch die SD zur Mehrheitsbeschaffung nicht nötig gewesen wäre. Die bürgerlichen Parteien wollten aber ihre Steuerreform politisch „absichern", indem sie die Sozialdemokraten an der Reform beteiligten. Dies gelang umso leichter, als die inhaltlichen Differenzen begrenzt waren, da die duale Einkommensteuer „promised a clear improvement over the status quo in virtually all aspects of tax policy: more efficiency, more equity, higher household savings and higher income tax revenue" (Ganghof 2006: 80). Wichtiger noch wurde mit der Einschränkung der Abzugsfähigkeit von Hypothekenzinsen ein langjähriges zentrales Anliegen der SD mit der Reform realisiert (Green-Pedersen 2001a: 61). Dennoch mussten die Regierungsparteien, die vor allem an den niedrigeren Steuersätzen interessiert waren, in einigen Bereichen Konzessionen an die SD machen, so vor allem im Hinblick auf den sechsprozentigen Steuerzuschlag auf hohe Kapitaleinkünfte, der ohne die sozialdemokratische Beteiligung an der Gesetzgebung nicht eingeführt worden wäre (Ganghof 2006: 81). Durch die Kooperation mit den Sozialdemokraten wurde der ursprüngliche Gesetzentwurf, den ein Beobachter als „remarkably consistent" beurteilte (Interview De Økonomiske Råd), im Laufe der Verhandlungen deutlich weg vom Modell einer puren dualen Einkommensteuer verändert. Dies hatte im Wesentlichen mit dem sozialdemokratischen Bestreben zu tun, Kapitaleinkommen wenigstens teilweise progressiv zu besteuern.

Im Bereich der Arbeitslosenversicherung versuchte die Regierung ebenfalls ab Mitte der 1980er Jahre ein ums andere Mal, die Sozialdemokraten zur Zustimmung zu einer Strukturreform mit deutlichen Kürzungselementen zu bewegen, da ein Alleingang der bürgerlichen Parteien als wahlpolitisch zu riskant eingestuft wurde oder ein solcher Alleingang daran gescheitert wäre, dass die Zentrumsdemokraten ihn nicht mitgemacht hätten. Die Sozialdemokraten hatten ihrerseits jedoch in diesen Fällen – wie auch im Fall der Steuerreform von 1990 – kein Interesse an einer Einigung, die entsprechend trotz mehrerer Versuche nicht zustande kam (vgl. hierzu Green-Pedersen 2002: 117-123). Insofern zeigt sich auch hier, dass bei den Verhandlungen kompetitiver Vetospieler nicht allein eine inhaltliche Übereinstimmung ausreicht – diese wäre wie gesehen bei der Steuer-, aber auch bei der Arbeitsmarktreform möglich gewesen, wie die nach dem Regierungswechsel verabschiedete Reform zeigt (s. Kap. 6.4.2). Vielmehr sind auch die wahlpolitischen Interessen der Beteiligten zu berücksichtigen, und die Sozialdemokraten wollten ab dem Ende der 1980er Jahre ganz offensichtlich die Regierung als reform- und regierungsunfähig darstellen (Interview Finansministeriet 3), sodass eine Verabschiedung der Reformen nicht zustande kam.

6.3.3.3 Der Wettbewerb um Wählerstimmen

Für die Durchsetzung der Umorientierung der dänischen Finanzpolitik nach 1982 spielte die Wahrnehmung einer tiefen wirtschaftspolitischen Krise eine wichtige Rolle (so wiederholt auch Interviews Finansministeriet 1, 2 und 3):

> „in August [1982] it was clearly recognized that the budget deficit would attain an unacceptable level and that severe spending cuts would need to be implemented. At the same time, both the short-term outlook and the medium-term scenarios pointed to a further aggravation of the already severe disequilibria characterising the Danish economy. ... As noted, medium-term scenarios also suggested that, in the absence of a marked change in policies, the scope for achieving more balanced economic developments was virtually non-existent" (OECD 1983c: 23).

Angesichts der Tatsache, dass die OECD in Dänemark zu Beginn der 1980er Jahre als eine wichtige objektive Instanz in wirtschafts- und sozialpolitischen Fragen wahrgenommen wurde (vgl. Kaspersen/Svaneborg 2004: 40-42; Einhorn/Logue 2003: 239), dürfte diese Einschätzung von weiten Teilen der Regierungsakteure – und mutmaßlich auch der Wähler – geteilt worden sein. Auch die vielzitierten Sätze des sozialdemokratischen Finanzministers jener Tage, Knud Heinesen, Dänemark stehe am „Rande des Abgrunds" oder befinde sich gar schon „mit einem Ticket erster Klasse im ökonomischen freien Fall" (zit. in Hallerberg 2004: 170, 173), machen die Wahrnehmung der ökonomischen Lage am Ende der 1970er sowie am Beginn der 1980er Jahre deutlich. Dass schließlich im Januar 1983 die Agentur „Standard & Poor's" Dänemarks Kreditrating von AAA auf AA+ herunterstufte (Interview Finansministeriet 1; vgl. auch Hallerberg 2004: 174), tat ein Übriges, um den Ernst der Lage zu verdeutlichen.

Die bürgerlichen Parteien waren seit den 1970er Jahren der Auffassung gewesen, dass die wirtschaftlichen Probleme gerade durch die ausbleibende Anpassung an die veränderten weltwirtschaftlichen Herausforderungen entstanden waren, dass die Krise also Ausdruck der mangelnden internationalen Wettbewerbsfähigkeit Dänemarks sei, die ihrerseits Folge eines zu großen öffentlichen Sektors sei (Interviews Finansministeriet 1, 2 und 3; vgl. auch Damgaard 1989: 72). Insofern überrascht es nicht, dass es ab 1982 wirklich die bürgerlichen Parteien waren, die eher als die Sozialdemokraten bereit waren, erste Anpassungsmaßnahmen an die gewachsenen außenwirtschaftlichen Herausforderungen durchzusetzen. Dabei spielte nicht zuletzt auch in der öffentlichen Wahrnehmung das Leistungsbilanzdefizit eine wichtige Rolle, ja dieses Thema wurde von den Wählern während der 1980er Jahre häufig als eines der wichtigsten auf der politischen Agenda eingestuft (Goul Andersen 2008: 81; so auch Interview Finansministeriet 1). Entsprechend stand die Reduzierung des Leistungsbilanzdefizits und damit die Begrenzung der Auslandsverschuldung, deren Grenzen, wie die Herunterstufung des Kreditrating zeigte, als erreicht galten, ganz oben auf der Prioritätenliste der Regierung. Daraus folgte nicht zuletzt, dass die Wettbewerbsfähigkeit der dänischen Wirtschaft erhöht werden musste. Eine wichtige Rolle hierfür spielte die Rückführung der Staatsverschuldung, die nicht nur dazu beitragen sollte, die seit den 1970er Jahren immens gestiegenen Zahlungen für den Schuldendienst wieder zurückzuführen, sondern die vor allem über eine Verringerung des

Zinsniveaus Anreize zu höheren Investitionen bieten sollte. Mit der „Kartoffelkur" wurde angesichts des begrenzten Erfolges der bisherigen Strategie dann auch verstärkt auf eine Verringerung der Importnachfrage eingewirkt.

Auf den ersten Blick etwas verblüffend nimmt sich angesichts der großen Bedeutung, die der Internationalisierung für die dänische Finanzpolitik der 1980er Jahre zukam, die Erhöhung des Körperschaftsteuersatzes um zehn Prozentpunkte im Jahr 1987 aus, also nach den großen Unternehmensteuerreformen in Großbritannien und den USA. In der Tat war die duale Einkommensteuer nicht ursprünglich als Instrument zur Anpassung an den internationalen Steuerwettbewerb gedacht, sondern sie sollte vor allem dazu beitragen, die hohen Steuerausfälle infolge negativer Kapitaleinkünfte zu begrenzen (Interview Finansministeriet 2).[120] Der Grund dafür, warum der Steuerwettbewerb zu diesem Zeitpunkt noch eine so geringe Rolle bei der Unternehmensbesteuerung spielte, könnte neben der Tatsache, dass die Entscheidungsträger bei der Verabschiedung der Reform die amerikanische Reform noch nicht hinreichend antizipieren konnten, im weitgehenden Fehlen von multinationalen Konzernen in Dänemark gesehen werden (so Benner/Vad 2000: 436). Es sind nämlich vor allem solche multinationalen Konzerne, die die Möglichkeiten der Transferpreismanipulation und der Gesellschafterfremdfinanzierung nutzen und auf diese Weise Druck auf das nationale Steuersystem ausüben können. Fehlen diese Unternehmen, ist der Druck des Steuerwettbewerbs zumindest anfänglich geringer.

Gleichwohl ließ sich auch in Dänemark angesichts der Steuersatzsenkungen in fast allen anderen Ländern sowie angesichts des herannahenden EG-Binnenmarktes der hohe Körperschaftsteuersatz nicht lange aufrechterhalten, da befürchtet wurde, er sende ein negatives Signal an internationale Investoren (Andersson et al. 2000: 118). Der Binnenmarkt spielte aber nicht nur bei der Unternehmensbesteuerung, sondern auch bei der indirekten Besteuerung eine wichtige Rolle, da viele Verbrauchsteuern gesenkt wurden, um Steuerarbitrage zu verhindern, die sich angesichts der niedrigeren Verbrauchssteuern insbesondere in Deutschland gelohnt hätte (vgl. OECD 1990c: 33-36).

Die Krisenwahrnehmung, derzufolge der von den sozialdemokratischen Vorgängerregierungen eingeschlagene wirtschaftspolitische Pfad nicht mehr weiterverfolgt werden konnte, wenn die dramatischen Probleme gelöst werden sollten, denen sich die dänische Ökonomie gegenübersah und die zu einem erheblichen Teil als Anpassungsnotwendigkeiten an außenwirtschaftliche Offenheit verstanden wurden, erlaubte es den bürgerlichen Parteien daher, die von ihnen für richtig gehaltenen Anpas-

---

120 Allerdings hatte die wahrgenommene Notwendigkeit, diese Politik zu verfolgen, wiederum einiges mit den außenwirtschaftlichen Problemen Dänemarks zu tun, da die Entscheidungsträger zunehmend zu der Auffassung gelangten, dass die Zahlungsbilanzprobleme vor allem mit einer sehr niedrigen Sparneigung zu tun hatten. Daher wurde eine Erhöhung der Sparquote als zentral angesehen, die wiederum durch eine Verringerung der Anreize zur Verschuldung und einer Erhöhung der Anreize zum Sparen erreicht werden sollte. Durch die Schlechterstellung der steuerlichen Behandlung von Zinsausgaben konnte einerseits die private Verschuldung verringert werden, weil die Schuldzinsen in geringerem Maße abgesetzt werden konnten, sodass es weniger Anreize zur Verschuldung gab, andererseits verbesserte sich die Haushaltssituation der öffentlichen Hand (Interview De Økonomiske Råd).

sungsreaktionen durchzusetzen, weil sie die Krisenwahrnehmung strategisch nutzen konnten (vgl. Green-Pedersen 2001a: 59; Christiansen 2008: 152; Goul Andersen 2008: 77, 89). Nannestad und Green-Pedersen (2008: 47f.) sprechen von einem „'rally around the flag' sentiment the government initially drummed up among the public by pointing to the serious nature of the challenges facing the country." Tatsächlich bestand der wichtigste Begründungsstrang für die Reformpolitik der frühen 1980er Jahre im Hinweis auf die Notwendigkeit, die wirtschaftspolitische Krise zu überwinden (V. Schmidt 2000: 264). Hinzu kam – ganz ähnlich wie in Thatchers Großbritannien – das Argument, dass faktisch keine Alternative zur von der Regierung verfolgten Politik bestehe. Dieses Argument wurde unterstrichen durch den Misserfolg der sozialdemokratischen Vorgängerregierung, die freiwillig und unehrenhaft die Regierungsverantwortung abgegeben habe (Nannestad/Green-Pedersen 2008: 48). Entsprechend argumentierten Regierungspolitiker, dass die Lage vor allem aufgrund des Versagens der sozialdemokratischen Vorgängerregierung noch schlechter sei, als man zunächst erwartet habe, und deshalb besonders harsche Maßnahmen notwendig seien (vgl. die entsprechenden Zitate bei Green-Pedersen 2002: 114f.). Vor diesem Hintergrund erschien die restriktive Haushaltspolitik für die Regierung Schlüter zumindest in den ersten Jahren nach dem Regierungswechsel sogar als ein Gewinnerthema (Hallerberg 2004: 179),[121] für das es Lob von den Medien gab und das im Zentrum des – sehr erfolgreichen – Wahlkampfes im Januar 1984 stand (Borre 1984: 190). Der politische Diskurs wurde also in den ersten Regierungsjahren sehr bewusst auf das neue wirtschaftspolitische Programm, das neue Chancen für Dänemark biete, gelenkt. Gleichzeitig versuchte die Regierung, die sozialpolitischen Einschnitte als notwendig zum Erhalt des Wohlfahrtsstaates und sich selbst entsprechend als sozialpolitisch verantwortlich darzustellen. Dass denjenigen Hilfe zukommen würde, die sich nicht allein helfen können, sollte beispielsweise schon 1982 der Verzicht auf Leistungskürzungen bei Alters- und Erwerbsunfähigkeitsrenten unterstreichen (Green-Pedersen 2002: 115).

Insbesondere nachdem die Wahrnehmung einer akuten Krise abzunehmen und die Kritik der SD an der „unsozialen" Politik der Regierung bei den Wählern Wirkung zu zeigen begann (Green-Pedersen 2001a: 60), wurden jedoch auch andere Schuldvermeidungsstrategien für die Konsolidierungspolitik der Schlüter-Regierungen eingesetzt. Wie schon im britischen Fall dürften sich auch die dänischen bürgerlichen Parteien leichter getan haben, Steuern zu erhöhen anstatt (Sozial)Ausgaben zu kürzen, weil vom politischen Gegner in diesem Bereich wenig zu befürchten war, da die Wähler kaum erwarten durften, dass eine sozialdemokratisch geführte Regierung auf Steuererhöhungen verzichten würde (vgl. dazu Zohlnhöfer 2007b). Vor dem Hintergrund des dänischen Parteiensystems ist diese Aussage allerdings insofern kritisch zu hinterfragen, als die Fortschrittspartei von Mogens Glistrup ja gerade als Steuerprotestpartei wahrgenommen wurde. Doch während ihre Existenz in den

---

121 Umfragedaten aus dem April 1983 zufolge war die Vier-Parteien-Koalition unter Schlüter zu diesem Zeitpunkt die beliebteste Regierung der Nachkriegsgeschichte, der sogar von zwei Dritteln der sozialdemokratischen Wähler gute Noten für die Regierungsarbeit gegeben wurde (Miller 1996: 184).

1970er Jahren offenkundig tatsächlich Steuererhöhungen massiv erschwerte – was mit zu den enorm wachsenden Defiziten beitrug, weil die Steuern nicht erhöht wurden, die Ausgaben aber weiter wuchsen – scheint dieser Effekt in den 1980er Jahren verflogen zu sein: „taxes have not been a very salient issue, and the Progress Party as well as its successor, the Danish People's Party, had to find another agenda issue (immigration) to survive in the 1980s" (Goul Andersen 2008: 76; vgl. auch ebenda 81 sowie Einhorn/Logue 2003: 251; Skidmore-Hess 2003: 97f.).

Die Sorge vor der Bestrafung sozialpolitischer Einschnitte durch die Wähler angesichts eines glaubwürdigen Verteidigers des Wohlfahrtsstaates in Form der SD hielt die Regierungsparteien dagegen von einer weiterreichenden Kürzungspolitik sowie von Strukturreformen im Sozialbereich ab, die ohne Zustimmung der SD wahlpolitisch zu gefährlich waren (Green-Pedersen 2001a: 60). Die Zustimmung der Sozialdemokraten war aber gerade nicht zu gewinnen. Das lag vor allem an wahlstrategischen Überlegungen seitens der SD, die mit einer starken linken Konkurrenz durch die Sozialistische Volkspartei konfrontiert war. Einerseits mussten die Sozialdemokraten eine vergleichweise wohlfahrtsstaatsfreundliche Position einnehmen, um die Stimmenverluste gegenüber der SF zu begrenzen (Bille 1999b: 362) und möglicherweise die Stimmen vormaliger Wähler der bürgerlichen Parteien zu erhalten, die mit den Sozialkürzungen nicht einverstanden waren. Andererseits dürfte zumindest phasenweise die Tatsache eine Rolle gespielt haben, dass die Radikale Venstre, die lange Zeit der natürliche Koalitionspartner der Sozialdemokraten gewesen war, nach 1982 kein Interesse an der Ablösung der bürgerlichen Regierung hatte, und die SD entsprechend die einzige Möglichkeit, die Regierungsmacht zurückzugewinnen, darin sah, eine gemeinsame Mehrheit mit der Sozialistischen Volkspartei zu erringen (Green-Pedersen/van Kersbergen 2002: 515f.). Entsprechend hofften die Sozialdemokraten, dass der Widerstand gegen Sozialkürzungen sich elektoral auszahlen würde, was eine notwendige Bedingung war, um gemeinsam mit SF eine Mehrheit im Folketing zu erreichen; andererseits durften sie sich programmatisch nicht zu weit von ihrem prospektiven Koalitionspartner entfernen, sollte die Koalitionsoption realistisch erscheinen. Daher verlegte sich die Regierung ab 1984, nachdem die Krisenwahrnehmung angesichts der spürbaren Verbesserung der wirtschaftlichen Lage nachgelassen hatte und die Koalition daher in sozialpolitischen Fragen in die Defensive geraten war, auf einen Ausbau des Wohlfahrtsstaates.[122]

Dies war wahlpolitisch umso dringlicher, als es der Regierung auch nur in begrenztem Umfang gelang, eine Kooperation mit den Gewerkschaften zu erreichen, die unpopuläre Reformen ebenfalls wahlpolitisch hätte entschärfen können. Zwar gab es punktuell durchaus entsprechende Absprachen, etwa Ende 1987, als es der Regierung gelang, die Gewerkschaften auf eine Politik der Lohnmoderierung zu verpflichten, wofür sie im Gegenzug den Ausbau der betrieblichen Altersversorgung zu unterstützen versprach (Interviews Finansministeriet 2 und 3; vgl. auch OECD

---

122 Ein Gesprächspartner verwies beispielsweise darauf, dass der Karenztag beim Krankengeld inhaltlich zwar angemessen gewesen sei, aber aufgrund seiner Unpopularität wieder abgeschafft worden sei (Interview Finansministeriet 1).

1988c: 80). Aber im Bereich der Finanz- oder Sozialpolitik konnten auf diese Weise keine Einschnitte elektoral abgesichert werden; im Gegenteil wurden Ende 1982 sogar drei Großdemonstrationen gegen die neue Wirtschafts- und Sozialpolitik organisiert (Miller 1996: 180; Green-Pedersen 2002: 114f.).

Doch auch traditionelle Schuldvermeidungsstrategien spielten bei den – ohnehin begrenzten – Einschnitten ins soziale Netz eine wichtige Rolle. Das gilt schon für die zeitliche Ausgestaltung der Maßnahmen, wurden doch die meisten Kürzungen in den ersten Jahren nach der Regierungsübernahme durchgesetzt, was es erlaubte, ihre Notwendigkeit der sozialdemokratischen Vorgängerregierung anzulasten und somit die weit verbreitete Krisenwahrnehmung zu nutzen. Schon im Wahlkampf 1984 spielte dagegen das Versprechen eine Rolle, im Folgejahr keine weiteren Sozialkürzungen mehr vorzunehmen (Green-Pedersen 2002: 116). Weiterhin weist Green-Pedersen (1999: 253) in Bezug auf die 1983 eingeführte Steuer auf die Erträge von privaten Rentenfonds, und damit der wichtigsten einzelnen Maßnahme zur Haushaltskonsolidierung, darauf hin, dass es sich hierbei um ein „very complicated piece of legislation" gehandelt habe, dessen negative Konsequenzen zudem erst in ferner Zukunft von Rentnern gespürt würden, deren private Renten deutlich niedriger seien, als sie es ohne die Reform gewesen wären. Auch die Erhöhung von Sozialversicherungsbeiträgen anstelle von Steuern lässt sich hier anführen (Green-Pedersen 1999: 253f.). In die gleiche Richtung ging schließlich die Verschiebung des Kürzungsdrucks auf die Kommunen durch die restriktive Linie in den entsprechenden Haushaltsverhandlungen, die durch etwaige Strafen für Budgetüberschreitungen unterstrichen wurde (vgl. Damgaard 1989: 78). Auf diese Weise waren die Kommunen in der Pflicht, die unpopulären Kürzungen beim öffentlichen Konsum durchzusetzen, während die Regierung den Konsolidierungserfolg verbuchen konnte (vgl. ausführlicher Schwartz 2001a: 147ff.).

Eine wichtige Abweichung von den Erwartungen der Schuldvermeidungstheorie fällt allerdings ins Auge, und diese bezieht sich auf die deutliche Verschlechterung der steuerlichen Absetzbarkeit von Hypothekenzinsen durch die Regierungen Schlüter. Diese Veränderung traf die große Zahl von Hausbesitzern heftig, ja sie führte zu einem Kollaps des dänischen Immobilienmarktes und zum Bankrott vieler Haushalte. Es ist zu vermuten, dass die Regierung diese gravierenden Folgen nicht vollständig antizipiert hatte (so Interview Finansministeriet 2) und hoffte, die gleichzeitig beschlossene Steuerreform von 1987 werde den Unmut über die Einschränkung des Schuldzinsabzugs aufwiegen (so auch Green-Pedersen 1999: 254). Auch die Tatsache, dass die SD diese Maßnahme nicht nur mittrug, sondern sie schon seit langem gefordert hatte, dürfte ihre Durchsetzung erleichtert haben.

Darüber hinaus dürften die Unterschiede bei der Entwicklung von Einkommenstransfers und Konsumausgaben nicht zuletzt wahlpolitisch motiviert gewesen sein. Während nämlich der Staatskonsum ohne elektorale Konsequenzen real konstant gehalten werden konnte, indem die Kommunen gezwungen wurden, die Konsumausgaben einzuschränken, stiegen die Einkommenstransfers ab Mitte der 1980er Jahre erheblich. Dies war wahlpolitisch für die Regierungsparteien attraktiv, da Einkommenstransfers wesentlich höhere Sichtbarkeit erreichen und entsprechend hohe Renditen an der Wahlurne versprechen (so Christiansen 2008: 156, vgl. auch Green-

Pedersen 1999: 253). Insofern ist Green-Pedersen (1999: 256) zuzustimmen, wenn er bilanziert, dass die Entwicklung des dänischen Wohlfahrtsstaates unter den bürgerlichen Regierungen „seems a clear example of electorally driven policy convergence". Auch die Akzeptanz der extrem hohen Lohnabschlüsse von 1987, die die Stabilisierungspolitik der Regierung in erheblichem Umfang konterkarierte, dürfte dadurch bedingt gewesen sein, dass 1987 ein Wahljahr war und die Regierung angesichts der unpopulären Kartoffelkur und der – vor allem wegen der Einschränkungen der Abzugsfähigkeit von Hypothekenzinsen – ebenfalls nicht begeistert aufgenommenen Steuerreform spürbar steigende Reallöhne brauchte, um die Wähler positiv zu stimmen (Nannestad/Green-Pedersen 2008).[123]

6.4 Die Finanzpolitik der sozialdemokratisch geführten Koalitionen unter Poul Nyrup Rasmussen, 1993-2001

Die Phase der bürgerlichen Minderheitsregierungen endete am 15. Januar 1993 mit dem Rücktritt von Ministerpräsident Poul Schlüter, der wegen einer Affäre um tamilische Flüchtlinge aus dem Amt schied (vgl. Miller 1996: 203ff.). Anstelle einer weiteren bürgerlichen Minderheitsregierung unter dem konservativen Finanzminister Henning Dyremose, wie sie KF und Venstre anstrebten, wurde eine Koalition aus SD, RV, CD und KrF unter Führung des Sozialdemokraten Poul Nyrup Rasmussen gebildet, die über eine knappe eigene Mehrheit im Parlament verfügte. Damit wurde Dänemark zum ersten Mal seit 1971 wieder von einer Mehrheitskoalition regiert. Dieser Status hielt allerdings nur bis Ende Februar 1994, als eine Abgeordnete der Zentrumsdemokraten, die kurzzeitige Sozialministerin Bente Juncker, wegen eines Skandals aus ihrer Partei austreten musste, ihr Mandat aber behielt. Die Mehrheit konnte auch bei den Wahlen im September 1994 nicht zurückerobert werden, bei denen vielmehr die Christliche Volkspartei den Einzug ins Parlament verpasste und Zentrumsdemokraten und SD in nennenswertem Umfang Stimmen einbüßten. Da die Zentrumsdemokraten die Koalition 1996 verließen und auch die KrF nach ihrem Wiedereinzug ins Parlament 1998 nicht mehr in die Regierung eintrat, blieb die Koalition bis zu ihrem Ende 2001 eine Minderheitsregierung, der nur noch die Sozialdemokraten und die Radikale Venstre angehörten.

Die Vorgängerregierung hatte einerseits eine Reihe von Problemen gelöst, insbesondere in Bezug auf Inflation und Leistungsbilanz, doch andere Probleme bestanden weiter (vgl. Nannestad/Green-Pedersen 2008: 55): Insbesondere das Wirtschaftswachstum wollte nach der „Kartoffelkur" nicht recht in Gang kommen und entsprechend blieb auch die Arbeitslosigkeit hoch. Zudem war das Budgetdefizit in

---

123 Allerdings wurde hier von an den Entscheidungen beteiligten Akteuren geltend gemacht, dass durch die restriktive Lohnpolitik der öffentlichen Hand seit 1982, die im Bereich des privaten Sektors nicht in gleicher Weise durchsetzbar gewesen sei, eine Gehaltslücke zwischen öffentlichem und privatem Sektor entstanden war, die nicht auf Dauer hinnehmbar gewesen sei (Interview Finanzministeriet 2).

den letzten Jahren der Regierung Schlüter wieder erheblich gewachsen (vgl. Abb. 6.2). Angesichts der Teilerfolge der bürgerlichen Koalitionen und weil Radikale Venstre, Christ- und Zentrumsdemokraten zu unterschiedlichen Zeitpunkten den bürgerlichen Regierungen angehört hatten und auch die SD punktuell mit der Regierung Schlüter kooperiert hatte, erstaunte auch das allgemeine Bekenntnis der neuen Koalition wenig, die bisherige Finanzpolitik in ihren Grundzügen fortsetzen zu wollen. Allerdings sollte zukünftig ein stärkeres Augenmerk auf eine Verbesserung der Wachstumsperformanz und eine Verringerung der Arbeitslosigkeit gelegt werden (Miller 1996: 205).

6.4.1 Steuerpolitik

Eine der ersten Maßnahmen, die die neu ins Amt gekommene Regierung unter Poul Nyrup Rasmussen in Angriff nahm, war eine Steuerreform, in deren Zentrum eine Reduzierung der immer noch sehr hohen marginalen Steuersätze stand. Diese Reform war von einer Kommission vorbereitet worden, die, wie in Kapitel 6.3.1 bereits dargestellt, noch von der Regierung Schlüter eingesetzt worden war und die ihren Bericht im Herbst 1992 vorgelegt hatte. Mit wenigen Abweichungen übernahm die neue Koalition die entsprechenden Vorschläge. So wurden die Steuersätze erheblich reduziert: Der Spitzensteuersatz sank zwischen 1993 und 1998 schrittweise um insgesamt zehn Prozentpunkte auf 58%, der Basissatz sank sogar noch stärker, nämlich um 14 Prozentpunkte auf schließlich noch 38 Prozentpunkte[124] (vgl. Pedersen 1993: 711; Henkes 2006: 324). Auch positive Kapitaleinkünfte mit Ausnahme von Dividenden und Wertzuwächsen bei Aktien, die länger als drei Jahre gehalten wurden, sollten gemeinsam mit Arbeitseinkommen wieder einer progressiven Besteuerung unterliegen,[125] sodass es zu einer weiteren Entfernung von der dualen Einkommensteuer kam. Dividenden und Wertzuwächse bei längerfristig gehaltenen Aktien wurden bis zu einer inflationsindexierten Grenze mit 25%, darüber mit 40% besteuert (Andersson et al. 1998: 118), der Steuersatz auf die thesaurierten Gewinne nichtinkorporierter Unternehmen wurde auf die Höhe des Körperschaftsteuersatzes festgelegt (Ganghof 2007: 1070). Negative Kapitaleinkünfte konnten dagegen nicht gegen den Spitzensteuersatz geltend gemacht werden, der Wert ihrer Absetzbarkeit sank auf rund 46% (Ganghof 2006: 83).[126]

Im Sinne der Strategie einer kurzfristig expansiven Nachfragepolitik („kick-start", s.u.) blieb die Reform im ersten Jahr (1994) im Umfang von etwa 4,6 Mrd. Dkr. unterfinanziert, während in den folgenden Jahren eine Reihe von Maßnahmen zur Gegenfinanzierung griffen (vgl. Ganghof 2006: 83; Henkes 2006: 325). Ein wichtiger Bereich waren natürlich die schon angesprochene höhere Besteuerung positiver Ka-

---

124 Die durchschnittlichen Einkommensteuersätze waren zwischen 1987 und 1993 wegen gestiegener kommunaler Einkommensteuersätze ebenfalls gestiegen (vgl. Hauge Jensen 2001: 4).
125 Gleichzeitig wurde allerdings für den Einkommensteuerspitzensatz ein zusätzlicher Freibetrag für Kapitaleinkommen in Höhe von 20.000 Dkr. eingeführt (OECD 1994c: 43).
126 Zudem wurden einige Verkehrsteuern gesenkt oder abgeschafft (Pedersen 1993: 714).

pitaleinkommen und die Reduzierung des steuerlichen Wertes von negativen Kapitaleinkünften sowie eine weitere Verbreiterung der steuerlichen Bemessungsgrundlage. Interessanter Weise wurde dabei auch die Bemessungsgrundlage der Körperschaftsteuer verbreitert (vgl. Pedersen 1993: 713f.; Andersson et al. 1998: 118), ohne dass es gleichzeitig zu einer Senkung der Steuersätze gekommen wäre. Hinzu kam eine deutliche Erhöhung verschiedener Umweltsteuern einschließlich der Mineralölsteuer und einer Abgabe auf Wasserverbrauch. Drittens schließlich wurde eine Arbeitsmarktabgabe eingeführt. Arbeitnehmer mussten ab 1994 5% ihres Lohnes an einen Arbeitsmarktfonds abführen, aus dem Maßnahmen der aktiven Arbeitsmarktpolitik finanziert werden sollten, ohne dass aber spezifische Rechte des einzelnen Beitragspflichtigen entstehen würden. Diese Abgabe wurde in den folgenden Jahren bis auf acht Prozent erhöht. Arbeitgeber hatten erst ab 1997 0,3% der Lohnsumme zu zahlen, ein Betrag, der später auf 0,6% anstieg. Diese proportionale Lohnsteuer außerhalb des Einkommensteuertarifes (Ganghof 2006: 83f.), die rund die Hälfte der Senkung der Einkommensteuersätze finanzierte (OECD 1996c: 46), erhöhte also faktisch die Steuersätze auf Arbeitseinkommen wieder, während Kapitaleinkommen nicht auf diese Weise zusätzlich belastet wurden. Das bedeutete aber auch, dass auf diese Weise der steuerliche Wert der Zinsabzüge niedriger gehalten werden konnte, als es bei einem höheren Kapitalsteuersatz möglich gewesen wäre, sodass in dieser Hinsicht sogar von einer Verbreiterung der Bemessungsgrundlage gesprochen werden konnte (Interview De Økonomiske Råd). Hinzu kam, dass die gezahlte Arbeitsmarktabgabe von der Einkommensteuer abgesetzt werden konnte. Kalkuliert man den höheren steuerlichen „Wert" ein, den die Absetzbarkeit der Abgabe für Steuerpflichtige mit einem höheren Grenzsteuersatz hat, lässt sich feststellen, dass der Beitragssatz der Arbeitsmarktabgabe mit steigendem Einkommen sogar sank (OECD 1996c: 47).

Die – abgesehen von der 1995 beschlossenen Abschaffung der Vermögensteuer – nächsten größeren steuerpolitischen Aktivitäten der Regierung müssen als Antworten auf die konjunkturelle Lage gesehen werden. Angesichts einer stark expandierenden Ökonomie und insbesondere eines sich zusehends überhitzenden Immobilienmarktes sah sich die Regierung 1997 gleich mehrfach genötigt, restriktive Maßnahmen durchzusetzen (vgl. OECD 1999c: 51, 147f.). So wurden im Mai insbesondere für den Immobilienmarkt relevante Verkehrsteuern und einige Umweltsteuern eingeführt oder erhöht. Im November wurden zunächst befristet bis Ende 1998 weitere Verkehrsteuern erhöht und eine einprozentige Rentenabgabe auf die Löhne eingeführt (ATP-Beitrag), die steuerlich absetzbar war und zunächst lediglich der Abschöpfung von Kaufkraft dienen sollte, ab 1999 allerdings zur Finanzierung eines zusätzlichen Zweiges der Rentenversicherung genutzt wurde (Henkes 2006: 342). Auch die Erhöhung der Verkehrssteuern blieb in Kraft. Mit dem Haushalt 1998 wurden dann nochmals indirekte Steuern erhöht.

Nach der Wahl 1998 ging die Koalition aus SD und RV eine weitere Steuerreform an, die im Juni 1998 verabschiedet wurde und in den Folgejahren in Kraft trat (so genanntes „Whitsun-Paket"). Hintergrund dieser neuerlichen Reform war immer noch die von der Regierung wahrgenommene Gefahr einer wirtschaftlichen Überhitzung, der mit einer Verringerung des privaten Verbrauchs durch Steuererhöhungen entgegengewirkt werden sollte (Hauge Jensen 2001: 13). Um kurzfristig eine Nachfragedämpfung zu erreichen, wurden einige Umweltsteuern erhöht und die steuerlichen Bemessungsgrundlagen bei den direkten Steuern verbreitert, ohne dass es gleichzeitig zu einer Senkung der Einkommensteuersätze kam. Erst in den Folgejahren wurden auch einige Veränderungen an den Steuersätzen in Kraft gesetzt. So kam es bei der Einkommensteuer zu Veränderungen, die darauf abzielten, die Progressivität des Steuersystems zu verstärken, indem der Spitzensteuersatz der Einkommensteuer um einen Prozentpunkt auf 59% erhöht und die niedrigste Steuerstufe um zwei Prozentpunkte gesenkt wurde. Da aber gleichzeitig diese Stufe erheblich verlängert wurde, ergab sich für Bezieher von Einkommen zwischen 139.000 und 171.000 Dkr., also für Bezieher unterdurchschnittlicher Einkommen, immerhin eine Satzsenkung um sieben Prozentpunkte (OECD 1999c: 69). Darüber hinaus wurde der mit der Steuerreform 1994 eingeführte Freibetrag für positive Kapitaleinkünfte, die mit dem Spitzensatz besteuert werden, aufgehoben (Ganghof 2006: 84).

Ein besonders wichtiges Ziel der Reform bestand zudem in der weiteren Beschränkung der steuerlichen Abzugsfähigkeit von Zinszahlungen; diese konnten ab 2001 nur noch mit einem Steuersatz von 33,2% (statt 46,4% 1998) geltend gemacht werden (Hauge Jensen 2001: 8). Ebenso wurde die Abzugsfähigkeit von Ausgaben für private Rentenversicherungen begrenzt und die Besteuerung auf die Erträge von Rentenfonds neu geregelt (OECD 1999c: 52). Schließlich wurde die Besteuerung von selbst genutztem Wohneigentum verändert: Statt den errechneten Wert der Miete der Einkommensbesteuerung zu unterwerfen, wurde eine einprozentige Steuer auf den veranlagten Marktwert der Immobilie erhoben.

Auch der Körperschaftsteuersatz wurde 1998 zunächst um zwei Prozentpunkte auf 32% gesenkt, 2001 folgte dann eine weitere Senkung auf 30%. Zusätzlich wurde mit der Steuerreform aber auch die Besteuerung von Holdinggesellschaften in einer Weise neu geordnet, die das Land zu einem der attraktivsten Standorte für solche Gesellschaften in Europa machte (vgl. Steenholdt/Josephsen 1999: 155; Roikjer 1999). Danach wurde die Quellensteuer in Höhe von 25% abgeschafft, die vorher anfiel, wenn dänische Tochtergesellschaften Dividenden an ausländische Muttergesellschaften ausschütteten oder dänische Muttergesellschaften Dividenden von ausländischen Tochtergesellschaften ausgeschüttet bekamen. Da Dänemark zudem eine Vielzahl von Doppelbesteuerungsabkommen abgeschlossen hatte, von denen viele (so etwa auch die Abkommen mit Deutschland, Großbritannien und den Niederlanden; vgl. als Übersicht Steenholdt/Josephsen 1999: 152) einen Steuersatz von 0% auf Gewinnausschüttungen vorsahen, wurde es beispielsweise für eine deutsche Muttergesellschaft möglich, Gewinne einer Tochtergesellschaft beispielsweise aus den Niederlanden durch Zwischenschaltung einer dänischen Holdinggesellschaft steuerfrei auszuschütten (vgl. das Beispiel bei Roikjer 1999: 943).[127] Allerdings

---

127 Diese Regelung erhielt viel Beachtung. So richtete beispielsweise die PDS-Fraktion im Deutschen Bundestag eine Kleine Anfrage an die Bundesregierung. Die Bundesregierung sollte erklären, inwieweit sie in dieser Regelung einen Fall unfairen Steuerwettbewerbs sehe. Die Bundesregierung verwies auf die routinemäßige Überprüfung solcher Regelungen auf EU-Ebene (vgl. BT-Drs. 14/1381). Tatsächlich wurde die entsprechende Maßnahme – gegen den

wurde die entsprechende Regelung 2001 noch von der sozialdemokratisch geführten Koalition auch wieder zurück genommen (Interview Skatteministeriet 2).

Kurz vor ihrer Abwahl setzte die sozialdemokratisch geführte Regierung noch eine Expertenkommission ein, die sich mit Fragen der Bedeutung der Internationalisierung für die dänische Steuerpolitik beschäftigen sollte. Die Kommission konnte ihre Arbeit jedoch nicht mehr vor der Wahl abschließen und sie wurde, ohne einen offiziellen Bericht vorgelegt zu haben, von der neu gewählten Regierung Fogh Rasmussen aufgelöst.[128] Auch ein weiterer steuerpolitischer Vorschlag, den die Regierung im noch von ihr vorgelegten Haushalt für 2002 machte, scheiterte, weil er von der neuen Regierung nicht wieder aufgegriffen wurde. So sollten bestimmte steuerliche Gestaltungsmöglichkeiten für multinationale Unternehmen im Volumen von 1,5 Mrd. Dkr. geschlossen werden, um mit den so gewonnenen Mitteln zusätzliche Sozialleistungen finanzieren zu können (Bille 2006a: 10f.).

Abbildung 6.4: Haushaltssalden des Gesamtstaates in % BIP (linke Achse) und Steuerquote (rechte Achse) in Dänemark, 1992-2001

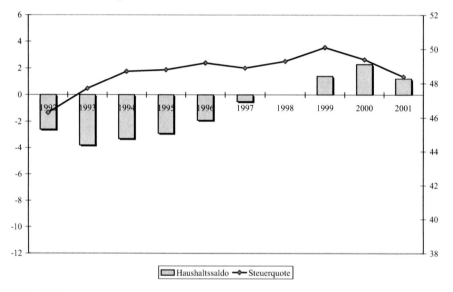

Quelle: OECD 2006, 2007.

Widerstand der dänischen Delegation – von der Expertenkommission der EU (nicht jedoch von der OECD!) als schädlich klassifiziert (Primarolo-Bericht 1999: Anlage C).
128 Dass die Kommission vermutlich die Rückkehr zu einer dualen Einkommensteuer vorgeschlagen hätte, wie Steffen Ganghof (2006: 85) meint, erscheint zumindest unsicher. Weder der zuständige Minister noch ein Kommissionsmitglied konnten dies in meinen Interviews bestätigen. Angesichts der Tatsache, dass eine Reihe von (juristischen) Mitgliedern der Kommission der Idee einer synthetischen Einkommensteuer verpflichtet waren, scheint dies sogar eher unwahrscheinlich.

Auffallend an der Steuerpolitik der sozialdemokratisch geführten Koalitionen in Dänemark ist einerseits ein hohes Maß an Kontinuität im Vergleich mit der Reformaktivität der Vorgängerregierung, was sich insbesondere an der weiterhin verfolgten Politik der Senkung der nominalen Steuersätze, der Verbreiterung der Bemessungsgrundlagen, der Erhöhung von Umweltsteuern, für die energieintensiv produzierende Unternehmen zudem kompensiert wurden (Benner/Vad 2000: 447), sowie der Verringerung des steuerlichen Wertes der Abzugsfähigkeit negativer Kapitaleinkünfte zeigt (Hauge Jensen 2001: 2). Andererseits ist die Abwendung vom Modell der dualen Einkommensbesteuerung bemerkenswert (Sørensen 1998: 24; Cnossen 1999: 24). Stattdessen wurden weniger sensible Kapitaleinkünfte wieder in die progressive Besteuerung mit aufgenommen und die Progression wurde durch die Steuerreform von 1998 verstärkt. Allerdings wurde die Progressionswirkung durch die neu eingeführte Arbeitsmarktabgabe wieder deutlich eingeschränkt.

Insgesamt ist jedoch eine Verringerung der – im internationalen Vergleich besonders großen – Bedeutung der Einkommensteuer in Dänemark zu konstatieren. Die Verbreiterung der Bemessungsgrundlage bei der persönlichen Einkommensteuer wurde also durch die deutlichen Senkungen der Steuersätze weit überkompensiert, während die Veränderungen bei der Körperschaftsteuer vergleichsweise gering waren, aber insgesamt sogar zu Mehreinnahmen führten (Hauge Jensen 2001: 4). Dass die dänische Steuerquote zwischen 1993 und 2001 leicht anstieg (vgl. Abb. 6.4), lag aber vor allem an der massiven Erhöhung von Umweltsteuern. Aber auch die lokalen Einkommensteuersätze stiegen deutlich über das mit der Regierung vereinbarte Maß hinaus an (OECD 1997c: 47f.), was die Steuersenkungspolitik der Regierung wenigstens teilweise konterkarierte. Darüber hinaus ist auffallend, dass die sozialdemokratischen Koalitionsregierungen die Steuerpolitik durchaus auch konjunkturpolitisch nutzten. Um einen nachfrageseitigen Wachstumsimpuls zu erreichen, blieb die 1993 verabschiedete Steuerreform im ersten Jahr deutlich unterfinanziert, während umgekehrt bei der Steuerreform von 1998 zunächst die überschäumende Nachfrage mittels Erhöhung der Verbrauchsteuern gedrosselt wurde, ehe Satzsenkungen in Kraft traten.

6.4.2 Haushaltspolitik

Bei ihrem Amtsantritt konzentrierten sich die dänischen Sozialdemokraten und ihre Koalitionspartner neben einer Arbeitsmarktreform auf eine deutliche Nachfrageausweitung, die in der schon längere Zeit an niedrigen Wachstumsraten leidenden dänischen Ökonomie einen Wachstumsschub (kick-start) und in der Folge steigende Beschäftigung auslösen sollte. Dabei konnte die Regierung auf den letzten noch von der Regierung Schlüter zu verantwortenden Haushalt für 1993 aufbauen, allerdings wurden die entsprechenden Maßnahmen erheblich ausgeweitet. Schon im Jahr 1993 wurden einzelne zusätzliche Ausgabeprogramme aufgelegt, insbesondere im Bereich des Wohnungsbaus (OECD 1994c: 36). Im Jahr 1994 hatten die zusätzlichen Mehrausgaben und Mindereinnahmen gemeinsam dann sogar ein Volumen von 10,9 Mrd. Dkr., was rund 1,2% des BIP entsprach (OECD 1994c: 39). Die Regierung war bei der Verfolgung ihrer Politik durchaus auch bereit, eine erhebliche Ausweitung des (zentralstaatlichen) Haushaltsdefizits hinzunehmen. Dass es dazu nicht kam, lag zum Teil an den Erfolgen des Expansionsprogramms, die sich schneller einstellten als erwartet, zum Teil aber auch an Schwierigkeiten, die bei der Implementation der Ausgabenprogramme auftraten (OECD 1996c: 34). Hinzu kam, dass es der Regierung nicht gelang, die Kommunen zu einer expansiven Politik zu bewegen (OECD 1996c: 34), sodass der Anteil des gesamtstaatlichen Defizits am BIP 1994 schließlich sogar unter dem des Vorjahres lag (vgl. Abb. 6.4). Von den 10,9 Mrd. Dkr., die 1994 bewegt werden sollten, entfielen rund 4,6 Mrd. Dkr. auf die zunächst unterfinanzierte erste Stufe der Steuerreform, die übrigen 6,3 Mrd. Dkr. wurden für zusätzliche Ausgaben aufgewendet. Dabei sollte einerseits sichergestellt werden, dass die zusätzliche Nachfrage nicht umgehend ins Ausland floss, sondern zunächst in Dänemark selbst wirksam wurde (OECD 1994c: 40); andererseits lässt sich in der Fokussierung auf Infrastrukturprojekte und Bildungs- oder Arbeitsmarktmaßnahmen aber auch der Versuch sehen, im Sinne einer Humankapitalinvestitionsstrategie eine Verbesserung der Angebotsbedingungen zu erreichen.

Besonderes Interesse haben die Arbeitsmarktreformen gefunden: Dort lagen Schwerpunkte neben der Verkürzung der maximalen Leistungsdauer von neun auf zunächst sieben, später nur noch vier Jahre auf der Aktivierung und bei Programmen, die das zeitweilige Ausscheiden aus dem Arbeitsmarkt ermöglichen sollten (vgl. Schrader 1999: 209ff.; Henkes 2006: 333, 339; Jensen 2008: 128-138). Die Zielgruppe der Aktivierungsmaßnahmen waren dabei hauptsächlich junge Arbeitslose, denen verschiedene Optionen eröffnet werden sollten, etwa eine subventionierte Beschäftigung, Bildungsmaßnahmen sowie eine Jobrotation auf Arbeitsplätze, die von Teilnehmern an den Programmen zum befristeten Ausscheiden aus dem Arbeitsmarkt freigemacht wurden. Dabei gab es drei Programme: So wurde erstens die Möglichkeit eines Elternurlaubs erweitert, der es Eltern erlaubte, für bis zu ein Jahr pro Kind aus dem Arbeitsleben auszuscheiden. Während dieser Zeit wurden 80% des Höchstsatzes der Arbeitslosenunterstützung gezahlt. Darüber hinaus wurde zweitens der ebenfalls mit 80% der Arbeitslosenunterstützung dotierte Sabbaturlaub geschaffen, der es Arbeitnehmer für ein Jahr ermöglichte, aus dem Berufsleben auszuscheiden. Beim neu geschaffenen Bildungsurlaub schließlich musste der Arbeitnehmer eine zusätzliche, mit seinem Arbeitgeber vereinbarte Qualifikation erwerben, dafür wurde er sogar mit 100% des Arbeitslosengeldes kompensiert. Ziel dieser Programme war es, die frei werdenden Stellen mit Arbeitslosen zu besetzen, die auf diese Weise Berufserfahrung im ersten Arbeitsmarkt sammeln sollte; allerdings war nur beim Sabbaturlaub eine Jobrotation obligatorisch. Diese Reformen hatten durchaus einen finanzpolitischen Bezug, sollten sie doch zu einer nachhaltigen Reduzierung der Arbeitslosigkeit beitragen, die wiederum eine Haushaltskonsolidierung ermöglichen würde (Wagschal/Wenzelburger 2008: 94).

Ab 1995 schaltete die Regierung dann wieder auf eine restriktivere Politik um. Hierzu trugen hauptsächlich die mit der Steuerreform 1993 bereits beschlossenen Steuererhöhungen bei, die ab 1995 in Kraft traten; darüber hinaus wurden aber auch bestimmte Ausgaben, die 1993/94 erhöht worden waren, wieder zurückgefahren, beispielsweise im Bereich der öffentlichen Investitionen (OECD 1996c: 35). Zudem kam es auch – beim gleichzeitigen weiteren Ausbau der Aktivierungsmaßnahmen in der Arbeitsmarktpolitik – zu einigen Einschnitten bei Sozialprogrammen, die der Erhöhung des Arbeitsangebots (vgl. Jensen 2008: 129ff.) und damit letztlich einer Verbesserung der Haushaltssituation dienen sollten. So wurden 1995 die Leistungen für Sabbat- und Erziehungsurlauber schrittweise auf 60% des maximalen Arbeitslosengeldes reduziert und 1996 wurden die Voraussetzungen zum Bezug von Arbeitslosengeld verschärft, indem nunmehr eine reguläre Beschäftigung im Umfang von 52 (statt bisher 26) Wochen in den vorangegangenen drei Jahren verlangt wurde. Außerdem wurden die Zumutbarkeitskriterien für die Aufnahme von Arbeit durch Arbeitslose verschärft und die Leistungen für junge Arbeitslose (unter 25 Jahre) nach sechs Monaten Leistungsbezug gekürzt (Green-Pedersen 2002: 72). Darüber hinaus wurde das Ende des Sabbaturlaubsprogramms für 1999 festgeschrieben, die Bezugsdauer des Arbeitslosengeldes weiter verringert und das Übergangsgeld für 50-59jährige Langzeitarbeitslose eingestellt, das mit höheren Leistungen und geringeren Verpflichtungen als das reguläre Arbeitslosengeld verbunden war und am Beginn der Regierungszeit noch leicht ausgebaut worden war (Henkes 2006: 340). Dagegen wurde die eigentliche Frühverrentungspolitik zunächst nicht grundlegend verändert, da wenigstens bis 1998 in der Frühverrentung ein sinnvolles Instrument zur Verringerung des Arbeitsangebots älterer Arbeitnehmer gesehen wurde. Erst 1999 wurden dann verschiedene Anreize geschaffen, länger, wenn möglich bis zum eigentlichen Renteneintrittsalter, das von 67 auf 65 Jahre reduziert wurde[129], zu arbeiten (vgl. Jensen 2008: 136f.; OECD 2003c: 186f.): So sollten Vorruheständler regulär 91% des Arbeitslosengeldhöchstbetrages bekommen; dieser Betrag sollte allerdings auf 100% steigen, falls der Betroffene erst mit 62 den Vorruhestand in Anspruch nimmt. Vor der Reform wurden dagegen in den ersten zweieinhalb Jahren des Vorruhestandes stets 100% gezahlt. Darüber hinaus wurden steuerliche und andere finanzielle Anreize geschaffen, die Frühverrentung aufzuschieben. Zusätzlich wurden auch die Anspruchsvoraussetzungen verschärft. Während es vorher ausreichte, in 20 der letzten 25 Jahre Mitglied eines Arbeitslosenfonds gewesen zu sein, war nun erstens eine Mitgliedschaft in 25 der letzten 30 Jahre notwendig; zweitens mussten Arbeitnehmer, die einen Vorruhestand anstrebten, einen zusätzlichen optionalen Sozialversicherungsbeitrag entrichten.

Auch bei der Erwerbsunfähigkeitsversicherung kam es zu einer Reform, die allerdings vor allem einer Vereinfachung des Systems dienen sollte, dabei aber einzelne Personengruppen, insbesondere solche mit einer begrenzten Einschränkung der Arbeitsfähigkeit, etwas schlechter stellte, während sich die Position vieler anderer Gruppen sogar deutlich verbesserte (vgl. OECD 2002c: 68f.). Zu einer nennenswerten Reduktion der Zahl der Bezieher von Erwerbsunfähigkeitsrenten kam es jedoch durch die weitere Devolution der Kompetenz zur Anerkennung von Erwerbsunfähigkeit an die Kommunen, denen gleichzeitig finanzielle Anreize geboten wurden, die Zahl der Erwerbsunfähigen gering zu halten, da die entsprechenden Ausgaben

---

129 Dabei handelt es sich – entgegen dem ersten Anschein – um eine Kürzungsmaßnahme, da die staatliche Altersrente deutlich unter den Leistungen der Frührente lag.

nicht mehr voll von der Zentralregierung erstattet wurden (Green-Pedersen 2002: 80).

Diese Reformen trugen – gemeinsam mit der sinkenden Arbeitslosigkeit – dazu bei, dass die Transferausgaben deutlich zurückgingen. Eine ausgabenseitige Konsolidierung konnte dennoch nur begrenzt erreicht werden, da der Staatskonsum weiterhin zunahm – und zwar im Wesentlichen nicht in Reaktion auf demografische Entwicklungen, sondern durch eine Erweiterung und Verbesserung der angebotenen Dienstleistungen (OECD 2000c: 49). Dies lag zu einem nicht unerheblichen Teil an der finanzpolitischen Eigenständigkeit der Kommunen, die – wie schon in der Phase der expansiven Politik – die Politik der Zentralregierung tendenziell konterkarierten. Zwar verfolgten die Gemeinden und Kreise zunächst weiterhin eine tendenziell restriktive Politik, aber ab 1995 gaben sie deutlich mehr Geld aus als vereinbart. Im Durchschnitt der Jahre zwischen 1995 und 1999 belief sich die durchschnittliche Differenz zwischen ursprünglich vereinbarten Ausgabensteigerungen der Kommunen (1,6%) und den in die kommunalen Budgets tatsächlich aufgenommenen Erhöhungen (2,1%) auf 0,5% jährlich (OECD 2000c: 56-59). Dies lag allerdings in einigen Jahren offenbar zum Teil auch daran, dass die Regierung den Kommunen und Kreisen erst nach den entsprechenden Finanzverhandlungen neue Aufgaben übertrug, die ihrerseits zu höheren Ausgaben führten. Gleichwohl ist festzuhalten, dass, obwohl die Regierung nach 1994 also bestrebt war, die Ausgaben zu senken, der Effekt der gesamtstaatlichen Finanzpolitik aufgrund der ab 1995 deutlich steigenden Ausgaben der Kommunen sogar expansiv war (OECD 1999c: 49ff.), sodass sich insgesamt in Bezug auf den Staatskonsum gar ein prozyklisches Muster ergab (OECD 2000c: 60). Entsprechend versuchte die Regierung, zu einer Reform der Finanzverhandlungen mit den Gemeinden und Kreisen zu gelangen, was sich in einer Vereinbarung von 1999 niederschlug, die erstens den Zeithorizont der Akteure erweiterte, indem die Vereinbarungen für vier Jahre statt wie bisher nur ein Jahr getroffen wurden, und die zweitens einen Bonus für Kommunen vorsah, die sich zur Senkung ihres Einkommensteuersatzes durchringen (vgl. OECD 1999c: 56f.). Wesentliche Auswirkungen hatte diese Reform aber zunächst kaum, die kommunalen Ausgaben wuchsen weiterhin stärker als vereinbart.[130]

Zusammenfassend zeigt sich mithin eine insgesamt erfolgreiche Konsolidierung des Haushaltes. Das gesamtstaatliche Defizit ging kontinuierlich zurück und verwandelte sich um die Jahrhundertwende sogar in einen nennenswerten Überschuss (Abb. 6.4). Die dänische Konsolidierung ging dabei einher mit einer sinkenden Staatsquote. Diese wurde aber nicht durch größere Kürzungen auf der Ausgabenseite erreicht. Zwar wurden auch vorsichtige Einschnitte bei den Sozialtransfers vorgenommen, doch gleichzeitig stieg der Staatskonsum, teilweise bedingt durch die Ei-

---

130 Die Regierung scheint die Ausgabenüberschreitungen insgesamt aber als akzeptabel betrachtet zu haben, da auch die Aufgaben der Kommunen erheblich angestiegen waren und die Ausgabensteigerungen insofern vertretbar waren (Interview Finanzministeriet 4). Das erklärt, warum die Regierung keine größeren Anstrengungen unternahm, die kommunalen Ausgabensteigerungen zu begrenzen.

genständigkeit der Kommunen und Kreise, massiv und die Zahl der Staatsdiener nahm, entgegen dem internationalen Trend, noch weiter zu.

Die sinkende Staatsquote folgte vielmehr aus dem Ziel der Regierung, die Ausgaben langsamer wachsen zu lassen als das BIP (Christiansen 2008: 158). Da die dänische Wirtschaft der 1990er Jahre vergleichsweise schnell wuchs und die Arbeitslosigkeit erheblich abnahm, während gleichzeitig das Zinsniveau deutlich sank, gewann die Regierung erheblichen Handlungsspielraum, verringerten sich auf diese Weise doch die Sozial- und die Zinsausgaben ganz erheblich, während die Steuereinnahmen deutlich zunahmen (OECD 1996c: 36; 1999c: 47; 2000c: 49). Die Ausgaben für das Arbeitslosengeld beispielsweise sanken zwischen 1993 und 2001 um rund 2,2 Prozentpunkte des BIP, bei den Zinsausgaben waren es sogar über drei Prozentpunkte (Wagschal/Wenzelburger 2008: 92, 94). Auf diese Weise konnte die Regierung also beides haben: eine sinkende Staatsquote, die eine Rückführung der Defizite und schließlich sogar der Schulden ermöglichte, und wachsenden Staatskonsum. Insofern war es nicht die Finanzpolitik allein, die die Konsolidierung erreichte, sondern die Kombination von konjunktur- und strukturpolitischen Maßnahmen, etwa der Kickstart der Ökonomie und die Arbeitsmarktreformen, die ein stabiles Wachstum und eine sinkende Arbeitslosigkeit ermöglichten, die wiederum positive Effekte für den Haushalt nach sich zogen. Demnach war mit der Haushaltskonsolidierung und der Rückführung der Staatsquote seitens der sozialdemokratisch geführten Regierung also keineswegs das Ziel verbunden, die staatliche Intervention in die Ökonomie zu verringern. Das zeigt sich auch daran, dass die Konsolidierung zumindest auch einnahmeseitig erfolgte, wie sich an der Erhöhung der Steuerquote zeigt (vgl. Abb. 6.4).

Schließlich spielten auch Einmaleinnahmen eine gewisse Rolle für die Finanzpolitik. Vor allem die Privatisierung der Telefongesellschaft Tele Danmark ist in diesem Zusammenhang zu nennen, die über 31 Mrd. Dkr. erbrachte. Die gesamten Privatisierungserlöse zwischen 1993 und 2001 beliefen sich auf etwas über 37 Mrd. Dkr. (berechnet nach Daten, die vom dänischen Finanzministerium zur Verfügung gestellt wurden; vgl. auch Christoffersen/Paldam 2006: 136f.), die zum Schuldenabbau genutzt wurden (Wagschal/Wenzelburger 2008: 94). Auch aus der Gas- und Ölförderung flossen insbesondere in den Jahren 2000 und 2001 nennenswerte Erlöse, die sich zwischen 1993 und 2001 auf 36,6 Mrd. Dkr. summierten (berechnet nach Energistyrelsen 2007: 102). Schließlich kamen auch die Zentralbankgewinne in Höhe von gut 27,5 Mrd. Dkr. in den Jahren zwischen 1993 und 2001 dem Haushalt zu Gute (berechnet nach Danmarks Nationalbank verschiedene Jahrgänge).

Im Sinne einer qualitativen Konsolidierung ist auf der Positivseite zu vermerken, dass die Subventionsquote (Anteil der Subventionen am BIP) leicht und die Zinsausgaben sogar sehr deutlich sanken, während der Anteil der Sachinvestitionen am BIP zumindest stabil blieb (OECD 2002c: 93). Darüber hinaus fällt bei der Betrachtung der einzelnen Ausgabenbereiche die weit überdurchschnittliche Erhöhung der Bildungsausgaben auf (vgl. Abb. 6.5), die sich durchaus im Sinne einer sozialdemokratischen Humankapitalinvestitionsstrategie verstehen lässt. Die leicht überdurchschnittlich steigenden Sozialausgaben dürften schließlich angesichts sinkender Arbeitslosigkeit auch auf die verstärkte Investition in Aktivierungsmaßnahmen zurückzuführen sein, was ebenfalls die Bedeutung von Humankapitalinvestitionen in der Strategie der SD und ihrer Koalitionspartner unterstreicht.

Abbildung 6.5: Reale Veränderungen ausgewählter Haushaltsbereiche in Dänemark, 1992-2001 (in Prozent)

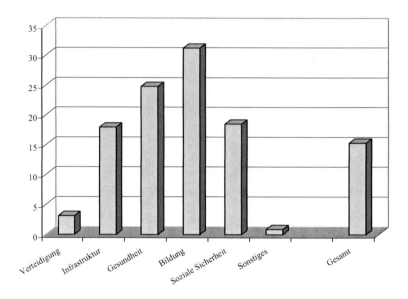

Quelle: Danmarks Statistik <http://www.statbank.dk/statbank5a/default.asp?w=1280> (12.9.2007)

Auffallend ist schließlich, dass die Regierungen unter Poul Nyrup Rasmussen die Finanzpolitik durchaus konjunkturpolitisch einsetzten (Christiansen 2008: 158). Das zeigte sich bereits bei der Steuerpolitik und zumindest die zentralstaatliche Ausgabenpolitik unterstreicht diesen Befund. Diese Ausrichtung zeigte sich sogar an der veränderten finanzpolitischen Zielvariable der Regierung: Statt der Begrenzung der Staatsausgaben, auf die in den 1980er Jahren fokussiert wurde, stand nun der „fiskalische Effekt" der Finanzpolitik auf die Ökonomie im Zentrum, wobei dann auch eine stärkere Ausweitung der Staatsausgaben hingenommen werden konnte, wenn sie mit höheren Steuereinnahmen einherging oder umgekehrt (OECD 2002c: 96).

6.4.3 Die Finanzpolitik der sozialdemokratisch geführten Regierung Nyrup Rasmussen und der politische Prozess

Nach etwas über zehn Jahren waren die Sozialdemokraten im Januar 1993 wieder an die Regierung gekommen, nachdem sie, die vormalige „natürliche Regierungspartei" Dänemarks, so lange in der Opposition verbringen musste, wie nie zuvor seit

Bildung ihrer ersten Regierung im Jahr 1924. Hinzu kam, dass es, wie weiter oben dargestellt, zwischen 1982 und 1993 zu einer erkennbaren Neuorientierung der dänischen Finanzpolitik gekommen war, die bestimmte Probleme gelöst hatte, insbesondere bezüglich der außenwirtschaftlichen Position Dänemarks sowie der Inflation, während andere ökonomische Ungleichgewichte 1993 noch bestanden, insbesondere hinsichtlich des Wirtschaftswachstums und der Arbeitslosigkeit. Gerade in diesen Bereichen verbesserte sich die Performanz der dänischen Wirtschaft unter der sozialdemokratisch geführten Regierung erkennbar: Die Wirtschaft wuchs nach 1993 stets schneller als in der zweiten Hälfte der 1980er oder den frühen 1990er Jahren und ab 1995 begann auch die Arbeitslosigkeit zurückzugehen, während – teilweise als Folge der positiven wirtschaftlichen Entwicklung – das Budgetdefizit sank. Diese Erfolge wurden auch nicht durch eine erhebliche Verschlechterung der Leistungsbilanz, die mit Ausnahme des Jahres 1998 immer positiv blieb, oder der Inflationsrate erkauft. Vor diesem Hintergrund wurde verschiedentlich sogar von einem „dänischen Wunder" gesprochen (vgl. z.B. Schwartz 2001a; Nannestad/Green-Pedersen 2008: 55).

Nicht selten wird der Wirtschaftspolitik, und damit nicht zuletzt auch der Finanzpolitik, zumindest ein Teil der Verantwortung für dieses „Wunder" zugesprochen. Doch wie kam es zu der Finanzpolitik, die die sozialdemokratisch geführte Regierung in den knapp neun Jahren ihres Bestehens vom Januar 1993 bis zum November 2001 verfolgte? Inwiefern kann die Politik der Regierung Poul Nyrup Rasmussens mit dem in Kapitel 2 dargestellten Modell erklärt werden? Diesen Fragen soll im Folgenden nachgegangen werden.

6.4.3.1 Die parteipolitische Zusammensetzung der Regierung

In vielen Bereichen der Finanzpolitik ist die Kontinuität über den Regierungswechsel hinweg durchaus bemerkenswert. Das gilt für das Augenmerk, das prinzipiell dem Haushaltsausgleich gewidmet wurde, ebenso wie für die Fortsetzung der Kombination aus Satzsenkungen, Erweiterung der Steuerbasis und Erhöhung der Umweltsteuern in der Steuerpolitik und die moderaten Privatisierungen. In Bezug auf die grundsätzliche Ausrichtung der Wirtschaftspolitik gilt dies aber vor allem auch für die Wechselkurspolitik, hielt doch auch die neue Regierung an der Bindung der dänischen Krone an die D-Mark (bzw. später den Euro) fest, weil auch sie weiterhin auf diese Weise die Inflation niedrig halten wollte; und auch die Abschaffung der Inflationsindexierung der Löhne blieb unangetastet (Interviews Finanzministeriet 2 und 4, Skatteministeriet 1; vgl. auch Nannestad/Green-Pedersen 2008: 56).

Gleichwohl lassen sich auch durchaus erkennbare Parteiendifferenzen konstatieren. Besonders deutlich wird dies bereits bei der finanzpolitischen Zielvariable der jeweiligen Regierung: Während es nämlich den Regierungen Schlüter um eine Begrenzung der Ausgaben ging, interessierte sich die Regierung Nyrup Rasmussen für den fiskalischen Effekt ihrer Finanzpolitik. Damit rückten aber konjunkturpolitische Vorstellungen wieder ins Zentrum der Aufmerksamkeit. Da antizyklische Fiskalpolitik als interventionistisches Politikinstrument sicherlich eher in den sozialdemokratischen Instrumentenkasten gehört als in den bürgerlicher Parteien, unterstützt dieser Befund die Gültigkeit der Parteiendifferenzhypothese. Interessant ist darüber hinaus, dass sich die Koalition auch angesichts der hohen außenwirtschaftlichen Verflechtung Dänemarks nicht von diesem Kurs abbringen ließ. Dabei leugnete sie keineswegs die Probleme, die insbesondere eine fiskalische Expansion für eine kleine offene Volkswirtschaft mit sich bringen würde, sondern sie bemühte sich bei der Ausgestaltung der zusätzlichen Ausgaben, den Abfluss von Nachfrage ins Ausland so gering wie möglich zu halten. Für den Erfolg dieser Maßnahme dürfte darüber hinaus die Tatsache entscheidend gewesen sein, dass von Anfang an eine zeitliche Befristung der Expansionspolitik angekündigt und sogar gleichzeitig mit der Expansion auch die Steuererhöhungen beschlossen worden waren, mit denen anschließend auf den Konsolidierungskurs zurückgeschwenkt werden sollte. Auf der anderen Seite konnte eine entsprechende Politik vermutlich nur verfolgt werden, weil die außenwirtschaftliche Position Dänemarks sich vergleichsweise günstig darstellte, das Land – nicht zuletzt dank der zunehmenden Einnahmen aus dem Erdgas- und Erdölgeschäft – einen stabilen Leistungsbilanzüberschuss aufwies und auch die neue Regierung an der Koppelung der Krone an die D-Mark festhielt (Interviews Finansministeriet 4, Skatteministeriet 1).

Obwohl die Effekte von Globalisierung und europäischer Integration demnach also keineswegs geleugnet wurden, scheinen sie doch von den Akteuren auch nicht als vordringlich angesehen worden zu sein (Interview Finansministeriet 4) – was angesichts der insgesamt positiven wirtschaftlichen Daten und vor allem deren kontinuierlicher Verbesserung im Verlauf der 1990er Jahre nicht übermäßig überraschend ist. Gerade in der Steuerpolitik wurde die hohe Grenzbelastung von Arbeitseinkommen ganz offensichtlich als wesentlich vordringlicher betrachtet als die Senkung des Körperschaftsteuersatzes (so explizit Interview Skatteministeriet 1), die erst vergleichsweise spät und moderat zum Zuge kam, während zunächst sogar einseitig die Bemessungsgrundlage der Körperschaftsteuer verbreitert wurde, ohne dass es gleichzeitig zu Satzsenkungen gekommen wäre. In die gleiche Richtung weist auch der (letztlich nicht mehr verabschiedete) Vorschlag für den Haushalt 2002, in dem ebenfalls zusätzliche Belastungen für Unternehmen vorgesehen waren. Auf der anderen Seite ist im Gedächtnis zu behalten, dass die Senkung des Körperschaftsteuersatzes von 50 auf 34% in der kurzen Zeit zwischen 1990 und 1992, und damit unmittelbar vor dem Regierungswechsel, durchgesetzt wurde, sodass die Regierung in dieser Hinsicht zunächst keinen Handlungsbedarf sah (Interview Skatteministeriet 1). Insofern dürfte der Effekt der wahrgenommenen Globalisierung sich vor allem darin niedergeschlagen haben, dass die sozialdemokratisch geführte Regierung auch nicht auf eine Erhöhung des Körperschaftsteuersatzes setzte, sondern stattdessen die Umweltsteuern weiter erhöhte, was angesichts der regressiven Wirkung von Verbrauchssteuern aus einer sozialdemokratischen Verteilungsperspektive vermutlich nur die zweitbeste Lösung war. Auch die Einführung des neuen Regimes für Holding-Gesellschaften war als steuerpolitische Anpassung an Globalisierung gedacht (Interviews Skatteministeriet 1 und 2). Ein Gesprächspartner bezeichnete diese Maßnahme als „one of the few [..] more proactive or aggressive acts of tax competition that a Danish government has ever implemented [..] and the minister of taxation at the time [..], I think, he really believed that this was actually a way of gaining revenue from other countries" (Interview De Økonomiske Råd). Allerdings zeitigte diese Regelung durchaus negative Folgen, nicht zuletzt in Form kritischer Berichterstattung in der internationalen Presse, ohne dass sich nennenswerte positive Effekte in Dänemark eingestellt hätten. Im Rahmen der europäischen Arbeiten am Verhaltenskodex für Unternehmensbesteuerung und der Untersuchungen der Primarolo-Gruppe zu schädlichem Steuerwettbewerb kam die dänische Regierung vor diesem Hintergrund zu der Überzeugung, dass eine Kooperation mit dem Ziel, diese Erscheinungsformen des Steuerwettbewerbs einzugrenzen, in ihrem Interesse liege, sodass sie schon 2001 das Steuerregime für Holdinggesellschaften wieder aufgab (Interviews Skatteministeriet 2, De Økonomiske Råd).

Umgekehrt glaubte die Regierung aber offenbar auch nicht, die Globalisierung mache eine sozialdemokratisch orientierte Steuerpolitik gänzlich unmöglich. Dies zeigt sich vor allem bei der Wiedereingliederung der meisten positiven Kapitaleinkünfte in die progressive Besteuerung mit der Steuerreform 1993. Diese Maßnahme war in den Vorschlägen der Steuerreformkommission nicht enthalten, sondern ging hauptsächlich auf den sozialdemokratischen Steuerminister Ole Stavad zurück. Wie ein Mitglied der Kommission berichtete: „We recommended that capital taxation should not be much higher than abroad. But that didn't really touch him." Auch bei der Verschärfung der Progression im Einkommensteuertarif durch die Einkommensteuerreform von 1998, die sich in der parallelen Senkung der unteren Steuerstufen und der Erhöhung des Spitzensteuersatzes niederschlug, zeigt sich diese sozialdemokratische Note. Die Verschärfung der Progression ist sozialdemokratische Steuerpolitik par excellence und entsprechend stimmten die bürgerlichen Oppositionsparteien auch gegen beide Steuerreformen (Folketingets Forhandlinger, Folketingsåret 1992-93, 24.6.1993, S. 11682-11699; Folketingets Forhandlinger, Folketingsåret 1997-98, 38. Sitzung, 26.6.1998, S. 2592ff.).

Anders als ihrer Vorgängerin ging es der Regierung Nyrup Rasmussen auch nicht darum, die Intervention des Staates in die Wirtschaft zurückzudrängen – auch hier glaubte sie also offenbar nicht, dass Globalisierung und europäische Integration notwendigerweise einen Rückzug des Staates erzwingen. Die Staatsquote sank fast ausschließlich als Folge des Wirtschaftswachstums, der zurückgehenden Arbeitslosigkeit und des sinkenden Zinsniveaus (Christiansen 2008: 158), während der Staatskonsum weiter zunahm und die Einschnitte bei den Transfers moderat blieben. Die Steuerquote dagegen stieg sogar an. Auch diese Indikatoren sprechen für die nennenswerte Bedeutung der parteipolitischen Färbung der Regierung in Dänemark zwischen 1993 und 2001. Schließlich zeigen sich auch bei der Betrachtung der Ausgaben für verschiedene Bereiche Parteiendifferenzen. Tatsächlich engagierte sich die Regierung im Sinne einer Humankapitalinvestitionsstrategie, indem sie die Bildungsausgaben überdurchschnittlich steigerte und erhebliche Mittel in die Aktivierung Arbeitsloser investierte. Diese Strategie wurde auch in einigen Interviews deutlich betont (vor allem Interview Finansministeriet 4).

Auf der anderen Seite kann aber die parteipolitische Zusammensetzung der Regierung die Finanzpolitik zwischen 1993 und 2001 keineswegs vollständig erklären.

Insbesondere die Bereitschaft der Sozialdemokraten, begrenzte Einschnitte auch bei Sozialleistungen mitzutragen oder sogar zu initiieren, ist hier bemerkenswert und erklärungsbedürftig, hatte die Partei entsprechende Vorschläge der bürgerlichen Vorgängerregierung doch stets auf das schärfste abgelehnt. Auch der Vergleich mit den letzten sozialdemokratischen Regierungen vor der langen Oppositionszeit der SD erweist sich als interessant. So urteilen Nannestad und Green-Pedersen (2008: 59), dass der wirtschaftspolitische Policy-Mix der Regierung unter Poul Nyrup Rasmussen „differed radically from the one pursued by Social Democratic governments in the 1970s." Insofern ist vor allem zu klären, wieso sich die inhaltliche Position der Sozialdemokraten in den 1990er Jahren so erheblich verschoben hat, aber auch die Frage, wie die Reformen sich jeweils durchsetzen ließen, muss im Folgenden geklärt werden.

6.4.3.2 Vetospieler und innerparteiliche Gruppierungen

Die interne Kohäsion der Koalition war in Bezug auf die Finanzpolitik hoch. Zwar gab es insbesondere innerhalb der SD erhebliche Konflikte zwischen einem Modernisierer- und einem Traditionalistenflügel, die sich zum einen in Auseinandersetzungen um die Rolle manifestierten, die Privaten bei der Erstellung öffentlicher Dienstleistungen eingeräumt werden sollte, und die sich zum anderen um die Kürzungen bei der Frühverrentung drehten, die von erheblichen Teilen der Partei massiv abgelehnt wurden (Bille 1998: 226ff.; Green-Pedersen/van Kersbergen 2002: 515f.). Doch blieben diese Auseinandersetzungen weitgehend folgenlos für die Regierungspolitik (Interviews Finansministeriet 4, Skatteministeriet 1 und 2).

Nennenswerte Differenzen zwischen den Regierungsparteien ließen sich ebenfalls nur selten beobachten, etwa wenn die Zentrumsdemokraten auf eine wirtschaftsfreundliche Ausgestaltung der Finanzpolitik drangen, was beispielsweise die Abschaffung der Vermögensteuer erleichterte (Interviews Skatteministeriet 1 und 2). Ebenso opponierte die Radikale Venstre gegen die großzügigen Programme zum befristeten Ausscheiden aus dem Arbeitsmarkt, was zu deren Einschränkung oder gar Abschaffung beigetragen haben dürfte (Goul Andersen 2000: 80); allerdings waren auch die Sozialdemokraten schon bald – insbesondere angesichts der rapide abnehmenden Arbeitslosigkeit, die zunehmend die Gefahr einer Lohninflation heraufbeschwor – der Überzeugung, dass die Programme zu großzügig ausgestaltet oder gar kontraproduktiv waren (Interview Finansministeriet 4). Auch die Senkung des Spitzensteuersatzes der Einkommensteuer bei der Steuerreform 1993 fiel aufgrund des Einflusses der Radikale Venstre größer aus als von den Sozialdemokraten gewünscht (Interview Finansministeriet 4). Entsprechend hätte RV die Erhöhung des Spitzensteuersatzes um einen Prozentpunkt bei der Steuerreform 1998 lieber verhindert; in diesem Fall nahm die Partei diese Regelung aber als Preis für die Durchsetzung des Gesamtpaketes der Steuerreform 1998 hin. Allerdings versuchte RV im Gegenzug gerade in der zweiten Amtszeit der Regierung Nyrup Rasmussen, wiederum bestimmte Steuersatzsenkungen durchzusetzen, worauf SD lieber verzichten wollte. Ein Grund für die Einsetzung der Steuerreformkommission am Ende der Amtszeit war daher ganz offensichtlich die Hoffnung, auf diese Weise die entsprechenden Konflikte einzudämmen (Interview De Økonomiske Råd).

Doch wie sah es mit der Kooperation jenseits der eigentlichen Koalitionspartner aus? Die Regierung unter Nyrup Rasmussen musste bei den ersten Maßnahmen, die sie durchsetzen wollte, insbesondere der ersten Steuer- und der ersten Arbeitsmarktreform, noch keine Konzessionen an andere Parteien machen, weil die Koalition zunächst ja eine eigene Mehrheit besaß, die weitere Verhandlungen unnötig machte (Green-Pedersen 2001a: 62). Dieser Status änderte sich aber wie gesehen schon bald, sodass die Regierung für den größten Teil ihrer Amtszeit eben wiederum auch auf parlamentarische Unterstützung durch solche Parteien angewiesen war, die nicht der Koalition angehörten.

Die Position als Minderheitsregierung erschwerte die Reformpolitik der sozialdemokratisch geführten Regierungen allerdings weniger als die der Vorgängerregierungen unter Schlüter (Interview Skatteministeriet 1 und 2). Das lag nicht zuletzt daran, dass die Regierung prinzipiell mit unterschiedlichen Partnern kooperieren konnte, ja ihr prinzipiell drei Kooperationsmöglichkeiten zur Verfügung standen: eine Kooperation mit den bürgerlichen Parteien, die Zusammenarbeit mit der linken Opposition (SF und Einheitsliste) oder ein Zusammengehen mit der SF und den kleinen Mitteparteien CD und KrF (Green-Pedersen 2001a: 54, 64; vgl. auch Benner/Vad 2000: 453). Auf alle drei Optionen griff die Regierung im Laufe ihrer Amtszeit zurück und sogar ein unabhängiger Abgeordneter aus Aarhus, der als Vertreter seiner „Vereinigung bewusst arbeitsscheuer Elemente" ins Folketing gewählt worden war, stimmte einmal mit der Regierung (Green-Pedersen 2001a: 63).

Gerade in der ersten Regierungsperiode bis 1998 hatte die Koalition dennoch durchaus Schwierigkeiten, ihre Budgets vom Parlament verabschiedet zu bekommen (zum Folgenden Bille 1998). Das lag daran, dass Venstre als führende bürgerliche Partei gerade in der Finanzpolitik eine konfrontative Oppositionspolitik verfolgte, die auf die Erringung einer bürgerlichen Parlamentsmehrheit ohne die nicht-sozialistischen Mitteparteien abzielte. Entsprechend war die Partei nicht bereit, sich bereits vor den Budgetverhandlungen auf eine Zustimmung zum Haushalt festzulegen. Da die linken Oppositionsparteien SF und Einheitsliste traditionell gegen den Haushalt stimmten, war dessen Verabschiedung insbesondere in den Jahren 1995 und 1996 höchst unsicher. 1995 gelang es der Regierung allerdings, die Konservative Volkspartei aus dem bürgerlichen Oppositionsblock herauszubrechen und sie zur Zustimmung zum Haushalt für 1996 zu bewegen (Bille 1998: 222f.). Im Jahr 1996 verständigten sich Venstre und KF dann wieder auf eine gemeinsame Linie, die darauf hinauslief, dem Haushalt nicht zuzustimmen. Damit war die Unterstützung der linken Oppositionsparteien zwingend erforderlich, da andernfalls der Haushalt für 1997 keine Mehrheit erhalten würde. Entsprechend wurden einige kleinere Konzessionen an die SF gemacht, die sich daraufhin bereit erklärte, dem Haushalt zuzustimmen, während die Einheitsliste ankündigte, sich enthalten zu wollen (Bille 1998: 241f.) – für beide Parteien spielte offensichtlich vor allem die Tatsache eine Rolle, dass sie nicht den Sturz einer sozialdemokratisch geführten Regierung herbeiführen wollten, die im Falle von Neuwahlen wohl von einer von Venstre geführten Koalition abgelöst worden wäre. Da damit die Annahme des Budgets gesichert war, stimmten schließlich auch die bürgerlichen Parteien zu, entsprechend der Konvention, dass die ‚verantwortlichen' Parteien einem Haushalt zustimmen, wenn die Regierung die entsprechende Abstimmung ohnehin nicht zu verlieren droht. Die Zusammenarbeit mit der linken Opposition hatten allerdings erhebliche koalitionsinterne Folgen, da die Zentrumsdemokraten sich aus der Regierung zurückzogen, weil sie das Ziel ihrer Regierungsbeteiligung, nämlich einen Einfluss der linken Opposition auf die Regierungspolitik zu verhindern, verfehlt hatten.

In den folgenden Jahren, insbesondere nach der Wahl 1998,[131] fiel es der Regierung deutlich leichter, ihren Haushalt durch das Parlament zu bekommen (vgl. zum Folgenden Bille 2001). Das hatte teilweise damit zu tun, dass Venstre nach der Niederlage bei dieser Wahl die Konfrontationsstrategie ad acta gelegt hatte und sich stattdessen wieder stärker zu den Mitteparteien hin orientierte. Folglich nutzte die Partei insbesondere die Verabschiedung des Haushaltes 1999, um diesen Kurswechsel unter Beweis zu stellen. Wichtiger noch aber war die Tatsache, dass die Regierung zunehmend einzelne Teile des Haushaltes mit unterschiedlichen Mehrheiten durchsetzte. Bestimmte Bereiche wurden dabei etwa lediglich mit SF und Einheitsliste verabschiedet, andere erhielten zwar nicht die Unterstützung der Einheitsliste, dafür aber die der Zentrumsdemokraten sowie häufig der Konservativen Volkspartei und gelegentlich auch von Venstre. Die entscheidende Unterstützung kam aber meistens einerseits von der Sozialistischen Volkspartei, andererseits von den Zentrumsdemokraten.

Doch die Haushaltsbeschlüsse waren nicht die einzigen finanzpolitisch relevanten Gesetze, bei denen die Regierung mit wechselnden Mehrheiten operierte. In der Steuerpolitik konnte sich die Regierung in den meisten Fällen auf die linke Opposition aus SF und Einheitsliste stützen, die wenigstens gegen Ende der Regierungszeit regelmäßig vorab über die Pläne der Regierung informiert wurden (Interview Skatteministeriet 2). Entsprechend unterstützten beide Parteien beispielsweise die Steuerreform von 1998 ebenso wie die Stabilisierungsmaßnahmen vom Mai 1997. Auch der Senkung des Körperschaftsteuersatzes von 32 auf 30% im Dezember 2000 stimmten SF und Einheitsliste (ebenso wie die Dänische Volkspartei) zu, während Venstre und Zentrumsdemokraten dagegen stimmten und sich die Konservativen wie auch die Christliche Volkspartei der Stimme enthielten (Folketingets Forhandlinger, Folketingsåret 2000-01, 30. Sitzung, 7.12.2000, S. 2259ff.). Dagegen baute die Regierung für die Stabilisierungsmaßnahmen vom Oktober 1997 (OECD 1999c: 147), die Senkung des Körperschaftsteuersatzes von 34 auf 32% im Dezember 1998 und die Reform der Besteuerung von Holdinggesellschaften auf die Unterstützung

---

131 Auch der Haushalt 1998 wurde mit breiter Mehrheit und ohne größere Auseinandersetzungen angenommen (Bille 1998: 273f.). Das dürfte vor allem strategische Gründe gehabt haben. Die Regierung war offensichtlich bereit, die Haushaltsberatungen scheitern zu lassen, um Neuwahlen ausschreiben zu können, die es ihr ermöglicht hätten, die günstige wirtschaftliche Lage auszunutzen. Da Venstre und Konservative eine vorzeitige Neuwahl aber nicht anstrebten, stimmten sie zu, sodass der Regierung ein Anlass fehlte, das Parlament aufzulösen (Nielsen 1999: 69).

der bürgerlichen Parteien (Folketingets Forhandlinger, Folketingsåret 1998-99, 33. Sitzung, 15.12.1998, S. 2410ff.; Folketingets Forhandlinger, Folketingsåret 1998-99, 36. Sitzung, 18.12.1998, S. 2648ff.). Auch der Umbau des Wohlfahrtsstaates ließ sich, wie es die Parteiendifferenzhypothese vorhersagen würde, hauptsächlich mit den bürgerlichen Parteien durchsetzen. Dies zeigte sich etwa 1995, als die Regierung die Bezugsdauer für Arbeitslosengeld sowie dessen Höhe für jüngere Arbeitslose reduzieren wollte, was sich schließlich mit Unterstützung von KF und Venstre auch beschließen ließ. Auch für die weiteren Arbeitsmarktreformen sowie die Reform der Frühverrentung konnte die Unterstützung der bürgerlichen Opposition gewonnen werden (Folketingets Forhandlinger, Folketingsåret 1998-99, 36. Sitzung, 18.12.1998, S. 2666ff.; Folketingets Forhandlinger, Folketingsåret 1998-99, 82. Sitzung, 27.4.1999, S. 5971ff.; vgl. auch Green-Pedersen 2001a: 63).

Die Möglichkeit, mit wechselnden Mehrheiten zu regieren, konnte die Regierung strategisch nutzen, um die Oppositionsparteien gegeneinander auszuspielen und auf diese Weise möglichst geringe Konzessionen machen zu müssen. Dies wurde insbesondere bei der Steuerreform von 1998 deutlich, bei der die Koalition sowohl mit den bürgerlichen Parteien (KF, CD, KrF) als auch mit den Parteien links von ihrer eigenen Position (SF und Einheitsliste) verhandelte. Während sie dabei den bürgerlichen Parteien eine deutliche Senkung des Körperschaftsteuersatzes auf 26% anbot, die allerdings mit einer weiteren Verbreitung der Steuerbasis verknüpft gewesen wäre, bot sie den linken Parteien eine leichte Erhöhung des Einkommensteuerspitzensatzes an. Da die bürgerlichen Parteien jedoch eine Nettoentlastung bei der Körperschaftsteuer anstrebten und die Einschränkung der Absetzbarkeit von Hypothekenzinsen nicht mittragen, sondern diese im Gegenteil ausweiten wollten (Nielsen 1999: 71), war die Regierung schließlich auf die Unterstützung der linken Opposition verwiesen, obwohl RV der – allerdings ja nur geringfügigen – Erhöhung des Spitzensteuersatzes ablehnend gegenüberstand (Ganghof 2006: 84f.). Die Konzessionen, die die Regierung für die parlamentarische Unterstützung ihrer Budgets an die Opposition zu machen hatte, blieben ebenfalls insgesamt begrenzt. Beim Haushalt für 1999 beispielsweise musste die Regierung auf stärkere Kürzungen beim Verteidigungshaushalt verzichten, um die Unterstützung der KF zu erhalten (Bille 2001: 32f.), und der Haushalt für 2000, der dem Regierungsentwurf zufolge keinen zusätzlichen fiskalischen Impuls geben sollte, geriet nach den entsprechenden Verhandlungen leicht, nämlich im Umfang von 0,1% des BIP, expansiv (OECD 2000c: 158f.). Für die Zustimmung der KF zum Haushalt 1996 wurde die Vermögensteuer abgeschafft und die maximale Bezugsdauer für Arbeitslosengeld gekürzt (Goul Andersen 2000: 81f.). Ähnlich moderat blieben die Effekte bei den Verhandlungen über die Arbeitsmarktreformen, bei denen die bürgerlichen Parteien beispielsweise die Verschärfung der Zumutbarkeitskriterien beim Arbeitslosengeld durchsetzten (Green-Pedersen 2002: 125), womit die Reichweite der Reform aber nicht eingeschränkt, sondern eher noch vergrößert wurde.

Die größere Flexibilität, mit der sich die Regierung Mehrheiten im Parlament suchen konnte, hing einerseits mit einer veränderten Sicht der etablierten Parteien auf die Extremparteien zusammen. So waren sowohl die Sozialdemokraten bereit, die Unterstützung der Sozialistischen Volkspartei und der Einheitsliste zu akzeptieren, wie auch die bürgerlichen Parteien eine dauerhafte Kooperation mit der Fortschrittspartei bzw. der Dänischen Volkspartei ab 1994 nicht mehr ausschließen mochten. Auf der anderen Seite zeigten sich auch die Extremparteien weniger fundamentalistisch als in den 1980er Jahren: So stimmten sowohl die Fortschrittspartei als auch SF nicht mehr unter allen Umständen gegen das Budget, sondern beide Parteien konzentrierten sich verstärkt darauf, eigene inhaltliche Positionen durchzusetzen (Green-Pedersen 2001a: 66). Gleichzeitig erlaubte es die größere Flexibilität bei der Wahl der Kooperationspartner der Regierung, ihre Projekte mit nur begrenzten Abstrichen durchzusetzen. Insofern lässt sich der vergleichsweise stark von der Finanzpolitik der letzten sozialdemokratischen Regierung der 1980er Jahre abweichende Kurs der Regierung Nyrup Rasmussen nicht, jedenfalls nicht gänzlich durch die Zwänge der Vetospielerkonstellation erklären. Vielmehr müssen auch die Anreize, die vom Wettbewerb um Wählerstimmen ausgingen, einbezogen werden.

6.4.3.3 Der Wettbewerb um Wählerstimmen

Ähnlich wie in den Niederlanden hatten auch die dänischen Sozialdemokraten in den 1970er Jahren versucht, sich dezidiert links der Mitte zu platzieren, insbesondere das Programm der „Wirtschaftlichen Demokratie" sollte dies symbolisieren. Da sich dieses Programm aber ebenso wenig durchsetzen ließ wie die Lohnmäßigung, die es ermöglichen sollte, scheiterte die sozialdemokratische Krisenpolitik der 1970er Jahre in einem Desaster. In den Augen vieler Wähler, aber nicht zuletzt auch der Radikalen Venstre sowie der übrigen Mitteparteien, die als Königsmacher für Regierungen agieren konnten, hatten die Sozialdemokraten mit ihrer wenig erfolgreichen Wirtschaftspolitik der späten 1970er und frühen 1980er Jahre belegt, dass sie nicht regierungsfähig seien – ja die SD hatte mit ihrem Rücktritt 1982 sogar den Eindruck erweckt, selbst Zweifel am eigenen wirtschaftspolitischen Konzept zu hegen (vgl. Green-Pedersen/van Kersbergen 2002: 513f.; Christiansen 2008: 157).

Wegen der in Kapital 6.3.3.3 bereits angesprochenen strategischen Überlegungen während der Oppositionszeit, dass ein Machtwechsel lediglich gelingen könnte, wenn die SD eine gemeinsame Parlamentsmehrheit mit der Sozialistischen Volkspartei erringen würde, erfolgte während der 1980er Jahre zunächst kein programmatischer Wechsel hin zu einer wirtschaftspolitischen Mitteposition (zum Folgenden Green-Pedersen/van Kersbergen 2002: 515f.). Insbesondere sozialpolitische Reformen wurden massiv kritisiert und der Regierung Schlüter gelang es praktisch in keinem Fall, die Unterstützung der SD für solche Reformen zu erreichen, sodass die entsprechenden Reformen nicht umgesetzt wurden. Dieses Verhalten erschwerte es umgekehrt aber auch, die nicht-sozialistischen Mitteparteien auf die Seite der Sozialdemokraten zu ziehen.

Nachdem die Sozialdemokraten bei den Wahlen 1984 und 1987 weiter Stimmen eingebüßt und sich somit dem Ziel der Rückgewinnung der Regierungsmacht nicht genähert hatten, kam es nicht nur zu einem Wechsel an der Spitze der Partei – Anker Jørgensen wurde durch Svend Auken abgelöst – (Bille 1997: 383f.), sondern auch zu einer schrittweisen Modernisierung ihrer wirtschaftspolitischen Programmatik (vgl. Frenzel 2002: 125ff.). Parallel dazu gelangen unter dem neuen Parteivorsitzenden Auken 1988, insbesondere aber 1990 erhebliche Stimmengewinne (vgl. Tab. 6.1). Dennoch blieben die Sozialdemokraten auch weiterhin von der Regierungsmacht ausgeschlossen. Damit war einerseits deutlich geworden, dass die Strategie, gemeinsam mit SF eine Folketing-Mehrheit zu erreichen, erfolglos geblieben war, während andererseits die Mitteparteien weiterhin nicht zur Stützung einer SD-Regierung bereit waren. Die SD, die als natürliche Regierungspartei an lange Oppositionszeiten nicht gewöhnt war, wurde angesichts dieser Entwicklung erkennbar nervös: „the party was becoming more and more desperate to return to office. To a party which before 1982 had been accustomed to possessing governmental power almost permanently, the situation was quite intolerable" (Bille 1997: 384).

Allerdings hatte sich nach der Wahl 1990 die strategische Situation insoweit verändert, als nun keine der drei nicht-sozialistischen Mitteparteien mehr der Regierung angehörte und diese Parteien begannen, sich von der Regierung Schlüter zu distanzieren. Zudem hatte der Wettbewerbsdruck, den die SF auf die Sozialdemokraten ausübte, nachgelassen (Bille 1999b: 378), hatten die Sozialisten doch 1988 und vor allem 1990 erheblich an Stimmen verloren (vgl. Tab. 6.1). Entsprechend besaß die SD größere Bewegungsfreiheit, die sie nutzte, um sich stärker zur Mitte hin zu orientieren. Daher verfolgte die Partei ihren programmatischen Modernisierungskurs nach 1990 noch entschiedener, wie insbesondere am 1992 verabschiedeten Parteiprogramm deutlich wird, das eine deutliche Zäsur in der wirtschaftspolitischen Programmatik der SD darstellte und als Konsequenz aus dem Ende des Staatssozialismus in Osteuropa die Reste marxistischer Terminologie tilgte (vgl. Bille 1999a: 53; Frenzel 2002: 138). Gleichzeitig bewies die Partei auch ihre Kooperationsbereitschaft, indem sie die Haushalte für 1992 und 1993 unterstützte (Green-Pedersen/van Kersbergen 2002: 516). Als Signal an die Mitteparteien wirkte schließlich aber vor allem die Ablösung des bisherigen SD-Vorsitzenden Svend Auken durch Poul Nyrup Rasmussen, die auf dem Parteitag im April 1992 in einer Kampfabstimmung vollzogen wurde. Wenngleich der unmittelbare Sturz Aukens mit der Unzufriedenheit mit seiner Führungsarbeit zu tun hatte und sich keine nennenswerten programmatischen Differenzen zwischen beiden Kandidaten ausmachen ließen (Miller 1996: 201), erleichterte der Wechsel an der Parteispitze doch die Kooperation mit den nicht-sozialistischen Mitteparteien. Gerade die kleinen Mitteparteien hatten Auken misstraut und immer wieder deutlich gemacht, dass sie sich eine Kooperation mit ihm nicht vorstellen könnten (Miller 1996: 200; Bille 1997: 385, 387f.; Frenzel 2002: 183). Nach dem Sturz der Regierung Schlüter kam es daher nicht mehr vollständig überraschend zur Bildung der Koalition aus Sozialdemokraten und den drei nicht-sozialistischen Mitteparteien.

Schon die Wahl der Koalitionspartner – auch eine Beteiligung der Sozialistischen Volkspartei wäre möglich gewesen und war von dieser wohl auch erwartet worden – machte demnach deutlich, dass die Sozialdemokraten unter Nyrup Rasmussen gewillt waren, sich in ihrer wirtschaftspolitischen Ausrichtung in die Mitte hin zu orientieren (vgl. auch Fitzmaurice 1995: 418). Doch nicht nur koalitionspolitisch bestand aus Sicht der SD die Notwendigkeit, eine glaubwürdige Wirtschaftspolitik zu betreiben. Die Sozialdemokraten „had been severely punished by the electorate and by the important center party, the Social Liberals, for economic mismanagement in the late 1970s and early 1980s. The party – and thus the cabinet – consciously wanted to avoid the same mistakes it had made during that period" (Christiansen 2008: 157; ähnlich Green-Pedersen/van Kersbergen 2002: 516). Das wurde in meinen Interviews wiederholt bestätigt. So berichtete ein sozialdemokratischer Gesprächspartner: „We were very convinced [...] that never again it should be possible to blame us as irresponsible in economic policy [...] and we were very focused on getting rid of that image when we took over in 93" (ähnlich auch Interview Skatteministeriet 1). Der Parteienwettbewerb – das hatten die Erfahrung der 1980er Jahre für die SD gezeigt – erzwang demnach eine moderate Wirtschaftspolitik, da eine Regierungsbeteiligung sonst nicht möglich war.

Insofern erklärt der Wettbewerb um Wählerstimmen die moderate Ausrichtung der Finanzpolitik vergleichsweise gut. Doch auch einzelne Maßnahmen wurden durchaus im Hinblick auf ihre Auswirkungen im Parteienwettbewerb ausgestaltet und terminiert. So dürfte beispielsweise bei der Steuerreform 1993, mit der sich die Regierung wieder weitgehend von einer dualen Einkommensbesteuerung verabschiedete, die Tatsache eine Rolle gespielt haben, dass „it had proved difficult to gain popular acceptance of a tax system which taxes large positive income from wealth at a considerably lower marginal rate than income from labour" (Sørensen 1998: 23). Dass die erste Stufe besagter Steuerreform, die noch vor der Wahl 1994 in Kraft trat, zu einer Nettoentlastung der Wähler führte, während die Gegenfinanzierung erst nach der Wahl in Kraft trat, dürfte ebenfalls nicht allein den konjunkturpolitischen Erfordernissen geschuldet gewesen sein; die Tatsache, dass die Wähler auf diese Weise kurz vor der Wahl finanziell erkennbar besser gestellt wurden, war vielmehr durchaus von der Regierung erwünscht (Nannestad/Green-Pedersen 2008: 56). Auch in anderen Bereichen lassen sich solche Timing-Effekte erkennen. So wurden Kürzungen im Sozialbereich nur jeweils direkt nach den Wahlen 1994 und 1998 vorgenommen. Vor 1994 traute sich die Regierung dagegen noch nicht an Kürzungen heran, sondern reduzierte die Arbeitslosigkeit durch die Ausweitung der Programme zum befristeten Ausscheiden aus dem Arbeitsmarkt optisch sogar deutlich und vor der Wahl 1998 versprach sie wählerwirksam, den Vorruhestand zu verteidigen[132] – nur, um ihn dann kurz nach der Wahl doch einzuschränken, was sich nicht nur in erheblichen Protesten, sondern auch in dauerhaft niedrigen Umfragewerten niederschlug. Auch die Einführung der Arbeitsmarktabgabe lässt sich unter einem Schuldvermeidungsaspekt betrachten, hoffte die Regierung doch, dass die Abgabe weniger sichtbar als eine allgemeine Steuer sei, ja sie versuchte sogar (vergeblich) zu verhindern, dass der entsprechende Betrag auf den Steuerbescheiden auftauchte (Goul Andersen 2000: 82).

---

132 Die bürgerlichen Parteien hatten erkennen lassen, dass der Vorruhestand im Falle eines Wahlsieges nicht bereits mit 60, sondern erst mit 62 Jahren in Anspruch genommen werden sollte. Darauf reagierte der Premierminister, indem er im Wahlkampf eine Garantie abgab, das Vorruhestandsregime nicht anzutasten (Green-Pedersen 2002: 127).

Gleichzeitig ist auffallend, dass es der Regierung weder bei der Veränderung des Vorruhestands noch bei anderen Sozialreformen gelang, eine Kooperation mit den linken Oppositionsparteien zu organisieren. Eine solche Integrationsstrategie hätte vom Standpunkt des Parteienwettbewerbs durchaus Sinn ergeben, da man auf diese Weise glaubwürdige Verteidiger des Wohlfahrtsstaates zur Verantwortungsübernahme gezwungen hätte. Genau darauf mochten sich SF und Einheitsliste aber aus programmatischen wie strategischen Gründen nicht einlassen, die die Kürzungen als Verstoß gegen die soziale Fairness kritisierten (Green-Pedersen 2002: 126). Daher war die Regierung zumindest ab 1994 gezwungen, mit den bürgerlichen Parteien zusammenzuarbeiten. Immerhin waren so aber die Hauptkonkurrenten um die Regierungsmacht – eine SF-Regierungsbeteiligung ohne die Sozialdemokraten war nicht vorstellbar – eingebunden, die die entsprechenden Reformen auch offensiv mittrugen. Auch die Gewerkschaften konnten zumindest gelegentlich eingebunden werden, so u.a. bei der Arbeitsmarktreform von 1999, die etwa eine weitere Verkürzung der Bezugsdauer des Arbeitslosengeldes mit sich brachte (Bille 2001: 35). Dies dürfte das wahlpolitische Risiko dieser Maßnahme verringert haben.

Zudem scheint bei den Sozialreformen häufig eine „Nixon-goes-to-China"-Logik eine Rolle gespielt zu haben (Green-Pedersen 2001a: 63), da die Sozialdemokraten nach wie vor als glaubwürdige Verteidiger des Wohlfahrtsstaates galten und die Wähler erwarteten, dass die entsprechenden Reformen einer alternativen, dann durch Venstre geführten Regierung vermutlich noch harscher wären. Zudem ließen sich beispielsweise die 1995 beschlossenen Kürzungen beim Arbeitslosengeld im politischen Diskurs glaubwürdig in Beziehung setzen zu den Arbeitsmarktreformen, die vor allem einer Verbesserung der Beschäftigungslage dienen sollten – dem aus Sicht der Wähler mit weitem Abstand wichtigsten Problem Dänemarks in der ersten Hälfte der 1990er Jahre (Thomsen 1995: 318). Daher wurde die Verkürzung der Bezugsdauer als Vorziehen der Aktivierungsphase, die Kürzung des Arbeitslosengeldes für jüngere Bezieher als Weg präsentiert, die Jugendarbeitslosigkeit zu bekämpfen (Green-Pedersen 2002: 126). Das gleiche Muster findet sich auch bei der Durchsetzung und Legitimierung der zusätzlichen Kürzungen nach der Wahl 1998 (Green-Pedersen 2002: 127). Lediglich die Kürzung des Vorruhestandes nach der Wahl 1998 ließ sich – trotz erheblichen Aufwands, den die SD-Führung auf dessen Erläuterung und Legitimierung ab 1999 verwendete – wahlpolitisch nur schwerlich neutralisieren, zumal dieser Einschnitt auch innerparteilich und bei den Gewerkschaften heftig umstritten war (Bille 2001: 38f.). Diese Maßnahme führte daher nicht nur zu einem starken und anhaltenden Absturz der SD in den Meinungsumfragen, sondern trug neben dem Thema Immigration und der für die Wähler glaubwürdigen Wandlung von Venstre zu einer Wohlfahrtsstaatspartei auch einen Teil zur historischen Niederlage der Sozialdemokraten bei der Folketingwahl im November 2001 bei (vgl. Goul Andersen 2003: 192; so auch Interviews Finansministeriet 4, Skatteministeriet 2).

6.5 Die Finanzpolitik der bürgerlichen Koalition unter Anders Fogh Rasmussen, 2001-2007

Die Wahlen zum Folketing am 20. November 2001 brachten ein politisches Erdbeben mit sich: Zum ersten Mal seit 1924 waren die Sozialdemokraten nicht mehr stärkste Partei im Parlament – ein Ergebnis, das nicht einmal die Erdrutschwahl von 1973 hervorgebracht hatte, obwohl die SD seinerzeit einen noch geringeren Stimmenanteil als 2001 erreicht hatte. Die Sozialdemokraten hatten 29,1 Prozent der Stimmen gewonnen und damit gegenüber 1998 6,8 Prozentpunkte verloren, Venstre hatte um 7,3 Punkte auf 31,3 Prozent zugelegt (vgl. Tab. 6.1). Da neben den Sozialdemokraten auch die Sozialistische Volkspartei Stimmen einbüßte und die Zentrumsdemokraten (ebenso wie die Fortschrittspartei) ihre parlamentarische Repräsentanz gänzlich verloren, während umgekehrt die KF (wie auch RV) leicht zulegte und die Dänische Volkspartei nochmals massiv Stimmen hinzugewann und mit zwölf Prozent der Stimmen zur drittstärksten Partei des Landes wurde, war ein Regierungswechsel unausweichlich: SD kam auch mit Unterstützung von SF, RV, KrF und Einheitsliste nur noch auf 81 der 179 Mandate. Umgekehrt hatte die neue V-KF-Minderheitsregierung wenig Mühe, eine Mehrheit zu finden, da sie auf die Unterstützung der Dänischen Volkspartei zählen konnte, die allein ausreichte, um der Regierung zu einer Parlamentsmehrheit zu verhelfen. Insofern war auch die Rolle der politischen Mitte, insbesondere der RV, als „Königsmacher" wenigstens vorläufig beendet. Schließlich war der Machtwechsel von 2001 anders als die Regierungswechsel von 1982 und 1993, die beide jeweils während einer laufenden Wahlperiode stattfanden, unmittelbares Resultat einer Wahl – einer Wahl zudem, bei der die Interblockvolatilität weit höher als bei gewöhnlichen dänischen Wahlen lag.

Es erscheint jedoch wichtig zu betonen, dass das Wahlergebnis nicht in erster Linie mit der Finanzpolitik der Regierung Nyrup Rasmussen zusammenhing, wenngleich vor allem die Reform des Vorruhestandes den Sozialdemokraten immer noch Schwierigkeiten bereitete (so auch Interviews Finansministeriet 4, Skatteministeriet 1 und 2). Allerdings gab es zwischen den Parteien keine wesentlichen Differenzen hinsichtlich der Finanzpolitik, zumal die wirtschaftliche Situation im Jahr 2001 überaus befriedigend war. Dass die Sozialdemokraten diese Situation nicht nutzen konnte, lag zu einem nicht geringen Teil daran, dass der Venstre-Spitzenkandidat Anders Fogh Rasmussen seine Partei als Wohlfahrtsstaatspartei positionierte und versprach, die Finanz- und Sozialpolitik der Vorgängerregierung insgesamt weiterzuführen. Daher konnten SD und RV mit dem Erfolg ihrer Wirtschaftspolitik nur begrenzt punkten, während umgekehrt andere Themen stärker ins Zentrum rückten, insbesondere die Migrationspolitik (vgl. Qvortrup 2002; Skidmore-Hess 2003). Wie die tatsächliche Finanzpolitik der liberal-konservativen Regierung Fogh Rasmussen aussah und wie sie zu erklären ist, soll im Folgenden analysiert werden.

6.5.1 Steuerpolitik

Die neue Koalition löste gleich nach ihrem Amtsantritt die 2001 von der sozialdemokratisch geführten Regierung eingesetzte Steuerreformkommission auf, und kündigte stattdessen ein allgemeines Einfrieren aller Steuersätze an, womit eine schon 1999 verbreitete Idee von Venstre aufgenommen wurde (vgl. hierzu OECD 2003c: 110-114). Danach sollte bis 2010 kein Steuersatz erhöht werden; das galt sowohl für prozentuale Steuersätze als auch für Steuersätze, die in Dkr. pro Einheit festgelegt waren.[133] Bei letzteren Steuern, üblicherweise Verbrauchssteuern, wurde auch auf eine Anpassung an die Inflation verzichtet, sodass das Einfrieren der Sätze in diesem Falle also eine Steuersenkung implizierte. Auch für verschiedene Grundsteuern wurde eine nominale Höchstgrenze festgelegt, was wegen Wertzuwächsen und Inflation faktisch ebenfalls eine Steuersenkung bedeutete. Sollte aus umweltpolitischen oder anderen zwingenden Gründen die Einführung oder Erhöhung einer Steuer geboten erscheinen, verpflichtete sich die Regierung, die Zusatzeinnahmen über die Reduzierung einer anderen Steuer wieder zurückzugeben. Dazu kam es jedoch erst 2008, als die Steuern auf Energieverbrauch erstmals wieder in Höhe der Inflationsrate stiegen, während auf der anderen Seite direkte Steuern gesenkt und bestimmte Sozialleistungen deutlich erhöht wurden (The Danish Government 2007: 8; Interview De Økonomiske Råd). Auch Gebühren, die über den Kosten zur Erstellung der jeweiligen Dienstleistung lagen, wurden nominal eingefroren, während Benutzergebühren, die die Herstellungskosten ganz oder teilweise decken, zwar nicht eingefroren wurden, aber nur unter sehr restriktiven Bedingungen stärker erhöht werden durften als die Inflation.

Schließlich erstreckte sich diese Politik auch auf die von Kommunen und Kreisen erhobenen Steuern. Zwar unterlagen die *einzelnen* Kommunen oder Kreise keinem Verbot, die Sätze der ihnen zustehenden Steuern zu erhöhen, aber die *durchschnittlichen* Sätze der verschiedenen Ebenen durften nicht erhöht werden, d.h. eine Kommune sollte nur dann eine Steuer erhöhen können, wenn eine andere Kommune ihren Steuersatz um denselben Prozentsatz senkte. Sollte es zu einer Erhöhung der Durchschnittssätze kommen, verpflichtete sich die Regierung einerseits, die zentralstaatlichen Steuern soweit zu senken, dass die subnationale Steuererhöhung kompensiert würde, während sie andererseits die Globalzuweisungen an Kommunen und Kreise entsprechend reduzierte. Damit wurden faktisch Sanktionen für eine von den Vereinbarungen abweichende subnationale Steuerpolitik eingeführt, die bereits im Rahmen der Haushaltsverhandlungen 2003 auch angewendet wurden (vgl. dazu ausführlicher OECD 2003c: 192f.). In der Tat führte diese Politik auch dazu, dass die Zahl der Kommunen, die ihre Steuern erhöhten, wenigstens in den ersten Jahren nach Einführung der neuen Politik deutlich zurückging. 2004 überstieg die Zahl der Kommunen, die ihre Steuern senkten, sogar die der steuererhöhenden Kommunen, während die Regierung 2005 wieder den zentralstaatlichen Basissteuersatz leicht

---

133 Einzige Ausnahme war die letzte Stufe des Whitsun-Paketes, die 2002 wie geplant in Kraft trat.

senken musste, um die Gesamtsteuerbelastung konstant zu halten (OECD 2005c: 53f.). Das Einfrieren der Steuersätze sollte aber nur das Steigen der Steuerbelastung verhindern, ein Absenken der Steuern war nicht nur kompatibel mit dieser Politik, sondern wurde auch angestrebt. So wurden beispielsweise im Oktober 2003 einige Steuern auf Alkohol gesenkt (Kuntze 2004: 34; Bille 2006a: 112).

Dagegen wurde der 1998 geschaffene zusätzliche Zweig der Rentenversicherung durch die vollständige Individualisierung so umstrukturiert, dass die Umverteilungskomponente entfiel. Daher wurden die entsprechenden Beiträge nicht mehr als Steuer gewertet und blieben damit nicht eingefroren (OECD 2003c: 174).

Neben einer Reduzierung der Steuerquote, wie sie mit dem Steuerstopp angestrebt wurde, versuchte die Regierung aber auch, die Erwerbstätigkeit weiter zu erhöhen. Die Erhöhung der Erwerbstätigkeit nahm nämlich einen ebenso wichtigen Platz in der Konsolidierungsstrategie der Regierung Fogh Rasmussen wie in der Regierung Nyrup Rasmussen ein. Entsprechend versuchte die Koalition, auch steuerpolitisch Anreize zu einer Aufnahme von Beschäftigung zu geben, indem sie erstens die Grenze der mittleren Steuerstufe des Einkommensteuertarifs nach oben verschob, sodass rund 740.000 Steuerzahler nicht mehr den mittleren, sondern nur noch den Basissteuersatz zahlen mussten (OECD 2003c: 124f.). Zweitens wurde eine Steuergutschrift für Arbeitseinkommen eingeführt, die insbesondere niedrig entlohnte Arbeit lohnender machen sollte. Da allerdings vermieden werden sollte, dass die Grenzsteuersätze für mittlere Einkommen durch den Wegfall der Steuergutschrift stiegen, wurde auf eine degressive Ausgestaltung verzichtet, sodass die Gutschrift allen Steuerzahlern mit Arbeitseinkommen zugute kam (OECD 2003c: 124).

Ursprünglich sollten diese Steuersenkungen zwischen 2004 und 2007 schrittweise eingeführt werden. Da aber das Wirtschaftswachstum zwischen 2002 und 2004 hinter den Erwartungen zurückblieb, entschloss sich die Regierung im Jahr 2004, die komplette Steuersenkung auf 2004 vorzuziehen. Außerdem wurden die Beiträge zum 1998 neu geschaffenen, seit 2002 privaten Zweig der Rentenversicherung für 2004 und 2005 ausgesetzt, um das verfügbare Einkommen der Privaten zu vergrößern (OECD 2005c: 55).[134] Schließlich kam es 2007 zu einer Fortsetzung der Steuerreform von 2004. Dabei wurde ein Entlastungsvolumen von rund zehn Mrd. Dkr. mobilisiert, indem die Steuergutschrift für Arbeitseinkommen deutlich erhöht und neuerlich die Grenze, ab der der mittlere Steuersatz zu zahlen ist, nennenswert ausgeweitet wurde (The Danish Government 2007: 7f.).[135]

Bei der Kapitalbesteuerung kam es ebenfalls zu einigen Änderungen. So wurde 2006 die Besteuerung von Aktiengewinnen und Dividenden vereinfacht, ohne dass

---

134 Diese Maßnahme hatte dabei kurzfristig sogar einen positiven Effekt auf die Staatsfinanzen, da der entsprechende Rentenfonds dem Privatsektor zugerechnet wird, die entsprechenden Beitragszahlungen aber von der Einkommensteuer abgesetzt werden können. Da nun 2004 und 2005 keine Beiträge geleistet wurden, wurde die Steuerbasis in diesen Jahren verbreitert, während gleichzeitig die Steuereinnahmen in der Zukunft, wenn nämlich die geringeren Privatrenten ausgezahlt werden, sinken (vgl. OECD 2005c: 64).
135 Finanziert wurden diese Steuersenkungen, indem auf eine Senkung der Arbeitsmarktabgabe, wie sie angesichts der Beschäftigungslage gesetzlich vorgesehen war, verzichtet wurde.

allerdings die Steuersätze verändert worden wären (OECD 2006c: 40). Wichtiger waren aber sicherlich die weiteren Senkungen des Körperschaftsteuersatzes, der 2005 von 30% auf 28% fiel, um dann 2007 auf 25% gesenkt zu werden.

Betrachtet man die Steuerpolitik der ersten sechs Jahre der liberal-konservativen Minderheitsregierung unter Anders Fogh Rasmussen, fällt die vergleichsweise geringe steuerpolitische Aktivität der Regierung auf, was sich auch an der geringen Veränderungen der Steuerquote zeigt (Abb. 6.6). Vielmehr ging es insbesondere darum, den Trend steigender Steuersätze zu brechen, was mit dem – bis 2007 sehr rigide gehandhabten – Einfrieren der Sätze auch gelang. Auf der anderen Seite blieben auch Steuersatzänderungen eng begrenzt. Gerade die – von der OECD (2003c, 2005c) immer wieder kritisierte – Tatsache, dass bereits Einkommen, die nur wenig über dem Durchschnittsgehalt liegen, mit dem Spitzensteuersatz besteuert werden, blieb unverändert, im Gegenteil dürfte die Zahl der Steuerzahler, die den Spitzensteuersatz zu zahlen haben, angesichts der günstigen wirtschaftlichen Situation sogar noch angestiegen sein. Lediglich im Bereich der Körperschaftsteuer kam es wiederum zu deutlichen Senkungen.

Abbildung 6.6: Haushaltssalden des Gesamtstaates in % BIP (linke Achse) und Steuerquote (rechte Achse) in Dänemark, 2001-2006

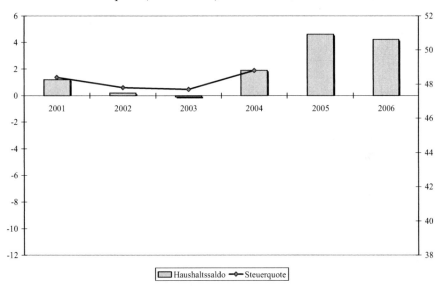

Quelle: OECD 2006, 2007.

Ein Grund für die Zurückhaltung bei Steuersenkungen dürfte sicherlich in der Tatsache liegen, dass die Regierung angesichts ambitionierter Ziele bei der Haushaltskonsolidierung und bei öffentlichen Dienstleistungen auf ihre Steuereinnahmen nicht in größerem Umfang verzichten konnte. Zudem ist bemerkenswert, dass auch die bürgerliche Koalition – wie schon ihre sozialdemokratisch geführte Vorgängerin – die

Steuerpolitik konjunkturpolitisch einsetzte. Dabei erwies sich die Steuerpolitik in der Abschwungphase zwar als prinzipiell geeignet, einen konjunkturpolitischen Impuls auszulösen; dagegen machte der Steuerstopp aber eine restriktive Politik, die dazu hätte dienen können, eine wirtschaftliche Überhitzung zu verhindern, unmöglich.

6.5.2 Haushaltspolitik

In der Haushaltspolitik strebte die Regierung – ebenso wie ihre Vorgängerin – einen strukturellen Haushaltsüberschuss von rund zwei Prozent an, um die Staatsschulden möglichst schnell abzubauen, die Zinszahlungen zu reduzieren und mittelfristige finanzielle Vorsorge für den demografischen Übergang zu tragen (OECD 2003c: 109). Dazu sollte neben einem möglichst geringen Wachstum des Staatskonsums auch eine weitere deutliche Erhöhung des Beschäftigungsstandes beitragen, die einerseits die Ausgabenseite entlasten und andererseits zusätzliche Staatseinnahmen erbringen würde. Diese Erhöhung des Beschäftigungsstandes strebte die Regierung einerseits mittels steuerpolitischer Maßnahmen an, andererseits aber auch durch bestimmte Strukturreformen. Neben zusätzlichen Anreizen, über das gesetzliche Rentenalter hinaus erwerbstätig zu bleiben, spielte in diesem Zusammenhang vor allem die 2002 verabschiedete Arbeitsmarktreform eine wichtige Rolle, die darauf abzielte, statt Aktivierungsmaßnahmen die Jobsuche in den Mittelpunkt der Bemühungen zu stellen. So wurde die Verantwortlichkeit für Arbeitslose und arbeitsfähige Sozialhilfeempfänger zusammengelegt, die Kontakte zwischen Arbeitslosen und Arbeitsvermittlern wurden intensiviert, die Aktivierungsprogramme wurden vereinfacht und stärker auf die Wiedereingliederung in den ersten Arbeitsmarkt fokussiert und die wirtschaftlichen Anreize für die Arbeitsaufnahme wurden gestärkt (vgl. OECD 2003c: 47ff.; 180ff.). Außerdem wurde der bezahlte Elternurlaub abgeschafft und durch einen von 28 auf 52 Wochen verlängerten Mutterschaftsurlaub ersetzt, der zum Teil auch vom Vater in Anspruch genommen werden konnte. Während die zuletzt genannte Änderung keine wirkliche Einschränkung des Programms mit sich brachte, nahm der Einsatz von Maßnahmen der aktiven Arbeitsmarktpolitik trotz leicht zunehmender Arbeitslosigkeit tatsächlich ab (OECD 2005c: 87).

Nach 2002 verzichtete die Regierung zunächst auf weitere Strukturreformen im Wohlfahrtsstaat. Stattdessen wurde 2003 eine Kommission eingesetzt, die die Effekte des demografischen Übergangs auf die Staatsfinanzen untersuchen und Vorschläge machen sollte, wie das Arbeitsangebot und die Beschäftigung gesteigert werden könnten, um die Finanzierung des Wohlfahrtsstaates ohne Steuererhöhungen sicherzustellen. Der Abschlussbericht wurde am 7. Dezember 2005 vorgestellt (vgl. Velfærdskommissionen 2005) und diente als Basis für entsprechende Vorschläge der Regierung, die am 4. April 2006 präsentiert wurden. Diese Vorschläge wiederum lieferten die Grundlage für einen überparteilichen Kompromiss zu einer Reform des Wohlfahrtsstaates. Vorgesehen war unter anderem, dass das Eintrittsalter in den Vorruhestand bis 2022 um zwei Jahre auf 62, das offizielle Renteneintrittsalter bis

2027 ebenfalls um zwei Jahre auf 67 Jahre steigen sollte, und diese Altersschwellen anschließend entsprechend der demografischen Entwicklung erhöht werden sollten. Zusätzlich wurden die Anspruchsvoraussetzungen für den Vorruhestand verschärft, etwa indem nun 30 Jahre Beiträge gezahlt werden müssen. Zudem wurde die Aktivierung, insbesondere von Langzeitarbeitslosen, erweitert, es wurden Anreize für einen schnellen Abschluss des Studiums geschaffen, um den Arbeitsmarkteintritt nach vorn zu ziehen, und es wurden Mittel für Bildung und Forschung in erheblichem Umfang bereit gestellt („Globalisierungsfonds"; vgl. The Danish Government 2006: 9).

Bezüglich der Begrenzung des Anstiegs der Staatsausgaben richtete die Regierung einen Fokus auf die Ausgaben der Kommunen und Kreise, waren diese doch unter der Vorgängerregierung besonders stark angestiegen. Da die subnationalen Einheiten selbst keine Kredite aufnehmen dürfen, erschien das sanktionsbewehrte Einfrieren der Steuersätze als ein geeignetes Instrument. Da den Gebietskörperschaften auf diese Weise nämlich weder Kredite noch höhere Steuern zu Gebote standen, waren sie darauf verwiesen, mit den gegebenen Einnahmen auszukommen, was zusätzliche Ausgaben unmöglich machte, soweit diese nicht durch Zuweisungen der Zentralregierung finanziert wurden. Dies führte in der Tat zu einer deutlichen Rückführung der konsumtiven kommunalen Ausgaben (vgl. OECD 2005c: 54).

Effizienzgewinne, und damit ebenfalls niedrigere kommunale Ausgaben, sollte zusätzlich eine Verwaltungsreform erbringen, durch die die Zahl der Kommunen von 271 auf 98 und der Kreise (nun Regionen) von 13 auf fünf reduziert wurde (vgl. zum Folgenden OECD 2005c: 58-70, Bundgaard/Vrangbæk 2007, Mouritzen 2008: 205-215). Darüber hinaus wurden die Kompetenzen der subnationalen Einheiten neu geordnet: So verloren die Regionen, die ab 2007 die meisten Kompetenzen abgeben mussten, aber vor allem in der Gesundheitspolitik noch eine große Rolle als Betreiber von Krankenhäusern spielen, ihre Steuerkompetenz. Stattdessen erhebt nun die Zentralregierung eine achtprozentige Gesundheitsabgabe auf die Bemessungsgrundlage der kommunalen Einkommensteuer, aus der wiederum Zuweisungen an die Regionen finanziert werden. Die Steuerkompetenz der Kommunen wurde dagegen ausgeweitet.

Zu diskretionären Ausgabenkürzungen kam es dagegen kaum – wenn man von den Sozialleistungen für Asylbewerber sowie der Entwicklungshilfe absieht (OECD 2002c: 35; 2003c: 82; Bille 2006a: 27). Im Gegenteil verpflichtete sich die Regierung sogar, bestimmte Verbesserungen zu erreichen. Das galt nicht zuletzt für den Sozialbereich. So wurden beispielsweise schon im Haushalt für 2002 1,5 Mrd. Dkr. bereitgestellt, um die Wartelisten für bestimmte Behandlungen in Krankenhäusern zu reduzieren, im Jahr darauf wurde eine zunächst einmalige Sonderleistung von maximal 5000 Dkr. für Rentner mit geringem Einkommen beschlossen (Bille 2006a: 27, 53; OECD 2003c: 123), die allerdings ab dem Folgejahr verstetigt wurde (Bille 2006a: 79). Auch 2007 wurden auf Initiative der Regierung von Kommunen, Regionen und Zentralregierung zusätzliche Mittel in die Verbesserung öffentlicher Dienstleistungen investiert (FAZ, 21.7.2007).

Die Konjunkturdelle der Jahre 2002 und 2003, die schließlich auch einen gewissen Anstieg der Arbeitslosigkeit mit sich brachte, führte Anfang 2004 zudem zu einer vorübergehenden Verschiebung des Fokus der Finanzpolitik von der langfristigen Sicherstellung einer nachhaltigen Haushaltssituation zu einer kurzfristig orientierten Stabilisierungspolitik. So brachte die Regierung den stärksten fiskalischen Impuls seit 1996 auf den Weg, der neben dem Vorziehen bereits beschlossener Steuersenkungen und der Aussetzung der Beiträge zur privaten Pflichtrentenversicherung auch höhere Investitionsausgaben und höhere Subventionen zum privaten Wohnungsbau sowie andere Erleichterungen für Bauinvestitionen, aber auch leicht erhöhte Ausgaben für aktive Arbeitsmarktpolitik und Gesundheit beinhaltete (OECD 2005c: 55, 64).

Abbildung 6.7: Reale Veränderungen ausgewählter Haushaltsbereiche in Dänemark, 2001-2006 (in Prozent)

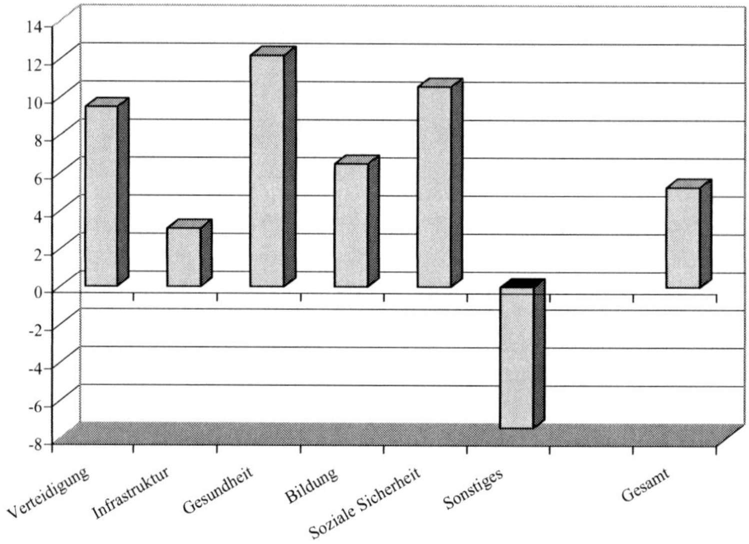

Quelle: Danmarks Statistik <http://www.statbank.dk/statbank5a/default.asp?w=1280> (12.9.2007)

Wie ist die Haushaltspolitik der Regierung Fogh Rasmussen zusammenfassend zu bewerten? Das Ziel struktureller Haushaltsüberschüsse wurde ganz offensichtlich erreicht (vgl. auch Abb. 6.6). Dies ist zum überwiegenden Teil auf die exzellente wirtschaftliche Entwicklung in Dänemark zurückzuführen, die mit hohen Wachstumsraten und niedriger Arbeitslosigkeit die Staatseinnahmen trotz des Einfrierens der Steuersätze und einiger diskretionärer Steuersenkungen mindestens stabil hielt und die Ausgaben reduzieren half. Hinzu kamen nennenswerte Einmaleinnahmen: Das gilt insbesondere für die Erlöse aus dem Verkauf von Erdgas und Erdöl, die sich zwischen 2002 und 2006 auf gut 92 Mrd. Dkr. summierten (berechnet nach Energistyrelsen 2007: 102). Auch die Zentralbank überwies in den Jahren 2002 bis 2006 Gewinne in Höhe von etwa 14,8 Mrd. Dkr. an die Regierung (berechnet nach Danmarks Nationalbank verschiedene Jahrgänge), während sich die Privatisierungseinnahmen auf rund acht Mrd. Dkr. beliefen[136] (Daten wurden vom dänischen Finanzministerium zur Verfügung gestellt). Doch auch die Regierung leistete einen Beitrag zum Konsolidierungserfolg, gelang es ihr doch insbesondere, das Einnahme- und Ausgabeverhalten der Kommunen durch das Einfrieren der Steuersätze zu beeinflussen. Inwieweit auch die Kommunalreform zu Minderausgaben infolge von Effizienzgewinnen führen kann, ist dagegen noch nicht abschätzbar.

Betrachtet man die Veränderungen bei den Ausgaben, fällt ein fast sozialdemokratisches Profil auf, steigen doch – neben den Verteidigungsausgaben, was eine Folge der dänischen Beteiligung am Irakkrieg gewesen sein dürfte – vor allem die Ausgaben für Sozialleistungen einschließlich der Gesundheitsversorgung und der Bildung überdurchschnittlich (Abb. 6.7). Die stärksten Einsparungen konnten dagegen im Bereich „Sonstiges" erzielt werden, der nicht zuletzt die Zinsausgaben beinhaltet, die aufgrund der günstigen wirtschaftlichen Entwicklung, des niedrigen Zinsniveaus und der nachhaltigen Rückführung der Staatsschulden stark abnahmen.

6.5.3 Die Finanzpolitik der bürgerlichen Regierung unter Anders Fogh Rasmussen und der politische Prozess

Die dänische wirtschaftliche Entwicklung in den Jahren 2001 bis 2007 war, abgesehen von einer kleineren konjunkturellen Eintrübung in den Jahren 2002/03, die von einer leicht steigenden Arbeitslosigkeit begleitet war, überaus vorteilhaft. Die Wirtschaft wuchs, die Arbeitslosigkeit nahm auf unter vier Prozent, ja im Herbst 2007 gar auf den niedrigsten Stand seit 30 Jahren, ab, während die Inflation niedrig und die Leistungsbilanz positiv blieben. Entsprechend konnten nicht nur fast durchgängig Haushaltsüberschüsse erwirtschaftet werden, sondern Dänemark konnte auch seine Auslandsschulden soweit abbauen, dass es seit 2006 netto keine mehr aufweist (FAZ, 4.4.2006). Insofern konnte die bürgerliche Koalition eine erfolgreiche Wirtschaftspolitik für sich reklamieren, wenngleich die positive wirtschaftliche Entwicklung natürlich keineswegs vollständig dem Konto der Regierung Fogh Rasmussen gutgeschrieben werden kann; vielmehr ist gerade die Kontinuität zwischen den Politiken der sozialdemokratisch geführten und der bürgerlichen Koalition bemerkenswert. Wie es dazu kam, soll in den folgenden Abschnitten diskutiert werden.

---

136 Die Erlöse aus zwei Privatisierungen aus den Jahren 2004 und 2005 sind vertraulich und konnten deshalb nicht hinzugerechnet werden. Nach Angaben eines zuständigen Mitarbeiters im dänischen Finanzministerium beliefen sich die entsprechenden Erlöse aber lediglich auf einstellige Millionenbeträge, sodass sie das Gesamtergebnis nicht nennenswert beeinflusst haben.

6.5.3.1 Die parteipolitische Zusammensetzung der Regierung

Parteipolitisch induzierte Unterschiede zwischen den Regierungen Nyrup Rasmussen und Fogh Rasmussen sind gering (so auch Interviews Skatteministeriet 1 und 2, Finansministeriet 4, De Økonomiske Råd). Am deutlichsten treten diese in der Steuerpolitik auf, wo die bürgerlichen Parteien nach der Reform von 2004 beispielsweise für sich in Anspruch nahmen, zum ersten Mal in der Nachkriegsgeschichte Steuern gesenkt zu haben, ohne gleichzeitig andere erhöht zu haben (Bille 2006a: 61). Auch bei der jüngsten Senkung der Körperschaftsteuer zeigten sich Parteiendifferenzen, mochte dieser Maßnahme außer den Regierungsparteien doch nur die Dänische Volkspartei zustimmen. Die Sozialdemokraten lehnten diese Maßnahme dagegen als nicht notwendig ab (Interviews Skatteministeriet 2, Finansministeriet 4). Doch auch in der Steuerpolitik blieben die Unterschiede gering, die letztlich verabschiedeten Maßnahmen moderat. Gerade die Steuerreform 2004 hatte weder ein hohes Entlastungsvolumen noch nennenswerte Auswirkungen auf die Steuerstruktur und der Steuerstopp wurde von den Sozialdemokraten spätestens ab Anfang 2006 akzeptiert (Bille 2006b: 69). Noch viel geringer dürften die Unterschiede bei sozialpolitischen Fragen gewesen sein. Die Arbeitsmarktreform 2002 war allenfalls eine Überarbeitung der sozialdemokratischen Reformen und konnte von den Sozialdemokraten sogar mitgetragen werden (Folketingets Forhandlinger, Folketingsåret 2002-03, 11.12.2002, S. 2906ff.), ähnliches gilt für die Sozialstaatsreform aus dem Jahr 2006. Die Verbesserung der finanziellen Ausstattung vieler sozialer Dienstleistungen war ebenfalls nicht strittig gegenüber den Sozialdemokraten – im Gegenteil, zeigt sich sogar bei den Bildungsausgaben der „sozialdemokratische" Effekt überdurchschnittlicher Ausgabensteigerungen.

Von beiden Regierungen wurde diese Betonung der Investitionen in Humankapital interessanterweise als besonders gut geeignete Anpassungsreaktion an Globalisierung betrachtet. So ernannte die Regierung Fogh Rasmussen 2005 sogar einen Globalisierungsrat unter dem Vorsitz des Ministerpräsidenten, dem auch eine Reihe der wichtigsten Minister angehörte (vgl. www.globalisering.dk). Auf der Basis dieser Beratungen stellte die Regierung im März 2006 eine Globalisierungsstrategie vor, die im Wesentlichen darauf abzielte, Wettbewerbsfähigkeit und soziale Kohäsion zu erhalten, indem in Humankapital investiert werden sollte (Regeringen 2006). So wurde beispielsweise ein „Globalisierungsfonds" mit einem Volumen von zehn Mrd. Dkr. (im Jahr 2012) geschaffen, der es ermöglichen soll, dass bis 2015 mindestens 95% eines Jahrgangs die Sekundarschule und 50% eine Hochschulausbildung abschließen. Bereits in einer Rede des Ministerpräsidenten auf dem Venstre-Parteitag im November 2004 hatte Fogh Rasmussen die dänische Politik der „flexicurity", also die Mischung aus Flexibilität auf dem Arbeitsmarkt und sozialer Absicherung, sowie die Investitionen in Bildung – und eben nicht die Kürzung von Sozialleistungen, die Senkung der Steuern und das Stabilisieren der Löhne – als Lösung für die Herausforderungen der Globalisierung angepriesen (Goul Andersen 2006: 394).

Insofern lässt sich argumentieren, dass es vor allem der wirtschaftliche Erfolg Dänemarks seit den frühen 1990er Jahren – seinerseits natürlich in der Wahrnehmung der Akteure Resultat vorangegangener Anpassungsreaktionen – war, der dazu beigetragen hat, dass auch die erste bürgerliche Regierung seit den 1920er Jahren, die nicht zumindest die Unterstützung von Mitteparteien benötigte, keineswegs zu weit reichenden Anpassungsreaktionen an Globalisierung schritt, sondern insbesondere auf der Ausgabenseite eine eher sozialdemokratische Anpassungsstrategie weiterverfolgte. Lediglich auf der Einnahmenseite lässt sich ein eher bürgerliches Modell feststellen, insbesondere mit der mehrfachen Senkung der Körperschaftsteuer, die in der Tat mit bestimmten globalisierungsbedingten Schwierigkeiten der Unternehmensbesteuerung begründet wurde (Folketingets Forhandlinger, Folketingsåret 2006-07, L 213).

Mindestens ebenso große Parteiendifferenzen wie zwischen Regierung und Opposition zeigten sich gelegentlich allerdings in der Koalition selbst, traten doch die Konservativen wesentlich entschiedener für weitere Steuer- und Ausgabensenkungen auch im wohlfahrtsstaatlichen Bereich ein als der liberale Koalitionspartner, von der parlamentarischen Unterstützungspartei, der Dänischen Volkspartei, ganz zu schweigen. Dennoch fällt vor allem das geringe Ausmaß an finanz- und sozialpolitischen Unterschieden auf, das sich zwischen der sozialdemokratisch geführten und der bürgerlichen Regierung auftut. Im Folgenden wird es daher darum gehen, diesen überraschenden Befund zu erklären.

6.5.3.2 Vetospieler und innerparteiliche Gruppierungen

Eine erste Erklärung für das moderate finanzpolitische Profil der Regierung Fogh Rasmussen könnte in der Vetospielerkonstellation gesucht werden. Möglicherweise hatte die Regierung ja erheblich weitergehende Pläne, die sie aber wegen ihrer Minderheitenposition im Folketing in den Verhandlungen mit anderen Vetospielern opfern musste. Diese Annahme ist zwar nicht unplausibel, sie passt aber schlecht zur tatsächlichen Situation im Folketing nach 2001, benötigten die bürgerlichen Parteien ab diesem Zeitpunkt doch zumindest arithmetisch gerade nicht mehr die Unterstützung der Mitteparteien oder gar der Sozialdemokraten.

Und die beiden bürgerlichen Regierungsparteien versuchten diese Konstellation auch in der Tat zu nutzen, indem sie nicht in erster Linie nach Unterstützung in der politischen Mitte suchten, sondern sich zur Dänischen Volkspartei hin orientierten (zum Folgenden Bille 2006a). Das wurde schon bei der Verabschiedung des Haushaltes für das Jahr 2002 kurz nach dem Regierungswechsel deutlich. Während die DF zum ersten Mal seit ihrer Gründung einem Haushalt zustimmte, wurde keine Mittepartei, geschweige denn die SD, ernsthaft an den Verhandlungen beteiligt. Ein ähnliches Muster ergab sich bei der Verabschiedung des Haushaltes für 2003: Wiederum stimmte die Volkspartei zu und wieder blieben die übrigen Oppositionsparteien von der Kompromissfindung weitgehend ausgeschlossen.[137] Neu war aller-

---

137 Allerdings stimmten die meisten Oppositionsparteien den jeweiligen Haushalten entsprechend der parlamentarischen Norm, dass alle verantwortlichen Parteien das Budget unterstützen, wenn dessen Verabschiedung ohnehin sicher ist, trotzdem zu.

dings, dass sich die beiden Koalitionsparteien mit der DF auf ein bindendes politisches Abkommen einigten, demzufolge keine der drei Parteien ohne Zustimmung der beiden anderen Partner Vorschläge mit Auswirkungen auf den Haushalt machen sollte (Bille 2006a: 54). Damit war die Dänische Volkspartei wenigstens in die Nähe einer Regierungsbeteiligung gekommen, sie musste aber nun auch Verantwortung für die Regierungspolitik mit übernehmen.

Dieses Muster setzte sich bei den Beratungen über die Haushalte der Folgejahre fort. Auch die Verwaltungsreform sowie die 2003 verabschiedete Steuerreform wurden nur mit den Stimmen der Koalitionsparteien und der Volkspartei beschlossen (Bille 2006a: 61ff.; Bundgaard/Vrangbæk 2007: 510f.). Insbesondere bei der Steuerreform musste die Regierung allerdings einige Konzessionen machen, da die Dänische Volkspartei die Steuersenkungen nur in sehr begrenztem Umfang mittragen wollte. Entsprechend begrenzte sie nicht nur das Gesamtvolumen der Steuersenkungen mit dem Ziel, die Ressourcen zu bewahren, mit denen die besondere Unterstützung für Rentner, die sie im Haushalt 2003 durchgesetzt hatte, finanziert wurden, sondern sie setzte auch durch, dass die Steuersenkungen auf unterdurchschnittlich verdienende Steuerzahler konzentriert wurde (vgl. auch Ganghof 2006: 85). Auch in den meisten anderen Politikfeldern profilierte sich die DF als Verteidigerin des Wohlfahrtsstaates, mit der eine wirtschaftsliberale Politik nicht durchgesetzt werden konnte.

Insofern ergab sich für die bisher zu analysierende Regierungszeit eine insgesamt stabile Zusammenarbeit zwischen den bürgerlichen Koalitionspartnern und der Volkspartei. Nur gelegentlich kam es auch zu einer Kooperation der Koalition mit den anderen Parteien, etwa den Sozialdemokraten, mit denen, wie gesehen, beispielsweise die Arbeitsmarktreform vom Oktober 2002 ausgehandelt wurde. Wichtiger noch, ja geradezu „historisch" (Bille 2006b: 75), war jedoch die Einigung auf die Sozialstaatsreform im Jahr 2006, bei der sozial-, arbeitsmarkt-, bildungs- und integrationspolitische Fragen in ein Paket gebündelt wurden, dem schließlich nicht nur die Regierungsparteien und DF, sondern auch SD und RV zustimmten. Zwar mussten dafür eine Reihe von Konzessionen gemacht werden – so hatte die Regierung beispielsweise eine mittelfristige Erhöhung des Eintrittsalters in die Frühverrentung auf 63 Jahre vorgesehen, während sich letztlich nur eine Erhöhung auf 62 Jahre durchsetzen ließ, während der ursprüngliche Plan, das Arbeitslosengeld auch für 25-30Jährige nach sechsmonatiger Arbeitslosigkeit zu senken, ebenso scheiterte wie die Verkürzung der Pflichtschulzeit; doch insgesamt wurde dadurch eine bemerkenswerte Sozialstaatsreform erreicht (Bille 2006b: 72ff.).

Insofern ist festzuhalten, dass der Status als Minderheitsregierung tatsächlich die Notwendigkeit mit sich brachte, Konzessionen zu machen. Obwohl diese Konzessionen in aller Regel an die Dänische Volkspartei, eine ehemalige Steuerprotestpartei, gemacht werden mussten, führten sie meistens zu einer Bewahrung des Wohlfahrtsstaates und seiner finanziellen Ressourcen. Das bedeutet, dass zwar formal durch die Unterstützung der DF für die Regierung eine bürgerliche Mehrheit existierte; doch ließ sich eine wirtschaftsliberale Politik trotzdem nicht durchsetzen, weil die DF sie nicht mittragen mochte, ja, „in terms of welfare policies, it is often a more 'fundamentalist' social democratic party than the Social Democrats" (Goul Andersen 2006:

397). Ein wesentlicher Grund für dieses Verhalten der Volkspartei dürfte darin liegen, dass sie einen größeren Anteil von Arbeiterwählern aufweist als die Sozialdemokraten.[138] Doch es war nicht die Volkspartei allein, die weit reichende wirtschaftsliberale Reformen verhinderte. Das zeigt sich schon daran, dass es zwischen wie innerhalb der beiden Koalitionspartner Venstre und KF durchaus erkennbare Differenzen gab, wenngleich diese begrenzt blieben. Am deutlichsten sichtbar wurden Unterschiede zwischen den beiden Regierungsparteien in der Frage weiterer Steuersenkungen (Bille 2006a: 60f.). Die Konservativen strebten diese vehement an, während Venstre dafür wenig Handlungsspielraum sah, da eine nennenswerte Rückführung der Staatsausgaben nicht erwünscht war und insofern der finanzielle Spielraum für weit reichende Steuersenkungen als fehlend betrachtet wurde. Doch letztlich konnten sich die Konservativen sowohl 2003 als auch 2007 zumindest teilweise durchsetzen, als es ihnen gelang, die Regierung auf einige Steuersenkungen zu verpflichten. Bemerkenswert bleibt aber die Tatsache, dass Venstre, die in den 1990er Jahren noch mit einem durchaus liberalen Reformkonzept auftrat, in der Regierungsverantwortung entsprechende Maßnahmen nur noch in homöopathischen Dosen einsetzen mochte. Es ist der Wettbewerb um Wählerstimmen, der diesen überraschenden Befund erklären hilft.

6.5.3.3 Der Wettbewerb um Wählerstimmen

Der Parteienwettbewerb hinterließ besonders deutliche Spuren in Politikfeldern, in denen traditionell den Sozialdemokraten eine hohe Kompetenz zugeschrieben wurde, etwa bei den Themen Sozialpolitik und Arbeitslosigkeit. Der Regierung dürfte sehr wohl bewusst gewesen sein, dass die Sozialdemokraten steigende Arbeitslosigkeit und Kürzungen am Wohlfahrtsstaat wie schon in den 1980er Jahren massiv – und glaubwürdig – kritisiert hätten. Dass eine solche Kritik wahlentscheidend sein kann, hatten die bürgerlichen Parteien 1998 erfahren müssen, als eine schon gewonnen geglaubte Wahl noch verloren ging, nicht zuletzt – so offenbar die Wahrnehmung der Akteure – weil die Wähler insbesondere Venstre mit Sozialkürzungen in Verbindung brachten. Anders Fogh Rasmussen hatte daher nach der Übernahme des Parteivorsitzes nach dieser verlorenen Wahl versucht, dieses Image zu wandeln und

---

138 Die enge Bindung der bürgerlichen Regierungsparteien an die ausländerfeindliche Volkspartei war nicht nur wegen der notwendigen Konzessionen auch innerhalb der Regierungsparteien nicht unumstritten. Da sich die Radikale Venstre jedoch bis 2007 wegen der Ausländerpolitik der Regierung Rasmussen weigerte, systematisch mit der Koalition zusammenzuarbeiten, stellten sich andere Optionen häufig als schwierig heraus. Erst mit der Abspaltung eines Teils der Radikalen Venstre als Partei Neue Allianz eröffnete sich die Aussicht auf eine bürgerliche Regierung, die nicht auf die Unterstützung der Volkspartei angewiesen sein würde (vgl. FAZ, 14.5.2007; 16.6.2007). Das Wahlergebnis vom November 2007 machte diese Absicht allerdings weitgehend zunichte, da Venstre und Konservative Volkspartei auch gemeinsam mit beiden Mitteparteien keine Parlamentsmehrheit gegen die linke Opposition und die Volkspartei erreichten.

Venstre als Wohlfahrtsstaatspartei zu etablieren. Dies gelang vor der Wahl 2001, was den Regierungswechsel wesentlich ermöglichte.

Auch nach der Wahl blieben Sozialreformen jedoch politisch höchst gefährlich, wie Daten aus der Wahlstudie von 2005 belegen, denen zufolge die Ablehnung von Sozialkürzungen bei den Wählern im Jahr 2005 auf dem zweithöchsten je gemessenen Stand lag, während die Wähler mit einer nie zuvor gemessenen Mehrheit von 61 zu 35 einen Ausbau des Sozialstaates gegenüber Steuersenkungen präferierten (vgl. die Daten bei Goul Andersen 2006: 397). Entsprechend verzichtete die Koalition tatsächlich soweit wie möglich auf Sozialkürzungen oder Strukturreformen im Wohlfahrtsstaat – sehr zum Leidwesen der OECD (2005c: 34), die kritisierte, dass „little of substance has been done since 2002's *More People in Work* package. The government is running out of time to deliver on its employment goals. It is waiting for recommendations from the Welfare Commission, which will present its final report by the end of 2005" (vgl. auch OECD 2005c: 56). Angesichts der potenziell harschen Kritik der Opposition an solchen Reformen und angesichts des insgesamt vergleichsweise geringen Problemdrucks war eine solche Strategie der Delegation an Expertenkommissionen politisch jedoch durchaus rational.

Im Wahlkampf 2005 versprach die Regierung, alle von den Sozialdemokraten vorgeschlagenen sozialen Verbesserungen ebenfalls umsetzen und auf alle Sozialkürzungen verzichten zu wollen, denen die Sozialdemokraten nicht zustimmen würden (Goul Andersen 2006: 394). Insofern ist das Erreichen der Zustimmung der Sozialdemokraten zu der Sozialstaatsreform 2006 als conditio sine qua non der Durchsetzung dieser Reform zu sehen, da auf diese Weise die wahlpolitisch potenziell höchst riskante[139] Erhöhung des Eintrittsalters für den Vorruhestand und die Altersrente weitgehend aus dem Parteienwettbewerb herausgenommen wurde und auch bei der Parlamentswahl im November 2007 keine Rolle mehr spielte. Vielmehr investierte die Regierung im Folgejahr sogar zusätzliches Geld in verbesserte soziale Dienstleistungen – nicht zuletzt, um den Sozialdemokraten Angriffspunkte zu nehmen, wie sich etwa am 2007 verabschiedeten „Qualitätsprogramm für den Wohlfahrtsstaat" zeigte (vgl. FAZ, 13.9.2007). Die tatsächlich durchgesetzten Kürzungen bei der Entwicklungshilfe und den Leistungen für Flüchtlinge und Asylbewerber standen dagegen in Übereinstimmung mit der Stimmungslage in der dänischen Bevölkerung (Borre 2003: 182) und waren wahlpolitisch daher ungefährlich.

Der Verzicht auf eine Heraufsetzung der Einkommensschwelle, ab der der Spitzensteuersatz der Einkommensteuer zu bezahlen ist, ist ebenfalls nur vor dem Hintergrund des Wettbewerbs um Wählerstimmen zu verstehen, hatten die OECD, aber offenbar auch das dänische Finanzministerium diese Option doch wiederholt als beste Strategie zur Ausweitung des Arbeitsangebots ausgemacht, weil auf diese Weise der Grenzsteuersatz vieler Normalverdiener erheblich gesenkt werden könnte. Doch

---

139 In der Tat kam es am 17. Mai 2006 zu von den Gewerkschaften organisierten Demonstrationen gegen die Sozialstaatsreformen, die immerhin die größten derartigen Protestaktionen seit 1985 waren (Bille 2006b: 74).

die Regierung schreckt offenbar davor zurück, sich der Kritik auszusetzen, vor allem gutverdienende Steuerzahler zu entlasten.

Dass die Konkurrenzsituation mit den Sozialdemokraten so stark auf die tatsächlich verabschiedete Politik durchschlagen konnte, lag zu einem erheblichen Teil auch am geringen Problemdruck, dem sich die Regierung – mit Ausnahme der Wachstumsdelle 2002/03 – ausgesetzt sah. Angesichts der günstigen wirtschaftlichen Entwicklung erschien es schlicht unnötig, die potenziell hohen elektoralen Kosten von Strukturreformen in Kauf zu nehmen. Allerdings zeigte umgekehrt auch die Reaktion auf die Konjunkturdelle der Jahre 2002/03 und insbesondere auf die steigenden Arbeitslosigkeit, welche prägende Auswirkungen der Wettbewerb um Wählerstimmen auf die Regierungspolitik hatte: Aus Sorge, ein Anstieg der Arbeitslosigkeit könne ihr elektoral schaden, betrieb sie Anfang 2004 eine fast sozialdemokratische Politik – die allerdings vermutlich zu spät kam und somit allenfalls prozyklisch wirkte (OECD 2005c: 55). Dennoch erreichte die Regierung Fogh Rasmussen durch ihre kaum von den Sozialdemokraten zu unterscheidende Finanz- und Sozialpolitik, dass diese Themen ihr wahlpolitisch nicht gefährlich werden konnten, was die (bisher) zweimalige Wiederwahl der Regierung ermöglichte.

6.6 Die dänische Finanzpolitik seit 1982 im Lichte des theoretischen Modells

Wiederum soll zum Abschluss der Fallstudie versucht werden, die Finanzpolitik Dänemarks zwischen 1982 und 2007 vor dem Hintergrund des in Kapitel 2 vorgestellten theoretischen Modells zu rekapitulieren.

Ähnlich wie im Fall der Niederlande ist auch in Dänemark, das Anfang der 1980er Jahre noch „am Rande des Abgrunds" gestanden hatte, von einem wirtschaftspolitischen Wunder gesprochen worden (vgl. z.B. Schwartz 2001a). In der Tat stellte sich die wirtschaftspolitische Situation Ende 2007 ausgesprochen günstig dar, was sich nicht nur bei den gesamtwirtschaftlichen Zielen wie Arbeitslosigkeit und Inflation, sondern auch im außenwirtschaftlichen Bereich, vor allem beim Saldo der Leistungsbilanz, sowie bei den finanzpolitischen Kennziffern, insbesondere der Staatsverschuldung und dem Haushaltsdefizit, zeigt. Die politischen Maßnahmen, die Dänemark vom wirtschaftlichen Abgrund wegführten, können durchaus als Anpassungsreaktionen an Globalisierung interpretiert werden, insbesondere in den 1980er Jahren. Den Entscheidungsträgern war stets bewusst, dass die kleine dänische Ökonomie stark von den wirtschaftlichen und ökonomischen Entwicklungen in anderen Ländern abhing, sie also „policy takers rather than policy makers" waren (so Einhorn/Logue 2003: 236). Dies wurde angesichts des hohen Problemdrucks in den frühen 1980er Jahren, der als Folge fehlender Anpassungen an geänderte weltwirtschaftliche Rahmenbedingungen in den 1970er Jahren wahrgenommen wurde, von den damals an den Entscheidungen beteiligten Akteuren besonders betont: „An important thing is to do your internal matters as best as possible, and we didn't do that in the 1970s" (Interview Finansministeriet 2).

Auffallend ist allerdings gerade bei einem Vergleich der beiden ökonomisch kleinen Länder im Untersuchungssample, also Dänemarks und der Niederlande, dass sich die Anpassungsreaktionen an Globalisierung nur in begrenztem Umfang glichen. Während in den Niederlanden die Hauptanpassungsleistung über die Lohnpolitik erbracht werden sollte und entsprechend die Finanzpolitik auf vielfältige Weise versuchte, Lohnmoderierung zu unterstützen, spielte eine solche Ausrichtung der Finanzpolitik in Dänemark allenfalls am Anfang der 1980er Jahre eine gewisse Rolle. Auch eine aggressive Steuerpolitik, wie sie sich in den Niederlanden in Form unterschiedlicher steuerlicher Sonderregime niederschlug, gab es in Dänemark kaum, wenn man vom schnell wieder zurückgenommenen Sonderregime für Holdinggesellschaften absieht. Gleichwohl spielte gerade bei der Körperschaftsteuer der Standortwettbewerb sehr wohl eine Rolle, ging es allen dänischen Regierungen doch wenigstens darum, die heimischen Steuersätze zumindest im internationalen Mittelfeld zu halten, was ab 1990 – 1987 war der Körperschaftsteuersatz im Zuge der dualen Einkommensteuerreform ja sogar um zehn Prozentpunkte angehoben worden – immer wieder Senkungen des Körperschaftsteuersatzes nach sich zog, der zwischen 1990 und 2007 immerhin von 50 auf 25% gefallen ist!

Angesichts des fast schon traditionellen Defizits in der Leistungsbilanz spielte allerdings die Rückführung der Importnachfrage wenigstens in den 1980er Jahren eine wesentlich größere Rolle bei den dänischen Anpassungsreaktionen an Globalisierung als etwa in den Niederlanden. Insofern sind sowohl die Politik der Haushaltskonsolidierung als auch – und vor allem – die restriktiven Maßnahmen aus der Mitte der 1980er Jahre, die sich unter dem Stichwort der „Kartoffelkur" subsumieren lassen und deren wichtigste die deutliche Senkung des steuerlichen Wertes von negativem Kapitaleinkommen im Rahmen der Steuerreform 1987 war, als Anpassungsmaßnahmen an Globalisierung zu verstehen. Erst vor dem Hintergrund des Erfolgs dieser Politik, wie er sich vor allem in Überschüssen in der Leistungsbilanz seit Beginn der 1990er Jahre zeigte, war dann auch eine Rückkehr zu konjunkturpolitisch inspirierten Expansionsprogrammen möglich, wie sie die sozialdemokratische Regierung 1993 und die bürgerliche Regierung 2004 auflegten. Aber auch bei der Ausarbeitung dieser Programme spielte die ökonomische Offenheit Dänemarks eine Rolle, indem sie erkennbar nur für die kurze Frist aufgelegt waren und die Rückkehr zu einer stabilitätsorientierten Finanzpolitik bereits bei der Ankündigung der Programme glaubwürdig festgelegt wurde.[140] Seit Mitte der 1990er Jahre blieben zusätzliche Anpassungsreaktionen an Globalisierung dann allerdings begrenzt – ein Entscheidungsträger der sozialdemokratisch geführten Regierung der 1990er Jahre meinte sogar: „I think it is fair to say that fiscal policy, finance policy has been created mainly out of domestic considerations" (Finansministeriet 4). Angesichts des geringen Problemdrucks überrascht dieser Befund jedoch nicht, steht er doch vielmehr in Übereinstimmung mit Hypothese 4.

Inwieweit lassen sich die politischen Prozesse, die zu diesen Anpassungsreaktionen geführt haben, mit dem in Kapitel 2 vorgestellten Modell erklären? In Übereinstimmung mit Hypothese 1 wurden die ersten einschlägigen Anpassungsreformen in

---

140 Hinzu kam, dass die hohen Einnahmen aus der Erdgas- und Erdölförderung die dänische Leistungsbilanz im Überschuss hielten.

den 1980er Jahren tatsächlich von einer bürgerlichen Regierung vorgenommen, deren Politik sich in vielerlei Hinsicht von derjenigen der sozialdemokratischen Vorgängerregierung unterschied, insbesondere hinsichtlich der gesamtwirtschaftlichen Rahmensetzung in Bezug auf den Wechselkurs und die Inflationsindexierung der Löhne, aber auch hinsichtlich der Rückführung des öffentlichen Sektors einschließlich einiger (kleinerer) Sozialkürzungen. Entsprechend wurden viele der fraglichen Maßnahmen von der sozialdemokratischen Opposition der 1980er Jahre zunächst abgelehnt bzw. führte sozialdemokratischer Einfluss zu einer Aufweichung der Reformen, wie sich insbesondere bei der Steuerreform von 1987 (und dort vor allem bei der Einführung des 6%-Steuerzuschlags) zeigte. Dass diese Anpassungsmaßnahmen im Angesicht einer als extrem tiefgreifend wahrgenommenen Krise zustande kamen, die zudem aus Sicht der Entscheidungsträger gerade Folge einer Nicht-Anpassung an veränderte weltwirtschaftliche Rahmenbedingungen war, entspricht darüber hinaus den Erwartungen aus Hypothese 4.

Die Sozialdemokraten revidierten ihre wirtschaftspolitische Position erst gegen Ende der 1980er und zu Beginn der 1990er Jahre. Wie auch bei der britischen Labour Party und der niederländischen PvdA war der längerfristige Ausschluss aus der Regierung ein zentraler Grund für den programmatischen Wandel. Gleichwohl lassen sich – Hypothese 3 entsprechend – auch in den 1990er Jahren noch erkennbare parteipolitische Unterschiede zwischen den Regierungen erkennen. Die keynesianisch inspirierte Politik des „Kick-Start" 1993 ist ein Beispiel (wenngleich diese Politik 2004 von der bürgerlichen Regierung Fogh Rasmussen kopiert wurde), die Steuerreformen von 1993 und 1998 mit der weiteren Einschränkung des steuerlichen Wertes von Hypothekenzinsen und der minimalen Erhöhung des Spitzensteuersatzes sind weitere. Auch nach dem neuerlichen Regierungswechsel 2001 zeigten sich noch vereinzelte Parteiendifferenzen, am deutlichsten vermutlich bei der weiteren Senkung des Körperschaftsteuersatzes im Jahr 2007, doch dominierend ist das Bild der programmatischen Konvergenz, die sich nicht zuletzt darin zeigt, dass Sozialdemokraten wie bürgerliche Parteien eine Humankapitalinvestitionsstrategie als beste Anpassungsstrategie an Globalisierung sehen.

Dass die Parteiendifferenzen nicht größer ausgefallen sind, hatte viel mit der Dynamik des Wettbewerbs um Wählerstimmen und der spezifischen Vetospielerkonstellation zu tun. Angesichts des abnehmenden Krisenbewusstseins in der Bevölkerung und der blendenden wirtschaftlichen Verfassung, in der sich Dänemark seit etwa Mitte der 1990er Jahre präsentierte, waren unpopuläre Reformen insbesondere für bürgerliche Parteien höchst riskant. Sowohl die Regierungen unter Schlüter als auch die unter Fogh Rasmussen versuchten daher, die sozialdemokratische Opposition für ihre Sozialreformen zu gewinnen (Hypothese 6), was allerdings selten gelang, sodass weitreichende Sozialreformen unter diesen Regierungen lange Zeit kaum zustande kamen. Erst als die SD 2006 zur Kooperation bereit war, wurden etwas größere Veränderungen verabschiedet. Häufiger waren es allerdings die Sozialdemokraten selbst, die einer „Nixon-goes-to-China"-Logik entsprechend wichtige Reformen im Sozialbereich, etwa auf dem Arbeitsmarkt und bei der Frühverrentung, durchsetzten – nicht ohne allerdings ihrerseits die Hauptkonkurrenten um die Regierungsmacht, die bürgerlichen Parteien, in die Verabschiedung der Reformen mit einzubeziehen. Doch gerade das wahlpolitische Debakel der Reform der Frühverrentung dürfte auch die Sozialdemokraten im weiteren Verlauf ihrer Amtszeit von weiterreichenden Veränderungen abgehalten haben. Ein lehrbuchartiges Beispiel für die Effekte des Wettbewerbs um Wählerstimmen ist aber insbesondere die Regierung Fogh Rasmussen. Nachdem Venstre 1998 die Folketingwahlen mit einem wirtschaftsliberalen Programm noch verloren hatte, achtete die Partei in der Folge stark darauf, dem politischen Gegner keine vergleichbaren offenen Flanken mehr zu bieten. Angesichts der ruhigen wirtschaftlichen Entwicklung zwang auch der Problemdruck nicht zu weiterreichenden Reformen (Hypothese 4), die entsprechend nur noch durchgesetzt wurden, wenn die Zustimmung der Sozialdemokraten gewonnen und die Reformen auf diese Weise wahlpolitisch abgesichert werden konnten. Wahlpolitisch erwies sich diese Strategie bislang als Erfolg, doch steht sie der Manifestation von Parteiendifferenzen natürlich entgegen.

Doch zusätzlich zum Parteienwettbewerb war es auch die Vetospielerkonstellation, die einschneidenden Reformen häufig im Wege stand. Dabei ist weniger an die Tatsache zu denken, dass die dänischen Regierungen im Beobachtungszeitraum stets Koalitionsregierungen waren, denn die Kontroversen zwischen den Koalitionspartnern führten in der Regel nicht zu weitreichenden Veränderungen am Reformkonzept – eine Beobachtung, die sich mit den Erwartungen hinsichtlich des Verhaltens von kooperativen Vetospielern deckt. Entscheidender war vielmehr die Tatsache, dass fast alle hier interessierenden Regierungen Minderheitsregierungen waren. Insbesondere in den 1980er Jahren hatte dieser Minderheitsstatus auch für die Finanzpolitik gravierende Folgen, weil die Schlüter-Koalitionen außer zwischen 1984 und 1987 nicht auf eine ausreichende Zahl von Stimmen fester Unterstützungsparteien bauen konnten und insofern immer wieder auch auf die Stimmen von Parteien angewiesen waren, die eine Ablösung der Regierung anstrebten und die mithin als kompetitive Vetospieler betrachtet werden müssen. Insbesondere das Scheitern der Verhandlungen zu den Haushalten für 1984 und für 1991 und die darauf folgenden Neuwahlen, aber auch das Scheitern der Arbeitsmarktreformen in der zweiten Hälfte der Regierung Schlüter können in Übereinstimmung mit Hypothese 8 dahingehend interpretiert werden, dass es den Akteuren nicht allein um inhaltliche Fragen ging, sondern dass auch strategische Interessen eine wichtige Rolle spielten.

Seit den 1990er Jahren ist die Situation für die jeweiligen Regierungen einfacher geworden, weil sie sich jeweils auf die Stimmen bestimmter Unterstützungsparteien verlassen konnten, die ihnen die Mehrheit im Zweifel zu sichern bereit waren. Das galt (wenigstens nach dem Austritt der Zentrumsdemokraten aus der Regierung im Jahr 1996) für SF und Einheitsliste im Fall der Regierungen unter Nyrup Rasmussen und für die Dänische Volkspartei im Falle der Regierungen Fogh Rasmussen.[141] Dieser parlamentarische Wandel ist vor allem darauf zurückzuführen, dass einerseits die traditionellen Parteien Verhandlungen mit den Extremparteien nicht mehr aus-

---

141 Auch die Regierung Schlüter konnte sich wenigstens in der Wirtschafts- und Finanzpolitik auf die Unterstützung der Radikalen Venstre stützen, was allerdings lediglich zwischen 1984 und 1987 zu einer Mehrheit im Folketing ausreichte.

schließen, und dass andererseits diese Parteien ihrerseits auch bereit sind, unter bestimmten Bedingungen einzelnen Reformen oder auch dem Staatshaushalt zuzustimmen (vgl. Green-Pedersen 2001a). Vollständig ohne Konzessionen an Parteien, die nicht der Regierung angehören, kamen zwar auch die Minderheitsregierungen seit 1994 nicht aus, wie sich beispielsweise an der Abschaffung der Vermögensteuer[142] und der Erhöhung des Spitzensteuersatzes im Falle der sozialdemokratisch geführten Regierung Nyrup Rasmussen oder an der Fokussierung der Steuersenkungen auf die Bezieher niedriger Einkommen im Fall der bürgerlichen Regierung Fogh Rasmussen zeigt – doch eine Blockade der finanzpolitischen Willensbildungsprozesse blieb seither aus.

---

142 Die Abschaffung der Vermögensteuer war eine Konzession an die Konservative Volkspartei. Dass diese Konzession gemacht wurde, hatte einerseits mit der Regierungsbeteiligung der Zentrumsdemokraten zu tun, die einen Einfluss der linken Oppositionsparteien auf die Regierungspolitik verhindern wollten. Andererseits spielte die strategische Überlegung eine Rolle, dass man auf diese Weise das enge Bündnis zwischen KF und Venstre sprengen könnte, da KF im Gegenzug zur Abschaffung der Vermögensteuer dem Haushalt für 1996 zustimmen wollte, während Venstre zunächst dagegen stimmen wollte (Interviews Skatteministeriet 1; Finansministeriet 4). Zum Bruch zwischen den beiden bürgerlichen Parteien kam es jedoch nicht.

7 „Kranker Mann Europas" wegen Reformstaus? Anpassungsreaktionen in der Bundesrepublik Deutschland seit 1982

7.1 Politische Rahmenbedingungen in der Bundesrepublik Deutschland

7.1.1 Das politische System

Das politische System der Bundesrepublik Deutschland ist von Peter Katzenstein (1987) als „semi-souveräner Staat" charakterisiert worden, während Manfred G. Schmidt (2002b) den Begriff vom „Staat der Großen Koalition" prägte. Was durch beide Begriffe auf den Punkt gebracht werden soll, ist die im internationalen Vergleich ausgesprochen hohe Zahl an Vetospielern und Mitregenten, die die Politikgestaltung in der Bundesrepublik prägen. So ist das deutsche politische System im Gegensatz zu den drei anderen hier untersuchten Ländern durch einen starken Föderalismus gekennzeichnet, der durch den Begriff der „Politikverflechtung" charakterisiert wird (Scharpf et al. 1976). Damit ist gemeint, dass die meisten öffentlichen Aufgaben nur in Zusammenarbeit zwischen Zentralstaat und Gliedstaaten (oder zwischen den Gliedstaaten untereinander) wahrgenommen werden können.

Anders als die meisten übrigen Bundesstaaten ist der deutsche Föderalismus weniger durch die Verteilung der Aufgabenbereiche zwischen Bund und Gliedstaaten gekennzeichnet als durch „die funktionale Differenzierung nach Kompetenzarten" (v. Beyme 2004: 348). Während dem Bund bis auf wenige Ausnahmebereiche die Gesetzgebungskompetenz übertragen ist,[143] obliegt den Ländern und Gemeinden weitgehend die Verwaltung. Daher scheitern kohärente wirtschaftspolitische Reformen einer Bundesregierung in aller Regel nicht an mangelnden Gesetzgebungskompetenzen des Bundes. Dies gilt besonders für die Steuerpolitik, hat doch der Bund sogar für die den Ländern zustehenden Steuern die Gesetzgebungskompetenz.

Dagegen tragen die Länder und Gemeinden in erheblichem Umfang zu den Gesamtausgaben des Staates bei, ihr Anteil an den Gesamtausgaben der Gebietskörperschaften (ohne Sozialversicherungen) lag durchschnittlich seit den 1970er Jahren bei etwa 60% (Wagschal 2006c: 67). Ein besonders drastisches Beispiel für die Bedeutung der Ausgaben auf der subnationalen Ebene sind die Investitionsausgaben, trug der Bund doch beispielsweise im Jahr 2001 nicht einmal ein Fünftel der gesamt öffentlichen Bruttoinvestitionen, während die Gemeinden den Hauptteil dieser Ausgaben aufbrachten (Zohlnhöfer 2003b: 10). Da die Länder die meisten Gesetze des Bundes ausführen, ist ein großer Teil der Länderausgaben allerdings durch den Bund

---

[143] Auch durch die Föderalismusreform 2006 sind die Gesetzgebungskompetenzen der Länder in der Wirtschaftspolitik nur unwesentlich erweitert worden (vgl. Burkhart/Manow 2006a; Zohlnhöfer 2008).

veranlasst, sodass der Bund eben auch zu einem erheblichen Anteil für die Länderausgaben verantwortlich ist.

Ähnlich eng ist die Verflechtung bei den Steuern: So hat der Anteil am Gesamtsteueraufkommen, den die Gemeinschaftssteuern ausmachen, die zwischen Bund, Ländern und Gemeinden aufgeteilt werden, durch die Finanzreform 1969 deutlich zugenommen. Das bedeutet aber gleichzeitig, dass auch der Bund nicht in der Lage ist, eine eigenständige Steuerpolitik ohne die Länder zu betreiben, da Änderungen bei den Gemeinschaftssteuern nach Art. 105 Abs. 3 GG der Zustimmung des Bundesrates bedürfen. Eine weitere Besonderheit des deutschen Steuersystems ist die kommunale Gewerbesteuer, die aufgrund des kommunalen Hebesatzrechts zwischen den Gemeinden variiert. Diese Steuer bestand zu Beginn des Beobachtungszeitraums aus einer Gewerbekapital- und einer Gewerbeertragsteuer.

Die relative Finanzausstattung des Bundes hat sich seit den 1950er Jahren erheblich verschlechtert: Sein Anteil am Gesamtsteueraufkommen lag im Jahr 2005 nur noch bei 42,1%, während er bis 1970 noch deutlich über 50% betragen hatte. Umgekehrt konnten die Länder im gleichen Zeitraum ihren Anteil von gut 30 Prozent (und unter 25 Prozent Mitte der 1950er Jahre) auf rund 40 Prozent ausbauen (Schmidt/Zohlnhöfer 2006: 15). Hinzu kommen die aufwendigen Finanzausgleichssysteme unter den Ländern sowie zwischen Bund und Ländern, die zu einem extrem hohen Maß an Verflechtung zwischen den Ebenen beitragen.

Als wichtigster Vetospieler auf Bundesebene fungiert der Bundesrat, in dem die 16 Länderregierungen repräsentiert sind. Der Bundesrat besitzt ein absolutes Vetorecht für Zustimmungsgesetze, die im Beobachtungszeitraum zwischen gut 50 und knapp 60 Prozent aller Gesetze ausmachten, wobei der Anteil zustimmungspflichtiger Gesetze im Bereich der Finanzpolitik sogar noch deutlich darüber liegen dürfte.[144] Hinzu kommt, dass die Bundesregierungen nur zwischen Oktober 1982 und Mai 1990, zwischen Herbst 1990 und März 1991 sowie noch einmal zwischen Oktober 1998 und April 1999 auf eine eigene Mehrheit im Bundesrat zurückgreifen konnten. Dagegen mussten die Bundesregierungen zwischen Januar 1996 und dem Regierungswechsel 1998 sowie wiederum vom Frühjahr 2002 bis zur Bundestagswahl 2005 sogar mit Bundesratsmehrheiten zurechtkommen, die ausschließlich von Oppositionsparteien gestellt wurden, in denen es der Bundesregierung also nicht einmal mehr reichte, die Stimmen „gemischt" regierter Länder zu gewinnen, um sich eine Bundesratsmehrheit zu sichern.

Der Fall abweichender parteipolitischer Mehrheiten in Bundestag und Bundesrat ist für die Vetospielerkonstellation von großer Bedeutung. Einerseits verringert sich durch das Hinzukommen der oppositionellen Bundesratsmehrheit die Kongruenz zwischen den Vetospielern mitunter erheblich. Hinzu kommt jedoch ein Weiteres: Mit einer von den Oppositionsparteien gestellten Mehrheit wird die Länderkammer von einem kooperativen (wenn nicht sogar absorbierten) zu einem kompetitiven Ve-

---

144 Simone Burkhart und Philip Manow (2006a: 9) finden einen Anteil zustimmungspflichtiger Gesetze an allen Gesetzen in der Finanzpolitik für den Zeitraum 1998-2005 von deutlich über 70%.

tospieler. Gerhard Lehmbruch (2000) hat diese Konstellation, in der Regierung und Opposition, die sich der Logik des Parteienwettbewerbs folgend kompetitiv zueinander verhalten, gleichzeitig gezwungen sind, aufgrund der Handlungslogik eines verflochtenen föderativen Systems kooperativ miteinander zu verhandeln, ausführlich analysiert. Analog Hypothese 8 argumentiert auch Lehmbruch, dass das Nebeneinander dieser gegensätzlichen Handlungslogiken zu institutionell angelegten Spannungen führt, die einen Strukturbruch im politischen System darstellen, weil sie inkongruent sind. Im günstigsten Fall kommt es dann Lehmbruch zufolge systematisch zu ineffizienten Lösungen, im schlimmeren Fall erzeugen die institutionellen Verwerfungen Eruptionen in Gestalt von Entscheidungsblockaden und politischem Immobilismus.

Obwohl die Zahl der Gesetze, die in solchen Phasen gegenläufiger Mehrheiten tatsächlich im Bundesrat scheitern, vergleichsweise gering ist, dürften abweichende parteipolitische Mehrheiten in Bundestag und Bundesrat doch erkennbare Spuren in der Staatstätigkeit der Bundesrepublik hinterlassen. Darauf deutet bereits die Tatsache hin, dass der Anteil der vom Bundestag verabschiedeten Gesetze, zu denen der Vermittlungsausschuss angerufen wurde, bei gegenläufigen Mehrheiten in Bundestag und Bundesrat massiv in die Höhe schnellte: Durchschnittlich wurde in diesen Phasen zu rund jedem fünften Gesetz der Vermittlungsausschuss angerufen (Schmidt/Zohlnhöfer 2006: 16), was nicht ohne Folgen für die dort verhandelten Gesetze geblieben sein dürfte. Hinzu kommt ein weiteres: Regierungen scheinen sich selbst gesetzgeberische Zurückhaltung aufzuerlegen, wenn die Mehrheitsverhältnisse zwischen Bundestag und Bundesrat stark von einander abweichen, so jedenfalls das Ergebnis einer quantitativen Gesetzgebungsstudie (Burkhart/Manow 2006b). Das hieße, dass Bundesregierungen umstrittene Gesetze erst gar nicht auf den Weg brächten, wenn sie davon ausgehen müssten, dass diese im Bundesrat ohnehin scheitern.

Ein weiterer institutioneller Vetospieler von erheblichem Gewicht für die Finanzpolitik ist das Bundesverfassungsgericht. Anders als der Bundesrat kann das Gericht Reformen zwar nicht während der Beratungen beeinflussen und es kann auch nicht von sich aus tätig werden und Gesetze nur einer verfassungsrechtlichen Prüfung unterziehen, nicht jedoch ihre Zweckmäßigkeit und Wünschbarkeit kontrollieren. Dennoch gilt: „Seine «Machtfülle» ragt auch beim Vergleich mit anderen Verfassungsgerichten hervor" (Schmidt 2007a: 226), sodass es durchaus als potenzielles Hemmnis für finanzpolitische Reformen wirken kann. So erklärte das Gericht zwischen 1951 und 1990 35 Gesetze aus dem Bereich der Steuer- und Finanzpolitik für nichtig oder mit dem Grundgesetz unvereinbar (Landfried 1994: 114), zwischen 1990 und 1998 waren es allein in Bezug auf steuerrechtliche Normen 19 (Wagschal 2006b: 568). Bereits diese Zahlen machen deutlich, dass die Aktivität des Gerichts in den 1990er Jahren gerade in der Steuerpolitik erheblich zunahm (vgl. als Überblick Kirchhof 2003). Wie in den Fallstudien deutlich werden wird, präjudizierte es dabei in verschiedenen Fällen zentrale steuerpolitische Weichenstellungen, wodurch der Handlungsspielraum des Gesetzgebers erheblich eingeschränkt wurde. Eine dominante Richtung der Entscheidungen etwa in parteipolitischer Hinsicht ließ sich allerdings nicht feststellen (Wagschal 2006b: 564-568).

Darüber hinaus ist zu beachten, dass nicht allein die Zahl der Entscheidungen, in denen das Gericht Gesetze verwirft, ausschlaggebend ist; vielmehr kann es auch als Agenda-Setter wirken (Schmidt 2007a: 227f.) und es scheint, dass bereits die Möglichkeit eines Verfahrens vor dem Bundesverfassungsgericht so etwas wie vorauseilenden Gehorsam des Gesetzgebers erzwingt. Ähnlich wie bei gegenläufigen Mehrheiten in Bundestag und Bundesrat dürfte die Neigung, völlig neue Politiken auszuprobieren, zumindest beeinträchtigt werden, wenn hier die Gefahr als besonders groß eingeschätzt wird, vor dem Verfassungsgericht zu scheitern, was einer „eingebauten Handlungsbremse" gleichkommen kann, die zu Entscheidungsschwäche und Innovationsscheu führt (Abromeit 1995: 60). Tatsächlich zeigte sich, dass beispielsweise bei vielen finanz-, insbesondere steuerpolitischen Schlüsselentscheidungen die Frage der Verfassungskonformität eine wichtige Rolle spielte.

Die Rolle des deutschen Finanzministers ist durchaus herausgehoben, seine Stellung ist sicherlich stärker als die seiner niederländischen oder dänischen Kollegen, wenngleich weniger dominierend als die des britischen Schatzkanzlers (vgl. zum Folgenden Hallerberg 2004: 88f.; Seils 2005a). Von besonderer Bedeutung ist die Tatsache, dass der Finanzminister bei einer Abstimmung über Fragen „von finanzieller Bedeutung" im Kabinett nur durch eine Mehrheit unter Einschluss des Bundeskanzlers überstimmt werden kann (§26 Abs. 1 Geschäftsordnung der Bundesregierung). Das heißt, dass der Bundesfinanzminister ein Veto bei Ausgabenentscheidungen besitzt, wenn er vom Bundeskanzler unterstützt wird. Zusätzlich ist der Bundestag beim Beschluss über Vorschläge, die zu Mindereinnahmen oder Mehrausgaben führen, insoweit beschränkt, als diese gedeckt sein müssen und die Bundesregierung hinsichtlich solcher Änderungen ein absolutes Veto besitzt.

Schließlich sind auch im deutschen Fall noch die parteilichen Vetospieler zu betrachten. Im Untersuchungszeitraum erreichte keine Partei eine absolute Stimmenmehrheit (vgl. Tab. 7.1). Da das deutsche personalisierte Verhältniswahlsystem mit Fünf-Prozent-Sperrklausel nur begrenzt (und bei den Wahlen 1976 und 1983, als die Union in die Nähe der absoluten Mehrheit kam, in sehr geringem Umfang) konzentrierend wirkt, waren seit den 1960er Jahren stets Koalitionsregierungen notwendig. Anders als in Dänemark erfolgte dabei allerdings stets die Bildung einer Mehrheitskoalition, anders als in den Niederlanden trafen die Parteien mit wenigen Ausnahmen stets vor der Bundestagswahl Koalitionsaussagen zugunsten bestimmter Partner.

Die Staat-Verbände-Beziehungen schließlich sind im deutschen Fall weniger korporatistisch geprägt als in den Niederlanden und Dänemark, wenngleich stärker als in Großbritannien (vgl. aber Siaroff 1999). Auf der Makroebene blieb der Korporatismus im Wesentlichen ein sozialdemokratisches Projekt, das aber auch bei Regierungsbeteiligung der SPD die Steuerungsfähigkeit der Bundesregierung kaum erhöhen konnte, wie das gescheiterte „Bündnis für Arbeit" der ersten Regierung Schröder belegt (vgl. dazu Streeck 2003). Ein Grund für diese Schwierigkeiten korporatistischer Steuerung dürfte in der Tarifautonomie liegen, die nach der Rechtsprechung des Bundesverfassungsgerichts in einem Kernbereich durch Artikel 9 Absatz 3 des Grundgesetzes verfassungsrechtlich geschützt ist (Konzen 1996: 28f.). Das heißt insbesondere, dass Gewerkschaften und Arbeitgeberverbände in eigener Verantwortung und ohne staatliche Intervention die Löhne und sonstigen Arbeitsbedingungen aushandeln dürfen; insbesondere die Lohnpolitik kann daher von der Bundesregierung nicht kontrolliert werden, sodass der „Schatten der Hierarchie", wie ihn etwa die Regierung Lubbers 1982 in den Niederlande aufbauen konnte, in Deutschland fehlt. Dagegen ist Korporatismus in Deutschland auf sektoraler Ebene durchaus verbreitet (Schmidt 2007a: 130f.), doch damit bleibt er für die finanzpolitische Willensbildung weitgehend folgenlos, weil eben sektoral beschränkt. Den Problemdruck kann der sektorale Korporatismus allerdings durch die Überwälzung der Kosten der autonomen Tarifpolitik auf die Sozialpolitik durchaus erhöhen (Schmidt 2007a: 114) – nicht unähnlich dem niederländischen Fall der Erwerbsunfähigkeitsversicherung. Entsprechend ist für die finanzpolitische Willensbildung entsprechend des in Kapitel 2 dargestellten Modells zu erwarten, dass die Verbände im Wesentlichen über die Beeinflussung der parteilichen Vetospieler wirken können. Für das Bemühen um Gehör ist das Anhörungsrecht betroffener Verbände durch ein Ministerium schon im Referentenstadium von Bedeutung, wenngleich auch dieses Recht eine Autonomisierung der Politik von den Verbänden sogar in der stark von den Sozialpartnern geprägten Sozialpolitik zumindest am Ende des Beobachtungszeitraumes nicht verhindern konnte (vgl. hierzu Trampusch 2005; Weßels 2007), was darauf verweist, dass die Vetospieler im Prinzip stets die Möglichkeit zu autonomer Politikgestaltung besitzen – wenn sie es denn wollen.

Als weiterer „unechter" Vetospieler ist die Bundesbank anzusprechen. Technisch betrachtet ist sie in der Finanzpolitik eindeutig kein Vetospieler, weil ihre Zustimmung zu finanzpolitischen Gesetzen nicht notwendig ist und sie auch im Nachhinein nicht die Befugnis besitzt, Gesetze zu kippen. Allerdings war die rechtliche und politische Unabhängigkeit der Bundesbank im internationalen Vergleich ausgesprochen hoch und als ihr zentrales Ziel war im Bundesbankgesetz die „Sicherung der Währung" verankert. Zwar sollte die Bundesbank „unter Wahrung ihrer Aufgabe die allgemeine Wirtschaftspolitik der Bundesregierung" unterstützen (§12 Bundesbankgesetz), doch konnte die Bundesregierung diese Unterstützung ihrer Politik durch die Bundesbank nicht erzwingen. Entsprechend hatte die Bank durchaus die faktische Möglichkeit, finanzpolitische Maßnahmen ex post zu sanktionieren. So konnte sie beispielsweise auf eine aus ihrer Sicht zu expansive Finanzpolitik mit einer restriktiven Geldpolitik reagieren, die es der Bundesregierung unmöglich machen konnte, die mit der expansiven Finanzpolitik anvisierten Ziele zu erreichen. Diese Erfahrung musste die Regierung Brandt 1974 ebenso machen wie die Regierung Kohl zu Beginn der 1990er Jahre (s. Kap. 7.2 und 7.4).

Die Europäische Union spielt für Deutschland als Gründungsmitglied der EG ähnlich wie für die Niederlande eine zentrale Rolle, war die Politik aller deutschen Bundesregierungen doch in hohem Maße integrationsfreundlich, ja eine positive Haltung gegenüber der Europäischen Integration ist gar als „Staatsraison" bezeichnet worden (Müller-Brandeck-Bocquet 2006). Entsprechend war insbesondere der Beitritt zur Währungsunion zwischen den großen Parteien praktisch unumstritten. Allerdings bedeutete die Währungsunion für die Bundesrepublik vermutlich geringeren Anpassungsbedarf als für viele andere EU-Mitglieder, weil die Bundesregierungen schon längst daran gewöhnt waren, sich mit einer unabhängigen Zentralbank zu arrangieren, wenngleich auch die Beziehungen zwischen der unabhängigen Bundesbank und verschiedenen Bundesregierungen von Adenauer über Brandt und Kohl bis Schröder keineswegs immer konfliktfrei verlaufen waren (vgl. für Beispiele Wagschal 2001). Wichtiger noch für den Zusammenhang dieser Arbeit ist es allerdings in Erinnerung zu behalten, dass die fiskalischen Konvergenzkriterien des Maastrichter Vertrages und ihre Fortführung im Europäischen Stabilitätspakt ja nicht zuletzt auf Druck der Bundesregierung aufgenommen worden waren und sie deshalb insbesondere im Vorlauf auf das Referenzjahr 1997 von keiner Partei in Frage gestellt wurden. Erst ab 2002 wurde die vermeintlich allzu mechanische Interpretation des Stabilitätspaktes von der rot-grünen Bundesregierung kritisiert.

7.1.2 Das Parteiensystem

Zwischen 1982 und 2005, also in der Untersuchungsperiode dieser Fallstudie, gab es lediglich einen Machtwechsel in der Bundesrepublik. Die christlich-liberale Koalition unter Helmut Kohl, die 1982 die sozial-liberale Koalition von Helmut Schmidt durch ein konstruktives Misstrauensvotum abgelöst hatte, amtierte bis 1998, als sie durch die rot-grüne Regierung unter Gerhard Schröder, also eine Koalition aus Sozialdemokraten und Bündnis 90/Die Grünen, abgelöst wurde. Der rot-grünen Koalition gelang 2002 eine Bestätigung im Amt, ehe die Wähler bei der vorgezogenen Bundestagswahl von 2005 keinem parteipolitischen Block eine Mehrheit im Bundestag bescherten, sodass eine Große Koalition aus CDU/CSU und SPD gebildet werden musste. Da die Große Koalition noch keine vollständige Amtszeit hinter sich gebracht hat und somit nur ein sehr kurzer Beobachtungszeitraum vorgelegen hätte, wurde auf eine Betrachtung dieser Regierung verzichtet. Dafür wurde aber die Ära Kohl in zwei Abschnitte unterteilt, um den Einfluss des epochalen Ereignisses der deutschen Einheit auf die finanzpolitischen Anpassungsreaktionen besser abbilden zu können.

Tabelle 7.1 gibt einen Überblick über die Ergebnisse der wichtigsten Parteien bei den Bundestagswahlen seit 1976. Dabei wird zunächst deutlich, dass die Zahl der relevanten Parteien in Deutschland – zum Teil bedingt durch die Wirkung der Fünf-Prozent-Sperrklausel – ähnlich wie in Großbritannien und in markantem Gegensatz zu den Niederlanden und Dänemark gering ist. Bei den Bundestagswahlen von 1976 und 1980 kamen die drei Parteien, die das „Zweieinhalbparteiensystem"[145] der 1960er und 1970er Jahre bevölkerten, nämlich die christdemokratischen Schwesterparteien CDU und CSU[146], die sozialdemokratische SPD und die liberale FDP, auf

---

145 Von einem Zweieinhalbparteiensystem spricht man bei einem Parteiensystem, bei dem neben zwei dominierenden Großparteien eine kleinere dritte Partei eine bedeutende politische Rolle spielt. Die Zahl 2,5 ergibt sich näherungsweise bei der Berechnung des Fragmentierungsmaßes „effektive Anzahl der Parteien". Bei den Bundestagswahlen 1976 und 1980 lag die Anzahl der effektiven Parteien exakt bei 2,36 und 2,54 (vgl. Niedermayer 2006: 114).

146 In der Literatur gibt es Differenzen über die Frage, ob man CDU und CSU als eine oder zwei getrennte Parteien betrachten soll. In der Mehrzahl der international vergleichenden Studien

nicht weniger als 99,1 bzw. 98 Prozent der Wählerstimmen. Kennzeichnend für dieses Parteiensystem war, dass prinzipiell alle drei Parteien miteinander Koalitionen bilden konnten und dies auch auf Landes- und Bundesebene taten. Gleichzeitig waren die Koalitionen jedoch ausgesprochen stabil. Das gilt nicht nur für die Zeit während der Legislaturperioden; vielmehr warben SPD und FDP auch bei den Wahlen der 1970er Jahre sowie 1980 stets für die Fortsetzung der sozial-liberalen Koalition. Da die Union aber insbesondere 1976 nahe an eine absolute Mandatsmehrheit gelangte und insofern die Hoffnung haben durfte, aus eigener Kraft einen Machtwechsel zu bewerkstelligen, war der Parteienwettbewerb sehr intensiv.

Tabelle 7.1: Ergebnisse der Bundestagswahlen in Deutschland, 1976-2005 (in Prozent der Stimmen)

	1976	1980	1983	1987	1990	1994	1998	2002	2005
CDU/CSU	48,6	44,5	48,8	44,3	43,8	41,4	35,1	38,5	35,2
SPD	42,6	42,9	38,2	37,0	33,5	36,4	40,9	38,5	34,2
FDP	7,9	10,6	7,0	9,1	11,0	6,9	6,2	7,4	9,8
Grüne	-	1,5	5,6	8,3	5,0	7,3	6,7	8,6	8,1
PDS/ Die LINKE	-	-	-	-	2,4	4,4	5,1	4,0	8,7
Sonstige	0,9	0,5	0,4	1,3	4,3	3,5	5,9	3,0	4,0

Quelle: von Beyme 2004: 139, eigene Ergänzungen

Seit den frühen 1980er Jahren begann ein Prozess der Fragmentierung oder Pluralisierung des Parteiensystems, der sich zunächst vor allem im Hinzutreten der Grünen manifestierte, die 1980 erstmals an einer Bundestagswahl teilnahmen und 1983 erstmals in den Bundestag einzogen. Dies erhöhte zunächst die Segmentierung des Parteiensystems, weil die allgemeine Koalitionsfähigkeit zwischen allen Parteien, wie sie im Zweieinhalbparteiensystem gegeben war, nicht mehr bestand, betrachteten die etablierten Parteien die Grünen doch „als illegitimen Eindringling, dem gleiche parlamentarische Rechte in Ausschüssen und anderen Gremien des Parlaments zu verwehren versucht wurde" (v. Alemann 2000: 63). Daher kamen die Grünen zunächst für keine etablierte Partei als Koalitionspartner auf Bundesebene in Frage, wenngleich die SPD 1985 zum ersten Mal eine rot-grüne Koalition auf Länderebene, nämlich in Hessen, wagte. Diese Koalition brach allerdings vorzeitig auseinander

werden sie als eine Partei behandelt. Dies lässt sich unter Rückgriff auf Lijpharts (1999: 70) vier Kriterien, nach denen entschieden werden kann, ob eng verbündete Parteien als eine oder zwei Parteien zu zählen sind, rechtfertigen. Nach Lijphart dürfen die fraglichen Parteien, wenn sie als eine Partei gezählt werden sollen, erstens nicht gegeneinander konkurrieren, sie müssen zweitens eine gemeinsame Parlamentsfraktion besitzen, drittens gemeinsam in die Regierung ein- oder aus ihr austreten und viertens sollte die Verbindung über längere Zeit stabil sein. Für CDU und CSU sind diese Kriterien geradezu schulbuchmäßig erfüllt.

und trug der CDU bei der folgenden Landtagswahl zum ersten Mal in der hessischen Geschichte das Amt des Ministerpräsidenten ein. Ähnliches lässt sich über die zweite, 1989 in Berlin geschlossene rot-grüne Landesregierung berichten (Niedermayer 2006: 119). Bis zum Anfang der 1990er Jahre war demnach also eine rot-grüne Koalition auf Bundesebene für die SPD schwer vorstellbar. Das änderte sich erst mit der „Verparteilichung" der Grünen nach dem gescheiterten Einzug in den Bundestag bei der Wahl 1990 und der Vereinigung mit dem ostdeutschen „Bündnis 90" 1993 (vgl. Egle 2003).

Dass die SPD die Grünen als Koalitionspartner akzeptierte, hatte erhebliche Folgen, da das deutsche Parteiensystem von nun an auf Bundesebene fast symmetrisch bipolar war. Damit konkurrieren nun prinzipiell zwei Parteienblöcke, CDU/CSU und FDP auf der einen sowie SPD und Bündnis 90/Die Grünen auf der anderen Seite, miteinander (Saalfeld 2005: 58; ähnlich auch Poguntke 1999: 434f.). Während demnach in den 1960er und 1970er Jahren ein Regierungswechsel nur durch den Übertritt einer bisherigen Regierungspartei zur Opposition möglich wurde, die dann gemeinsam eine neue Koalition bildeten, streben die Parteien im bipolaren Parteiensystem prinzipiell „vollständige" Machtwechsel durch Wahlen an (vgl. Zohlnhöfer 2004a). Allerdings belegte die Bundestagswahl 2005 gerade, dass nicht notwendiger Weise einer der beiden Parteienblöcke über die absolute Mehrheit der Bundestagssitze verfügt. Das liegt daran, dass die Fragmentierung des deutschen Parteiensystems nach der Wiedervereinigung weiter zugenommen hat und die PDS bzw. die Linkspartei sich als fester Bestandteil des Parteiensystems in Ostdeutschland, aber auch auf gesamtdeutscher Ebene etablieren konnte. Ähnlich wie die Grünen in den 1980er Jahren galt die PDS bzw. gilt die Linkspartei bislang auf Bundesebene nicht als koalitionsfähig, wenngleich auf Länderebene schon Koalitionen mit der SPD in Mecklenburg-Vorpommern und Berlin gebildet wurden, wodurch die Partei eindeutig dem linken Block zuzurechnen ist.

Tabelle 7.2: Elektorale Volatilität in Deutschland 1976-2005

1976	1980	1983	1987	1990	1994	1998	2002	2005
4,0	4,5	8,4	5,9	8,7	11,2	7,7	6,6	8,6

Quelle: eigene Berechnung; Daten nach von Beyme 2004: 139 mit eigenen Ergänzungen; zur Berechnung siehe Pedersen 1980.

Der Parteienwettbewerb in der Bundesrepublik ist hoch kompetitiv. Die Wahlergebnisse sind in aller Regel knapp, Regierungen besitzen keine großen Mandatsmehrheiten. Die Koalitionen beispielsweise, die zwischen 1994 und 2002 gebildet wurden, besaßen nicht einmal die Unterstützung von 50 Prozent der Wähler (vgl. Tab. 7.1). Mithin können schon vergleichsweise kleine Verschiebungen bei Wahlresultaten einen Regierungswechsel herbeiführen. Entsprechend ist die im Vergleich mit den Niederlanden und Dänemark in Deutschland tendenziell etwas geringer ausgeprägte Volatilität (vgl. Tab. 7.2) hoch genug, um Regierungsparteien die Möglichkeit einer Abwahl vor Augen zu führen. Hinzu kommt, dass die bei Bundestagswahlen beobachtbare Volatilität wohl nur eine Art Mindestmaß an Wählerbewegungen darstellt, denn bei Landtagswahlen kommt es oft zu erheblich ausgeprägteren Wählerwanderungen (vgl. für die Landtagswahlen der 15. Legislaturperiode Zohlnhöfer 2007a), die auch von Bundespolitikern als Wechselwählerpotenzial wahrgenommen werden dürften. Das gilt insbesondere für die neuen Bundesländer, kamen mit der Wiedervereinigung in Ostdeutschland doch Wähler hinzu, die noch stärker als die Westdeutschen parteipolitisch ungebunden sind und Gleichheits- und Solidaritätswerte sowie einen weiteren Ausbau des Wohlfahrtsstaates befürworten (Saalfeld 2005: 70ff.), was die in Kapitel 1 skizzierten Anpassungsreaktionen an Globalisierung in den 1990er Jahren im Vergleich zur Periode vor der Wiedervereinigung noch erschwert haben sollte.

Die häufigen Landtagswahlen, die über die gesamte Wahlperiode des Bundestages verteilt sind, tragen zusätzlich zu einer Situation permanenten Wahlkampfes bei, weil diese Wahlen einerseits häufig als Stimmungstests für die Bundespolitik gewertet werden (Decker/v. Blumenthal 2002; Burkhart 2005), sie andererseits aber jeweils auch über die Zusammensetzung des Bundesrates mitbestimmen und insofern unmittelbaren Einfluss auf die Vetospielerkonstellation nehmen. Daher ist zu erwarten, dass Bundesregierungen ihre Politik nicht nur nach dem Wahlkalender der Bundestagswahlen ausrichten, sondern sie auch noch die wichtigeren, sprich: umkämpften Landtagswahltermine berücksichtigen werden.

Tabelle 7.3: Die sozio-ökonomischen Positionen der deutschen Parteien und das Gravitationszentrum

	1989	2003
PDS	–	3,0
Grüne	5,21	11,0
SPD	6,53	9,3
CDU	13,53	14,4
FDP	15,68	18,7
Gravitations-Zentrum	10,09	11,56

Quelle: Laver/Hunt 1992; Benoit/Laver 2006; eigene Berechnung.

Betrachtet man die in Expertenbefragungen gemessenen Parteipositionen im Bereich der Finanzpolitik,[147] lassen sich die beiden parteipolitischen Blöcke insbesondere in der Befragung von 1989 deutlich von einander unterscheiden (Tab. 7.3): Links der Mitte finden sich die SPD und die Grünen, ähnlich weit von der Mitte entfernt auf der rechten Seite des politischen Spektrums wurden die bürgerlichen Parteien einge-

---

147 Die Parteien wurden von Experten auf einem Kontinuum von 1 bis 20 bewertet, die Dimension wurde beschrieben mit der Alternative: „Promote raising taxes to increase public services (low) versus Promote cutting public services to cut taxes" (vgl. Laver/Hunt 1992).

ordnet, wobei die FDP noch etwas marktfreundlicher als die Union eingeschätzt wurde. Deutlich wird aber auch, dass der Parteienwettbewerb marktliberalen Reformen zumindest am Ende der 1980er Jahre eher entgegengestanden haben dürfte, da das wirtschaftspolitische Gravitationszentrum deutlich ausgabenfreundlicher ist als die Position der Koalitionsparteien. Bis 2003 hatte sich das finanzpolitische Gravitationszentrum erkennbar in eine wirtschaftsliberale Richtung entwickelt, was sich auch an den Werten aller etablierten Parteien erkennen lässt, wenngleich mit der PDS eine dezidiert ausgabenfreudige Partei hinzugekommen war. Diese Daten deuten darauf hin, dass die Position der rot-grünen Regierung sehr nahe am Gravitationszentrum der finanzpolitischen Auseinandersetzung gelegen hat, was Reformen erheblich erleichtert haben sollte.[148]

Abbildung 7.1: Position der deutschen Parteien zum Thema Marktwirtschaft, 1980-2002

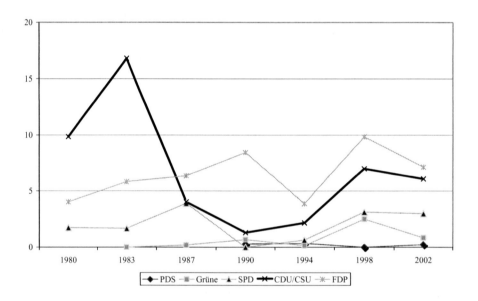

Quelle: Budge et al. 2001; Klingemann et al. 2006.

Wie im Falle Dänemarks liegen auch für Deutschland nur zwei Erhebungen zu den inhaltlichen Positionen der Parteien vor, sodass erneut ein Blick auf die Dimension

---

148 Allerdings könnten die Daten, insbesondere für die Position der SPD, durch die Ankündigung der „Agenda 2010" just im Jahr 2003 beeinflusst worden sein.

„Markeco"[149] der Party Manifesto Daten (Budge et al. 2001; Klingemann et al. 2006) geworfen werden soll (vgl. Abb. 7.1). Die quantitative Inhaltsanalyse der Wahlprogramme bestätigt die Daten aus der Expertenbefragung im Wesentlichen. Deutlicher als in Tabelle 7.3 zeichnet sich in Abbildung 7.1 die erkennbar liberalere Position der beiden bürgerlichen Parteien in der Finanzpolitik auch in den 1990er Jahren ab, während sich auf der anderen Seite die Parteien links der Mitte erst 1998 überhaupt in nennenswertem Umfang auch zu marktfreundlichen Themen äußerten. Gerade im Vergleich zu den dänischen Daten ist allerdings bemerkenswert, wie gering der Anteil positiver Äußerungen auch in den Wahlprogrammen von Union und FDP ist. Dieser Anteil erreicht zwischen 1980 und 2002 nur ein einziges Mal über zehn Prozent des gesamten Wahlprogramms (CDU/CSU 1983), während Konservative Volkspartei und Venstre in Dänemark gelegentlich sogar Werte von über 20 Prozent erreicht haben (vgl. Abb. 6.1). Das verweist auf eine besondere Asymmetrie des deutschen Parteiensystems, in dem „einer Partei der gewerkschaftlichen Wirtschaftsideologie nicht eine primär ökonomisch konservative Partei gegenübersteht, sondern eine religiös traditionelle Partei" (Pappi 1977: 196). Diese Besonderheit kommt vor allem darin zum Ausdruck, dass zumindest die beiden großen Volksparteien, Union und SPD, aber auch die ostdeutsche Volkspartei PDS bzw. die Linkspartei, im Kern Sozialstaatsparteien sind (Schmidt 2007a: 408). Das wiederum verbindet die deutschen Volksparteien mit ihren Wählern, die auch im internationalen Vergleich in ihrer Gesamtheit starke Präferenzen für ausgebaute Sozialstaatlichkeit an den Tag legen (vgl. z.B. Saalfeld 2005: 71f.).

7.2 „Wirtschaftswunder" und „Modell Deutschland"? Grundprobleme der deutschen Wirtschaftspolitik bis 1982

Die deutsche Wirtschaftsentwicklung in den ersten Nachkriegsdekaden war insgesamt betrachtet ausgesprochen positiv. Angesichts exzeptionell hoher Wachstumsraten, niedriger Inflation und abnehmender Arbeitslosigkeit, die schließlich in den 1960er und frühen 1970er Jahren in Voll-, ja in Überbeschäftigung mündete, war sogar die Rede vom „deutschen Wirtschaftswunder", das nicht zuletzt durch große Exporterfolge ermöglicht wurde. Andauernde Leistungsbilanzprobleme, wie sie für die Nachkriegszeit in Großbritannien und Dänemark kennzeichnend waren, kannte die Bundesrepublik entsprechend seit den frühen 1950er Jahren nicht mehr, im Gegenteil wies die Leistungsbilanz meistens hohe Überschüsse aus. Diese Exporterfolge wurden vor allem im Segment der hochwertigen und kapitalintensiv produzierten Güter erreicht, bei denen der „deutsche Kapitalismus" mit seinen hoch organisierten Kapital- und Arbeitsmärkten, der weit verbreiteten Zusammenarbeit zwischen Unternehmen, die bis in die jüngste Vergangenheit hinein häufig durch wechselseitige

---

149 Die Dimension „Markeco" gibt an, welcher Anteil eines Wahlprogramms den Themen freies Unternehmertum, Eigentum, Haushaltskonsolidierung, Bewahrung einer starken Währung etc. gewidmet ist.

Beteiligungen stabilisiert wurde, mit seinen sozialpartnerschaftlich geprägten Arbeitsbeziehungen sowie der traditionellen Rolle der Banken als „geduldige Kapitalgeber" besonders wettbewerbsfähig war (Streeck 1999; Siegel 2007: 384ff.).

Doch das „Wirtschaftswunder" hatte auch eine (partei)politische Seite, es wurde nämlich in der Öffentlichkeit eng mit dem Namen des ersten Bundeswirtschaftsministers und zweiten Bundeskanzlers Ludwig Erhard verbunden. Erhard hatte bereits 1948, also noch in seiner Funktion als Wirtschaftsdirektor der Bizone, eine vergleichsweise weitreichende Liberalisierung durchgesetzt, indem er in vielen Bereichen, insbesondere der Konsumgüterindustrie, Bewirtschaftung und Preisbindung aufgehoben hatte, womit die deutsche Politik stark vom in fast allen anderen europäischen Ländern verfolgten Politikmuster abwich (Abelshauser 2004: 94). Auch nach Gründung der Bundesrepublik blieb die Wirtschaftspolitik in vielen Bereichen liberal, was sich etwa in der zügigen Liberalisierung weiterer Sektoren sowie einer vergleichsweise raschen außenwirtschaftlichen Öffnung niederschlug, aber nicht zuletzt auch darin, dass nicht nur von einer Verstaatlichung von Schlüsselindustrien, wie sie etwa die SPD gefordert hatte, abgesehen wurde, sondern Erhard schon 1959 – 20 Jahre vor dem Amtsantritt Margaret Thatchers – mit der Privatisierung staatlicher Unternehmen begann und somit zu einer Art Urvater der Privatisierungspolitik wurde (vgl. Zohlnhöfer 2006d: 288f.). Damit hatte die deutsche Wirtschaftspolitik in den ersten beiden Nachkriegsdekaden, die man als Ära Erhard bezeichnen könnte, eine dezidiert liberale Ausrichtung erhalten. Entsprechend gewannen keynesianische Ideen bis 1966 kaum Einfluss auf die Wirtschaftspolitik, antizyklische Konjunkturpolitik kam fast nicht, und wenn, dann nur in sehr beschränktem Umfang und auf der Angebotsseite, zum Einsatz (Berger 1997: 106ff.).

Gleichwohl sollte man die Wirtschaftspolitik der Frühphase der Bundesrepublik nicht undifferenziert als ‚liberal' klassifizieren, traten die genannten liberalen Elemente doch beispielsweise mit vergleichsweise ausgebauten Mitbestimmungsrechten, vor allem aber mit ausgebauten staatlichen Interventionen in die Wirtschaft gepaart auf (vgl. Zohlnhöfer 2006d: 288-292). In erheblichem Maße intervenierte die Bundesregierung in den 1950er Jahren beispielsweise zur Unterstützung des Wiederaufbaus und des Exports (Shonfield 1968; Muscheid 1986: 44ff.): So spielten öffentliche Investitionen, Subventionen und steuerliche Investitionsanreize eine auch im internationalen Vergleich ausgesprochen wichtige Rolle.

Gerade die Steueranreize waren besonders angesichts der hohen Steuersätze sehr wirkungsvoll. Die Alliierten hatten die Steuern drastisch erhöht (Einkommensteuerspitzensatz: 95%, Körperschaftsteuersatz: 60%) und die Regierung ging nur langsam daran, die Sätze zu senken (Muscheid 1986: 57ff.; 92ff.). Entsprechend lagen die Steuer- und Abgabenquote im internationalen Vergleich auf hohem Niveau (Schmidt 1990: 47f.). Das Gleiche galt für die Staatsquote, die zu den höchsten der OECD-Länder gehörte. In der ersten Hälfte der 1950er Jahre überstiegen die Einnahmen des Bundes aber sogar seine – als Anteil am Sozialprodukt abnehmenden – Ausgaben, so dass Staatsschulden zurückgezahlt und Rücklagen für den Aufbau der Bundeswehr, der so genannte „Julius-Turm", gebildet werden konnten. Ab der zweiten Hälfte der 1950er Jahre wurden diese Rücklagen durch Steuerentlastungen, den Aufbau der Bundeswehr, vor allem aber durch den Ausbau von Sozialleistungen wie etwa die Rentenreform 1957 „abgebaut". Die Zunahme der Staatstätigkeit führte trotz hoher, zeitweilig zweistelliger Wirtschaftswachstumsraten sogar zu einer weiteren Erhöhung der Staatsquote, die bis zum Ende der Regierung Erhard auf rund 37% gestiegen war.

Der Ausbau des Interventionsstaates beschleunigte sich unter den Regierungen mit sozialdemokratischer Beteiligung ab 1966 noch weiter, im Durchschnitt der Jahre 1970 bis 1974 wuchs der Bundeshaushalt jährlich um 11-12% (Sarrazin 1983: 374f.). Dabei kam es zu erkennbaren Akzentverschiebungen. So wurde der Sozialstaat noch forcierter ausgebaut, beispielsweise durch die Rentenreform 1972, das Steuersystem stärker für Umverteilungsziele in Dienst genommen und eine keynesianisch inspirierte antizyklische Fiskalpolitik implementiert, die ihre Grundlagen im berühmten „Gesetz zur Förderung der Stabilität und des Wachstums der Wirtschaft" vom Juni 1967 fand (vgl. Muscheid 1986; Zohlnhöfer 2006d: 292f.).

Die Bewährungsprobe für die antizyklische Stabilisierungspolitik in Deutschland kam mit der ersten Ölkrise 1973 und die Erfolge waren bescheiden, denn die von Scharpf (1987) als optimale Reaktion auf die Krise beschriebene keynesianische Koordinierung wurde in den ersten Jahren gar nicht und ab 1978 nur kurz erreicht. Das lag hauptsächlich an der verhängnisvollen Kollision zwischen Lohn- und Geldpolitik (Scharpf 1987: 165ff.): Während nämlich die Gewerkschaften Lohnerhöhungen von über zehn Prozent durchsetzten, hielt die unabhängige Bundesbank an ihrer restriktiven Geldpolitik fest. Damit neutralisierte sie insbesondere 1974 die zunächst durchaus expansive Fiskalpolitik des Bundes. Allerdings war auch die Ausrichtung der Finanzpolitik der Bundesregierung selbst mitunter wechselhaft. Bereits mit dem Haushaltsstrukturgesetz 1975 zog sich der Bund wieder auf eine Konsolidierungspolitik zurück, angesichts anhaltender Arbeitslosigkeit ging die Bundesregierung 1977 dann wieder zu einer expansiven Fiskalpolitik über, ehe spätestens ab 1980 wieder eine Konsolidierung des Haushalts auf der Agenda stand.

Die fiskalische Nachfrageausweitung der 1970er Jahre schlug sich in einer zunächst rasch wachsenden Staatsquote nieder, die in den ersten Jahren nach der Ölkrise stärker zunahm als zu irgendeinem anderen Zeitpunkt in der Geschichte der Bundesrepublik vor der Wiedervereinigung (Schmidt 1990: 52). Ab 1975 lag der Anteil der Staatsausgaben am Sozialprodukt nur noch wenig unter 50%, wo er bis zum Regierungswechsel 1982 in etwa verblieb – trotz der zweiten Ölkrise und eines wachsenden Sockels an Arbeitslosen. Der starke Anstieg der Staatsquote bis 1976 verweist darauf, dass die Nachfrageausweitung, mit der die Regierung auf die Ölkrise zu reagieren versuchte, überwiegend über Ausgabenprogramme realisiert wurde. Hennings (1982: 494) zählt zwischen 1973 und 1979 zwölf Konjunkturprogramme. Dagegen zielte die Steuerpolitik ab Mitte der 1970er Jahre in erster Linie auf eine Verbesserung der wirtschaftlichen Rahmenbedingungen (Muscheid 1986: 163ff.).

Ab 1980 trafen sich Ausgaben- und Einnahmenpolitik wieder beim Ziel der Konsolidierung der Staatsfinanzen. Die erheblich zunehmende Kreditaufnahme der öffentlichen Hand, nicht zuletzt auch des Bundes, in den 1970er Jahren und die hohen Zinsen am Beginn der 1980er Jahre hatten dazu geführt, dass ein wachsender Teil der Staatsausgaben in den Schuldendienst ging (Sarrazin 1983: 375ff.). Vor diesem Hintergrund fokussierte die sozial-liberale Koalition in ihren letzten Jahren stark auf die Zurückführung des Haushaltsdefizits. Dabei war die Ausgaben- stärker als die Einnahmenseite betroffen, wie sich insbesondere an den Sparpaketen von 1981 und 1982 zeigte, die auch Einschnitte im Sozialbereich, etwa beim Kindergeld und der Arbeitslosenversicherung, umfassten. Einnahmenerhöhungen, die sich jedoch gegen den Widerstand des unionsdominierten Bundesrates ohnehin nur schwer durchsetzen ließen, gab es dagegen vornehmlich bei den indirekten Steuern und den Sozialabgaben.

Die Konsolidierungspolitik der frühen 1980er Jahre belastete die sozial-liberale Koalition in hohem Maße. Insbesondere als die zweite Ölkrise 1981 auf den Arbeitsmarkt durchschlug, verschärften sich die Differenzen zwischen SPD und FDP massiv. Die Zahl der Arbeitslosen näherte sich im Winter 1981/82 nämlich der 2-Mio.-Grenze, weshalb es in der SPD eine starke Strömung gab, die die Massenarbeitslosigkeit mit defizitfinanzierten Beschäftigungsprogrammen bekämpfen wollte. Dagegen hielt die FDP eine Verschärfung des Sparkurses zur Konsolidierung des Staatshaushaltes für notwendig, hatte doch die Nettokreditaufnahme des Bundes 1981 mit 37,4 Mrd. DM (2,44% am BIP) einen neuen Höchststand erreicht und betrug die Verschuldung des Bundes, die 1970 noch bei knapp 58 Mrd. DM (8,6% am BIP) gelegen hatte, 1982 bereits 314 Mrd. DM (19,8% am BIP). Diese innerkoalitionären Spannungen, die mit dazu beitrugen, dass die Bürger die wirtschaftliche Lage immer skeptischer beurteilten und die Kompetenz der Bundesregierung zur Lösung der wirtschaftlichen Probleme als gering einschätzten, waren letztlich die Hauptursache für das vorzeitige Ende der Regierung Schmidt und die Übernahme der Regierung durch die Koalition aus CDU/CSU und FDP (vgl. zu den Details Zohlnhöfer 2004a), mit der die detaillierte Fallstudie dieser Arbeit einsetzt.

7.3 Die Finanzpolitik der christlich-liberalen Koalition unter Helmut Kohl vor der Wiedervereinigung, 1982-1989/90

Obwohl die wirtschaftliche Situation in der Bundesrepublik im Vergleich mit den anderen hier untersuchten Ländern keineswegs unterdurchschnittlich war, die Bundesrepublik im Gegenteil bei fast allen zentralen wirtschaftspolitischen Indikatoren im Jahr 1982 besser da stand als Großbritannien, die Niederlande und Dänemark, wurde die ökonomische Situation doch sowohl von der neuen Regierung als auch von der Mehrzahl der Wähler als unbefriedigend empfunden (vgl. dazu Schmidt 2005a: 41ff.). Das lag vor allem an der erheblichen Verlangsamung des Wirtschaftswachstums, das nicht nur hinter den aus den ersten zweieinhalb Nachkriegsdekaden gewohnten Raten zurückblieb, sondern auch unter dem OECD-Durchschnitt lag. Neben dem langsamen Wachstum, der hohen, wenngleich im OECD-Vergleich unterdurchschnittlichen Arbeitslosigkeit und der – für deutsche Verhältnisse bedrohlich wirkenden, wenngleich im internationalen Vergleich immer noch sehr geringen – Inflationsrate von 6,3% (1981) wurde vor allem die Entwicklung der finanzpolitischen Kernindikatoren Staatsquote, Abgabenquote und Haushaltsdefizit mit Sorge betrachtet. Die Staatsquote hatte 1982 einen Wert von fast 50% erreicht.

Die Abgabenquote lag bei etwa 41%, wobei hier als Besonderheit des deutschen Falles zu berücksichtigen ist, dass die Steuerquote im OECD-Vergleich sehr niedrig lag (und liegt) und über die Zeit sogar leicht sank, während die zunehmende Staatstätigkeit zu einem erheblichen Teil über steigende Sozialversicherungsbeiträge finanziert wurde (Wagschal 2006c: 59). Die vergleichsweise geringe Bedeutung der Einkommensteuer spiegelte sich auch beim Spitzensteuersatz der Einkommensteuer wider, der mit 56% deutlich unter dem Spitzensteuersatz der anderen hier untersuchten Länder im Jahr 1982 lag. Auf der anderen Seite übertraf der deutsche Körperschaftsteuersatz (für einbehaltene Gewinne) von ebenfalls 56% den in Großbritannien, den Niederlanden und Dänemark geltenden Satz deutlich; und das, obwohl deutsche Unternehmen darüber hinaus noch die kommunale Gewerbesteuer zu zahlen haben, die dazu führte, dass der Unternehmensteuersatz (Körperschaftsteuer plus Gewerbesteuer) in Deutschland bei etwa 62% lag (Ganghof 2004: 66). Das Haushaltsdefizit und der Schuldenstand waren wie gesehen ebenfalls stark gestiegen, für 1983 wurde eine Lücke im Bundeshaushalt von mindestens 50 Mrd. DM erwartet, wenn nicht gehandelt würde; dennoch dürfte auch in diesem Bereich gelten, dass sich die Situation weniger gravierend darstellte als in den Vergleichsländern.

Die durch ein konstruktives Misstrauensvotum nach dem Koalitionswechsel der FDP von der SPD zur CDU/CSU ins Amt gekommene christlich-liberale Koalition unter Helmut Kohl schrieb sich in den Regierungserklärungen des neuen Bundeskanzlers bei der Vorstellung seiner Regierung im Oktober 1982 sowie nach der gewonnenen Bundestagswahl vom Frühjahr 1983 die Forderung auf die Fahnen, „den Staat auf den Kern seiner Aufgaben zurück[zuführen]" (Kohl 1983: 56): „weg von mehr Staat, hin zu mehr Markt; weg von kollektiven Lasten, hin zur persönlichen Leistung; weg von verkrusteten Strukturen, hin zu mehr Beweglichkeit, Eigeninitiative und verstärkter Wettbewerbsfähigkeit" (Kohl 1982: 7218), so wurden die Ziele der neuen Regierung skizziert.

Der Finanzpolitik sprach die Bundesregierung eine herausragende Bedeutung zu, da sie eine Doppelaufgabe zu übernehmen hatte (zum Folgenden ausführlicher Zohlnhöfer 2001a: 68f.): Zum einen die Konsolidierung des Staatshaushaltes, zum anderen die Verbesserung der wirtschaftlichen Rahmenbedingungen, z.B. durch die Steuerpolitik. Dabei wurde der Haushaltskonsolidierung zunächst strikt Vorrang eingeräumt, da eine Zurückführung des Defizits erstens der Bundesbank Spielraum für eine Senkung der Zinssätze geben und sie zweitens den benötigten finanziellen Spielraum für spätere Steuersenkungen schaffen sollte. Entsprechend stand bei den Koalitionsvereinbarungen von 1982 und 1983 noch ganz klar die Haushaltskonsolidierung im Mittelpunkt der Überlegungen, während steuerpolitische Maßnahmen allenfalls unter dem Vorbehalt beschlossen wurden, dass der Konsolidierungskurs durch sie nicht beeinträchtigt würde. Die Konsolidierung sollte weitgehend über die Ausgabenseite geleistet werden, ohne dabei Lasten auf die Länder zu verschieben oder Investitionen zu kürzen. Vielmehr sollten Einsparungen vor allem in der Arbeitsmarktpolitik und bei den Personalausgaben erreicht werden. Insgesamt sollte laut Koalitionsvereinbarung von 1983 das Wachstum der Ausgaben des Bundes 1984 auf zwei Prozent begrenzt bleiben, während für die folgenden Jahre bis 1987 Erhöhungen um drei Prozent festgeschrieben wurden. Auf diese Weise sollte die

Nettokreditaufnahme des Bundes 1984 unter 40 Mrd. DM gebracht und anschließend weiter gesenkt werden (Zohlnhöfer 2001a: 60f.); 1987 sollte das Defizit höchstens noch 25 Mrd. DM betragen.[150] Vier Jahre später war die Konsolidierung in der Wahrnehmung der Koalition erreicht, sodass nun eine Steuerreform oberste Priorität genoss. Auf neue Leistungsgesetze sollte allerdings wenigstens in der ersten Hälfte der Legislaturperiode verzichtet werden. Ein Defizitziel wurde gleichwohl nicht formuliert.

7.3.1 Steuerpolitik[151]

Entsprechend der Vorgabe, dass die Rückführung des Haushaltsdefizits Vorrang vor Steuersenkungen habe, war auch die Steuerpolitik in den ersten Jahren der Regierung Kohl vor allem darauf fokussiert, die Konsolidierung des Bundeshaushaltes zu unterstützen. Zwar enthielt das Haushaltsbegleitgesetz 1983, das unmittelbar nach dem Regierungswechsel verabschiedet worden war, auch einige kleinere steuerliche Maßnahmen, die der Wirtschaftsförderung dienen sollten, beispielsweise die Einschränkung der ertragsunabhängigen Grundlagen der Gewerbesteuer, um die Belastung der Betriebe stärker an der Ertragskraft auszurichten (BT-Drs. 9/2140: 69); doch der steuerpolitische Kern dieses finanzpolitischen ‚Notprogramms' lag auf Maßnahmen zur Einnahmenerhöhung. So wurde etwa eine so genannte Investitionshilfeabgabe verabschiedet, eine Abgabe in Höhe von fünf Prozent der Steuerschuld, die von allen Steuerpflichtigen ab einem steuerpflichtigen Einkommen von 50.000 DM zu zahlen war, aber nach drei Jahren unverzinst zurückgezahlt werden sollte (vgl. Zohlnhöfer 2001a: 72, 76f.). Diese Maßnahme, die im Folgejahr noch erweitert wurde, wurde jedoch im November 1984 vom Bundesverfassungsgericht als nicht verfassungskonform verworfen (BVerfGE 67, 256).

Mehr Erfolg hatte die Bundesregierung bei einer anderen steuerpolitischen Konsolidierungsmaßnahme im Bereich der direkten Steuern, für die sie nicht einmal etwas tun musste: Da das deutsche Einkommensteuersystem nämlich keine automati-

---

150 Die Angaben zu den Defiziten, die im Text verwendet werden, beziehen sich hier wie in den anderen Länderstudien auf die Abgrenzungen und Werte, auf die sich die politischen Entscheidungsträger zum jeweiligen Zeitpunkt bezogen. Dagegen wird in den Abbildungen auf standardisierte Werte der OECD zurückgegriffen, um die Vergleichbarkeit zwischen den Ländern und über die Regierungsperioden hinweg zu gewährleisten. Das bedeutet für die Bundesrepublik vor allem, dass sich in den Abbildungen Werte zu den gesamtstaatlichen Defiziten finden, während sich die jeweiligen Bundesregierungen in erster Linie auf die Defizite des Bundes bezogen. Entsprechend stimmen die im Text genannten Werte nicht immer mit den Werten in den Abbildungen überein.
151 Im Folgenden werden vor allem die finanz- und wirtschaftspolitisch wichtigen steuerpolitischen Veränderungen diskutiert. Die umweltpolitisch motivierten Änderungen bei der Mineralölbesteuerung beispielsweise bleiben dagegen ebenso außer Betracht wie die politisch höchst umstrittene Einführung einer Steuerbefreiung für Privatflieger von der Mineralölsteuer, die mit der Steuerreform 1990 eingeführt, aber schon vor deren Inkrafttreten wieder aufgehoben wurde (vgl. zu beiden Punkten Zohlnhöfer 2001a: Kap. 4.1).

sche Anpassung an die Inflation kennt, leistete in den ersten Jahren der Koalition die „kalte Progression" ein Stück der Konsolidierungsarbeit (vgl. OECD 1985d: 14; Andel 1991: 28). Erst mit dem im Sommer 1985 verabschiedeten Steuersenkungsgesetz 1986/88 wurden entsprechende Anpassungen durchgeführt, indem der Grundfreibetrag leicht angehoben und die Steuerprogression etwas abgeflacht wurde. Darüber hinaus kam es zu einer steuerlichen Entlastung von Familien durch die Ausweitung des 1983 wieder eingeführten Kinderfreibetrages (Heinrich 1992: 26ff.).

Eine durchgreifende Steuerreform wurde jedoch erst nach der Bundestagswahl 1987 in Angriff genommen, deren Hauptteil 1990 in Kraft trat und die eine Nettoentlastung von rund 20 Mrd. DM bringen sollte (vgl. zum Folgenden u.a. Heinrich 1992). Die Reform sah insbesondere einen neuen Einkommensteuertarif vor. Der alte Tarif mit einem nach oben gewölbten Verlauf der Grenzsteuersatzkurve (sog. „Mittelstandsbauch"), der gerade im unteren Progressionsbereich stark zunehmende Grenzsteuersätze vorsah, wurde ersetzt durch einen linear-progressiven Tarif, bei dem die Grenzbelastung konstant ansteigt. Gleichzeitig kam es zu einer vorsichtigen Ausweitung der Freibeträge und einer moderaten Senkung der Steuersätze: Der Eingangssteuersatz wurde von 22 auf 19% gesenkt, der Spitzensteuersatz sank ebenfalls um drei Prozentpunkte, von 56 auf 53%. Der Körperschaftsteuersatz auf einbehaltene Gewinne wurde etwas stärker, nämlich von 56 auf 50% gesenkt.

Finanziert werden sollte die Reform, deren Gesamtvolumen sich auf etwa 39 Mrd. DM belief, durch eine Verbreiterung der Bemessungsgrundlage. Dabei wurden einerseits Steuervorteile von Arbeitnehmern eingeschränkt, etwa bei der steuerlichen Privilegierung der Zuschläge für Nacht-, Sonn- und Feiertagsarbeit, bei Belegschaftsrabatten oder der Zusammenfassung der Werbungskostenpauschale mit dem Arbeitnehmer- und dem Weihnachtsfreibetrag, andererseits sollten bestimmte Sonderabschreibungsregelungen auslaufen, die Steuerermäßigung für außerordentliche Einkünfte eingeschränkt und die steuerliche Begünstigung bestimmter Rückstellungen sowie der Freibetrag für Freiberufler abgeschafft werden. Zudem wurde eine zehnprozentige Quellensteuer auf alle Kapitalerträge mit Ausnahme von Sparbüchern mit gesetzlicher Kündigungsfrist ab 1989 eingeführt. Diese Maßnahme ist insofern interessant, als sie keine Steuerpflicht schaffte, die nicht vorher schon bestanden hätte, da auch vor 1989 Zinseinkünfte steuerpflichtig waren, es aber faktisch weitgehend ins Ermessen des Steuerpflichtigen gestellt war, ob er sie bei der Steuererklärung angeben wollte oder nicht – und die meisten Steuerpflichtigen entschieden sich gegen die Versteuerung. Insofern stellte die Quellensteuer lediglich eine Vorabzahlung dar, die auf die Steuerschuld angerechnet wurde. Dennoch führte ihre Einführung zu massiven Kapitalabflüssen ins Ausland (vgl. BT-Drs. 11/4688: 9; Dehejia/Genschel 1999: 413), sodass sie zum 1. Juli 1989 wieder abgeschafft wurde.

Bei den Sozialversicherungsbeiträgen hielt der Trend zu einer Erhöhung an. So hielt die christlich-liberale Regierung im Haushaltsbegleitgesetz 1983 an der von der Vorgängerregierung geplanten bzw. bereits beschlossenen Erhöhung der Beiträge zur Renten- und zur Arbeitslosenversicherung fest, erweiterte sie im Fall der Arbeitslosenversicherung sogar noch leicht (Erhöhung von 4 auf 4,6 statt auf 4,5%). Außerdem wurde die Beitragsbemessungsgrundlage verbreitet, etwa indem einmalig gezahltes Arbeitsentgelt einbezogen wurde (Schmidt 2005b: 67f.). Während die

Beiträge zur Arbeitslosenversicherung ab 1985 aber wieder etwas gesenkt werden konnten – dabei handelte es sich immerhin um die erste Senkung des Beitragssatzes zur Arbeitslosenversicherung in der Geschichte des Arbeitsförderungsgesetzes überhaupt (Zohlnhöfer 2001b: 667) –, stiegen die Beiträge zur Rentenversicherung ebenso weiter wie die zur Krankenversicherung, sodass die Belastung des Faktors Arbeit durch Sozialversicherungsbeiträge insgesamt zwischen 1982 und 1989 weiter anstieg, wenngleich weniger stark als in der Phase der sozial-liberalen Koalition.

Auch bei den Verbrauchsteuern kam es zu einigen Erhöhungen. Um die Haushaltskonsolidierung am Beginn der Regierungszeit zu ermöglichen, wurde mit dem Haushaltsbegleitgesetz 1983 die Mehrwertsteuer um einen Prozentpunkt auf 14 Prozent erhöht (bzw. beim ermäßigten Steuersatz von 6,5 auf 7%). Im Zusammenhang mit der Steuerreform wurden darüber hinaus 1989 die Mineralöl-, die Tabak-, die Versicherungs- und die Kraftfahrzeugsteuer für Diesel-Pkw erhöht und eine Steuer auf Erd- und Flüssiggas eingeführt (vgl. Zohlnhöfer 2001a: 101f.).

Abbildung 7.2: Haushaltssalden des Gesamtstaates in % BIP (linke Achse) und Abgabenquote (rechte Achse) in der Bundesrepublik Deutschland, 1981-1990

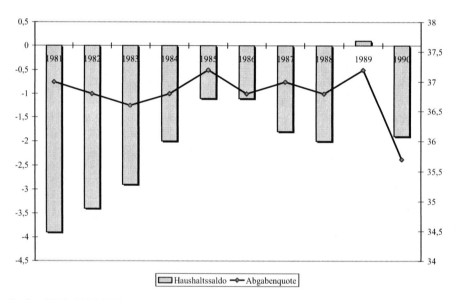

Quelle: OECD 2006, 2007.

In der Zusammenschau stellt sich die Steuerpolitik der 1980er Jahre unter der Regierung Kohl als moderate Umsteuerung dar. Während zunächst die Haushaltskonsolidierung die Steuerpolitik dominierte, was sich auch in einer leicht steigenden Abgabenbelastung niederschlug (vgl. Abb. 7.2), begann mit der Steuerreform 1990 eine

Politik, die dem internationalen Trend folgte, eine Verbreiterung der Bemessungsgrundlage mit einer Senkung der Sätze bei den direkten Steuern zu kombinieren, was dann zu einer sinkenden Abgabenquote führte. Allerdings fiel die deutsche Politik gerade im Vergleich mit Großbritannien (vgl. Boss 1989) ausgesprochen moderat aus. Insbesondere der Satz der Körperschaftsteuer lag immer noch deutlich über den Sätzen in den Vergleichsländern dieser Studie, ja, die Lücke hatte sich hinsichtlich Großbritanniens und der Niederlande sogar noch weiter vergrößert.

7.3.2 Haushaltspolitik

Wie gesehen stand direkt nach dem Regierungswechsel die Haushaltskonsolidierung im Zentrum der finanzpolitischen Aufmerksamkeit der neuen christlich-liberalen Koalition unter Helmut Kohl – trotz der Rezession der frühen 1980er Jahre. Einer antizyklischen Fiskalpolitik wurde eine Absage erteilt, „strohfeuererzeugende Beschäftigungsprogramme" (so der FDP-Abgeordnete Cronenberg; PlPr. 10/91: 6725) wurden vom Großteil der Koalition als falscher Weg, der mittelfristig nicht zu mehr Beschäftigung führen könne, abgelehnt. Stattdessen sollte, ganz ähnlich wie im Dänemark der frühen 1980er Jahre, über eine Zurückführung des Haushaltsdefizits Spielraum für Zinssenkungen geschaffen werden, in deren Folge es dann zu einer Ausweitung der Investitionstätigkeit und zur Schaffung neuer Arbeitsplätze kommen sollte.

Entsprechend verabschiedete die Koalition schon wenige Monate nach dem Regierungswechsel ein erstes Spargesetz, das Haushaltsbegleitgesetz 1983. Neben einigen Einnahmen erhöhenden Maßnahmen wie der Mehrwertsteuererhöhung, der Investitionshilfeabgabe und der Erhöhung der Beiträge zur Arbeitslosen- und zur Rentenversicherung kam es bereits mit diesem Gesetz auch zu nennenswerten Einschnitten bei den Sozialausgaben (vgl. zum Folgenden Zohlnhöfer 2001a: 76-79; Schmidt 2005b: 67-70). So wurde beispielsweise das Kindergeld für das zweite und jedes weitere Kind für Bezieher höherer Einkommen gekürzt, das Schüler-BaföG bis auf einige Ausnahmefälle gestrichen und die Studierendenförderung im Rahmen des BaföG auf Darlehen umgestellt, wobei allerdings das Darlehen bei besonderen Studienleistungen erlassen werden konnte. Beim Arbeitslosengeld wurde die Dauer des Leistungsbezugs stärker nach der Dauer der beitragspflichtigen Beschäftigung gestaffelt, was faktisch für einen Teil der Bezieher zu einem früheren Auslaufen des Arbeitslosengeldbezugs führte. Weiterhin wurde stufenweise ein Krankenversicherungsbeitrag für Rentner eingeführt, die Bemessungsgrundlage für die Zahlung von Rentenbeiträgen durch die Bundesanstalt für Arbeit verringert, die Rezeptgebühr angehoben, Selbstbeteiligungselemente bei Krankenhaus- und Kuraufenthalten eingeführt und Bagatellmedikamente wurden aus der Erstattungspflicht der Gesetzlichen Krankenkassen herausgenommen. Auch kam es zu Einschränkungen bei der Berufs- und Erwerbsunfähigkeitsrente. Schließlich wurden auch die Erhöhungen der Renten, der Sozialhilfe und der Beamtengehälter um ein halbes Jahr verschoben. Allerdings kam es auch zu einigen Maßnahmen, die einer Stabilisierung der Wirtschaft dienen sollten. Neben der schon angesprochenen Veränderung bei der Gewerbesteuer ist hier etwa die Förderung des Eigenheimbaus zu nennen.

Das im Folgejahr beschlossene Haushaltsbegleitgesetz 1984 sah weitere Einschnitte vor, die noch stärker als im Vorläufergesetz auf die Sozialausgaben zielten, wenngleich auch die Investitionshilfeabgabe noch ausgebaut wurde. Zu Einschnitten kam es vor allem im Bereich der Bundesanstalt für Arbeit (vgl. dazu auch Zohlnhöfer 2001b: 664): So wurden das Arbeitslosen-, das Kurzarbeiter- und das Schlechtwettergeld sowie die Arbeitslosenhilfe für Bezieher ohne Kinder gesenkt. Außerdem wurden Einmalzahlungen stärker und Krankengeld sowie andere Lohnersatzleistungen voll in die Beitragspflicht einbezogen. Zu weiteren Kürzungen kam es auch beim Mutterschaftsurlaubsgeld und bei der Sozialhilfe (vgl. Alber 1986: 33).

Mit dem Haushaltsbegleitgesetz 1984 waren die wesentlichen Sparanstrengungen der christlich-liberalen Koalition dann aber abgeschlossen, zu weiteren Ausgabenkürzungen kam es kaum mehr. Ausnahmen waren lediglich noch das Gesundheitsreformgesetz 1989, mit dem u.a. die Zuzahlungen der Versicherten deutlich ausgebaut wurden (Bandelow/Schubert 1998: 117), die 1989 verabschiedete Rentenreform 1992, mit der – allerdings zeitverzögert – Leistungen gekürzt (zum Teil aber auch erweitert) wurden (Jochem 2001: 202f.), sowie einige Einschränkungen bei der aktiven Arbeitsmarktpolitik durch das 9. AFG-Änderungsgesetz. Gleichzeitig kam es aber ab Mitte der 1980er Jahre sogar wieder zu einer Ausweitung einiger Leistungen. So wurde etwa die Verkürzung des Arbeitslosengeldbezugs wieder rückgängig gemacht, die Höchstdauer des Anspruchs auf Arbeitslosengeld für ältere Arbeitnehmer sukzessive sogar auf bis zu 32 Monate verlängert und die aktive Arbeitsmarktpolitik stärker ausgebaut, als dies unter der sozial-liberalen Koalition der Fall war. Auch die Vorruhestandsregelungen wurden kostspielig ausgebaut, um den Arbeitsmarkt, oder präziser: die Arbeitslosenstatistik, zu entlasten (vgl. Zohlnhöfer 2001b: 665). Zusätzlich setzte die Regierung ab Mitte der 1980er Jahre eigene sozialpolitische Prioritäten, die auch zur Verabschiedung neuer expansiver Programme führten. Beispiele sind die Einführung von Erziehungsgeld und Erziehungsurlaub oder die Anrechnung von Kindererziehungszeiten bei der Rente (ausführlicher Schmidt 1998; Alber 2000).

Wie lässt sich die Haushaltspolitik der ersten Hälfte der Regierung Kohl zusammenfassend bewerten? Ihr Hauptziel, die Senkung der Kreditaufnahme, gelang der christlich-liberalen Koalition, die Nettokreditaufnahme des Bundes fiel von 37,2 Mrd. DM 1982 auf unter 20 Mrd. DM 1989. Ähnliches gilt insgesamt auch für das gesamtstaatliche Defizit (vgl. Abb. 7.2). Die Konsolidierung gelang der Regierung dabei zu einem erheblichen Teil über die Ausgabenseite, die Ausgaben des Bundes stiegen zwischen 1982 und 1989 insgesamt real nur um knapp fünf Prozent (Abb. 7.3) und damit deutlich langsamer als das BIP. Entsprechend nahm die Staatsquote deutlich ab. Das lag zu einem Teil an der verhältnismäßig günstigen weltwirtschaftlichen Entwicklung, insbesondere der wenig steuerbaren Entwicklung der Exportnachfrage und dem sinkenden Ölpreis (Nölling 1986), doch war die sinkende Staatsquote auch „zum wesentlichen Teil [...] Ergebnis der Sparpolitik des Bundesgesetzgebers" (Schmidt 1990: 58).

Bemerkenswert ist, dass die Konsolidierung nicht zuletzt bei den Sozialausgaben gelang, die real zwischen 1982 und 1989 leicht abnahmen. Weniger erfolgreich war die Koalition dagegen bei der Eindämmung der Subventionsausgaben (van Suntum 1990: 272). Sogar der Finanzminister musste im Rückblick eingestehen, dass die Regierung – wenigstens bis zur Steuerreform 1990 – hier „keinen nennenswerten Erfolg erzielt" hatte (Stoltenberg 1997: 299). Ähnliches, jedoch mit umgekehrten Vorzeichen, galt für die Investitionsausgaben, die eigentlich nicht gekürzt werden sollten. Dennoch waren die Investitionen des Bundes in den 1980er Jahren rückläufig (van Suntum 1990: 272), wie sich auch aus den rückläufigen realen Infrastrukturausgaben (Summe der Ausgaben für Wohnungswesen, Verkehr etc.) in Abbildung 7.3 erschließen lässt. Die fallenden Investitionsausgaben des Bundes wurden auch auf der subnationalen Ebene nicht kompensiert, sodass der Anteil der Investitionsausgaben an den Gesamtausgaben der öffentlichen Haushalte bis 1990 in keinem Jahr den Wert von 1982 erreichte (vgl. OECD 1989d: 72-74).

Abbildung 7.3: Reale Veränderungen ausgewählter Haushaltsbereiche des Bundes, 1982-1989 (in Prozent)

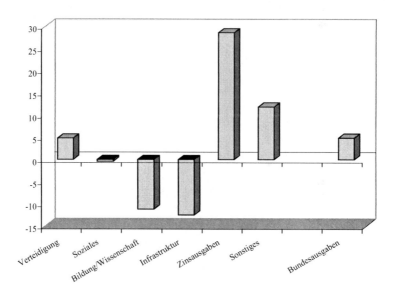

Quelle: eigene Berechnung nach BMF 2006.

Auf der Einnahmenseite wurde die Konsolidierung einerseits etwas durch die im Wesentlichen bis 1989 stagnierende Abgabenquote abgestützt. Hinzu kamen bestimmte einmalige Einnahmen, die die Haushaltskonsolidierung erleichterten. Zwar konnte die christlich-liberale Koalition nicht wie die Regierungen in Großbritannien, den Niederlanden und Dänemark auf sprudelnde Einnahmen aus Erdgas oder Öl zurückgreifen, aber immerhin erwirtschaftete die Bundesbank außer 1987 stets erhebliche Gewinne, die sie an die Bundesregierung überwies. Diese Gewinne beliefen sich zwischen 1982 und 1989 auf über 75 Mrd. DM (Zahlen nach Deutsche Bundesbank verschiedene Jahrgänge). Hinzu kam, dass sich die Bundesregierung in den 1980er Jahre vom Großteil ihrer Beteiligungen an Industriekonzernen, etwa der VIAG oder VW, trennte, wodurch sie zwischen 1983 und 1989 Erlöse von 9,4 Mrd. DM erzielte (Knauss 1993: 163; Stoltenberg 1997: 295).

7.3.3 Die Finanzpolitik der Regierung Kohl vor der Wiedervereinigung und der politische Prozess

Bundeskanzler Kohl und seine christlich-liberale Koalition hatten 1982 eine wirtschaftspolitische Wende angekündigt, die „den Staat auf den Kern seiner Aufgaben zurück[führen]" sollte (Kohl 1983: 56). Und in der Tat gelang der Regierung ein gewisser Kurswechsel, wie sich an der sinkenden Staatsquote und dem zurückgehenden Haushaltsdefizit zeigte, aber auch am Verzicht auf eine antizyklische Fiskalpolitik oder der Senkung der Grenzsteuersätze. Auch die Bürger und Unternehmen nahmen einen Kurswechsel wahr, wie sich etwa daran zeigte, dass sich das Wirtschaftsklima schon direkt nach dem Regierungswechsel erkennbar verbesserte (Hellwig/Neumann 1987: 138). Sogar die Bundesbank machte deutlich, dass sie die Finanzpolitik der neuen Regierung für glaubwürdig hielt, indem sie im ersten halben Jahr nach dem Regierungswechsel die Leitzinssätze um insgesamt drei Prozentpunkte senkte (Sturm 1990: 270). Entsprechend entwickelte sich auch die Wirtschaft wieder positiver, das Wirtschaftswachstum gewann wieder etwas an Fahrt, sodass die Arbeitslosigkeit am Ende der Dekade wieder zurückzugehen begann.

Doch die Wende blieb eine begrenzte, es handelte sich keineswegs um einen radikalen Politikwechsel, wenngleich die Konsolidierungserfolge erheblich waren und sogar den Vergleich mit Margaret Thatchers Regierung nicht zu scheuen brauchten (Zohlnhöfer 2001a: 108f.). Doch gerade die Steuerpolitik zeigt, wie moderat der Politikwechsel war. Obwohl die Bundesrepublik am Beginn der Untersuchungsperiode den höchsten Unternehmensteuersatz aller vier Länder erhob, hatte sie ihn bis zum Beginn der 1990er Jahre am wenigsten gesenkt, wenn man die Senkungen des Körperschaftsteuersatzes in Dänemark bis 1992 mit einbezieht. Weitreichende Anpassungsreaktionen an die Herausforderungen von Globalisierung und Europäisierung fanden im Deutschland der 1980er Jahre mithin nur in mäßigem Umfang statt. Wie lassen sich diese Befunde erklären, wieso kam es einerseits zu erkennbaren Abweichungen von der Finanzpolitik der 1970er und frühen 1980er Jahre, und warum blieben diese andererseits doch begrenzt? Im Folgenden soll versucht werden, diese Fragen mithilfe des in Kapitel 2 vorgestellten Modells zu beantworten.

7.3.3.1 Die parteipolitische Zusammensetzung der Regierung

Dass die Finanzpolitik der Regierung Kohl in den 1980er Jahren vom Profil der sozial-liberalen Koalition abwich, entspricht den Erwartungen der Parteiendifferenzhypothese. In der Tat schrieben sich die bürgerlichen Parteien CDU/CSU und FDP eine Politik auf die Fahnen, die staatliche Intervention in die Ökonomie zurückschrauben und den privaten Wirtschaftssubjekten wieder mehr Freiraum, aber auch mehr Verantwortung übertragen sollte. Entsprechend wurden die Staatsquote, das Haushaltsdefizit und die Grenzsteuersätze gesenkt und mit der Privatisierung des – ohnehin nur geringen – staatlichen Besitzes an Industrieunternehmen begonnen. Um die Haushaltskonsolidierung, und damit eben auch die Konsolidierung der Haushalte der Sozialversicherungen, zu erreichen, wagte sich die Regierung Kohl sogar früher und in größerem Umfang als andere Regierungen an die Sozialausgaben heran, und sie scheute auch Kürzungen bei politisch besonders sensiblen Programmen wie der Renten- und Krankenversicherung nicht (Schmidt 2005c: 781f.). Entsprechend heftig war die Kritik der Opposition, die auch – mit wenigen Ausnahme wie der Erhöhung des Grundfreibetrages und der Senkung des Eingangssteuersatzes in der zweiten Lesung der Steuerreform 1990 (PlPr. 11/87: 5907ff.)[152] sowie der Rentenreform 1992 (PlPr. 11/174: 13182ff.) – gegen fast alle finanzpolitisch relevanten Gesetze stimmte.

Wenn demnach das Abstimmungsverhalten überwiegend auf erhebliche Parteiendifferenzen verweist, lässt sich bei einem Vergleich der Haushaltspolitiken der sozial-liberalen und der christlich-liberalen Koalition wenigstens auf den ersten Blick Kontinuität aufzeigen: Die Haushaltskonsolidierung und die Einschnitte bei den Sozialleistungen waren nämlich nicht erst von der christlich-liberalen Koalition als zentrale wirtschaftspolitische Aufgabe betrachtet worden. Schon seit 1975, spätestens jedoch mit Beginn der 1980er Jahre hielt auch die Vorgängerregierung eine Eindämmung der Staatsverschuldung für vordringlich (Scharpf 1987: 180ff.; Schmidt 1990: 54) und stellte entsprechende Initiativen vor, die ebenfalls Sozialkürzungen beinhalteten. Entsprechend vermerkt Alber (1986: 31): „In der sozialpolitischen Gesetzgebung erscheint die Mitte der siebziger Jahre als ein Wendepunkt". Dies wird dadurch unterstützt, dass die christlich-liberale Koalition mit dem Haushaltsbegleitgesetz 1983 eine Reihe von Maßnahmen durchsetzte, auf die sich noch die Regierung Schmidt geeinigt hatte. Zu denken ist hier z.B. an die stufenweise Einführung eines Krankenversicherungsbeitrags für Rentner, die Verringerung der Bemessungsgrundlage für die Zahlung von Rentenbeiträgen durch die Bundesanstalt für Arbeit, die Anhebung der Rezeptgebühr, die Einführung von Selbstbeteiligungselementen bei Krankenhaus- und Kuraufenthalten oder die Herausnahme von Bagatellmedikamenten aus der Erstattungspflicht.

Dennoch scheint die eigentliche Wende in der Finanzpolitik erst 1982 stattgefunden zu haben, „denn die damalige [sozial-liberale; d.Verf.] Regierung bekannte sich

---

152 In der dritten Lesung stimmten SPD und Grüne allerdings gegen die Steuerreform (PlPr. 11/87: 5941ff.)

weder in ihrer Programmatik noch in ihren wirtschaftspolitischen Entscheidungen zu einer prinzipiellen Abkehr von einer stärker nachfrageorientierten Politik oder gar einer eindeutigen Hinwendung zu einer angebotsorientierten Linie" (Rohwer 1986: 326). Das machte insbesondere der SPD-Parteitag im April 1982 deutlich, der neben einer Anhebung des Spitzensteuersatzes, der Streichung des Ehegattensplitting, einer Ergänzungsabgabe für höhere Einkommen sowie einer Arbeitsmarktabgabe für Abgeordnete, Beamte, Selbständige und Freiberufler auch defizitfinanzierte Beschäftigungsprogramme gefordert hatte (Zohlnhöfer 2004a: 626f.). Gleiches gilt für die Sozialpolitik: Die SPD hatte den Startschuss für die Konsolidierung der Sozialfinanzen nur „mit schlechtem Gewissen" (Schmidt 2005c: 781f.) gegeben und war insbesondere am Beginn der 1980er Jahre von der FDP zu Einschnitten bei Sozialleistungen gedrängt worden. Entsprechend konnten die Sozialdemokraten in der Opposition gerade die sozialpolitischen Kürzungsmaßnahmen mit erheblichem Furor bekämpfen (vgl. Gohr 2001), während umgekehrt die christlich-liberale Koalition „das Konsolidierungstempo beschleunigte und die Einsparungspolitik erweiterte" (Schmidt 2005c: 781) – allerdings nur bis 1984, danach kam auch die expansive Sozialpolitik wieder zu ihrem Recht.

Gerade diese Politik der neuerlichen Ausweitung einzelner sozialpolitischer Programme, gegen die die FDP häufig erfolglos zu Felde zog (Schmidt 2005b: 117-119; 2005c: 752, 754), macht auch die Parteiendifferenzen innerhalb der Koalition deutlich. Die Union als Sozialstaatspartei wollte den Sozialstaat nicht abbauen, sondern ihn konsolidieren und an geänderte Rahmenbedingungen anpassen (Schmidt 2005b: 63), was auch bedeutete, dass sie eigene sozialpolitische Schwerpunkte setzen wollte, während die FDP eine stärkere Senkung der Beiträge vorgezogen hätte. Auch in der Steuerpolitik setzte sich die FDP für weitergehende Senkungen ein, während die Union diese insgesamt nicht mittragen mochte. Diese Beobachtungen verweisen bereits darauf, dass auch Vetospieler eine nennenswerte Rolle für die Erklärung des nur moderaten Reformprofils der christlich-liberalen Koalition gespielt haben. Diesen wende ich mich daher im nächsten Schritt zu.

7.3.3.2 Vetospieler und innerparteiliche Gruppierungen

Die Vetospielerkonstellation, die die Regierung Kohl vorfand, war eigentlich ausgesprochen günstig, da Union und FDP bis Anfang 1990 im Bundesrat eine eigene Mehrheit besaßen und somit keine Konzessionen an die SPD machen mussten, soweit sie keine Verfassungsänderungen anstrebten. Dennoch trägt die Vetospielerkonstellation in erheblichem Umfang dazu bei zu verstehen, warum die Regierung Kohl sich unter den günstigen institutionellen Bedingungen der 1980er Jahre nicht zu weiterreichenden Reformen durchringen konnte.

Der zentrale Grund dafür besteht in der vergleichsweise geringen internen Kohäsion der Regierungskoalition: Konsens bestand in der Haushaltspolitik, da alle Koalitionsparteien die Notwendigkeit der Konsolidierung als vordringlich für eine zukünftig erfolgreiche Wirtschaftspolitik ansahen. Daneben wurde vor allem die Verbesserung der wirtschaftlichen Rahmenbedingungen herausgestrichen. Wesentlich mehr und vor allem konkretere (wirtschaftspolitische) Gemeinsamkeiten scheinen zwischen den Koalitionären jedoch nicht bestanden zu haben (Interviews BMF 1, BMWi; vgl. auch Schmid 1991b: 25). Während die FDP sich über die Koalitionswechsel hinweg eine wirtschaftsliberale Programmatik erhalten hatte (Vorländer 1992: 293ff.) und die Wirtschaftspolitik sogar den Hauptgrund für die „Wende" von der SPD zur Union dargestellt hatte (Zohlnhöfer 2004a: 625-627) und die wirtschaftspolitische Position innerparteilich wenig umstritten war (Interview FDP), hatte die Union die Oppositionszeit nicht genutzt, die eigenen wirtschaftspolitischen Aussagen zu überprüfen. Dafür wurde auch gar kein Grund gesehen: Die Partei hatte die Macht 1969 verloren, als sich die Wirtschaft in exzellenter Verfassung zeigte, wiesen doch zu jenem Zeitpunkt fast alle relevanten Indikatoren in eine positive Richtung. Die erhebliche Verschlechterung dieser Indikatoren, die sich zwischen 1969 und 1982 ergeben hatte, konnte so hauptsächlich auf die Regierungsbeteiligung der SPD und die vor allem von ihr zu verantwortende Wirtschaftspolitik zurückgeführt werden, die, so Kohl (1982: 7214) in seiner ersten Regierungserklärung, „die Grenzen der Belastbarkeit der deutschen Wirtschaft und der arbeitenden Menschen [...] erst getestet und dann weit überschritten" habe (vgl. auch Schmidt 2005a: 7f.). Die Erwartung innerhalb der CDU war entsprechend, dass eine Rückkehr zur von ihr propagierten und von Ludwig Erhard zuerst implementierten Sozialen Marktwirtschaft ein neuerliches „Wirtschaftswunder" ermöglichen würde.[153]

Das Konzept der Sozialen Marktwirtschaft erfüllte für die Union dabei allerdings spätestens seit Beginn der Oppositionszeit vor allem eine wichtige Integrationsaufgabe (Lehmbruch 1992: 35), weil es eben die Überlegenheit ihrer wirtschaftspolitischen Kompetenz gegenüber der sozial-liberalen Koalition dokumentieren sollte (vgl. auch Borchert 1995: 119). Doch mit dem Begriff Soziale Marktwirtschaft scheint nicht notwendigerweise und bei allen Spitzenpolitikern der Partei das ursprüngliche, durchaus stringente ordoliberale Konzept gemeint worden zu sein; vielmehr wurde mit dem Begriff häufig offenbar lediglich das diffuse Konzept einer im wesentlichen marktregulierten Wirtschaft bei gleichzeitig verhältnismäßig guter sozialer Absicherung bezeichnet (z.B. Interviews BMAS, CDA). Zwar gab es in der Union weiterhin einen starken Wirtschaftsflügel, der ebenso wie die FDP für weitergehende marktorientierte Reformen eintrat, doch diesem Flügel stand ein Arbeitnehmerflügel gegenüber, der solchen Reformen eher reserviert gegenüber stand. Insofern stellte sich die Union in den 1980er Jahren als ein Vetospieler mit geringer Kohäsion dar, was weitreichende Reformen erheblich erschwerte.

Wieso sollte geringe Kohäsion eines Vetospielers einer Veränderung des Status quo im Wege stehen? Tsebelis (1995) geht ja davon aus, dass es mit zunehmender

---

153 Auch die Tatsache, dass es der Union bei vier aufeinanderfolgenden Bundestagswahlen nicht gelungen war, an die Regierung zu gelangen, wurde nicht als Zeichen interpretiert, die eigenen wirtschaftspolitischen Vorstellungen seien obsolet, da sich erstens die wirtschaftspolitische Performanz entsprechend der eigenen Erwartungen entwickelte und die Union zweitens erhebliche Wahlerfolge auf Länderebene, aber sogar bei Bundestagswahlen (1976: 48,6% der Stimmen) verbuchen konnte.

Kohäsion schwieriger wird, sich vom Status quo zu entfernen. Zu dieser Einschätzung kommt er allerdings nur, weil er annimmt, dass Entscheidungen innerhalb eines kollektiven Vetospielers mit Mehrheit getroffen werden (Tsebelis 1995: 299). Schon bei Entscheidungen mit qualifizierten Mehrheiten prognostiziert Tsebelis (2002: 149-153) dagegen, dass geringe Kohäsion mit einer höheren Policy-Stabilität einhergeht. Für das System der Konfliktregulierung und Willensbildung innerhalb der CDU lässt sich aber wenigstens bis in die 1990er Jahre feststellen, dass nicht nur alle wichtigen sozialen Großgruppen in der Union durch Sonderorganisationen repräsentiert wurden, sondern dass diese im innerparteilichen Prozess der Willensbildung auch berücksichtigt wurden (von Winter 1989: 81). Die Berücksichtigung dieser Gruppeninteressen schloss die Anwendung des Mehrheitsprinzips aber praktisch aus. Proporz und Konkordanz waren vielmehr die wichtigsten Muster der Entscheidungsfindung innerhalb der Partei (J. Schmid 1990: 263; Dümig et al. 2006). Daher ist ein hemmender Einfluss geringer innerparteilicher Kohäsion im Fall der CDU also theoretisch plausibel, muss doch auch die innerparteiliche Gruppe einer Veränderung zustimmen, die am wenigsten von ihr zu gewinnen oder am meisten zu verlieren hat. Im Falle liberaler wirtschaftspolitischer Reformen waren es vor allem der, wahlpolitisch sehr wichtige, Arbeitnehmerflügel bzw. die Sozialausschüsse der christlich-demokratischen Arbeitnehmerschaft (CDA), die Bedenken gegen die Reformen hatten und daher den stärksten bremsenden Einfluss ausübten.

Wie wirkten sich die Konflikte innerhalb der Union inhaltlich aus (zum Folgenden Zohlnhöfer 2001b)? Große Bedeutung erlangten die Sozialausschüsse bereits bei den Sparmaßnahmen zu Beginn der Regierungszeit, erreichten sie mit dem Argument der sozialen Ausgewogenheit doch beispielsweise, dass das Kindergeld mit zunehmendem Einkommen gekürzt und eine unverzinsliche Zwangsanleihe für Besserverdienende eingeführt wurde. Außerdem gelang es ihnen zumindest beim Haushaltsbegleitgesetz 1983 noch, eine Kürzung der Lohnersatzleistungen abzuwenden, indem sie eine veränderte Relation zwischen Beitrags- und Anspruchsdauer vorschlugen. Gegen ihren Widerstand wurden dann allerdings beim Haushaltsbegleitgesetz 1984 doch die Lohnersatzleistungen, wenn auch nur für Kinderlose, gekürzt. Allerdings konnten die Sozialausschüsse hier eine ursprünglich geplante stärkere Senkung des Arbeitslosengeldes und der Arbeitslosenhilfe abwehren. Beim 9. AFG-Änderungsgesetz von 1988 verhinderten sie schließlich eine Verkürzung der Höchstbezugsdauer von Arbeitslosengeld für Arbeitslose unter 26 Jahren. Außerdem setzten sie Mitte der 1980er Jahre einen Ausbau der aktiven Arbeitsmarktpolitik und der Frühverrentung durch, während der Wirtschaftsflügel der Union und die FDP eine stärkere Senkung der Beiträge zur Arbeitslosenversicherung bevorzugt hätten. Die besonders starke Stellung der CDA in der Sozial- und Arbeitsmarktpolitik erklärt sich nicht zuletzt dadurch, dass ihr langjähriger Vorsitzender Norbert Blüm als Arbeits- und Sozialminister als Agenda-Setter fungierte.

Doch auch in der Steuerpolitik traten die CDA durchaus folgenreich in Erscheinung, verhinderten sie doch bei der Steuerreform 1990, dass der Spitzensteuersatz der Einkommensteuer wie von FDP und CSU gewünscht unter 50% gesenkt wurde, indem sie diese Frage zur „Nagelprobe für eine ausgewogene Steuerreform" (Blüm; zit. in Die Welt 2.2.1987) erklärten. Zwar konnten auch sie sich mit ihrer ursprünglichen Forderung, den Spitzensteuersatz unverändert bei 56% zu belassen, nicht durchsetzen, doch sie ließen sich ihre Zustimmung zu der marginalen Senkung abkaufen, indem sie diese als „Hebel" für eine stärkere Entlastung niedriger Einkommen nutzen (so ein CDA-Vertreter; zit. nach Gros 1998: 142f.). Das schlug sich insbesondere bei der Ausweitung des Grundfreibetrages nieder, die größer ausfiel als zunächst geplant.

Doch wichtiger war eine andere Folge der nur geringen Senkung des Spitzensteuersatzes der Einkommensteuer (vgl. zum Folgenden Ganghof 2004: 69-73). Um Rechtsformneutralität zwischen inkorporierten und nicht inkorporierten Unternehmen herzustellen, war seit 1977 der Körperschaftsteuersatz auf einbehaltene Gewinne an den Spitzensatz der Einkommensteuer angeglichen worden, während gleichzeitig der ausgeschüttete Gewinn beim Anteilseigner voll versteuert, die bereits gezahlte Körperschaftsteuer aber angerechnet wurde (Vollanrechnungsverfahren). Da die Übereinstimmung dieser Sätze von den Entscheidungsträgern in Deutschland – in starkem Gegensatz zu praktisch allen anderen Ländern – außerordentlich ernst genommen wurde (vgl. z.B. BT-Drs. 11/2157: 121, 149; Stoltenberg 1997: 297), war eine Senkung des Körperschaftsteuersatzes nur in dem Ausmaß möglich, in dem auch der Spitzensteuersatz gesenkt wurde. Insofern verhinderten die CDU-Arbeitnehmer also indirekt auch eine stärkere Senkung des Körperschaftsteuersatzes. Dass schließlich der Körperschaftsteuersatz um drei Prozentpunkte mehr gesenkt wurde als der Spitzensteuersatz der Einkommensteuer, wurde damit begründet, dass bei der Körperschaftsteuer Grenz- und Durchschnittsbelastung übereinstimmen, während bei der Einkommensteuer der Durchschnitts- immer unter dem Grenzsteuersatz liegt (BT-Drs. 11/2157: 173). Hauptsächlich dürfte sich in dieser stärkeren Senkung aber der Zielkonflikt niedergeschlagen haben, dass einerseits ein noch niedrigerer Spitzensteuersatz der Einkommensteuer nicht durchsetzbar war, andererseits aber wenigstens die Kapitalgesellschaften angesichts des internationalen Steuerwettbewerbs stärker entlastet werden sollten (so auch Heinrich 1992: 69). Insgesamt wurden die Entlastungen für die Unternehmen jedoch schon bei der Verabschiedung der Reform von vielen wichtigen Koalitionspolitikern als keineswegs ausreichend betrachtet (so die Abgeordneten Gattermann (FDP), Waigel (CSU) und Dregger (CDU); PlPr. 11/74, 21.4.1988; S. 4947, 4961, 5836).

Doch es gab auch noch eine zweite Konfliktlinie innerhalb der Regierung, die weitergehende Reformen erschwerte, die allerdings den institutionellen Vetospieler Bundesrat betraf. Dabei handelt es sich um die Konflikte zwischen der Bundesregierung auf der einen und einzelnen CDU- oder CSU-geführten Landesregierungen auf der anderen Seite. Die starke Stellung jeder einzelnen unionsgeführten Landesregierung resultierte zum einen aus dem Bestreben der Bundesregierung, die SPD-geführten Länder nicht in den Entscheidungsprozess mit einbeziehen zu müssen, da angesichts der ablehnenden Haltung der SPD zu den meisten Reformprojekten dann noch größere Konzessionen notwendig gewesen wären. Andererseits benötigte die Bundesregierung jedoch die Stimmen aller unionsgeführten Bundesländer im Bundesrat, um eine Mehrheit zu erreichen. Dies erlaubte es den Unions-„Landesfürsten", bestimmte Vorteile für ihr Bundesland oder ihre Regierung durchzusetzen. Ein wichtiger Bereich war auch hier die Auseinandersetzung um den Spitzensteuersatz der Einkommensteuer. So lehnten die Ministerpräsidenten Späth (Baden-Württemberg), Barschel (Schleswig-Holstein) und Vogel (Rheinland-Pfalz) eine Senkung des Spitzensteuersatzes zunächst ab, auch die niedersächsische Finanzministerin Breuel äußerte sich ablehnend. Es lassen sich zwei Gründe für diese Ablehnung identifizieren. Einige Unionspolitiker sprachen sich offenbar, ähnlich den Sozialausschüssen, aus programmatischen Gründen gegen die Senkung aus. So argumentierte Birgit Breuel, eine Senkung des Spitzensteuersatzes begünstige eine gut verdienende Minderheit, während sie gleichzeitig Ressourcen in Anspruch nehme, die besser für Steuersenkungen eingesetzt werden sollten, die die Beschäftigung förderten (Ganghof 2004: 71). Auf der anderen Seite plagten einige Ministerpräsidenten, insbesondere solche, die kurz nach der Entscheidung über die Steuerreform Landtagswahlen zu bestehen hatten, Sorgen, die Senkung des Spitzensteuersatzes könne ihnen elektoral schaden. Der rheinland-pfälzische Ministerpräsident Vogel, in dessen Bundesland im Frühjahr 1987 Wahlen stattfanden, gab die Befürchtung, die Senkung könne Wählerstimmen kosten, sogar zu Protokoll (Gros 1998: 159).

Noch größer war der Einfluss der Ministerpräsidenten allerdings bei den Auseinandersetzungen um die Gegenfinanzierung der Reform: Niedersachsen konnte erhebliche zusätzliche Bundesmittel durchsetzen, Baden-Württemberg die Besteuerung der Belegschaftsrabatte wenigstens teilweise eindämmen und Bayern gelang es, eine Übergangsregelung beim Investitionszulagengesetz durchzusetzen, von der nicht zuletzt der Bau der Wiederaufbereitungsanlage in Wackersdorf (Bayern) und eines BMW-Werkes in Regensburg profitierten (Zohlnhöfer 2001a: 103).

Schließlich ist noch das Bundesverfassungsgericht als bedeutender Vetospieler zu nennen, das eine ganze Reihe von zentralen finanzpolitischen Entscheidungen der Regierung Kohl kippte. So erklärte das Gericht die Investitionshilfeabgabe im November 1984 für nichtig (BVerfGE 67, 256), die Unvereinbarkeit der einkommensabhängigen Minderung des Kindergeldes mit dem Grundgesetz stellte es 1990 fest (BVerfGE 82, 60). Damit waren zwei zentrale politische Pfeiler des Konsolidierungskonzeptes der Regierung weggebrochen, weil diese Maßnahmen in besonderem Maße die soziale Ausgewogenheit der Konsolidierungspolitik belegen sollten (s.u.). Doch auch zwei zentrale steuerpolitische Regelungen hielten der Überprüfung des Gerichts nicht stand. 1991 entschied das Bundesverfassungsgericht, dass durch die Abschaffung der Quellensteuer das Prinzip der einheitlichen Besteuerung verletzt sei (BVerfGE 84, 239), etwas später stellte es auch fest, dass die Regierung das selbst anvisierte Ziel, das Existenzminimum gänzlich von der Steuer zu befreien, nicht realisiert habe, weshalb der entsprechende Satz in § 32a Abs. 1 EStG in der Fassung des Steuerreformgesetzes 1990 mit dem Grundgesetz unvereinbar sei (BVerfGE 87, 153ff.). Entsprechend war bereits ein Teil der steuerpolitischen Agenda für die zweite Hälfte der Ära Kohl gesetzt.

7.3.3.3 Der Wettbewerb um Wählerstimmen

Die Regierung Kohl hat insbesondere am Beginn ihrer Regierungszeit vergleichsweise schnell einige Reformen auf den Weg gebracht. Das ist ohne die weit verbreitete Krisenwahrnehmung jener Tage, die die Union durchaus mithalf heraufzubeschwören, schwer erklärbar. Schon vor dem Regierungswechsel hatte die damalige Opposition „vor dem angeblich drohenden ‚Staatsbankrott' und der demnächst wieder erforderlichen ‚Währungsreform'" gewarnt (Scharpf 1987: 193) – Warnungen, die eine weitere Erhöhung des Haushaltsdefizits für die sozial-liberale Koalition politisch höchst gefährlich machten. In seiner Regierungserklärung vom 13. Oktober 1982 sprach Helmut Kohl (1982: 7213) dann von „der schwersten Wirtschaftskrise seit Bestehen der Bundesrepublik Deutschland", in der die neue Regierung ihre Arbeit aufnehme. Diese Wahrnehmung sowie die daraus folgende Konsequenz, dass zur Haushaltskonsolidierung Einschnitte nötig seien, wurden offenbar von der Mehrheit der Wähler geteilt, und sie ließen entschlossenes finanzpolitisches Handeln notwendig und wahlpolitisch Erfolg versprechend erscheinen. Entsprechend setzte die Regierung Kohl ihr erstes Konsolidierungsgesetz sogar noch vor der vorgezogenen Neuwahl, mit der der Koalitionswechsel legitimiert werden sollte, durch und auch im Wahlkampf 1983 wurden weitere Kürzungen angekündigt und auch bald danach umgesetzt.

Ab 1984 wandelten sich die Bedingungen allerdings. Mit der zunehmenden Verbesserung der wirtschaftlichen Situation – das Wirtschaftswachstum verlief zwar nicht stürmisch, aber doch kontinuierlich, die Arbeitslosigkeit stabilisierte sich und begann langsam zu sinken, während gleichzeitig die Preise stabil blieben und die Leistungsbilanz ein großes Plus auswies – wurde nicht nur die Bereitschaft zur Hinnahme von Sozialkürzungen immer geringer, sondern auch die Notwendigkeit von Strukturreformen war aus wahlstrategischen Gründen kaum mehr gegeben. Warum sollte sich die Koalition in potenziell konfliktreiche Reformprozesse verstricken, wenn die wirtschaftliche Entwicklung zufriedenstellend verlief? Entsprechend war das Reformprofil ab 1984 durch nur noch sehr moderate Reformen gekennzeichnet, wenn nicht, wie im Fall der Rentenreform, die Zustimmung der größten Oppositionspartei gewonnen werden konnte, und sogar sozialpolitische Expansion gelangte wieder auf die Tagesordnung, wenn nun auch unter christdemokratischen Vorzeichen (Alber 1986: 56; 2000; Schmidt 1998).

Die weitverbreitete Krisenwahrnehmung hat demnach die sonst angesichts der hohen Beliebtheit des Wohlfahrtsstaates bei den deutschen Wählern elektoral durchaus riskanten sozialpolitischen Kürzungsmaßnahmen, die mit den Haushaltsbegleitgesetzen 1983 und 1984 durchgesetzt wurden, ermöglicht, Umfragen belegen nämlich, dass die Sparmaßnahmen unmittelbar nach dem Regierungswechsel „durchaus auf das Verständnis der Bürger" trafen (Alber 1986: 50). Zudem erlaubte es die zeitliche Nähe zum Regierungswechsel noch, die abgelöste Regierung dafür verantwortlich zu machen, dass die harschen Sparmaßnahmen nötig wurden. Entsprechend argumentierte Kohl (1982: 7213) in seiner Regierungserklärung, dass „sich die alte, die bisherige Regierung als unfähig erwies, gemeinsam die Arbeitslosigkeit zu bekämpfen, das Netz sozialer Sicherheit zu gewährleisten und die zerrütteten Staatsfinanzen wieder in Ordnung zu bringen".

Interessant erscheint in diesem Zusammenhang, dass die Regierung die wirtschaftspolitischen Schwierigkeiten kaum in Zusammenhang mit der gewachsenen Internationalisierung der Märkte brachte; die Ursachen der Krise seien hausgemacht und hätten auch ohne Internationalisierung zu Problemen geführt, so die zentrale Überlegung (Kohl 1982: 7214; vgl. auch Ganghof 2004: 67; Schmidt 2005a: 7). Diese Argumentation änderte sich auch im Verlauf der 1980er Jahre kaum, wenngleich bei einigen steuerpolitischen Entscheidungen Aspekte der Wettbewerbsfähigkeit immerhin angesprochen wurden. So wurde die Erhöhung der Mehrwertsteuer mit dem Haushaltsbegleitgesetz 1983 unter anderem auch damit begründet, dass „die Wettbewerbsfähigkeit der deutschen Wirtschaft im Ausland [...] wegen der umsatzsteuerlichen Exportentlastung [...] nicht berührt" werde (BT-Drs. 9/2140: 69) und bei der Steuerreform 1990 wurde die Senkung der für Unternehmen relevanten Steuersätze auch mit der Senkung der Unternehmenssteuern in vielen anderen Industrieländern begründet (BT-Drs. 11/2157: 121, 149). Doch schon die Tatsache, dass die steuerliche Entlastung für Unternehmen auf die letzte Stufe der Steuerreform verschoben wurde, lässt es höchst zweifelhaft erscheinen, dass auf die genannten Maßnahmen verzichtet worden wäre, wenn die Internationalisierung der Märkte weniger weit vorangeschritten gewesen wäre.

Da eine elektorale Absicherung der Kürzungspolitik durch eine Kooperation mit der SPD abgesehen von der Rentenreform nicht möglich war, musste die Regierung Kohl jedoch auch auf klassische Schuldvermeidungsstrategien zurückgreifen (vgl. zum Folgenden Zohlnhöfer 2007b: 1128f.). Eine erste Strategie war die Orientierung am Wahlterminkalender. Dies zeigte sich insbesondere am Vergleich des noch vor der Bundestagswahl 1983 verabschiedeten Haushaltsbegleitgesetzes 1983 mit dem Nachfolgegesetz, das nach der Wahl beschlossen wurde. Mit dem Haushaltsbegleitgesetz 1983 vermied die Koalition nicht nur eine unmittelbare Kürzung der Lohnersatzleistungen und kürzte stattdessen lieber die Anspruchsdauer auf Arbeitslosengeld, was den Kreis der Betroffenen deutlich verringerte, sondern sie griff auch auf Steuererhöhungen zurück, die die Union in der Opposition nicht nur abgelehnt, sondern über ihre Mehrheit im Bundesrat auch verhindert hatte. Steuererhöhungen konnten aber nicht nur der alten Regierung angelastet werden, die eben eine katastrophale Haushaltslage hinterlassen habe, sondern sie erschienen politisch angesichts der kurz bevor stehenden Bundestagswahl auch risikoloser als noch massivere Kürzungen im Sozialbereich. Schließlich beinhaltete das Haushaltsbegleitgesetz 1983 auch eine Reihe von Maßnahmen, die die soziale Ausgewogenheit der Kürzungspolitik belegen sollten, am deutlichsten sichtbar an der Investitionshilfeabgabe für Besserverdienende und der einkommensabhängigen Kürzung des Kindergeldes.

Das Haushaltsbegleitgesetz 1984 konzentrierte sich dagegen auf Kürzungen von Sozialleistungen, wobei auch die Leistungshöhe zur Disposition gestellt wurde, während Fragen der sozialen Ausgewogenheit keine größere Rolle mehr spielten. Letzteres zeigt sich auch daran, dass ein Ersatz für die vom Bundesverfassungsgericht 1984 für nichtig erklärte Investitionshilfeabgabe trotz des Einsatzes der Sozialausschüsse nicht beschlossen wurde (Horst 1995: 242). Dies ermöglichte es der SPD angesichts einer sich ab 1984 wandelnden, wieder sozialstaatsfreundlicheren Stimmung in der Bevölkerung, der Regierung eine „Umverteilung von unten nach oben" vorzuwerfen (Gohr 2001), was wiederum zu für die Koalition schmerzhaften Niederlagen bei Landtagswahlen, insbesondere der Wahl in Nordrhein-Westfalen im Mai 1985, führte (Feist/Krieger 1985). Diese Entwicklung dürfte dann jedoch eine

Ausweitung bestimmter Sozialleistungen zumindest begünstigt haben (Alber 1986: 56). Dabei wurden expansive Maßnahmen in aller Regel kurz vor wichtigen Landtagswahlterminen bekannt gegeben oder in Kraft gesetzt (vgl. die Vielzahl von Beispielen bei Schmidt 2005b: 151-153).

Darüber hinaus achtete die Regierung bei der Ausgestaltung der Kürzungsmaßnahmen darauf, möglichst wenig Protest heraufzubeschwören. Eine schier unsichtbare Möglichkeit, die Einnahmen zu erhöhen, ist dabei die kalte Progression, weil sie es – zumindest in Steuersystemen ohne automatische Indexierung wie dem deutschen – erlaubt, zusätzliche Einnahmen zu generieren, ohne dass die Regierung dafür etwas tun muss. Auch die Erhöhung von Sozialversicherungsbeiträgen und indirekten Steuern ist für die Wähler erheblich weniger sichtbar als die Anhebung direkter Steuern, und die Erhöhung von Sozialversicherungsbeiträgen kann zudem mit dem Äquivalenzprinzip begründet werden. Bei den Maßnahmen im Sozialbereich lässt sich Ähnliches nachweisen. Dass beispielsweise die Verringerung der Bemessungsgrundlage für die Zahlung von Rentenbeiträgen durch die Bundesanstalt für Arbeit die Rentenansprüche der Betroffenen verringert hat, dürfte diesen in vielen Fällen nicht klar gewesen sein. Die Verschiebung von Einschnitten in folgende Wahlperioden, wie sie mit der Rentenreform 1992 erfolgte, dürfte diese gleichfalls wahlpolitisch leichter durchsetzbar gemacht haben. Auch die Regelung, das Verhältnis zwischen Dauer der Beitragszahlungen und Dauer des Leistungsbezugs bei der Arbeitslosenversicherung zu verändern anstatt das Arbeitslosengeld zu kürzen, ist in diesem Zusammenhang zu sehen. Schließlich bietet der finanzpolitische Verschiebebahnhof zwischen den Haushalten des Bundes, der Länder, der für die Sozialhilfe zuständigen Gemeinden und der Sozialversicherungen eine Vielzahl von Möglichkeiten, Belastungen zu verschieben und zu kaschieren.

Doch nicht alle Konsolidierungsmaßnahmen waren in den 1980er Jahren von dem Bemühen gekennzeichnet, die politischen Verantwortlichkeiten zu verdecken. Gerade zu Beginn der 1980er Jahre waren die Kürzungen häufig offensichtlich, etwa beim Kindergeld und bei Lohnersatzleistungen für Bezieher ohne Kinder, aber auch bei den Rezeptgebühren o.ä. Mehr noch, die Koalition warb im Wahlkampf 1983 sogar damit, noch weitere Kürzungen vornehmen zu wollen (Alber 1986: 50). Diese wahlpolitisch durchaus riskante Strategie hatte einerseits mit der bereits angesprochenen Stimmungslage in der Bevölkerung zu tun, die bereit war, begrenzte Kürzungen hinzunehmen, um auf den Pfad wirtschaftlichen Wachstums zurückzukehren. Hinzu kam aber andererseits, dass es der christlich-liberalen Koalition Anfang der 1980er Jahre auch gelang, die Bürger davon zu überzeugen, dass der eingeschlagene Pfad in der Tat zu einer nachhaltigen Verbesserung der wirtschaftlichen Situation führen würde. Die Regierung konnte dabei erstens auf die Verantwortung der abgelösten Regierung, insbesondere der SPD, für die schlechte wirtschaftliche Situation verweisen, zweitens wurde, wenigstens in den ersten Jahren nach dem Regierungswechsel, auf die soziale Ausgewogenheit der Kürzungsmaßnahmen verwiesen, und drittens – und hauptsächlich – warb die Koalition, insbesondere die Union, mit dem Argument für ihren wirtschaftspolitischen Kurs, dabei handele es sich um eine Erneuerung der Sozialen Marktwirtschaft. Da dieses Wirtschaftssystem für die meisten Wähler eng mit dem „Wirtschaftswunder" der 1950er Jahre verbunden war und sich die Wirtschaft wenigstens der Tendenz nach in die erhoffte Richtung entwickelte, konnte damit die Hoffnung verknüpft werden, dass nach einer Austeritätsphase tatsächlich ein nachhaltiger Aufschwung erwartet werden durfte.

7.4 Die Finanzpolitik der christlich-liberalen Koalition nach der Wiedervereinigung, 1990-1998

Zwischen dem 9. November 1989, dem Tag der Öffnung der Berliner Mauer, und dem 3. Oktober 1990, der Wiedervereinigung der beiden deutschen Staaten, war der normale politische Betrieb in der Bundesrepublik fast suspendiert, dominierte die Politik der Wiedervereinigung fast vollständig das politische Geschehen in der Bundesrepublik. Das gilt nicht zuletzt für die Wirtschafts- und Sozialpolitik, die im Vereinigungsprozess eine maßgebliche Rolle spielte. Die zentrale wirtschaftspolitische Entscheidung bei der Herstellung der deutschen Einheit war der am 1. Juli 1990 in Kraft getretene Staatsvertrag über die Währungs-, Wirtschafts- und Sozialunion. Mit ihm wurde die komplette Wirtschaftsordnung der Bundesrepublik vom Recht auf Eigentum über das Prinzip der Wettbewerbswirtschaft bis hin zur Tarifautonomie und der Unabhängigkeit der Zentralbank auf die DDR übertragen. Ebenso verpflichtete sich die DDR zur Schaffung eines dem bundesdeutschen vergleichbaren Sozialversicherungs- und Steuersystems und sie gab in vielen Bereichen der Wirtschaftspolitik ihre Souveränität bereits weitgehend ab. Für die weitere wirtschaftliche Entwicklung von besonderer Bedeutung war der Umtauschkurs von Mark der DDR in D-Mark. Hier wurde vereinbart, die laufenden Zahlungen im Verhältnis 1:1, Sparguthaben sowie die Schulden von DDR-Unternehmen grundsätzlich mit 1:2 umzutauschen. Die durchschnittliche Umtauschrelation lag daher bei 1 DM zu 1,8 DDR-Mark (vgl. detailliert zu den politischen Prozessen und Ergebnissen Grosser 1998; Zohlnhöfer 2001a: 175-213 sowie die Erinnerungen der an den Verhandlungen von westdeutscher Seite beteiligten Akteure in Waigel/Schell 1994).

Mit dem Umstellungskurs bei der Währungsunion, den anschließenden Lohnerhöhungen in den neuen Bundesländern und der auf beides reagierenden Hochzinspolitik der Bundesbank war der maroden DDR-Wirtschaft der Gnadenstoß versetzt worden. In der Folge brach die Industrieproduktion in den neuen Bundesländern weitgehend zusammen: Die industrielle Warenproduktion in der DDR fiel bereits zwischen Juni und August 1990, also in den Monaten unmittelbar nach der Währungsunion, um 40% (OECD 1991d: 42). Ähnliches gilt für die Beschäftigung: Die Zahl der Beschäftigten in der vormaligen DDR fiel von 9 Mio. Mitte 1990 auf 6,75 Mio. Ende 1991 (OECD 1992d: 23). Der Zusammenbruch der DDR-Wirtschaft ließ den Aufbau in Ostdeutschland daher weitgehend zu einer staatlichen Veranstaltung werden. Das wird an der sprunghaft steigenden Staatsquote deutlich (Wagschal 2006c: 66f.), vor allem aber an den West-Ost-Nettotransfers, die dauerhaft ein jährliches Volumen von 4,5% am westdeutschen BIP erreichten (Renzsch 1998: 350), das der Bund zwar nicht allein aufzubringen hatte,[154] das seine haushalts-, steuer- und sozialpolitischen Handlungsmöglichkeiten jedoch empfindlich einschränkte. Obwohl also die parteipolitische Zusammensetzung der Bundesregierung auch nach der Wiedervereinigung unverändert geblieben war, hatten sich die Probleme massiv verändert: Die Bundesrepublik war von nun an unmittelbar sowohl von der (west)europäischen und weltwirtschaftlichen Integration als auch von der Transformation eines osteuropäischen Wirtschafts- und Herrschaftssystems betroffen. Dies warf (und wirft) wirtschaftspolitisch erhebliche Schwierigkeiten auf, da tendenziell ein Zielkonflikt besteht zwischen der (staatlich alimentierten) Transformation einer Zentralverwaltungswirtschaft in eine Marktwirtschaft einerseits und den Zwängen, die von Globalisierung, europäischem Binnenmarkt und der vereinbarten Europäischen Währungsunion mit ihren (fiskalischen) Konvergenzkriterien ausgehen, andererseits (Interview BMF 2; vgl. auch Czada 2000: 23f.; Zohlnhöfer 2001c). Nach weitverbreiteter Ansicht gerade der Entscheidungsträger der christlich-liberalen Koalition galt dies vor allem für die Steuerpolitik, wo nämlich der Standortwettbewerb eine Senkung der Steuersätze erforderte, während die massiven Transfers in die neuen Bundesländer zusätzliche Finanzmittel nötig machten. Wie die Regierung Kohl bis 1998 mit diesem Zielkonflikt umgegangen ist, wird im Folgenden beleuchtet.

7.4.1 Steuerpolitik

Die Bundesregierung hatte 1990 erwartet – oder zumindest gehofft –, dass die DDR bzw. die ostdeutschen Bundesländer nur kurzfristig finanzielle Unterstützung benötigen würde, dass nur „die Deckung eines vorübergehenden Spitzenbedarfs" erforderlich sei, wie Finanzminister Waigel in der Parlamentsdebatte zur Wirtschafts-, Währungs- und Sozialunion darlegte (PlPr. 11/212, 23.5.1990, 16671). Waigel erwartete, dass „der kurzfristig hohe Finanzbedarf im Zuge des dynamischen Aufbau- und Wachstumsprozesses in der DDR wieder deutlich abgebaut" werde (ebenda, 16670). Entsprechend kamen Steuererhöhungen, insbesondere bei den direkten Steuern zunächst nicht in Frage. „Die Gleichung 'Weniger Steuern auf Investitionen und berufliche Leistung bedeuten mehr Wachstum und mehr Wachstum stärkt die öffentlichen Finanzen' geht auf" (ebenda, 16674f.). Daraus folgerte er: „Wir wären schlecht beraten, wenn wir diese günstigen Einnahmeperspektiven durch Sonderabgaben oder Steuererhöhungen zur Finanzierung der Vereinigung gefährdeten. Wir ständen schnell mit leeren Händen da, wenn das, was wir umverteilen wollen, bei wieder ungünstigeren steuerlichen Bedingungen erst gar nicht erwirtschaftet würde" (ebenda, 16675).

Die Bundesregierung musste diese Position zwar angesichts der schwierigen Finanzsituation, die sich ab 1991 weit gravierender darstellte als erwartet, modifizie-

---

154 Die Verhandlungen um die innerstaatliche Finanzverfassung und ihre Veränderungen im Gefolge der deutschen Einheit können in dieser Studie nicht detailliert nachgezeichnet werden; vgl. dazu beispielsweise Wachendorfer-Schmidt 2003: 191-272.

ren und beispielsweise ab 1. Juli 1991 einen zunächst auf ein Jahr befristeten Solidaritätszuschlag auf die Einkommen- und Körperschaftsteuer in Höhe von 7,5 % der Steuerschuld erheben. Ab 1995 wurde der Solidaritätszuschlag neuerlich, diesmal allerdings unbefristet erhoben, wenngleich er 1998 um zwei Prozentpunkte abgesenkt wurde. Darüber hinaus kam es aber bis 1998 zu keinen weiteren Erhöhungen der direkten Steuern, wenn man von der Wiedereinführung einer auf die Steuerschuld anrechenbaren 30prozentigen Kapitalertragsteuer bei erhöhten Sparerfreibeträgen im Jahr 1993 absieht – im Gegenteil: Mit dem Jahressteuergesetz 1996 wurde, wie vom Bundesverfassungsgericht verlangt, das Existenzminimum steuerfrei gestellt. Dabei wurde nicht nur der Grundfreibetrag massiv, nämlich auf gut 12.000 DM, ausgeweitet, sondern auch – aus fiskalischen Gründen – der Eingangsteuersatz auf 25,9% erhöht. Dadurch verlief die Grenzsteuersatzkurve im unteren Teil (bis zu Einkommen von gut 55.000 DM) deutlich flacher als vor der Reform, allerdings bei höheren Grenzsteuersätzen. Insgesamt wurden die Steuerzahler, insbesondere die mit niedrigem Einkommen, durch diese Reform netto um rund 18 Mrd. DM entlastet.

Doch in der gleichen Legislaturperiode ging die christlich-liberale Koalition noch ein erheblich weiterreichendes Steuerreformprojekt an (vgl. zum Folgenden R. Zohlnhöfer 1999). Mit den so genannten „Petersberger Steuervorschlägen" sollte es zu einer Bruttoentlastung allein bei der Einkommensteuer um 69 Mrd. DM kommen. So sollte der Eingangsteuersatz von 25,9 auf 15% sinken, während der Spitzensteuersatz nur noch 39% betragen sollte. Gleichzeitig sollte die Bemessungsgrundlage erheblich verbreitert werden, wobei Unternehmen und Haushalte jeweils zur Hälfte zur Gegenfinanzierung beitragen sollten. Bei den Haushalten betraf dies etwa die Senkung der Werbungskostenpauschale, die Reduzierung der Kilometerpauschale, die Aufhebung der Steuerfreiheit von Zuschlägen für Sonn-, Feiertags- und Nachtarbeit sowie von bestimmten Prämien oder Abfindungen, die Einführung der Besteuerung der Hälfte der Lohnersatzleistungen, die vorher lediglich dem Progressionsvorbehalt unterlagen, die Halbierung des Sparerfreibetrags, die Einbeziehung der Hälfte der Rente in die Berechnung der Bemessungsgrundlage oder die Besteuerung von Lebensversicherungen. Im Unternehmensbereich waren insbesondere schärfere Regeln bei der Gewinnermittlung vorgesehen (Ganghof 2004: 89). Insgesamt sollte eine Nettoentlastung von 30 Mrd. DM erreicht werden. Doch durchsetzen ließ sich diese Reform letztlich nicht.

Im Unternehmensbereich versuchte die christlich-liberale Regierung in den ersten Jahren nach der Vereinigung, den Aufbau in Ostdeutschland vornehmlich über steuerliche Investitionsanreize bei weiterhin hohen Steuersätzen voranzutreiben. Gleichzeitig wurde die Gewerbekapital- und die Vermögensteuer in den neuen Bundesländern nicht erhoben, während die Gewerbeertragsteuer in Ostdeutschland für mittlere und kleine Betriebe reduziert wurde (Zohlnhöfer 2001a: 271; Ganghof 2004: 74). Diese Politik, die zumindest in Bezug auf die steuerlichen Investitionsanreize bei hohen nominalen Steuersätzen in deutlichem Kontrast zur Standardantwort fast aller Länder auf Globalisierung steht, erwies sich jedoch als wenig zielführend und verursachte zudem massive Probleme, weil die großzügigen Abschreibungsmöglichkeiten in wachsendem Maße zur Steuervermeidung genutzt wurden, was wiederum zu einem Wegbrechen der Steuereinnahmen führte (SVR 1997: 111, 114; Otremba 1999: 22). Entsprechend verabschiedete die Koalition 1993 das so genannte Standortsicherungsgesetz, das dem „Erhalt der internationalen Wettbewerbsfähigkeit der deutschen Wirtschaft und [der] Sicherung der Attraktivität Deutschlands als Wirtschaftsort" (BT-Drs. 12/4158) dienen sollte. Dies sollte erreicht werden, indem der Körperschaftsteuersatz auf einbehaltene Gewinne auf 45% und der Körperschaftsteuersatz für ausgeschüttete Gewinne auf 30% sinken sollte. Um nicht gleichzeitig den Spitzensteuersatz der Einkommensteuer senken zu müssen, aber trotzdem auch eine steuerliche Entlastung der nicht-inkorporierten Unternehmen zu erreichen, wurde ein neuer Einkommensteuerhöchstsatz für gewerbliche Einkünfte eingeführt, der mit 47% deutlich unter dem regulären Spitzensteuersatz von 53% lag (BT-Drs. 12/5341). Auch diese Maßnahmen implizierten Mindereinnahmen für die Gebietskörperschaften, da auf eine Einschränkung von Abschreibungsmöglichkeiten angesichts der tiefen Rezession verzichtet wurde.

Mit dem Jahressteuergesetz 1997 sollte, ebenfalls zur steuerlichen Verbesserung der Investitionsbedingungen, die Vermögensteuer abgeschafft werden, die 1995 (auf Druck der SPD) noch erhöht worden war. Obwohl die Abschaffung der Vermögensteuer im Bundesrat scheiterte und diese Steuer daher auch über 1998 hinaus in den Gesetzbüchern stand, wurde sie wegen einer neuerlichen Intervention des Bundesverfassungsgerichts ab 1997 nicht mehr erhoben (vgl. Wagschal 2006b: 566), womit das Ziel der Bundesregierung erreicht war. Als finanzieller Ausgleich für das Entfallen der privaten Vermögensteuer wurden allerdings die Erbschaft- und Schenkungsteuer mit einem einnahmenerhöhenden Effekt neu geregelt sowie die Grunderwerbsteuer erhöht.

Auch die „Petersberger Steuervorschläge" über eine große Steuerreform für 1998/99 sahen weitere Entlastungen für den Unternehmenssektor vor. Im Bereich der Körperschaftsteuer war vorgesehen, den Thesaurierungssatz von 45 auf 35% und den Satz für ausgeschüttete Gewinne von 30 auf 25% zu senken, während der Einkommensteuerhöchstsatz für gewerbliche Einkünfte von 47 auf 35% fallen sollte und damit noch um vier Prozentpunkte unter dem regulären Spitzensatz liegen sollte, der auf 39% sinken sollte. Gleichzeitig sollten allerdings auch einige Abschreibungsbedingungen verschlechtert werden. Durchsetzen ließ sich diese Reform jedoch nicht mehr. Lediglich auf eine bei den Verhandlungen zum Steueränderungsgesetz 1992 und zum Jahressteuergesetz 1997 steckengebliebene Maßnahme, nämlich die Abschaffung der Gewerbekapitalsteuer zum 1.1.1998 bei Beteiligung der Kommunen an der Umsatzsteuer, die durch Streichungen von Steuervergünstigungen refinanziert werden sollte, konnten sich Bundesregierung und Bundesrat noch einigen (vgl. R. Zohlnhöfer 1999: 337). Zusätzlich profitierten die Unternehmen von der Senkung des Solidaritätszuschlages ab 1998.

Anders als die direkten Steuern trugen die Sozialversicherungsbeiträge in erheblichem Umfang zur Finanzierung der deutschen Einheit bei, ergaben sich doch rechnerisch zu den jeweiligen Beitragssätzen erhebliche Defizite in der ostdeutschen Renten- und Arbeitslosenversicherung, während die Beitragssätze zu beiden Versicherungszweigen in Westdeutschland höher waren als zur Finanzierung der Leistungen in den alten Bundesländern notwendig (vgl. dazu Czada 1995). Entsprechend mussten die gesamtdeutschen Beitragssätze mitunter massiv angehoben werden. Bei der Arbeitslosenversicherung stieg der Beitragssatz bereits 1991 von 4,3 auf 6,8% am Bruttolohn, ehe er ab 1993 bei 6,5% zu liegen kam. Eine ähnlich deutliche Erhöhung, nämlich von 17,5 auf 19,2%, erfolgte bei der Rentenversicherung 1994, doch hier stieg der Beitragssatz sogar noch bis auf 20,3% im Jahr 1998. Hinzu kamen die Beiträge von 1,7% am Bruttolohn, die Arbeitgeber und Arbeitnehmer zur neu geschaffenen Pflegeversicherung leisten mussten. Entsprechend stieg der Anteil der Beiträge zu den Sozialversicherungen (Arbeitslosen-, Kranken-, Renten- und Pflegeversicherung) am Bruttolohn von 35,6% 1990 kontinuierlich bis auf 42,1% 1998 (vgl. Zohlnhöfer 2000: 27; 2001c: 1554). Franz-Xaver Kaufmann (1997: 15) zufolge hätte dieser Wert ohne die vereinigungsbedingten Lasten um bis zu acht Prozentpunkte niedriger gelegen.

Abbildung 7.4: Haushaltssalden des Gesamtstaates in % BIP (linke Achse) und Abgabenquote (rechte Achse) in der Bundesrepublik Deutschland, 1990-1998

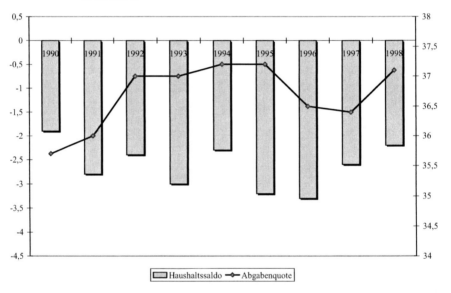

Quelle: OECD 2006, 2007

Soweit Steuererhöhungen zur Finanzierung der deutschen Einheit herangezogen wurden, lag ein Schwerpunkt auf Konsumsteuern (vgl. Sturm 1998: 193f.; Zohlnhöfer 2000: 27). So wurde 1992 und 1998 die Mehrwertsteuer jeweils um einen Prozentpunkt erhöht, wobei die zusätzlichen Einnahmen aus der Erhöhung von 1998 gezielt zur Stabilisierung der Beiträge zur Rentenversicherung eingesetzt werden sollten. Ebenso wurde sowohl die Mineralöl-[155] als auch die Versicherungssteuer zweimal, sonstige Energiesteuern und die Tabaksteuer einmal angehoben.

Bei einer zusammenfassenden Betrachtung der Finanzpolitik der zweiten Hälfte der Ära Kohl fällt vor allem ein verblüffender Befund auf: Obwohl die Jahrhundertaufgabe der Finanzierung der deutschen Einheit zu bewältigen war, was zumindest mittelfristig zu einer deutlichen Erhöhung der Staatstätigkeit geführt hat, sank der Anteil der Steuereinnahmen am Bruttoinlandsprodukt zwischen 1990 und 1998 (Zohlnhöfer 2000: 28) – und dies, obwohl gerade 1990 die letzte und umfangreichste Stufe der Steuerreform der 1980er Jahre in Kraft getreten war und 1998 die ambitionierteste Steuerreform, an die sich die christlich-liberale Koalition in den 16 Jahren ihrer Amtszeit gewagt hatte, im Bundesrat gescheitert war! Dieser Befund ist zu einem nennenswerten Teil auf die schmale Steuerbasis zurückzuführen, die in Folge der Aufbaupolitik in Ostdeutschland noch weiter durchlöchert wurde, er ist aber auch der Tatsache geschuldet, dass trotz der durch Steuerwettbewerb und Wiedervereinigung angespannten Haushaltslage der Grundfreibetrag stark ausgeweitet wurde.

Die Hauptlast der einnahmeseitigen Finanzierung der deutschen Vereinigung wurde aber gerade dem Faktor Arbeit aufgebürdet, stiegen doch die Sozialversicherungsbeiträge trotz einer ganzen Reihe von Sozialreformen, die in der Mehrzahl der Fälle auf eine Reduzierung der Sozialversicherungsbeiträge zielten, um fast 20 Prozent. Damit stieg nicht nur die gesamte Abgabenbelastung, also die Summe aus Steuern und Sozialabgaben, wenn auch angesichts des erheblichen Bedarfs an Mitteln nur in begrenztem Umfang, nämlich von 35,7 auf 36,4% am BIP (OECD 2006: 71; vgl. Abb. 7.4), sondern damit ergaben sich auch erhebliche beschäftigungspolitische Probleme (vgl. z.B. Manow/Seils 2000; Streeck/Trampusch 2005).

7.4.2 Haushaltspolitik

Wie oben schon dargestellt, hatte die Bundesregierung den Finanzbedarf, der durch die Wiedervereinigung in Ostdeutschland entstehen würde, zunächst falsch eingeschätzt. Union und FDP glaubten, dass „wachstumsinduzierte Steuermehreinnahmen und die vorübergehende Anhebung der Nettokreditaufnahme den erforderlichen haushaltspolitischen Spielraum schaffen werden" (BT-Drs. 11/7932: 13). Zunächst schien dieses Konzept zwar noch realistisch, entwickelten sich die Haushaltsdaten 1990 doch noch ermutigend; aber schon zu Beginn des Jahres 1991 wurde deutlich, dass die optimistischen Erwartungen der Regierungskoalition auf einen raschen, sich selbst tragenden Aufschwung in Ostdeutschland trogen. Die Ministerpräsidenten der ostdeutschen Bundesländer klagten über die katastrophale finanzielle Ausstattung ihrer Länder und es wurde offensichtlich, dass die Finanzausstattung der neuen Länder verbessert werden musste (Renzsch 1997: 65; Schwinn 1997: 96f.). Dies ge-

---

155 Die Erhöhung der Mineralölsteuer 1994 diente allerdings ausschließlich der Finanzierung der Bahnreform.

schah in mehreren Schritten, etwa durch das „Gemeinschaftswerk Aufschwung Ost", mit dem den neuen Ländern für 1991 und 1992 Mittel vor allem für Infrastrukturprogramme und Arbeitsbeschaffungsmaßnahmen im Volumen von jeweils zwölf Mrd. DM zur Verfügung gestellt wurden und durch die mehrmalige Aufstockung der Mittel, die den neuen Ländern aus dem zur Finanzierung der Wiedervereinigung ins Leben gerufenen Fonds „Deutsche Einheit" zuflossen. Statt der 1990 geplanten 115 Mrd. DM wurden bis 1994 über 160 Mrd. DM zur Verfügung gestellt (Schwinn 1997: 88).

Als Maßnahmen zur Haushaltskonsolidierung wurde 1991 neben den bereits erwähnten Erhöhungen der Mineralöl-, der Versicherungs- und der Tabaksteuer sowie der Beiträge zur Arbeitslosenversicherung, einer verlängerten Erhebung der Erdgassteuer sowie der befristeten Erhebung des Solidaritätszuschlages auch die Ablieferung der Deutschen Bundespost an den Bundeshaushalt bis 1993 deutlich erhöht (Sturm 1998: 187). 1992 kam es schließlich neben der Erhöhung der Mehrwertsteuer zum 1.1.1993 auch zur Abschaffung der Strukturhilfe für die alten Bundesländer (Leunig 2003: 178ff.).

Den Schwerpunkt bei der Finanzierung der Einheit legte die Bundesregierung dennoch nach wie vor auf der Verschuldung. Sie wurde ausgebaut, obwohl die Bundesbank auf die Währungsunion, die hohen Lohnsteigerungen in Ostdeutschland und die exzessive Staatsverschuldung reagierte, indem sie die Zinssätze massiv erhöhte (Zohlnhöfer 2000: 21). Entsprechend wurden auch bereits 1992 erste Alarmsignale in Form explosionsartig steigender Zinslasten sichtbar (Renzsch 1997: 71f.). Zudem wurde 1992 erkennbar, dass die Treuhandanstalt, der die Privatisierung der ehemaligen volkseigenen Betriebe oblag, keineswegs mit hohen Gewinnen, sondern mit einem massiven Defizit abschließen würde (Schwinn 1997: 138). Vor diesem Hintergrund räumte die Bundesregierung im Sommer 1992 auch erstmals ein, die Kosten der Einheit falsch eingeschätzt zu haben (Sturm 1998: 188; Schwinn 1997: 100f.). Daher schlug Bundeskanzler Kohl im Herbst 1992 Gespräche über einen Solidarpakt zwischen Bund, Ländern, Opposition, Arbeitgebern und Gewerkschaften vor (dazu Sally/Webber 1994). Dabei sollten mehrere Probleme parallel angegangen werden: Erstens musste entsprechend der Bestimmungen des Einigungsvertrages bis 1995 eine Neuregelung der Finanzverfassung gefunden werden und zweitens sollte ein wirtschaftlicher Aufschwung in Ostdeutschland bei gleichzeitiger Reduzierung des Haushaltsdefizits erreicht werden. Entsprechend dieser Vorgaben fanden zwischen September 1992 und März 1993 über 40, in der Regel bilateral geführte Gespräche der Bundesregierung mit den Ländern, der Opposition und den Tarifparteien statt, die in einer Klausurtagung der Länderministerpräsidenten mit dem Bundeskanzler gipfelten.

In den Verhandlungen zwischen Bund und Ländern ging es vor allem um die Neuordnung des Länderfinanzausgleichs und die Aufteilung der Lasten der Vereinigung. Dabei gelang es den Ländern, sich in weiten Teilen mit ihren Forderungen durchzusetzen: So wurde ihnen ein deutlich erhöhter Anteil an den Umsatzsteuereinnahmen zugestanden (44 statt bisher 37%) und den neuen Ländern eine Verstetigung der Transfers zugesagt (vgl. ausführlicher Schwinn 1997: 157-172; Wachendorfer-Schmidt 2003: 217-226). Als Maßnahmen zur Gegenfinanzierung wurden die (unbefristete) Wiedereinführung des Solidaritätszuschlages ab 1995 sowie Minderausgaben von gut zehn Mrd. DM vereinbart, die durch Ausgabenkürzungen und den Abbau von Steuervergünstigungen sowie Maßnahmen zur Missbrauchsbekämpfung bei Leistungen der Arbeitsverwaltung erbracht werden sollten. Soziale Regelleistungen sollten dagegen nicht gekürzt werden. Der Kompromisscharakter dieser Kürzungsmaßnahmen wird daran deutlich, dass „darin keine politische Zielsetzung erkennbar wird, die über das Erreichen eines bestimmten Volumens hinausgeht" (Schwinn 1997: 183).

Es blieb allerdings 1993 nicht bei den im Solidarpakt vereinbarten Konsolidierungsmaßnahmen; vielmehr setzte die Bundesregierung noch weitere Ausgabenkürzungen durch, die im so genannten „Spar-, Konsolidierungs- und Wachstumsprogramm" (SKWP) zusammengefasst waren (zum Folgenden Zohlnhöfer 2001a: 215ff.). Die Hauptkürzungslast hatte dabei die Bundesanstalt für Arbeit zu tragen, da deren – vom Bund zu deckendes – Defizit aufgrund der tiefen Rezession und der stark steigenden Arbeitslosigkeit besonders rasant anwuchs. So wurden das Arbeitslosengeld und andere Lohnersatzleistungen sowie die (direkt vom Bund finanzierte) Arbeitslosenhilfe grundsätzlich um drei Prozentpunkte gesenkt, nur für Bezieher mit Kindern fiel das Arbeitslosengeld lediglich um einen Prozentpunkt. Die Dauer, über die Personen, die noch keinen eigenen Anspruch auf Arbeitslosengeld erworben haben, originäre Arbeitslosenhilfe gezahlt wird, wurde auf ein Jahr begrenzt, bei der Sozialhilfe wurde der Anstieg in den folgenden drei Jahren an die Entwicklung der Nettolöhne gekoppelt, wobei der Zuwachs nicht über zwei Prozent liegen durfte. Auch beim Kinder- und Erziehungsgeld kam es zu Kürzungen, die allerdings vor allem Bezieher hoher Einkommen trafen. Schließlich wurde auch der Staatskonsum eingeschränkt, beispielsweise durch eine Rückführung der Maßnahmen der aktiven Arbeitsmarktpolitik und eine Nullrunde bei den Beamtengehältern und die steuerliche Bemessungsgrundlage wurde verbreitert.

Doch auch mit diesen durchaus einschneidenden Kürzungen und einer auch sonst eher restriktiven Ausgabenpolitik wurde das Ziel der Haushaltskonsolidierung nicht erreicht, im Gegenteil wurde 1996 mit 78,3 Mrd. DM ein Rekordwert bei der Nettokreditaufnahme des Bundes erreicht, wozu allerdings auch die steuerliche Freistellung des Existenzminimums und die damit einhergehende Nettoentlastung der Steuerzahler ihren Teil beigetragen hatte. Mit dem „Programm für mehr Wachstum und Beschäftigung" wurde daher 1996 abermals der Versuch gemacht, eine Haushaltskonsolidierung über die Ausgabenseite zu erreichen, wobei fast alle Ausgabenbereiche mit Kürzungen zurechtkommen mussten (Hallerberg 2004: 97). Nach Angaben der Bundesregierung wurden dadurch allein im Bundeshaushalt 1997 Einsparungen im Volumen von 22 Mrd. DM erreicht, und zwar vor allem über Änderungen im Rentenversicherungssystem, die zu einer Verringerung des Bundeszuschusses führten, über eine Begrenzung des Bundeszuschusses zur Bundesanstalt für Arbeit, über die Begrenzung der Personalausgaben durch niedrige Tarifabschlüsse und Personalabbau sowie durch Einsparungen im Haushaltsverfahren (BT-Drs. 13/8464: 13).

Auch bei den Sozialversicherungen wurden mit diesem Programm zum Teil erhebliche Einschnitte vorgenommen, die allerdings nicht in erster Linie fiskalisch motiviert waren, sondern vor allem dazu beitragen sollten, die Sozialversicherungsbeiträge, und damit letztlich die Arbeitskosten, zu senken. Das betrifft vor allem die Rentenreform von 1997, mit der ein „demographischer Faktor" in die Rentenformel eingebaut wurde, mit dem das Rentenniveau an die demographische Entwicklung gekoppelt und damit mittelfristig gesenkt werden sollte (Hinrichs 1998). Im Gesundheitswesen kam es mit der Reform von 1996 u.a. zu einer deutlichen Ausweitung der Zuzahlungen und der Eigenbeteiligung der Versicherten, die ebenfalls eine Beitragssenkung möglich machen sollten (Bandelow/Schubert 1998: 122f.). Auch die Kürzungen der Lohnfortzahlung im Krankheitsfall, die 1996 durchgesetzt wurde und der Regierung einen schweren Konflikt mit den Gewerkschaften bescherte, sollte der Reduzierung der Sozialversicherungsbeiträge dienen.

Die Haushaltsprozesse der letzten Jahre der christlich-liberalen Koalition waren, wie der Sachverständigenrat (1997: 110) tadelte, von „der kurzatmigen Suche nach Mehreinnahmen und nach Möglichkeiten der Ausgabenkürzungen" geprägt. Auf der Ausgabenseite beispielsweise wurden 1995, 1996 und 1997 Haushaltssperren verhängt (Zohlnhöfer 2000: 24), die in der Regel zur Folge hatten, dass keine dauerhaften Einsparungen durchgesetzt wurden und die Kürzungen kaum einer sachlich gerechtfertigten Logik folgten, sondern dort gekürzt wurde, wo es eben möglich und opportun war. Auf der Einnahmenseite versuchte der Finanzminister 1997 die Umbewertung der Gold- und Währungsreserven der Bundesbank zeitlich vorzuziehen, was zu einer Erhöhung des Bundesbankgewinns geführt hätte (Duckenfield 1999). Dies wiederum hätte den Haushalt ohne unliebsame Steuererhöhungen oder Leistungskürzungen entlastet. Nachdem dieser Versuch am Widerstand der Bundesbank gescheitert war, wurden Aktien der Deutschen Telekom, die der Bund (noch) nicht am Aktienmarkt unterbringen durfte, im Zuge einer „Platzhalterlösung" an die Kreditanstalt für Wiederaufbau verkauft, um doch noch eine kurzfristige Einnahmeerhöhung zu erzielen (SVR 1997: 119).

Ein zusammenfassender Blick auf die Haushaltspolitik der zweiten Hälfte der Ära Kohl macht deutlich, dass die christlich-liberale Koalition die Staatstätigkeit erheblich ausweitete: Die Staatsquote stieg in den ersten Jahren nach der Vereinigung erheblich und konnte bis 1998 nicht mehr wie von der Koalition angestrebt auf das Niveau von 1989 zurückgeführt werden. In der wachsenden Staatsquote – und den damit einher gehenden hohen Defiziten – wird man aber nicht den Versuch der Regierung sehen können, gezielt über eine expansive Fiskalpolitik die Beschäftigung zu stabilisieren; eher wird man mit Klaus von Beyme (1994: 265) von einem „Vereinigungskeynesianismus wider Willen" sprechen dürfen, es handelte sich bei dieser Politik also um eine aus der Not geborene Antwort auf die so zunächst nicht vorhergesehenen Folgen der Vereinigung. Das wird nicht zuletzt an der gigantischen Ausweitung der aktiven Arbeitsmarktpolitik in Ostdeutschland in den frühen 1990er Jahren deutlich – „eine in der Geschichte wohl einmalig bleibende Leistung der Sozialpolitik" (G. Schmid 1998: 162) –, die der Bund über hohe Zuschüsse an die Bundesanstalt für Arbeit in erheblichem Maße mitfinanzierte. Von besonderer Bedeutung war zusätzlich die Reduzierung des Arbeitskräfteangebots, durch die in bisher unbekanntem Umfang ältere ostdeutsche Arbeitnehmer durch Altersübergangs- und Vorruhestandsgeld aus dem Arbeitsmarkt herausgenommen wurden (vgl. ausführlicher zur Arbeitsmarktpolitik der 1990er Jahre Schmid 1998: 162ff.; Zohlnhöfer 2001b: 670ff.). Diese Politik war aber nicht auf eine längere Dauer angelegt; vielmehr ging es vor allem darum, „die Menschen nach dem Zusammenbruch der DDR nicht ins Bodenlose fallen zu lassen und die wirtschaftliche Entwicklung abzufedern" (BMAS 1998: 18). Entsprechend ging die Bundesregierung spätestens ab 1993 wieder daran, ausgabenseitig zu konsolidieren, wovon auch die Arbeitsmarktpolitik nicht verschont blieb. Trotz der mitunter nennenswerten Einschnitte bei den Sozialleistungen und der aktiven Arbeitsmarktpolitik stiegen die Sozialausgaben des Bundes zwischen 1991[156] und 1998 jedoch deutlich überdurchschnittlich (vgl. Abb. 7.5). Dagegen konnte die Bundesregierung durchaus eine Friedensdividende einstreichen, nahmen die Verteidigungsausgaben real doch um fast 30 Prozent ab. Auch in fast allen anderen Haushaltsbereichen waren die Ausgaben nach 1991 allerdings real rückläufig, auch in den angebotsseitig wichtigen Bereichen der Infrastruktur- und Bildungsausgaben. Eine qualitative Konsolidierung in dem Sinne, dass vor allem konsumtive Ausgaben zugunsten von Investitionen gekürzt wurden, konnte entsprechend nicht erreicht werden. So sanken insbesondere nach 1992 die Investitionsausgaben des Bundes nominal von 13,8 Mrd. DM auf 12,0 Mrd. DM (1994), um dann auf diesem Niveau zu verharren (Zahlen nach OECD 1991d ff.). Dagegen konnten die Subventionen des Bundes zwischen 1991 (37,3 Mrd. DM) und 1997 (40,2 Mrd. DM) nominal nicht gesenkt werden, wenngleich sich dahinter eine Verschiebung zugunsten der ostdeutschen Wirtschaft verbirgt, da die Subventionszahlungen in den Westen nach 1990 nominal um ein Drittel zurückgingen (Otremba 1999: 23).

Einher ging die Erhöhung der Staatsausgaben mit einer beträchtlichen Ausweitung der Staatsverschuldung. Die erheblich ausgeweitete Kreditaufnahme spiegelt sich sowohl in Bezug auf die Nettokreditaufnahme des Bundes als auch auf das gesamtstaatliche Defizit (vgl. Abb. 7.4). Bemerkenswert ist zudem, dass die Bundesregierung ihre Verschuldungspolitik zu einem erheblichen Teil über die Schaffung von Nebenhaushalten organisierte (Weltring 1997: 48-61). Diese „Flucht aus dem Budget" begann bereits beim Staatsvertrag über die Wirtschafts-, Währungs- und Sozialunion zwischen Bundesrepublik und DDR, mit dem der Fonds „Deutsche Einheit" begründet wurde. Parallel dazu bestand der „Kreditabwicklungsfonds", in den die Altschulden der DDR und die Ausgleichsforderungen, die bei der Währungsumstellung entstanden waren, überführt wurden. Er wurde 1995 mit den Schulden der Treuhandanstalt und einem Teil der Altschulden der ostdeutschen Wohnungswirtschaft in den „Erblastentilgungsfonds" überführt. Die Schulden, die in diesem Sondervermögen angesammelt wurden, beliefen sich 1995 auf rd. 335 Mrd. DM (SVR 1995: 144).

---

156 Die Veränderung der Ausgaben zwischen 1990 und 1998 lässt sich nicht berechnen, da die Zahlen wegen der Überführung des DDR-Haushalts in den Bundeshaushalt im Jahr 1990 nicht vergleichbar sind (BMF 2006: 209).

Abbildung 7.5: Reale Veränderungen ausgewählter Haushaltsbereiche des Bundes, 1991-1998 (in Prozent)

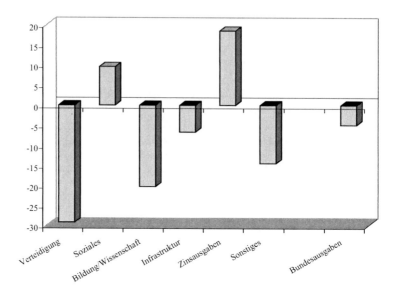

Quelle: eigene Berechnung nach BMF 2006.

Auf der Einnahmenseite wurden wie gesehen lediglich die Sozialversicherungsbeiträge und einige indirekte Steuern erhöht. Daneben spielten Einmaleinnahmen weiterhin eine bedeutende Rolle. Der Bundesbankgewinn, der allerdings nach 1989 nicht mehr vollständig in den Bundeshaushalt floss, sondern teilweise direkt zur Schuldentilgung verwendet wurde, belief sich zwischen 1990 und 1997 auf durchschnittlich 13,5 Mrd. DM im Jahr, hatte also zusammengenommen einem Umfang von fast 108 Mrd. DM (Zahlen nach Deutsche Bundesbank verschiedene Jahrgänge). Auch die Privatisierungspolitik stand im Zentrum der Aufmerksamkeit, wobei die Privatisierungsanstrengungen zunächst in Ostdeutschland von besonderer Prominenz waren, wo sich im Grunde ja die gesamte Volkswirtschaft im Staatsbesitz befand. Die Bundesregierung erhoffte sich entsprechend, dass der Verkauf der volkseigenen Betriebe einen Beitrag zur Finanzierung der deutschen Einheit leisten könne. Im Oktober 1990 hatte der damalige Präsident der Treuhandanstalt, Rohwedder, den Wert der DDR-Betriebe im Besitz der Treuhand auf rund 600 Mrd. DM beziffert (Schwinn 1997: 137). Die Entwicklung der folgenden Jahre widerlegte diese Prognose in aller denkbaren Eindeutigkeit. In ihrer Abschlussbilanz zum 31.12.1994 konnte die Treuhandanstalt Einnahmen von gerade einmal 76 Mrd. DM ausweisen, die Ausgaben schlugen dagegen mit 332 Mrd. DM zu Buche. Statt eines Gewinns von 600 Mrd. DM erwirtschaftete die Treuhandanstalt also einen Verlust von 256 Mrd. DM (BT-Drs. 13/2280: 125; Weltring 1997: 53f.) – ein Fehlbetrag von 856 Mrd. DM! Aber die Privatisierungspolitik der 1990er Jahre blieb nicht auf Ostdeutschland beschränkt. Besonders ab 1996 griff die Bundesregierung vermehrt auf die Privatisierung von Bundesbeteiligungen zurück. Beliefen sich die Privatisierungseinnahmen zwischen 1991 und 1995 zusammen nämlich auf nur gut 2,5 Mrd. DM, so stiegen sie in den Folgejahren stark an und erreichten schließlich für den gesamten Zeitraum zwischen 1991 und 1998 zusammen ein Volumen von knapp 30 Mrd. DM (Zohlnhöfer 2000: 31).

7.4.3 Die Finanzpolitik der christlich-liberalen Koalition nach der Wiedervereinigung und der politische Prozess

„In den kommenden Monaten und Jahren hat ein Ziel hohe Priorität – für mich absolute Priorität –: gleiche Lebensverhältnisse für die Menschen in ganz Deutschland herbeiführen." Diese Fokussierung der Finanzpolitik, die Helmut Kohl (1991: 70) in seiner Regierungserklärung vom 30. Januar 1991 ankündigte, hat seine christlich-liberale Koalition zumindest in den ersten Jahren nach der Wiedervereinigung auch durchgesetzt. Das ging mit einer erheblichen Ausweitung der Staatstätigkeit und einer rasanten Erhöhung der Kreditaufnahme einher – und damit mit einer deutlichen Abweichung vom in den 1980er Jahren eingeschlagenen Kurs der „Rückführung des Staates auf den Kern seiner Aufgaben". In diesen Veränderungen schlugen sich aber nicht in erster Linie veränderte finanzpolitische Präferenzen der christlich-liberalen Koalition nieder. Vielmehr handelte es sich dabei um ad-hoc-Maßnahmen, die kurzfristige Antworten auf die dringendsten wirtschaftspolitischen Probleme der ersten Jahre nach der Wiedervereinigung darstellten. Etwa ab 1993 war die Koalition dann wieder darum bemüht, auf den Weg der 1980er Jahre zurückzufinden, allerdings zumindest in der Haushaltspolitik mit begrenztem Erfolg. Dieser begrenzte haushaltspolitische Erfolg hatte einerseits damit zu tun, dass die Bundesregierung wegen des zunehmenden Standortwettbewerbs glaubte, zur Reduzierung des Defizits nicht in größerem Maße auf Steuererhöhungen zurückgreifen zu können. Andererseits spielte die enttäuschende wirtschaftliche Entwicklung eine wichtige Rolle, geriet die westdeutsche Wirtschaft doch nach einem kurzen Vereinigungsboom in eine tiefe Rezession, während die ostdeutsche Ökonomie viel langsamer aufholte, als von der Regierung erhofft. Entsprechend stieg die Arbeitslosigkeit erheblich und erreichte im Winter 1995/96 erstmals die Vier-Millionen-Grenze.

Doch nicht nur die wirtschaftlichen Rahmenbedingungen hatten sich im Vergleich zu den 1980er Jahren durch die Wiedervereinigung fundamental verändert, ähnliches gilt auch für die Vetospielerkonstellation. Die Koalition hatte im Frühjahr 1990 erstmals ihre Mehrheit im Bundesrat verloren, die sie nur für kurze Zeit nach den ersten Landtagswahlen in den neuen Bundesländern im Herbst 1990 zurück gewann, um sie dann im Frühjahr 1991 endgültig zu verlieren. Ab Januar 1996 kontrollierte die Opposition sogar die absolute Mehrheit der Bundesratsstimmen. Wie ist vor diesem Hintergrund die Finanzpolitik der christlich-liberalen Koalition zwischen 1990 und 1998 zu erklären?

7.4.3.1 Die parteipolitische Zusammensetzung der Regierung

Die parteipolitische Zusammensetzung der Bundesregierung machte sich trotz des „Vereinigungskeynesianismus wider Willen" (von Beyme 1994: 265) und der erheblichen Ausweitung der Staatstätigkeit, die sicherlich nicht unmittelbar ins Profil einer Koalition bürgerlicher Parteien passen, auch in den Jahren zwischen 1990 und 1998 bemerkbar. Das zeigt sich schon daran, dass die Koalition ab 1993 wieder auf einen Konsolidierungskurs zurückschwenkte und die Staatsquote wieder leicht senkte. Gerade die Kürzung zentraler Sozialleistungen, wie sie insbesondere mit dem „Spar-, Konsolidierungs- und Wachstumspaket" 1993 und dem „Programm für mehr Wachstum und Beschäftigung" 1996 verabschiedet wurde, ist eher mit der Programmatik bürgerlicher Parteien vereinbar als mit der sozialdemokratischer Parteien. Der erhebliche Rückgriff auf das Instrument der Privatisierung weist in die gleiche Richtung. Auch die Steuerpolitik passt in dieses Muster: Das zeigt sich am Verzicht auf weitergehende Steuererhöhungen zur Finanzierung der Wiedervereinigung, an der Senkung der Unternehmensteuersätze mit dem Standortsicherungsgesetz, der Abschaffung der Gewerbekapital- und der Vermögensteuer und der geplanten massiven Senkung der Sätze der Einkommen- und der Körperschaftsteuer mit der letztlich gescheiterten Steuerreform 1998/99. In all diesen Fällen ging es darum, den privaten Wirtschaftssubjekten, insbesondere den Unternehmen, mehr Handlungsspielraum zu geben.

Zusätzlich fällt auf, dass sich die Parteiendifferenzen im Laufe der 1990er Jahre zunehmend deutlicher bemerkbar machten. Der Ausbau der Staatstätigkeit im unmittelbaren Gefolge der Vereinigung hätte vermutlich unter einer SPD-geführten Regierung nicht wesentlich anders ausgesehen als unter der christlich-liberalen Koalition, allenfalls bei der Finanzierung dieser zusätzlichen Ausgaben hätte die SPD stärker auf Steuererhöhungen gesetzt, wie sie seit der Verabschiedung des Einigungsvertrages 1990 immer wieder betonte (BT-Drs. 11/7920: 18). Dennoch lässt sich für die ersten Jahre nach der Wiedervereinigung wenigstens für die Haushaltspolitik, aber auch für viele Bereiche der Sozialpolitik von einem „Vereinigungskonsens" sprechen (Heinelt/Weck 1998). Das gilt in besonderer Weise für den starken Ausbau der Arbeitsmarktpolitik, für den Heinelt und Weck (1998) den Begriff prägten, aber auch die Einführung der Pflegeversicherung (1994) oder die Gesundheitsreform 1992 wurden im Konsens zwischen Regierung und Opposition verabschiedet.

Ab 1993 begannen dann allerdings die Parteiendifferenzen wieder stärker erkennbar zu werden, wie sich schon bei der Auseinandersetzung um das „Spar-, Konsolidierungs- und Wachstumsprogramm" zeigte. Der stellvertretende SPD-Vorsitzende Lafontaine kritisierte die Pläne als wirtschaftspolitisch verfehlt und sozialpolitisch unvertretbar und der SPD-Abgeordnete Schreiner warf der Koalition gar vor, sie treibe die Massenarbeitslosigkeit aktiv voran und spalte die Gesellschaft (PlPr. 12/167: 14389). Dies schlug sich wenig überraschend auch in der Ablehnung der meisten entsprechenden Maßnahmen durch die Opposition nieder (PlPr. 12/200: 17319). Doch vor allem in den Jahren ab 1996 versuchte die Koalition, ein erhebliches und vergleichsweise weitreichendes Reformprogramm durchzusetzen. In fast allen Bereichen nahm die christlich-liberale Koalition nun Projekte wieder auf, mit denen sie sich in den 1980er oder frühen 1990er Jahren bereits beschäftigt hatte, die aber nun in erheblich ausgeweiteter Form neu bearbeitet wurden. Das zeigte sich vornehmlich in der Steuerpolitik, in der nun eine sehr weitreichende Senkung der Steuersätze vorgeschlagen wurde, aber auch bei den Sozialversicherungen mit der Ausweitung der Zuzahlungen und der Senkung des Rentenniveaus sowie bei den Lohnnebenkosten mit der Senkung der Lohnfortzahlung im Krankheitsfall. Gegen all diese Vorhaben lief die Opposition Sturm, selbst in der Rentenpolitik, die vorher jahrzehntelange konsensual zwischen Regierung und Opposition verhandelt wurde, kam es nicht mehr zu einer Einigung (vgl. Hinrichs 1998).

Doch auch innerhalb der Koalition ließen sich die Differenzen zwischen Union und FDP weiterhin nachweisen, insbesondere in der Steuerpolitik versuchte sich die FDP immer stärker als „Steuersenkungspartei" zu profilieren, wie sich in den 1997 verabschiedeten „Wiesbadener Grundsätzen" zeigte, in denen die Partei unter anderem die Reduzierung der Steuer- und Abgabenquote auf insgesamt höchstens „ein Drittel" sowie die Senkung der Staatsquote auf ebenfalls „ein Drittel" forderte (FDP 1997: 51-54). Dies schlug sich auch verschiedentlich in der Regierungspolitik nieder, bei der die FDP häufig für stärkere Einschnitte bei den Ausgaben eintrat und sich vehement weigerte, Steuererhöhungen vorzunehmen. Insbesondere nach 1996 insistierte die FDP, dass eine Tarifreform bei der Einkommensteuer anders als zu diesem Zeitpunkt geplant noch vor der Bundestagswahl 1998 angegangen werden sollte. Zwar war die Union weniger bereit, Einschnitte bei den Sozialausgaben hinzunehmen und die Steuern zu senken, doch war die Übereinstimmung zwischen den beiden Regierungsparteien erkennbar größer als in den 1980er Jahren. Das zeigte sich etwa darin, dass sich die Regierungsparteien auf eine erhebliche Senkung auch des Spitzensteuersatzes der Einkommensteuer verständigen konnten, aber beispielsweise auch auf die Abschaffung der Steuerfreiheit von Zuschlägen für Sonn-, Feiertags- und Nachtarbeit oder die Kürzung der Lohnersatzleistungen.

Die genannten Beobachtungen zu den parteipolitischen Differenzen in der deutschen Finanzpolitik der 1990er Jahre werfen mehrere Fragen auf, die unter Berücksichtigung der Vetospielerkonstellation und der Situation im Wettbewerb um Wählerstimmen beantwortet werden müssen. Erstens gilt es zu erklären, warum sich die Parteiendifferenzen im Laufe der 1990er Jahre vergrößert haben, zweitens ist zu diskutieren, wieso sich diese weiterreichenden liberalen Reformen, die in den 1980er Jahren unter günstigeren politischen Bedingungen innerhalb der Koalition nicht verabschiedet werden konnten, nun durchsetzen ließen, und drittens ist zu untersuchen, zu welchen Abstrichen am Reformprogramm es unter den Bedingungen wachsender Polarisierung und gegenläufiger Mehrheiten in Bundestag und Bundesrat kam.

7.4.3.2 Vetospieler und innerparteiliche Gruppierungen

Wieso ließen sich die im Vergleich zu den 1980er Jahren weiterreichenden Kürzungsmaßnahmen und Steuersenkungen, etwa hinsichtlich des Spitzensteuersatzes der Einkommensteuer, in den 1990er Jahren innerhalb der Koalition durchsetzen?

Insbesondere bei der Steuerpolitik revidierten die Sozialausschüsse ihren Standpunkt in einer Reihe von Fragen. Besonders deutlich wird dies bei der Frage des Spitzensteuersatzes, der nach Auffassung der CDA bei der Reform 1990 überhaupt nicht verändert werden sollte, während die CDU-Arbeitnehmer in den 1990er Jahren sogar von sich aus einen Höchstsatz von 35% vorschlugen (Zohlnhöfer 2001a: 237). Von größerer Bedeutung dürften allerdings zwei andere Faktoren gewesen sein, nämlich erstens der abnehmende Einfluss der CDA in der Gesamtpartei nach dem Rückzug Norbert Blüms als CDA-Vorsitzender 1987 und zweitens die Tatsache, dass der Arbeitnehmerflügel durch die Vielzahl der Kürzungsvorschläge zunehmend in die Defensive gedrängt wurde. So verloren die CDA zunehmend ihre interne Vetoposition.

Beim SKWP etwa kritisierte der Vorsitzende der CDA und Sozialminister von Sachsen-Anhalt, Werner Schreiber, das pauschale Absenken von Lohnersatzleistungen, in dem er eine „außerordentliche soziale Schieflage" sah, und er deutete auch die Möglichkeit an, dass die Arbeitnehmergruppe der Unionsfraktion im Bundestag gegen das Sparpaket stimmen könnte (FR, 24.6.1993; SZ; FAZ, 28.6.1993); doch nennenswerte Änderungen an den Kürzungen erreichten die Sozialausschüsse bei der parlamentarischen Beratung des Gesetzes kaum. Vielmehr mussten sie in diesem Fall stark auf die unionsgeführten ostdeutschen Bundesländer setzen, die tatsächlich einige Veränderungen an den Gesetzen durchsetzen konnten (s.u.). Auch in vielen anderen Fällen konnten oder wollten die Sozialausschüsse ihr Vetopotenzial in den 1990er Jahren nicht mehr abrufen. Den Einschränkungen von Steuervorteilen für Arbeitnehmer bei der geplanten großen Steuerreform beispielsweise hätten die Sozialausschüsse einem Gesprächspartner zufolge aus „gesamtgesellschaftlicher Verantwortung" zugestimmt (Interview CDA). Auch bei der Kürzung der Lohnfortzahlung im Krankheitsfall, gegen die die Sozialausschüsse neuerlich massiv protestierten, drohte kein Vertreter der Arbeitnehmergruppe der Unionsfraktion ernsthaft, der Vorlage die Zustimmung zu verweigern, obwohl angesichts der knappen Mehrheitsverhältnisse in der 13. Legislaturperiode bereits wenige Gegenstimmen aus der Koalition ausgereicht hätten, um das Gesetz zu Fall zu bringen. Auch in diesem Fall wurde als Grund genannt, dass man nicht bereit gewesen sei, über die Frage der Lohnfortzahlung den Kanzler zu stürzen oder wechselnde Mehrheiten heraufzubeschwören (Interview CDA).

Hinzu kam eine für die Sozialausschüsse ungünstige Themenkonjunktur, die dazu führte, dass sie einen permanenten Abwehrkampf gegen Sozialkürzungen an mehreren Fronten zu führen hatten und daher gezwungen waren, bestimmte Einschnitte hinzunehmen, um andere zu verhindern (so auch Geißler 1998: 76). Offenbar versuchte der Wirtschaftsflügel der Union wenigstens in den letzten Regierungsjahren auch gezielt, den Arbeitnehmerflügel durch eine Vielzahl von Kürzungsvorschlägen unter Druck zu setzen. So wurde etwa in der Presse über die Verhandlungen zum „Programm für mehr Wachstum und Beschäftigung" berichtet, die Koalitionsrunde habe bewusst einige Kürzungsmaßnahmen als „Verhandlungsmasse" in das Sparpaket aufgenommen, um sie in den Fraktionssitzungen den Sozialpolitikern wieder opfern zu können (Die Welt, 27.4.1996). Arbeitsminister Blüm und die Sozialausschüsse konzentrierten sich in den 1990er Jahren insbesondere auf die Einführung der Pflege- und die Reform der Rentenversicherung; um aber hier ihre Vorstellungen wenigstens teilweise durchsetzen zu können, „opferten" sie offenbar einige aus ihrer Sicht weniger wichtige Positionen (Interviews CDU, BMAS, CDA).

Doch mit der Übereinstimmung innerhalb der Koalition war die Durchsetzung von Reformen noch nicht gesichert, vielmehr war der Bundesrat gerade in der Phase von 1991 bis 1998 von erheblicher Bedeutung, da die Regierung in dieser Zeit keine eigene Mehrheit in der Länderkammer besaß.[157] Wo dies möglich war, versuchte die Koalition, den Bundesrat zu „umspielen", also Gesetze so zu formulieren, dass sie nicht der Zustimmungspflicht des Bundesrates unterlagen. Dies konnte beispielsweise dadurch erreicht werden, dass Gesetze in einen zustimmungspflichtigen und einen zustimmungsfreien Teil aufgespalten wurden. Der zustimmungsfreie Teil konnte dann ebenso wie andere Gesetze, die nicht der Zustimmungspflicht unterlagen, auch gegen die Länder, in denen die Koalition nicht regierte, durchgesetzt werden, indem der Bundestag mit der Mehrheit seiner Mitglieder einen Einspruch des Bundesrates überstimmte. Die Strategie der Gesetzesaufspaltung konnte der Regierung durchaus Handlungsspielraum verschaffen: So hatte das zustimmungsfreie erste Gesetz zur Umsetzung des Spar-, Konsolidierungs- und Wachstumsprogramms (SKWPG) ursprünglich ein Einsparvolumen von 14,8 Mrd. DM (mit der für die Bahnreform benötigten Erhöhung der Mineralölsteuer sogar 22,7 Mrd. DM), während das Sparvolumen des zustimmungspflichtigen 2. SKWPG lediglich 685 Mio. betrug (vgl. BT-Drs. 12/5502; 12/5510).

In den meisten Fällen zustimmungsfreier Gesetze gelang es der Koalition daher, das eigene Konzept ohne Einschränkungen durchzusetzen, ja in der 13. Legislaturperiode (1994-1998) war es sogar üblich, Einspruchsgesetze „der Einspruchslösung zuzuführen" (Dästner 1999: 36), also ohne nennenswerte Einigungsbemühungen im Vermittlungsausschuss das eigene Gesetz schlicht durch Zurückweisung des Einspruchs des Bundesrates durchzubringen. Dabei musste die Regierung allerdings in jedem Fall eine Zweidrittelmehrheit im Bundesrat gegen eigene Gesetze verhindern, da ein mit Zweidrittelmehrheit vom Bundesrat erhobener Einspruch auch nur durch eine Zweidrittelmehrheit des Bundestags überstimmt werden kann. Eine solche Zweidrittelmehrheit gegen ein Gesetz drohte beim 1. SKWPG, da auch die unionsgeführten ostdeutschen Bundesländer einer Reihe von Kürzungsmaßnahmen nicht zustimmen mochten. Entsprechend musste die Bundesregierung auf die Begrenzung des Bezugs von Arbeitslosenhilfe auf zwei Jahre ebenso verzichten wie auf die vollständige Abschaffung der originären Arbeitslosenhilfe (vgl. BT-Drs. 12/6375).

Wo die Zustimmungspflicht nicht umgangen werden konnte – und dies betraf insbesondere fast die gesamte Steuerpolitik –, musste die Koalition jedoch Zugeständnisse an Landesregierungen machen, in denen mindestens eine Oppositionspartei vertreten war. Bis 1996 genügte es dabei allerdings, sich mit einem bzw. mehreren „gemischt regierten" Bundesländern zu einigen, in denen also zumindest auch

---

157 Dies hatte erhebliche Auswirkungen auf die Kongruenz zwischen den Vetospielern. Nach den Daten von Laver und Hunt (1992) betrug die Distanz zwischen Union und FDP in der Finanzpolitik lediglich 2,15, während sie auf 9,15 anstieg, als die SPD als Vetospieler hinzukam.

eine Partei aus der Bundesregierung an der Landesregierung beteiligt war. Entsprechend gelang es der Bundesregierung bei einigen Gesetzen in dieser Phase noch, einzelne Länder aus der Ablehnungsfront herauszubrechen oder die SPD-regierten Länder gegen die sozialdemokratische Bundestagsfraktion auszuspielen, etwa bei der Erhöhung der Mehrwertsteuer 1992 oder der steuerlichen Freistellung des Existenzminimums (vgl. zum Steueränderungsgesetz 1992 Leunig 2003: 193ff.). Doch auch in diesen Fällen musste die Koalition bereits auf wichtige Teile ihrer Gesetze verzichten, nämlich die jeweils geplanten Steuererleichterungen für Unternehmen.

Das Standortsicherungsgesetz wurde dagegen zwar von der SPD insgesamt mitgetragen, doch auch hier hatte die sozialdemokratische Zustimmung einen Preis in Form einer Abweichung vom ursprünglichen Konzept der Koalition. Im Regierungsentwurf war nämlich u.a. die Senkung des Körperschaftsteuersatzes auf einbehaltene Gewinne von 50 auf 44% und die Begrenzung des Einkommensteuer-Höchstsatzes für gewerbliche Einkünfte von 53 auf ebenfalls 44% vorgesehen (BT-Drs. 12/4158). Dagegen setzte die SPD im Vermittlungsverfahren durch, dass der Körperschaftsteuersatz für einbehaltene Gewinne nur auf 45%, der Einkommensteuererhöchstsatz für gewerbliche Einkünfte sogar lediglich auf 47% gesenkt wurde. Gleichzeitig beschloss der Vermittlungsausschuss allerdings, den Körperschaftsteuersatz für ausgeschüttete Gewinne, der nach dem Regierungsentwurf unverändert bleiben sollte, von 36 auf 30% zu senken und auf die im Regierungsentwurf vorgesehene Verschlechterung bei den Abschreibungssätzen für bewegliche Wirtschaftsgüter zu verzichten (BT-Drs. 12/5341).

Ab 1996 verfügten die SPD bzw. Rot-Grün dann allerdings über eine eigenständige Bundesratsmehrheit. Dies hatte vor allem für die Steuerpolitik noch gravierendere Folgen, wie insbesondere das Scheitern der Steuerreform 1998/99 im Bundesrat belegt (vgl. dazu R. Zohlnhöfer 1999; Ganghof 2004: 81-97). Hauptstreitpunkte waren die Höhe der Nettoentlastung, die Senkung des Spitzensteuersatzes der Einkommensteuer und die Frage der Be- und Entlastung der Bezieher niedriger und mittlerer Einkommen. Die SPD sah nur geringen Spielraum für eine Nettoentlastung und sie wollte insbesondere die Steuervorteile ihrer Klientel, vor allem die privilegierte steuerliche Behandlung von Sonn-, Feiertags- und Nachtzuschlägen, verteidigen und umgekehrt die Senkung des Spitzensatzes der Einkommensteuer möglichst gering halten und dafür lieber den Grundfreibetrag stärker ausweiten und den Eingangssteuersatz stärker senken, während das Konzept der Regierungskoalition eine erhebliche Nettoentlastung von 30 Mrd. DM, eine Senkung des Spitzensteuersatzes von 53 auf 39% und die Abschaffung der Steuervorteile für Sonn-, Feiertags- und Nachtzuschläge vorsah.

Dennoch dürften beim Scheitern dieser Reform nicht allein programmatische Differenzen zwischen Koalition und SPD eine Rolle gespielt haben, zumal die Koalition im Laufe der Verhandlungen deutliche Zugeständnisse machte. Vielmehr konnte sich „innerhalb der SPD der Parteivorsitzende Lafontaine gegen die Mehrheit der SPD-Ministerpräsidenten durchsetzen und die Steuerreform zu einer ‚Machtfrage' erklären" (Renzsch 2000: 189). Auch in einem Interview mit einem auf der SPD-Seite an den Verhandlungen beteiligten Akteur wurde Lafontaines „Ansage", die Reform im Bundesrat zu blockieren, eingeräumt. Dass sich die Steuerreform zu einer Machtfrage entwickelte, hatte – so auch die Einschätzung von Interviewpartnern aus beiden Lagern – mit der Nähe zur nächsten Bundestagswahl zu tun. Alle beteiligten Parteien versprachen sich nämlich von einer Nichtentscheidung einen Vorteil im Vergleich zu einer Einigung zu den Bedingungen des Gegenspielers. Die Koalition vertraute darauf, dass der Vorwurf der Blockade ihr helfen würde, die nächste Bundestagswahl zu gewinnen (so auch Interview BMF 1), während die SPD angesichts guter Umfrageergebnisse und der Tatsache, dass die Mehrzahl der Bürger von der Steuerreform keine Entlastung erwartete und sie für unfinanzierbar hielt, auf deren Unterstützung hoffte.[158] Indem sie die Steuerreform verhinderte, erhielt sich die SPD zudem die Chance, ein Jahr später nach einem – zu diesem Zeitpunkt schon durchaus wahrscheinlichen – Wahlsieg die eigenen Prioritäten durchsetzen zu können.

Doch der Bundesrat war keineswegs der einzige institutionelle Vetospieler, den die christlich-liberale Koalition – insbesondere in der Steuerpolitik – zu beachten hatte. Vielmehr prägte das Bundesverfassungsgericht die Steuerpolitik in erheblichem Umfang. Das gilt besonders deutlich für die Vermögensteuer, die das Gericht faktisch abschaffte, indem es die Erhebung der Steuer ausschloss, obwohl für eine entsprechende Gesetzesinitiative im Bundesrat die Mehrheit fehlte. Unterstützte das Urteil des Gerichts in diesem Fall jedoch die Bundesregierung, indem es eine Regelung durchsetzte, die diese zwar anstrebte, aber im Bundesrat nicht durchsetzen konnte, erschwerte das Gericht in anderen Fällen der Bundesregierung die Durchsetzung ihrer präferierten Politik. Das gilt vor allem für die steuerliche Freistellung des Existenzminimums mit dem Jahressteuergesetz 1996, die ohne das entsprechende Urteil des Gerichts (BVerfGE 82, 60) wohl kaum umgesetzt worden wäre, da die erhebliche finanzielle Entlastung nicht zuletzt der unteren Einkommensgruppen sonst wohl nicht auf der Agenda der Regierung gestanden hätte. Auch die (Wieder-) Einführung der Zinsabschlagsteuer kann auf eine Appellentscheidung des Bundesverfassungsgerichts (BVerfGE 84, 239) zurückgeführt werden. Bemerkenswert an beiden Fällen ist, dass sie gerade nicht als Antwort auf den wachsenden Standortwettbewerb verstanden werden können, ja sie widersprachen der Logik des Steuerwettbewerbs sogar unmittelbar, da die steuerliche Freistellung des Existenzmini-

---

158 In den Erinnerungen des seinerzeitigen SPD-Vorsitzenden Oskar Lafontaine (1999: 59ff.) wird immer wieder darauf verwiesen, dass die Petersberger Steuervorschläge in der Bevölkerung deutlich weniger populär als die Vorschläge der SPD gewesen seien, ja, die Koalitionspläne hätten der SPD „wunderbare Vorlagen geliefert" (60), beispielsweise indem sie einige populäre Steuervergünstigungen streichen wollten, etwa in Bezug auf Schichtzulagen. „Das Petersberger Modell bot uns eine hervorragende Möglichkeit, bei unseren Stammwählern die Regierung Kohl vorzuführen" (61). Später heißt es: „Meine Rechnung ging auf: Die CDU/CSU konnte sich aus der Umklammerung der FDP nicht befreien. Meinungsbefragungen zeigten, daß unsere Steuerpolitik deutlich populärer war. Die Auseinandersetzungen hatten für die Regierung Kohl eine unangenehme Begleiterscheinung. Sie wollte sich vor den Wahlen als Regierung der inneren Reformen profilieren. Die Bürgerinnen und Bürger erfuhren aber über die Auseinandersetzungen um die Steuerpolitik, daß diese Regierung eine «lame dug [sic!]» war – eine lahme Ente" (63). Das spricht doch eher dafür, dass die Auseinandersetzung in erheblichem Maße von wahlstrategischen Überlegungen geprägt war!

mums den finanziellen Handlungsspielraum, der für eine Senkung der Unternehmenssteuern zur Verfügung stand, massiv einschränkte, während die Zinsabschlagsteuer 1989 ja gerade als Reaktion auf die Steuerflucht abgeschafft worden war, die die erstmalige Einführung dieser Steuer ausgelöst hatte.

Erheblich weniger eindeutig, aber doch erkennbar, beeinflusste das Bundesverfassungsgericht auch die Debatte im Bereich der Einkommensbesteuerung (vgl. Ganghof 2004). So argumentierte Finanzminister Waigel wiederholt, dass eine Senkung des Körperschaftsteuersatzes mit verfassungsrechtlicher Notwendigkeit auch eine Senkung des regulären Einkommensteuerspitzensatzes impliziere (vgl. z.B. PlPr. 13/208, 28.11.1997, S. 18955). Da ein entsprechendes Urteil allerdings noch nicht ergangen war, konnte die Opposition dieses Argument zurückweisen und auf eine gezielte Senkung des Körperschaftsteuersatzes (sowie ggf. des Einkommensteuerhöchstsatzes für gewerbliche Einkünfte) bestehen. Anders als im Falle des Jahressteuergesetzes 1996, bei dem das Verfassungsgericht als eine Art „Reformerzwinger" auftrat, erschwerte der Versuch einer Antizipation des Verfassungsgerichtsurteils durch die Bundesregierung in diesem Fall die Einigung, weil sie eine Senkung des Spitzensteuersatzes ins Zentrum der Auseinandersetzung brachte.[159]

7.4.3.3 Der Wettbewerb um Wählerstimmen

Auch nach der Betrachtung der Vetospieler ist noch nicht geklärt, wieso sich die christlich-liberale Koalition in ihren letzten Regierungsjahren zu vergleichsweise weit reichenden Reformen durchrang. Um diese Frage zu beantworten, muss man die Rolle des Parteienwettbewerbs in den letzten Jahren der Ära Kohl richtig erfassen. Nachdem die Vereinigungseuphorie, die auch die Wirtschaftspolitik ein Stück weit getragen und mit zu einem Vereinigungsboom beigetragen hatte, verflogen war, fand sich die Bundesrepublik ab 1993 in einer tiefen Rezession und auch in den Folgejahren wuchs die Wirtschaft enttäuschend langsam. Damit einher ging eine immense beschäftigungspolitische Problemlast, kletterte die Zahl der Arbeitslosen im Winter 1995/96 doch auf einen neuen Höchststand, der mit vier Millionen Arbeitslosen ein Ausmaß erreicht hatte, das die Wiederwahl der Koalition in hohem Maße gefährdete. Auch finanzpolitisch war die Lage bedrohlich, die Bundesrepublik drohte, das Maastrichter Defizitkriterium und damit die Qualifikation für die Europäische Währungsunion zu verfehlen, weil die Wirtschaft zu wenig wuchs und die Einnahmen wegbrachen – eine Folge der steuerlichen Investitionsförderung in Ostdeutschland, die in erheblichem Umfang für Steuersparmodelle gebraucht werden konnte (vgl. Bork/Mueller 1998).

---

159 Man sollte gerade in dieser Frage allerdings die Möglichkeit berücksichtigen, dass es beiden Seiten zumindest am Ende des Gesetzgebungsverfahrens eben nicht mehr um eine Einigung, sondern um die Nutzung des Scheiterns zur eigenen Profilierung ging. Gerade für die Regierung hätte sonst die Möglichkeit bestanden, einer Reform ohne Senkung des Spitzensatzes der Einkommensteuer zuzustimmen, und die Durchsetzung dieser Senkung dem Bundesverfassungsgericht zu überlassen.

Insgesamt mussten die wirtschaftspolitischen Entscheidungsträger auf Seiten der christlich-liberalen Koalition also zu dem Ergebnis kommen, dass eine Verbesserung der wirtschaftlichen und fiskalischen Situation dringend geboten war, sollte eine Abwahl bei der nächsten Bundestagswahl vermieden werden, dass aber angesichts des ausbleibenden Erfolgs der bisherigen Maßnahmen weiterreichende Reformen in Angriff genommen werden mussten. Dabei wurden die Ursachen für die wirtschaftspolitischen Schwierigkeiten überwiegend in der mangelnden Anpassung an den internationalen Standortwettbewerb gesehen, ja, in den Jahren nach 1993 kam es zu einer umfassenden Standortdebatte (vgl. auch Immerfall/Franz 1998), in der nicht zuletzt von Politikern aus den Regierungsparteien immer wieder die Notwendigkeit betont wurde, weitreichende Anpassungsmaßnahmen durchzusetzen. Das zeigte sich insbesondere ab 1996, als vor allem die Arbeitslosigkeit ein Ausmaß angenommen hatte, das die Wiederwahl der Regierung akut gefährdete. So hieß es im Jahreswirtschaftsbericht 1996:

> „Nach wie vor bietet die Bundesrepublik Deutschland für eine unternehmerische Betätigung in vielerlei Hinsicht gute Bedingungen. Sie ist aber in Gefahr, im internationalen Standortwettbewerb Rangplätze unter den führenden Industrieländern einzubüßen. Die drückende Steuer- und Abgabenlast, die hohe Staatsquote und vielfältige bürokratische Hemmnisse engen den Spielraum für private Leistung ein. Sie beeinträchtigen die Effizienz der Wirtschaft und wirken als Bremse für die gesamtwirtschaftliche Dynamik. Dies wiegt um so schwerer, als deutsche Arbeitsplätze durch die Globalisierung der Märkte mehr und mehr mit ausländischen in direktem Wettbewerb stehen" (JWB 1996: 6).

Der Jahreswirtschaftsbericht des folgenden Jahres widmet sich sogar noch ausführlicher dem Thema der „Deutschen Wirtschaft im Internationalen Wettbewerb" (JWB 1997: 13ff.) und forderte:

> „Damit die deutsche Wirtschaft auf Dauer im weltweiten Wettbewerb erfolgreich mithalten kann, muß die Verbesserung der Standortbedingungen sowie deren Anpassung an das sich rapide wandelnde globale Umfeld als eine permanente und vorrangige Aufgabe verstanden werden. Die wirtschaftlichen Rahmenbedingungen müssen dabei in erster Linie in Vergleich mit anderen Ländern gesehen und beurteilt werden" (JWB 1997: 37).

Besonders deutlich, nämlich schon am Namen ersichtlich, wird die Wahrnehmung, dass eine Anpassung an geänderte internationale Rahmenbedingungen notwendig ist, am Standortsicherungsgesetz. Auch bei den – letztlich gescheiterten – „Petersberger Steuervorschlägen" wurde darauf verwiesen, dass der Einkommensteuerhöchstsatz für gewerbliche Einkünfte gesenkt werden müsse, „um den Unternehmen im internationalen Standortwettbewerb vergleichbare steuerliche Rahmenbedingungen zu geben" (BT-Drs. 13/7480: 154). Ähnlich in Bezug auf die Körperschaftsteuer: „die unter Berücksichtigung der Gewerbesteuer-Belastung im internationalen Vergleich hohen Körperschaftsteuersätze schrecken ausländische Investoren ab" (BT-Drs. 13/7480: 155). Doch wurden Globalisierungseinflüsse nicht nur in der Steuerpolitik wahrgenommen; vielmehr betraf der Standortwettbewerb der Einschätzung der Bundesregierung zufolge die gesamte Wirtschaftspolitik. Exemplarisch sei hier auf die Begründung zur Rentenreform 1999 verwiesen, wo wie folgt argumentiert wird:

"Die gesetzliche Rentenversicherung muß einen Beitrag dazu leisten, daß der Gesamtsozialversicherungsbeitrag und damit die Sozialabgabenquote zurückgeführt werden kann. Dies ist wegen der Globalisierung der Wirtschaft zur Erhaltung der Wettbewerbsfähigkeit des Standortes Deutschland und damit zur Erhaltung bestehender und zur Schaffung neuer Arbeitsplätze unumgänglich" (BT-Drs. 13/8011: 1, ähnlich auch 47).

Im Bereich der Haushaltskonsolidierung spielte zusätzlich noch das Defizitkriterium des Maastrichter Vertrages eine wichtige Rolle, sollte das gesamtstaatliche Defizit doch um fast jeden Preis im Referenzjahr 1997 unter die geforderten drei Prozent am BIP sinken, was ebenfalls erhebliche Anstrengungen erforderte. Allerdings blieben solche Maastricht-Effekte im Wesentlichen auf das Haushaltsjahr 1997 beschränkt (Zohlnhöfer 2001c; Hallerberg 2004: 100).

Insofern war die bislang ausgebliebene Anpassung an die Herausforderungen der Globalisierung in der Wahrnehmung der Bundesregierung im Wesentlichen für die unbefriedigende wirtschaftliche Performanz verantwortlich, die nicht nur die Erreichung der Maastrichter Defizit-Kriterien erschwerte, sondern auch die Wiederwahl der Regierung gefährdete und somit weitreichende Maßnahmen nötig machte. Viele der nach 1996 verabschiedeten Reformen waren höchst unpopulär, etwa die Kürzung der Lohnfortzahlung im Krankheitsfall, die Reduzierung des Rentenniveaus, die Erweiterung der Zuzahlungen in der Krankenversicherung, die Einschränkung verschiedener Arbeitnehmerprivilegien im Steuerrecht (vor allem in Bezug auf die Schichtzulagen) oder die schwerpunktmäßige Entlastung hoher Einkommen, die durch die „Petersberger Steuervorschläge" in Aussicht gestellt wurde (vgl. etwa Teichmann 1997: 322). Dennoch griff die Bundesregierung überraschender Weise kaum in größerem Umfang auf Schuldvermeidungsstrategien zurück, wenn man von der Beschwörung der wirtschafts- und sozialpolitischen Herausforderungen durch die Globalisierung im politischen Diskurs absieht, die die Wähler insgesamt aber offenbar nicht übermäßig überzeugte. Vielmehr war die christlich-liberale Koalition bei der Durchsetzung ihrer Reformen sogar bereit, massive Konflikte einzugehen. Das gilt sowohl für die Opposition und den Bundesrat, denen gegenüber die Regierung nicht bereit war, größere Konzessionen zu machen – auch um den Preis des Scheiterns der eigenen Gesetze wie bei der Steuerreform –, als auch für die Gewerkschaften, auf deren Mitwirkung in einem Ende 1995 von der IG Metall initiierten „Bündnis für Arbeit" die Koalition nach der Auseinandersetzung um die Lohnfortzahlung im Krankheitsfall ebenfalls verzichten musste.

Dieser weitreichende Verzicht auf Schuldvermeidungsstrategien nach 1996 kontrastiert deutlich mit der Politik zur Finanzierung der deutschen Einheit, die in großem Umfang auf blame avoidance zurückgriff (vgl. zum Folgenden Zohlnhöfer 2000; 2007b: 1130f.). Wie gesehen hatte sich die Bundesregierung in Erwartung eines raschen, sich selbst tragenden Aufschwungs in den neuen Bundesländern im Bundestagswahlkampf 1990 darauf festgelegt, dass keine Steuererhöhungen zur Finanzierung der Einheit notwendig seien, während die SPD deren Unumgänglichkeit herausgestellt hatte. Die Einschätzung der Koalition erwies sich allerdings schon bald als schöne Illusion. Konnte das Ausbleiben des Aufschwungs 1991 noch als Übergangsphänomen erscheinen, musste spätestens 1992 ein neues Finanzierungskonzept gefunden werden, das in jedem Fall erhebliche zusätzliche Belastungen der

Wähler bringen musste, sei es über Steuer- und Abgabenerhöhungen oder über Ausgabenkürzungen. Beide Möglichkeiten implizierten ein hohes elektorales Risiko. Durch das nicht haltbare Wahlkampfversprechen geriet die Finanzpolitik aber gleichzeitig in einen sich zunehmend polarisierenden Parteienwettbewerb, wie sich bereits beim rheinland-pfälzischen Landtagswahlkampf im Frühjahr 1991 zeigte, den die SPD mit dem Vorwurf der „Steuerlüge" führte und gewann (Billing 1991). Entsprechend gelang es der Koalition auch kaum, die Opposition an finanzpolitischen Entscheidungen, die zwar unter den gegebenen Umständen notwendig, aber bei den Wählern unpopulär waren, zu beteiligen. Eine solche Beteiligung wäre aus der Perspektive der Koalition unter dem Gesichtspunkt der Schuldvermeidung sehr attraktiv gewesen und die Bedingungen dafür waren seit 1991 wegen der SPD-Mehrheit im Bundesrat eigentlich gut. Dennoch wurde wegen des Parteienwettbewerbs lediglich beim Solidarpakt eine solche Konzertierungspolitik insgesamt erfolgreich verfolgt. Die Illusion über die Kosten der Einheit und das daraus abgeleitete Wahlversprechen der Koalition vor der Bundestagswahl 1990 verhinderten also, dass die Finanzierung der deutschen Einheit als „nationales Projekt" zwischen Regierung und Opposition ausgehandelt werden konnte, da auf diese Weise die Finanzpolitik zunehmend vom Parteienwettbewerb überlagert wurde. Dies hatte zur Konsequenz, dass die Koalition die zusätzlichen Belastungen alleine zu vertreten hatte und alternative Strategien der Schuldvermeidung entwickeln musste.

Dies gelang ihr in den folgenden Jahren in erheblichem Umfang: Ihre Finanzierungslogik bestand nämlich de facto zu weiten Teilen in dem Versuch, die Kosten der Einheit wahlpolitisch möglichst unschädlich zu kaschieren. Die Finanzierung der Einheit erfolgte daher nicht zufällig über die wenig sichtbaren und daher schwach politisierten Wege der Ausdehnung der Staatsverschuldung und der Erhöhung der Sozialversicherungsbeiträge. Die enorme Höhe der Neuverschuldung wurde zudem noch in Sondervermögen „versteckt". Ließen sich Steuererhöhungen nicht vermeiden, betrafen sie vor allem die weniger sichtbaren indirekten Steuern oder sie wurden nur befristet eingeführt. Auch bei Ausgabenkürzungen bevorzugte man den wenig transparenten und kaum ausreichenden Weg der globalen Minderausgaben und Haushaltssperren und wagte nur allmählich auch Einschnitte bei elektoral sensiblen Leistungen.

Ab Mitte der 1990er Jahre konnte die Bundesregierung allerdings in immer geringerem Umfang auf die Ausdehnung der Staatsverschuldung und die Erhöhung der Sozialversicherungsbeiträge zurückgreifen. Die Höhe der Sozialversicherungsbeiträge wurde zunehmend als beschäftigungsfeindlich eingestuft (Manow/Seils 2000; Streeck/Trampusch 2005), während die Staatsverschuldung wenigstens punktuell gesenkt werden musste, um die Maastricht-Kriterien zu erfüllen. Doch auch diese Einschränkungen führten nicht zu einer prinzipiellen Neuorientierung der Finanzpolitik; vielmehr nahm die Koalition Zuflucht zu Privatisierungen und zu ad hoc-Maßnahmen von zweifelhafter ordnungspolitischer Qualität – von der alljährlichen Haushaltssperre bis zur Neubewertung der Devisenreserven der Bundesbank, von Platzhalterlösungen bei der Privatisierung der Telekom bis zur Reduzierung der Zuweisungen an den Erblastentilgungsfonds.

Es stellt sich daher die Frage, warum die Regierung zwar bei der Finanzierung der Einheit, nicht aber bei der Durchsetzung der weit reichenden Strukturreformen ab 1996 auf eine Strategie der Schuldvermeidung setzte. Während die Anwendung von Schuldvermeidungsstrategien im ersten Fall erwartungstreu ist, stellt der Verzicht auf eine solche elektorale Absicherung nach 1996 ein Puzzle dar. Zentral für dessen Lösung dürfte der Versuch der Regierung sein, ihre wirtschafts- und finanzpolitische Handlungsfähigkeit unter Beweis zu stellen. Dies hatte hohe Priorität für die Regierungsparteien, gefährdete die ausgesprochen hohe Arbeitslosigkeit und die Debatte um einen „Reformstau" in der deutschen Wirtschafts- und Sozialpolitik – das Wort wurde 1997 von der Gesellschaft für deutsche Sprache gar zum Wort des Jahres gewählt (Immerfall/Franz 1998: 111) – doch ihre Wiederwahl massiv. Die Bereitschaft, auch unpopuläre Reformen durchzusetzen, sollte den Wählern demnach also Handlungsfähigkeit und wirtschaftspolitische Kompetenz signalisieren. Das gelang zwar insofern, als die Koalition ihren Vorsprung bei der Kompetenzzuweisung durch die Wähler im Bereich Wirtschaft erhalten konnte, doch zur Vermeidung einer Niederlage bei der Bundestagswahl 1998 genügte dies nicht. Vielmehr waren es gerade die Wahrnehmung eines Reformstaus und einer „Gerechtigkeitslücke" in der Finanz- und Sozialpolitik der Regierung, die einen Wahlsieg von SPD und Bündnis 90/Die Grünen ermöglichten (vgl. Zohlnhöfer 2004a: 633f.).

7.5 Die Finanzpolitik der rot-grünen Regierung, 1998-2005

In Folge der Bundestagswahl 1998 kam es zur Bildung der ersten rot-grünen Bundesregierung, also einer Koalition aus SPD und Bündnis 90/Die Grünen. Damit wurde zum ersten Mal ein Regierungswechsel durch eine Wahl und nicht durch einen Koalitionswechsel einer Partei herbeigeführt, und erstmalig wurde eine Regierung gebildet, der keine Partei angehörte, die schon Teil der vorangegangenen Regierungskoalition gewesen war. Da gerade die Finanzpolitik, vor allem die Steuerreform, im Zentrum des Wahlkampfes gestanden hatte, konnte in der Folge des Regierungswechsels durchaus auch ein Politikwechsel erwartet werden, zumal die Wahlplattformen der beiden Koalitionsparteien im Bereich Finanzpolitik eine relativ hohe Übereinstimmung aufwiesen (vgl. Zohlnhöfer 2003c: 65f.): In der Haushaltspolitik betonten beide Seiten die Notwendigkeit einer Rückführung der Haushaltsdefizite, wobei aber in keinem Fall einer allgemeinen Rückführung der wirtschaftlichen Rolle des Staates das Wort geredet wurde. Übereinstimmung herrschte ebenfalls beim Bestreben, die Bereiche Bildung und Forschung finanziell besser auszustatten. In der Steuerpolitik plädierten beide Seiten für eine Reform, die in erster Linie niedrigeren Einkommen zu Gute kommen sollte. Über die Finanzierung der Reform durch eine Verbreiterung der Bemessungsgrundlage, die vor allem im Bereich der Besserverdienenden und der Unternehmen ansetzen sollte, sowie die Wiedereinführung der Vermögensteuer herrschte ebenso Konsens wie über den Einstieg in eine ökologische Steuerreform, die durch eine Erhöhung der Energiesteuern eine Senkung der Lohnnebenkosten möglich machen sollte. Zudem sah der Koalitionsvertrag die Einsetzung einer Expertenkommission vor, die eine grundlegende Reform der Unter-

nehmensbesteuerung erarbeiten sollte, wobei als Ziel formuliert wurde, dass alle Unternehmenseinkünfte „mit höchstens 35 Prozent besteuert" werden sollten.
Doch welche Politik betrieb die sozialdemokratisch geführte Regierung tatsächlich? Wie nahm sie die Herausforderungen durch Globalisierung und Europäische Integration wahr und wie reagierte sie darauf? Inwieweit gelang es der Koalition schließlich, ihre Finanzpolitik angesichts des intensiven Wettbewerbs um Wählerstimmen und der Vielzahl von Vetospielern im politischen System der Bundesrepublik durchzusetzen?

7.5.1 Steuerpolitik

In der Tat setzte die rot-grüne Koalition unter ihrem neuen Finanzminister, dem SPD-Vorsitzenden Oskar Lafontaine, in der Steuerpolitik zunächst auf eine deutlich andere Politik als die Vorgängerregierung. Der christlich-liberalen Koalition war es bei ihrer im Bundesrat gescheiterten Steuerreform vor allem um eine Stärkung der Angebotsseite der Wirtschaft gegangen, was zu einer Ausweitung der Investitionstätigkeit und damit verbunden der Schaffung neuer Arbeitsplätze führen sollte. Dieser wachstumspolitischen Orientierung setzte Lafontaine das Bestreben entgegen, eine „Gerechtigkeitslücke zu schließen" und „gezielt die Arbeitnehmerschaft und die Familien zu entlasten" (PlPr. 14/6: 320), also Umverteilungspolitik zu betreiben und die Nachfrageseite zu stärken. Dies schlug sich vor allem darin nieder, dass in den ersten beiden Stufen des Steuerentlastungsgesetzes 1999/2000/2002, das im März 1999 verabschiedet wurde, in erster Linie der Eingangssteuersatz gesenkt und der Grundfreibetrag ausgeweitet wurden, was dazu führte, dass vor allem die Durchschnittssteuerbelastung von Einkommen bis 70.000 DM sank, während sie bei höheren Einkommen nahezu unverändert blieb. Bis zum Jahr 2002 sollte schließlich der Grundfreibetrag in drei Stufen auch real deutlich gestiegen, der Eingangssteuersatz von 25,9 auf 19,9% und der Spitzensteuersatz von 53 auf 48,5% gesunken sein. Zudem wurden etwa 70, teilweise durchaus bedeutende Steuervergünstigungen – meist im Unternehmensbereich – im Volumen von rund 40 Mrd. DM gestrichen (z.B. Begrenzung der Verlustverrechnung, Streichung der Begünstigung für Veräußerungsgewinne bei Betriebsaufgabe, Halbierung des Sparerfreibetrages; vgl. Bach 2001: 51; Seidel 2001: 35). Eine Nettoentlastung der Steuerzahler, und zwar um 15 Mrd. DM, war erst für die dritte Reformstufe im Jahr 2002 vorgesehen.

Bei der Besteuerung der Unternehmen sah die Reform zunächst nur eine Senkung des Körperschaftsteuersatzes für einbehaltene Gewinne um fünf Prozentpunkte auf 40% und des Spitzensteuersatzes der Einkommensteuer für gewerbliche Einkünfte um insgesamt vier Punkte auf 43% vor. Dies bedeutete, dass Unternehmen wegen der Streichung von Steuervergünstigungen zunächst sogar zusätzlich belastet wurden. Weitere Schritte im Bereich der Unternehmensbesteuerung wurden allerdings von einer „Kommission zur Reform der Unternehmensbesteuerung" mit dem Auftrag vorbereitet, Vorschläge für eine rechtsformneutrale Unternehmensbesteuerung mit einem Steuersatz von höchstens 25% zu erarbeiten, was unter Berücksichtigung der zusätzlichen Belastung durch die Gewerbesteuer zu einer Belastung von rund

35% führen sollte (SVR 1999: 163ff.). Dieser Bericht („Brühler Empfehlungen") wurde am 30. April 1999, und damit bereits nach Lafontaines Rücktritt, übergeben, der nämlich bereits nach 136 Tagen das Amt des Finanzministers (wie auch das des SPD-Vorsitzenden) aufgab.

Sein Nachfolger als Finanzminister, Hans Eichel, erhöhte das Reformtempo in der Steuerpolitik etwas und änderte die steuerpolitische Richtung wenigstens teilweise, indem er ein größeres Augenmerk auf die Verbesserung der Angebotsseite legte. So wurde der dritte Schritt der Steuerreform auf 2001 vorgezogen. Weitere Entlastungen bei der Einkommensteuer traten 2004[160] und 2005 in Kraft. Danach stieg der Grundfreibetrag bei der Einkommensteuer bis 2005 real nochmals an, der Eingangsteuersatz sank auf 15% und der Spitzensteuersatz auf 42%. Gleichzeitig wurden von der rot-grünen Koalition 2001 die Körperschaftsteuersätze für einbehaltene und ausgeschüttete Gewinne, die vorher bei 40 bzw. 30% lagen, einheitlich auf 25% gesenkt.[161] Zusätzlich führte die rot-grüne Koalition das sog. „Halbeinkünfteverfahren" für die Besteuerung von Dividenden ein.[162] Für Personengesellschaften wurde die Möglichkeit geschaffen, die Gewerbesteuer pauschaliert und typisiert der Einkommensteuerschuld gegenzurechnen. Dafür wurde die Tarifbegrenzung für gewerbliche Einkünfte ab 2001 abgeschafft (SVR 2000: 106). Schließlich wurden Gewinne von Kapitalgesellschaften, die aus der Veräußerung von Beteiligungen an anderen Kapitalgesellschaften entstehen, ab 2002 steuerfrei gestellt, was zu einer Entflechtung der „Deutschland AG" führen sollte. Für ältere oder berufsunfähige Unternehmer wurde die Begünstigung für Veräußerungsgewinne bei Betriebsaufgabe wieder eingeführt.

Auf der anderen Seite wurden vor allem Möglichkeiten der Abschreibung eingeschränkt (vgl. ausführlicher Bach 2001: 55, 77-81), während – wie schon bei Lafontaines Reform – auf Einschnitte bei Vergünstigungen für Arbeitnehmer, wie sie die christlich-liberale Koalition vorgeschlagen hatte (Reduzierung der Kilometerpauschale, Einschränkung der Steuerfreiheit für Zuschläge bei Sonn-, Feiertags- und Nachtarbeit, Besteuerung der Hälfte der Lohnersatzleistungen), verzichtet wurde. Zum Teil wurde die Steuerreform allerdings auch durch die Streckung der Tilgung beim Fonds „Deutsche Einheit" finanziert, was faktisch einer Kreditfinanzierung entspricht (SVR 2000: 199). Für alle Maßnahmen beider Steuerreformen zusammen ergibt sich im Jahr 2005 eine jährliche Nettoentlastung von bis zu 93,5 Mrd. DM

---

160 Ursprünglich sollte diese Stufe der Steuerreform bereits 2003 in Kraft treten. Sie wurde aber zur Finanzierung des Wiederaufbaus nach der Überschwemmungskatastrophe in Ostdeutschland infolge des Elbehochwassers im Sommer 2002 um ein Jahr verschoben.
161 Einmalig für das Jahr 2003 wurde der Körperschaftsteuersatz auf 26,5% erhöht, um die Schäden durch das Elbehochwasser im August 2002 zu finanzieren.
162 Dieses Verfahren stellt Dividendenbezieher mit einem persönlichen Grenzsteuersatz von unter 40% schlechter als das vorher geltende Vollanrechnungsverfahren (SVR 2000: 104; Bach 2001: 59; vgl. zur Erläuterung der Unterschiede SVR 2000: 104f.). Dafür wird in diesem Systemwechsel zuweilen „eine substantielle Vereinfachung des Besteuerungsverfahrens" gesehen (Hettich/Schmidt 2001: 57).

(47,8 Mrd. €)[163] (BMF 2001: 57) – wogegen sich die geplante Nettoentlastung der Petersberger Steuervorschläge (30 Mrd. DM) geradezu bescheiden ausnimmt. Angesichts der ab 2001 wieder deutlich ansteigenden Defizite (vgl. Abb. 7.6) versuchte die Koalition nach der Bundestagswahl 2002, durch den Abbau von als Steuervergünstigungen wahrgenommenen Regelungen zu Mehreinnahmen von gut 15 Mrd. € zu kommen, wobei sowohl der Unternehmens- als auch der Haushaltsbereich betroffen sein sollte. Besonders umstritten waren die Einschnitte bei der Eigenheimzulage, die sich schließlich ebenso wie viele andere Maßnahmen nicht im Bundesrat durchsetzen ließen, sodass die Regierung letztlich nur Mehreinnahmen von 4,4 Mrd. € erreichte (Zohlnhöfer 2003c: 69).

Darüber hinaus kam es in der zweiten rot-grünen Amtszeit lediglich noch zu einer Reform der Gewerbesteuer, die im Jahr 2003 verabschiedet wurde, nachdem sie von einer im Mai 2002 eingesetzten Kommission zur Reform der Gemeindefinanzen vorbereitet worden war (vgl. hierzu Döring/Feld 2005; Wagschal 2007: 253-255). Schon diese Kommission konnte sich jedoch nicht auf ein Reformmodell einigen. Entsprechend war auch das Ergebnis des Willensbildungsprozesses bescheiden, ja es ist zu Recht lediglich als „finanzielle[s] ‚Notprogramm' für die Kommunen" bezeichnet worden (so Döring/Feld 2005: 211). Die wichtigste Neuerung der Reform bestand in der Absenkung der Gewerbesteuerumlage von 28 auf 20%, was bewirkt, dass ein größerer Teil der Gewerbesteuereinnahmen bei den Kommunen verbleibt, was wiederum zu Mehreinnahmen für die Kommunen in Höhe von 2,5 Mrd. € führen sollte. Daneben sollte der Gewerbesteuerhebesatz in Zukunft nicht unter 200 liegen dürfen, um den Steuerwettbewerb zwischen den Kommunen zu begrenzen, und die Möglichkeiten des Verlustvortrages wurden eingeschränkt. Ansonsten brachte die Reform aber keine substanziellen Veränderungen mit sich, sodass sich auch die Steuerbelastung der Unternehmen nicht nennenswert veränderte.

Im März 2005 schließlich vereinbarte die Koalition mit der CDU/CSU anlässlich des so genannten Job-Gipfels wiederum die Senkungen bestimmter Steuern. So sollte einerseits etwa der Körperschaftsteuersatz von 25 auf 19% gesenkt und der Anrechnungsfaktor bei der Anrechnung der Gewerbesteuer auf die Einkommensteuer angehoben werden, andererseits sollte die erbschaft- und schenkungsteuerliche Behandlung von Betriebsvermögen verbessert werden. Entsprechende Gesetzentwürfe (BT-Drs. 15/5554; 15/5555) konnten aber wegen des vorzeitigen Endes der Legislaturperiode nicht mehr verabschiedet werden.

Ein wichtiger Schwerpunkt der ersten rot-grünen Legislaturperiode war der Einstieg in die ökologische Steuerreform. So wurde in der Koalitionsvereinbarung bereits die erste Stufe der Reform festgelegt, die zum 1.4.1999 in Kraft trat (hierzu ausführlicher Krebs/Reiche 2000: 1542ff.; Raschke 2001: 220ff.). Dabei wurde die Mineralölsteuer um sechs Pfennig je Liter, die Steuer auf Heizöl um vier Pfennig je Liter und die Erdgassteuer um 0,32 Pfennig pro Kilowattstunde erhöht sowie eine Stromsteuer (zwei Pfennig/KWh) eingeführt. Mit den erwarteten Mehreinnahmen wurde eine Senkung des Beitrages zur gesetzlichen Rentenversicherung um 0,8 Pro-

---

163 Der offizielle Umtauschkurs betrug 1 € = 1,95583 DM.

zentpunkte finanziert. Allerdings wurde gerade beim Einstieg in die ökologische Steuerreform darauf geachtet, die Unternehmen nicht zu überlasten, indem Landwirtschaft und Produzierendem Gewerbe ein reduzierter Steuersatz von lediglich 20% eingeräumt wurde. Die Festlegung der geplanten weiteren Schritte wurde zunächst verschoben. Allerdings legte die Koalitionsvereinbarung fest, die Sozialversicherungsbeiträge durch die Einnahmen aus der ökologischen Steuerreform auf unter 40% zu senken.

Die weiteren Stufen der ökologischen Steuerreform wurden im Herbst 1999 beschlossen. Mit ihnen wurden die Mineralöl- und die Stromsteuer in vier weiteren Stufen bis 2003 jährlich um je sechs Pfennig pro Liter (Mineralölsteuer) bzw. um je 0,5 Pfennig pro KWh (Stromsteuer) erhöht, während bei Heizöl und Gas auf weitere Verteuerungen zunächst verzichtet wurde, die Gassteuer erst im Rahmen der Neuregelung der ökologischen Steuerreform im November 2002 weiter erhöht wurde. Die Weiterführung der Ökosteuerreform wurde ergänzt durch eine ganze Reihe von Ausnahmeregelungen, die zum Teil allerdings nach der Bundestagswahl 2002 eingeschränkt wurden. Im September 2000 wurde darüber hinaus als Kompensation für die Ökosteuer die Kilometerpauschale für Fernpendler erhöht und in eine Entfernungspauschale umgewandelt (ausführlicher Raschke 2001: 228ff.). Außerdem wurde auf weitere Erhöhungen der Steuersätze für Energiesteuern nach der Bundestagswahl 2002 verzichtet.

Abbildung 7.6: Haushaltssalden des Gesamtstaates in % BIP (linke Achse) und Abgabenquote (rechte Achse) in der Bundesrepublik Deutschland, 1998-2005

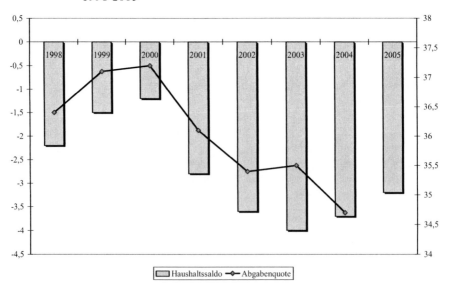

Quelle: OECD 2006, 2007.
Anmerkung: Haushaltssaldo 2000 ohne UMTS-Erlöse. Unter Einschluss dieser Einmaleinnahmen hätte der Saldo bei +1,31% BIP gelegen.

Die rechnerische Senkung der Beiträge zur Gesetzlichen Rentenversicherung um insgesamt 1,8 Prozentpunkte, die auf diese Weise finanziert werden konnte, war allerdings geringer als ursprünglich angestrebt und reichte entsprechend bei weitem nicht aus, die Sozialversicherungsbeiträge unter 40% des Bruttoarbeitsentgelts zu senken. Sogar der Beitragssatz zur Rentenversicherung stieg 2003 wieder um 0,4 Prozentpunkte, während die Beitragssätze zur Arbeitslosen- und zur Pflegeversicherung unverändert blieben und die Sätze zur Krankenversicherung durchschnittlich leicht zunahmen (vgl. BMAS 2006: Tabelle 7.7).

Eine andere Verbrauchsteuer, nämlich die Tabaksteuer, wurde dagegen 2004 bereits massiv erhöht, um die Gesundheitsreform mitzufinanzieren (Egle 2006: 190). Allerdings verfehlte diese Erhöhung ihren fiskalischen Zweck vollkommen, die Einnahmen aus der Steuer sanken zunächst anstatt zu steigen, weil die Verbraucher auf die gestiegenen Preise mit Verhaltensänderungen reagierten (SVR 2005: 255f.). Zu einer Wiedereinführung der Vermögensteuer, wie sie von beiden Koalitionären gefordert und noch im Koalitionsvertrag vereinbart worden war, kam es nicht.

Die Abgabenquote, also der Anteil von Steuern und Sozialbeiträgen am BIP, stieg nach den Angaben der OECD (2006) von 36,4% 1998 auf 37,2% 2000, um dann bis 2004 auf 34,7% am BIP zu sinken (vgl. Abb. 7.6). Diese Entwicklung war zu gut der Hälfte auf das Sinken der Steuerquote zurückzuführen, die zwar auch zunächst anstieg, aber nach 2000 deutlich unter den Wert von 1998 sank, aber knapp die Hälfte des Rückgangs ging auch auf das Konto des sinkenden Anteils der Sozialabgaben am BIP (vgl. SVR 2005: 241). Insofern hatten die ökologische Steuerreform und die vielfältigen Reformmaßnahmen im Sozialversicherungssystem durchaus Effekte in die erwünschte Richtung bewirkt, wenngleich die Koalition ihr Ziel, die Sozialversicherungsbeiträge unter 40% des Bruttolohns zu senken, verfehlte.

7.5.2 Haushaltspolitik

Ähnlich wie in der Steuerpolitik begann die rot-grüne Bundesregierung ihre Arbeit auch in der Haushaltspolitik mit der Ankündigung einer deutlichen Kurskorrektur. Insbesondere der neue Finanzminister Oskar Lafontaine hatte sich seit seiner Wahl zum SPD-Vorsitzenden auf dem Mannheimer Parteitag 1995 um eine Neuorientierung der sozialdemokratischen Wirtschafts- und Finanzpolitik bemüht, die vor allem der gesamtwirtschaftlichen Nachfrage wieder größeres Gewicht einräumen sollte (Lafontaine 1999: 46ff.).

In praktische Politik wurde diese Konzeption neben der ersten Stufe der Steuerreform auch mit dem Bundeshaushalt für 1999 umgesetzt, der mit einer nominalen Ausgabensteigerung von über sechs Prozent, also rund 30 Mrd. DM, aufwartete (SVR 1999: 152). Verglichen mit dem Ansatz der alten Bundesregierung für 1999 sollten die Ausgaben um vier Prozent steigen. Besonders die überdurchschnittliche Erhöhung des Budgets des Sozialministers um knapp zwölf Prozent trug zumindest auf den ersten Blick eine deutlich sozialdemokratische Handschrift, wenngleich zu berücksichtigen ist, dass sich hierin auch der Effekt der teilweisen Umfinanzierung der Rentenversicherungsausgaben durch die Ökosteuer niederschlug. Rechnet man diesen Effekt heraus, ergibt sich immer noch eine Erhöhung der Bundesausgaben um knapp zwei Prozent (OECD 1999d: 50), etwa durch zusätzliche Ausgaben für aktive Arbeitsmarktpolitik, Bildung und ein Milliardenprogramm zur Förderung der Solarenergie (JWB 1999: 55). Daher kommt man nicht umhin, den ersten rot-grünen Haushalt als moderat expansiv zu klassifizieren. Dies gilt umso mehr, als direkt nach dem Regierungswechsel auch einige der sozialpolitischen Kürzungen der letzten Kohl-Jahre zurückgenommen wurden. So wurde die Lohnfortzahlung im Krankheitsfall wieder gesetzlich auf 100 Prozent erhöht, der demografische Faktor in der Rentenformel wurde ausgesetzt und später ganz abgeschafft und die Zuzahlungen in der Krankenversicherung wurden wieder reduziert. Während diese Reformen die Lohnzusatzkosten der Tendenz nach erhöhten, sollte die Einführung der Sozialversicherungspflicht für geringfügig Beschäftigte und so genannte Scheinselbständige die finanzielle Basis der Sozialversicherung stärken (Schmidt 2003: 242f., 244f.; Zohlnhöfer 2004b: 386; Egle 2006: 174, 185). Daher lässt sich die rot-grüne Haushaltspolitik unter Lafontaine durchaus als Versuch charakterisieren, die sich abzeichnende konjunkturelle Belebung durch die Stärkung der Binnennachfrage zu beschleunigen (SVR 1999: 151; Heise 2002: 36; Harlen 2002: 67).

Dieser deutlich sozialdemokratisch gefärbte Politikwechsel ging in der Finanzpolitik nach 136 Tagen mit dem Rücktritt Oskar Lafontaines zu Ende. Lafontaines Rücktritt führte in der Haushaltspolitik noch stärker als in der Steuerpolitik zu einem neuerlichen Politikwechsel. Lafontaines Nachfolger als Finanzminister, Hans Eichel, stellte im Juni 1999 sein „Zukunftsprogramm zur Sicherung von Arbeit, Wachstum und sozialer Stabilität" vor, das die Finanzplanung für die folgenden Jahre skizzierte und für das Jahr 2000 Kürzungen im Bundeshaushalt um 30 Mrd. DM im Vergleich zur bisherigen Finanzplanung und eine Senkung der Ausgaben um 1,5% vorsah. Damit wurde fast exakt die Ausgabensteigerung des Vorjahres zurückgenommen. Dabei wurde allen Ressorts eine Kürzungsrate von 7,4% vorgegeben,[164] es kam also nicht zu weiteren Umschichtungen zwischen den Ressorts (SVR 1999: 152). Allerdings ist zu berücksichtigen, dass damit die Prioritätenverschiebungen, die mit dem Haushalt für 1999 durchgesetzt worden waren, erhalten blieben (Interview BMF 3). Die größten Einsparungen, nämlich in einem Volumen von rund 12,5 Mrd. DM, mussten im Bereich des Bundesministeriums für Arbeit und Sozialordnung erbracht werden. Hier wurden u.a. die originäre Arbeitslosenhilfe gestrichen, die Beiträge zur Gesetzlichen Rentenversicherung für Empfänger von Arbeitslosengeld und -hilfe sowie für Wehr- und Ersatzdienstleistende gesenkt und die Renten im Jahr 2000 nur in Höhe der Inflationsrate angepasst (Sitte 2000: 363).[165] Allerdings gingen einige dieser Einsparungen zu Lasten der Kommunen und der Sozialversicherungen, sodass

---

164 Die Ausgabenkürzung von 7,4% bezog sich auf die Finanzplanung für das Jahr 2000. Im Vergleich zum Haushaltssoll 1999 wurden für 2000 nur 7,5 Mrd. DM oder 1,5% des Haushaltsvolumens eingespart (SVR 1999: 152). Erreicht wurde allerdings nur ein Ausgabenrückgang um 1,0% gegenüber 1999 (JWB 2001: 27).
165 Ursprünglich sollten die Renten auch im Jahr 2001 nur in Höhe der Inflationsrate angepasst werden. Dies wurde durch die Rentenreform jedoch zurückgenommen.

der Staatshaushalt nicht im gleichen Umfang entlastet wurde wie der Bundeshaushalt (OECD 1999d: 54f.).

Auf der anderen Seite begann die Regierung nun auch, sich an einige Strukturreformen im Sozialbereich zu wagen, die in erster Linie darauf zielten, die Beiträge zur Sozialversicherung zu stabilisieren oder sogar zu senken (vgl. auch Egle 2009: 273-282). Die bemerkenswerteste Neuerung war dabei sicherlich die so genannte „Riester-Rente", also die Einführung einer freiwilligen privaten, staatlicherseits allerdings großzügig bezuschussten kapitalgedeckten Altersvorsorge, die die Senkung des Leistungsniveaus der Gesetzlichen Rentenversicherung, die ebenfalls mit der Rentenreform 2000/2001 beschlossen wurde, kompensieren sollte (ausführlicher Schmidt 2003: 247ff.; Nullmeier 2003; Trampusch 2006). Auch bei der Krankenversicherung kam es zu Sparmaßnahmen, die allerdings Stückwerk blieben, da einzelne Teile (z.B. das Globalbudget) nicht verabschiedet, andere (Arzneimittelbudget) später zurückgenommen wurden (Hartmann 2003).

Auch in der Haushaltspolitik im engeren Sinne setzte die rot-grüne Koalition ihre Konsolidierungsbemühungen nach 2000 zwar fort, von Sparpolitik im engeren Sinne kann aber kaum mehr gesprochen werden, weil es praktisch nicht zu weiteren Kürzungen kam. Entsprechend konnte der Sachverständigenrat (2002: 16) angesichts der Finanzmisere im Herbst 2002 mit einigem Recht von „unzureichende[n] Konsolidierungsanstrengungen in der Vergangenheit" sprechen. Umgekehrt verwiesen aber Gesprächspartner aus der SPD darauf, dass das volle Einsparvolumen des Sparpakets von 1999 erst nach mehreren Jahren erreicht wurde, sodass die Konsolidierung mit dem einen Paket also längerfristig vorangebracht worden wäre (Interview BMF 3). Dennoch ging die Nettokreditaufnahme des Bundes nur langsam zurück, 2001 lag sie, wenn man die hohen UMTS-Erlöse außer Betracht lässt, bei 22,8 Mrd. €, und damit nur um 900 Mio. € unter der des Vorjahres, sodass auch der Anteil des Haushaltsdefizits des Bundes am BIP nur langsam zurückging, während das gesamtstaatliche Defizit sogar wieder stieg (vgl. Abb. 7.6). Allerdings wurde die Konsolidierung des Bundeshaushaltes durch die rund 50 Mrd. €, die bei der Versteigerung der UMTS-Lizenzen erlöst wurden und die ausschließlich zur Reduzierung der Staatsverschuldung genutzt wurden, vorangetrieben. Für 2002 sollte die Nettokreditaufnahme ursprünglich immer noch 21,1 Mrd. € betragen – eine Neuverschuldung, die jedoch nicht einmal ausreichte, sodass nach der Bundestagswahl 2002 ein Nachtragshaushalt verabschiedet werden musste, der eine Nettokreditaufnahme von 34,6 Mrd. € erlaubte. Die Neuverschuldung des Bundes betrug dann letztlich zwar nur 31,8 Mrd. €, womit sie aber immer noch erheblich über seinen Investitionsausgaben (25 Mrd. €) lag, sodass die Bundesregierung eine Störung des gesamtwirtschaftlichen Gleichgewichts feststellen musste, um die Verfassungswidrigkeit des Haushaltes zu vermeiden.[166] Zudem lag die gesamtstaatliche Verschuldung der Bundesrepu-

---

166 Der Sachverständigenrat (2002: 291) sah in seinem Jahresgutachten 2002 bei einem abweichenden Votum den Artikel 115 GG in jedem Fall verletzt, da keine „‚ernsthafte und nachhaltige' Abweichung vom Trend" und damit keine „weitere deutliche Verschlechterung bei der Zielerreichung" erkennbar sei. Zudem bezweifelten die Wissenschaftler, dass eine erhöhte Kreditaufnahme geeignet sei, die Störung des gesamtwirtschaftlichen Gleichgewichts abzu-

blik erheblich über drei Prozent des Bruttoinlandsproduktes, sodass Deutschland die Vorgaben des europäischen Stabilitätspakts nicht einhalten konnte.

Der Haushaltsentwurf für 2003, der noch vor der Bundestagswahl in den Bundestag eingebracht wurde, sah zunächst nur noch eine Nettokreditaufnahme von 15,5 Mrd. € vor, ohne dass nennenswerte Sparmaßnahmen genannt worden wären. Der Finanzminister setzte angesichts des nahenden Wahltermins allein auf Zinsersparnisse, um dieses Ziel zu erreichen, und rechnete zusätzlich damit, keinen Zuschuss an die Bundesanstalt für Arbeit leisten zu müssen. Nach der gewonnenen Bundestagswahl räumte die Bundesregierung ein, dass die dem Haushaltsentwurf zugrunde gelegten Daten überholt waren, und die Koalitionsparteien mussten einerseits die Nettokreditaufnahme um 3,4 Mrd. € gegenüber dem ursprünglichen Entwurf ausweiten und andererseits Einnahmeverbesserungen im Volumen von geplanten 15,6 Mrd. € vereinbaren (BT-Drs. 15/481: 35). Letztlich durchgesetzt wurden jedoch nur Mehreinnahmen bei der Besteuerung von Kapitalgesellschaften im Umfang von rund 4,4 Mrd. € (Das Parlament, 14.4.2003). Dieses Ergebnis wiederum trug gemeinsam mit der anhaltend hohen Arbeitslosigkeit und Steuerausfällen in Rekordhöhe dazu bei, dass 2003 die Nettokreditaufnahme erneut erheblich über dem Haushaltsansatz lag und neuerlich ein Nachtragshaushalt notwendig wurde.

Auch in den folgenden Jahren gelang der Bundesregierung die Konsolidierung der Staatsfinanzen nicht mehr. Das wird etwa daran deutlich, dass für die Jahre 2002 bis 2004 jeweils Nachtragshaushalte vorgelegt werden mussten, dass die Investitionen des Bundes fast immer unter der Neuverschuldung blieben, sodass stets eine Störung des gesamtwirtschaftlichen Gleichgewichts erklärt werden musste, um wenigstens formal den Art. 115 GG einhalten zu können, und dass die Bundesrepublik zwischen 2002 und 2005 (und auch noch 2006) in jedem Jahr gegen das 3-Prozent-Kriterium des Stabilitäts- und Wachstumspaktes verstieß, mit der Folge, dass die EU-Kommission ein Defizitverfahren gegen die Bundesrepublik anstrengte. Entsprechend musste die Bundesregierung auch das Ziel, bis 2004 oder wenigstens bis 2006 einen ausgeglichenen Haushalt vorzulegen, aufgeben (vgl. Zohlnhöfer 2003c: 69).

Dass heißt freilich nicht, dass die rot-grüne Bundesregierung in ihrer zweiten Amtszeit nicht versucht hätte, den Haushalt zu konsolidieren. Insbesondere Subventionskürzungen sowie die Einschränkung von Steuervergünstigungen standen stets auf der Agenda und wurden teilweise auch umgesetzt, etwa mit den Haushaltsbegleitgesetzen 2004 und 2005 (Wagschal 2007: 265). Die zweite rot-grüne Amtszeit stand aber vor allem im Zeichen weit reichender Reformen im Sozialbereich, die stets darauf abzielten, die Sozialversicherungsbeiträge zu reduzieren, und die unter dem Titel „Agenda 2010" zusammengefasst wurden (vgl. zum Folgenden Schmidt 2007b: 296-302; Egle 2009: 273-282). So wurde eine Reihe von Änderungen bei der Rentenversicherung durchgesetzt. Besonders wichtig war dabei etwa, dass im Jahr 2004 erstmals seit 1957 die Renten nominal nicht erhöht wurden, dass die Rentner

---

wehren. Das Bundesverfassungsgericht schloss sich dieser Einschätzung mit seiner Entscheidung über den Haushalt 2004 jedoch nicht an (vgl. Urteil vom 9. Juli 2007 – 2 BvF 1/04 –).

nun den vollen Beitrag zur Pflegeversicherung selbst zu tragen hatten und dass mit dem Nachhaltigkeitsfaktor eine Revision der Rentenformel vorgenommen wurde, die dem unter der Kohl-Regierung eingeführten und unter der rot-grünen Regierung zunächst wieder abgeschafften Demografie-Faktor sehr ähnlich war. In der Gesundheitspolitik wurde eine so genannte Praxisgebühr in Höhe von zehn Euro eingeführt, die Versicherte pro Quartal zu zahlen hatten, wenn sie einen Arzt in Anspruch nahmen. Zusätzlich wurden die Zuzahlungen der Versicherten, die am Anfang der Regierungszeit reduziert wurden, nun neuerlich erhöht: Bei Medikamenten und medizinischen Hilfsmitteln mussten zehn Prozent der Kosten, allerdings höchstens zehn Euro pro Fall übernommen werden und es gab vom Einkommen abhängige Höchstgrenzen, die von den Versicherten aufzubringen waren. Auch bei Krankenhausaufenthalten u.ä. mussten zehn Euro pro Tag bezahlt werden, allerdings für höchstens 28 Tage im Jahr. Weiterhin wurden bestimmte Leistungen aus dem Katalog der GKV gestrichen und die Zuschüsse zum Zahnersatz abgesenkt. Hinzu kam eine asymmetrische Erhöhung der Krankenversicherungsbeiträge der Arbeitnehmer um 0,45 Prozentpunkte, während die Arbeitgeber um den gleichen Betrag entlastet wurden (ausführlicher Egle 2006: 189f.).

Besonders umstritten war schließlich die letzte Stufe der von einer Expertenkommission unter dem Vorsitz des VW-Managers Peter Hartz ausgearbeiteten Arbeitsmarktreform. Bei Hartz IV ging es um die Zusammenlegung von Arbeitslosen- und Sozialhilfe zum Arbeitslosengeld II. Gleichzeitig wurde die Bezugsdauer des Arbeitslosengeldes gekürzt und Zumutbarkeitskriterien verschärft. Bei diesem Maßnahmenpaket handelte es sich um einen deutlichen Schritt hin zu einer aktivierenden Arbeitsmarktpolitik, da die Reform „den Anreiz zur Arbeitsaufnahme massiv vergrößern und bei Zuwiderhandlung Sanktionen, wie die Absenkung der Sozialleistungen, verhängen" sollte (Schmidt 2007b: 301). Die Bundesregierung hoffte sowohl durch eine infolge der Reform sinkende Arbeitslosigkeit als auch durch die Senkung der vorherigen Arbeitslosenhilfe auf Sozialhilfeniveau die entsprechenden Ausgaben zu reduzieren. Allerdings erwies sich gerade diese Hoffnung als trügerisch, weil der Kreis potenzieller Empfänger des Arbeitslosengeldes II offenbar falsch eingeschätzt worden war.

Betrachtet man die Haushaltspolitik der rot-grünen Bundesregierung in der Zusammenschau, fällt auf, dass zwar Ansätze einer aktiven Konjunktursteuerung, wie sie Lafontaine anstrebte, nach dessen Rücktritt kaum weiter verfolgt wurden, wenn man vom Vorziehen einiger Teile der letzten Stufe der Steuerreform von 2005 auf 2004 absieht. Insbesondere der Verzicht auf eine aktivere Rolle der Bundesregierung angesichts der Konjunkturschwäche ab dem Sommer 2001 ist in diesem Zusammenhang zu nennen, ja: mit dem Begriff der „Politik der ruhigen Hand" wurde dieser Verzicht geradezu zum Markenzeichen der rot-grünen Finanzpolitik in der Post-Lafontaine-Phase bis 2002. Doch eine Haushaltskonsolidierung gelang dennoch nicht – im Gegenteil wurde gar die Frage aufgeworfen, ob es sich bei der deutschen Finanzpolitik um einen Sanierungsfall handele (Wagschal 2007) oder ob sich die deutsche Finanzpolitik bis 2005 nicht gar in eine ausweglose Situation hinein manövriert habe (Streeck 2009). Und dies trotz nennenswerter Einmaleinnahmen in Form der Erlöse der Versteigerung der UMTS-Lizenzen im Umfang von 50 Mrd. €, in Form von weiter zunehmender Privatisierungsaktivitäten, die zwischen 1999 und 2005 ein Gesamtvolumen von 22,3 Mrd. € erreichten (Information des BMF an den Verfasser) sowie trotz der Bundesbankgewinne, die sich zwischen 1999 und 2005 auf etwas über 32 Mrd. € beliefen (berechnet nach Deutsche Bundesbank verschiedene Jahrgänge).

Der wesentliche Grund für die nach wie vor hohen Defizite dürfte in der ab 2001 enttäuschenden wirtschaftlichen Entwicklung gelegen haben. Trotz strikter Haushaltsdisziplin – die Bundesausgaben blieben real zwischen 1998 und 2005 fast unverändert, sanken sogar minimal (vgl. Abb. 7.7) – gelang eine signifikante Rückführung des Haushaltsdefizits nicht, weil insbesondere die hohen Ausgaben für Arbeitslosigkeit bedient werden mussten und die Ausgaben für das Arbeitslosengeld II infolge der Hartz-Reform nicht – wie geplant – abnahmen, sondern im Gegenteil massiv anstiegen. Aber auch die massiven Steuerausfälle von rund drei Prozent des BIP, die mit der Steuerreform beschlossen worden waren, trugen zur miserablen Haushaltssituation der Bundesrepublik bei.

Abbildung 7.7: Reale Veränderungen ausgewählter Haushaltsbereiche des Bundes, 1998-2005 (in Prozent)

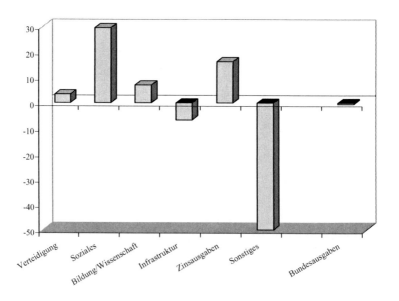

Quelle: eigene Berechnung nach BMF 2006.

Betrachtet man die qualitative Seite der Konsolidierung, fällt auf, dass einerseits – trotz zahlreicher neuer steuerlicher Ausnahmetatbestände durch die Ökosteuer, die erst ab Ende 2002 abgebaut wurden – eine nennenswerte Senkung der Subventionen gelungen ist (BMF 2003). Andererseits blieb eine signifikante Erhöhung der Investitionsausgaben aus: Deren Anteil an den Gesamtausgaben bewegte sich bis 2002 etwa auf dem Niveau von 1998 (vgl. OECD 2001d: 47). Entsprechend sanken die Infrastrukturausgaben des Bundes zwischen 1998 und 2005 sogar ein wenig. Dennoch kam es zu nennenswerten Verschiebungen innerhalb des Bundeshaushaltes (vgl. Abb. 7.7). Insbesondere die Ausgaben für den Bereich Arbeit und Sozialordnung – ohnehin der bei weitem größte Haushaltsposten – stiegen nochmals deutlich überdurchschnittlich an, was zu einem erheblichen Teil der Umfinanzierung der Rentenversicherung durch die Ökosteuer geschuldet ist. Daneben konnte insbesondere das Ministerium für Bildung und Wissenschaft überdurchschnittliche Erhöhungen seines Budgets erreichen (vgl. auch Henkes/Kneip 2003) – durchaus entsprechend einer sozialdemokratischen Humankapitalinvestitionsstrategie. Diesem Ministerium kam nicht zuletzt zugute, dass die Zinsersparnisse von jährlich fünf Mrd. DM, die dadurch erreicht wurden, dass die Erlöse aus der Versteigerung der UMTS-Lizenzen ausschließlich zur Schuldentilgung verwendet wurden, für Bildung, Forschung und Infrastruktur verwendet wurden. Nichtsdestoweniger stiegen insbesondere die Zinszahlungen, die der Bund zu leisten hatte, massiv an. Auch die Verteidigungsausgaben stiegen wegen der vielfältigen Auslandseinsätze der Bundeswehr leicht überdurchschnittlich.

7.5.3. Die rot-grüne Finanzpolitik und der politische Prozess

Die wirtschaftliche Entwicklung während der rot-grünen Regierungsperiode verlief enttäuschend. Setzte sich in den ersten Regierungsjahren der (mäßige) wirtschaftliche Aufschwung, der kurz vor dem Machtwechsel begonnen hatte, noch fort, und war insbesondere das Jahr 2000 ein wirtschaftspolitisches „Topjahr" (Interview Bündnis 90/Die Grünen 2) mit einem Wirtschaftswachstum von rund drei Prozent und einer Arbeitslosenzahl, die im Oktober bis auf wenig über 3,6 Mio., und damit in die Nähe des von Bundeskanzler Schröder für 2002 anvisierten Ziels von 3,5 Mio., sank, verschlechterte sich die Performanz ab der zweiten Jahreshälfte 2000 wieder deutlich: wie gesehen blieb die Haushaltskonsolidierung weitgehend erfolglos, weil die Wirtschaft zwischen 2000 und 2005 fast stagnierte, das Wirtschaftswachstum nur 2004 etwas über einem Prozent lag und die Arbeitslosigkeit – deren Bekämpfung die erste Priorität der Regierung war – neuerlich zu steigen begann, ja Anfang 2005 überschritt die Zahl der Arbeitslosen erstmals die Fünf-Millionen-Grenze. Wenngleich es sich beim Hochschnellen der Arbeitslosenzahl im Januar 2005 um einen statistischen Effekt der Hartz-Reformen handelte,[167] wurde die deutsche Wirtschaft doch immer stärker als der kranke Mann des Euro wahrgenommen, ein Begriff, der zuerst vom Wirtschaftsmagazin *The Economist* (5. Juni 1999: 21) geprägt worden war. Zunehmend kam die Wahrnehmung hinzu, die deutsche Wirt-

---

167 Der Grund war, dass viele Sozialhilfeempfänger, die vorher nicht als arbeitslos gezählt worden waren, nun in der Arbeitslosenstatistik berücksichtigt wurden.

schaft falle im internationalen Vergleich immer stärker zurück, was sich nicht zuletzt in der so genannten „Schlusslichtdebatte" widerspiegelte. Wie ist vor diesem Hintergrund die Finanzpolitik der rot-grünen Bundesregierung zu erklären? Kann das dieser Arbeit zugrunde liegende theoretische Modell die entsprechenden Willensbildungsprozesse verständlich machen? Diesen Fragen widmen sich die folgenden Abschnitte.

7.5.3.1 Die parteipolitische Zusammensetzung der Regierung

Für die ersten Monate der Koalition, in denen Oskar Lafontaine die Finanzpolitik maßgeblich bestimmte, lässt sich durchaus ein deutlicher Wechsel der Konzeption und der Praxis der Finanzpolitik im Vergleich zur Kohl-Ära feststellen, ein Politikwechsel zudem, der durchaus den Erwartungen der Parteiendifferenzhypothese entspricht: Lafontaine versuchte, die Finanzpolitik zur makroökonomischen Steuerung einzusetzen, indem er einen durchaus expansiven Bundeshaushalt einbrachte, und er setzte eine Steuerreform durch, die deutlich andere Akzente setzte als die von der Vorgängerregierung vorgeschlagene: Entlastungen gab es zunächst vor allem für die Bezieher niedriger Einkommen, während die Senkung des Spitzensteuersatzes und eine Nettoentlastung erst am Ende der Legislaturperiode in Aussicht gestellt wurden. Die Finanzierung erfolgte dagegen vornehmlich durch die Streichung von Steuervergünstigungen im Unternehmensbereich, während die von CDU/CSU und FDP vorgesehenen Kürzungen bei Arbeitnehmern nicht aufgegriffen wurden.

Doch die Neuausrichtung der Politik beschränkte sich keineswegs nur auf die Steuerpolitik und die makroökonomische Ausrichtung der Finanzpolitik insgesamt. Erwartungstreue Politikänderungen gab es auch in der Sozialpolitik mit der Rücknahme der meisten Kürzungsmaßnahmen der Kohl-Regierung, so etwa bei der Rente, im Gesundheitswesen oder bei der Lohnfortzahlung im Krankheitsfall. Auch die Neuregelung der so genannten Scheinselbständigkeit und der geringfügigen Beschäftigung passt durchaus in ein sozialdemokratisches Reformprofil, ging es bei diesen Maßnahmen doch um die Verteidigung des Normalarbeitsverhältnisses sowie um dringend benötigte Mehreinnahmen für die Sozialversicherung. Ein letzter Bereich, an dem sich deutlich Parteiendifferenzen festmachen lassen, betrifft die ökologische Steuerreform: Diese Reform sollte (abgesehen von umweltpolitischen Zielen) die finanzielle Basis des Wohlfahrtsstaates stabilisieren und so weitere Leistungseinschränkungen vermeiden helfen, während gleichzeitig die Lohnnebenkosten gesenkt werden konnten. Die bürgerlichen Oppositionsparteien wollten dieses Konzept dagegen nicht mittragen, sondern forderten Strukturreformen in den sozialen Sicherungssystemen, die die Regierung aber gerade zurücknehmen wollte. Entsprechend kontrovers waren die Abstimmungen zu den fraglichen Gesetzen, sowohl was die ökologische Steuerreform (PlPr. 14/24, 3.3.1999, S. 1850ff.; PlPr. 14/69, 11.11.1999, S. 6213ff.) als auch was die Rücknahme der sozialpolitischen Kürzungen aus der letzten Phase der Regierung Kohl (PlPr. 14/14, 10.12.1998, S. 899ff.) anging.

Mit der Übernahme des Finanzministeriums durch Hans Eichel stellte sich dann jedoch in der Haushalts- und bis zu einem Grade in der Steuerpolitik ein neuerlicher Kurswechsel ein, der nicht mit einer Veränderung der parteipolitischen Zusammensetzung der Bundesregierung zusammenfällt und der zumindest in Teilen Konzepte wieder aufnahm, die auch von der alten Bundesregierung vertreten worden waren, ja, einige Beobachter meinen gar, der Kurs der rot-grünen Bundesregierung stelle „eine noch radikalere Fortsetzung der Fiskalpolitik der Kohl-Regierung" dar (Eicker-Wolf 2002: 41). Diese Einschätzung ist sicherlich zumindest überspitzt, wird man doch weder Theo Waigel noch Hans Eichel radikale Sparpolitik unterstellen können, zumal letzterer seine Kollegen nach 1999 mit weiteren Sparpaketen verschonte und erst nach der gewonnenen Bundestagswahl wieder den Rotstift ansetzte. Von Vertretern des kleinen Koalitionspartners, die die Konsolidierung gern noch weiter vorangetrieben hätten, wurde sogar die Frage gestellt, wie ernst es Eichel wirklich mit der Konsolidierungspolitik war: „Insofern war Eichel kein wirklicher Motor für 'ne solide Finanzpolitik, sondern er war die Antwort, die Marketingantwort auf Lafontaine" (Interview Bündnis 90/Die Grünen 1).

Abbildung 7.8: Einkommensteuertarife im Vergleich

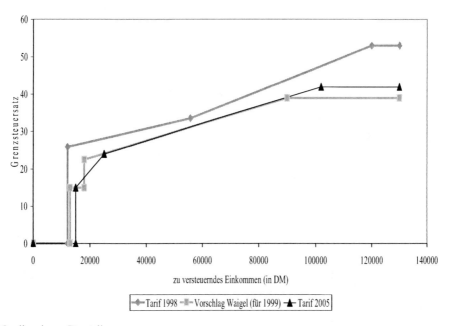

Quelle: eigene Darstellung

Doch in der Tat verzichtete die rot-grüne Koalition ab dem Sommer 1999, wie ihre Vorgängerin, ganz bewusst auf den Einsatz der Finanzpolitik zum Zweck der gesamtwirtschaftlichen Stabilisierung und hielt auch die sozialdemokratisch geführte Regierung einen Konsolidierungskurs für notwendig, sodass tatsächlich ein Abnehmen der Parteiendifferenzen zu konstatieren ist. Auch der Vergleich der Privatisierungspolitiken beider Regierungen, die faktisch, wenn auch nicht notwendigerweise konzeptionell im Wesentlichen auf die Generierung von Einnahmen zielten, mit denen laufende Ausgaben finanziert werden konnten, zeigt, dass die Unterschiede zwischen der christlich-liberalen und der rot-grünen Koalition in der Nach-Lafontaine-Phase allenfalls graduell sind. Vergleicht man weiterhin den Verlauf des Einkommensteuertarifs, wie er 2005 in Kraft getreten ist, mit dem von der christlich-liberalen Koalition 1997 vorgeschlagenen, kann man deutliche Gemeinsamkeiten, insbesondere bezüglich des Eingangssteuersatzes und des Verlaufs der Progression, erkennen (vgl. Abb. 7.8). Die Unterschiede beim Grundfreibetrag sind ebenfalls vergleichsweise unbedeutend, insbesondere, wenn man in Rechnung stellt, dass der Waigel-Tarif sechs Jahre früher in Kraft treten sollte als der endgültige Tarif der rot-grünen Koalition. Der zentrale Unterschied zwischen beiden Konzepten besteht somit in der Höhe des Spitzensteuersatzes der Einkommensteuer. Dieser erreichte unter Rot-Grün auch 2005 noch nicht den Zielwert der Reform der christlich-liberalen Koalition. Auch bei der Unternehmensbesteuerung „führte die rot-grüne Regierungskoalition [...] weitgehend den angebotsökonomischen Kurs ihrer Vorgängerin fort, den sie in der Opposition noch bekämpft und im Bundesrat verhindert hatte" (Bach 2001: 87): Der Körperschaftsteuersatz für ausgeschüttete Gewinne stimmte in beiden Fällen überein, der Satz für thesaurierte Gewinne lag sogar um zehn Prozentpunkte unter demjenigen, den die Kohlregierung angestrebt hatte. Unterschiede zwischen beiden Konzeptionen finden sich teilweise noch bei den Maßnahmen zur Gegenfinanzierung, die die rot-grüne Regierung im Gegensatz zu ihrer Vorgängerin jedenfalls der Idee nach ganz überwiegend dem Unternehmensbereich aufbürden wollte,[168] und in eher technischen Fragen wie der Dividendenbesteuerung.

Interessant ist allerdings, dass der ab 1999 zu konstatierende Politikwechsel hin zu einer eher angebotsorientierten Ausrichtung der Wirtschafts- und Finanzpolitik sich auf die Bereiche Bundeshaushalt und Steuern beschränkte, während in der Sozialpolitik mit Ausnahme der Rentenreform vieles beim alten blieb. Erst ab 2002 kam es dann auch im wohlfahrtsstaatlichen Bereich zu massiven Veränderungen, die wiederum zu einem deutlichen Abschmelzen der Parteiendifferenzen beitrugen. So wurden in großem Umfang Maßnahmen beschlossen, die schon die Kohl-Regierung eingeführt hatte, die aber von der Regierung Schröder zunächst wieder zurückge-

---

168 Tatsächlich stellte sich allerdings heraus, dass eine Reihe von Regelungen zu massiven Ausfällen bei der Körperschaftsteuer führten. Im Jahr 2001 mussten die Finanzämter 400 Mio. € mehr an die körperschaftsteuerpflichtigen Unternehmen auszahlen, als sie von diesen einnahmen (SVR 2002: 219) – ein absolutes Novum in der Geschichte der Bundesrepublik. Auch 2002 erholte sich das Körperschaftsteueraufkommen kaum; es lag nach den Schätzungen des Sachverständigenrates lediglich bei 300 Mio. €. Diese Wirkung der einschlägigen Regelungen war so offenbar nicht einkalkuliert (zu den Gründen für diese Entwicklung vgl. SVR 2002: 221ff.). Mit der Einführung einer Mindestbesteuerung großer Unternehmen versuchte die Koalition nach der Bundestagswahl 2002, dieser Entwicklung entgegenzuwirken.

nommen worden waren. Das gilt für die neue Rentenformel, ähnelt der Nachhaltigkeitsfaktor der rot-grünen Rentenreform doch stark dem Demographiefaktor, den die christlich-liberale Koalition beschlossen hatte (Schmidt 2007b: 298), es gilt aber auch für die Ausweitung der Zuzahlungen bei Medikamenten und Arztbesuchen durch die Gesundheitsreform 2004. Die Hartz-Reformen, insbesondere die Zusammenlegung von Arbeitslosen- und Sozialhilfe ging zwar über das von der CDU/CSU/FDP-Koalition verabschiedete Programm hinaus, aber immerhin gab es auch in diesem Bereich schon vor 1998 einschlägige Überlegungen. Entsprechend konnten die meisten der sozialpolitischen Strukturreformen auch auf die Unterstützung der Opposition rechnen, so etwa im Falle der Gesundheitsreform (PlPr. 15/64, 26.9.2003, S. 5475ff.) oder der vierten Stufe der Arbeitsmarktreform (PlPr. 15/84, 19.12.2003, S.7389ff.), nicht jedoch bei der 2004 verabschiedeten Rentenreform (PlPr. 15/113, 16.6.2004, S. 10304ff.). Insofern waren die Parteiendifferenzen, wie sie sich in den verabschiedeten Gesetzen niederschlugen, in vielen Bereichen von der Steuer- über die Sozial- bis hin zur Privatisierungspolitik wenigstens in der zweiten rot-grünen Wahlperiode gering. Das wirft einige Fragen auf, waren doch die Differenzen zwischen Regierung und Opposition unmittelbar nach dem Machtwechsel offenbar deutlich größer: Was bewirkte das Schrumpfen der Parteienunterschiede? Wieso nahm die sozialdemokratisch geführte Bundesregierung einen erheblichen Teil ihrer ursprünglich durchgesetzten Politik, von der Haushalts- bis zur Sozialpolitik, zurück und schwenkte auf einen Kurs ein, der sich von dem der Regierung Kohl nur in Nuancen unterschied? Im Folgenden wird zu zeigen sein, dass sowohl die spezifische Vetospielerkonstellation als auch der Wettbewerb um Wählerstimmen auf dieses Ergebnis hin wirkten.

7.5.3.2 Vetospieler und innerparteiliche Gruppierungen

Bereits die Betrachtung der parteilichen Vetospieler kann einen erheblichen Beitrag zur Beantwortung der obigen Fragen beitragen. Zunächst fällt bei der rot-grünen Koalition eine gewisse Arbeitsteilung in dem Sinne auf, dass die SPD die Hauptverantwortung für die Wirtschafts- und Sozialpolitik trug, während die Grünen ihre inhaltlichen Schwerpunkte auf andere Politikfelder legten. Die Dominanz der SPD wird nicht zuletzt daran deutlich, dass sie in allen finanzpolitisch relevanten Ministerien (bis Anfang 2001 mit Ausnahme des Gesundheitsressorts) den Minister stellte[169] und sogar auf das so genannte Kreuzstichverfahren verzichtet wurde, nach dem einem Minister eines Koalitionspartners ein (parlamentarischer) Staatssekretär der anderen Koalitionspartei zur Seite gestellt wird (Helms 2001: 1502). Ab Anfang 2001 wurden mit Margareta Wolf und später Rezzo Schlauch zwar grüne Politiker parlamentarische Staatssekretäre im Wirtschaftsministerium, doch dürfte der Einfluss der Grünen trotz einiger Profilierungsversuche im Bereich der Wirtschaftspoli-

---

169 Im Fall des parteilosen Wirtschaftsministers Müller besaß die SPD zumindest das Vorschlagsrecht.

tik insgesamt gering geblieben sein – dies nicht zuletzt auch deshalb, weil sich die Partei mit den eher liberalen Vorstellungen ihrer Fachpolitikerinnen und -politiker zum Teil sehr schwer tat (Egle 2003: 104 ff.).[170] Gerade die Verschiebung der Gesundheitsreform im Jahr 2000 und die Abschwächung der Konsolidierungspolitik am Ende der ersten rot-grünen Wahlperiode wurde von den grünen Fachpolitikern wiederholt kritisiert – ohne nennenswerte Erfolge (Interviews Bündnis 90/Die Grünen 1 und 2). Auch bei der Ökologischen Steuerreform hatten die Grünen erheblich weiterreichende Vorstellungen als sich mit der SPD durchsetzen ließen. Allenfalls bei Detailfragen der Steuerpolitik, etwa der Mittelstandsförderung, scheinen sich die Grünen gegen die SPD durchgesetzt zu haben (Interview Bündnis 90/Die Grünen 2).

In der überwältigenden Mehrzahl der Fälle aber standen die Chancen der SPD sehr gut, weit reichende Veränderungen ohne größere Konzessionen an den kleinen Koalitionspartner durchzusetzen – wenn sie denn gewollt und gekonnt hätte (zum Folgenden vgl. Zohlnhöfer 2004b: 391ff.). Das war jedoch nicht der Fall. Zum einen lag der Status quo in vielen Fällen schon bei der Übernahme der Regierung nicht sehr weit vom Idealpunkt der SPD entfernt – die Partei hatte sich im Wahlkampf 1998 eher die Bewahrung des Status quo als seine weit reichende Veränderung auf die Fahnen geschrieben. Zum anderen mangelte es am innerparteilichen Konsens über den wirtschaftspolitischen Kurs, die SPD war „weder programmatisch noch politisch-konzeptionell auf die Regierungstätigkeit vorbereitet" (Stöss/Niedermayer 2000: 5), wie im Rückblick auch der Bundeskanzler selbst einräumt (Schröder 2006: 262). Ihr war es im Wahlkampf 1998 mit dem diffusen Konzept der „neuen Mitte" und den thematischen Schlüsselbegriffen „Innovation und Gerechtigkeit" zwar gelungen, ihre programmatischen Differenzen zu überdecken; doch die widersprüchlichen und teilweise unvereinbaren wirtschaftspolitischen Konzepte, die innerhalb der Partei von den gewerkschaftsnahen so genannten „Traditionalisten" auf der einen und den wirtschaftspolitischen „Modernisierern" auf der anderen Seite vertreten wurden, blieben unverbunden nebeneinander stehen (Egle/Henkes 2003; Raschke/Tils 2007: 498f.).

Interessanter Weise lässt sich der Unterschied zwischen beiden Flügel nicht zuletzt an ihrem jeweiligen Verständnis von Globalisierung festmachen, ja, zwischen beiden Lagern „schien lange Zeit ein kaum zu versöhnender Grundkonflikt im Hinblick auf die Herausforderung der Globalisierung vorzuherrschen" (Meyer 2007: 85). Der wichtigste Vertreter des „Traditionalisten"-Flügels, Finanzminister und SPD-Chef Oskar Lafontaine, versuchte beispielsweise nachzuweisen,

---

[170] Dass die für die Finanzpolitik zuständigen grünen Fachpolitiker ihre vergleichsweise wirtschaftsliberalen Ansichten in der Öffentlichkeit relativ dezidiert auch im Namen der gesamten Partei vertreten konnten, obwohl sich die Partei mit vielen dieser Auffassungen schwer tat, dürfte vermutlich seitens der Parteiführung aus strategischen Gründen akzeptiert worden sein. Ein Interviewpartner verwies jedenfalls darauf, dass die Grünen auf diese Weise ihre Regierungsfähigkeit auch bei Wählern der politischen Mitte unterstreichen wollten: „Im Nachhinein glaub ich, dass Fischer uns als ordoliberale Grüne hat marschieren lassen, dass quasi die Reputation in Wirtschaftskreisen zunahm" (Interview Bündnis 90/Die Grünen 1).

„daß die deutschen Probleme in erster Linie hausgemacht und eine Folge der falschen Wirtschafts- und Finanzpolitik der Regierung Kohl sind. Die falsche Wirtschafts- und Finanzpolitik folgt dem Irrglauben, daß die Volkswirtschaften auf die Globalisierung mit einem Kostensenkungswettlauf reagieren müßten. Das aber ist der zentrale Punkt der Debatte: Auf die zunehmende europäische und in steigendem Umfang auch weltwirtschaftliche Verflechtung unserer Volkswirtschaften dürfen wir nicht mit einem Wettlauf um möglichst niedrige Löhne, möglichst niedrige Sozialleistungen, möglichst niedrige Unternehmenssteuern und möglichst niedrige Umweltstandards antworten" (Lafontaine/Müller 1998: 17).

Mit Hinweis auf die starke deutsche Außenhandelsposition verwarf Lafontaine das „Standortgerede" und machte eine „ideologisch verhärtete[.] Geldpolitik" für die Beschäftigungskrise in Deutschland verantwortlich (vgl. auch Lafontaine 1999: 46-58).

Schröder und die Modernisierer in der SPD hielten dagegen Lafontaines Finanzpolitik für höchst problematisch, und zwar gerade weil sie als unter Globalisierungsbedingungen nicht Ziel führend betrachtet und sie in der internationalen Wirtschaftspresse harsch kritisiert wurde. Lafontaines Finanzpolitik führe, so war offenbar die Vorstellung, zu einem „Vertrauensverlust an den Finanzmärkten der Welt" (Interview Bündnis 90/Die Grünen 1). Daher wurde in diesem Teil der SPD das Ende dieser Finanzpolitik herbeigewünscht – und wohl auch betrieben (vgl. jedenfalls Lafontaines 1999: 221ff. eigene Darstellung). Wie ein Gesprächspartner verdeutlichte: „Die [Schröder und sein Umfeld] wollten 'ne bessere Presse, die wollten Frieden von der Wirtschaftsfront und die wollten quasi international in der Finanzwelt einfach bessere Zensuren kriegen" (Interview Bündnis 90/Die Grünen 1).

Entsprechend sprach Bundeskanzler Schröder vielfach von den Herausforderungen der Globalisierung, denen mit entschlossenen Reformen entgegengetreten werden müsse. So argumentierte er bereits in seiner ersten Regierungserklärung vom 10. November 1998: „die Globalisierung der Waren- und Finanzmärkte zwingt uns zu Anpassungen und zum Umdenken, zum Abschied von liebgewordenen Traditionen und Gewohnheiten" (Schröder 1998: 58). Was unter dem durch Globalisierung bedingten „Abschied von liebgewordenen Traditionen" zu verstehen sein könnte, wurde dann mit dem so genannten Schröder-Blair-Papier vom Juni 1999 dargelegt. „Es war der Versuch, eine Strategie europäischer Sozialdemokraten zu formulieren, die eine angemessene Antwort auf die beiden großen Herausforderungen der Zeit – demografischer Wandel und Globalisierung – geben sollte" (Schröder 2006: 275). In dem Papier kritisierten Blair und Schröder die traditionelle Sozialdemokratie als zu staatszentriert und warfen ihr vor, die Bedeutung von eigener Anstrengung und Eigenverantwortung unterschätzt zu haben. Daher plädierten sie für eine stärkere Rolle des Marktes und sprachen sich unter anderem für Unternehmenssteuersenkungen, niedrigere Sozialausgaben und einen flexibleren Arbeitsmarkt aus (zum Hintergrund Liddle 2001; Jeffery/Handl 1999).

Auf der Ebene der praktischen Politik konnte sich zunächst jedoch der traditionalistische Flügel durchsetzen, wie sich an der Fokussierung auf die Stärkung der Binnennachfrage und der Rücknahme der Sozialreformen der christlich-liberalen Koalition zeigt. In der Haushalts- und mit Abstrichen auch in der Steuerpolitik kam es jedoch schon nach wenigen Monaten zu einer deutlichen Kurskorrektur, die die Haushaltskonsolidierung und die Verbesserung der Investitionsbedingungen ins Zentrum stellte. Gerade in der Steuerpolitik spielte dabei der Standortwettbewerb eine dominierende Rolle, wie in allen einschlägigen Gesprächen deutlich gemacht wurde (Interviews BMF 3, SPD, Bündnis 90/Die Grünen 2). Ein vergleichbarer Kurswechsel weg von den Positionen der sozialdemokratischen Traditionalisten lässt sich in der Sozialpolitik dagegen erst ungleich später, nämlich ab 2002 mit den Hartz-Reformen und der „Agenda 2010", feststellen. Lässt sich dieses Muster mit dem vorgestellten Modell erklären?

In der Terminologie des Vetospieler-Theorems ist die SPD als ein Vetospieler mit geringer Kohäsion zu begreifen. Da aber die einzelnen innerparteilichen Gruppen in der SPD anders als in der Union der 1980er Jahre kein Vetorecht besaßen, ist entsprechend dem Vetospielertheorem mit geringer Policy-Stabilität, also potenziell großem Wandel zu rechnen. In einer solchen Konstellation wird der Output sehr stark von der Position des Agenda-Setters abhängen, die angesichts der vergleichsweise großen Bedeutung des Ressortprinzips in der Bundesrepublik dem einzelnen Minister zufallen kann. Dies erklärt, warum Lafontaine zu Beginn der Regierungszeit die Möglichkeit besaß, seine Ziele in erheblichem Maße umzusetzen: Nicht nur konnte er als SPD-Vorsitzender erheblichen Einfluss auf die Willensbildungsprozesse des wirtschaftspolitisch wenig kohäsiven großen Koalitionspartners nehmen; wichtiger ist, dass er in seiner Funktion als Finanzminister auch als Agenda-Setter fungierte, und so seine Vorstellungen auch gegen den teilweise offenen Widerstand einiger sozialdemokratischer Modernisierer in erheblichem Ausmaß durchsetzen konnte. Auf der anderen Seite genügte dann jedoch bereits Lafontaines Rücktritt, um einen Richtungswechsel in der Finanzpolitik durchzusetzen.

Allerdings ist bestritten worden, dass Lafontaines Rücktritt der entscheidende Wendepunkt zumindest in der rot-grünen Steuerpolitik gewesen sei (vgl. Ganghof 2004: 122). Dieses Argument kann in der Tat darauf verweisen, dass die Brühler Kommission zur Vorbereitung einer Reform der Unternehmensbesteuerung bereits unter Lafontaine eingesetzt worden war, und zwar mit dem Ziel, den Körperschaftsteuersatz auf 25% zu senken. Dass allerdings Lafontaine bereit gewesen wäre, die letztlich verabschiedete Steuerreform mitzutragen, einschließlich der riesigen Nettoentlastung und der erheblichen Senkung des Spitzensteuersatzes, hielten auch die meisten Gesprächspartner für unwahrscheinlich bis unmöglich: „Das hätte der sabotiert" (Interview Bündnis 90/Die Grünen 1; ähnlich Interview Bündnis 90/Die Grünen 2). Es sollte in diesem Zusammenhang nicht vergessen werden, dass auch der Regierungsentwurf bereits eine deutliche Nettoentlastung sowie eine Senkung des Spitzensteuersatzes beinhaltete, die nennenswert über das hinausging, was Lafontaine für nötig gehalten hatte. Und der Vorstellung, dass der Gesetzentwurf bereits in Antizipation der Auseinandersetzungen im Bundesrat ausgearbeitet worden sei, wurde von allen Gesprächspartnern von SPD und Bündnis 90/Die Grünen widersprochen (Interviews SPD, Bündnis 90/Die Grünen 1 und 2, BMF 3). Insofern erscheint es durchaus plausibel, die personelle Veränderung in der Führung des Finanzministeriums in Zusammenhang mit der finanzpolitischen Wende der rot-grünen Regierung zu bringen.

Dagegen blieb das Sozialministerium bis 2002 unter der Leitung des traditionalistischen SPD-Flügels, was entsprechend zu einer Fortsetzung der klassisch-sozialdemokratischen Politik auch nach Lafontaines Rücktritt führte. Ein gleichzeitiger Richtungswechsel in der Finanz- und der Beschäftigungspolitik wäre in der SPD einerseits wohl kaum möglich gewesen, erschien den Modernisierern andererseits aber angesichts der Entwicklung auf dem Arbeitsmarkt zu diesem Zeitpunkt auch nicht als dringend notwendig. Erst mit der Hartz-Kommission versuchte der Bundeskanzler erfolgreich, die Traditionalisten im Sozial- und Arbeitsministerium zu „umspielen", und schließlich erlaubte es die Neustrukturierung des Arbeitsministeriums und die Ersetzung des gewerkschaftsnahen Walter Riester durch Wolfgang Clement den Modernisierern, zumindest auch in der Arbeitsmarktpolitik ihre Vorstellungen durchzusetzen und die vorher von den Traditionalisten verfolgte Politik wieder zurückzunehmen. Dass mit der Riester-Rente auch schon vor 2002 ein Reformprojekt durchgesetzt wurde, das nicht traditionell sozialdemokratisch war, widerspricht dieser Interpretation keineswegs, im Gegenteil wird sie durch diese Reform sogar gestützt: Der spätere Sozialminister Walter Riester hatte nämlich schon Mitte der 1990er Jahre, damals noch als zweiter Vorsitzender der IG Metall, deutliche Veränderungen am Rentensystem in Form so genannter Tariffonds vorgeschlagen, die dann mit der Rentenreform auch in wesentlichen Teilen gegen erheblichen innerparteilichen und gewerkschaftlichen Widerstand durchgesetzt wurden (vgl. Trampusch 2006: 67f.). Demnach war Riester durchaus bereit und in der Lage, eigene Reformideen auch gegen Widerstände durchzusetzen, also als Agenda-Setter Einfluss zu nehmen. Entsprechend dürfte er in den meisten übrigen sozialpolitischen Fragen, in denen zwischen 1998 und 2002 keine größeren Reformanstrengungen unternommen wurden, keinen nennenswerten Veränderungsbedarf wahrgenommen haben.

Allerdings ist unbestritten, dass der Einfluss des Agenda-Setters Grenzen hat: Das zeigte sich vor allem bei den Reformen der „Agenda 2010", die in der SPD höchst umstritten waren: Einige gewerkschaftsnahe SPD-Dissidenten, vornehmlich Bundestagsabgeordnete aus Bayern, sammelten sogar Unterschriften für ein Mitgliederbegehren, das die Reformagenda stoppen sollte. Wenngleich es zu dieser Urwahl nicht kam, weil die notwendige Zahl an Unterschriften nicht erreicht wurde, konnte der linke Flügel immerhin einen Sonderparteitag durchsetzen, auf dem der Regierungskurs am 1. Juni 2003 nach durchaus kontroverser Diskussion mit großer Mehrheit gebilligt wurde. Dazu musste der Bundeskanzler und Parteivorsitzende Schröder allerdings zu Zuckerbrot und Peitsche greifen, indem er einerseits einen Leitantrag akzeptierte, der bestimmte Forderungen der Parteilinken (Ausbildungsabgabe, Wiedereinführung der Vermögensteuer) aufnahm und zur Weiterberatung an den nächsten ordentlichen Parteitag verwies, andererseits aber mit seinem Rücktritt für den Fall drohte, dass die Partei ihm nicht folgen sollte (FAZ, SZ, 2.6.2003). Dass damit die parlamentarische Durchsetzung der „Agenda 2010" noch nicht gesichert war, zeigte sich bei den Bundestagsabstimmungen über die vierte Hartz-Reform und die Gesundheitsreform, bei denen die Bundesregierung auf die parlamentarische Unterstützung der Opposition angewiesen war, da in beiden Fällen einige Koalitionsabgeordnete den Vorlagen nur mit erheblichen Bedenken oder gar nicht zustimmen mochten (vgl. ausführlicher Zohlnhöfer/Egle 2007: 14f.).

In einzelnen Fällen scheiterte die Regierung mit ihren Vorstellungen sogar vollständig in ihren Fraktionen. So erging es etwa Finanzminister Eichel und Wirtschaftsminister Clement im September 2003 mit wesentlichen Elementen ihrer Pläne zur Gewerbesteuerreform, die von der eigenen Fraktion sowie vom Koalitionspartner als zu wirtschaftsfreundlich angesehen wurden (SZ, 1.9.2003; Die Welt, 4.9.2003). Zwar wurde auch in diesem Fall Eichels Gesetzentwurf in erster Lesung formal gebilligt, dann aber eine Fraktionsarbeitsgruppe eingesetzt, die wesentliche Änderungen an dem Entwurf ausarbeitete, die im Finanzausschuss schließlich angenommen wurden (vgl. BT-Drs. 15/1727: 5-26, BT-Drs. 15/1760). Teile dieser Änderungen, insbesondere die Ausweitung der Bemessungsgrundlage, wurden jedoch im Vermittlungsausschuss wieder aus dem Paket herausgenommen, sodass also die oppositionelle Bundesratsmehrheit teilweise mithalf, die Position der Regierung gegen die Koalitionsfraktionen durchzusetzen. Das verweist darauf, dass auch der Bundesrat einen erheblichen Einfluss auf die Ausgestaltung der rot-grünen Finanzpolitik ausgeübt hat.

Soweit Gesetze nicht zustimmungspflichtig waren bzw. solange im Bundesrat eine eigene rot-grüne Mehrheit existierte, wurden diese Reformen meistens auch in kaum veränderter Form verabschiedet. Anderes gilt freilich für zustimmungspflichtige Reformen, die nach dem April 1999 im Bundesrat beraten wurden. Mit dem Machtwechsel in Hessen und dem Verlust der rot-grünen Bundesratsmehrheit waren nämlich Kompromisse mit mindestens einer Landesregierung notwendig, der auch eine der beiden bürgerlichen Oppositionsparteien angehörte. Das bedeutet, dass seit April 1999 die Kongruenz der Vetospieler, und damit auch das postulierte Reformpotenzial, dramatisch abgenommen hat.[171] Mit dem Machtwechsel in Sachsen-Anhalt im Mai 2002 erreichte die Bundestagsopposition schließlich sogar eine eigene Mehrheit im Bundesrat, die sie bis zum Ende der rot-grünen Regierungsperiode noch weiter ausbaute.

Welche Auswirkungen auf die Reforminhalte hatten die abweichenden Mehrheitsverhältnisse in Bundestag und Bundesrat? Auffallend ist, dass die Konzessionen, die der Bundesrat erzwang, tatsächlich gewachsen sind, nachdem die unionsregierten Länder im Frühjahr 2002 eine eigene Mehrheit erreicht hatten (vgl. zum Folgenden Zohlnhöfer 2004b: 396ff.). Zwar lassen sich in einer Reihe von Fällen schon vorher deutliche Spuren des Einflusses der bürgerlichen Oppositionsparteien auf die Reformpolitik feststellen, wenn beispielsweise bei der Eichel'schen Steuerreform

---

171 Wenn man die von Benoit und Laver (2006) erhobenen Daten zur Positionierung der Parteien im Bereich Wirtschaftspolitik zugrunde legt, verringerte sich die Vetospielerkongruenz durch das Hinzukommen einer bürgerlichen Partei als Vetospieler über den Bundesrat massiv, nämlich von 1,7 auf 5,1, wenn man die Union als pivotalen Akteur im Bundesrat betrachtet. Sollte auch die Zustimmung der FDP erreicht werden, stieg die Distanz noch weiter, nämlich auf 9,4. Nach den Party Manifesto-Daten von Budge u.a. (2001) sank die Kongruenz ebenfalls erheblich. Statt 0,64 betrug die Distanz zwischen den relevanten Vetospielern in der Wirtschaftspolitik nach dem Wandel in den Mehrheitsverhältnissen im Bundesrat 4,48.

der Spitzensteuersatz der Einkommensteuer auf 42% und damit stärker als zunächst vorgesehen (45%) gesenkt und beim Sparpaket 1999 gewisse, wenngleich geringe Konzessionen durchgesetzt wurden oder in der Gesundheitspolitik mit dem Globalbudget und der Abschaffung der dualen Finanzierung der Krankenhäuser zwei Maßnahmen sogar vollständig scheiterten.

Doch ab 2002 war der Einfluss der Länderkammer auf die rot-grüne Reformpolitik ungleich größer: Das Steuervergünstigungsabbaugesetz beispielsweise, mit dem Mehreinnahmen über den Abbau von Steuervergünstigungen erlangt werden sollten, scheiterte in wesentlichen Teilen, sodass das Volumen der Mehreinnahmen auf ein gutes Viertel des ursprünglich angestrebten Betrages reduziert wurde. Beim Vorziehen der letzten Steuerreformstufe um ein Jahr führte der Einfluss der Union zu einer Halbierung des Volumens, während gleichzeitig erneut die Subventionskürzungen, etwa bei der Eigenheimzulage und der Pendlerpauschale, geringer ausfielen als von der Koalition zunächst vorgesehen. Ebenso verhinderte die Union die Einbeziehung der Freiberufler in die Gewerbesteuer sowie die Erweiterung von deren Bemessungsgrundlage auf Kostenelemente wie Mieten, Zinsen und Leasinggebühren. Auch arbeitsmarktpolitische Vorhaben wurden durch den Bundesrat mitbeeinflusst, wie sich etwa an der Verschärfung der Zumutbarkeitskriterien zeigte. Die Gesundheitsreform 2003 schließlich arbeiteten Koalition und CDU/CSU sogar von vornherein gemeinsam aus.

Bewertet man den Einfluss des Bundesrates seit 2002 inhaltlich, so fällt auf, dass er die Reichweite beschäftigungspolitischer Reformen (Liberalisierung des Arbeitsmarktes, Zumutbarkeitskriterien) signifikant erhöhte, während er in finanzpolitischen Fragen (Subventionsabbau, Vorziehen der Steuerreform) eher bremste. Die Erklärung findet sich in einem strategischen Kalkül der Union: Während sich CDU/CSU in der Finanzpolitik durch die Blockade der einschlägigen Kürzungen die Chance erhielten, nach einem als hoch wahrscheinlich eingeschätzten Wahlsieg bei der nächsten Bundestagswahl diese zusätzlichen Einnahmen für die Finanzierung der eigenen Steuerreform einsetzen zu können, versuchte die Union in der Arbeitsmarktpolitik dazu beizutragen, unpopuläre Reformen bereits vor der eigenen Regierungsbeteiligung aus dem Weg zu räumen (Interview CDU/CSU-Fraktion).

Auf der anderen Seite ist durchaus bemerkenswert, wie häufig es der rot-grünen Bundesregierung vor 2002 gelang, die fehlende Bundesratsmehrheit zu kompensieren und trotzdem ihre favorisierten Politiken ohne größere Abstriche durch die Länderkammer zu bringen. Hierfür fand die Koalition verschiedene Wege, die es ihr erlaubten, die Bundesratsmehrheit zu „umspielen". So wurden beispielsweise unmittelbar nach der verlorenen Landtagswahl in Hessen, aber noch vor dem Abschluss der Regierungsbildung der neuen CDU/FDP-Koalition wichtige Reformen mit den Stimmen der bereits abgewählten rot-grünen Koalition Hans Eichels durch den Bundesrat gebracht, vor allem die Lafontaine'sche Steuerreform. In anderen Fällen wurden Gesetze in zustimmungspflichtige und zustimmungsfreie Teile aufgespalten. Dies erlaubte es der Regierung häufig, die wichtigsten Teile ihrer Reformen auch ohne eine Einigung mit der Länderkammer durchzusetzen. Die rot-grüne Koalition beschritt diesen Weg bei der Rentenreform, beim Sparpaket von 1999, bei der ersten Gesundheitsreform sowie bei den Hartz-Reformen.

In einer Reihe von Fällen nutzte die Regierung zudem die Tatsache, dass eine eigene Oppositionsmehrheit im Bundesrat (noch) nicht existierte, indem sie die „gemischten" Länder durch einzelne Konzessionen auf ihre Seite brachte. Bei der Eichel'schen Steuerreform etwa kam es zwar auch zu weiteren inhaltlichen Zugeständnissen an die rheinland-pfälzischen Liberalen, etwa in der Frage des Spitzensteuersatzes, doch die Zustimmung der Länder Berlin, Brandenburg, Bremen und Mecklenburg-Vorpommern wurde vor allem durch Seitenzahlungen erkauft, die nicht unmittelbar mit der Reform zu tun hatten, etwa die Zusage zur Unterstützung beim Länderfinanzausgleich (Bremen) oder durch Gelder für die Museumsinsel (Berlin) und Verkehrsprojekte (Brandenburg, Mecklenburg-Vorpommern). In ähnlicher Weise wurde auch der zustimmungspflichtige Teil der Rentenreform 2000 durchgesetzt, nicht zuletzt indem Berlin und Brandenburg den Zuschlag für die neue Behörde, die die Riester-Rente verwalten sollte, und damit die Aussicht auf etwa 1000 neue Arbeitsplätze erhielten (Harlen 2002: 71-76; Merkel 2003: 174, 178). Solche „Kaufstrategien" erlaubten es der rot-grünen Regierung, die im Bundesrat entscheidenden „gemischt" regierten Bundesländer zur Zustimmung zu bewegen, ohne zusätzliche inhaltliche Konzessionen machen zu müssen. Unter der Konstellation einer eindeutigen Mehrheit unionsgeführter Länder im Bundesrat ließ sich diese Strategie dann aber nicht mehr durchsetzen, sodass eben größere inhaltliche Konzessionen gemacht werden mussten.

Gerade in der Steuerpolitik ist zusätzlich der Antizipation eines Urteils des Bundesverfassungsgerichts ein bestimmender Einfluss zugeschrieben worden. So hatte der Bundesfinanzhof im Februar 1999 geurteilt, dass die Senkung des Einkommensteuerspitzensatzes für gewerbliche Einkommen nicht verfassungskonform sei (vgl. Ganghof 2004: 104). Soweit sich das Bundesverfassungsgericht dieser Argumentation anschließen würde, war damit eine gerade für die SPD attraktive Möglichkeit, Personenunternehmen zu entlasten, ohne gleichzeitig den allgemeinen Einkommensteuerspitzensatz senken zu müssen, verschlossen. Allerdings ist nicht sicher, wie stark das Urteil auf den Willensbildungsprozess eingewirkt hat. In den Gesprächen wurde auch auf explizite Nachfrage lediglich von einem grünen Fachpolitiker, der vermutlich ohnehin eine weitere Senkung des Spitzensteuersatzes befürwortet hatte, auf das Urteil Bezug genommen (Interview Bündnis 90/Die Grünen 2), alle anderen Gesprächspartner sahen dagegen den steuerpolitischen Handlungskorridor der rot-grünen Koalition durch das Urteil nicht nennenswert eingeschränkt.[172] Fakt ist je-

---

[172] Dass ein Beschluss des Bundesfinanzhofes keineswegs zu vorauseilendem Gehorsam des Gesetzgebers führen muss, zeigt der Fall der Reform der Erbschaftsteuer. So äußerte der Bundesfinanzhof in einem Beschluss vom 22. Mai 2002 verfassungsrechtliche Bedenken gegen die Begünstigung des Betriebsvermögens im Erbschaft- und Schenkungsteuergesetz und legte das Gesetz dem Bundesverfassungsgericht zur Prüfung vor. Dennoch einigten sich die rot-grüne Bundesregierung und die Union im Rahmen des Job-Gipfels vom März 2005 auch auf Neuregelungen bei der Besteuerung von Erbschaften und Schenkungen, durch die „die schon jetzt geltende und vom Bundesfinanzhof inkriminierte Begünstigung des Betriebsvermögens [...] noch weiter ausgebaut" wird (SVR 2005: 290). Die entsprechenden Gesetzentwürfe, die wegen des vorzeitigen Endes der Legislaturperiode nicht mehr verabschiedet werden konnten, wurden jedoch von der Großen Koalition wieder aufgenommen (vgl. Zohlnhöfer 2006e: 108).

doch, dass der gesonderte Spitzensteuersatz für gewerbliche Einkommen tatsächlich mit der Steuerreform abgeschafft wurde. Ob allerdings der Spitzensatz der Einkommensteuer aufgrund des Urteils stärker gesenkt wurde als es sonst der Fall gewesen wäre, ist schwer zu sagen. Die wichtigste Maßnahme zu einer gesonderten Entlastung von Personenunternehmen war aber die neu geschaffene Möglichkeit, die Gewerbesteuer pauschaliert und typisiert der Einkommensteuerschuld gegenzurechnen – es wurde also zumindest teilweise eine Alternative zur gesonderten Besserstellung gewerblicher Einkünfte gefunden. Entsprechend wurde gerade von Seiten der SPD argumentiert, dass eine weitere Senkung des Spitzensteuersatzes nicht nötig und zu verhindern gewesen wäre, wenn innerhalb der SPD eine einheitliche Position vertreten worden wäre (Interview SPD) – ein weiterer Hinweis auf die große Bedeutung, die die innerparteilichen Gruppen in der SPD für die rot-grüne Regierungspolitik spielten.

7.5.3.3 Der Wettbewerb um Wählerstimmen

Wer die rot-grüne Finanz- und Sozialpolitik vollständig verstehen will, wird jedoch noch weitere Fragen stellen. Etwa diejenige danach, wieso in einigen Bereichen, in denen der Bundesrat keine Zustimmungsrechte geltend machen konnte und in denen große Übereinstimmung innerhalb der Koalition bestand, etwa bei der Senkung der Lohnnebenkosten, nicht weiterreichende Veränderungen gelangen. Auch die Frage, warum der Bundeskanzler gerade im Jahr 2002 begann, die Traditionalisten im Bundesministerium für Arbeit und Sozialordnung zu umspielen und warum er sich dann mit der „Agenda 2010" vom März 2003 an weiterreichende Reformen wagte, ist noch nicht vollständig beantwortet. Zu ihrer Beantwortung muss nämlich auch der Wettbewerb um Wählerstimmen in die Überlegungen einbezogen werden, der eine überragende Bedeutung für die rot-grüne Bundesregierung gewann.

In der Tat bewirkte der Parteienwettbewerb in einer Reihe von Fällen, dass weiterreichende Reformen ausblieben. Das anschaulichste Beispiel in dieser Hinsicht ist die Ökologische Steuerreform, über deren Durchsetzung prinzipiell hohe Übereinstimmung in der Koalition herrschte, wenngleich die Grünen deutlich weiter reichende Vorstellungen hegten als die SPD (vgl. Zohlnhöfer 2003c: 65). Die tatsächlich durchgesetzten Schritte waren jedoch nicht nur weit von der im grünen Wahlprogramm genannten Größenordnung entfernt, sondern sie reichten nicht einmal aus, das in der Koalitionsvereinbarung aufgestellte Ziel bei der Senkung der Lohnnebenkosten zu erreichen.

Erklärbar wird das Ausbleiben einer einschneidenderen Ökosteuerreform vor dem Hintergrund, dass die Erhöhung der Benzinpreise in weiten Teilen der Wählerschaft unbeliebt war und sogar die Grünen selbst unter ihrer Forderung von 1998, den Benzinpreis binnen zehn Jahren auf fünf DM pro Liter zu erhöhen, an den Wahlurnen zu leiden hatten (zum Folgenden Raschke 2001: 217ff.). Um die eigenen Stammwähler und potenzielle Wechselwähler zu beruhigen, kündigte die SPD (1998: 59f.) in ihrem Wahlprogramm in Bezug auf die Ökosteuern an: „Überzogene und untragbare

Belastungen wird es mit der SPD nicht geben". Gerhard Schröder legte sich schon im Wahlkampf, dann noch einmal während der Koalitionsverhandlungen und schließlich bei den Verhandlungen um die Weiterführung der Reform nach der ersten Stufe darauf fest, dass eine Erhöhung des Benzinpreises um mehr als sechs Pfennig pro Liter je Reformstufe mit ihm nicht zu machen sei – womit er sehr effektiv den Handlungsspielraum der Koalitionsparteien, und insbesondere der Grünen, begrenzte.

Aber auch bei anderen Detailregelungen dieses Projekts werden die Effekte des Wettbewerbs um Wählerstimmen deutlich. Ein Lehrstück ist in dieser Hinsicht die Einführung der Entfernungspauschale im Herbst 2000 (Raschke 2001: 230). Nachdem Union und FDP bereits vorher mehrmals die Aussetzung der Ökosteuer gefordert hatten, kam es im September 2000 angesichts steigender Benzinpreise in mehreren Städten zu Protestaktionen gegen die Steuer. Daraufhin kündigte der Bundeskanzler „soziale Korrekturen" an dem Konzept an, die schließlich in Form eines einmaligen Heizkostenzuschusses an Wohngeldempfänger und einer Umwandlung der Kilometerpauschale in eine Entfernungspauschale sowie deren Erhöhung für Fernpendler auch umgesetzt wurden – wenngleich dadurch die angestrebten Steuerungsleistungen der Ökosteuer erheblich infrage gestellt wurden.

Auch die Zurückhaltung bei weiteren Kürzungsmaßnahmen zur Konsolidierung des Haushaltes und der Sozialversicherungen zwischen 2000 und 2002 dürfte nicht zuletzt dem Parteienwettbewerb geschuldet gewesen sein, erlitt die SPD doch nach der Ankündigung des Eichel'schen Sparpakets im zweiten Halbjahr 1999 empfindliche Niederlagen bei einer Reihe von Landtagswahlen, die zumindest teilweise auf die in dem Sparpaket enthaltenen Sozialkürzungen zurückgeführt wurden (Broughton 2000). Entsprechend schreckte insbesondere die SPD vor weiteren Kürzungen zurück (Interviews SPD, Bündnis 90/Die Grünen 1 und 2). Insbesondere weitere Kürzungen im Sozialversicherungsbereich sollten vermieden werden, sodass vor allem eine geplante Gesundheitsreform in die folgende Legislaturperiode verschoben wurde, um „größere Auseinandersetzungen im konfliktträchtigen Feld der Gesundheitsversorgung zu vermeiden" (Brandhorst 2003: 217; vgl. auch Hartmann 2003: 276).

Die wahlpolitische Ausrichtung bestimmte die Finanzpolitik insbesondere im Jahr 2002 so stark, dass sie sogar die Verpflichtungen aus der Europäischen Integration, insbesondere dem Europäischen Stabilitäts- und Wachstumspakt, dominierte. Der haushaltspolitische Kurswechsel vom Sommer 1999 ließe sich auf den ersten Blick ja noch als Bestätigung der These auffassen, dass unter den Bedingungen des Europäischen Stabilitäts- und Wachstumspaktes keine expansive Fiskalpolitik mehr möglich sei (vgl. als Überblick über die einschlägigen Regelungen Hallerberg 2002). Doch scheint schon diese Interpretation nicht ganz stichhaltig zu sein: Der finanzpolitische Kurswechsel war vielmehr – wie gesehen – das Ergebnis innerparteilicher Auseinandersetzungen, bei denen sich letztlich die ‚Modernisierer' in der SPD gegen den Lafontaine-Flügel durchsetzen konnten. Ziel der ‚Modernisierer' war aber nicht in erster Linie die Anpassung an den Stabilitäts- und Wachstumspakt; entscheidender für die Ausgestaltung der Haushaltspolitik unter Eichel dürfte vielmehr die Sorge um die eingeschränkte Gestaltungsfähigkeit des Staates durch die hohe

Staatsverschuldung gewesen sein: „Der sozialen Gerechtigkeit heute wegen und der Handlungsfähigkeit des Staates heute und in Zukunft wegen müssen wir heraus aus der Schuldenfalle. [...] Es führt kein Weg an einer konsequenten Haushaltskonsolidierung vorbei" (PlPr. 14/54: 4651). Der Finanzpolitik der rot-grünen Regierung ging es seit dem Sommer 1999 also eher um „die Wiedergewinnung finanzpolitischer Handlungsspielräume" (JWB 2001: 26) als allein um die Erfüllung der Vorgaben des Stabilitätspaktes.

Doch vor allem die Auseinandersetzung um die haushaltspolitische Frühwarnung an die Bundesregierung im Februar 2002 zeigte die Grenzen des Stabilitätspaktes auf. Die von der EU-Kommission empfohlene Frühwarnung wurde bezeichnenderweise auch von den meisten finanzpolitischen Experten der Koalitionsfraktionen und offenbar sogar vom Finanzminister selbst als angemessen und sogar hilfreich für die Weiterverfolgung der Konsolidierungspolitik betrachtet und entsprechend unterstützt (Interviews BMF 3, SPD, Bündnis 90/Die Grünen 1 und 2). Der Bundeskanzler allerdings „wollte keine Schulnoten aus Brüssel" bekommen (Interview SPD) und sah in einem solchen „blauen Brief" eine schwere Hypothek für den Bundestagswahlkampf. Daher verpflichtete er die Koalition darauf, mit aller Macht die notwendige qualifizierte Mehrheit im Rat zu verhindern, was ihr schließlich auch gelang – wenn auch mit dem Zugeständnis, dass die Bundesregierung sich (und die übrigen Gebietskörperschaften!) zu strikter Haushaltsdisziplin und dem Vorlegen eines „nahezu ausgeglichenen" Staatshaushaltes bis 2004 verpflichtete.[173] Dennoch wurde in der Presse von einem „Kniefall vor Deutschland" (NZZ, 13.2.2002) und einer „Koalition der Krähen, die einander die Augen nicht auspicken" (FAZ, 13.2.2002) gesprochen, durch die der Stabilitätspakt aufgeweicht würde; und sogar das Europäische Parlament kritisierte in seiner Entschließung vom 15. Mai 2002 zur jährlichen Bewertung der Durchführung der Stabilitäts- und Konvergenzprogramme (2002/2016 (INI)), „dass die Vorschriften des Stabilitäts- und Wachstumspaktes im Verlauf der gegenwärtigen Prüfung der Stabilitäts- und Konvergenzprogramme durch den Rat im Falle Deutschlands und Portugals nicht streng angewendet wurden" (zit. nach BT-Drs. 15/737: 8).

In der Tat ist die Haushaltspolitik auf Bundesebene – abgesehen von der Vereinbarung eines nationalen Stabilitätspaktes, bei dem aber keine Sanktionen vorgesehen sind – kaum von Eichels Zugeständnis beeinflusst worden; im Gegenteil lagen die Defizitquote auch in den Jahren nach 2002 trotz der Selbstverpflichtung der Bundesregierung regelmäßig ganz erheblich über der Drei-Prozent-Marke. Zwar leitete die EU-Kommission im November 2002 ein formelles Defizitverfahren gegen Deutschland ein, doch drängte der Bundeskanzler im Gegenzug auf eine „konjunkturgerech-

---

[173] Der Bund wollte dennoch erst im Jahr 2006 einen ausgeglichenen Haushalt vorlegen, während er für 2004 und 2005 noch den Spielraum ausnutzen wollte, der durch die Einschränkung des „nahezu" ausgeglichenen Haushaltes existierte. Dagegen sollten die übrigen Gebietskörperschaften bereits 2004 den Haushaltsausgleich geschafft haben. Finanzminister Eichel legte diesen Zeitplan im Mai 2003 angesichts der desolaten Lage der öffentlichen Finanzen und Steuerausfällen in Rekordhöhe jedoch zu den Akten (vgl. Interview in Der Spiegel, 12.5.2003).

te" Ausgestaltung des Stabilitätspaktes (PlPr. 15/4: 52) und wendete sich gegen seine „statische" Interpretation (PlPr. 15/32: 2482), was sich schließlich auch in einer Neuordnung des Stabilitätspaktes niederschlug – und darin, dass Deutschland keine Sanktionen zu zahlen hatte, obwohl erst der Haushalt 2006 wieder den Vorgaben des Stabilitätspaktes entsprach.

Der Parteienwettbewerb hielt die Bundesregierung aber nicht nur davon ab, sich den Regeln des europäischen Stabilitätspaktes unterzuordnen – im markanten Gegensatz zur niederländischen Regierung Balkenende, die alles daran setzte, das Defizit so schnell wie möglich wieder zu begrenzen. Auch die Wähler wurden im Wahlkampf 2002 und noch bei der Beratung über den Bundeshaushalt 2003 wenige Tage vor der Bundestagswahl mit überoptimistischen Annahmen über den Zustand der Staatsfinanzen versorgt, während in den Wochen unmittelbar nach der Wahl die Notwendigkeit eines Nachtragshaushaltes noch für 2002 und erheblicher Einsparung und Steuermehreinnahmen in den Folgejahren eingestanden wurde – mit der Folge, dass sich viele Wähler getäuscht fühlten und die Regierung, vor allem die SPD, in den Monaten nach der Bundestagswahl in der politischen Stimmung in beispiellosem Maße abstürzte (Zohlnhöfer 2007a: 134).

Auch in der Sozial- und Arbeitsmarktpolitik ließ sich ein Muster beobachten, das die Erwartungen über die Wirkungen des Parteienwettbewerbs auf die Politik geradezu lehrbuchmäßig bestätigt (vgl. Blancke/Schmid 2003; Zohlnhöfer 2004b): Nach der Einlösung der Wahlversprechen bezüglich der Rücknahme einiger unpopulärer Maßnahmen aus der Kohl-Ära sowie der – eher missglückten und daher zunehmend unpopulären – Neuregelung der geringfügigen Beschäftigung und der Scheinselbständigkeit hielt sich die rot-grüne Koalition mit weiteren Maßnahmen zurück. Der sinkende Problemdruck in Form abnehmender Arbeitslosigkeit – die Zahl der Arbeitslosen näherte sich wie gesehen zeitweise der für 2002 angepeilten Zielmarke von 3,5 Mio. – ließ unpopuläre Maßnahmen in der Arbeitsmarktpolitik und damit verbundene Konflikte, insbesondere mit den Gewerkschaften, entbehrlich erscheinen. Sie wurden daher vermieden. Als der Reformdruck jedoch wieder anstieg, da die zunehmende Arbeitslosigkeit die Erreichung des Zielwertes bei der Arbeitslosigkeit und damit die Wiederwahl der Regierung zu gefährden drohte, und der Wahltermin näher rückte, führte dies zu neuem arbeitsmarktpolitischen Aktionismus, der seinen Höhepunkt in der Einsetzung der Hartz-Kommission fand, die kurz vor der Bundestagswahl ihren Bericht vorlegte und so den Wählern die arbeitsmarktpolitische Handlungsfähigkeit der Bundesregierung vor Augen führen sollte.

Die „Agenda 2010" und der Job-Gipfel 2005 können ähnlich erklärt werden. Wie gesehen stürzte die SPD unmittelbar nach der Bundestagswahl 2002 in den Umfragen ab und erlitt erdrutschartige Niederlagen bei den Landtagswahlen in Hessen und Niedersachsen im Februar 2003. Der Hauptgrund für dieses Wahldebakel bestand darin, dass die Wähler die SPD als inkompetent zur Lösung der Wirtschafts- und Beschäftigungsprobleme wahrnahmen (Zohlnhöfer 2007a: 142). Daher wurde es erneut notwendig, die Reformfähigkeit der Koalition unter Beweis zu stellen. Die Landtagswahlergebnisse hatten verdeutlicht, dass ohne eine Verbesserung der wirtschaftlichen und insbesondere der Arbeitsmarktlage auch zukünftige Wahlniederlagen nur schwer zu verhindern sein würden (vgl. auch Raschke/Tils 2007: 519).

Wollte man also wenigstens die Chance haben, die nächste Bundestagswahl zu gewinnen, mussten möglichst bald Reformen eingeleitet werden, um diesen die Chance zu geben, bis zur nächsten Wahl positive Effekte zu zeitigen. Dass solche Reformen notwendig waren, wurde wiederum mit dem bisherigen Ausbleiben von Anpassungsreaktionen in Verbindung gebracht: „Dabei war völlig klar, dass zwei Parameter unabweisbar Veränderungen erzwangen: die Überalterung der Gesellschaft und die Globalisierung der Wirtschaft" (Schröder 2006: 388).

Nachdem trotz – oder präziser: als statistische Folge – dieser Reformen die Zahl der Arbeitslosen im Januar 2005 auf über fünf Millionen gestiegen war, sah sich die Bundesregierung neuerlich zum Handeln gezwungen. Angesichts der Mehrheitsverhältnisse im Bundesrat war jedoch von vornherein klar, dass etwaige Reformen der Zustimmung der Opposition bedurften, die entsprechend zu einem „Job-Gipfel" eingeladen wurde. Da erneut die Hauptgründe der deutschen Wirtschaftsmalaise in der mangelnden Anpassung an den internationalen Standortwettbewerb gesehen wurden, beide Seiten aber anderthalb Jahre vor der nächsten regulären Bundestagswahl wenig Interesse an unpopulären Sozialreformen hatten, einigte man sich auf einige steuerpolitische Maßnahmen, insbesondere die Senkung des Körperschaftsteuersatzes, die allerdings wegen des vorzeitigen Endes der Legislaturperiode nicht mehr von der rot-grünen, sondern (in noch weiterreichender Form) von der Großen Koalition verabschiedet wurden.

Allerdings stellten die mit dem Hartz-Paket, der „Agenda 2010" und dem Job-Gipfel vorgeschlagenen Reformen ein erhebliches elektorales Risiko insbesondere für die Regierung dar, wie die heftigen Attacken der Gewerkschaften gegen die Vorschläge der „Agenda 2010" belegen. Die SPD sah sich folglich mit einem elektoralen Dilemma konfrontiert: Wollte sie den Wählern Reformfähigkeit beweisen, musste sie einschneidende Reformen angehen, die aber selbst wahlpolitisch höchst riskant waren. Erstaunlich ist vor diesem Hintergrund, wie wenig Mühe die Bundesregierung lange Zeit darauf verwendete, die Reformen diskursiv oder durch Maßnahmen zur Dokumentation der „sozialen Symmetrie" abzusichern (Raschke/Tils 2007: 518ff.). Die einzige Vorgehensweise, die als Versuch betrachtet werden könnte, die Reformen politisch abzusichern, war die Kooperation mit der Union, die allerdings die Mehrheitsverhältnisse im Bundesrat in vielen Bereichen ohnehin erzwang. Die Union konnte auf diese Weise einige potenziell unpopuläre Reformen bereits vor einem als wahrscheinlich betrachteten eigenen Wahlsieg bei der nächsten Bundestagswahl durchsetzen, sie konnte aber angesichts ihrer eigenen Beteiligung an den Reformen umgekehrt auch nicht in größerem Umfang von der Ablehnung der meisten Reformen durch die Mehrzahl der Wähler profitieren.

Diese Schuldvermeidungsstrategie der „institutionellen Kooperation" zwischen kompetitiven Vetospielern (vgl. Zohlnhöfer 2007b) erlaubte es allerdings nicht, die Finanz- und Sozialpolitik aus dem Parteienwettbewerb herauszuhalten. Das lag in Ostdeutschland am neuerlichen Erstarken der PDS, im Westen des Landes am Entstehen der linkspopulistischen WASG, die sich im Wesentlichen aus vormaligen SPD-Mitgliedern rekrutierte und bei der Bundestagswahl 2005 mit der PDS kooperierte, mit der sie inzwischen zur Linkspartei fusioniert ist (vgl. zum Folgenden Zohlnhöfer 2007a). Diese Konkurrenz zur Linkspartei blieb nicht ohne Wirkung auf die SPD: Für 2004 wurde kurzerhand eine Reformpause ausgerufen, während sich SPD-Chef Müntefering im nordrhein-westfälischen Landtagswahlkampf 2005 – dem ersten, bei dem sich die SPD der WASG zu erwehren hatte – scharfer Antikapitalismus-Rhetorik bediente, um die SPD-Traditionswähler zurück zu gewinnen. Einem ähnlichen Muster folgte der Bundestagswahlkampf 2005, der keineswegs, wie ursprünglich angekündigt, zu einem „Plebiszit über die Agenda 2010" wurde, sondern der eher dem Wahlkampf einer Oppositionspartei entsprach, indem vor allem die Unionsprogrammatik in die Kritik genommen wurde (vgl. Hilmer/Müller-Hilmer 2006: 189f.). Nicht zuletzt dieser Strategie war es zu verdanken, dass sich die Verluste der SPD bei der Bundestagswahl 2005 in Grenzen hielten, wenngleich sie nicht verhindern konnte, dass SPD und Bündnis 90/Die Grünen keine Mehrheit im Bundestag mehr erhielten und von einer Großen Koalition abgelöst wurden.

7.6 Die deutsche Finanzpolitik seit 1982 im Lichte des theoretischen Modells

In Deutschland kam es in den 1980er und 1990er Jahren nur zu sehr vorsichtigen Anpassungsreaktionen an die Herausforderungen integrierter Märkte, wie besonders mit Blick auf die Steuersatzsenkungen deutlich wird. Am Anfang des 21. Jahrhunderts war zwar der Körperschaftsteuersatz deutlich gesunken, doch da deutsche Unternehmen zusätzlich noch mit der Gewerbesteuer und dem Solidaritätszuschlag belastet werden, lag der aus allen drei Steuern zu addierende „Unternehmensteuersatz" mit rund 39% nach wie vor ganz erheblich über dem Niveau in den anderen hier untersuchten, sowie auch in fast allen anderen EU-Mitgliedsländern (SVR 2005: 264). Daher wurde bereits beim Job-Gipfel 2005 eine weitere Senkung des Körperschaftsteuersatzes ins Auge gefasst und von der Großen Koalition eine weitere Absenkung auf 15% zum 1.1.2008 beschlossen. Eine Haushaltskonsolidierung gelang dagegen zwar in den 1980er Jahren, blieb aber seitdem – trotz explosionsartig zunehmender Sozialversicherungsbeiträge und eines inzwischen nahezu ebenso radikalen Privatisierungsprogramms, wie es die britischen Konservativen in den 1980er und 1990er Jahren aufgelegt hatten – erfolglos.

Lässt sich der deutsche Reformpfad mit Hilfe des dargestellten theoretischen Modells erklären? Dass es in den 1980er Jahren überhaupt zu Steuersenkungen und einer Konsolidierung des Haushaltes mit teilweise beachtlichen Einschnitten bei Sozialprogrammen kam, ist in der Tat auf die parteipolitische Zusammensetzung der Bundesregierung zurückzuführen, lehnte die seinerzeitige sozialdemokratische Opposition doch auch die häufig wenig weit reichenden Reformen strikt ab. Insoweit bewährt sich Hypothese 1. Warum kam es aber nicht zu weiterreichenden Maßnahmen? Von besonderer Bedeutung ist der Parteienwettbewerb, der gleich auf mehreren Wegen radikalen Reformen im Wege stand. Zum einen kam die Union 1982 mit einem moderaten wirtschaftspolitischen Programm an die Macht. Dies lag erstens daran, dass die Verschlechterung der ökonomischen Performanz in der Bundesrepublik in den 1970er Jahren keineswegs so gravierend war wie in den übrigen Untersuchungsländern, wo Diskussionen über den „british decline", die „holländische

Krankheit" oder die „am Rande des Abgrunds" stehende dänische Wirtschaft dominierten. Zweitens wurde diese Verschlechterung der gesamtwirtschaftlichen Entwicklung von der CDU/CSU hauptsächlich auf die Regierungsbeteiligung der SPD zurückgeführt, hatten doch bis zum Machtverlust der Christdemokraten 1969 Vollbeschäftigung und hohe Wirtschaftswachstumsraten geherrscht. Ein Bedarf zur Revision der eigenen wirtschaftspolitischen Position wurde also nicht gesehen. Drittens lösten auch die Niederlagen bei vier aufeinander folgenden Bundestagswahlen zwischen 1969 und 1980 keine Radikalisierung des wirtschaftspolitischen Programms aus, weil sie nicht auf die wirtschaftspolitische Position der Union zurückgeführt wurden. Viertens war die Union auch nicht in gleicher Weise von der Macht ausgeschlossen wie beispielsweise die britischen Konservativen, konnte sie doch auch in den 1970er Jahren über den Bundesrat in zunehmendem Maße mitregieren. Zum anderen entwickelten sich nach der Regierungsübernahme die zentralen wirtschaftspolitischen Erfolgsindikatoren zunächst insgesamt befriedigend, so dass die Regierung bis 1990 auch keinen Bedarf für eine Verschärfung des Reformkurses und weiterreichende Reformen sah. Diese Zusammenhänge stimmen mit den in Hypothese 4 aufgestellten Erwartungen überein.

Insbesondere ab Mitte der 1990er Jahre verschlechterte sich die wirtschaftliche Performanz ganz erheblich. Besondere Rückwirkungen hatte dies auf die Steuerpolitik. In den ersten Jahren nach der Vereinigung hatte die Regierung versucht, den Aufbau in Ostdeutschland vornehmlich über steuerliche Investitionsanreize bei weiterhin hohen Steuersätzen voranzutreiben. Das überdeutliche Scheitern dieses Ansatzes wurde von den entscheidenden Akteuren mit dem Ausbleiben von Anpassungsreaktionen, wie sie in fast allen anderen Ländern vorgenommen worden waren, in Zusammenhang gebracht. Gleichzeitig bedrohte die Verschlechterung der wirtschaftlichen Performanz die Wiederwahlhoffnungen der christlich-liberalen Koalition, was – erneut entsprechend Hypothese 4 – zu einer Radikalisierung des finanzpolitischen Programms der Koalition führte. Dieses sah einerseits erheblich stärkere Steuersatzsenkungen, andererseits maßgebliche Einschnitte bei Sozialleistungen und schließlich einen erheblichen Ausbau des Privatisierungsprogramms vor. Soweit die Reformen zustimmungspflichtig waren und somit der Bundesrat mit seiner oppositionellen Mehrheit zu einem kompetitiven Vetospieler wurde, liefen sie allerdings in erheblichem Maße an der institutionellen Struktur der Bundesrepublik auf, was zu einer Verringerung der Reformreichweite bis hin zur Blockierung im Fall der Steuerreform 1998/99 führte (Hypothesen 7 und 8). Dass eine sozialdemokratische Partei über den Bundesrat weiterreichende Anpassungsreaktionen verhinderte oder abschwächte, entspricht sowohl den Erwartungen von Hypothese 1 über die Parteiprogrammatik als auch denen von Hypothese 8 über kompetitive Vetospieler.

Auch die an Umverteilung orientierte Finanzpolitik der rot-grünen Bundesregierung unter Lafontaine ist mit Hypothese 1 hinreichend zu erklären. Anders als im Fall der sozialdemokratischen Schwesterparteien in den anderen hier untersuchten Ländern war es bei der SPD in der Oppositionszeit nicht zu einer grundlegenden programmatischen Revision gekommen, durch die es zur Akzeptanz der Notwendigkeit bestimmter Anpassungsreaktionen an Globalisierung gekommen wäre. Der Grund ist neuerlich ein wahlpolitischer: Anders als Labour, PvdA und SD hatte die

SPD während der 1980er und 1990er Jahre keine hinreichend schwere elektorale Krise durchzumachen, um zu einer Revision ihres wirtschaftspolitischen Kurses gezwungen zu sein. Zwar verlor auch die SPD vier aufeinander folgende Bundestagswahlen, doch war sie gleichzeitig auf Landesebene bemerkenswert erfolgreich, sodass sich das von ihr vertretene wirtschaftspolitische Programm kaum als wahlpolitisch obsolet abtun ließ.

Schwieriger wird es, den Politikwechsel ab 1999 bzw. 2002/3 zu erklären, der letztlich erst zur nennenswerten Senkung der Steuersätze sowie zu vergleichsweise weit reichenden Sozialreformen führte. Hier spielten die innerparteilichen Machtverhältnisse in der SPD – in der Terminologie der Vetospielertheorie: die Kohäsion des Vetospielers SPD – sowie die Position des Agenda-Setters eine wichtige Rolle, folgte doch auf den SPD-Traditionalisten Oskar Lafontaine der Modernisierer Hans Eichel an der Spitze des Finanz- und auf den Gewerkschafter Walter Riester der Modernisierer Wolfgang Clement als Chef des Arbeitsministeriums. Zumindest in den Augen der SPD-Modernisierer, die nach Lafontaines Rücktritt die rot-grüne Finanzpolitik dominierten und die ab 2002 zunächst durch die „Umspielung" und später die Aufteilung des BMAS auch die Sozialpolitik stark beeinflussten, lag der Grund für die unbefriedigende wirtschaftspolitische Performanz der Bundesrepublik in den 1990er Jahren, und nicht zuletzt für das wirtschaftspolitische Hauptproblem der SPD, die Arbeitslosigkeit, im bisherigen Ausbleiben einschlägiger finanz- und sozialpolitischer Anpassungsreaktionen. Daher sahen sie eine Senkung der Steuersätze und eine Reform der sozialen Sicherungssysteme als dringend erforderlich an (Hypothese 2). Insofern näherten sich die Positionen der Parteien in der Steuer- und Sozialpolitik unter dem Eindruck der wirtschaftlichen Probleme, die übereinstimmend mit der Herausforderung durch die wirtschaftliche Globalisierung in Zusammenhang gebracht wurden, einander an. Dabei wollte die rot-grüne Koalition allerdings weniger weit als die bürgerliche Konkurrenz gehen, insbesondere was den Spitzensatz der Einkommensteuer betrifft (Hypothese 1), und sie versuchte in bestimmten Bereichen, etwa bezüglich einiger Teile der Gegenfinanzierung der Steuerreform und in bestimmten Ausgabenbereichen (etwa Bildung), andere Wege als CDU/CSU und FDP zu gehen (Hypothese 3). Dass insbesondere der Spitzensteuersatz weiter als von der rot-grünen Koalition geplant gesenkt wurde, lag an der bürgerlichen Mehrheit im Bundesrat. Hier führte das Hinzukommen eines Vetospielers – entgegen Hypothese 7 – zu einer Ausweitung der Reformreichweite.

In der – trotz Stabilitätspakt – weit weniger von der Internationalisierung beschränkten Konsolidierungspolitik kam es dagegen kaum zu Übereinstimmung oder gar Kooperation zwischen den Parteien – wie es angesichts der bundesdeutschen Parteienwettbewerbskonstellation sowie der gesellschaftlich dominierenden Werte, bei denen nach wie vor Gleichheit eine große Rolle spielt, auch zu erwarten war (Hypothese 5). Der intensive Parteienwettbewerb ließ in vielen Bereichen der Konsolidierungspolitik auch eine Einbindung der Opposition über den Bundesrat scheitern, sodass die Regierungen jeweils gezwungen waren, ihre Konsolidierungsmaßnahmen weitest möglich zu kaschieren (Hypothese 6), etwa durch ad-hoc-Maßnahmen von zweifelhafter ordnungspolitischer Qualität, wie Haushaltssperren und Einsparungen im Haushaltsverfahren, oder durch die Intensivierung der Privatisierungsbemühungen. Lediglich bei den Sozialreformen der zweiten rot-grünen Wahlperiode kam es zu einer nennenswerten Kooperation zwischen Regierung und bürgerlicher Opposition, die vor allem darin begründet lag, dass sich auch die Opposition Vorteile von einer Einigung versprach, nämlich, dass bestimmte unpopuläre Reformen schon vor ihrer als wahrscheinlich betrachteten Regierungsübernahme nach der kommenden Bundestagswahl abgearbeitet sein würden.

8 Globalisierung der Wirtschaft und politische Anpassungsprozesse in vier europäschen Ländern – eine vergleichende Interpretation

Die Wirtschafts- und Finanzpolitik Großbritanniens, der Niederlande, Dänemarks und der Bundesrepublik Deutschland haben in den hier betrachteten gut 25 Jahren einen markanten Wandel durchgemacht, bei dem es eine Vielzahl von Gemeinsamkeiten gibt. In allen Ländern sind die Steuersätze der direkten Steuern, insbesondere der Körperschaftsteuer, heute erheblich niedriger als zu Beginn der 1980er Jahre, in allen Ländern steht die Konsolidierung des Haushaltes, ja teilweise sogar die Erwirtschaftung von Haushaltsüberschüssen, hoch auf der Agenda, während eine Steuerung der Konjunktur durch die Finanzpolitik wenigstens bis 2008 einen weit weniger prominenten Platz als noch in den 1970er Jahren einnahm, in allen Ländern ist der Wohlfahrtsstaat umgebaut worden, was teilweise zu weniger generösen Leistungen, aber auch zu einer stärkeren Betonung der Re-Integration von Personen im erwerbsfähigen Alter in die Arbeitsmärkte geführt hat, und alle Länder haben sich in erheblichem Umfang von ihren Beteiligungen an Unternehmen getrennt. Diese Veränderungen lassen sich in großen Teilen als Anpassungsreaktionen an die Herausforderungen internationalisierter Märkte, von denen die hier betrachteten vier westeuropäischen Länder durch die Globalisierung wie die Europäische Integration betroffen sind, verstehen – und sie wurden, so ist in den Fallstudien gezeigt worden, in der Mehrzahl der Fälle auch von den politischen Entscheidungsträgern so gesehen.[174]

Allerdings zeigen sich neben einer gewissen Konvergenz, wie sie eben beschrieben wurde, auch erhebliche Unterschiede zwischen den Ländern. Das gilt für die Zielerreichung, wo insbesondere die Bundesrepublik Deutschland sowohl bei finanzpolitischen Indikatoren wie dem Haushaltsdefizit als auch bei makroökonomischen Zielwerten wie Arbeitslosigkeit oder Wirtschaftswachstum deutlich schlechter abschnitt als die anderen Länder. Es gilt aber auch für den Zeitpunkt, zu dem Anpassungsreformen umgesetzt wurden – Großbritannien beispielsweise war hier deutlich früher aktiv als die übrigen Länder –, für die Reichweite der Reformen – nirgends ist etwa der Sozialstaat so weitreichend reformiert worden wie in den Niederlanden – sowie für das Ergebnis der Anpassung – der dänische ist (gemessen beispielsweise an der Sozialleistungsquote) nach wie vor der am stärksten ausgebaute der hier betrachteten Wohlfahrtsstaaten.

Insofern haben Globalisierung und Europäisierung also zu einem gewissen Maß an Konvergenz geführt. Aber diese Konvergenz ist weit davon entfernt, vollständig zu sein: Selbst bei der potenziell besonders stark vom Standortwettbewerb betroffe-

---

[174] Bei einigen Reformen, insbesondere in der Sozialpolitik, spielte darüber hinaus der demografische Übergang eine gewisse Rolle.

nen Körperschaftsteuer sind die Sätze nicht identisch, ganz zu schweigen von den nach wie vor sehr unterschiedlichen Wohlfahrtsstaaten und deren Finanzierung. Auch die Anpassungsinstrumente variierten, wie sich besonders deutlich an der Fokussierung der Finanzpolitik in den Niederlanden auf die Unterstützung einer moderaten Lohnpolitik und vergleichsweise aggressive steuerpolitische Maßnahmen zeigt, die sich in den anderen Ländern nicht oder jedenfalls nicht in vergleichbarem Umfang beobachten ließ. Hinzu kommt, dass die Anpassungsmaßnahmen nicht gleichzeitig zustande gekommen sind, von einem Anpassungsautomatismus also nicht gesprochen werden kann. Entsprechend kommen die politischen Determinanten für die Anpassungsreaktionen an Globalisierung in den Blick. In den zusammenfassenden Kapiteln der Fallstudien wurde das in Kapitel 2 vorgestellte Modell politischer Willensbildung bereits auf die jeweiligen nationalstaatlichen Anpassungsreaktionen angewendet. Im folgenden abschließenden Kapitel soll nun eine vergleichende Perspektive eingenommen werden, um zu überprüfen, inwieweit sich das Modell politischer Willensbildung auch im Querschnitt bewährt. Dabei erfolgt die Betrachtung der Übersichtlichkeit halber entlang der acht in Kapitel 2 explizierten Hypothesen.

Laut Hypothese 1 sollten Anpassungsreaktionen an internationalisierte Märkte unter sozialdemokratischen Parteien später erfolgen und moderater ausfallen als unter bürgerlichen Parteien. Diese Aussage bestätigt sich bezüglich der Anpassungsgeschwindigkeit in allen vier Fällen. Besonders deutlich ist dieser Befund für Dänemark und die Niederlande, wo die jeweils bis 1982 amtierenden Regierungen mit sozialdemokratischer Beteiligung die Fokussierung auf die Haushaltskonsolidierung und eine angebotsorientierte Wirtschaftspolitik gerade nicht mittragen wollten, was im einen Fall zum freiwilligen Rücktritt, im anderen zum Auseinanderbrechen der Koalition führte. Entsprechend kritisierten beide sozialdemokratischen Parteien in der Opposition die Neuorientierung in der Finanz- und Wirtschaftspolitik durch die neugebildeten bürgerlichen Regierungen wenigstens in den ersten Jahren ganz massiv und stimmten gegen die meisten einschlägigen Reformen.

Ähnliches lässt sich auch über das Oppositionsverhalten der Labour Party und der SPD in den 1980er Jahren sagen, die ebenfalls die meisten Reformen, die als Anpassungsreaktionen an Globalisierung verstanden werden können, ablehnten, etwa die Steuerreformen, die als verteilungspolitisch ungerecht und wirtschaftspolitisch unsinnig kritisiert wurden, aber auch viele Maßnahmen der Haushaltskonsolidierung, insbesondere, soweit diese Einschnitte beim Sozialstaat einschlossen. Allerdings sind der deutsche und der britische Fall auf den ersten Blick etwas weniger eindeutig als die Fälle der Niederlande und Dänemarks, hatte doch schon die Labour Party ab 1976 und die sozial-liberale Koalition zuerst 1975 und dann wieder ab 1980 einige vergleichbare Reformen, insbesondere in Bezug auf die Rückführung des Haushaltsdefizits, beschlossen. In beiden Fällen muss allerdings davon ausgegangen werden, dass die betroffenen sozialdemokratischen Parteien die entsprechenden Reformen nur widerwillig und „mit schlechtem Gewissen" (so Schmidt 2005c: 781f. in Bezug auf die Sozialkürzungen der SPD) und im Wesentlichen nur unter dem Druck des IWF bzw. der FDP durchsetzten. Dass diese Politik im Verlauf der 1980er Jahre nicht durchgehalten worden wäre, ist für die Labour Party angesichts der sich verbessernden außenwirtschaftlichen Lage Großbritanniens wahrscheinlich, die vor allem dem Nordseeöl geschuldet war, und wird im Fall der SPD durch die Beschlüsse des Parteitages von 1982 unterstrichen. Nun ließe sich allerdings einwenden, dass das Ergebnis einer späteren Anpassung sozialdemokratischer Parteien lediglich auf kontrafaktischen Überlegungen beruht, weil zwischen 1982 und 1989 in keinem der untersuchten Länder eine sozialdemokratische Partei an der Regierung beteiligt gewesen ist. Die Ablehnung der meisten Anpassungsreformen durch die jeweiligen sozialdemokratischen Oppositionsparteien könnte lediglich taktischer Natur gewesen sein, und diese Parteien könnten eine den bürgerlichen Regierungen vergleichbare Finanzpolitik verfolgt haben, wenn sie an der Regierung beteiligt gewesen wären. Dagegen spricht zwar bereits das Verhalten der sozialdemokratischen Regierungen in Dänemark und den Niederlanden am Anfang der 1980er Jahre, doch kann dieser Befund noch abgesichert werden, indem ein Blick auf die Politik anderer sozialdemokratischer Regierungen in den 1980er Jahren geworfen wird. Auch hier bestätigt sich insgesamt die geringere Anpassungsgeschwindigkeit sozialdemokratischer Regierungen an die Herausforderungen internationalisierter Märkte. So zeigt Wolfgang Merkel (1993: 152ff.) in seiner Studie zur sozialdemokratischen Wirtschaftspolitik der 1980er Jahre für die Länder der „etablierten Sozialdemokratie" (Schweden, Norwegen, Finnland, Österreich), dass es zwar auch dort zu gewissen Anpassungsreaktionen gekommen ist, dass die entsprechenden Maßnahmen im Bereich der Staatsausgaben allerdings in ihrer Mehrzahl – eine Ausnahme ist Schweden – erst in der zweiten Hälfte der 1980er Jahre eingeleitet wurden und zunächst gerade nicht die Sozialausgaben betrafen; zu entsprechenden Steuerreformen kam es in diesen Ländern sogar erst ab 1989.

Noch deutlicher werden die Parteienunterschiede bei der Anpassung an die Herausforderungen internationalisierter Märkte, wenn man die Finanzpolitiken der sozialdemokratischen Regierungen in Südeuropa mit in die Betrachtung einbezieht: „Die sozialistischen Regierungen Frankreichs, Spaniens und Griechenlands verfolgten länger eine expansive Fiskalpolitik als die früher auf einen Konsolidierungskurs eingeschwenkten bürgerlichen Regierungen der USA, Japans, der BRD, Großbritanniens, Belgiens, der Niederlande und Dänemarks" (Merkel 1993: 283). Das gilt in besonderem Maße für Frankreich während der „linkskeynesianischen Umverteilungsphase" (Merkel 1993: 318) der Jahre 1981-82. 1981 hatten die französischen Sozialisten sowohl die Präsidentschafts- als auch die Parlamentswahlen gewonnen und eine massive fiskalische Reflation zu initiieren versucht (vgl. dazu Hall 1986: 192ff.; Merkel 1993: 317ff.). So wurden beispielsweise die Staatsausgaben um mehr als zwölf Prozent erhöht, nicht zuletzt, indem Sozialleistungen teilweise erheblich heraufgesetzt wurden. Zudem kam es in nennenswertem Umfang zu Verstaatlichungen, um anschließend über diese Staatsunternehmen die Investitionstätigkeit auszuweiten. Zur Finanzierung dieses Programms griff die Regierung auf eine Ausweitung der staatlichen Kreditaufnahme sowie auf höhere Steuern für Unternehmen und höhere Einkommen zurück. Kurz: Die französische sozialistische Regierung implementierte 1981/82 das Gegenteil der hier erwarteten Anpassungsreaktionen an Globalisierung – mit den ebenfalls hier erwarteten, von der damaligen Regierung allerdings nicht antizipierten Ergebnissen insbesondere in Bezug auf die massive Verschlechterung der Handelsbilanz und den Abwertungsdruck auf den Franc, die schließlich eine Rücknahme der Politik ab 1982/83 notwendig machten.

Damit zeigt sich insgesamt, dass bürgerliche Parteien wie von Hypothese 1 postuliert früher als sozialdemokratische Parteien Anpassungsreaktionen an Globalisierung durchsetzten. Doch wie sieht es mit der Reichweite dieser Anpassungsreaktionen aus? Hypothese 1 erwartet auch hier, dass bürgerliche Parteien mehr tun als sozialdemokratische. Will man diese Hypothese testen, bietet sich ein Blick auf die Entwicklung der Körperschaftsteuersätze an, sind es doch gerade diese Sätze, bei denen sich der Steuerwettbewerb am deutlichsten zeigt, sodass es sich dabei um einen besonders „harten" Fall für die Parteiendifferenzhypothese handelt. Lassen sich hier dennoch parteipolitische Differenzen zeigen? Der Blick auf die vier Untersuchungsländer legt diesen Befund in der Tat nahe. Besonders deutlich zeigt sich dies im Fall der Niederlande. Hier fiel der Körperschaftsteuersatz zwischen 1982 und 2007 von 48 auf 25,5%, also um 22,5 Prozentpunkte in 25 Jahren. Allerdings waren Regierungen, an denen die PvdA beteiligt war, gerade einmal für eine Körperschaftsteuersatzsenkung um einen halben Prozentpunkt verantwortlich, obwohl die Regierungszeit dieser Koalitionen immerhin rund 13 Jahre betrug. Dagegen regierten Christdemokraten und Liberale zwölf Jahre lang ohne die Sozialdemokraten und senkten in dieser Zeit den Körperschaftsteuersatz um 22 Prozentpunkte, 13 Prozentpunkte zwischen 1982 und 1989 und neun Prozentpunkte zwischen 2002 und 2007. Zudem stimmte die PvdA stets gegen die entsprechenden Senkungen.

Tendenziell ähnlich, wenngleich nicht ganz so eindeutig stellt sich die Situation in Dänemark und Großbritannien dar. So reduzierten die Regierungen Thatcher und Major während ihrer achtzehnjährigen Regierungszeit den Körperschaftsteuersatz um 18 Prozentpunkte, während es die Regierung Blair in zehn Jahren lediglich auf eine weitere Senkung um fünf Prozentpunkte brachte, wenn man die für 2008 beschlossene Senkung mit berücksichtigt. Die bürgerlichen Regierungen in Dänemark verhielten sich zunächst nicht erwartungskonform, *erhöhten* sie doch den – allerdings zu jener Zeit vergleichsweise niedrigen – Körperschaftsteuersatz im Rahmen der Einführung der dualen Einkommensteuer Mitte der 1980er Jahre zunächst um zehn Prozentpunkte. Ab 1990, als die Zwänge der wirtschaftlichen Internationalisierung und namentlich des europäischen Binnenmarktes immer spürbarer wurden, folgten dann allerdings radikale Satzsenkungen, nämlich um 16 Prozentpunkte in drei Jahren. Die nachfolgende sozialdemokratisch geführte Regierung wendete sich einer Senkung des Körperschaftsteuersatzes dagegen erst spät zu und brachte es in ihrer knapp neunjährigen Amtszeit auf eine Senkung um vier Prozentpunkte, während die bürgerliche Regierung Fogh Rasmussen in ihren bisherigen sechs Regierungsjahren bereits eine Senkung um fünf Prozentpunkte vornahm – wenigstens zuletzt gegen den Widerstand der Sozialdemokraten. Insofern kann auch für den dänischen Fall von der erwarteten Beziehung zwischen parteipolitischer Zusammensetzung der Regierung und Reformreichweite ausgegangen werden.

Der deutsche Fall dagegen erscheint weniger eindeutig. Die Regierung Kohl erreichte in ihren ersten acht Regierungsjahren eine Senkung des – am Beginn der Untersuchungsperiode im Vergleich zu den anderen analysierten Ländern besonders hohen – Körperschaftsteuersatzes auf einbehaltene Gewinne um sechs Prozentpunkte. Eine weitere Rückführung um fünf (einbehaltene Gewinne) bzw. sechs Prozentpunkte (ausgeschüttete Gewinne) konnte in der zweiten Hälfte der Ära Kohl erreicht werden. Die sozialdemokratisch geführte rot-grüne Koalition senkte die Körperschaftsteuersätze in ihren sieben Regierungsjahren dann um weitere 20 (einbehaltene Gewinne) bzw. fünf Prozentpunkte (ausgeschüttete Gewinne). Damit zeigen sich zumindest im deutschen Fall wenigstens seit den 1990er Jahren nicht unbedingt die erwarteten parteipolitisch bedingten Unterschiede. Allerdings ist darauf hinzuweisen, dass die Regierung Kohl am Ende ihrer Amtszeit noch eine weitere Senkung des Körperschaftsteuersatzes um zehn (einbehaltene Gewinne) bzw. fünf Prozentpunkte (ausgeschüttete Gewinne) anstrebte, die sich jedoch gegen den SPD-dominierten Bundesrat nicht durchsetzen ließ. Dies entspricht wiederum den Erwartungen von Hypothese 1.

Ein ähnliches Muster wie beim Körperschaftsteuersatz erhält man der Tendenz nach auch für den Spitzensatz der Einkommensteuer. Wiederum kamen entsprechende Senkungen eher unter bürgerlichen Regierungen zustande. In Großbritannien ist die entsprechende Beziehung perfekt, hier senkten nur die Tory-Regierungen den Spitzensteuersatz. Auch in den Niederlanden war die Senkung des Spitzensteuersatzes unter bürgerlichen Regierungen ausgeprägter als unter sozialdemokratischen, zumal die Senkung des Spitzensteuersatzes durch die violette Koalition in erster Linie auf das Konto der bürgerlichen Koalitionspartner der Sozialdemokraten ging.

In Dänemark sank der Spitzensatz der Einkommensteuer dagegen stärker unter sozialdemokratischen als unter bürgerlichen Regierungen. Das hat allerdings in großem Umfang mit der spezifischen Vetospielerkonstellation zu tun, da es – entsprechend der parteipolitischen Hypothese – gerade die Sozialdemokraten waren, die bei der Steuerreform 1987 den sechsprozentigen Steuerzuschlag auf höhere Einkommen durchsetzten und damit eine stärkere Senkung des Spitzensteuersatzes in der Ära der bürgerlichen Parteien verhinderten, während die bürgerlichen Regierungen der 1980er Jahre wiederholt vergeblich versuchten, diesen Steuerzuschlag wieder aufzuheben. Seit 2002 dagegen scheut die bürgerliche Minderheitsregierung die verteilungspolitische Debatte, die eine Senkung des Spitzensteuersatzes auslösen würde, sodass es vor allem der Parteienwettbewerb ist, der hier die Manifestation von Parteiendifferenzen begrenzt. Allerdings ist auch nicht sicher, ob sich eine Parlamentsmehrheit für eine entsprechende Senkung fände, da die Dänische Volkspartei (und damit die Hauptunterstützungspartei der Regierung im Folketing) sich mindestens so sozialdemokratisch verhält wie die Sozialdemokraten selbst. Auf der anderen Seite war es eine sozialdemokratisch geführte Koalition in Dänemark, die als einzige hier betrachtete Regierung auch für eine (minimale) Erhöhung des Spitzensteuersatzes verantwortlich zeichnete, nachdem sie wenige Jahre zuvor allerdings eine deutliche Senkung des Spitzensatzes durchgesetzt hatte. Diese ist allerdings – und auch dies bestätigt die Parteiendifferenzhypothese – im Zusammenhang mit der Wiedereingliederung eines großen Teils der Kapitaleinkünfte in die progressive Besteuerung zu sehen.

Besonders kontraintuitiv ist dagegen die Entwicklung des Spitzensteuersatzes der Einkommensteuer in der Bundesrepublik Deutschland. Die christlich-liberale Koalition setzte in ihren 16 Regierungsjahren lediglich eine Senkung um drei Prozentpunkte durch, während der Satz in der nicht einmal halb so langen Regierungsphase der sozialdemokratisch geführten Regierungen um stolze elf Prozentpunkte sank. Dies ist auf den ersten Blick eine klare Widerlegung, ja sogar eine Umkehrung der Parteiendifferenzlehre. Ein genauerer Blick relativiert diesen Einwand allerdings zumindest und macht deutlich, wie wichtig die ceteris paribus-Klausel in der entsprechenden Hypothese ist! Wiederum ist nämlich hauptsächlich die Vetospieler-Konstellation verantwortlich für die kontraintuitiven Befunde, hatte doch die SPD Vetomacht über die Steuerreform der christlich-liberalen Koalition, was 1997 – entsprechend der parteipolitischen Hypothese – zu einer Verhinderung der von der Regierung Kohl vorgesehenen Senkung des Spitzensteuersatzes um weitere 14 Prozentpunkte führte. Umgekehrt ermöglichte es die Macht ihrer Bundesratsmehrheit den deutschen bürgerlichen Parteien im Jahr 2000, der rot-grünen Koalition eine wesentlich weiterreichende Senkung des Spitzensteuersatzes abzutrotzen, als es insbesondere die SPD gewünscht hatte, was zwar Hypothese 7 über die Reform hemmenden Wirkungen zusätzlicher Vetospieler widerspricht, Hypothese 1 aber stützt. Entsprechend passt auch die neuerliche leichte Erhöhung des Spitzensteuersatzes durch die (hier nicht betrachtete) Große Koalition unter Angela Merkel zur Parteidifferenzlehre, wurde die entsprechende Politik doch vor allem von der SPD durchgesetzt (vgl. Zohlnhöfer 2006e: 102f.).

Auf der Ausgabenseite, vor allem in der Sozialpolitik, sind die Zusammenhänge zwischen Reformreichweite und parteipolitischer Zusammensetzung der Regierung ebenfalls komplex. Noch am besten passen die Bundesrepublik und Großbritannien zu den Erwartungen von Hypothese 1. In Großbritannien kam es unter den konservativen Regierungen in den 1980er und 1990er Jahren wie zu erwarten zu sozialpolitischen Einschnitten, wenngleich diese geringer blieben, als es die Rhetorik der Regierung hätte vermuten lassen (Pierson 1994). Die Labour-Regierung akzeptierte diese Reformen praktisch vollständig, sogar die Begrenzung der Rentenanpassung an die Inflationsrate statt die Lohnentwicklung blieb für die ersten zehn Regierungsjahre unangetastet. Allerdings verweist die 2007 verabschiedete Neuregelung der Rentenanpassung sowie die Vielzahl kleinerer Maßnahmen bei verschiedenen Sozialleistungen ebenso wie die deutliche Verbesserung der finanziellen Ausstattung des Bildungs- und Gesundheitswesens darauf, dass Labour bei den Sozialausgaben weniger weit zu gehen bereit war als die Konservativen.

In Deutschland war es ebenfalls die bürgerliche Regierung Kohl, die in der ersten Hälfte der 1980er Jahre gegen den zum Teil erbitterten Widerstand der SPD auch im internationalen Vergleich erhebliche Einschnitte bei verschiedenen Sozialprogrammen vornahm. Allerdings kam es unter dieser Regierung in der zweiten Hälfte der 1980er und in der ersten Hälfte der 1990er Jahre auch zu einem weiteren Ausbau des Sozialstaates, der zwar zum Teil (etwa in Bezug auf die aktive Arbeitsmarktpolitik in den neuen Bundesländern), aber keineswegs vollständig (man denke an die Familienpolitik und die Einführung der Pflegeversicherung) durch die Wiedervereinigung bedingt war. Ab 1996 kam die christlich-liberale Koalition dann wieder auf die Politik der sozialpolitischen Einschnitte zurück, die wiederum von der SPD bekämpft und nach dem Regierungswechsel zurückgenommen wurden. Dies steht jeweils im Einklang mit Hypothese 1. Dass die rot-grüne Koalition in ihrer zweiten Amtszeit dann aber Sozialreformen durchsetzte, die in vielen Fällen mindestens so weit reichten wie die Reformen der Kohl-Ära, mit Hartz IV aber sogar darüber hinaus gingen, ist in diesem Zusammenhang erklärungsbedürftig, aber mit Hilfe des Rückgriffs auf die Logik des Parteienwettbewerbs und die Rolle des Bundesrates auch erklärbar.

Während damit die bürgerlichen Parteien in Deutschland und Großbritannien in der Tat meistens weiterreichende Begrenzungen der Sozialausgaben anstrebten als die sozialdemokratischen Parteien, lässt sich dies in den Niederlanden und Dänemark nicht in gleicher Deutlichkeit zeigen. Zwar begannen in beiden Ländern die nicht-sozialdemokratischen Regierungen mit einigen sozialpolitischen Einschnitten, doch kam es in beiden Ländern gerade auch unter sozialdemokratischer Regierungsbeteiligung zu nennenswerten Kürzungen bei Programmen mit hoher symbolischer Bedeutung, der Erwerbsunfähigkeit in den Niederlanden und der Frühverrentung in Dänemark. Zudem stimmten zumindest in Dänemark die Sozialdemokraten auch in der Opposition der Sozialreform von 2006 zu, obwohl diese neuerlich eine Reihe von Kürzungselementen enthielt, während die PvdA – dies wieder in Übereinstimmung mit Hypothese 1 – den wesentlichen Sozialreformen der Regierungen Balkenende die Zustimmung versagte.

Insgesamt wird man die Befunde der vorliegenden Studie aber dahingehend zusammenfassen können, dass bürgerliche Parteien in der Tat früher Anpassungsreaktionen an Globalisierung vorgenommen haben als sozialdemokratische Parteien und dass diese Reformen unter bürgerlichen Parteien ceteris paribus weiter gingen als die von Sozialdemokraten zu vertretenden Veränderungen. Auf der anderen Seite erweist sich auch die Annahme als richtig, dass die Sozialdemokraten ihre Programmatik mittelfristig an die geänderten weltwirtschaftlichen Rahmenbedingungen anpassen werden, es also zu einer Annäherung der programmatischen Positionen der konkurrierenden Parteien kommt. Die Labour Party, die sich in den 1990er Jahren nicht ganz umsonst New Labour zu nennen begonnen hatte, übernahm 1997 praktisch alle zentralen finanz- und wirtschaftspolitischen Weichenstellungen der vorangegangenen konservativen Regierungen von der Senkung der Steuersätze über die Privatisierung der Staatsunternehmen und die private Finanzierung von Infrastruktur bis hin zu den Ausgabenplänen für die ersten beiden Regierungsjahre und die Rentenanpassungsformel. Ja, mit der weiteren Senkung einzelner Steuersätze und der Entlassung der Bank of England in die operative Unabhängigkeit ging die Regierung Blair insbesondere in ihren ersten Jahren den von den Tories eingeschlagenen Reformpfad noch weiter.

Ähnliches zeigte sich für die dänischen Sozialdemokraten, die nach der Regierungsübernahme die wichtigsten Veränderungen des bürgerlichen Regierungsjahrzehnts, von der Wechselkurspolitik über die Nicht-Indexierung der Löhne an die Preise, vom Fokus auf die Haushaltskonsolidierung bis zur weiteren Senkung der Steuersätze beibehielten und vereinzelt, nämlich mit dem steuerlichen Regime für Holding-Gesellschaften, sogar eher aggressive Maßnahmen im Steuerwettbewerb durchsetzten. Mit diesen Maßnahmen unterschied sich die Finanz- und Wirtschaftspolitik der Regierung Nyrup Rasmussen nur in Nuancen von den Schlüter-Koalitionen, aber überdeutlich von der Wirtschaftspolitik der sozialdemokratischen Minderheitsregierungen in den 1970er Jahren (Nannestad/Green-Pedersen 2008:

59). Nicht anders sah die Situation in den Niederlanden aus, wo die PvdA keine der zentralen Anpassungsmaßnahmen, die die ersten beiden Regierungen Lubbers durchgesetzt hatten, in Frage stellte, sondern die Anpassung insbesondere im Bereich der Sozialpolitik sowohl in der dritten Lubbers-Regierung als auch in der violetten Koalition aktiv mittrug.

In Deutschland kam es zwar nach dem Wechsel von der Regierung Kohl zur rotgrünen Koalition zur Rücknahme der meisten Maßnahmen, die von der christlich-liberalen Koalition nach 1996 als Anpassungsreaktionen an die Herausforderungen der Globalisierung gedacht waren; insofern hatte die SPD ihre wirtschaftspolitische Programmatik noch nicht in größerem Umfang angepasst. Diese Programmrevision erfolgte dann allerdings schrittweise in der Regierungsverantwortung und führte dazu, dass bis zum Ende der Regierung Schröder die große Mehrzahl der 1998 zurückgenommenen Reformen in der einen oder anderen Form neuerlich in die Gesetzbücher aufgenommen worden war.[175]

Insgesamt kann man daher sagen, dass zwischen bürgerlichen und sozialdemokratischen Parteien in vielen Bereichen, von der angebotsorientierten Ausrichtung des Steuersystems und der Notwendigkeit, die Körperschaftsteuersätze auf einem international konkurrenzfähigen Niveau zu halten, über die Notwendigkeit, den Haushalt zu konsolidieren und die Sozialsysteme zu reformieren, um die Lohnkosten zu senken oder Anreize zur Arbeitsaufnahmen zu schaffen, bis hin zur Bereitschaft, Staatsbesitz zu privatisieren, kein prinzipieller Dissens mehr besteht, sondern allenfalls noch graduelle Unterschiede.

Doch wie kam es zu dieser Programmrevision, wieso begannen sozialdemokratische Parteien überhaupt, solche Reformen durchzusetzen, die ja häufig nicht unmittelbar zu ihrer Programmatik passen? Nach Hypothese 2 müsste dies dann der Fall sein, wenn die Erreichung zentraler programmatischer Ziele erheblich gefährdet ist oder diese bereits verletzt werden. Die Vorstellung ist also, dass sozialdemokratische Regierungen dann zu Anpassungsreaktionen schreiten werden, wenn sie feststellen, dass ihre Ziele mit den hergebrachten Instrumenten aufgrund der veränderten weltwirtschaftlichen Rahmenbedingungen nicht mehr zu erreichen sind. Der bereits angesprochene Fall des sozialistischen Experiments in Frankreich unter Mitterrand folgte genau dieser Logik: Ganz offensichtlich scheiterte die expansive Fiskalpolitik der französischen Sozialisten nämlich an der außenwirtschaftlichen Einbindung Frankreichs und die Regierung zog die entsprechenden Konsequenzen, indem sie auf das traditionelle sozialdemokratische Instrument verzichtete und sich den neuen außenwirtschaftlichen Gegebenheiten anpasste.

Auch die Politik der rot-grünen Regierung in Deutschland ließe sich auf den ersten Blick in dieser Weise interpretieren: Nachdem die erste rot-grüne Wahlperiode gezeigt hatte, dass die traditionalistische Politik, die insbesondere in der Beschäftigungs- und Sozialpolitik über weite Strecken verfolgt wurde, beim zentralen Politik-

---

175 Allerdings tut sich die SPD mit den genannten Anpassungen ihrer wirtschaftspolitischen Programmatik immer noch erheblich schwerer als ihre Schwesterparteien, wie insbesondere der SPD-Parteitag von 2007 gezeigt hat.

ziel der Regierung, der Arbeitslosigkeit, nicht zum Erfolg führte, wendete die Koalition sich Instrumenten zu, die besser zur Logik internationalisierter Märkte passen. Allerdings ist schon bei dieser Interpretation Vorsicht geboten, denn innerparteiliche und wahlpolitische Gründe haben eine mindestens ebenso große Rolle für den Politikwechsel gespielt wie inhaltliche, hatte sich doch nach Lafontaines Rücktritt dem Modernisierer-Flügel die Chance geboten, die selbst für richtig gehaltene Finanzpolitik durchzusetzen, und hatten die Landtagswahlen in Hessen und Niedersachen im Februar 2003 der Regierung Schröder doch gezeigt, dass sie schleunigst ihre wirtschaftspolitische Kompetenz unter Beweis stellen musste, wollte sie bei zukünftigen Wahlen eine Chance haben.

Diese Dominanz wahlpolitischer Motive bei der programmatischen Anpassung sozialdemokratischer Parteien an die geänderten Rahmenbedingungen lässt sich bei den drei anderen hier betrachteten sozialdemokratischen Parteien sogar noch deutlicher zeigen. Obwohl Labour 1979 nach dem „winter of discontent" und der Wahlniederlage vor den Scherben der eigenen Wirtschaftspolitik stand und die dänischen Sozialdemokraten sogar mehr oder weniger freiwillig auf die Regierungsmacht verzichtet hatten, weil ihre Wirtschaftspolitik nicht zum gewünschten Ziel führte (bzw. sich nicht durchsetzen ließ), kam es in beiden Fällen keineswegs unmittelbar zu einer Neuorientierung der wirtschaftspolitischen Programmatik hin zu einer Anpassung an die Logik globalisierter Märkte. Im Gegenteil führte die interne Analyse der Labour Party sogar zu einem deutlichen Linksschwenk, der die Partei bei den Parlamentswahlen 1983 auf ein dezidiert sozialistisches Programm verpflichtete. Auch die SD hielt den Widerstand gegen die neue Finanz-, Wirtschafts- und Sozialpolitik der bürgerlichen Regierung zunächst aufrecht, ja, einer der Architekten der wirtschaftspolitischen Strategie der Regierung Nyrup Rasmussen war noch im Interview im Jahr 2007 der Meinung, dass ein Imagewechsel vor allem strategisch, aber nicht unbedingt inhaltlich notwendig gewesen war: „We were very convinced, Nyrup and I when we took over in January 1993, that never again it should be possible to blame us as irresponsible in the economic policy. I, I, I wouldn't say that was the case in the early 80s but that was the saying they [die Regierung Schlüter; d.Verf.] were successful in making about it". Ähnliches gilt für die PvdA, die ebenfalls trotz der krisenhaften wirtschaftlichen Entwicklung, für die sie angesichts ihrer Regierungsbeteiligung zwischen 1973 und 1977 sowie 1981/82 zumindest mitverantwortlich gemacht werden konnte, zunächst nicht auf eine Reform ihrer wirtschaftspolitischen Programmatik setzte.

Vielmehr waren es erst die wiederholten Wahlniederlagen bzw. der dauerhafte Ausschluss aus der Regierung, die bei allen drei Parteien zu einer Revision ihrer wirtschaftspolitischen Programme beitrugen. Die Labour Party begann insbesondere nach der dritten herben Wahlniederlage 1987 mit einem „Policy Review", der nach der neuerlichen Niederlage bei der Unterhauswahl 1992 noch intensiviert wurde und schließlich in der Neufassung der Clause 4 kulminierte. Die SD, die bis in die 1980er Jahre nie länger als eine Wahlperiode auf die Rückkehr in die Regierung hatte warten müssen, reagierte auf die Niederlagen bei den Wahlen von 1984 und 1987 mit einer Überarbeitung der eigenen Programmatik, die unter dem Druck der ausbleibenden Regierungsbeteiligung nach den Wahlen 1988 und 1990 schließlich nicht nur den Abschied von den letzten Resten marxistischer Terminologie im 1992 verabschiedeten Parteiprogramm mit sich brachte, sondern auch eine Neuorientierung der gesamten Wirtschaftspolitik beinhaltete. Auch in den Niederlanden war es der wiederholte Ausschluss aus der Regierung, der 1986 den endgültigen Abschied von der Polarisierungsstrategie erzwang, hatte die PvdA doch trotz sehr guter Wahlergebnisse in den neun Jahren nach 1977 nur neun Monate Regierungsverantwortung getragen.

Dieses Ergebnis ist nicht prinzipiell inkompatibel mit dem in Kapitel 2 diskutierten Modell politischer Willensbildung, wo dem Parteienwettbewerb im Gegenteil ja eine wichtige Rolle für die Gestaltung der Politik zugeschrieben wird. Dagegen scheint aber Hypothese 2, die ja stark auf die Policyorientierung von (sozialdemokratischen) Parteien abhebt, eher den Ausnahmefall zu beschreiben als den Regelfall. Wie ist dieses Ergebnis zu erklären?

Wenigstens auf den ersten Blick ist dieses Ergebnis eine klare Bestätigung von Anthony Downs (1968: 293), der argumentiert hatte: „Politische Parteien neigen dazu, im Ablauf der Zeit an ihrer ideologischen Linie konsequent festzuhalten, es sei denn, sie erleiden schwere Niederlagen; dann ändern sie ihre Ideologien so, daß diese der Ideologie der Siegerpartei ähneln." Das würde aber auch bedeuten, dass die Wählerstimmenorientierung der Parteien ihre Policyorientierung dominiert, dass Parteien also weniger auf programmatischen als vielmehr auf elektoralen Misserfolg mit einer Revision der eigenen Programmatik reagieren.

Allerdings ist diese Interpretation in einer generellen Form vermutlich zu radikal. Von großer Bedeutung dürfte vielmehr sein, dass die Signale von Wahlergebnissen und dem Ausschluss von der Regierungsbildung wesentlich eindeutiger sind als die Signale, die von der wirtschaftlichen Entwicklung ausgehen. Letztere lässt sich ohnehin nicht vollständig kontrollieren, die Kausalkette zwischen wirtschaftspolitischen Maßnahmen und wirtschaftspolitischen Erfolgen oder Misserfolgen ist lang, komplex und daher stets umstritten und die Parteien werden sich im Sinne einer Vermeidung kognitiver Dissonanzen meistens damit rechtfertigen, dass die wirtschaftspolitische Performanz günstiger gewesen wäre, wenn sie ihr Programm vollständig hätten durchsetzen können und sie nicht Rücksicht auf den Koalitionspartner, das Parlament, die Zentralbank oder andere Akteure hätten nehmen müssen. Die Parteiakteure werden also vermutlich auch bei einer negativen wirtschaftlichen Entwicklung zunächst nach Gründen suchen, die nichts mit der eigenen Wirtschaftspolitik zu tun haben, wenn die Evidenz nicht, wie im Falle Mitterrand, erdrückend ist, dass die wirtschaftspolitischen Probleme unmittelbare Folge der eigenen Politik sind.

Dagegen lässt sich wahlpolitischer Misserfolg oder der Ausschluss aus dem Koalitionsspiel auf eine begrenzte Anzahl von Faktoren zurückführen. Da eine Partei normalerweise weder ihre programmatischen noch ihre sonstigen Ziele erreichen kann, wenn sie auf Dauer aus der Regierung ausgeschlossen bleibt, muss sie also auf die entsprechenden Signale reagieren. So sah die Labour Party einen Grund für ihre vier aufeinander folgenden Wahlniederlagen in ihrem „tax-and-spend"-Image, das sie entsprechend nach 1992 entschlossen bekämpfte. Die dänischen und niederländischen Sozialdemokraten sahen sich dagegen eher aus dem Koalitionsspiel ausgeschlossen, da die Königsmacher Radikale Venstre bzw. CDA sie gerade in der Wirtschaftspolitik nicht für regierungsfähig hielten. Entsprechend mussten die einschlägigen Positionen reformiert werden. Dagegen waren die Signale für die SPD nicht eindeutig. In Bezug auf die Wahlergebnisse verlor sie zwar vier aufeinander folgende Bundestagswahlen, feierte aber bei den Landtagswahlen regelmäßig Erfolge und gewann auf diese Weise eine Mehrheit im Bundesrat und damit Einflussmöglichkeiten auf die Bundespolitik. Eine wahlpolitische Notwendigkeit, eine liberalere Finanzpolitik zu betreiben, ließ sich aus diesen Ergebnissen ebenso wenig wie aus Umfragen entnehmen. Hinsichtlich des Koalitionsspiels im annähernd symmetrischen Zwei-Blöcke-Parteiensystem gab es ebenfalls keine Impulse, die eine Modernisierung der Finanzpolitik nötig gemacht hätten, da es aus Sicht der SPD nicht um die Umwerbung eines Königsmachers, sondern um die Gewinnung einer eigenen bzw. einer rot-grünen Mehrheit ging. Entsprechend blieb die Programmfrage lange Zeit – und in vielerlei Hinsicht bis heute – unbeantwortet.

Interessant ist darüber hinaus, dass sich auch der programmatische Wandel der britischen Konservativen Mitte der 1970er Jahre sowie des niederländischen CDA zu Beginn des 21. Jahrhunderts wahlpolitisch erklären lassen. So war die Wahl Margaret Thatchers zur Parteivorsitzenden und die anschließende Neuorientierung des wirtschaftspolitischen Programms der Tories vom „Butskellismus" zu Monetarismus und Angebotstheorie vor allem eine Reaktion auf das wahlpolitische Scheitern der Regierung Heath und die Tatsache, dass die Tories vier der fünf Unterhauswahlen vor 1979 verloren hatten. Mögen auch für die Thatcherites vor allem inhaltliche Gründe, nämlich der wirtschaftspolitische Misserfolg der Regierung Heath, im Vordergrund gestanden haben, so waren doch für den Großteil der Fraktion, die ja für die Auswahl des Parteichefs verantwortlich war, vor allem die Wahlaussichten von entscheidender Bedeutung. Auch beim CDA führten die katastrophalen Wahlniederlagen 1994 und 1998, die unerhörte Erfahrung des Ausschlusses aus der Regierung sowie die sich abzeichnende neuerliche Niederlage bei den Parlamentswahlen 2002 zu einem Umdenken und einer Akzeptanz der weitreichenden Reformpolitik, die der neue Parteichef Balkenende durchzusetzen begann, als er die Regierungsmacht für den CDA zurückerobert hatte.

Bewährt sich insofern die parteipolitische Hypothese für die Erklärung sozialdemokratischer Programmrevision nicht, schneidet Hypothese 3 wesentlich besser ab, derzufolge sozialdemokratische Parteien versuchen werden, alternative Anpassungspfade an Globalisierung zu beschreiten. Dass diese Hypothese in den Länderstudien insgesamt viel Bestätigung erfährt, ist schon oben deutlich geworden, als darauf hingewiesen wurde, dass sozialdemokratische Parteien der Tendenz nach weniger weitreichende Anpassungsreformen durchgesetzt haben als die bürgerliche Konkurrenz. Hinzu kommt gelegentlich eine andere Schwerpunktsetzung, etwa bei den Ausgabenpräferenzen. Die von Boix (1998) erwartete Humankapitalinvestitionsstrategie, derzufolge die Ausgaben für den Bildungsbereich unter sozialdemokratischer Regierungsbeteiligung überproportional und stärker als unter bürgerlichen Regierungen steigen sollten, erweist sich für alle Länder als zutreffend, besonders deutlich jedoch für den deutschen und den britischen Fall. In Dänemark gilt der entsprechende Zusammenhang nur bis zum Beginn des 21. Jahrhunderts, da seither auch die bürgerliche Regierung unter Anders Fogh Rasmussen die Humankapitalinvestitionsstrategie ganz explizit als Antwort auf Globalisierung propagiert.

Ein zweites Beispiel für weiterhin bestehende Differenzen zwischen Parteien ist der Versuch einiger sozialdemokratischer Regierungen, die Finanzpolitik konjunkturpolitisch einzusetzen. Der „Kickstart" der sozialdemokratischen Regierung Nyrup Rasmussen in Dänemark 1993 ist sicherlich der prominenteste Fall, an dem deutlich wird, dass zwar an diesem traditionellen sozialdemokratischen Politikinstrument festgehalten wurde, zugleich aber eine Anpassung des wirtschaftspolitischen Instruments an die veränderten Rahmenbedingungen stattgefunden hat (nur ein kurzfristiger Impuls, gleichzeitige Verabschiedung zukünftiger Konsolidierungsmaßnahmen, Fokussierung der Maßnahmen auf die inländische Nachfrage, um ein unmittelbares Abfließen ins Ausland zu verhindern). Auf der anderen Seite bemühte sich die dänische Regierung ab Mitte der 1990er Jahre dann auch, eine konjunkturelle Überhitzung zu verhindern, insbesondere durch die Steuerreform von 1998.

Auch in anderen Ländern lassen sich entsprechende Politiken sozialdemokratischer Parteien feststellen. Ganz explizit strebte die SPD in der kurzen Lafontaine-Phase eine finanzpolitische Expansion an, die allerdings nach Lafontaines Rücktritt wieder abgebrochen wurde, wenn man vom Vorziehen von Teilen der letzten Stufe der Steuerreform von 2005 auf 2004 absieht. Auch die niederländischen Sozialdemokraten setzten 1993 aus konjunkturpolitischen Gründen eine Abmilderung der tendenziell prozyklischen Sparpolitik durch. Umgekehrt wurde die Ausgabenexpansion in Großbritannien ab 2000 zwar kaum konjunkturpolitisch begründet, doch hatte diese Politik, die just zum Zeitpunkt der konjunkturellen Abkühlung nach dem Platzen der Börsenblase implementiert wurde, nichtsdestoweniger einen stützenden Effekt. Wiederum ist allerdings festzuhalten, dass die vorsichtige finanzpolitische Konjunktursteuerung nicht ausschließlich ein Instrument sozialdemokratischer Regierungen geblieben ist. Vielmehr war es neuerlich die Regierung Fogh Rasmussen in Dänemark, die einen der Tendenz nach sozialdemokratisch inspirierten Pfad ihrer Vorgängerin kopierte, indem auch sie auf die konjunkturelle Abkühlung 2002/03 mit dem Vorziehen der schon beschlossenen Steuersenkungen und damit einem expansiven Impuls reagierte.

Ein dritter Bereich, in dem Sozialdemokraten alternative Wege zur Anpassung an Globalisierung gesucht haben, ist die Arbeitsmarktpolitik, die mit Programmen wie den britischen „New Deals" erheblich aktivierender gestaltet werden sollte, und bei denen erheblich stärker als früher Rechte von Arbeitslosen (und anderen arbeitsfähigen Empfängern von Sozialleistungen) mit Pflichten verknüpft worden sind (vgl. ausführlicher Merkel et al. 2006: 359-366). Ziel war es, Leistungsbezieher wieder in den Arbeitsmarkt zu integrieren. Diese Neuorientierung der Arbeitsmarktpolitik wurde vor allem als Antwort auf die Herausforderungen gesehen, die sowohl die Internationalisierung als auch der demografische Wandel für den Wohlfahrtsstaat brachten, und sie sollten mit dazu dienen, die finanzielle Basis des Wohlfahrtsstaates zu stabilisieren, indem die Zahl der Beschäftigten gesteigert und die der Leistungsempfänger möglichst reduziert wurde. Insofern kann in der Aktivierung eine zentrale Alternative zur Kürzung von Sozialleistungen gesehen werden.

Mit der Fokussierung auf die aktive Re-Integration in den Arbeitsmarkt statt auf die passive Alimentation Unterstützungsberechtigter ging aber nicht nur ein arbeitsmarktpolitischer Wandel einher, hinzu kam auch ein Umbau der eingesetzten Instrumente. So kam es nämlich in der Regel wenigstens für arbeitsfähige Leistungsbezieher nicht zu einer Erhöhung der entsprechenden Leistungen, sondern die Verbesserung der Entlohnung von Geringverdienern rückte ins Zentrum der Aufmerksamkeit einiger sozialdemokratischer Parteien. Insbesondere Labour und die PvdA setzten dabei auf steuerpolitische Instrumente, vor allem Steuergutschriften, um Geringverdiener finanziell zu unterstützen. Gleichwohl ist erneut darauf hinzuweisen, dass auch bürgerliche Parteien diese Instrumente regelmäßig wenigstens akzeptierten.

Ein zweites Set von Hypothesen beschäftigte sich mit dem Einfluss des Wettbewerbs um Wählerstimmen auf finanzpolitische Anpassungsreaktionen an Globalisierung. So besagt Hypothese 4, dass weitreichende Reformen wahrscheinlicher werden, wenn sich die ökonomische Performanz so weit verschlechtert, dass sie die Wiederwahl der Regierungsparteien gefährdet, und diese die Reformen als sinnvolle Reaktion auf die ökonomischen Probleme ansehen, sie also die Verschlechterung der wirtschaftspolitischen Performanz darauf zurückführen, dass Anpassungsreaktionen bisher ausgeblieben sind. Geradezu schulbuchmäßig findet sich diese Hypothese im Fall der Bundesrepublik Deutschland bestätigt. Sowohl 1996 als auch 2003 erreichte der Problemdruck ein Ausmaß, das die zukünftige Mehrheitsfähigkeit der Regierungen Kohl und Schröder erheblich gefährdete, und in beiden Fällen wagten sich die Regierungen dann mit dem „Programm für mehr Wachstum und Beschäftigung" bzw. der „Agenda 2010" auch an elektoral gefährliche, aber als notwendig erachtete Reformen bei den Sozialversicherungssystemen, auf dem Arbeitsmarkt und beim Steuersystem. Dabei wurde in beiden Fällen deutlich, dass die Entscheidungsträger die bisherige Nicht-Anpassung an die geänderten weltwirtschaftlichen Rahmenbedingungen als entscheidenden Grund für die enttäuschende wirtschaftspolitische Performanz ansahen.

Auch die Durchsetzung weitreichender Reformen durch die Regierungen Balkenende ab 2003 bestätigt die Hypothese, argumentierten die politischen Entscheidungsträger doch, dass die ökonomischen Probleme, denen sich die Niederlande am Beginn des 21. Jahrhunderts gegenüber sahen, bedingt seien durch zu geringe Anpassungen der niederländischen Wirtschaftspolitik an die internationale Ökonomie. Entsprechend wurden vergleichsweise weitreichende Reformen im Sinne einer Anpassung an Globalisierung beschlossen – in der Hoffnung, auf diese Weise die wirtschaftlichen Probleme lösen und die nächste Parlamentswahl gewinnen zu können. Ähnlich ist die Lage in Großbritannien 1993 einzuschätzen. Der Conservative Party war infolge des Ausscheidens des Pfundes aus dem Wechselkursmechanismus des EWS am „schwarzen Freitag" 1992 nicht nur ein Kernbestandteil ihrer makroökonomischen Strategie verloren gegangen, sondern sie war auch auf einen Schlag in der Wählergunst hinter Labour gesackt und hatte ihren Vorsprung bei der wirtschaftspolitischen Kompetenzzuweisung durch die Wähler verloren. Vor diesem Hintergrund musste wenigstens das ausufernde Defizit möglichst nachhaltig zurückgeführt werden, um das Vertrauen der Wähler wie der Finanzmärkte zurückzugewinnen. Hierzu wurden weitreichende Maßnahmen als nötig erachtet, die schließlich mit den beiden Budgets 1993 auch verabschiedet wurden.

Die Wahrnehmung, dass vergleichsweise weitreichende Reformen, die in aller Regel als Anpassungsreaktionen an die Herausforderungen der wirtschaftlichen Internationalisierung verstanden wurden, notwendig seien, um die jeweils als tiefgreifend perzipierte wirtschaftliche Krise zu überwinden, existierte zudem bei allen vier Regierungen am Beginn der jeweiligen Untersuchungszeiträume. Dass bei der Durchsetzung der entsprechenden Reformen auch wahlpolitische Überlegungen eine Rolle spielten, liegt auf der Hand, waren es doch gerade die wirtschaftspolitischen Probleme, die zum Sturz bzw. der Wahlniederlage der vorher amtierenden Regierungen geführt hatten. Offensichtlich mussten also diese Probleme gelöst werden, sollten die nächsten Wahlen gewonnen werden. Dass vor dem Hintergrund des seitens der Wähler als hoch wahrgenommenen Problemdrucks vergleichsweise weitreichende Reformen sogar als Gewinnerthemen fungieren konnten, belegen insbesondere der deutsche und der dänische Fall, kamen doch die Regierungen Kohl und Schlüter während der Wahlperiode an die Macht, sodass sie sich schon bald den Wählern stellen mussten. In den für die Regierungsparteien überaus erfolgreichen Wahlkämpfen 1983 (Deutschland) bzw. 1984 (Dänemark) warben sie aber gerade mit den von ihnen zu verantwortenden weitreichenden Reformen, während die sozialdemokratischen Oppositionsparteien den Wählern erfolglos versprachen, ohne die von den neuen Regierungen durchgesetzten Einschnitte auszukommen.

Hypothese 4 impliziert aber umgekehrt auch, dass es eben in Abwesenheit eines hohen Problemdrucks auch nur zu allenfalls moderaten Reformen kommen wird oder Reformen gänzlich ausbleiben. Wiederum hält die Entwicklung in der Bundesrepublik eine besonders deutliche Bestätigung dieser Hypothese bereit. Nachdem das Haushaltsdefizit beispielsweise Mitte der 1980er Jahre nach Ansicht der Entscheidungsträger unter Kontrolle war, kam es zu keinen weiteren Ausgabenkürzungen mehr; vielmehr wurden sogar bestimmte neue sozialpolitische Programme aufgelegt. Ähnliches zeigte sich Ende der 1990er Jahre, als sich die Arbeitslosigkeit in die von der Regierung erhoffte Richtung zu entwickeln schien und die Regierung entsprechend auf weitere Reformen verzichtete und auf die Segnungen der „ruhigen Hand" vertraute.

Doch auch in den anderen hier untersuchten Ländern lässt sich ein solches Muster nachweisen. So verzichtete Margaret Thatchers zweiter Schatzkanzler Nigel Lawson angesichts der sich zusehends verbessernden wirtschaftlichen Entwicklung ab 1984 weitgehend auf weitere Einschnitte und bemühte sich nur noch, die Staatsausgaben um weniger als das Sozialprodukt steigen zu lassen, während sein Vorgänger Geoffrey Howe noch eine reale Senkung der Staatsausgaben angestrebt hatte.

Auch in den Niederlanden und Dänemark zeigt sich, dass der Reformelan erlahmte, wenn der Problemdruck geringer wurde und die Akteure entsprechend weniger Anreize hatten, sich in wahlpolitisch riskante Reformprojekten zu verstricken. In Dänemark ist das entsprechende Paradebeispiel die Regierung Fogh Rasmussen, die sich angesichts der günstigen wirtschaftlichen Entwicklung mit den geplanten Sozialreformen sehr viel Zeit ließ und diese erst umsetzte, als sie durch die Kooperation der Sozialdemokraten wahlpolitisch entproblematisiert worden waren. Aber auch die

Abkehr von sozialpolitischen Kürzungsmaßnahmen durch die Regierung Schlüter ab 1984 passt zur Verbesserung der meisten als relevant wahrgenommenen Performanzindikatoren.

In den Niederlanden ist die entsprechende Evidenz dünner gesät. Ein Beispiel wäre, dass sich die neu gebildete Koalition aus Christ- und Sozialdemokraten mit Einschnitten bei den (Sozial-)Ausgaben zunächst zurückhielt und sie sogar vorübergehend zur Indexierung der Sozialleistungen und Gehälter im öffentlichen Dienst an die Gehaltsentwicklung im Privatsektor zurückkehrte, ehe eine neuerliche Verschlechterung der Haushaltslage die Regierungsparteien wiederum zu stärkeren Einschnitten, nicht zuletzt bei der Erwerbsunfähigkeitsrente, veranlasste.

Gerade die Tatsache, dass die reformhemmende Wirkung des Parteienwettbewerbs nicht in allen Ländern gleich stark ausgeprägt ist, passt zu Hypothese 5, die besagt, dass die jeweiligen Konfigurationen des Parteienwettbewerbs die Bereitschaft von Regierungsparteien beeinflussen, weitreichende Anpassungsreformen durchzusetzen. Kitschelt (2001) zufolge sollten die Reform bremsenden Effekte des Parteienwettbewerbs in Großbritannien am geringsten und in Deutschland am ausgeprägtesten sein, während sie in Dänemark weniger stark als in den Niederlanden sein sollten. Die Ergebnisse der hier vorgelegten Fallstudien legen zwar einerseits nahe, dass die Parteienwettbewerbskonstellationen tatsächlich eine wichtige Rolle spielen und dass die vier von Kitschelt unterschiedenen Konstellationen auch durchaus unterschiedliche Dynamiken aufweisen. Allerdings scheint andererseits das Reformpotenzial der einzelnen Konstellationen von Kitschelt nicht in allen Fällen korrekt eingeschätzt worden zu sein.

Insbesondere das niederländische Parteiensystem sticht durch die Vielzahl auch unpopulärer Reformen gerade im Sozialbereich hervor, zu denen sich die Regierungskoalitionen durchgerungen haben und bei denen sie auch erkennbar weniger auf Schuldvermeidungsstrategien gesetzt haben als ihre Gegenüber in den anderen Ländern (so auch Green-Pedersen 2002: 146). Zwar kam es auch anderswo zu sozialpolitischen Einschnitten, doch in keinem der hier untersuchten Länder wurde der Umbau des Wohlfahrtsstaates mit vergleichbar langem Atem und vergleichbarer Konsequenz betrieben wie in den Niederlanden. Das belegt nicht zuletzt ein Blick auf die Sozialleistungsquote, sei es die unstandardisierte oder die um den Problemdruck bereinigte (vgl. zu letzterer Siegel 2002: 146-151). In Bezug auf die unstandardisierte Sozialleistungsquote sind die Niederlande das einzige OECD-Land außer Irland (-0,9 Prozentpunkte) und Luxemburg (-1,4 Prozentpunkte), dem zwischen 1980 und 2003 eine Senkung (nämlich um 3,4 Prozentpunkte) gelungen ist (Daten nach OECD Social Expenditure Statistics), während die bereinigte Sozialleistungsquote zwischen 1980 und 1995 zwar in einer größeren Zahl von Staaten gesunken ist, aber wiederum in keinem so stark wie in den Niederlanden (Daten nach Siegel 2002: 147).

Aus Kitschelts Perspektive ebenfalls überraschender Weise konnte von den hier untersuchten Ländern vor allem Deutschland in den 1980er Jahren mit den niederländischen Sozialreformen mithalten, sank doch auch die deutsche bereinigte Sozialleistungsquote zwischen 1980 und 1995 leicht, während sie in Dänemark und Großbritannien deutlich anstieg (Zahlen nach Siegel 2002: 147), und war die Bundesrepublik in den 1980er Jahren das einzige OECD-Land außer Irland, Luxemburg und der Schweiz, dem eine Rückführung der unstandardisierten Sozialleistungsquote gelungen ist (Daten nach OECD Social Expenditure Statistics). Erst seit den 1990er Jahren ist es den verschiedenen deutschen Regierungen weniger gut als den anderen hier untersuchten Ländern gelungen, die Sozialausgaben zu begrenzen, was nicht zuletzt mit dem hohen Problemdruck nach der Wiedervereinigung zu tun hatte. Der vergleichsweise große Handlungsspielraum, den die Regierung Kohl in ihren ersten Jahren besaß, hing einerseits, ähnlich wie in den Niederlanden, aber auch in Dänemark und Großbritannien, mit einer weit verbreiteten Krisenwahrnehmung zusammen, andererseits aber auch damit, dass die CDU/CSU wie auch der niederländische CDA glaubwürdig argumentieren konnten, den Wohlfahrtsstaat nicht abbauen, sondern renovieren zu wollen. Der vergleichsweise starke und in der Person des Sozialministers sehr sichtbare Unions-Arbeitnehmerflügel unterstützte diese Argumentation. Dagegen taten sich die deutschen Regierungen seit der Wiedervereinigung sehr schwer mit Sozialkürzungen, die sie stets aufzuschieben versuchten. Als der Reformverzicht angesichts eines stetig wachsenden Problemdrucks aus Sicht der jeweiligen Regierungen nicht mehr durchzuhalten war, kam es zwar zu durchaus bemerkenswerten Reformen, die jedoch die Abwahl der Regierungen nicht verhindern konnten, sie vielleicht sogar forcierten.

Für das Großbritannien der Thatcher-Ära hat dagegen schon Paul Pierson (1994) gezeigt, dass wohlfahrtsstaatliche Kürzungspolitik trotz radikaler Rhetorik an den Zwängen der Parteienkonkurrenz auflaufen kann, wenn es nicht gelingt, die Kürzungen elektoral zu verschleiern. Wie schon in Kapitel 2 diskutiert gilt das in besonderem Maße für den Fall einer Westminster-Demokratie, in der die Regierung zwar keine Zugeständnisse an andere Vetospieler machen muss, in der sie aber auch allein die Verantwortung für die umgesetzten Politiken zu tragen hat. Diese Logik hat in mehr als einem Fall weiterreichende Kürzungen verhindert, obwohl die Labour Party während der 1980er Jahre keinen besonders glaubwürdigen Gegenentwurf zur Politik der Regierung vorzuweisen hatte. Die Labour Regierung seit 1997 hatte weniger Probleme mit potenziell unpopulären Einschnitten, etwa bei Alleinerziehenden oder der Arbeitsunfähigkeit, weil sie keine linke Konkurrenz fürchten musste und die Konservativen sich nicht glaubwürdig zum Bewahrer des Sozialstaates aufschwingen konnten; das Hauptaugenmerk der Labour Party lag vielmehr, insbesondere in ihren ersten Regierungsjahren, darauf, ihre redistributiven Ausgabenerhöhungen in Steuergutschriften zu kaschieren.

Noch schwerer taten sich die dänischen bürgerlichen Parteien mit Reformen des Wohlfahrtsstaates. Insbesondere in den 1980er Jahren mussten sie ihre Reformen gegen den erbitterten Widerstand der Sozialdemokraten durchsetzen, denen es als „natürliche Regierungspartei" der Nachkriegszeit auch nicht an Glaubwürdigkeit als Verteidiger des Wohlfahrtsstaates mangelte. Entsprechend wagte sich die bürgerliche Minderheitskoalition unter Poul Schlüter nach dem Abflauen der akuten Krisenperzeption unter den Wählern, die bis 1984 einige Einschnitte ermöglicht hatte, nur noch an solche Sozialreformen, für die sie die Zustimmung der Sozialdemokraten gewinnen konnte – womit praktisch alle entsprechenden Ansätze zum Scheitern verurteilt waren! Auch die bürgerliche Regierung Fogh Rasmussen mochte nur solche

Wohlfahrtsstaatsreformen beschließen, denen die Sozialdemokraten zustimmen würden. Leichter taten sich dagegen die sozialdemokratischen Regierungen mit wichtigen Sozialreformen – wenngleich auch die SD für diese Reformen einen hohen wahlpolitischen Preis zu zahlen hatte.

Diese Befunde werfen die Frage auf, warum gerade das niederländische, aber zumindest in den 1980er Jahren auch das deutsche Parteiensystem Kürzungen weniger im Wege gestanden zu haben scheint als bei Kitschelt (2001) angenommen. Zwei Gründe spielen hier eine Rolle. Erstens unterschätzt Kitschelt die strategischen Möglichkeiten verschiedener Parteienfamilien, spezifische unpopuläre Maßnahmen durchzusetzen. So könnten bürgerliche Parteien Ausgabenkürzungen (insbesondere im Sozialbereich) als wahlpolitisch zu riskant einstufen und sich im Sinne einer „Nixon-goes-to-China"-Logik auf die einnahmeseitige Konsolidierung verlegen, da die sozialdemokratischen Oppositionsparteien zwar glaubwürdig die Kürzung von Sozialausgaben kritisieren, aber die Wähler kaum überzeugen können, dass eine von ihnen geführte Regierung die Steuern weniger erhöhen würde. Sozialdemokratische Parteien sind dagegen wahlpolitisch anfälliger bei Steuererhöhungen, können dafür aber einfacher Ausgabenprogramme reformieren, weil die bürgerliche Konkurrenz nicht glaubwürdig argumentieren kann, diese Reformen nicht durchsetzen zu wollen.

Dieser Vorstellung entsprechend taten sich beispielsweise die nicht-sozialdemokratischen Regierungen in Großbritannien und im Dänemark der 1980er Jahre tatsächlich leichter mit einer Haushaltskonsolidierung über die Erhöhung der Steuereinnahmen als über die Kürzung von Ausgaben, insbesondere von Sozialausgaben. Umgekehrt fiel es den entsprechenden sozialdemokratischen Regierungen häufig leichter, die Ausgaben zu kürzen, als die Steuern zu erhöhen, musste Labour doch stets bemüht sein, das eigene Image des „tax and spend" zu bekämpfen, was sich nicht zuletzt in der Selbstbindung, die Sätze der Einkommensteuer nicht zu erhöhen, niederschlug, und waren es doch die dänischen Sozialdemokraten, die wichtige Strukturreformen des Arbeitsmarktes und der Frühverrentung einleiteten.

Dass es zu ähnlichen „Rollenwechseln" zwischen bürgerlichen und sozialdemokratischen Regierungen in Deutschland und den Niederlanden viel weniger kam, hängt damit zusammen, dass in beiden Ländern die jeweils dominierenden bürgerlichen Parteien Christdemokraten waren. CDU/CSU und CDA waren maßgeblich am Auf- und Ausbau der jeweiligen Wohlfahrtsstaaten beteiligt (van Kersbergen 1995), sodass sozialpolitische Einschnitte für beide Parteien zunächst wahlpolitisch weniger gefährlich waren, weil sie selbst als Sozialstaatsparteien galten und somit – im Gegensatz zu den britischen Konservativen oder Venstre und KF in Dänemark – glaubwürdig behaupten konnten, die von ihnen durchgesetzten Sozialkürzungen seien unvermeidlich. Daher taten sie sich wenigstens in den 1980er Jahren leichter mit solchen Kürzungen, die entsprechend in den Niederlanden und Deutschland größer ausfielen als in den beiden anderen hier betrachteten Ländern. Allgemeiner formuliert heißt dies, dass christ- und sozialdemokratische Parteien anders als von Kitschelt angenommen einen Umbau des Sozialstaates durchaus erleichtern können, wenn sie ihn selbst für nötig halten.

Warum erleichterte die Existenz einer christdemokratischen Regierungspartei in Deutschland aber nur in den 1980er, und nicht in den 1990er Jahren Kürzungen von Sozialausgaben? Aus mindestens vier Gründen war die politische – ganz abgesehen von der ökonomischen – Situation nach der Wiedervereinigung für die Regierung Kohl eine völlig andere als in den 1980er Jahren. Erstens kamen mit dem ostdeutschen Elektorat Wähler hinzu, die noch stärker als die Westdeutschen parteipolitisch ungebunden waren und Gleichheits- und Solidaritätswerte sowie einen weiteren Ausbau des Wohlfahrtsstaates befürworteten, was die sozialpolitischen Reformen erheblich erschwerte. Zweitens wurde das Parteiensystem mit der PDS um eine weitere Sozialstaatspartei erweitert, die wenigstens in Ostdeutschland ein hohes Maß an Glaubwürdigkeit bei der Verteidigung des Sozialstaates für sich beanspruchen konnte. Zum dritten erhöhte sich die Zahl der Landtagswahlen, was wiederum zu einer Verkürzung der wahlkampffreien – und damit zur Verabschiedung von unpopulären Reformen geeigneten – Zeitintervalle führte. Ein vierter Grund ist schließlich darin zu sehen, dass die Union einen Teil ihrer wirtschaftspolitischen Kompetenz verspielt hatte, nachdem sie die Kosten der Wiedervereinigung völlig falsch eingeschätzt und entsprechend die Erwartung geschürt hatte, die Einheit ließe sich quasi aus der „Portokasse" bezahlen. Die Regierung Kohl ließ also die Chance ungenutzt, frühzeitig den Eindruck einer nationalen Krisensituation aufzubauen, die Kürzungen legitimiert hätte; entsprechend fehlte es dem Argument, Einschnitte seien doch notwendig, später an Glaubwürdigkeit.

Doch die spezifische Rolle christdemokratischer Parteien bei der wohlfahrtsstaatlichen Reformpolitik ist nur ein Teil der Erklärung für die unerwartet ausgeprägte Reformtätigkeit in den Niederlanden. Ein weiterer Aspekt besteht in der Funktionslogik des Parteiensystems (vgl. hierzu auch Green-Pedersen 2001b; 2002). Stellen die Parteiensysteme Großbritanniens, Dänemarks und Deutschlands nämlich im Wesentlichen bipolare Systeme dar, bei denen ein Block oder eine große Partei jeweils anstrebt, unter Ausschluss des anderen Blocks oder der anderen großen Partei die Regierung zu übernehmen, stellt sich die Situation in den Niederlanden anders dar. Der Hauptunterschied zu den anderen Ländern besteht darin, dass es für die Frage, welche Parteien an der Regierung beteiligt werden, in den Niederlanden nicht allein auf das Wahlergebnis, sondern wesentlich auf die Prozesse der Regierungsbildung ankommt. Dabei mussten (und müssen mutmaßlich auch weiterhin) die Christdemokraten kaum um ihre Regierungsbeteiligung fürchten, relativ unabhängig von ihrem Wahlergebnis. Vielmehr konnte sich der CDA über lange Zeit mehr oder weniger frei einen Koalitionspartner aussuchen, entweder VVD oder PvdA, die bis 1994 nicht miteinander koalieren mochten. Diese Konstellation zwang aber sowohl VVD als auch PvdA, sich stark an die programmatische Position der Christdemokraten anzupassen, um für den CDA als Koalitionspartner in Frage zu kommen. Gleichzeitig können die Christdemokraten davon ausgehen, dass ihnen das Verschieben von Problemen in die Zukunft schaden wird, da sie diese dann zu einem späteren Zeitpunkt lösen müssen, zu dem sie wahrscheinlich auch an der Regierung beteiligt sein werden, zu dem die Lösung möglicherweise aber noch schwieriger ist. Daher ist es für den CDA in gewissem Umfang auch elektoral rational, unpopuläre Politiken frühzeitig durchzusetzen, zumal sich die jeweilige Opposition mit Kritik zurückhalten wird, um nicht bei den nächsten Koalitionsverhandlungen vom CDA übergangen zu werden. Diese Logik dürfte der entscheidende Faktor dafür sein, dass das niederländische Parteiensystem sozialpolitische Reformen in erheblichem Umfang zuließ.

Hypothese 6, derzufolge Parteien bei unpopulären Entscheidungen versuchen werden, die elektorale Bestrafung durch die Wähler zu vermeiden, bewährt sich in einer Vielzahl von Fällen, wobei in Übereinstimmung mit Hypothese 5 die Anwendung von Schuldvermeidungsstrategien in Abhängigkeit von der Konstellation des Parteienwettbewerbs variiert. Das erklärt vor allem, warum Regierungen in den Niederlanden auffällig selten auf solche Strategien zurückgegriffen haben und bereit waren, unpopuläre Reformen auch vergleichsweise kurz vor den nächsten Wahlen und ohne die Einbindung der Sozialpartner durchzusetzen, wie beispielsweise im Fall der Erwerbsunfähigkeitsreform von 1993.

In den übrigen drei Ländern war insbesondere die Politik der Haushaltskonsolidierung über weite Strecken von Schuldvermeidungsstrategien geprägt (vgl. für Deutschland und Großbritannien Zohlnhöfer 2007b). Dabei zeigten sich allerdings interessante Unterschiede in Abhängigkeit von den spezifischen Gelegenheitsfenstern. So versuchten die dänischen Minderheitsregierungen regelmäßig, die Hauptkonkurrenten um die Regierungsmacht in die entsprechenden Willensbildungsprozesse einzubinden, und sie verzichteten sogar auf die entsprechenden Vorhaben, wenn sie die erhoffte Unterstützung der Opposition nicht erreichten, wie sich insbesondere bei den bürgerlichen Regierungen Schlüter und Fogh Rasmussen zeigte. Eine solche elektorale Absicherung erfolgte gelegentlich auch in Deutschland, so etwa bei der Rentenreform der 1980er Jahre sowie wiederum bei den meisten sozialpolitischen Reformen der zweiten rot-grünen Regierung, nicht jedoch bei den meisten Sozialkürzungen der 1980er Jahre sowie der Zeit zwischen 1996 und 1998. Dagegen mussten die britischen Regierungen auf eine solche Strategie der institutionellen Einbindung verzichten, da sie sich weder in einer parlamentarischen Minderheitsposition oder einer Koalitionsregierung befanden noch sich mit einer mächtigen zweiten Kammer auseinanderzusetzen hatten, in der die Opposition die Mehrheit besaß.

Überraschend selten kam es auch zu einer elektoralen Absicherung unpopulärer Reformen durch die Einbindung von Interessengruppen. Das war für den britischen Fall zu erwarten, ist das britische Verbändesystem doch ausgesprochen pluralistisch organisiert und fehlen daher die entsprechenden institutionellen Voraussetzungen. Doch auch in den anderen drei Ländern, die alle als mehr oder weniger korporatistisch gelten, kam es nicht zu einer weitreichenden Einbindung der Sozialpartner in die politische Willensbildung. So blieben die „Bündnisse für Arbeit" weitgehend folgenlos für die deutsche Finanz- und Sozialpolitik. In den Niederlanden mit ihren stark ausgebauten korporatistischen Institutionen blockierten sich die Sozialpartner ebenfalls lange Zeit selbst, sodass die Regierung in vielen Fällen ohne die Unterstützung der Verbände handeln musste; erst in jüngerer Vergangenheit kam es wieder in größerem Ausmaß zu Übereinkünften zwischen Regierung und Sozialpartnern, die eine elektorale Absicherung sonst unpopulärer Maßnahmen erlaubten. In Dänemark schließlich ging die Kooperation ebenfalls nicht über punktuelle Abkommen hinaus, etwa im Zusammenhang mit den Betriebsrenten 1987 oder der Arbeitsmarktreform 1999. In keinem Fall waren es mithin die Verbände, die in nennenswertem Umfang die Finanzpolitik geprägt haben, womit sich gleichzeitig eine zentrale Prämisse des theoretischen Modells aus Kapitel 2 bewährt.

Auf eine andere Schuldvermeidungsstrategie, nämlich das Timing populärer und unpopulärer Maßnahmen nach dem Wahlterminkalender, wurde dagegen zwar in Großbritannien und Dänemark sowie gelegentlich in den Niederlanden, weniger aber in Deutschland zurückgegriffen, wo hierfür die institutionelle Gelegenheitsstruktur fehlt. Zwar gab es auch hierzulande entsprechende Versuche, doch erschwert es die Vielzahl von wichtigen Landtagswahlen, eine hinreichend lange wahlkampffreie Zeit zu finden, in der unpopuläre Maßnahmen durchgesetzt werden könnten. In den anderen Ländern spielte diese Strategie dagegen eine größere Rolle, sogar in den Niederlanden, wo die Regierungen Kok und Balkenende die meisten wichtigen Sozialreformen in der ersten Hälfte der Wahlperiode verabschiedeten. Ähnliches gilt für die Regierungen Schlüter und Nyrup Rasmussen in Dänemark, die ebenfalls ihre Sozialreformen lediglich in den jeweils ersten Jahren nach der Regierungsübernahme bzw. nach den Wahlen beschlossen. Wurden somit Belastungen der Wähler direkt nach den Wahlen durchgesetzt, folgten die Wohltaten kurz vor dem nächsten Urnengang: So ließ beispielsweise die Regierung Schlüter sehr hohe Lohnabschlüsse im öffentlichen Dienst im Wahljahr 1987 zu und die Regierung Nyrup Rasmussen ließ die erste, unterfinanzierte Stufe ihrer ersten Steuerreform im Wahljahr 1994 in Kraft treten, während die folgenden Stufen, mit denen die Gegenfinanzierung wirksam wurde, erst nach der Wahl in Kraft gesetzt wurden.

In Großbritannien war die Bedeutung dieser Form eines politischen Konjunkturzyklus am größten. Die Regierung Thatcher setzte ihre umstrittensten finanzpolitischen Maßnahmen jeweils am Anfang einer Legislaturperiode, meistens sogar im ersten Budget nach einer Wahl durch. So waren die einschneidendsten Konsolidierungsmaßnahmen mit den Haushalten 1979 und 1981, also in der ersten Hälfte der Wahlperiode, verabschiedet worden, während ab 1982 auf eine weniger restriktive Politik umgeschaltet wurde. Auch die umstrittenen Senkungen des Körperschaftsteuersatzes und des Spitzensatzes der Einkommensteuer wurden 1984 und 1988, und damit ganz bewusst am Beginn einer Legislaturperiode verabschiedet, während die für die Wähler besonders positiven Senkungen des Basissatzes der Einkommensteuer jeweils kurz vor den Wahlen bekannt gegeben wurden. Letzteres galt auch noch für die Regierung Major, die ihre Wiederwahl 1992 nicht zuletzt einer solchen Senkung verdankte. Dass es sich hier nicht um eine Strategie nur einer Partei handelt, bewies schließlich die Labour Regierung unter Blair, wie das Institute for Fiscal Studies (2005: 117) vor der Wahl 2005 feststellte: „It is worth remembering that the only significant revenue-raising measures implemented by Labour since 1997 were announced in the Budgets of July 1997, March 1998 and April 2002 – all of which occurred in the first 12 months after a general election". Die daraus folgende Erwartung weiterer Steuererhöhungen nach der Wahl 2005 wurde ebenfalls nicht enttäuscht.

Zusätzlich setzten Regierungen in allen Ländern neben dem politischen Diskurs auch auf eine Vielzahl von Schuldvermeidungsstrategien, die bei der Ausgestaltung der einzelnen Programme ansetzten. Ein besonders prominentes Beispiel ist die Manipulation der Indexierung der Steuerfreibeträge und Steuerstufen sowie der Sozialleistungen. Die Nicht-Anpassung des Einkommensteuersystems an die Lohnentwicklung oder auch nur die Inflation spielte insbesondere in der Bundesrepublik und in Großbritannien eine wichtige Rolle, während in Großbritannien sowie den Niederlanden und Dänemark vor allem in den 1980er Jahren auch die Sozialleistungen eingefroren oder nur in Höhe der Inflation angepasst wurden. Andere Wege, die Konsolidierung möglichst wahlpolitisch ungefährlich zu gestalten, bestanden auf der Ausgabenseite in der Fokussierung der Kürzungen auf Investitions- und Verteidigungsausgaben. Wenn sozialpolitische Kürzungen vorgenommen wurden, waren die entsprechenden Änderungen häufig kompliziert und damit für viele Wähler schwer nachzuvollziehen. Auf der Einnahmenseite war eine äquivalente Strategie beispielsweise die Bevorzugung der Anhebung von weniger sichtbaren indirekten Steuern und Sozialversicherungsbeiträgen anstelle von direkten Steuern. Zusätzlich griffen Regierungen soweit möglich auf Einmaleinnahmen aus Privatisierungen, der Förderung von Erdöl und Erdgas oder Gewinne der Zentralbanken zurück, die sie bei Bedarf durchaus auch versuchten auszudehnen. Privatisierungen wurden in den meisten Ländern ganz offensiv zur Bekämpfung der Haushaltsdefizite eingesetzt, aber die britischen Regierungen erhöhten beispielsweise auch regelmäßig bei Bedarf die Besteuerung des Nordseeöls und der deutsche Finanzminister Waigel versuchte sogar, den Bundesbankgewinn durch die Neubewertung der Devisenreserven gerade im Maastricht-Referenzjahr zu erhöhen. Auf diese Weise sollten jeweils zusätzliche Einnahmen generiert werden, ohne dass es zu erkennbaren Belastungen bei den Wählern gekommen wäre.

Bemerkenswerter als die Vielzahl von Maßnahmen, die der Logik der Schuldvermeidung folgen, sind die vergleichsweise wenigen Ausnahmen. Für den Fall der Niederlande, wo diese Ausnahmen überdurchschnittlich oft vorkamen, ist bereits auf die spezifische Konstellation des Parteienwettbewerbs verwiesen worden. Doch auch in den anderen Ländern kam es vereinzelt zu beachtlichen Abweichungen vom Primat der Schuldvermeidung. Das gilt insbesondere für die Konsolidierungsreformen der Regierung Major ab 1993, über die Mark Wickham-Jones (1997: 117) zurecht urteilt, die schrittweise Einführung der Steuererhöhungen „may have made economic sense: in political terms it was a disaster". Auch deutsche Regierungen verzichteten bei bestimmten Reformen weitgehend auf eine entsprechende elektorale Absicherung. Das gilt für die Regierung Kohl nach 1996, die eine Vielzahl unpopulärer Reformen in den Bereichen Lohnfortzahlung im Krankheitsfall, Gesundheit und Rente durchsetzte, ebenso wie für die Regierung Schröder, die für ihre „Agenda 2010" ebenfalls kaum auf tosenden Beifall von den Wählern hoffen durfte. Warum ließen sich die Regierungen aber überhaupt auf dieses Risiko ein, ohne die entsprechenden Maßnahmen in nennenswertem Umfang zu verschleiern?

Offenbar spielt hier wiederum die Tatsache eine Rolle, dass die betroffenen Regierungen unter Zugzwang geraten waren. Angesichts schlechter Wirtschaftsdaten und unerfreulicher Umfragewerte erschien ein Erfolg bei der nächsten Wahl unwahrscheinlich, wenn es der Regierung nicht gelang, erfolgreiche Reformen durchzusetzen; die Regierungen sahen sich also jeweils gezwungen, ihre Handlungsfähigkeit unter Beweis zu stellen. Dabei ging es nicht zuletzt darum zu belegen, dass man auch gegen Widerstände zu handeln bereit war. Die Notwendigkeit einschneidender

Reformen wurde also durch die Bereitschaft der Regierung unterstrichen, harsche Maßnahmen zu ergreifen, entsprechend John Majors (1999: 137) (ursprünglich auf die Inflationsbekämpfung bezogenen) Motto: „If it isn't hurting, it isn't working." So argumentierte beispielsweise ein konservativer britischer Schatzkanzler in einem Interview, man habe „almost [made] a virtue of the fact that it was unpopular, saying we are doing – we know this is unpopular, […] but we would not be doing it if it weren't […] necessary" (Interview Chancellor 1). In einer Situation, in der Handlungsfähigkeit gefragt ist, erscheint demnach eine auf Schuldvermeidung ausgerichtete Strategie von den Entscheidungsträgern als kontraproduktiv eingeschätzt worden zu sein.

Doch nicht nur die parteipolitische Zusammensetzung der Regierungen und der Wettbewerb um Wählerstimmen prägten die nationalstaatlichen Anpassungsreaktionen an wirtschaftliche Internationalisierung. Vielmehr spielte auch die Vetospielerkonstellation eine wichtige Rolle. Entsprechend Hypothese 7 sollte mit zunehmender Zahl, vor allem aber mit abnehmender Kongruenz der Vetospieler die Reichweite der Anpassungsreformen abnehmen.

Diese Vorhersage stellte sich in einer Vielzahl von Fällen als zutreffend heraus. Bereits die Notwendigkeit, Koalitionen bilden zu müssen, die jeweils mit abnehmender Vetospieler-Kongruenz einhergingen, schränkte die Reformreichweite in Deutschland, Dänemark, vor allem aber in den Niederlanden des öfteren ein. Gerade der niederländische Fall zeigte ein ums andere Mal, dass eine Regierungspartei auf bestimmte angestrebte Politikänderungen verzichten musste, weil sie nicht mit dem Koalitionspartner durchsetzbar waren. So scheiterten weiterreichende Ausgabenkürzungen und eine stärkere Senkung des Spitzensteuersatzes in den ersten beiden Lubbers-Regierungen an den Christdemokraten, während es in der dritten Lubbers-Regierung vor allem die Sozialdemokraten waren, die bestimmte vom CDA vorgeschlagene Sozialkürzungen verhinderten, dafür aber ihre steuerpolitischen Vorstellungen nicht durchsetzen konnten. In der violetten Koalition wiederum war es die VVD, die die von PvdA und D66 gewünschten stärkeren Ausgabenerhöhungen verhinderte, dafür aber auf weitere, von ihr als notwendig erachtete Reformen am Wohlfahrtsstaat verzichten musste. Und auch die Regierung Balkenende nahm weniger weitreichende Sozial- und Steuerreformen vor, als die VVD angestrebt hatte, weil die Christdemokraten sie nicht mittragen wollten.

Ähnliches lässt sich für Deutschland zeigen, wo es insbesondere die FDP war, die auf weiterreichende Reformen verzichten musste, weil die Union diese nicht mittragen mochte. Dagegen war das wirtschafts- und finanzpolitische Profil der Grünen während der Regierung Schröder zu gering, um dem großen Koalitionspartner in nennenswertem Umfang Konzessionen abtrotzen zu können, während umgekehrt die Positionen, die die finanzpolitischen Fachpolitikerinnen der Grünen vertraten, nicht notwendigerweise von der eigenen Partei mitgetragen wurden, sodass es schwer fällt, die Nicht-Durchsetzung dieser Politiken auf die Zwänge der Koalitionsbildung zurückzuführen. Allerdings dürfte immerhin die Position der Grünen zur Höhe des Einkommensteuerspitzensatzes mit zu einer Senkung dieses Satzes beigetragen haben, die über das von der SPD gewünschte Maß hinausging.

In Dänemark schließlich waren es nicht zuletzt die kleinen Koalitionsparteien, nämlich Christliche Volkspartei und Zentrumsdemokraten, aber auch Radikale Venstre, die sich in der Regierungszeit Poul Schlüters gegen weitergehende Pläne zur Reform des Wohlfahrtsstaates aussprachen. In der nachfolgenden Regierung Nyrup Rasmussen kam es insbesondere zwischen Sozialdemokraten und Radikale Venstre zu Auseinandersetzungen um die Steuerpolitik, die sich etwa in einer stärkeren Senkung des Spitzensteuersatzes in der Steuerreform 1993 niederschlugen, als von der SD angestrebt. Umgekehrt musste RV dann 1998 die leichte Erhöhung dieses Satzes mittragen. Wiederum um die Steuerpolitik gingen auch die Konflikte zwischen den Koalitionspartnern der Regierung Fogh Rasmussen. Dabei musste insbesondere die Konservative Volkspartei Abstriche bei ihrem Steuersenkungsprogramm hinnehmen. Insgesamt ist jedoch für den dänischen Fall festzuhalten, dass die Abstriche, die Regierungen aufgrund der Notwendigkeit, Koalitionen zu bilden, hinnehmen mussten, begrenzt waren, weil die SD die von ihr geführten Regierungen wenigstens in dieser Hinsicht dominierte, während Venstre und Konservative ohnehin durch eine große programmatische Nähe gekennzeichnet sind, die Kongruenz also hoch ist.

Allerdings waren in Dänemark, wie auch in Deutschland, die wichtigsten Vetospieler ohnehin nicht die Koalitionspartner, sondern im ersten Fall die Parteien, die die dänischen Minderheitsregierungen benötigten, um ihre Gesetze zu verabschieden, sowie im zweiten Fall der Bundesrat als starke zweite Parlamentskammer. Diese Akteure müssen entsprechend im Folgenden eigenständig diskutiert werden, wobei ich mich zunächst auf die dänischen Minderheitsregierungen zwischen 1984 und 1987 sowie zwischen 1994 und 2007 und den Bundesrat zwischen 1982 und 1996 sowie zwischen 1998 und 2002 konzentriere, in denen jeweils von kooperativen Vetospielern auszugehen ist. Der Fall kompetitiver Vetospieler wird im Zusammenhang mit Hypothese 8 analysiert.

Die dänischen Minderheitsregierungen, die zwischen 1984 und 1987 sowie nach 1994 amtierten, konnten sich jeweils auf die Stimmen bestimmter Parteien verlassen, die ihnen eine Mehrheit im Folketing sicherten. Allerdings musste sowohl diesen Unterstützungsparteien als auch solchen Fraktionen, deren Stimmen ebenfalls für das Projekt gewonnen werden sollten, bestimmte Konzessionen gemacht werden. So war beispielsweise die Regierung Schlüter bei der Verabschiedung ihrer Steuerreform bereit, auch den Sozialdemokraten, deren Stimmen arithmetisch nicht notwendig gewesen wären, Konzessionen zu machen, um die Reform politisch abzusichern. Dafür musste die Regierung dann aber beispielsweise einen sechsprozentigen Steuerzuschlag auf höhere Einkommen hinnehmen, den sie selbst lieber nicht eingeführt hätte. Die Regierung Nyrup Rasmussen musste umgekehrt die Abschaffung der Vermögensteuer und eine weitere Verkürzung der maximalen Bezugsdauer von Arbeitslosengeld als Preis für die Zustimmung der Konservativen zum Haushalt für 1996 zahlen. Und die Regierung Fogh Rasmussen musste ihre Steuererleichterungen stärker als ursprünglich geplant auf Geringverdienende fokussieren, um die Zustimmung der Dänischen Volkspartei zu erhalten, und sie musste auch bei ihrer Wohlfahrtsstaatsreform von 2006 auf einige Bestandteile verzichten, um die breite Unterstützung zu erhalten, die sie angestrebt hatte. Allerdings fielen die Konzessionen, die an die genannten Akteure zu machen waren, erheblich geringer aus als in den Phasen, in denen sich die Regierung mit kompetitiven Vetospielern auseinanderzusetzen hatte.

Ähnliches gilt für den Bundesrat in Deutschland, der, anders als die zweiten Kammern in Großbritannien und den Niederlanden, die Finanzpolitik mitunter erheblich beeinflusste. Allerdings erzwang auch der Bundesrat in Zeiten gleichgerichteter Mehrheiten (1982-1990, 1990-1991, 1998-1999) und bei zustimmungsfreien Gesetzen, bei denen er eben kein absolutes Veto besitzt, in der Regel nur geringe Konzessionen, etwa bei der Gegenfinanzierung der Steuerreform 1990. Ungleich größer wurde seine Bedeutung dagegen, wenn die Regierung ihre eigene Bundesratsmehrheit verloren hatte. Dann benötigte sie nämlich wenigstens die Stimmen eines oder mehrerer gemischt regierter Bundesländer, was in den meisten Fällen zu einer Reduzierung der Reformreichweite beitrug. Dies wird etwa an den verschiedenen Sparpaketen sowohl der Regierung Kohl als auch der Regierung Schröder deutlich, deren Volumen infolge der Vermittlungsverfahren jeweils schrumpfte. Auch beim Standortsicherungsgesetz reduzierte die SPD-Mehrheit des Bundesrates die Satzsenkungen bei der Körperschaftsteuer auf einbehaltene Gewinne und beim Einkommensteuerhöchstsatz für gewerbliche Einkünfte, während sich bestimmte Teile der Unternehmensteuerreform aus dem Jahressteuergesetz 1996 im Bundesrat gar nicht durchsetzen ließen. Auch die rot-grüne Steuerreform 2000 wurde stark vom Bundesrat beeinflusst, wenngleich in diesem Fall in einer Weise, die Hypothese 7 widerspricht, nahm doch die Reformreichweite bei der Senkung des Spitzensteuersatzes nicht ab, sondern zu: Statt der von der Regierung angebotenen Senkung auf 45% sank der Satz schließlich auf 42%! Insgesamt waren aber die Konzessionen, die die verschiedenen Bundesregierungen an den Bundesrat machen mussten, unter den Bedingungen unklarer Mehrheitsverhältnisse in der Länderkammer weniger gravierend als im Fall einer eigenen Oppositionsmehrheit im Bundesrat, die weiter unten im Zusammenhang mit kompetitiven Vetospielern diskutiert wird.

Ein weiterer Vetospieler, der ausschließlich die Bundesrepublik betrifft, ist das starke und wenigstens in der Steuerpolitik in den 1990er Jahren ausgesprochen aktivistische Verfassungsgericht. Selbst wenn man Ganghofs (2004) These nicht akzeptiert, dass die gesamte Debatte um die deutsche Einkommensteuerreform seit den 1980er Jahren von der Antizipation der Rechtsprechung des Bundesverfassungsgerichts dominiert gewesen sei, wird man nicht umhin kommen, dem Gericht eine höchst einflussreiche Rolle zuzusprechen, hob es doch beispielsweise die wichtigsten Elemente auf, mit denen die Kohl-Regierung in den 1980er Jahren die soziale Symmetrie ihrer Sparpolitik belegen wollte, oder erzwang es mit der steuerlichen Freistellung des Existenzminimums und der Wiedereinführung der Zinsabschlagsteuer Maßnahmen, die der Regierung die Anpassung an integrierte Märkte erschwerten. Umgekehrt half das Gericht der christlich-liberalen Koalition aber in anderen Fällen, etwa bei der Abschaffung der Vermögensteuer, Reformen durchzusetzen, die ohne das entsprechende Urteil im Bundesrat gescheitert wären.

Eine weitere Dimension des Vetospieler-Theorems ist nicht explizit in Hypothese 7 aufgenommen, aber in Kapitel 2 theoretisch diskutiert worden, nämlich die Kohäsion von Vetospielern. Die entsprechende Dimension lässt sich vor allem dazu nutzen, innerparteiliche Gruppierungen oder Faktionen zu modellieren. Bei der empirischen Analyse stellte sich heraus, dass es vor allem christ- und sozialdemokratische Parteien sind, bei denen Faktionen eine gewisse Rolle bei der Formulierung der Finanzpolitik spielten. Dagegen waren etwaige innerparteiliche Gruppen im Falle der hier betrachteten liberalen (VVD, D66, Venstre, FDP) und konservativen Parteien (Conservative Party, KF) wenigstens in der Finanz- und Sozialpolitik kaum relevant, was allerdings zumindest im Fall der britischen Tories weniger am Mangel an alternativen finanzpolitischen Auffassungen als vielmehr an der immensen Zentralisierung des finanzpolitischen Willensbildungsprozesses unter Margaret Thatcher und John Major lag. In diesem Fall ging also geringe interne Kohäsion bei Geltung der Mehrheitsregel für innerparteiliche Entscheidungen wie von Tsebelis erwartet mit hohem Potential für Politikveränderungen einher.

Anders war die Situation bei den hier betrachteten großen christdemokratischen Parteien, der CDU/CSU in Deutschland und dem niederländischen CDA. Bei letzterem erklärt die Marginalisierung des linken Parteiflügels bei den Wahlen 1982, warum es der christlich-liberalen Koalition unter Lubbers nach 1982, aber nicht unter van Agt in den späten 1970er Jahren gelang, die als notwendig erachteten Anpassungsreaktionen durchzusetzen. Zwar blieb der Arbeitnehmerflügel des CDA bis in die Regierungszeit Balkenendes hinein sichtbar, doch sein Einfluss auf die zu verabschiedenden Politiken war seit den 1980er Jahre begrenzt und damit erheblich geringer als der seines Pendants in den deutschen Schwesterparteien.

Die Finanz- und Sozialpolitik der Regierungen Kohl war nämlich insbesondere vor der Wiedervereinigung stark von den Auseinandersetzungen zwischen Wirtschafts- und Arbeitnehmerflügel der Union geprägt. So verhinderten die CDU-Sozialausschüsse bestimmte Sozialkürzungen, setzten den Ausbau bestimmter Sozialleistungen sowie der aktiven Arbeitsmarktpolitik durch und achteten auf die soziale Symmetrie der Kürzungspolitik der ersten Regierungsjahre, aber sie wirkten sogar auf die Steuerpolitik ein, indem sie eine stärkere Senkung des Spitzensteuersatzes der Einkommensteuer (und damit indirekt auch des Körperschaftsteuersatzes) bei der Steuerreform 1990 blockierten. Erst in Folge seiner innerparteilichen Schwächung nach Norbert Blüms Rücktritt als Vorsitzendem sowie angesichts der ungünstigen Themenkonjunktur der 1990er Jahre verlor der Arbeitnehmerflügel zunehmend seine innerparteiliche Vetoposition, die er bis Ende der 1980er Jahre dank der Proporz- und Konkordanzmechanismen der innerparteilichen Willensbildungsprozesse in der Union besessen hatte.

Auch bei den sozialdemokratischen Parteien gab es mitunter heftige Auseinandersetzungen um den richtigen Kurs. Bei der Labour Party hatten diese allerdings weitgehend in der Opposition stattgefunden, sodass die Regierungspolitik kaum mehr prinzipiell in Frage gestellt wurde. Zudem erlaubten es die riesigen Mehrheiten, die New Labour 1997 und 2001 gewonnen hatte, an der Regierungspolitik auch gegen außergewöhnlich große Hinterbänklerrevolten festzuhalten. Die dänischen Sozialdemokraten hatten die entscheidenden innerparteilichen Auseinandersetzungen ebenfalls bereits während der Oppositionszeit hinter sich gebracht, sodass es im Wesentlichen nur noch die Reform der Frühverrentung war, die einen größeren innerparteilichen Konflikt heraufbeschwor, der aber weitreichend folgenlos für die verabschiedete Reform blieb. Die niederländische PvdA hatte einen entsprechenden Konflikt um die Reform der Erwerbsunfähigkeitsrente auszuhalten, bei dem sich letztlich aber unter dem erheblichen Druck der Parteiführung 80% der Delegierten eines Sonderparteitages hinter den Kurs der Regierung stellten, sodass die Reform letztlich verabschiedet wurde, wenngleich leicht im Sinne der PvdA modifiziert. In diesen Fällen hatten die innerparteilichen Auseinandersetzungen also nur begrenzten Einfluss auf die verabschiedete Regierungspolitik. Das lag einerseits daran, dass die zentralen Richtungsentscheidungen bereits in der Oppositionszeit gefallen waren, und andererseits daran, dass die innerparteilichen Gruppierungen nur sehr begrenzten Einfluss auf die parteiinternen Entscheidungen besaßen, weil entweder der Willensbildungsprozess stark zentralisiert war, wie im Falle der Labour Party, oder die Parteiführung bestimmte Reformen in interfraktionellen Verhandlungen bereits zugesagt hatte und entsprechend selbst nur noch wenig Handlungsspielraum besaß, wie im Fall von SD und PvdA.

Anders lagen die Dinge dagegen bei der SPD. Diese hatte in der Opposition noch keine Revision ihrer wirtschafts- und finanzpolitischen Positionen vorgenommen, sodass die entsprechenden Konflikte erst nach der Übernahme der Regierungsmacht entschieden werden mussten. Das führte zur wenig konsistenten Finanzpolitik der rot-grünen Koalition, die zunächst sowohl in Bezug auf den Haushalt und die Sozialversicherungen als auch hinsichtlich der Steuerpolitik in eine traditionalistische Richtung ging, während sich ab 1999 in der Haushalts- und Steuerpolitik sowie ab 2002/03 auch in der Sozialpolitik die Modernisierer durchzusetzen begannen, was in einer Reihe von Fällen die Rücknahme der Politik der ersten Regierungsjahre bedeutete.

Um verstehen zu können, warum sich die einzelnen innerparteilichen Gruppen in der SPD zu verschiedenen Zeitpunkten durchsetzen konnten, ist es nötig, auf ein weiteres Element der Vetospieler-Theorie zurückzugreifen, nämlich die Position des Agenda-Setters. Angesichts der besonders ausgeprägten Bedeutung des Ressortprinzips in der Bundesrepublik kommt diese Rolle dem einzelnen Minister zu. Dies ermöglichte es beispielsweise Oskar Lafontaine in erheblichem Maße, die von ihm präferierte Finanzpolitik durchzusetzen, während es umgekehrt lediglich Lafontaines Ablösung bedurfte, um einen Politikwechsel durchzusetzen. Da aber der Agenda-Setter in der Sozialpolitik auch nach Lafontaines Rücktritt noch dem Traditionalisten-Lager der SPD angehörte, blieb ein Politikwechsel in diesem Politikfeld solange aus, bis auch dieses Ressort zunächst umspielt und anschließend neu zugeschnitten und besetzt wurde. Eine ähnliche Bedeutung hatte die Rolle des Ressortministers als Agenda-Setter bereits für die Regierung Kohl vor der Wiedervereinigung gehabt, als die Sozialausschüsse auf diese Weise starken Einfluss auf die Sozial- und Arbeitsmarktpolitik gewannen. Schließlich spielte der Agenda-Setter auch in Großbritannien eine wichtige Rolle, wo sich der Schatzkanzler in vielen Fällen, nämlich vor allem, wenn er vom Premierminister unterstützt wurde, mit seinen Konzeptionen relativ weitgehend durchsetzen konnte.

Noch komplizierter werden die Dinge, wenn ein Vetospieler von einer Oppositionspartei kontrolliert wird, wenn also kompetitive Vetospieler existieren. Für diesen Fall besagt Hypothese 8, dass Anpassungsreaktionen nur zustande kommen, wenn diese inhaltlich von beiden Seiten tragbar sind und keine Seite sich elektorale Vorteile aus einer Blockade versprechen kann. In den hier untersuchten Ländern existierten in Deutschland und (mit Abstrichen) in Dänemark kompetitive Vetospieler. In Deutschland kontrollierte die oppositionelle SPD von 1996 bis 1998 den Bundesrat, während sich die rot-grüne Regierung zwischen 2002 und 2005 mit einem unionsdominierten Bundesrat auseinanderzusetzen hatte. In Dänemark ist bei der Identifizierung von kompetitiven Vetospielern eine besonders differenzierte Betrachtungsweise geboten, weil die jeweiligen Minderheitsregierungen zwar einerseits parlamentarische Unterstützung von Parteien benötigen, die nicht der Regierung angehören und die insofern auch nicht notwendigerweise ein Interesse am Erfolg der Regierung haben; andererseits existieren aber Parteien, auf deren Unterstützung die Regierung insgesamt bauen kann, weil die entsprechenden Parteien sich bei einem Wechsel der Regierung schlechter stellen würden als unter der gegenwärtigen Konstellation. Solche Unterstützungsparteien waren für die Regierung Schlüter Radikale Venstre, die wenigstens in wirtschaftspolitischen Fragen die bürgerliche Koalition stützte, für die Regierung Nyrup Rasmussen die linken Oppositionsparteien SF und Einheitsliste, die bei einem Regierungswechsel jeden Einfluss auf die Finanzpolitik verloren hätten und die Regierung deshalb im Zweifelsfall unterstützten, sowie für die Regierung Fogh Rasmussen die Dänische Volkspartei, für die die gleichen Überlegungen gelten wie für SF und Einheitsliste, lediglich mit umgekehrten Vorzeichen. Es erscheint sinnvoll, nur dann von kompetitiven Vetospielern auszugehen, wenn die Regierung gemeinsam mit ihren parlamentarischen Unterstützungsparteien keine Mehrheit besitzt. Demnach hatte sich nur die Regierung Schlüter zwischen 1982 und 1984 und wieder zwischen 1987 und 1993 mit kompetitiven Vetospielern auseinanderzusetzen.

Welche Effekte hatte die Existenz solcher kompetitiven Vetospieler? Wird Hypothese 8 durch die Evidenz der hier präsentierten Fallstudien bestätigt? Die Antwort ist ein deutliches Ja. In Dänemark kam es sowohl 1983 als auch 1990 zum Scheitern der Haushaltsberatungen und folglich zur Ausschreibung von Neuwahlen, obwohl es ausreichende Hinweise gibt, dass eine Einigung prinzipiell möglich gewesen wäre, ja, im Fall des 1990 vor allem an steuerpolitischen Fragen gescheiterten Haushaltes kam es nach den Wahlen zu einer Einigung, ohne dass sich die Mehrheitsverhältnisse in relevanter Weise geändert hatten. In beiden Fällen lässt sich jedoch zeigen, dass sich relevante Akteure im Regierungs- wie im Oppositionslager von einer schnellen Neuwahl, die notwendigerweise Folge des Scheiterns der Haushaltsberatungen war, Gewinne versprachen. Auch das Scheitern der Arbeitsmarktreformen der Regierung Schlüter passt in dieses Muster. Die Regierung wollte aus wahlstrategischen Gründen nicht auf die Unterstützung der Sozialdemokraten verzichten, diese jedoch mochten genau aus diesen Gründen nicht zustimmen, obwohl es wiederum nicht an inhaltlicher Übereinstimmung mangelte, wie sich nach dem Regierungswechsel 1993 zeigte, als sich beide Seiten auf eine Folge von Arbeitsmarktreformen einigen konnten.

Vergleichbar ist die Evidenz in Deutschland. Auch hier scheiterten wichtige Reformen am Widerstand kompetitiver Vetospieler. Das wichtigste einschlägige Beispiel ist die Steuerreform der christlich-liberalen Koalition, die 1997/98 am Veto des

SPD-dominierten Bundesrates scheiterte, obwohl die rot-grüne Regierung 2000 eine Steuerreform durchsetzte, die in vielen Aspekten der vorher abgelehnten Reform glich. Im beginnenden Bundestagswahlkampf 1998 war aber der Anreiz, sich wahlpolitisch zu profilieren, indem der politische Gegner als „lame duck" bzw. „Reformverweigerer" vorgeführt wurde, größer als der Anreiz, gemeinsam eine Steuerreform zu verabschieden. Umgekehrt machte auch die rot-grüne Koalition ab 2002 Bekanntschaft mit dem Blockadepotential des oppositionsdominierten Bundesrates, ließ sich doch beispielsweise die Abschaffung einer ganzen Reihe von Steuervergünstigungen nicht durchsetzen, weil die Union diese für die Finanzierung einer Steuerreform benötigte, die sie nach einem als wahrscheinlich angenommenen zukünftigen Wahlsieg umsetzen wollte.

Doch Hypothese 8 besagt nicht, dass die Existenz kompetitiver Vetospieler stets notwendigerweise zu einer Politikblockade führt; vielmehr sind lediglich die Voraussetzungen für eine Einigung höher, muss doch neben der inhaltlichen Übereinstimmung auch das strategische Kalkül einbezogen werden. Dass auch kompetitive Vetospieler weitreichende Reformen vereinbaren können, wenn die strategischen Überlegungen dies nahelegen, zeigen vor allem die Wohlfahrtsstaatsreformen, die in Deutschland nach 2002 verabschiedet wurden. Einerseits war die Übereinstimmung zwischen den Parteien gewachsen, dass angesichts der Herausforderungen der wirtschaftlichen Globalisierung eine Senkung der Lohnnebenkosten zwingend erforderlich war, die in erster Linie über Strukturreformen bei den Sozialversicherungen erreicht werden musste. Die Kongruenz war also hinreichend groß, um eine Einigung prinzipiell möglich zu machen. Doch mindestens ebenso wichtig waren die strategischen Überlegungen. Die rot-grüne Bundesregierung wollte mit den Reformen ihre Handlungsfähigkeit unter Beweis stellen und hoffte, dass die Maßnahmen eine Verbesserung der wirtschaftlichen Performanz bewirken würden und eine erfolgreiche Wirtschafts- und Sozialpolitik ihre Wiederwahl ermöglichen würde. Die Union dagegen ging davon aus, dass sie die nächste Bundestagswahl ohnehin gewinnen würde; daher kam es ihr vor allem darauf an, einen möglichst großen Teil der unpopulären, aber als nötig erachteten Reformen bereits vor der eigenen Regierungsübernahme verabschieden zu lassen, erlaubte es ihre Position im Bundesrat doch, die Reformen zwar maßgeblich zu beeinflussen, doch die Verantwortung für die (unpopulären Teile der) Reformen der Regierung anzulasten.

Bemerkenswert ist dabei allerdings einmal mehr, dass durch das Hinzutreten eines Vetospielers, nämlich des Bundesrates, die Reformreichweite nicht verringert, sondern sogar vergrößert wurde – ein Befund, der sich auch für die rot-grüne Steuerreform sowie für die dänische Arbeitsmarktreform von 1995 ergibt. Dieses Ergebnis widerspricht Hypothese 7, doch es zeigt einen interessanten Zusammenhang: Der Einfluss von kompetitiven Vetospielern könnte zumindest bei finanz- und sozialpolitischen Anpassungsreaktionen an Globalisierung parteipolitisch differieren. Während sozialdemokratische Parteien ihrer Programmatik entsprechend weiterreichende Reformen ablehnen und deren Durchsetzung daher verhindern, wenn sie als Oppositionspartei in der Lage dazu sind, wollen bürgerliche Parteien größere Anpassungen an die vermeintlichen Zwänge internationalisierter Märkte umsetzen. Darauf werden sie besonders drängen, wenn sie in der Opposition sind, aber die inhaltliche Gesetzgebung beeinflussen können, also als Vetospieler agieren, weil sie dann nicht nur die Politiken realisiert sehen, die sie präferieren, sondern sie auch hoffen können, die negativen wahlpolitischen Konsequenzen dieser Reformen zu vermeiden.

Insgesamt haben die Fallstudien gezeigt, dass die finanzpolitische Anpassung westeuropäischer Ökonomien an Globalisierung und Europäische Integration keineswegs automatisch von Statten geht, sondern dass politische Faktoren nach wie vor eine große Rolle spielen. Daraus folgt auch, dass die Ergebnisse der Politik keineswegs identisch sind, wenngleich sich in einigen Bereichen Konvergenz zeigt, am deutlichsten sicherlich hinsichtlich der Körperschaftsteuersätze. Doch selbst in den Bereichen, in denen sich Konvergenz beobachten lässt, haben die Anpassungsprozesse unterschiedlich lange gedauert und Regierungen haben in vielen Bereichen unterschiedliche Wege beschritten. Das macht deutlich, dass die Globalisierung auch in der Wirtschafts- und Sozialpolitik keineswegs das Ende der Politik bedeutet, und dass es entsprechend darauf ankommt, die politischen Faktoren, die Anpassungsreaktionen auf integrierte Märkte beeinflussen, besser zu verstehen. Den Ergebnissen dieser Arbeit zufolge sollte dabei der parteipolitischen Färbung der Regierung, der Konfiguration des Parteienwettbewerbs und der Vetospielerkonstellation besondere Aufmerksamkeit gewidmet werden.

Ob sich die Anpassungsnotwendigkeiten in den einzelnen Staaten und die Herausforderungen, auf die sie reagieren müssen, durch die Finanz- und Wirtschaftskrise, die im Jahr 2008 begann, auf Dauer geändert haben, wird sich erst mit einigem zeitlichen Abstand erkennen lassen. Immerhin der staatliche Besitz an Unternehmen und keynesianisch inspirierte Konjunkturprogramme haben wenigstens kurzfristig eine Renaissance erlebt – letztere nun allerdings nicht mehr als Veranstaltungen in einem Land, sondern praktisch auf globaler Ebene. Doch selbst wenn die wirtschaftspolitischen Herausforderungen der zweiten Dekade des 21. Jahrhunderts von denen abweichen sollten, die hier behandelt worden sind, sollte das in dieser Arbeit präsentierte Modell in der Lage sein, die wirtschaftspolitischen Reaktionen darauf zu erklären.

Literatur

Aarts, Kees/Macdonald, Stuart Elaine/Rabinowitz, George, 1999: Issues and Party Competition in the Netherlands, in: *Comparative Political Studies* 32 (1): 63-99.

Abelshauser, Werner, 2004: Deutsche Wirtschaftsgeschichte seit 1945, Bonn: BpB.

Abrate, Graziano, 2004: The Netherlands, in: Bernardi, Luigi/Profeta, Paola (Hrsg.): *Tax Systems and Tax Reforms in Europe*, London/New York: Routledge, 241-269.

Abromeit, Heidrun, 1988: British Privatisation Policy, in: *Parliamentary Affairs* 41 (1): 68-85.

Abromeit, Heidrun, [2]1991: Staatsentwicklung in der Thatcher-Ära: Weniger Staat – mehr Staat?, in: Sturm, Roland (Hrsg.): *Thatcherismus. Eine Bilanz nach 10 Jahren*, Bochum: Universitätsverlag Dr. N. Brockmeyer, 295-324.

Abromeit, Heidrun, 1995: Volkssouveränität, Parlamentssouveränität, Verfassungssouveränität: Drei Realmodelle der Legitimation staatlichen Handelns, in: *Politische Vierteljahresschrift* 36 (1): 49-66.

Adam, Stuart/Brewer, Mike/Wakefield, Matthew, 2005: *Tax and Benefit Changes: Who Wins and Who Loses?* (IFS Election Briefing Note No. 2), London: Institute for Fiscal Studies.

Alber, Jens, 1986: Der Wohlfahrtsstaat in der Wirtschaftskrise – Eine Bilanz der Sozialpolitik in der Bundesrepublik seit den frühen siebziger Jahren, in: *Politische Vierteljahresschrift* 27 (1): 28-60.

Alber, Jens, 2000: Der deutsche Sozialstaat in der Ära Kohl: Diagnosen und Daten, in: Leibfried, Stephan/Wagschal, Uwe (Hrsg.): *Der deutsche Sozialstaat: Bilanzen – Reformen – Perspektiven*, Frankfurt/ New York: Campus, 235-275.

Alemann, Ulrich von, 2000: Das Parteiensystem der Bundesrepublik Deutschland, Bonn: BpB.

Andel, Norbert, 1991: Die Steuerreformen der 80er Jahre: Erreichtes und Aufgeschobenes, in: Döring, Diether/Spahn, Paul Bernd (Hrsg.): *Steuerreform als gesellschaftspolitische Aufgabe der neunziger Jahre*, Berlin, 23-39.

Andersen, Palle Schelde/Åkerholm, Johnny, 1982: Scandinavia, in: Boltho, Andrea (Hrsg.): *The European Economy. Growth and Crisis*, Oxford: OUP, 610-644.

Andersson, Jan Otto, 1987: The Economic Policy Strategies of the Nordic Countries, in: Keman, Hans/Paloheimo, Heikki/Whiteley, Paul F. (Hrsg.): *Coping with the Economic Crisis. Alternative Responses to Economic Recession in Advanced Industrial Societies*, London: Sage, 163-181.

Andersson, Krister/Kanniainen, Vesa/Södersten, Jan/Sørensen, Peter Birch, 1998: Corporate Tax Policy in the Nordic Countries, in: Sørensen, Peter Birch (Hrsg.): *Tax Policy in the Nordic Countries*, Houndmills/London: MacMillan, 72-137.

Andeweg, Rudy B., 1994a: De formatie van de paarse coalitie. Democratisch en politicologisch gehalte van een kabinetsformatie, in: *Jaarboek Documentatiecentrum Nederlands Politieke Partijen* 1994: 149-171.

Andeweg, Rudy B., 1994b: Privatization in the Netherlands: The Results of a Decade, in: Wright, Vincent (Hrsg.): *Privatization in Western Europe. Pressures, Problems and Paradoxes*, London: Pinter, 198-214.

Andeweg, Rudy B./Irwin, Galen A., [2]2005: *Governance and Politics of the Netherlands,* Houndmills/New York: Palgrave Macmillan.

Annesley, Claire/Gamble, Andrew, 2004: Economic and Welfare Policy, in: Ludlam, Steve/Smith, Martin J. (Hrsg.): *New Labour in Power. Policy and Politics under Blair*, Houndmills/London: Palgrave, 144-160.

Armingeon, Klaus, 2007: Kleinstaaten in Weltmärkten. Drei Ergänzungen der Katzenstein-These, in: *Zeitschrift für Sozialreform* 53 (3): 297-320.

Bach, Stefan, 2001: Die Unternehmensteuerreform, in: Truger, Achim (Hrsg.): *Rot-grüne Steuerreformen in Deutschland. Eine Zwischenbilanz*, Marburg: Metropolis, 47-94.

Bach, Stefan et al. 2001: *Internationale Entwicklungstendenzen nationaler Steuersysteme – von der direkten zur indirekten Besteuerung?*, Berlin: Duncker & Humblot.

Balkenende, Jan-Peter, 2003: Regeringsverklaring, in: Tweede Kamer, Handelingen 2002-2003, Nr. 76, 11.6.2003, 4282-4285.

Bandelow, Nils C./Schubert, Klaus, 1998: Wechselnde Strategien und kontinuierlicher Abbau solidarischen Ausgleichs. Eine gesundheitspolitische Bilanz der Ära Kohl, in: Wewer, Göttrik (Hrsg.): *Bilanz der Ära Kohl. Christlich-liberale Politik in Deutschland 1982-1998*, Opladen: Leske+Budrich, 113-127.

Bank of England, jährlich: *Annual Report*, London.

Basinger, Scott J./Hallerberg, Mark, 2004: Remodeling the Competition for Capital: How Domestic Politics Erases the Race to the Bottom, in: *American Political Science Review* 98 (2): 261-276.

Bates, Robert H./Greif, Avner/Levi, Margaret/Rosenthal, Jean-Lautent/Weingast, Barry, 1998: *Analytic Narratives*, Princeton.

Becker, Uwe, 2005: An Example of Competitive Corporatism? The Dutch Political Economy 1983-2004 in Critical Examination, in: *Journal of European Public Policy* 12 (6): 1078-1102.

Beech, Matt, 2008: New Labour and the Politics of Dominance, in: Beech, Matt/Lee, Simon (Hrsg.): *Ten Years of New Labour*, Houndmills/New York: Palgrave MacMillan, 1-16.

Beisheim, Marianne/Dreher, Sabine/Walter, Gregor/Zangl, Bernhard/Zürn, Michael, 1999: *Im Zeitalter der Globalisierung? Thesen und Daten zur gesellschaftlichen und politischen Denationalisierung*, Baden-Baden: Nomos.

Benner, Mats/Vad, Torben Bundgaard, 2000: Sweden and Denmark: Defending the Welfare State, in: Scharpf, Fritz W./Schmidt, Vivien (Hrsg.): *Welfare and Work in the Open Economy. Vol. 2: Diverse Responses to Common Challenges*, Oxford u.a.: OUP, 399-466.

Benoit, Kenneth/Laver, Michael, 2006: *Party Policy in Modern Democracies*, London: Routledge.

Berger, Helge, 1997: *Konjunkturpolitik im Wirtschaftswunder. Handlungsspielräume und Verhaltensmuster von Bundesbank und Regierung in den 1950er Jahren*, Tübingen: Mohr Siebeck.

Bernauer, Thomas, 2000: *Staaten im Weltmarkt*, Opladen: Leske+Budrich.

Berndsen, Ron J., 2002: Postwar Fiscal Rules in the Netherlands: What Can We Learn for EMU?, in: Banca d'Italia (Hrsg.): *Fiscal Rules*, Rom: Banca d'Italia, 367-380.

Beyme, Klaus von, 1994: Verfehlte Vereinigung – verpasste Reformen? Zur Problematik der Evaluation der Vereinigungspolitik in Deutschland seit 1989, in: *Journal für Sozialforschung* 34: 249-269.

Beyme, Klaus von, 2000: *Parteien im Wandel. Von den Volksparteien zu den professionalisierten Wählerparteien*, Wiesbaden: WDV.

Beyme, Klaus von, [10]2004: *Das politische System der Bundesrepublik Deutschland. Eine Einführung*, Wiesbaden: VS.

Bille, Lars, 1989: Denmark: The Oscillating Party System, in: *West European Politics* 12 (4): 42-57.

Bille, Lars, 1997: Leadership Change and Party Change. The Case of the Danish Social Democratic Party, 1960-95, in: *Party Politics* 3 (3): 379-390.

Bille, Lars, 1998: *Dansk partipolitik 1987-1998*, Kopenhagen: Jurist- og Økonomforbundets Forlag.

Bille, Lars, 1999a: The Danish Social Democratic Party, in: Ladrech, Robert/Marlière, Philippe (Hrsg.): *Social Democratic Parties in the European Union. History, Organization, Policies*, Houndmills/London: Macmillan, 43-55.

Bille, Lars, 1999b: Auf und ab. Wahlresultate und Reaktionen der Sozialdemokratischen und Liberalen Partei in Dänemark, in: Mair, Peter/Müller, Wolfgang C./Plasser, Fritz (Hrsg.): *Parteien auf komplexen Wählermärkten. Reaktionsstrategien politischer Parteien in Westeuropa*, Wien: Signum, 353-390.

Bille, Lars, 2001: *Fra valgkamp til valgkamp. Dansk partipolitik 1998-2001*, Kopenhagen: Jurist- og Økonomforbundets Forlag.

Bille, Lars, 2006a: *Det nye flertal. Dansk partipolitik 2001-2005*, Kopenhagen: Jurist- og Økonomforbundets Forlag.

Bille, Lars, 2006b: Politisk kronik 1. halvår 2006, in: *Økonomi og Politik* 79 (4): 65-75.

Billing, Werner, 1991: Die rheinland-pfälzische Landtagswahl vom 21. April 1991: Machtwechsel in Mainz nach 44 Jahren, in: *Zeitschrift für Parlamentsfragen* 22: 584-601.

Birchfield, Vicki/Crepaz, Markus M.L., 1998: The Impact of Constitutional Structures and Collective and Competitive Veto Points on Income Inequality in Industrialized Democracies, in: *European Journal of Political Research* 34: 175-200.

Blancke, Susanne/Schmid, Josef, 2003: Bilanz der Bundesregierung Schröder in der Arbeitsmarktpolitik 1998-2002: Ansätze zu einer doppelten Wende, in: Egle, Christoph/Ostheim, Tobias/Zohlnhöfer, Reimut (Hrsg.): *Das rot-grüne Projekt. Eine Bilanz der Regierung Schröder 1998-2002*, Wiesbaden: Westdeutscher Verlag, 215-238.

Börzel, Tanja A., 2006: Europäisierung der deutschen Politik?, in: Schmidt, Manfred G./ Zohlnhöfer, Reimut (Hrsg.): *Regieren in der Bundesrepublik Deutschland. Innen- und Außenpolitik seit 1949*, Wiesbaden: Verlag für Sozialwissenschaften, 491-509.

Boix, Carles, 1998: *Political Parties, Growth and Equality*, Cambridge: CUP.

Bonoli, Giuliano, 2001: Political Institutions, Veto Points, and the Process of Welfare State Adaptation, in: Pierson, Paul (Hrsg.): *The New Politics of the Welfare State*, Oxford/New York: OUP, 238-264.

Borchert, Jens, 1995: *Die konservative Transformation des Wohlfahrtsstaates. Großbritannien, Kanada, die USA und Deutschland im Vergleich*, Frankfurt/New York: Campus.

Bork, Christhart/Müller, Klaus, 1998: Effekte der Verrechnungsmöglichkeit negativer Einkünfte im deutschen Einkommensteuerrecht, in: *Konjunkturpolitik* 44 (4): 353-366.

Borre, Ole, 1984: The Danish Parliamentary Election of 10 January 1984, in: *Electoral Studies* 3 (2): 190-195.

Borre, Ole, 1991: The Danish General Election of 1990, in: *Electoral Studies* 10 (2): 133-138.

Borre, Ole, 2003: The Structure of Budget Demands in Denmark, Norway and Sweden, in: *Scandinavian Political Studies* 26 (2): 169-192.

Bos, Frits, 2007: *Public Expenditure and the Dutch Fiscal Framework: History, Current Practice and the Role of the CPB*, Paper presented for the 9th Banca d'Italia Workshop on Public Finance, Perugia, 29-31 March 2007.

Boss, Alfred, 1989: Steuerpolitik im Vereinigten Königreich und in der Bundesrepublik Deutschland – wo liegen die Unterschiede?, in: *Die Weltwirtschaft* 1: 76-87.

Brandhorst, Andreas, 2003: Gesundheitspolitik zwischen 1998 und 2003: Nach der Reform ist vor der Reform, in: Gohr, Antonia/Seeleib-Kaiser, Martin (Hrsg.): *Sozial- und Wirtschaftspolitik unter Rot-Grün*, Wiesbaden: Westdeutscher Verlag, 211-228.

Brandner, Peter, 2003: Budgetpolitik der Niederlande, Finnlands und Schwedens – Lehren für nachhaltige Konsolidierung?, in: *Wirtschaftspolitische Blätter* 50 (2): 183-204.

Braun, Dietmar, 1989: *Grenzen politischer Regulierung. Der Weg in die Massenarbeitslosigkeit am Beispiel der Niederlande*, Wiesbaden: DUV.

Braun, Dietmar/Keman, Hans, 1986: Politikstrategien und Konfliktregulierung in den Niederlanden, in: *Politische Vierteljahresschrift* 27 (1): 78-99.

Bretschger, Lucas/Hettich, Frank, 2002: Globalisation, Capital Mobility and Tax Competition: Theory and Evidence for OECD Countries, in: *European Journal of Political Economy* 18: 695-716.

Brittan, Samuel, 1989: The Thatcher Government's Economic Policy, in: Kavanagh, Dennis/Seldon, Anthony (Hrsg.): *The Thatcher Effect. A Decade of Change*, Oxford: OUP, 1-37.

Broughton, David, 1999: The Limitations of Likeability: the Major Premiership and Public Opinion, in: Dorey, Peter (Hrsg.): *The Major Premiership. Politics and Policies under John Major, 1990-97*, Houndmills/London, 199-217.

Broughton, David, 2000: The First Six Länder Elections of 1999: Initial Electoral Consequences and Political Fallout of the Neue Mitte in Action, in: *German Politics* 9(2): 51-70.

Brown, Gordon, 1997: Budget Statement, in: *Parliamentary Debates House of Commons*, 2 July 1997, 6th Series, Vol. 297, col. 303-316.

Brown, Gordon, 1998: Budget Statement, in: *Parliamentary Debates House of Commons*, 17 March 1998, 6th Series, Vol. 308, col. 1097-1112.

Browning, Peter, 1986: *The Treasury and Economic Policy 1964-1985*, London/New York: Longman.

van der Brug, Wouter, 1999: Floating Voters or Wandering Parties? The Dutch National Election of 1998, in: *West European Politics* 22 (1): 179-186.

Budge, Ian/Keman, Hans, 1990: *Parties and Democracy. Coalition Formation and Government Functioning in Twenty States*, Oxford: OUP.

Budge, Ian/Klingemann, Hans-Dieter/Volkens, Andrea/Bara, Judith/Tanenbaum, Eric, 2001: *Mapping Policy Preferences. Estimates for Parties, Electors, and Governments 1945-1998*, Oxford u.a.: OUP.

Bundesministerium der Finanzen (BMF), 2001: *Monatsbericht des BMF. August 2001*, Berlin: BMF.

Bundesministerium der Finanzen (BMF), 2003: *Bericht der Bundesregierung über die Entwicklung der Finanzhilfen des Bundes und der Steuervergünstigungen für die Jahre 2001-2004. Neunzehnter Subventionsbericht*, Berlin: BMF.

Bundesministerium der Finanzen (BMF), 2006: *Finanzbericht 2007*, Berlin: BMF.

Bundesministerium für Arbeit und Sozialordnung (BMAS), 1998: *Sozialbericht 1997*, Bonn: BMAS.

Bundesministerium für Arbeit und Sozialordnung (BMAS), 2006: *Statistisches Taschenbuch 2006. Arbeits- und Sozialstatistik*, Berlin: BMAS.

Bundgaard, Ulrik/Vrangbæk, Karsten, 2007: Reform by Coincidence? Explaining the Policy Process of Structural Reform in Denmark, in: *Scandinavian Political Studies* 30 (4): 491-520.

Burgoon, Brian, 2001: Globalization and Welfare Compensation: Disentangling the Ties that Bind, in: *International Organization* 55: 509-551.

Burke, Edmund, 1803: Thoughts on the Cause of the Present Discontents, in: *The Works of the Right Honourable Edmund Burke, Bd. 2*, London.

Burkhart, Simone, 2005: Parteipolitikverflechtung. Über den Einfluss der Bundespolitik auf Landtagswahlentscheidungen von 1976 bis 2000, in: *Politische Vierteljahresschrift* 46 (1): 14-38.

Burkhart, Simone/Manow, Philip, 2006a: *Was bringt die Föderalismusreform? Wahrscheinliche Effekte der geänderten Zustimmungspflicht*, Köln (Max-Planck-Institut für Gesellschaftsforschung, Working Paper 06/6).

Burkhart, Simone/Manow, Philip, 2006b: Kompromiss und Konflikt im parteipolitisierten Föderalismus der Bundesrepublik Deutschland, in: *Zeitschrift für Politikwissenschaft* 16 (3): 807-824.

Busch, Andreas, 1989: *Neokonservative Wirtschaftspolitik in Großbritannien. Vorgeschichte, Problemdiagnose, Ziele und Ergebnisse des 'Thatcherismus'*, Frankfurt u.a.: Peter Lang.

Busch, Andreas, 2003: *Staat und Globalisierung. Das Politikfeld Bankenregulierung im internationalen Vergleich*, Wiesbaden: Westdeutscher Verlag.

Busch, Andreas, 2006: Großbritannien in der Weltwirtschaft, in: Kastendiek, Hans/Sturm, Roland (Hrsg.): *Länderbericht Großbritannien*, 3. Aufl., Bonn: BpB, 410-433.

Butler, David/Kavanagh, Dennis, 1980: *The British General Election of 1979*, London/Basingstoke: Macmillan.

Butler, David/Kavanagh, Dennis, 1992: *The British General Election of 1992*, London/Basingstoke: Macmillan.

Butler, David/Kavanagh, Dennis, 1997: *The British General Election of 1997*, Houndmills/London: Macmillan.

Butler, David/Kavanagh, Dennis, 2002: *The British General Election of 2001*, Houndmills/New York: Palgrave.

Cameron, David R., 1978: The Expansion of the Public Economy: A Comparative Analysis, in: *American Political Science Review* 72: 1243-1261.

Centraal Planbureau (CPB), 2006: *Centraal Economisch Plan 2006*. Den Haag: CPB. (erhältlich unter <http://www.cpb.nl/nl/pub/cepmev/cep/2006/pdf/cep2006.pdf>, Zugriff, 15.2.2007).

Chote, Robert/Emmerson, Carl/Frayne, Christine, 2005: *The Public Finances* (IFS Election Briefing Note No. 3), London: Institute for Fiscal Studies.

Christiansen, Peter Munk, 1999: *Ej blot til pynt? Om budgettets politik og politikernes budget*, Aalborg: Aalborg Universitetsforlag.

Christiansen, Peter Munk, 2008: Public Expenditures: Is the Welfare State Manageable?, in: Albæk, Erik/Eliason, Leslie C./Nørgaard, Asbjørn Sonne/Schwartz, Herman S. (Hrsg.): *Crisis, Miracles, and Beyond: Negotiated Adaptation of the Danish Welfare State*, Aarhus: Aarhus University Press, 146-170.

Christiansen, Peter Munk/Nørgaard, Asbjørn Sonne/Sidenius, Niels Chr., 2001: Dänemark. Verbände und Korporatismus auf Dänisch, in: Reutter, Werner/Rütters, Peter (Hrsg.): *Verbände und Verbandssysteme in Westeuropa*, Opladen: Leske+Budrich, 51-74.

Christoffersen, Henrik/Paldam, Martin, 2006: Privatization in Denmark, 1980-2002, in: Köthenbürger, Marko/Sinn, Hans-Werner/Whalley, John (Hrsg.): *Privatization Experiences in the European Union*, Cambridge, Mass./London: MIT Press, 117-140.

Clark, Tom/Dilnot, Andrew/Goodman, Alissa/Myck, Michal, 2002: Taxes and Transfers 1997-2002, in: *Oxford Review of Economic Policy* 18: 187-201.

Clarke, Kenneth, 1993: Budget Statement, in: *Parliamentary Debates House of Commons*, 2 July 1997, 6th Series, Vol. 233, col. 921-940.

Cnossen, Sijbren, 1999: Taxing Capital Income in the Nordic Countries: A Model for the European Union?, in: *Finanzarchiv* 56 (1): 18-50.

Cnossen, Sijbren/Bovenberg, Lans, 2001: Fundamental Tax Reform in The Netherlands, in: *International Tax and Public Finance* 7: 471-484.

Coates, David, 2000: The Character of New Labour, in: Coates, David/Lawler, Peter (Hrsg.): *New Labour in Power*, Manchester/New York: Manchester UP, 1-15.

Coates, David/Lawler, Peter (Hrsg.), 2000: *New Labour in Power*, Manchester/New York: Manchester UP.

Cohen, Benjamin J., 1996: Phoenix Risen: The Resurrection of Global Finance, in: *World Politics* 48: 268-296.

Cohen, Benjamin J., 2002: International Finance, in: Carlsnaes, Walter/Risse, Thomas/Simmons, Beth A. (Hrsg.): *Handbook of International Relations*, London u.a., 429-447.

Collier, David/Mahoney, James, 1996: Insights and Pitfalls. Selection Bias in Qualitative Research, in: *World Politics* 49: 56-91.

Commissie tot vereenvoudiging van de loonbelasting en de inkomstenbelasting, 1986: A Step Towards Simplicity: A Summary of the Report "A Step towards Simplicity" from the Commission for Simplification of Wage Tax and Income Tax, Instituted on September 20, 1985 by the Minister and State Secretary of Finance, Den Haag: Ministry of Finance.

Cowley, Philip, 1999: Chaos or Cohesion? Major and the Conservative Parliamentary Party, in: Dorey, Peter (Hrsg.): *The Major Premiership. Politics and Policies under John Major, 1990-97*, Houndmills/London: Macmillan, 1-25.

Cowley, Philip/Stuart, Mark, 2005: *Dissension amongst the Parliamentary Labour Party, 2001-2005. A Data Handbook.* <http://www.revolts.co.uk/DissensionamongstthePLP.pdf> (10.12.2007).

Cowley, Philip/Stuart, Mark, 2008: A Rebellious Decade: Backbench Rebellions under Tony Blair, 1997-2007, in: Beech, Matt/Lee, Simon (Hrsg.): *Ten Years of New Labour*, Houndmills/New York: Palgrave MacMillan, 103-119.

Cox, Robert Henry, 2001: The Social Construction of an Imperative. Why Welfare Reform Happened in Denmark and the Netherlands but Not in Germany, in: *World Politics* 53: 463-498.

Crewe, Ivor, 1989: Values: The Crusade that Failed, in: Kavanagh, Dennis/Seldon, Anthony (Hrsg.): *The Thatcher Effect. A Decade of Change*, Oxford: OUP, 239-250.

Crewe, Ivor, 2001: Elections and Public Opinion, in: Seldon, Anthony (Hrsg.): *The Blair Effect. The Blair Government 1997-2001*, London: Little, Brown, 67-94.

Crewe, Ivor/Searing, Donald D., 1988: Ideological Change in the British Conservative Party, in: *American Political Science Review* 82: 361-384.

Cuperus, René/Duffek, Karl/Kandel, Johannes (Hrsg.), 2001: *Multiple Third Ways*, Amsterdam/Berlin/Wien.

Cuperus, René/Kandel, Johannes (Hrsg.), 1998: *European Social Democracy: Transformation in Progress*, Amsterdam.

Curtice, John, 2007: Elections and Public Opinion, in: Seldon, Anthony (Hrsg.): *Blair's Britain 1997-2007*, Cambridge: CUP, 35-53.

Czada, Roland, 1995: Der Kampf um die Finanzierung der deutschen Einheit, in: Lehmbruch, Gerhard (Hrsg.): *Einigung und Zerfall. Deutschland und Europa nach dem Ende des Ost-West-Konflikts*, Opladen: Leske+Budrich, 73-102.

Czada, Roland, 2000: Nach 1989. Reflexionen zur Rede von der „Berliner Republik", in: Czada, Roland/Wollmann, Hellmut (Hrsg.): *Von der Bonner zur Berliner Republik. 10 Jahre Deutsche Einheit*, Wiesbaden: Westdeutscher Verlag, 13-45.

Czada, Roland, 2003: Der Begriff der Verhandlungsdemokratie und die vergleichende Policy-Forschung, in: Mayntz, Renate/Streeck, Wolfgang (Hrsg.): *Die Reformierbarkeit der Demokratie. Innovationen und Blockaden*, Frankfurt/New York: Campus, 173-204.

Dästner, Christian, 1999: Der „unechte Einigungsvorschlag" im Vermittlungsverfahren. Oder: Hat der Vermittlungsausschuß versagt?, in: *Zeitschrift für Parlamentsfragen* 30 (1): 26-40.

Damgaard, Erik, 1989: Crisis Politics in Denmark 1974-1987, in: Damgaard, Erik/Gerlich, Peter/ Richardson, Jeremy J. (Hrsg.): *The Politics of Economic Crisis. Lessons from Western Europe*, Aldershot: Avebury, 70-88.

Damgaard, Erik, 1994: Dänische Experimente mit der parlamentarischen Regierungsform, in: Pappi, Franz-Urban/Schmitt, Hermann (Hrsg.): *Parteien, Parlamente und Wahlen in Skandinavien*, Frankfurt/New York: Campus, 179-198.

Damgaard, Erik, 2000: Denmark. The Life and Death of Government Coalitions, in: Müller, Wolfgang C./Strøm, Kaare (Hrsg.): *Coalition Governments in Western Europe*, Oxford: OUP, 231-263.

Damgaard, Erik/Svensson, Palle, 1989: Who Governs? Parties and Policies in Denmark, in: *European Journal of Political Research* 17: 731-745.

van Damme, Eric, 2006: Pragmatic Privatization: The Netherlands, 1982-2002, in: Köthenbürger, Marko/Sinn, Hans-Werner/Whalley, John (Hrsg.): *Privatization Experiences in the European Union*, Cambridge, Mass./London: MIT Press, 289-337.

The Danish Government, 2006: *Denmarks National Reform Programme. First Progress Report*, Kopenhagen: Beskæftigelsesministeriet <http://www.fm.dk/db/filarkiv/15927/Denmarks_ National_Reform_Programme.pdf> (2.1.2008).

The Danish Government, 2007: *Denmarks National Reform Programme. Second Progress Report*, Kopenhagen: Finansministeriet <http://www.fm.dk/db/filarkiv/18594/Denmarks_National_ Reform_Programme2007.pdf > (29.11.2007).

Danmarks Nationalbank, verschiedene Jahrgänge: *Beretning ok regnsk regnskab*, Kopenhagen: Danmarks Nationalbank.

Decker, Frank/Blumenthal, Julia von, 2002: Die bundespolitische Durchdringung der Landtagswahlen. Eine empirische Analyse von 1970 bis 2001, in: *Zeitschrift für Parlamentsfragen* 33: 144-165.

Dehejia, Vivek H./Genschel, Philipp, 1999: Tax Competition in the European Union, in: *Politics and Society* 27: 403-430.

Denver, David, 1998: The British Electorate in the 1990s, in: *West European Politics* 21 (1): 197-217.

Deutsche Bundesbank, verschiedene Jahrgänge: *Geschäftsbericht*, Frankfurt/Main: Deutsche Bundesbank.

Dilnot, Andrew W./Kay, J.A., 1990: Tax Reform in the United Kingdom: The Recent Experience, in: Boskin, Michael J./McLure, Charles E. (Hrsg.): *World Tax Reform. Case Studies of Developed and Developing Countries*, San Francisco: ICS Press, 149-176.

Döring, Thomas/Feld, Lars P., 2005: Reform der Gewerbesteuer: Wie es Euch gefällt? – Eine Nachlese, in: *Perspektiven der Wirtschaftspolitik* 6 (2): 207-232.

Dorey, Peter, 1993: One Step at a Time: The Conservative Government's Approach to the Reform of Industrial Relations Since 1979, in: *Political Quarterly* 64: 24-36.

Dorey, Peter (Hrsg.), 1999a: *The Major Premiership. Politics and Policies under John Major, 1990-97*, Houndmills/London: Macmillan.

Dorey, Peter, 1999b: Despair and Disillusion Abound: the Major Premiership in Perspective, in: Dorey, Peter (Hrsg.): *The Major Premiership. Politics and Policies under John Major, 1990-97*, Houndmills/London: Macmillan, 218-249.

Downs, Anthony, 1968: *Ökonomische Theorie der Demokratie*, Tübingen: Mohr Siebeck.

Drejer, Jens, 1988: Denmark, in: Pechman, Joseph A. (Hrsg.): *World Tax Reform. A Progress Report*, Washington, D.C.: Brookings Institution, 79-92.

Driver, Stephen, 2008: New Labour and Social Policy, in: Beech, Matt/Lee, Simon (Hrsg.): *Ten Years of New Labour*, Houndmills/New York: Palgrave MacMillan, 50-67.

Driver, Stephen/Martell, Luke, 2002: Third Ways in Britain and Europe, in: Schmidtke, Oliver (Hrsg.): *The Third Way Transformation of Social Democracy. Normative Claims and Policy Initiatives in the 21st Century*, Aldershot: Ashgate, 75-101.

Driver, Stephen/Martell, Luke, ^{2}2006: *New Labour*, Cambridge/Malden, MA: Polity.

Duckenfield, Mark, 1999: The Goldkrieg: Revaluing the Bundesbank's Reserves and the Politics of EMU, in: *German Politics* 8 (1): 106-130.

Dümig, Kathrin/Trefs, Matthias/Zohlnhöfer, Reimut, 2006: Die Faktionen der CDU: Bändigung durch institutionalisierte Einbindung, in: Köllner, Patrick/Basedau, Matthias/Erdmann, Gero (Hrsg.): *Innerparteiliche Machtgruppen. Faktionalismus im internationalen Vergleich*, Frankfurt/New York: Campus, 99-129.

Duncan, Fraser, 2007: 'Lately, Things Just don't Seem the Same'. External Shocks, Party Change and the Adaptation of the Dutch Christian Democrats during 'Purple Hague' 1994-8, in: *Party Politics* 13 (1): 69-87.

Dur, Robert A.J./Swank, Otto H., 1998: The Role of Governmental Agreements in Breaking Political Deadlock, in: *European Journal of Political Economy* 14: 561-572.

Egle, Christoph, 2003: Lernen unter Stress: Politik und Programmatik von Bündnis 90/Die Grünen, in: Egle, Christoph/Ostheim, Tobias/Zohlnhöfer, Reimut (Hrsg.): *Das rot-grüne Projekt. Eine Bilanz der Regierung Schröder 1998-2002*, Wiesbaden: Westdeutscher Verlag, 93-116.

Egle, Christoph, 2006: Deutschland, in: Merkel, Wolfgang/Egle, Christoph/Henkes, Christian/Ostheim, Tobias/Petring, Alexander: *Die Reformfähigkeit der Sozialdemokratie. Herausforderungen und Bilanz der Regierungspolitik in Westeuropa*, Wiesbaden: VS-Verlag, 154-196.

Egle, Christoph, 2009: *Reformpolitik in Deutschland und Frankreich. Wirtschafts- und Sozialpolitik bürgerlicher und sozialdemokratischer Regierungen*, Wiesbaden: VS-Verlag.

Egle, Christoph/Henkes, Christian, 2003: Später Sieg der Modernisierer über die Traditionalisten? Die Programmdebatte in der SPD, in: Egle, Christoph/Ostheim, Tobias/Zohlnhöfer, Reimut (Hrsg.): *Das rot-grüne Projekt. Eine Bilanz der Regierung Schröder 1998-2002*, Wiesbaden: Westdeutscher Verlag, 67-92.

Eicker-Wolf, Kai, 2002: Von haushaltspolitischen Sparschwein-Operationen und Inflations-Paranoia. Zur Pathologie der Finanz- und Geldpolitik in rot-grünen Zeiten, in: Eicker-Wolf, Kai/Kindler, Holger/Schäfer, Ingo/Wehrheim, Melanie/Wolf, Dorothee (Hrsg.): *„Deutschland auf den Weg gebracht." Rot-grüne Wirtschafts- und Sozialpolitik zwischen Anspruch und Wirklichkeit*, Marburg: Metropolis, 17-46.

van der Eijk, Cees/Irwin, Galen/Niemöller, Kees, 1986: The Dutch Parliamentary Election of May 1986, in: *Electoral Studies* 5 (3): 289-296.

Einhorn, Eric S./Logue, John, ^{2}2003: *Modern Welfare States. Scandinavian Politics and Policy in the Global Age*, Westport, CT/London: Praeger.

Elkins, David J., 1974: The Measurement of Party Competition, in: *American Political Science Review* 68: 682-700.

Elklit, Jørgen, 1999: Party Behaviour and the Formation of Minority Coalition Governments: Danish Experiences from the 1970s and 1980s, in: Müller, Wolfgang C./Strøm, Kaare (Hrsg.): *Policy, Office, or Vote? How Political Parties in Western Europe Make Hard Decisions*, Cambridge: CUP, 63-88.

Elster, Jon, 2000: Rational Choice History: A Case of Excessive Ambition, in: *American Political Science Review* 94: 685-695.

Emmerson, Carl/Frayne, Chris, 2001: *Overall Tax and Spending* (IFS Election Briefing Note No. 2), London: Institute for Fiscal Studies.

Emmerson, Carl/Frayne, Chris, 2005: *Public Spending* (IFS Election Briefing Note No. 2), London: Institute for Fiscal Studies.

Emmerson, Carl/Frayne, Christine/Tetlow, Gemma, 2005: *Taxation* (IFS Election Briefing Note No. 4), London: Institute for Fiscal Studies.

Energistyrelsen, 2007: *Oil and Gas Production in Denmark 2006*, Kopenhagen: Energistyrelsen.

Esping-Andersen, Gøsta, 1985: *Politics against Markets. The Social Democratic Road to Power*, Princeton, NJ: Princeton UP.

Esping-Andersen, Gøsta, 1990: *The Three Worlds of Welfare Capitalism*, Cambridge: Polity.

Evans, Brendan, 1999: *Thatcherism and British Politics 1975-1999*, Stroud: Sutton.

Eysell, Maria, 1994: Die Konservative Volkspartei, die Christliche Volkspartei und die Zentrums-Demokraten Dänemarks: Drei Wettbewerber im bürgerlichen Lager, in: Veen, Hans-Joachim (Hrsg.): *Christlich-demokratische und konservative Parteien in Westeuropa Bd. 4*, Paderborn u.a.: Schöningh, 327-500.

Eysell, Maria, 1996: Der dänische Minderheitsparlamentarismus der achtziger Jahre, in: *Zeitschrift für Politikwissenschaft* 6 (2): 375-407.

Eysell, Maria/Henningsen, Bernd, 1992: Dänemark. Politik, Wirtschaft und Gesellschaft diesseits und jenseits von Maastricht, in: *Aus Politik und Zeitgeschichte* B43: 3-11.

Falter, Jürgen W./Klein, Markus/Schumann, Siegfried, [2]1994: Politische Konflikte, Wählerverhalten und die Struktur des Parteienwettbewerbs, in: Gabriel, Oscar W./Brettschneider, Frank (Hrsg.): *Die EG-Staaten im Vergleich. Strukturen, Prozesse, Politikinhalte*, Opladen, 194-220.

FDP, 1997: *Wiesbadener Grundsätze. Für die liberale Bürgergesellschaft*, St. Augustin: FDP.

Feist, Ursula/Krieger, Hubert, 1985: Die nordrhein-westfälische Landtagswahl vom 12. Mai 1985. Stimmungstrend überrollt Sozialstrukturen oder: Die Wende ist keine Kaffeefahrt, in: *Zeitschrift für Parlamentsfragen* 16: 355-372.

Feld, Lars P., 2000: *Steuerwettbewerb und seine Auswirkungen auf Allokation und Distribution. Ein Überblick und eine empirische Analyse für die Schweiz*, Tübingen: Mohr Siebeck.

Feuerstein, Switgard, 1993: Monopolistische Konkurrenz und intrasektoraler Außenhandel, in: *Wirtschaftswissenschaftliches Studium* 22: 286-290.

Fitzmaurice, John, 1995: The Danish General Election of September 1994, in: *West European Politics* 18 (2): 418-421.

Fitzmaurice, John, 2001: Divided Government: The Case of Denmark, in: Elgie, Robert (Hrsg.): *Divided Government in Comparative Perspective*, Oxford: OUP, 146-166.

Freitag, Markus, 2001: Politische Grundlagen glaubwürdiger Wirtschaftspolitik: Österreich und die Schweiz im internationalen Vergleich, in: *Österreichische Zeitschrift für Politikwissenschaft* 30: 275-290.

Frenzel, Martin, 2002: *Neue Wege der Sozialdemokratie. Dänemark und Deutschland im Vergleich*, Wiesbaden: Deutscher Universitätsverlag.

Frieden, Jeffry A., 1991: Invested Interests: The Politics of National Economic Policies in a World of Global Finance, in: *International Organization* 45: 425-451.

Frieden, Jeffry A./Rogowski, Ronald, 1996: The Impact of the International Economy on National Policies: An Analytical Overview, in: Keohane, Robert O./Milner, Helen (Hrsg.): *Internationalization and Domestic Politics*, Cambridge u.a., 25-47.

Fröhlich, Hans-Peter/Claus Schnabel, 1990: *Das Thatcher-Jahrzehnt. Eine wirtschaftspolitische Bilanz*, Köln.

Gamble, Andrew, 1988: *The Free Economy and the Strong State. The Politics of Thatcherism*, Durham: Duke UP.

Ganghof, Steffen, 2003: Promises and Pitfalls of Veto Player Analysis, in: *Swiss Political Science Review* 9: 1-25.

Ganghof, Steffen, 2004: *Wer regiert in der Steuerpolitik? Einkommensteuerreform zwischen internationalem Wettbewerb und nationalen Verteilungskonflikten*, Frankfurt/New York: Campus.

Ganghof, Steffen, 2005: Konditionale Konvergenz. Ideen, Institutionen und Standortwettbewerb in der Steuerpolitik von EU- und OECD-Ländern, in: *Zeitschrift für Internationale Beziehungen* 12: 7-40.

Ganghof, Steffen, 2006: *The Politics of Income Taxation. A Comparative Analysis*, Colchester: ECPR Press.

Ganghof, Steffen, 2007: The Political Economy of High Income Taxation. Capital Taxation, Path Dependence and Political Institutions in Denmark, in: *Comparative Political Studies* 40 (9): 1059-1084.

Garrett, Geoffrey, 1998: *Partisan Politics in the Global Economy*, Cambridge: CUP.

Garrett, Geoffrey, 2000: The Causes of Globalization, in: *Comparative Political Studies* 33 (6/7): 941-991.

Garrett, Geoffrey/Lange, Peter, 1996: Internationalization, Institutions and Political Change, in: Keohane, Robert O./Milner, Helen (Hrsg.): *Internationalization and Domestic Politics*, Cambridge u.a.: CUP, 48-75.

Garrett, Geoffrey/Mitchell, Deborah, 2001: Globalization, Government Spending and Taxation in the OECD, in: *European Journal of Political Research* 39: 145-177.

Geißler, Heiner, 1998: *Zeit, das Visier zu öffnen*, Köln: Kiepenheuer & Witsch.

Genschel, Philipp, 2000: Der Wohlfahrtsstaat im Steuerwettbewerb, in: *Zeitschrift für Internationale Beziehungen* 7: 267-296.

Genschel, Philipp, 2004: Globalization and the Welfare State: A Retrospective, in: *Journal of European Public Policy* 11 (4): 613-636.

Giddens, Anthony, 1999: *Der dritte Weg. Die Erneuerung der sozialen Demokratie*, Frankfurt: Suhrkamp.

Giddens, Anthony, 2000: *The Third Way and its Critics*, Cambridge.

Gladdish, Ken, 1987: The Centre Holds: The 1986 Netherlands Election, in: *West European Politics* 10 (1): 115-119.

Glyn, Andrew/Wood, Stewart, 2001: Economic Policy under New Labour: How Social Democratic is the Blair Government?, in: *Political Quarterly* 72: 50-66.

Gohr, Antonia, 2001: Eine Sozialstaatspartei in der Opposition: Die Sozialpolitik der SPD in den 80er Jahren, in: Schmidt, Manfred G. (Hrsg.): *Wohlfahrtsstaatliche Politik. Institutionen, politischer Prozess und Leistungsprofil*, Opladen: Leske+Budrich, 262-293.

Goudswaard, K.P., 1990: Budgetary Policies in the Netherlands: 1982-1990, in: *Finanzarchiv* 48 (2): 271-289.

Goul Andersen, Jørgen, 2000: Welfare Crisis and Beyond. Danish Welfare Policies in the 1980s and 1990s, in: Kuhnle, Stein (Hrsg.): *Survival of the European Welfare State*, London: Routledge, 69-87.

Goul Andersen, Jørgen, 2003: The General Election in Denmark, November 2001, in: *Electoral Studies* 22 (1): 186-193.

Goul Andersen, Jørgen, 2006: The Parliamentary Election in Denmark, February 2005, in: *Electoral Studies* 25 (2): 393-398.

Goul Andersen, Jørgen, 2008: Public Support for the Danish Welfare State: Interests and Values, Institutions and Performance, in: Albæk, Erik/Eliason, Leslie C./Nørgaard, Asbjørn Sonne/Schwartz, Herman S. (Hrsg.): *Crisis, Miracles, and Beyond: Negotiated Adaptation of the Danish Welfare State*, Aarhus: Aarhus University Press, 75-114.

Gourevitch, Peter, 1978: The Second Image Reversed: The International Sources of Domestic Politics, in: *International Organization* 32: 881-912.

Gourevitch, Peter, 2002: Domestic Politics and International Relations, in: Carlsnaes, Walter/Risse, Thomas/Simmons, Beth A. (Hrsg.): *Handbook of International Relations*, London u.a., 309-328.

Grande, Edgar/Risse, Thomas, 2000: Bridging the Gap. Konzeptionelle Anforderungen an die politikwissenschaftliche Analyse von Globalisierungsprozessen, in: *Zeitschrift für Internationale Beziehungen* 7: 235-266.

Grant, Wyn, 2003: Economic Policy, in: Dunleavy, Patrick/Gamble, Andrew/Heffernan, Richard/Peele, Gillian (Hrsg.): *Developments in British Politics 7*, Houndmills/New York: Palgrave, 261-281.

Green-Pedersen, Christoffer, 1999: The Danish Welfare State under Bourgeois Reign. The Dilemma of Popular Entrenchment and Economic Constraints, in: *Scandinavian Political Studies* 22 (3): 243-260.

Green-Pedersen, Christoffer, 2001a: Minority Governments and Party Politics: The Political and Institutional Background to the "Danish Miracle", in: *Journal of Public Policy* 21 (1): 53-70.

Green-Pedersen, Christoffer, 2001b: Welfare-State Retrenchment in Denmark and the Netherlands, 1982-1998. The Role of Party Competition and Party Consensus, in: *Comparative Political Studies* 34: 963-985.

Green-Pedersen, Christoffer, 2002: *The Politics of Justification. Party Competition and Welfare-State Retrenchment in Denmark and the Netherlands from 1982 to 1998*, Amsterdam: Amsterdam UP.

Green-Pedersen, Christoffer/Hoffmann Thomsen, Lisbeth, 2005: Bloc Politics vs. Broad Cooperation? The Functioning of Danish Minority Parliamentarism, in: *Journal of Legislative Studies* 11 (2): 153-169.

Green-Pedersen, Christoffer/van Kersbergen, Kees, 2002: The Politics of the 'Third Way'. The Transformation of Social Democracy in Denmark and The Netherlands, in: *Party Politics* 8 (5): 507-524.

Gros, Donald A/Sigelman, Lee, 1984: Comparing Party Systems. A Multidimensional Approach, in: *Comparative Politics* 16: 463-479.

Gros, Jürgen, 1998: *Politikgestaltung im Machtdreieck Partei, Fraktion, Regierung. Zum Verhältnis von CDU-Parteiführungsgremien, Unionsfraktion und Bundesregierung 1982-1989 an den Beispielen der Finanz-, Deutschland- und Umweltpolitik*, Berlin: Duncker & Humblot.

Grosser, Dieter, 1998: *Das Wagnis der Währungs-, Wirtschafts- und Sozialunion*, Stuttgart: DVA.

Hall, Peter A., 1986: *Governing the Economy. The Politics of State Intervention in Britain and France*, New York/Oxford.

Hall, Peter A., 1993: Policy Paradigms, Social Learning, and the State. The Case of Economic Policymaking in Britain, in: *Comparative Politics* 25: 275-296.

Hall, Peter A., 2002: The Comparative Political Economy of the 'Third Way', in: Schmidtke, Oliver (Hrsg.): *The Third Way Transformation of Social Democracy. Normative Claims and Policy Initiatives in the 21st Century*, Aldershot, 31-58.

Hall, Peter A., 2003: Aligning Ontology and Methodology in Comparative Research, in: Mahoney, James/Rueschemeyer, Dietrich (Hrsg.): *Comparative Historical Analysis in the Social Sciences*, Cambridge: CUP, 373-404.

Hall, Peter A./Soskice, David, 2001: An Introduction to Varieties of Capitalism, in: Hall, Peter A./Soskice, David (Hrsg.): *Varieties of Capitalism. The Institutional Foundations of Comparative Advantage*, Oxford: OUP, 1-68.

Hallerberg, Mark, 2002: Introduction: Fiscal Policy in the European Union, in: *European Union Politics* 3: 139-150.

Hallerberg, Mark, 2004: *Domestic Budgets in a United Europe*, Ithaca/London: Cornell UP.

Hallerberg, Mark/Basinger, Scott, 1998: Internationalization and Changes in Tax Policy in OECD Countries. The Importance of Domestic Veto Players, in: *Comparative Political Studies* 31: 321-352.

Hansen, Martin Ejnar, 2008: Back to the Archives? A Critique of the Danish Part of the Manifesto Dataset, in: *Scandinavian Political Studies* 31 (2): 201-216.

Harlen, Christine Margerum, 2002: Schröder's Economic Reforms: The End of Reformstau?, in: *German Politics* 11 (1): 61-80.

Hartmann, Anja, 2003: Patientennah, leistungsstark, finanzbewusst? Die Gesundheitspolitik der rot-grünen Bundesregierung, in: Egle, Christoph/Ostheim, Tobias/Zohlnhöfer, Reimut (Hrsg.): *Das rot-grüne Projekt. Eine Bilanz der Regierung Schröder 1998-2002*, Wiesbaden: Westdeutscher Verlag, 259-281.

Hassel, Anke, 2000: Bündnisse für Arbeit: Nationale Handlungsfähigkeit im europäischen Regimewettbewerb, in: *Politische Vierteljahresschrift* 41: 498-524.

Hauge Jensen, Arne, 2001: *Summary of Danish Tax Policy 1986-2002*, Kopenhagen: Finansministeriet (Working Paper 2/2001).

Hay, Colin, 1999: *The Political Economy of New Labour. Labouring under False Pretences?* Manchester/New York: Manchester UP.

Hay, Colin, 2006: Managing Economic Interdependence: The Political Economy of New Labour, in: Dunleavy, Patrick/Heffernan, Richard/Cowley, Philip/Hay, Colin (Hrsg): *Developments in British Politics 8*, Houndmills/New York: Palgrave MacMillan, 251-271.

Hay, Colin/Rosamond, Ben, 2002: Globalization, European Integration and the Discursive Construction of Economic Imperatives, in: *Journal of European Public Policy* 9: 147-167.

Hay, Colin/Watson, Matthew, 1999: Labour's Economic Policy: Studiously Courting Competence, in: Taylor, Gerald R. (Hrsg.): *The Impact of New Labour*, Houndmills/London: Macmillan, 149-161.

Hays, Jude C., 2003: Globalization and Capital Taxation in Consensus and Majoritarian Democracies, in: *World Politics* 56: 79-113.

Heath, Anthony/Jowell, Roger/Curtice, John, 1994: Can Labour Win?, in: Heath, Anthony/Jowell, Roger/Curtice, John (Hrsg.): *Labour's Last Chance? The 1992 Election and Beyond*, Aldershot: Dartmouth, 275-299.

Heffernan, Richard, 2007: Tony Blair as Labour Party Leader, in: Seldon, Anthony (Hrsg.): *Blair's Britain 1997-2007*, Cambridge: CUP, 143-163.

Heimann, Beata, 2001: *Tax Incentives for Foreign Direct Investment in the Tax Systems of Poland, the Netherlands, Belgium and France*, Bremen (Berichte aus dem Weltwirtschaftlichen Colloquium der Universität Bremen, Nr. 74).

Heinelt, Hubert/Weck, Michael, 1998: *Arbeitsmarktpolitik. Vom Vereinigungskonsens zur Standortdebatte*, Opladen: Leske+Budrich.

Heinrich, Martin Leo, 1992: *Steuerpolitik zwischen systematischer und wirtschaftspolitischer Orientierung. Dargestellt am Beispiel der Steuerreform 1986, 1988 und 1990*, Pfaffenweiler: Centaurus.

Heise, Arne, 2002: Innovation und Gerechtigkeit? Wirtschafts- und beschäftigungspolitische Modernisierungskonzepte der Schröder-Regierung, in: Heyder, Ulrich/Menzel, Ulrich/Rebe, Bernd (Hrsg.): *Das Land verändert? Rot-grüne Politik zwischen Interessenbalancen und Modernisierungsdynamik*, Hamburg: VSA, 29-45.

Hellwig, Martin/Neumann, Manfred J.M., 1987: Economic Policy in Germany: Was There a Turnaround?, in: *Economic Policy* 5: 105-147.

Helms, Ludger, 2001: Gerhard Schröder und die Entwicklung der deutschen Kanzlerschaft, in: *Zeitschrift für Politikwissenschaft* 11 (4): 1497-1517.

Helms, Ludger, 2006: Das Parteiensystem Großbritanniens, in: Niedermayer, Oskar/Stöss, Richard/ Haas, Melanie (Hrsg.): *Die Parteiensysteme Westeuropas*, Wiesbaden: VS-Verlag, 213-233.

Hemerijck, Anton/van Kersbergen, Kees, 1997: A Miraculous Model? Explaining the New Politics of the Welfare State in the Netherlands, in: *Acta Politica* 32 (3): 258-280.

Hemerijck, Anton/Schludi, Martin, 2000: Sequences of Policy Failure and Effective Policy Responses, in: Scharpf, Fritz W./Schmidt, Vivien (Hrsg.): *Welfare and Work in the Open Economy. Vol. 1: From Vulnerability to Competitiveness*, Oxford u.a.: OUP, 125-228.

Henkes, Christian, 2006: Dänemark, in: Merkel, Wolfgang/Egle, Christoph/Henkes, Christian/Ostheim, Tobias/Petring, Alexander: *Die Reformfähigkeit der Sozialdemokratie. Herausforderungen und Bilanz der Regierungspolitik in Westeuropa*, Wiesbaden: VS-Verlag, 315-350.

Henkes, Christian/Kneip, Sascha, 2003: Die Bildungspolitik der rot-grünen Bundesregierung 1998-2002, in: Egle, Christoph/Ostheim, Tobias/Zohlnhöfer, Reimut (Hrsg.): *Das rot-grüne Projekt. Eine Bilanz der Regierung Schröder 1998-2002*, Wiesbaden: Westdeutscher Verlag, 283-303.

Hennings, Klaus Hinrich, 1982: West Germany, in: Boltho, Andrea (Hrsg.): *The European Economy. Growth and Crisis*, Oxford: OUP, 472-501.

Hettich, Frank/Schmidt, Carsten, 2001: Die deutsche Steuerbelastung im internationalen Vergleich: Warum Deutschland (k)eine Steuerreform braucht, in: *Perspektiven der Wirtschaftspolitik* 2: 45-60.

Hibbs, Douglas A., 1977: Political Parties and Macroeconomic Policy, in: *American Political Science Review* 71: 1467-1487.

Hibbs, Douglas A., 1992: Partisan Theory after Fifteen Years, in: *European Journal of Political Economy* 8: 361-373.

Hill, Michael, 1999: Rolling Back the (Welfare) State: the Major Governments and Social Security Reform, in: Dorey, Peter (Hrsg.): *The Major Premiership. Politics and Policies under John Major, 1990-97*, Houndmills/London, 165-178.

Hillebrand, Ron/Irwin, Galen A., 1999: Changing Strategies: The Dilemma of the Dutch Labour Party, in: Müller, Wolfgang C./Strøm, Kaare (Hrsg.): *Policy, Office, or Vote? How Political Parties in Western Europe Make Hard Decisions,* Cambridge: CUP, 112-140.

Hills, John, 1988: Comment, in: Pechman, Joseph A. (Hrsg.): *World Tax Reform. A Progress Report*, Washington, D.C.: Brookings Institution.

Hills, John, 2002: Following or Leading Public Opinion? Social Security Policy and Public Attitudes since 1997, in: *Fiscal Studies* 23: 539-558.

Hilmer, Richard/Müller-Hilmer, Rita, 2006: Die Bundestagswahl vom 18. September 2005: Votum für Wechsel in Kontinuität, in: *Zeitschrift für Parlamentsfragen* 37 (1): 183-218.

Hinrichs, Karl, 1998: *Reforming the Public Pension Scheme in Germany: The End of the Traditional Consensus?* Bremen (ZeS-Arbeitspapier 11/98).

Hirst, Paul/Thompson, Grahame, 1996: *Globalization in Question*, Cambridge.

HM Revenue and Customs, 2007: *Government Revenues from UK Oil and Gas Production*, abrufbar unter: http://www.hmrc.gov.uk/stats/corporate_tax/table11_11.pdf (30.10.2007).

HM Treasury, 2000: *Public Expenditure. Statistical Analysis 2000-01 (Cm 4601)*, London: HM Treasury.

HM Treasury, 2004: *Public Expenditure. Statistical Analysis (Cm 6201)*, London: HM Treasury.

HM Treasury, 2005a: *Tax Credits: Reforming Financial Support for Families*, London: HM Treasury.

HM Treasury, 2005b: *Globalisation and the UK: strength and opportunity to meet the economic challenge*, London: HM Treasury.

HM Treasury, 2007: *Public Expenditure. Statistical Analysis 2007*, London: HM Treasury.

Hofferbert, Richard I., 2002: The Pattern of Party Concerns in Modern Democracies, 1950-1990, in: Fuchs, Dieter/Roller, Edeltraut/Wessels, Bernhard (Hrsg.): *Bürger und Demokratie in Ost und West*, Wiesbaden, 431-447.

van Holsteyn, Joop, 2007: The Dutch Parliamentary Elections of 2006, in: *West European Politics* 30 (5): 1139-1147.

van Holsteyn, Joop J.M./Irwin, Galen A., 2003: Never a Dull Moment: Pim Fortuyn and the Dutch Parliamentary Election of 2002, in: *West European Politics* 26 (2): 41-66.

van Holsteyn, Joop/Irwin, Galen A., 2004: The Dutch Parliamentary Elections of 2003, in: *West European Politics* 27 (1): 157-164.

Hood, Christopher, 2002: The Risk Game and the Blame Game, in: *Government and Opposition* 37: 15-37.

Hoogerwerf, Andries, 1999: Policy Successes and Failures of the First Purple Cabinet, in: *Acta Politica* 34 (2-3): 158-177.

Horst, Patrick, 1995: *Haushaltspolitik und Regierungspraxis in den USA und der Bundesrepublik Deutschland*, Frankfurt u.a.: Peter Lang.

Howe, Geoffrey, 1979: Budget Statement, in: *Parliamentary Debates House of Commons*, 12 June 1979, 5th Series, Vol. 968, col. 235-263.

Howe, Geoffrey, 1994: *Conflict of Loyalty*, London: Macmillan.

Huber, Evelyne/Stephens, John D., 1998: Internationalization and the Social Democratic Model. Crisis and Future Prospects, in: *Comparative Political Studies* 31: 353-397.

Huber, Evelyne/Stephens, John D., 2001: *Development and Crisis of the Welfare State. Parties and Policies in Global Markets*, Chicago/London.

IFS (= Institute for Fiscal Studies), 2005: *The IFS Green Budget: January 2005*, London: IFS.

IFS (= Institute for Fiscal Studies), 2007: *The IFS Green Budget: January 2007*, London: IFS.

IMF (= International Monetary Fund), 2005: Budgetary Policymaking in the Netherlands, in: IMF: *Kingdom of the Netherlands: Selected Issues* (IMF Country Report 05/225), Washington, DC, 42-56.

Immerfall, Stefan/Franz, Peter, 1998: *Standort Deutschland. Stärken und Schwächen im weltweiten Strukturwandel*, Opladen: Leske+Budrich.

Irwin, Galen A., 1995: Tussen de verkiezingen, in: van Holsteyn, Joop J.M./Niemöller, Kees (Hrsg.): *De Nederlandse Kiezer 1994*, Leiden: DSWO-Press, 9-26.

Irwin, Galen A., 1999: The Dutch Parliamentary Election of 1998, in: *Electoral Studies* 18 (2): 271-276.

Irwin, Galen A./van Holsteyn, Joop J.M., 1989: Towards a More Open Model of Competition, in: *West European Politics* 12 (1): 112-138.

Irwin, Galen A./van Holsteyn, Joop J.M., 1997: Where to Go From Here? Revamping Electoral Politics in the Netherlands, in: *West European Politics* 20 (2): 93-118.

Irwin, Galen A./van Holsteyn, Joop J.M., 1999: Parties and Politicians in the Parliamentary Election of 1998, in: *Acta Politica* 34 (2-3): 130-157.

Iversen, Torben, 2000: Decentralization, Monetarism, and the Social Democratic Welfare State, in: Iversen, Torben/Pontusson, Jonas/Soskice, David (Hrsg.): *Unions, Employers, and Central Banks. Macroeconomic Coordination and Institutional Change in Social Market Economies*, Cambridge, 205-231.

Jahn, Detlef, 2002: Koalitionen in Dänemark und Norwegen: Minderheitsregierungen als Normalfall, in: Kropp, Sabine/Schüttemeyer, Suzanne S./Sturm, Roland (Hrsg.): *Koalitionen in West- und Osteuropa*, Opladen: Leske+Budrich, 219-247.

James, Simon, 1997: *British Government. A Reader in Policy Making*, London/New York.

Jay, Peter, 1994: The Economy 1990-94, in: Kavanagh, Dennis/Seldon, Anthony (Hrsg.): *The Major Effect*, London: Macmillan, 169-205.

Jeffery, Charlie/Handl, Vladimir, 1999: Blair, Schröder and the Third Way, in: Funk, Lothar (Hrsg.): *The Economics and the Politics of the Third Way*, Hamburg: Lit, 78-87.

Jensen, Per H., 2008: The Welfare State and the Labour Market, in: Albæk, Erik/Eliason, Leslie C./Nørgaard, Asbjørn Sonne/Schwartz, Herman S. (Hrsg.): *Crisis, Miracles, and Beyond: Negotiated Adaptation of the Danish Welfare State*, Aarhus: Aarhus University Press, 115-145.

Jochem, Sven, 2001: Reformpolitik im deutschen Sozialversicherungsstaat, in: Schmidt, Manfred G. (Hrsg.): *Wohlfahrtsstaatliche Politik. Institutionen, politischer Prozess und Leistungsprofil*, Opladen: Leske+Budrich, 193-226.

Johnson, Christopher, 1993: *The Grand Experiment. Mrs. Thatcher's Economy and How It Spread*, Boulder: Westview.

Jun, Uwe, 1996: Innerparteiliche Reformen im Vergleich: Der Versuch einer Modernisierung von SPD und Labour Party, in: Borchert, Jens/Golsch, Lutz/Jun, Uwe/Lösche, Peter (Hrsg.): *Das sozialdemokratische Modell. Organisationsstrukturen und Politikinhalte im Wandel*, Opladen: Leske+Budrich, 213-237.

JWB, jährlich: *Jahreswirtschaftsbericht der Bundesregierung*, Bonn/Berlin: Deutscher Bundestag.

Kaiser, André, 2006: Parteien und Wahlen, in: Kastendiek, Hans/Sturm, Roland (Hrsg.): *Länderbericht Großbritannien*, 3. Aufl., Bonn: BpB, 181-204.

de Kam, Cornelis A., 1988: *Tax Reform in a Welfare State. The Case of the Netherlands, 1960-1987*, Groningen.

de Kam, Cornelis A., 1996: Tax Reform in the Netherlands, 1985-1995, in: Kool, Clemens/Muysken, Joan/van Veen, Tom (Hrsg.): *Essays on Money, Banking and Regulation*, Dordrecht/Boston/London: Kluwer Academic Publishers, 187-215.

de Kam, Flip, 1993: Tax Policies in the 1980s and 1990s: the Case of the Netherlands, in: Knoester, Anthonie (Hrsg.): *Taxation in the United States and Europe. Theory and Practice*, Basingstoke u.a.: Macmillan, 355-377.

Kaspersen, Lars Bo/Svaneborg, Maria, 2004: The OECD as a Scientific Authority? The OECD's Influence on Danish Welfare Policies, in: Armingeon, Klaus/Beyeler, Michelle (Hrsg.): *The OECD and European Welfare States*, Cheltenham/Northampton, MA: Edward Elgar, 32-43.

Katz, Richard S./Mair, Peter, 1995: Changing Models of Party Organization and Party Democracy: The Emergence of the Cartel Party, in: *Party Politics* 1: 5-28.

Katz, Richard S./Mair, Peter, 1996: Cadre, Catch-All or Cartel? A Rejoinder, in: *Party Politics* 2: 525-534.

Katzenstein, Peter J., 1985: *Small States in World Markets. Industrial Policy in Europe*, Ithaca/London: Cornell UP.

Katzenstein, Peter J., 1987: *Policy and Politics in West Germany. The Growth of a Semisovereign State*, Philadelphia: Temple UP.

Katzenstein, Peter J., 2003: Small States and Small States Revisited, in: *New Political Economy* 8: 9-30.

Kaufmann, Franz-Xaver, 1997: *Herausforderungen des Sozialstaates*, Frankfurt a.M.: Suhrkamp.

Kavanagh, Dennis, 1989: The Changing Political Opposition, in: Kavanagh, Dennis/Seldon, Anthony (Hrsg.): *The Thatcher Effect. A Decade of Change*, Oxford: OUP, 89-100.

Kavanagh, Dennis, 1997: *The Reordering of British Politics. Politics after Thatcher*, Oxford: OUP.

Kavanagh, Dennis, 2007: The Blair Premiership, in: Seldon, Anthony (Hrsg.): *Blair's Britain 1997-2007*, Cambridge: CUP, 3-15.

Keegan, William, 1985: *Mrs Thatcher's Economic Experiment*, Harmondsworth: Penguin.

Keegan, William, 2003: *The Prudence of Mr. Gordon Brown*, Chichester: Wiley.

Kelly, Gavin, 1997: Economic Policy, in: Dunleavy, Patrick/Gamble, Andrew/Holliday, Ian/Peele, Gillian (Hrsg.): *Developments in British Politics 5*, Houndmills/London: Macmillan, 279-303.

Keman, Hans, 2002: Koalitionen in Belgien und den Niederlanden: Spiegel des Wandels von Konkordanz- zu moderaten Konsensdemokratien, in: Kropp, Sabine/Schüttemeyer, Suzanne S./Sturm, Roland (Hrsg.): *Koalitionen in West- und Osteuropa*, Opladen: Leske+Budrich, 167-196.

van Kersbergen, Kees, 1995: *Social Capitalism. A Study of Christian Democracy and the Welfare State*, London/New York.

van Kersbergen, Kees, 1999: The Dutch Labour Party, in: Ladrech, Robert/Marlière, Philippe (Hrsg.): *Social Democratic Parties in the European Union. History, Organization, Policies*, Houndmills/London: MacMillan, 155-165.

van Kersbergen, Kees, 2008: The Christian Democratic Phoenix and Modern Unsecular Politics, in: *Party Politics* 14 (3): 259-279.

van Kersbergen, Kees/Krouwel, André, 2006: De veranderde beleidsfilosofie van het CDA van Balkenende, in: Becker, Frans/van Hennekeler, Wim/Hurenkamp, Menno (Hrsg.): *Vier jaar Balkenende*, Amsterdam: Mets & Schilts, 38-53.

King, Anthony, 1981: Politics, Economics, and the Trade Unions, 1974-1979, in: Penniman, Howard R. (Hrsg.): *Britain at the Polls, 1979. A Study of the General Election*, Washington/London: American Enterprise Institute

King, Gary/Keohane, Robert/Verba, Sidney, 1994: Designing Social Inquiry. Scientific Inference in Qualitative Research, Princeton, NJ: Princeton UP.

Kirchgässner, Gebhard, 1998: Globalisierung: Herausforderung für das 21. Jahrhundert, in: *Aussenwirtschaft* 53: 29-50.

Kirchheimer, Otto, 1965: Der Wandel des westeuropäischen Parteisystems, in: *Politische Vierteljahresschrift* 6: 20-41.

Kirchhof, Paul, 2003: Der Grundrechtsschutz des Steuerpflichtigen. Zur Rechtsprechung des Bundesverfassungsgerichts im vergangenen Jahrzehnt, in: *Archiv des öffentlichen Rechts* 128: 1-51.

Kitschelt, Herbert, 2001: Partisan Competition and Welfare State Retrenchment. When do Politicians Choose Unpopular Policies?, in: Pierson, Paul (Hrsg.): *The New Politics of the Welfare State*, Oxford/New York: OUP, 265-302.

Kittel, Bernhard, 2003: Perspektiven und Potenziale der vergleichenden Politischen Ökonomie, in: Obinger, Herbert/Wagschal, Uwe/Kittel, Bernhard (Hrsg.): *Politische Ökonomie. Demokratie und wirtschaftliche Leistungsfähigkeit*, Opladen: Leske+Budrich, 385-414.

Kittel, Bernhard/Obinger, Herbert, 2003: Political Parties, Institutions, and the Dynamics of Social Expenditure in Times of Austerity, in: *Journal of European Public Policy* 10: 20-45.

Kleinfeld, Ralf, 1993: Organisationen und Institutionen der Interessenvermittlung in der niederländischen Verhandlungsdemokratie, in: Kleinfeld, Ralf/Luthardt, Wolfgang (Hrsg.): *Westliche Demokratien und Interessenvermittlung. Zur aktuellen Entwicklung nationaler Parteien- und Verbändesysteme*, Marburg: Schüren, 223-260.

Kleinfeld, Ralf, 1998: Was können die Deutschen vom niederländischen „Poldermodell" lernen?, in: Schmid, Josef/Niketta, Reiner (Hrsg.): *Wohlfahrtsstaat: Krise und Reform im Vergleich*, Marburg: Metopolis, 113-138.

Kleinfeld, Ralf, 2001: Niederlande. Verbände, Konkordanzdemokratie und Versäulung, in: Reutter, Werner/Rütters, Peter (Hrsg.): *Verbände und Verbandssysteme in Westeuropa*, Opladen: Leske+Budrich, 287-312.

Klingemann, Hans-Dieter/Hofferbert, Richard I./Budge, Ian, 1994: *Parties, Policies, and Democracy*, Boulder u.a.: Westview.

Klingemann, Hans-Dieter/Volkens, Andrea/Bara, Judith L./Budge, Ian/McDonald, Michael D., 2006: *Mapping Policy Preferences II. Estimates for Parties, Electors, and Governments in Eastern Europe, European Union, and OECD 1990-2003*, Oxford: OUP.

Knauss, Fritz, 1993: Privatisierung in der Bundesrepublik Deutschland 1983-1990, in: Knauss, Fritz (Hrsg.): *Privatisierungs- und Beteiligungspolitik in der Bundesrepublik Deutschland*, Baden-Baden: Nomos, 121-193.

Knoester, Anthonie, 1989: *Economische politiek in Nederland*, Leiden: Stenfert Kroese B.V.

Kohl, Helmut, 1982: Regierungserklärung, in: Deutscher Bundestag, Stenographische Berichte, 9. Wahlperiode, 121. Sitzung, 13.10.1982: 7213-7229.

Kohl, Helmut, 1983: Regierungserklärung, in: Deutscher Bundestag, Stenographische Berichte, 10. Wahlperiode, 4. Sitzung, 4.5.1983: 56-74.

Kohl, Helmut 1991: Regierungserklärung, in: Deutscher Bundestag, Stenographische Berichte, 12. Wahlperiode, 5. Sitzung, 30.1.1991: 67-90.

Kok, Wim, 1998: Regeringsverklaring, in: Tweede Kamer, Handelingen 1997-1998, Nr. 92, 25.8.1998, 6204-6214.

Koning, Hendrik Elle/Witteveen, Dirk, 1988: Netherlands, in: Pechmann, Joseph A. (Hrsg.): *World Tax Reform. A Progress Report*, Washington, DC: Brookings Institution, 171-180.

Konzen, Horst, 1996: Die Tarifautonomie zwischen Akzeptanz und Kritik, in: Zohlnhöfer, Werner (Hrsg.): *Die Tarifautonomie auf dem Prüfstand*, Berlin: Duncker & Humblot, 25-42.

Koole, Ruud/Daalder, Hans, 2002: The Consociational Democracy Model and the Netherlands: Ambivalent Allies?, in: *Acta Politica* 37: 23-43.

Krebs, Carsten/Reiche, Danyel, 2000: Ökologische Steuerreform: Erfolgsbedingungen eines Gesetzes, in: *Zeitschrift für Politikwissenschaft* 10 (4): 1531-1557.

Kreile, Michael, 1999: Globalisierung und europäische Integration, in: Merkel, Wolfgang/Busch, Andreas (Hrsg.): *Demokratie in Ost und West*, Frankfurt a.M.: Suhrkamp, 605-623.

Kuntze, Oscar-Erich, 2004: Dänemark: Wirtschaftskraft dank anhaltender Reformen, in: *ifo Schnelldienst* 57 (3): 30-38.

Lafontaine, Oskar, 1999: *Das Herz schlägt links*, München: Econ.

Lafontaine, Oskar/Müller, Christa, 1998: *Keine Angst vor der Globalisierung. Wohlstand und Arbeit für alle*, Bonn: Dietz.

Lamont, Norman, 1993: Budget Statement, in: *Parliamentary Debates House of Commons*, 16 March 1993, 6th Series, Vol. 221, col. 169-196.

Lamont, Norman, 1999: *In Office*, London: Little, Brown.

Landfried, Christine, 1994: The Judicialization of Politics in Germany, in: *International Political Science Review* 15: 113-124.

Lauth, Hans-Joachim/Winkler, Jürgen, 2002: Methoden der vergleichenden Regierungslehre, in: Lauth, Hans-Joachim (Hrsg.): *Vergleichende Regierungslehre. Eine Einführung*, Wiesbaden: WDV, 41-79.

Laver, Michael, 1998: Party Policy in Britain 1997: Results from an Expert Survey, in: *Political Studies* 46: 336-347.

Laver, Michael/Hunt, W. Ben, 1992: *Policy and Party Competition*, New York/London: Routledge.

Laver, Michael/Mair, Peter, 1999: Party Policy and Cabinet Portfolios in the Netherlands, 1998: Results from an Expert Survey, in: *Acta Politica* 34: 49-66.

Lawson, Nigel, 1984: Budget Statement, in: *Parliamentary Debates House of Commons*, 13 March 1984, 6th Series, Vol. 56, col. 286-304.

Lawson, Nigel, 1988: Budget Statement, in: *Parliamentary Debates House of Commons*, 15 March 1988, 6th Series, Vol. 129, col. 993-1013.

Lawson, Nigel, 1992: *The View from No. 11. Memoirs of a Tory Radical*, London u.a.: Bantam Press.

Leape, Jonathan I., 1993: Tax Policies in the 1980s and 1990s: the Case of the United Kingdom, in: Knoester, Anthonie (Hrsg.): *Taxation in the United States and Europe. Theory and Practice*, Basingstoke u.a.: Macmillan, 276-311.

Lee, Simon, 2008: The British Model of Political Economy, in: Beech, Matt/Lee, Simon (Hrsg.): *Ten Years of New Labour*, Houndmills/New York: Palgrave MacMillan, 17-34.

Lehmbruch, Gerhard, 1992: The Institutional Framework of German Regulation, in: Dyson, Kenneth (Hrsg.): *The Politics of German Regulation*, Aldershot u.a., 29-52.

Lehmbruch, Gerhard, ³2000: *Parteienwettbewerb im Bundesstaat. Regelsysteme und Spannungslagen im Institutionengefüge der Bundesrepublik Deutschland*, Opladen: WDV.

Lepszy, Norbert, ³2003: Das politische System der Niederlande, in: Ismayr, Wolfgang (Hrsg.): *Die politischen Systeme Westeuropas*, Opladen: Leske+Budrich, 349-387.

Lepszy, Norbert/Koecke, Christian, 2000: Der niederländische Christlich-demokratische Appell (CDA), in: Veen, Hans-Joachim (Hrsg.): *Christlich-demokratische und konservative Parteien in Westeuropa Bd. 5*, Paderborn u.a.: Schöningh, 117-257.

Leunig, Sven, 2003: *Föderale Verhandlungen. Bundesrat, Bundestag und Bundesregierung im Gesetzgebungsprozess*, Frankfurt a.M.: Peter Lang.

Levy, Jonah D., 1999: Vice into Virtue? Progressive Politics and Welfare Reform in Continental Europe, in: *Politics and Society* 27: 239-273.

Liddle, Roger, 2001: On New Labour, Neoliberalism and the Making of the Blair/Schröder Document, in: Cuperus, René/Duffek, Karl/Kandel, Johannes (Hrsg.): *Multiple Third Ways*, Amsterdam/Berlin/Wien, 145-149.

Lijphart, Arend, 1971: Comparative Politics and the Comparative Method, in: *American Political Science Review* 65: 682-693.

Lijphart, Arend, ²1975: *The Politics of Accommodation. Pluralism and Democracy in the Netherlands*, Berkeley: University of California Press.

Lijphart, Arend, 1989: From the Politics of Accommodation to Adversarial Politics in the Netherlands: A Reassessment, in: *West European Politics* 12 (1): 139-153.

Lijphart, Arend, 1999: *Patterns of Democracy. Government Forms and Performance in Thirty-Six Countries*, New Haven/London: Yale UP.

Locke, Richard/Thelen, Kathleen, 1995: Apples and Oranges Revisited: Contextualized Comparisons and the Study of Comparative Labor Politics, in: *Politics and Society* 23: 337-367.

Lotz, Kaj, 1993: The Danish Tax Reform 1987, in: Nordic Council for Tax Reform (Hrsg.): *Tax Reform in the Nordic Countries*, Uppsala: Iustus, 13-25.

Lubbers, Ruud, 1982: Regeringsverklaring, in: Tweede Kamer, Handelingen 1982-1983, Nr. 9, 22.11.1982, 633-647.

Lubbers, Ruud/Lemckert, Cornelis, 1980: The Influence of Natural Gas on the Dutch Economy, in: Griffiths, Richard T. (Hrsg.): *The Economy and Politics of the Netherlands since 1945*, The Hague: Martinus Nijhoff, 87-113.

Lucardie, Paul, 2006: Das Parteiensystem der Niederlande, in: Niedermayer, Oskar/Stöss, Richard/ Haas, Melanie (Hrsg.): *Die Parteiensysteme Westeuropas*, Wiesbaden: VS-Verlag, 331-350.

Ludlam, Steve/Smith, Martin J., 1996: The Character of Contemporary Conservatism, in: Ludlam, Steve/Smith, Martin J. (Hrsg.): *Contemporary British Conservatism*, Houndmills/London: Macmillan, 264-281.

Major, John, 1999: *The Autobiography*, London: HarperCollins.

Manow, Philip, 1999: Sozialstaatliche Kompensation außenwirtschaftlicher Öffnung?, in: Busch, Andreas/Plümper, Thomas (Hrsg.): *Nationaler Staat und internationale Wirtschaft*, Baden-Baden: Nomos, 197-222.

Manow, Philip/Seils, Eric, 2000: Adjusting Badly: The German Welfare State, Structural Change and the Open Economy, in: Scharpf, Fritz W./Schmidt, Vivien A. (Hrsg.) *Welfare and Work in the Open Economy Vol. 2: Diverse Responses to Common Challenges*, Oxford: OUP, 264-307.

Maor, Moshe, 1991: The 1990 Danish Election: An Unnecessary Contest?, in: *West European Politics* 14 (3): 209-214.

Martin, Christian W., 2003: Außenwirtschaft und Weltwirtschaft. Politisch-institutionelle Determinanten der Außenwirtschaftsorientierung in Entwicklungsländern, in: Obinger, Herbert/ Wagschal, Uwe/Kittel, Bernhard (Hrsg.): *Politische Ökonomie. Demokratie und wirtschaftliche Leistungsfähigkeit*, Opladen: Leske+Budrich, 227-258.

Matthews, Kent/Minford, Patrick, 1987: Mrs. Thatcher's Economic Policies 1979-1987, in: *Economic Policy* 5: 59-92.

Mayer, Florian, 2006: *Vom Niedergang des unternehmerisch tätigen Staates: Privatisierungspolitik in Großbritannien, Frankreich, Italien und Deutschland*, Wiesbaden: VS.

Merck, Johannes, 1987: Klar zur Wende? Die FDP vor dem Koalitionswechsel 1980-1982, in: *Politische Vierteljahresschrift* 28: 384-402.

Merkel, Wolfgang, 1993: *Ende der Sozialdemokratie? Machtressourcen und Regierungspolitik im westeuropäischen Vergleich*, Frankfurt/New York: Campus.

Merkel, Wolfgang, 2000a: Die dritten Wege der Sozialdemokratie ins 21. Jahrhundert, in: *Berliner Journal für Soziologie* 10: 99-124.

Merkel, Wolfgang, 2000b: Der „Dritte Weg" und der Revisionismusstreit der Sozialdemokratie am Ende des 20. Jahrhunderts, in: Hinrichs, Karl/Kitschelt, Herbert/Wiesenthal, Helmut (Hrsg.): *Kontingenz und Krise. Institutionenpolitik in kapitalistischen und postsozialistischen Gesellschaften*, Frankfurt a.M./New York: Campus, 263-290.

Merkel, Wolfgang, 2003: Institutionen und Reformpolitik: Drei Fallstudien zur Vetospieler-Theorie, in: Egle, Christoph/Ostheim, Tobias/Zohlnhöfer, Reimut (Hrsg.): *Das rot-grüne Projekt. Eine Bilanz der Regierung Schröder 1998-2002*, Wiesbaden: Westdeutscher Verlag, 163-190.

Merkel, Wolfgang/Egle, Christoph/Henkes, Christian/Ostheim, Tobias/Petring, Alexander, 2006: *Die Reformfähigkeit der Sozialdemokratie. Herausforderungen und Bilanz der Regierungspolitik in Westeuropa*, Wiesbaden: Verlag für Sozialwissenschaften.

Meyer, Thomas, 2001: *Mediokratie. Die Kolonisierung der Politik durch die Medien*, Frankfurt: Suhrkamp.

Meyer, Thomas, 2007: Die blockierte Partei – Regierungspraxis und Programmdiskussion der SPD 2002-2005, in: Egle, Christoph/Zohlnhöfer, Reimut (Hrsg.): *Ende des rot-grünen Projektes. Eine Bilanz der Regierung Schröder 2002-2005*, Wiesbaden: VS, 83-97.

Miller, Kenneth E., 1996: *Friends and Rivals. Coalition Politics in Denmark, 1901-1995*, Lanham/New York/London: University Press of America.

Milner, Helen V., 1997: *Interests, Institutions, and Information. Domestic Politics and International Relations*, Princeton: Princeton UP.

Milner, Helen V./Keohane, Robert O., 1996: Internationalization and Domestic Politics: An Introduction, in: Keohane, Robert O./Milner, Helen V. (Hrsg.): *Internationalization and Domestic Politics*, Cambridge: CUP, 3-24.

Ministerie van Financiën, 2004: *Jaarverslag 2003. Beheer Staatsdeelnemingen*, Den Haag: Ministerie van Financiën.

Ministerie van Financiën, 2005: *Jaarverslag 2004. Beheer Staatsdeelnemingen*, Den Haag: Ministerie van Financiën.

Ministerie van Financiën, 2006a: *Jaarverslag 2005/2006. Beheer Staatsdeelnemingen*, Den Haag: Ministerie van Financiën.

Ministerie van Financiën, 2006b: Upper House agrees to Working on Profit, in: <http://www.minfin.nl/en/actual/newsrealeases,2006/12/Upper-House-agrees-to-Working-on-Profit.html> (abgerufen am 22.1.2007)

Mjøset, Lars, 1987: Nordic Economic Policies in the 1970s and 1980s, in: *International Organization* 41 (3): 403-456.

Moran, Michael/Alexander, Elisabeth, 2000: The Economic Policy of New Labour, in: Coates, David/Lawler, Peter (Hrsg.): *New Labour in Power*, Manchester/New York: Manchester UP, 108-121.

Moses, Jonathon W., 1994: Abdication from National Policy Autonomy: What's Left to Leave?, in: *Politics and Society* 22: 125-148.

Mosley, Layna, 2000: Room to Move: International Financial Markets and National Welfare States, in: *International Organization* 54: 737-773.

Mouritzen, Poul Erik, 2008: Danish Local Government, in: Albæk, Erik/Eliason, Leslie C./Nørgaard, Asbjørn Sonne/Schwartz, Herman S. (Hrsg.): *Crisis, Miracles, and Beyond: Negotiated Adaptation of the Danish Welfare State*, Aarhus: Aarhus University Press, 201-226.

Müller, Wolfgang C./Strøm, Kaare (Hrsg.), 1999: *Policy, Office, or Votes? How Political Parties in Western Europe Make Hard Decisions*, Cambridge: CUP.

Müller-Brandeck-Bocquet, Gisela, 2006: Europapolitik als Staatsraison, in: Schmidt, Manfred G./ Zohlnhöfer, Reimut (Hrsg.): *Regieren in der Bundesrepublik Deutschland. Innen- und Außenpolitik seit 1949*, Wiesbaden: VS, 467-490.

Müller-Rommel, Ferdinand/Poguntke, Thomas (Hrsg.), 2002: *Green Parties in National Governments*, London/Portland.

Münter, Michael, 2006: Devolution für Schottland und Wales: Die asymmetrische Dezentralisierung Großbritanniens, in: Kaiser, André/Berg, Sebastian (Hrsg.): *New Labour und die Modernisierung Großbritanniens*. Augsburg: Wißner, 61-93.

Mullard, Maurice, 2001: New Labour, New Public Expenditure: The Case of Cake Tomorrow, in: *Political Quarterly* 72: 310-321.

Mullard, Maurice/Swaray, Raymond, 2008: New Labour and Public Expenditure, in: Beech, Matt/Lee, Simon (Hrsg.): *Ten Years of New Labour*, Houndmills/New York: Palgrave MacMillan, 35-49.

Munck, Gerardo L., 1998: Canons of Research Design in Qualitative Analysis, in: *Studies in Comparative International Development* 33 (3): 18-45.

Muscheid, Jutta, 1986: *Die Steuerpolitik in der Bundesrepublik Deutschland 1949-1982*, Berlin.

Nannestad, Peter, 1991: *Danish Design or British Disease? Danish Economic Crisis Policy 1974-1979 in Comparative Perspective*, Aarhus: Aarhus University Press.

Nannestad, Peter, ^{3}2003: Das politische System Dänemarks, in: Ismayr, Wolfgang (Hrsg.): *Die politischen Systeme Westeuropas*, Opladen: Leske+Budrich, 55-92.

Nannestad, Peter, 2008: Gesetzgebung im politischen System Dänemarks, in: Ismayr, Wolfgang (Hrsg.): *Gesetzgebung in Westeuropa. EU-Staaten und Europäische Union*, Wiesbaden: Verlag für Sozialwissenschaften, 133-158.

Nannestad, Peter/Green-Pedersen, Christoffer, 2008: Keeping the Bumblebee Flying: Economic Policy in the Welfare State of Denmark, 1973-99, in: Albæk, Erik/Eliason, Leslie C./Nørgaard, Asbjørn Sonne/Schwartz, Herman S. (Hrsg.): *Crisis, Miracles, and Beyond: Negotiated Adaptation of the Danish Welfare State*, Aarhus: Aarhus University Press, 33-74.

De Nederlandsche Bank, verschiedene Jahrgänge: *Jaarverslag*, Amsterdam: DNB.

Newton, Kenneth, 1993: Caring and Competence: The Long, Long Campaign, in: King, Anthony et al.: *Britain at the Polls 1992*, Chatham: Chatham House, 129-170.

Niedermayer, Oskar, 2001: Beweggründe des Engagements in politischen Parteien, in: Gabriel, Oscar W./Niedermayer, Oskar/Stöss, Richard (Hrsg.): *Parteiendemokratie in Deutschland*, Bonn: BpB, 297-311.

Niedermayer, Oskar, 2006: Das Parteiensystem Deutschlands, in: Niedermayer, Oskar/Stöss, Richard/Haas, Melanie (Hrsg.): *Die Parteiensysteme Westeuropas*, Wiesbaden: VS, 109-133.

Nielsen, Hans Jørgen, 1999: The Danish Election of 1998, in: *Scandinavian Political Studies* 22 (1): 67-81.

Nielsen, Klaus/Pedersen, Ove K., 1989: Is Small Still Flexible? – An Evaluation of Recent Trends in Danish Politics, in: *Scandinavian Political Studies* 12 (4): 343-371.

Nölling, Wilhelm, 1986: Zur Wirtschaftspolitik in der Bundesrepublik Deutschland seit 1982, in: Körner, Heiko/Uhlig, Christian (Hrsg.): *Die Zukunft der Globalsteuerung*, Bern/Stuttgart, 45-74.

Nohlen, Dieter, ^{3}2000: *Wahlrecht und Parteiensystem*, Opladen: Leske+Budrich.

Norris, Pippa, 2005: Elections and Public Opinion, in: Seldon, Anthony/Kavannagh, Dennis (Hrsg.): *The Blair Effect 2001-5*, Cambridge: CUP, 43-67.

Norris, Pippa/Lovenduski, Joni, 2004: Why Parties Fail to Learn. Electoral Defeat, Selective Perception and British Party Politics, in: *Party Politics* 10: 85-104.

Norton, Philip, 1993: The Conservative Party from Thatcher to Major, in: King, Anthony et al.: *Britain at the Polls 1992*, Chatham: Chatham House, 29-69.

Nullmeier, Frank, 2003: Alterssicherungspolitik im Zeichen der „Riester-Rente", in: Gohr, Antonia/Seeleib-Kaiser, Martin (Hrsg.): *Sozial- und Wirtschaftspolitik unter Rot-Grün*, Wiesbaden: Westdeutscher Verlag, 167-187.

Oatley, Thomas, 1999: How Constraining is Capital Mobility? The Partisan Hypothesis in an Open Economy, in: *American Journal of Political Science* 43: 1003-1027.

Obinger, Herbert, 2004: *Politik und Wirtschaftswachstum. Ein internationaler Vergleich*, Wiesbaden: Verlag für Sozialwissenschaften.

Obinger, Herbert/Zohlnhöfer, Reimut, 2007: The Real Race to the Bottom: What Happened to Economic Affairs Expenditure after 1980?, in: Castles, Francis G. (Hrsg.): *The Disappearing State? Retrenchment Realities in an Age of Globalisation*, Cheltenham/Northampton, MA: Edward Elgar, 184-214.

OECD, 1980a ff.: *Economic Surveys: United Kingdom*, Paris: OECD.

OECD, 1980b ff.: *Economic Surveys: Netherlands*, Paris: OECD.

OECD, 1980c ff.: *Economic Surveys: Denmark*, Paris: OECD.

OECD, 1980d ff.: *Economic Surveys: Germany*, Paris: OECD.

OECD, 2000: *Towards Global Tax Co-operation. Report to the 2000 Ministerial Council Meeting and Recommendations by the Committee on Fiscal Affairs. Progress in Identifying and Eliminating Harmful Tax Practices*, Paris: OECD.

OECD, 2006: *Revenue Statistics 1965-2005*, Paris: OECD.

OECD, 2007: *Economic Outlook 81*, Paris: OECD.

Offe, Claus, 1996: Die Aufgabe von staatlichen Aufgaben: „Thatcherismus" und die populistische Kritik der Staatstätigkeit, in: Grimm, Dieter (Hrsg.): *Staatsaufgaben*, Frankfurt: Suhrkamp, 317-352.

Ostheim, Tobias, 2006: Europa als Handlungsraum sozialdemokratischer Politik, in: Merkel, Wolfgang/Egle, Christoph/Henkes, Christian/Ostheim, Tobias/Petring, Alexander: *Die Reformfähigkeit der Sozialdemokratie. Herausforderungen und Bilanz der Regierungspolitik in Westeuropa*, Wiesbaden: Verlag für Sozialwissenschaften, 407-455.

Otremba, Walther, 1999: Finanzpolitik 1989 bis 1998 – Die Dämme haben gehalten, in: *Wirtschaftsdienst* 79: 18-26.

Pappi, Franz Urban, 1977: Sozialstruktur, gesellschaftliche Wertorientierungen und Wahlabsicht. Ergebnisse eines Zeitvergleichs des deutschen Elektorats 1953 und 1976, in: *Politische Vierteljahresschrift* 18 (2-3): 195-229.

van Paridon, Kees, 2004: Wiederaufbau – Krise – Erholung. Die niederländische Wirtschaft seit 1945, in: Wielenga, Friso/Taute, Ilona (Hrsg.): *Länderbericht Niederlande. Geschichte – Wirtschaft – Gesellschaft*, Bonn: Bundeszentrale für politische Bildung, 363-422.

Pattie, Charles/Johnston, Ron, 1996: The Conservative Party and the Electorate, in: Ludlam, Steve/Smith, Martin J. (Hrsg.): *Contemporary British Conservatism*, Houndmills/London: Macmillan, 37-62.

Pedersen, Bente Møll, 1993: Denmark: Tax Reform, in: *Bulletin for International Fiscal Documentation* 47: 711-715.

Pedersen, Mogens N., 1980: On Measuring Party System Change. A Methodological Critique and a Suggestion, in: *Comparative Political Studies* 12: 387-403.

Pedersen, Mogens N., 1987: The Danish 'Working Multiparty System': Breakdown or Adaptation?, in: Daalder, Hans (Hrsg.): *Party Systems in Denmark, Austria, Switzerland, The Netherlands and Belgium*, London: Pinter, 1-60.

Pedersen, Mogens N., 1988: The Defeat of All Parties: The Danish Folketing Election, 1973, in: Lawson, Kay/Merkl, Peter H. (Hrsg.): *When Parties Fail. Emerging Alternative Organizations*, Princeton: Princeton UP, 257-281.

Pennings, Paul, 2005: Parties, Voters and Policy Priorities in The Netherlands 1971-2002, in: *Party Politics* 11 (1): 29-45.

Pennings, Paul/Keman, Hans, 2003: The Dutch Parliamentary Elections in 2002 and 2003: The Rise and Decline of the Fortuyn Movement, in: *Acta Politica* 38 (1): 51-68.

Petring, Alexander, 2006a: Großbritannien, in: Merkel, Wolfgang/Egle, Christoph/Henkes, Christian/Ostheim, Tobias/Petring, Alexander: *Die Reformfähigkeit der Sozialdemokratie. Herausforderungen und Bilanz der Regierungspolitik in Westeuropa*, Wiesbaden: VS-Verlag, 119-153.

Petring, Alexander, 2006b: Niederlande, in: Merkel, Wolfgang/Egle, Christoph/Henkes, Christian/Ostheim, Tobias/Petring, Alexander: *Die Reformfähigkeit der Sozialdemokratie. Herausforderungen und Bilanz der Regierungspolitik in Westeuropa*, Wiesbaden: VS-Verlag, 238-271.

Pierson, Paul, 1994: *Dismantling the Welfare State? Reagan, Thatcher, and the Politics of Retrenchment*, Cambridge: CUP.

Pierson, Paul, 2000: Increasing Returns, Path Dependence, and the Study of Politics, in: *American Political Science Review* 94: 251-267.

Pliatzky, Leo, 1989: *The Treasury under Mrs Thatcher*, Oxford: Blackwell.

Plümper, Thomas/Schulze, Günther G., 1999: Steuerwettbewerb und Steuerreformen, in: *Politische Vierteljahresschrift* 40: 445-457.

Poguntke, Thomas, 1999: Das Parteiensystem der Bundesrepublik Deutschland: Von Krise zu Krise?, in: Ellwein, Thomas/Holtmann, Everhard (Hrsg.): *50 Jahre Bundesrepublik Deutschland. Rahmenbedingungen – Entwicklungen – Perspektiven* (PVS-Sonderheft 30), Opladen/Wiesbaden: Westdeutscher Verlag, 429-439.

van Praag, Philip, 2003: The Winners and Losers in a Turbulent Political Year, in: *Acta Politica* 38 (1): 5-22.

Primarolo-Bericht, 1999: *Bericht der Gruppe „Verhaltenskodex" (Unternehmensbesteuerung)*, in: <http://ec.europa.eu/taxation_customs/resources/documents/primarolo_de.pdf> (Zugriff am 8.2.2007).

Przeworski, Adam/Teune, Henry, 1970: *The Logic of Comparative Social Inquiry*, New York.

Pym, Hugh/Kochan, Nick, 1998: *Gordon Brown. The First Year in Power*, London: Bloomsbury.

Qvortrup, Mads, 2002: The Emperor's New Cloths: The Danish General Election 20 November 2001, in: *West European Politics* 25 (2): 205-211.

Raschke, Joachim, 2001: *Die Zukunft der Grünen. „So kann man nicht regieren"*, Frankfurt/New York: Campus.

Raschke, Joachim/Tils, Ralf, 2007: *Politische Strategie. Eine Grundlegung*, Wiesbaden: VS.

Rawnsley, Andrew, 2001: *Servants of the People. The Inside Story of New Labour*, London: Penguin.

Regeringen, 2006: *Fremgang, Fornyelse og Tryghed. Strategi for Danmark i den globale økonomi*, o.O. (abrufbar unter http://www.globalisering.dk/multimedia/55686_strat. pdf) (2.10.2007).

Reininga, Ted, 2002: Coalition Governments and Fiscal Policy in the Netherlands, in: Banca d'Italia (Hrsg.): *Fiscal Rules*, Rom: Banca d'Italia, 555-575.

Renzsch, Wolfgang, 1997: Budgetäre Anpassung statt institutionellen Wandels. Zur finanziellen Bewältigung der Lasten des Beitritts der DDR zur Bundesrepublik, in: Wollmann, Hellmut/ Derlien, Hans-Ulrich/König, Klaus/Renzsch, Wolfgang/Seibel, Wolfgang: *Transformation der politisch-administrativen Strukturen in Ostdeutschland*, Opladen: Leske+Budrich, 49-118.

Renzsch, Wolfgang, 1998: Die finanzielle Unterstützung der neuen Länder durch die alten Länder, in: Klein, Eckart (Hrsg.): *Die Rolle des Bundesrates und der Länder im Prozeß der deutschen Einheit*, Berlin: Duncker & Humblot, 73-86.

Renzsch, Wolfgang, 2000: Die große Steuerreform 1998/99: Kein Strukturbruch, sondern Koalitionspartner als Vetospieler und Parteien als Mehrebenensysteme, in: *Zeitschrift für Parlamentsfragen* 31 (1): 187-191.

Rhodes, Martin, 2000: Restructuring the British Welfare State: Between Domestic Constraints and Global Imperatives, in: Scharpf, Fritz W./Schmidt, Vivien (Hrsg.): *Welfare and Work in the Open Economy, Vol. 2: Diverse Responses to Common Challenges*, Oxford u.a.: OUP, 19-68.

Richards, David, 2005: Delivery of Public Services, in: Geddes, Andrew/Tonge, Jonathan (Hrsg.): *Britain Decides. The UK General Election 2005*, Houndmills: Palgrave Macmillan, 241-259.

Richardson, Jeremy J., 1994: The Politics and Practice of Privatization in Britain, in: Wright, Vincent (Hrsg.), *Privatization in Western Europe. Pressures, Problems and Paradoxes*, London, 57-82.

Riddell, Peter, 1989: Cabinet and Parliament, in: Kavanagh, Dennis/Seldon, Anthony (Hrsg.): *The Thatcher Effect. A Decade of Change*, Oxford: OUP, 101-113.

Riddell, Peter, 1991: *The Thatcher Era and its Legacy*, Oxford/Cambridge, MA: Blackwell.

Riddell, Peter, 1994: Major and Parliament, in: Kavanagh, Dennis/Seldon, Anthony (Hrsg.): *The Major Effect*, London: Macmillan, 46-63.

Riddell, Peter, 2001: Blair as Prime Minister, in: Seldon, Anthony (Hrsg.): *The Blair Effect. The Blair Government 1997-2001*, London: Little, Brown, 21-40.

Rieger, Elmar/Leibfried, Stephan, 1997: Die sozialpolitischen Grenzen der Globalisierung, in: *Politische Vierteljahresschrift* 38: 771-796.

Rixen, Thomas, 2006: Steuern und Kooperation: Internationale Zusammenarbeit gegen schädlichen Steuerwettbewerb, in: Schirm, Stefan A. (Hrsg.): *Globalisierung. Forschungsstand und Perspektiven*, Baden-Baden: Nomos, 77-98.

Robinson, Ray, 1986: Restructuring the Welfare State: An Analysis of Public Expenditure, 1979/80-1984/85, in: *Journal of Social Policy* 15: 1-21.

Rochon, Thomas R., 1999: Adaptation in the Dutch Party System: Social Change and Party Response, in: Yeşilada, Birol A. (Hrsg.): *Comparative Political Parties and Party Elites*, Ann Arbor: The University of Michigan Press, 97-122.

Rodrik, Dani, 2000: *Grenzen der Globalisierung. Ökonomische Integration und soziale Desintegration*, Frankfurt/New York: Campus.

Rohwer, Bernd, 1986: Der Konjunkturaufschwung 1983-1986 – Ein Erfolg des wirtschaftspolitischen Kurswechsels der christlich-liberalen Koalition? Einige Anmerkungen zur konjunkturtheoretischen Beurteilung des gegenwärtigen Aufschwungs, in: *Konjunkturpolitik* 32: 325-348.

Roikjer, Mads, 1999: Dänemark – Ein Tax Heaven für Holdinggesellschaften, in: *Finanz-Rundschau* 17/1999: 942-943.

Rose, Richard/Karran, Terence, 1987: *Taxation by Political Inertia. Financing the Growth of Government in Britain*, London/Boston: Allen & Unwin.

Ross, Fiona, 1997: Cutting Public Expenditures in Advanced Industrial Democracies: The Importance of Avoiding Blame, in: *Governance* 10: 175-200.

Ross, Fiona, 2000: "Beyond Left and Right": The New Partisan Politics of Welfare, in: *Governance* 13: 155-183.

Rowthorne, Bob, 1992: Government Spending and Taxation in the Thatcher Era, in: Michie, Jonathan (Hrsg.): *The Economic Legacy 1979-1992*, London: Academic Press, 261-293.

Saalfeld, Thomas, ²1991: Mrs Thatcher's Poodle? Zum Verhältnis zwischen Regierung und Konservativer Fraktion, 1979-1988, in: Sturm, Roland (Hrsg.): *Thatcherismus. Eine Bilanz nach 10 Jahren*, Bochum: Universitätsverlag Dr. N. Brockmeyer, 17-48.

Saalfeld, Thomas, 2005: Political Parties, in: Green, Simon/Paterson, William E. (Hrsg.): *Governance in Contemporary Germany. The Semisovereign State Revisited*, Cambridge u.a.: CUP, 46-77.

Saalfeld, Thomas, 2008: Gesetzgebung im politischen System Großbritanniens, in: Ismayr, Wolfgang (Hrsg.): *Gesetzgebung in Westeuropa. EU-Staaten und Europäische Union*, Wiesbaden: Verlag für Sozialwissenschaften, 159-199.

Sachverständigenrat zur Begutachtung der gesamtwirtschaftlichen Entwicklung (SVR), jährlich: *Jahresgutachten*, Stuttgart: Metzler-Poeschel.

Sally, Razeen/Webber, Douglas, 1994: The German Solidarity Pact: A Case Study in the Politics of the Unified Germany, in: *German Politics* 3 (1): 18-46.

Sarrazin, Thilo, 1983: Die Finanzpolitik des Bundes 1970-1982. Eine kritische Würdigung, in: *Finanzarchiv* 41: 373-387.

Scharpf, Fritz W., 1987: *Sozialdemokratische Krisenpolitik in Europa,* Frankfurt/New York: Campus.

Scharpf, Fritz W., 1988: Inflation und Arbeitslosigkeit in Westeuropa. Eine spieltheoretische Interpretation, in: *Politische Vierteljahresschrift* 29: 6-41.

Scharpf, Fritz W., 1995: Föderalismus und Demokratie in der transnationalen Ökonomie, in: Beyme, Klaus von/Offe, Claus (Hrsg.): *Politische Theorien in der Ära der Transformation* (PVS-Sonderheft 26), Opladen: Westdeutscher Verlag, 211-235.

Scharpf, Fritz W., 1999: *Regieren in Europa. Effektiv und demokratisch?*, Frankfurt/New York: Campus.

Scharpf, Fritz W., 2000a: Economic Changes, Vulnerabilities, and Institutional Capabilities, in: Scharpf, Fritz W./Schmidt, Vivien (Hrsg.): *Welfare and Work in the Open Economy. Vol. 1: From Vulnerability to Competitiveness,* Oxford u.a.: OUP, 21-124.

Scharpf, Fritz W., 2000b: Institutions in Comparative Policy Research, in: *Comparative Political Studies* 33: 762-790.

Scharpf, Fritz W./Reissert, Bernd/Schnabel, Fritz, 1976: *Politikverflechtung: Theorie und Empirie des kooperativen Föderalismus in der Bundesrepublik*, Kronberg/Ts.

Schirm, Stefan A., 2004: *Internationale Politische Ökonomie*, Baden-Baden: Nomos.

Schmid, Günther, 1998: Das Nadelöhr der Wirklichkeit verfehlt: Eine beschäftigungspolitische Bilanz der Ära Kohl, in: Wewer, Göttrik (Hrsg.): *Bilanz der Ära Kohl. Christlich-liberale Politik in Deutschland 1982-1998*, Opladen: Leske+Budrich, 145-181.

Schmid, Josef, 1990: *Die CDU. Organisationsstrukturen, Politiken und Funktionsweisen einer Partei im Föderalismus*, Opladen: Leske+Budrich.

Schmid, Josef, 1991a: Thatcherismus und die Conservative Party. Ambivalenzen und Widersprüche der parteipolitischen Basis eines neokonservativen Modellfalls, in: Sturm, Roland (Hrsg.): *Thatcherismus. Eine Bilanz nach 10 Jahren*, Bochum: Universitätsverlag Dr. N. Brockmeyer, 49-65.

Schmid, Josef, 1991b: Der Machtwechsel und die Strategie des konservativ-liberalen Bündnisses, in: Süß, Werner (Hrsg.): *Die Bundesrepublik in den 80er Jahren*, Opladen: Leske+Budrich, 19-34.

Schmidt, Manfred G., 1990: Staatsfinanzen, in: Beyme, Klaus von/Schmidt, Manfred G. (Hrsg.): *Politik in der Bundesrepublik Deutschland*, Opladen: Westdeutscher Verlag, 36-73.

Schmidt, Manfred G., 1996: When Parties Matter: A Review of the Possibilities and Limits of Partisan Influence on Public Policy, in: *European Journal of Political Research* 30: 155-183.

Schmidt, Manfred G., 2002a: The Impact of Political Parties, Constitutional Structures and Veto Players on Public Policy, in: Keman, Hans (Hrsg.): *Comparative Democratic Politics*, London, 166-184.

Schmidt, Manfred G., ²2002b: Germany: The Grand Coalition State, in: Colomer, Josep M. (Hrsg.): *Political Institutions in Europe*, London: Routledge, 55-93.

Schmidt, Manfred G., 2003: Rot-grüne Sozialpolitik (1998-2002), in: Egle, Christoph/Ostheim, Tobias/Zohlnhöfer, Reimut (Hrsg.): *Das rot-grüne Projekt. Eine Bilanz der Regierung Schröder 1998-2002*, Wiesbaden: Westdeutscher Verlag, 239-258.

Schmidt, Manfred G., 2005a: Rahmenbedingungen, in: Schmidt, Manfred G. (Hrsg.): *Geschichte der Sozialpolitik in Deutschland seit 1945. Band 7: Bundesrepublik Deutschland 1982-1989. Finanzielle Konsolidierung und institutionelle Reform*, Baden-Baden: Nomos, 1-60.

Schmidt, Manfred G., 2005b: Sozialpolitische Denk- und Handlungsfelder, in: Schmidt, Manfred G. (Hrsg.): *Geschichte der Sozialpolitik in Deutschland seit 1945. Band 7: Bundesrepublik Deutschland 1982-1989. Finanzielle Konsolidierung und institutionelle Reform*, Baden-Baden: Nomos, 61-154.

Schmidt, Manfred G., 2005c: Gesamtbetrachtung, in: Schmidt, Manfred G. (Hrsg.): *Geschichte der Sozialpolitik in Deutschland seit 1945. Band 7: Bundesrepublik Deutschland 1982-1989. Finanzielle Konsolidierung und institutionelle Reform*, Baden-Baden: Nomos, 749-811.

Schmidt, Manfred G., 2005d: Aufgabeneuropäisierung, in: Folke Schuppert, Gunnar/Pernice, Ingolf/Haltern, Ulrich (Hrsg.): *Europawissenschaft*, Baden-Baden: Nomos, 129-146.

Schmidt, Manfred G., 2007a: *Das politische System Deutschlands. Institutionen, Willensbildung und Politikfelder*, München: Beck.

Schmidt, Manfred G., 2007b: Die Sozialpolitik der zweiten rot-grünen Koalition (2002-2005), in: Egle, Christoph/Zohlnhöfer, Reimut (Hrsg.): *Ende des rot-grünen Projektes. Eine Bilanz der Regierung Schröder 2002-2005*, Wiesbaden: Verlag für Sozialwissenschaften, 295-312.

Schmidt, Manfred G./Zohlnhöfer, Reimut, 2006: Rahmenbedingungen politischer Willensbildung in der Bundesrepublik Deutschland seit 1949, in: Schmidt, Manfred G./Zohlnhöfer, Reimut (Hrsg.): *Regieren in der Bundesrepublik Deutschland. Innen- und Außenpolitik seit 1949*, Wiesbaden: VS, 11-29.

Schmidt, Vivien A., 2000: Values and Discourse in the Politics of Adjustment in: Scharpf, Fritz W./Schmidt, Vivien (Hrsg.): *Welfare and Work in the Open Economy. Vol. 1: From Vulnerability to Competitiveness*, Oxford u.a.: OUP, 229-309.

Schmidt, Vivien A., 2002a: Does Discourse Matter in the Politics of Welfare State Adjustment?, in: *Comparative Political Studies* 35: 168-193.

Schmidt, Vivien A., 2002b: *The Futures of European Capitalism*, Oxford: OUP.

Schrader, Klaus, 1999: Dänemarks Weg aus der Arbeitslosigkeit: Vorbild für andere?, in: *Die Weltwirtschaft* (2): 207-233.

Schröder, Gerhard, 1998: Regierungserklärung, in: Deutscher Bundestag, Stenographische Berichte, 14. Wahlperiode, 3. Sitzung, 10.11.1998: 47-67.

Schröder, Gerhard, 2006: *Entscheidungen. Mein Leben in der Politik*, Hamburg: Hoffmann und Campe.

Schultze, Rainer-Olaf, 2001: Partei, in: Nohlen, Dieter (Hrsg.): *Kleines Lexikon der Politik*, Bonn: BpB, 350-352.

Schulze, Günther G./Ursprung, Heinrich W., 1999: Globalisation of the Economy and the Nation State, in: *The World Economy* 22: 295-352.

Schwartz, Herman M., 2001a: The Danish "Miracle". Luck, Pluck, or Stuck?, in: *Comparative Political Studies* 34 (2): 131-155.

Schwartz, Herman, 2001b: Round up the Usual Suspects!: Globalization, Domestic Politics, and Welfare State Change, in: Pierson, Paul (Hrsg.): *The New Politics of the Welfare State*, Oxford/New York: OUP, 17-44.

Schwinn, Oliver, 1997: *Die Finanzierung der deutschen Einheit*, Opladen: Leske+Budrich.

Seeleib-Kaiser, Martin, 2001: *Globalisierung und Sozialpolitik. Ein Vergleich der Diskurse und Wohlfahrtssysteme in Deutschland, Japan und den USA*, Frankfurt/New York: Campus.

Seidel, Bernhard, 2001: Die Einkommensteuerreform, in: Truger, Achim (Hrsg.): *Rot-grüne Steuerreformen in Deutschland. Eine Zwischenbilanz*, Marburg: Metropolis, 21-46.

Seils, Eric, 2004: *Finanzpolitik und Arbeitsmarkt in den Niederlanden. Haushaltsinstitutionen, Koalitionsverträge und die Beschäftigungswirkung von Abgaben*, Wiesbaden: VS.

Seils, Eric, 2005a: Haushaltspolitik: Akteure und Institutionen des parlamentarischen Systems der Bundesrepublik im internationalen Vergleich, in: *Zeitschrift für Parlamentsfragen* 36 (4): 773-790.

Seils, Eric, 2005b: Das Holländische Wunder: Korporatismus und Konsens oder konfliktgeladene haushalts- und finanzpolitische Anpassung?, in: *Zeitschrift für Sozialreform* 51 (2): 194-220.

Seldon, Anthony, 1994: Policy Making and Cabinet, in: Kavanagh, Dennis/Seldon, Anthony (Hrsg.): *The Major Effect*, London: Macmillan, 154-166.

Seyd, Patrick, 1993: Labour: The Great Transformation, in: King, Anthony et al.: *Britain at the Polls 1992*, Chatham: Chatham House, 70-100.

Shaw, Eric, 2007: *Losing Labour's Soul? New Labour and the Blair Government 1997-2007*, Abingdon: Routledge.

Shaw, G.K., 1983: Fiscal Policy Under the First Thatcher Administration 1979-1983, in: *Finanzarchiv* 41: 312-342.

Shaw, G.K., 1987: Fiscal Policy Under the Second Thatcher Administration 1983-1987, in: *Finanzarchiv* 45: 104-128.

Shaw, G.K., 1994: Fiscal Policy: The Third Thatcher Administration 1987-1990 and the Thatcher Legacy 1990-1993, in: *Finanzarchiv* 51: 75-95.

Shonfield, Andrew, 1968: *Geplanter Kapitalismus. Wirtschaftspolitik in Westeuropa und USA*, Köln/Berlin.

Siaroff, Alan, 1999: Corporatism in 24 Industrial Democracies: Meaning and Measurement, in: *European Journal of Political Research* 36: 175-205.

Siebert, Horst, 1998: Disziplinierung der nationalen Wirtschaftspolitik durch die internationale Kapitalmobilität, in: Duwendag, Dieter (Hrsg.): *Finanzmärkte im Spannungsfeld von Globalisierung, Regulierung und Geldpolitik*, Berlin, 41-67.

Siegel, Nico A., 2002: *Baustelle Sozialpolitik. Konsolidierung und Rückbau im internationalen Vergleich*, Frankfurt/New York: Campus.

Siegel, Nico A., 2007: Rot-Grün und die Pfeiler des deutschen Kapitalismus, in: Egle, Christoph/Zohlnhöfer, Reimut (Hrsg.): *Ende des rot-grünen Projektes. Eine Bilanz der Regierung Schröder 2002-2005*, Wiesbaden: Verlag für Sozialwissenschaften, 379-407.

Siegel, Nico A./Jochem, Sven, 2003: Konzertierung im Wohlfahrtsstaat, in: Jochem, Sven/Siegel, Nico A. (Hrsg.): *Konzertierung, Verhandlungsdemokratie und Reformpolitik im Wohlfahrtsstaat. Das Modell Deutschland im Vergleich*, Opladen: Leske+Budrich, 331-359.

Simmons, Beth A., 1999: The Internationalization of Capital, in: Kitschelt, Herbert/Lange, Peter/ Marks, Gary/Stephens, John D. (Hrsg.): *Continuity and Change in Contemporary Capitalism*, Cambridge: CUP, 36-69.

Sinclair, Peter, 2007: The Treasury and Economic Policy, in: Seldon, Anthony (Hrsg.): *Blair's Britain 1997-2007*, Cambridge: CUP, 185-213.

Sinn, Hans-Werner, 2002: Der neue Systemwettbewerb, in: *Perspektiven der Wirtschaftspolitik* 3: 391-407.

Sitte, Ralf, 2000: Vieles besser, aber nicht alles anders. Zur finanz- und sozialpolitischen Strategie der rot-grünen Koalition, in: *WSI-Mitteilungen* 53: 355-364.

Skidmore-Hess, Daniel, 2003: The Danish Party System and the Rise of the Right in the 2001 Parliamentary Election, in: *International Social Science Review* 78 (3/4): 89-110.

Smith, David, 2005: The Treasury and Economic Policy, in: Seldon, Anthony/Kavannagh, Dennis (Hrsg.): *The Blair Effect 2001-5*, Cambridge: CUP, 159-183.

Smith, Martin J., 2005: It's Not the Economy Stupid! The Disappearance of the Economy from the 2005 Campaign, in: Geddes, Andrew/Tonge, Jonathan (Hrsg.): *Britain Decides. The UK General Election 2005*, Houndmills: Palgrave Macmillan, 225-239.

Smith, Peter, 1993: Budgeting in the United Kingdom, in: Ott, Attiat F. (Hrsg.): *Public Sector Budgets. A Comparative Study*, Aldershot, 208-226.

Snels, Bart, 1999: *Politics in the Dutch Economy. The Economics of Institutional Interaction*, Aldershot u.a.: Ashgate.

Sociaal-Economische Raad (SER), 2006: *Welvaartsgroei door en voor iedereen. Advies over het sociaal-economisch beleid op middellange termijn*, Den Haag: SER.

Sørensen, Peter Birch, 1998: Recent Innovations in Nordic Tax Policy: From the Global Income Tax to the Dual Income Tax, in: Sørensen, Peter Birch (Hrsg.): *Tax Policy in the Nordic Countries*, Houndmills/London: MacMillan, 1-27.

SPD, 1998: *Arbeit, Innovation und Gerechtigkeit. SPD-Wahlprogramm für die Bundestagswahl 1998*, Bonn: SPD.

Steenholdt, Søren/Josephsen, Niels, 1999: The New Holding Regime – The Best of Both Worlds, in: *European Taxation* 39: 146-156.

Steffen, Christian, 2006: Die Parteiensysteme Dänemarks, Norwegens und Schwedens, in: Niedermayer, Oskar/Stöss, Richard/Haas, Melanie (Hrsg.): *Die Parteiensysteme Westeuropas*, Wiesbaden: Verlag für Sozialwissenschaften, 67-108.

Stephens, Philip, 2001: The Treasury under Labour, in: Seldon, Anthony (Hrsg.): *The Blair Effect. The Blair Government 1997-2001*, London: Little, Brown, 185-207.

Stöss, Richard/Niedermayer, Oskar, 2000: Zwischen Anpassung und Profilierung. Die SPD an der Schwelle zum neuen Jahrhundert, in: *Aus Politik und Zeitgeschichte* B5: 3-11.

Stoltenberg, Gerhard, 1997: *Wendepunkte. Stationen deutscher Politik 1947-1990*, Berlin.

Straubhaar, Thomas, 1998: Empirische Indikatoren für den Systemwettbewerb – Moderne und historische Befunde, in: *Jahrbuch für neue politische Ökonomie* 17: 243-272.

Streeck, Wolfgang, 1999: Deutscher Kapitalismus: Gibt es ihn? Kann er überleben?, in: Streeck, Wolfgang: *Korporatismus in Deutschland*, Frankfurt a.M.: Campus, 13-40.

Streeck, Wolfgang, 2003: *No Longer the Century of Corporatism. Das Ende des „Bündnisses für Arbeit"*, Köln (Max-Planck-Institut für Gesellschaftsforschung, Working Paper 03/4).

Streeck, Wolfgang, 2009: Endgame? The Fiscal Crisis of the German State, in: Miskimmon, Alister/Paterson, William E./Sloam, James (Hrsg.): *Germany's Gathering Crisis. The 2005 Federal Election and the Grand Coalition*, Houndmills: Palgrave Macmillan, 38-63.

Streeck, Wolfgang/Trampusch, Christine, 2005: Economic Reform and the Political Economy of the German Welfare State, in: *German Politics* 14 (2) 174-195.

Sturm, Roland, 1990: Die Politik der Deutschen Bundesbank, in: Beyme, Klaus von/Schmidt, Manfred G. (Hrsg.): *Politik in der Bundesrepublik Deutschland*, Opladen: WDV, 255-282.

Sturm, Roland, 1998: Die Wende im Stolperschritt – eine finanzpolitische Bilanz, in: Wewer, Göttrik (Hrsg.): *Bilanz der Ära Kohl. Christlich-liberale Politik in Deutschland 1982-1998*, Opladen: Leske+Budrich, 183-200.

Sunderman, Michiel, 2005: Netherlands. Corporate Income Tax Reform 2007, in: *Derivatives & Financial Instruments* 7 (4): 185-191.

Suntum, Ulrich van, 1990: Finanzpolitik in der Ära Stoltenberg, in: *Kredit und Kapital* 23: 251-276.

Surrey, Michael, 1982: United Kingdom, in: Boltho, Andrea (Hrsg.): *The European Economy. Growth and Crisis*, Oxford: OUP, 528-553.

Swank, Duane, 2002: *Global Capital, Political Institutions and Policy Change in Developed Welfare States*, Cambridge: CUP.

Teichmann, Dieter, 1997: Zur Einkommensteuerreform – „Große Steuerreform" zunächst gescheitert, in: *Vierteljahreshefte zur Wirtschaftsforschung* 66: 317-328.

Terhorst, Tim, 2006: Gesundheitsreform 2006 in den Niederlanden, in: <http://www.niederlandenet.de> (Zugriff am 26.1.2007).

Thain, Colin, 2000: Economic Policy, in: Dunleavy, Patrick/Gamble, Andrew/Holliday, Ian/Peele, Gillian (Hrsg.): *Developments in British Politics 6*, Houndmills/London: Macmillan, 219-237.

Thatcher, Margaret, 1993: *The Downing Street Years*, London: HarperCollins.

Theakston, Kevin, 1999: A Permanent Revolution in Whitehall: the Major Governments and the Civil Service, in: Dorey, Peter (Hrsg.): *The Major Premiership,* Houndmills/London, 26-44.

Theurl, Theresia, 1999: Globalisierung als Selektionsprozeß ordnungspolitischer Paradigmen, in: Berg, Hartmut (Hrsg.): *Globalisierung der Wirtschaft: Ursachen – Formen – Konsequenzen*, Berlin, 23-49.

Thomas, Alastair H., 1985: The Danish Folketing Election of 1984, in: *West European Politics* 8 (1): 113-115.

Thomas, Rob, 2001: UK Economic Policy: The Conservative Legacy and New Labour's Third Way, in: Savage, Stephen P./Atkinson, Rob (Hrsg.): *Public Policy under Blair*, Houndmills/New York: Palgrave, 51-71.

Thompson, Helen, 1996: Economic Policy under Thatcher and Major, in: Ludlam, Steve/Smith, Martin J. (Hrsg.): *Contemporary British Conservatism*, Houndmills/London: Macmillan, 166-184.

Thomsen, Søren Risbjerg, 1995: The 1994 Parliamentary Election in Denmark, in: *Electoral Studies* 14 (3): 315-322.

Thomson, Robert, 1999: *The Party Mandate. Election Pledges and Government Actions in the Netherlands, 1986-1998*, Groningen: Interuniversity Center for Social Science Theory and Methodology.

Timmermans, Arco I., 2003: *High Politics in the Low Countries. An Empirical Study of Coalition Agreements in Belgium and The Netherlands*, Aldershot: Ashgate.

Timmermans, Arco/Andeweg, Rudy B., 2000: The Netherlands. Still the Politics of Accommodation?, in: Müller, Wolfgang C./Strøm, Kaare (Hrsg.): *Coalition Governments in Western Europe*, Oxford: OUP, 356-398.

Timmermans, Arco/Scholten, Peter/Oostlander, Steven, 2008: Gesetzgebung im politischen System der Niederlande, in: Ismayr, Wolfgang (Hrsg.): *Gesetzgebung in Westeuropa. EU-Staaten und Europäische Union*, Wiesbaden: Verlag für Sozialwissenschaften, 271-301.

Toirkens, José, 1988: *Schijn en werkelijheid van het bezuinigsbeleid 1975-1986*, Deventer: Kluwer.

Toynbee, Polly/Walker, David, 2001: *Did Things Get Better? An Audit of Labour's Successes and Failures*, Harmondsworth: Penguin.

Toynbee, Polly/Walker, David, 2005: *Better or Worse? Has Labour Delivered?* London: Bloomsbury.

Trampusch, Christine, 2005: Sozialpolitik in Post-Hartz Germany, in: *WeltTrends* 13 (47): 77-90.

Trampusch, Christine, 2006: Sequenzorientierte Policy-Analyse. Warum die Rentenreform von Walter Riester nicht an Reformblockaden scheiterte, in: *Berliner Journal für Soziologie* 16 (1): 55-76.

Tsebelis, George, 1995: Decision Making in Political Systems: Veto Players in Presidentialism, Parliamentarism, Multicameralism and Multipartyism, in: *British Journal of Political Science* 25: 289-325.

Tsebelis, George, 2002: *Veto Players: How Political Institutions Work*, Princeton/Oxford: Princeton UP/Russell Sage Foundation.

van der Veen, Romke/Trommel, Willem, 1999: Managed Liberalization of the Dutch Welfare State: A Review and Analysis of the Reform of the Dutch Social Security System, 1985-1998, in: *Governance* 12 (3): 289-310.

Velfærdskommissionen, 2005: *Fremtidens velfærd – vores valg*, o.O. (abrufbar unter http://www.velfaerd.dk/fileadmin/template/main/files/vores_valg/Opl_g_-_Fremtidens_velf_rd_vores_valg.pdf) (2.10.2007).

Visser, Jelle, 1998: Two Cheers for Corporatism, One for the Market: Industrial Relations, Wage Moderation and Job Growth in the Netherlands, in: *British Journal of Industrial Relation* 36 (2): 269-292.

Visser, Jelle/Hemerijck, Anton, 1998: *Ein holländisches Wunder? Reform des Sozialstaates und Beschäftigungswachstum in den Niederlanden*, Frankfurt/New York: Campus.

de Vries, Bert, 2005: *Overmoed en onbehagen. Het hervormings-kabinet-Balkenende*, Amsterdam: Uitgeverij Bert Bakker.

Vorländer, Hans, ²1992: Die Freie Demokratische Partei, in: Mintzel, Alf/Oberreuter, Heinrich (Hrsg.): *Parteien in der Bundesrepublik Deutschland*, Opladen: Leske+Budrich, 266-318.

Wachendorfer-Schmidt, Ute, 2003: *Politikverflechtung im vereinigten Deutschland*, Wiesbaden: WDV.

Wagschal, Uwe, 1999: Schranken staatlicher Steuerungspolitik: Warum Steuerreformen scheitern können, in: Busch, Andreas/Plümper, Thomas (Hrsg.): *Nationaler Staat und internationale Wirtschaft*, Baden-Baden: Nomos, 223-247.

Wagschal, Uwe, 2001: Parteien, Wahlen und die Unabhängigkeit der Bundesbank, in: *Zeitschrift für Politikwissenschaft* 11: 573-600.

Wagschal, Uwe, 2005: *Steuerpolitik und Steuerreformen im internationalen Vergleich. Eine Analyse der Ursachen und Blockaden*, Münster: Lit.

Wagschal, Uwe, 2006a: Handlungsoptionen des Nationalstats im internationalen Steuerwettbewerb, in: *Zeitschrift für Staats- und Europawissenschaften* 4(1): 142-165.

Wagschal, Uwe, 2006b: Verfassungsgerichte als Vetospieler in der Steuerpolitik, in: Becker, Michael/Zimmerling, Ruth (Hrsg.): *Politik und Recht (= PVS-Sonderheft 36)*, Wiesbaden: VS, 559-584.

Wagschal, Uwe, 2006c: Entwicklung, Determinanten und Vergleich der Staatsfinanzen, in: Schmidt, Manfred G./Zohlnhöfer, Reimut (Hrsg.): *Regieren in der Bundesrepublik Deutschland. Innen- und Außenpolitik seit 1949*, Wiesbaden: VS, 57-85.

Wagschal, Uwe, 2007: Auf dem Weg zum Sanierungsfall? Die rot-grüne Finanzpolitik seit 2002, in: Egle, Christoph/Zohlnhöfer, Reimut (Hrsg.): *Ende des rot-grünen Projektes. Eine Bilanz der Regierung Schröder 2002-2005*, Wiesbaden: Verlag für Sozialwissenschaften, 241-270.

Wagschal, Uwe/Wenzelburger, Georg, 2008: *Haushaltskonsolidierung*, Wiesbaden: VS.

Waigel, Theo/Schell, Manfred (Hrsg.), 1994: *Tage, die Deutschland und die Welt veränderten. Vom Mauerfall zum Kaukasus. Die deutsche Währungsunion*, München.

Ware, Alan, 1996: *Political Parties and Party Systems*, Oxford: Oxford UP.

Weaver, R. Kent, 1986: The Politics of Blame Avoidance, in: *Journal of Public Policy* 6: 371-398.

Webb, Norman L./Robert Wybrow (Hrsg.), 1981: *The Gallup Report*, London.

Webb, Norman L./Robert Wybrow (Hrsg.), 1982: *The Gallup Report. Your Opinions in 1981*, London.

Weiss, Linda (Hrsg.), 2003: *States in the Global Economy. Bringing Domestic Institutions Back In*, Cambridge.

Weltring, Sylvia, 1997: *Staatsverschuldung als Finanzierungsinstrument des deutschen Vereinigungsprozesses. Bestandsaufnahme und theoretische Wirkungsanalyse*, Frankfurt et al.: Peter Lang.

Weßels, Bernhard, 2007: Organisierte Interessen und Rot-Grün: Temporäre Beziehungsschwäche oder zunehmende Entkopplung zwischen Verbänden und Parteien?, in: Egle, Christoph/Zohlnhöfer, Reimut (Hrsg.): *Ende des rot-grünen Projektes. Eine Bilanz der Regierung Schröder 2002-2005*, Wiesbaden: Verlag für Sozialwissenschaften, 151-167.

Wickham-Jones, Mark, 1997: How the Conservatives Lost the Economic Argument, in: Geddes, Andrew/Tonge, Jonathan (Hrsg.): *Labour's Landslide. The British General Election 1997*, Manchester/New York: Manchester UP, 100-118.

Wickham-Jones, Mark, 2002: Exorcising Ghosts: How Labour Dominated the Economic Argument, in: Geddes, Andrew/Tonge, Jonathan (Hrsg.): *Labour's Second Landslide. The British General Election 2001*, Manchester/New York: Manchester UP, 103-124.

Wilkinson, Rorden, 2000: New Labour and the Global Economy, in: Coates, David/Lawler, Peter (Hrsg.): *New Labour in Power*, Manchester/New York: Manchester UP, 136-148.

Wilson, John Douglas, 1999: Theories of Tax Competition, in: *National Tax Journal* 52: 269-304.

Winkler, Jürgen, 2002: Parteien und Parteiensysteme, in: Lauth, Hans-Joachim (Hrsg.): *Vergleichende Regierungslehre. Eine Einführung*, Wiesbaden: WDV, 213-238.

Winter, Thomas von, 1989: Die CDU im Interessenkonflikt. Eine Fallstudie zur parteiinternen Auseinandersetzung über den Paragraphen 116 AFG, in: *Leviathan* 17: 46-84.

Woldendorp, Jaap, 2005: *The Polder Model: From Disease to Miracle? Dutch Neo-corporatism 1965-2000*, Amsterdam: Thela Thesis.

Wolf, Pieter de/Driehuis, Wim, 1980: A Description of Post War Economic Developments and Economic Policy in the Netherlands, in: Griffiths, Richard T. (Hrsg.): *The Economy and Politics of the Netherlands since 1945*, The Hague: Martinus Nijhoff, 13-60.

Wolinetz, Steven B., 1990: The Dutch Election of 1989: Return of the Centre-Left, in: *West European Politics* 13 (2): 280-286.

Wolinetz, Steven B., 1995a: Internal Politics and Rates of Change in the Partij van de Arbeid, 1957-1994, in: *Jaarboek Documentatiecentrum Nederlands Politieke Partijen* 1995: 113-126.

Wolinetz, Steven B., 1995b: The Dutch Parliamentary Elections of 1994, in: *West European Politics* 18 (1): 188-192.

Zohlnhöfer, Reimut, 1998: Die Transformation des italienischen Parteiensystems in den 90er Jahren, in: *Zeitschrift für Politikwissenschaft* 8 (4): 1371-1396.

Zohlnhöfer, Reimut, 1999: Die große Steuerreform 1998/1999. Ein Lehrstück für Politikentwicklung bei Parteienwettbewerb im Bundesstaat, in: *Zeitschrift für Parlamentsfragen* 30 (2): 326-345.

Zohlnhöfer, Reimut, 2000: Der lange Schatten der schönen Illusion: Finanzpolitik nach der deutschen Einheit, 1990-1998, in: *Leviathan* 28 (1): 14-38.

Zohlnhöfer, Reimut, 2001a: *Die Wirtschaftspolitik der Ära Kohl. Eine Analyse der Schlüsselentscheidungen in den Politikfeldern Finanzen, Arbeit und Entstaatlichung, 1982-1998*, Opladen: Leske+Budrich.

Zohlnhöfer, Reimut, 2001b: Parteien, Vetospieler und der Wettbewerb um Wählerstimmen: Die Arbeitsmarkt- und Beschäftigungspolitik der Ära Kohl, in: *Politische Vierteljahresschrift* 42 (4): 655-682.

Zohlnhöfer, Reimut, 2001c: Die Bundesrepublik Deutschland im finanzpolitischen Zielkonflikt zwischen Wiedervereinigung und europäischer Integration, in: *Zeitschrift für Politikwissenschaft* 11 (4): 1547-1571.

Zohlnhöfer, Reimut, 2003a: Der Einfluss von Parteien und Institutionen auf die Wirtschafts- und Sozialpolitik, in: Obinger, Herbert/Wagschal, Uwe/Kittel, Bernhard (Hrsg.): *Politische Ökonomie. Demokratie und wirtschaftliche Leistungsfähigkeit*, Opladen: Leske+Budrich, 47-80.

Zohlnhöfer, Reimut, 2003b: Institutionelle Hemmnisse für eine kohärente Wirtschaftspolitik, in: *Aus Politik und Zeitgeschichte* B 18-19/03: 9-15.

Zohlnhöfer, Reimut, 2003c: Mehrfache Diskontinuitäten in der Finanzpolitik, in: Gohr, Antonia/Seeleib-Kaiser, Martin (Hrsg.): *Sozial- und Wirtschaftspolitik unter Rot-Grün*, Wiesbaden: WDV, 63-85.

Zohlnhöfer, Reimut, 2004a: Republik im Übergang: Machtwechsel in der Bundesrepublik Deutschland seit 1949, in: *Zeitschrift für Staats- und Europawissenschaften* 2 (4): 612-639.

Zohlnhöfer, Reimut, 2004b: Die Wirtschaftspolitik der rot-grünen Koalition: Ende des Reformstaus?, in: *Zeitschrift für Politikwissenschaft* 14 (2): 381-402.

Zohlnhöfer, Reimut, 2005: Globalisierung der Wirtschaft und nationalstaatliche Anpassungsreaktionen. Theoretische Überlegungen, in: *Zeitschrift für Internationale Beziehungen* 12 (1): 41-75.

Zohlnhöfer, Reimut, 2006a: Das Parteiensystem Italiens, in: Niedermayer, Oskar/Stöss, Richard/Haas, Melanie (Hrsg.): *Die Parteiensysteme Westeuropas*, Wiesbaden: VS, 275-298.

Zohlnhöfer, Reimut, 2006b: New Labours Finanz- und Wirtschaftspolitik: Sozialdemokratie durch die Hintertür? in: Kaiser, André/Berg, Sebastian (Hrsg.): *New Labour und die Modernisierung Großbritanniens*, Augsburg: Wißner, 13-43.

Zohlnhöfer, Reimut, 2006c: Finanzpolitische Anpassungsprozesse: Theoretische Ansätze auf dem Prüfstand, in: Schirm, Stefan A. (Hrsg.): *Globalisierung. Forschungsstand und Perspektiven*, Baden-Baden: Nomos, 55-76.

Zohlnhöfer, Reimut, 2006d: Vom Wirtschaftswunder zum kranken Mann Europas? Wirtschaftspolitik seit 1945, in: Schmidt, Manfred G./Zohlnhöfer, Reimut (Hrsg.): *Regieren in der Bundesrepublik Deutschland. Innen- und Außenpolitik seit 1949*, Wiesbaden: VS, 285-313.

Zohlnhöfer, Reimut, 2006e: Haushalts- und Steuerpolitik: Zwischen Konsolidierung und Reform? in: Sturm, Roland/Pehle, Heinrich (Hrsg.): *Wege aus der Krise? Die Agenda der zweiten Großen Koalition,* Opladen/Farmington Hills: Barbara Budrich, 95-111.

Zohlnhöfer, Reimut, 2007a: Zwischen Kooperation und Verweigerung: Die Entwicklung des Parteienwettbewerbs 2002-2005, in: Egle, Christoph/Zohlnhöfer, Reimut (Hrsg.): *Ende der rot-grünen Episode. Eine Bilanz der Regierung Schröder, 2002-2005,* Wiesbaden: VS, 124-150.

Zohlnhöfer, Reimut, 2007b: The Politics of Budget Consolidation in Britain and Germany: The Impact of Blame Avoidance Opportunities, in: *West European Politics* 30 (5): 1120-1138.

Zohlnhöfer, Reimut, 2008: An End to the Reform Logjam? The Reform of German Federalism and Economic Policy-Making, in: *German Politics* 17 (4): 457-469.

Zohlnhöfer, Reimut/Egle, Christoph, 2007: Der Episode zweiter Teil – ein Überblick über die 15. Legislaturperiode, in: Egle, Christoph/Zohlnhöfer, Reimut (Hrsg.): *Ende des rot-grünen Projektes. Eine Bilanz der Regierung Schröder 2002-2005,* Wiesbaden: VS, 11-25.

Zohlnhöfer, Reimut/Obinger, Herbert/Wolf, Frieder, 2008: Partisan Politics, Globalization and the Determinants of Privatization Proceeds in Advanced Democracies 1990-2000, in: *Governance* 21 (1): 95-121.

Zohlnhöfer, Werner, 1999: *Die wirtschaftspolitische Willens- und Entscheidungsbildung in der Demokratie. Ansätze einer Theorie,* Marburg: Metropolis.

Zürn, Michael, 1998: *Regieren jenseits des Nationalstaates,* Frankfurt: Suhrkamp.

Zürn, Michael, 2002: From Interdependence to Globalization, in: Carlsnaes, Walter/Risse, Thomas/Simmons, Beth A. (Hrsg.): *Handbook of International Relations,* London u.a., 235-254.